Didaktik der Informatik

Sigrid Schubert   Andreas Schwill

Didaktik der Informatik

2. Auflage

Autoren
Prof. Dr. Sigrid Schubert, Universität Siegen
E-Mail: sigrid.schubert@uni-siegen.de

Prof. Dr. Andreas Schwill, Universität Potsdam
E-Mail: schwill@cs.uni-potsdam.de

Bibliografische Information der Deutschen Nationalbibliothek
Die Deutsche Nationalbibliothek verzeichnet diese Publikation in der Deutschen Nationalbibliografie; detaillierte bibliografische Daten sind im Internet über http://dnb.d-nb.de abrufbar.

Springer ist ein Unternehmen von Springer Science+Business Media
springer.de

2. Auflage 2011

Spektrum Akademischer Verlag ist ein Imprint von Springer

11 12 13 14 15 5 4 3 2 1

Planung und Lektorat: Dr. Andreas Rüdinger, Barbara Lühker
Herstellung: Crest Premedia Solutions (P) Ltd, Pune, Maharashtra, India
Umschlaggestaltung: SpieszDesign, Neu-Ulm
Titelbild: © SpieszDesign
Satz: Autorensatz

ISBN 978-3-8274-2652-9

Vorwort

Aus dem Vorwort zur 1. Auflage 2004: „Informatik ist bereits seit mehreren Jahrzehnten mehr oder weniger weit in die Schulen vorgedrungen. Dennoch besteht immer noch ein sehr großer Bildungsbedarf auf dem Gebiet „Didaktik der Informatik", der zum einen historisch entstanden ist aus dem fortwährenden Mangel an grundständig ausgebildeten Informatiklehrkräften und dem positiven Phänomen der Enthusiasten, die sich autodidaktisch in die Informatik einarbeiteten und so den Fortbestand einer attraktiven, wenn auch sehr subjektiv geprägten informatischen Bildung sicherten. Zum anderen ist es die Informatik selbst, die mit ihrer dynamischen Entwicklung ständig eine Beobachtung, Bewertung und Neukonzeption unterrichtlicher Zugänge erforderlich macht. Während aber vor wenigen Jahren der Bereich „Didaktik der Informatik" noch durch eine Ansammlung von exemplarischen Einzellösungen und Unterrichtsbeispielen geprägt war, für die dann kein systematischer Überbau vorlag, ist in der Zwischenzeit eine Forschungs-Community entstanden, die zentrale Fragestellungen der Informatikdidaktik bearbeitet und auf deren Ergebnisse verwiesen werden kann. Mit diesem Buch wird daher auch ein Beitrag zur Orientierung des wissenschaftlichen Nachwuchses geleistet."

Während die im letzten Jahrhundert entstandenen wissenschaftlichen Arbeiten vor allem konzeptionell geprägt und auf eine theoretische Fundierung der Schulinformatik ausgerichtet waren, z.B. das Konzept der fundamentalen Ideen, das Konzept des informationszentrierten Zugangs, das Konzept der didaktischen Systeme, das Konzept der Dekonstruktion, ist in den letzten Jahren eine Reihe von wissenschaftlichen Arbeiten entstanden, die empirische Absicherungen von didaktischen Ansätzen und Sichtweisen beigetragen haben. Nun können informatikdidaktische Empfehlungen für die Grundbildung und Vertiefung im Unterrichtsfach Informatik auch begründet werden. Im vorliegenden Buch nimmt diese Diskussion breiten Raum ein und schließt auch kritische Sichtweisen zu den Vor- und Nachteilen unterrichtlichen Handelns ein. Dabei ist es ein wesentliches Anliegen des Buches, über die Vielfalt und den geistigen Reichtum der Informatik aufzuklären und beispielhaft zu zeigen, wie die Transformation in den Lernprozess der Schülerinnen und Schüler erfolgen kann, anstatt genau einen Weg zur Vermittlung von Informatik vorzuschlagen.

Dieses Buch wendet sich an alle Studierenden des Lehramts Informatik, an alle Referendarinnen und Referendare, die das Schulfach Informatik unterrichten, und an alle Informatiklehrerinnen und -lehrer, die an Unterrichtskonzepten für die informatische Bildung und an unterrichtspraktischen Auswirkungen neuer Forschungsergebnisse interessiert sind.

Gegenüber der 1. Auflage sind fünf neue Kapitel hinzugekommen; das Buch gliedert sich damit in 16 Kapitel, von denen die ersten drei das junge Fachgebiet „Didaktik der Informatik" theoretisch untersetzen.

Das Kapitel „Problemlösen" zeigt die ausgeprägten Problemlöse-Strategien und liefert Beispiele über den Zugang der logischen Programmierung. Dem neueren Ansatz, Unterricht nicht mehr lernzielorientiert zu planen, sondern an Kompetenzen auszurichten, wird im Kapitel „Kompetenzentwicklung" breiter Raum gewidmet. Die Kapitel „Informatisches Modellieren und Konstruieren", „Objektorientierte Denkweisen", „Strukturen untersuchen und Strukturieren" und „Sprachen, Automaten und Netze" vertiefen die empfohlenen Bildungsschwerpunkte und untersetzen diese mit Lernaufgaben. Die Kapitel „Anfangsunterricht" und „Projektunterricht" geben Anregungen für zwei besonders typische, aber auch besonders schwierige Phasen informatischer Bildung. Das Kapitel „Unterrichtshilfen für den Informatikunterricht" ist der Nutzung aller im Informatikunterricht bekannten Hilfsmittel gewidmet; dazu zählt in erster Linie der Rechner selbst, mehr und mehr finden aber auch Modelle große Aufmerksamkeit, die mechanisch oder unter Einbindung des Lernenden selbst informatische Sachverhalte zu veranschaulichen suchen. Oft erfolgt der Zugang Jugendlicher zu Informatiksystemen über das Internet; damit nicht nur Bedienungsfertigkeit, sondern auch Verständnis der komplexen Zusammenhänge erworben wird, sind besondere Zugänge nötig, die in einem Kapitel „Internetworking" behandelt werden.

Die beiden letzten Kapitel von den Gastautoren Peer Stechert und Ralf Romeike vertiefen zwei Aspekte informatischer Ausbildung, in denen die beiden besondere Expertise erworben haben. Peer Stechert berichtet von einem Unterrichtsprojekt zur Förderung der Kompetenzentwicklung mit Informatiksystemen in der Schulpraxis, Ralf Romeike zeigt, wie im Unterrichtsfach Informatik kreative Prozesse, z.B. durch Modellierungstätigkeiten, gefördert werden können.

Wir danken den beiden Gastautoren Ralf Romeike und Peer Stechert ganz herzlich für ihre spontane Zusage; ein besonderer Dank auch an Christian Eibl, der mit großem technischen Geschick das Gesamtlayout des Buches erstellt hat.

Viel Spaß beim Lesen!

Siegen und Potsdam, im Frühjahr 2011

Sigrid Schubert und Andreas Schwill

Inhaltsverzeichnis

1 Didaktik der Informatik

1.1 Was ist Informatik?

1.1.1 Grundbegriffe und Teilgebiete

In einer jungen Wissenschaft wie der Informatik mit ihrer Vielschichtigkeit und ihrer unüberschaubaren Anwendungsvielfalt ist man oftmals noch bestrebt, eine Charakterisierung des Wesens dieser Wissenschaft und Gemeinsamkeiten und Abgrenzungen zu anderen Wissenschaften zu finden. Etablierte Wissenschaften haben es da leichter, sei es, dass sie es aufgegeben haben, sich zu definieren, oder sei es, dass ihre Struktur und ihre Inhalte allgemein bekannt sind.

Ringt man um Antworten auf die spontane Frage „Was ist Informatik?", so fallen einem als erste Stichwörter sicher „Computer", „Rechner", früher „Datenverarbeitungsanlage" oder andere Synonyme ein. Zweifellos war der Computer lange Zeit der zentrale Untersuchungsgegenstand der Informatik. Daher spricht man im englischsprachigen Raum auch heute noch von Computer Science, wenn man Informatik meint. Die anglisierte Form „informatics", die im europäischen Raum neben dem französischen „informatique" oder dem italienischen „informatica" oftmals verwendet wird, hat sich im amerikanischen Raum bisher nicht durchgesetzt. Gleichwohl gibt es mittlerweile viele amerikanische Informatiker, die mit der Bezeichnung „computer science" wenig zufrieden sind und lieber „computing science" verwenden.

Die Prägung des Begriffs „Informatik" soll auf eine interne Verwendung innerhalb der Firma SEL AG, heute Alcatel AG, in den 1950er-Jahren zurückgehen; verbreitet wurde der Begriff dann 1968 durch den damaligen Forschungsminister Gerhard Stoltenberg anlässlich einer Eröffnungsrede an der Technischen Universität Berlin.

Der ältere Begriff „Datenverarbeitungsanlage" liefert zwei weitere wichtige Stichwörter, die in einer Liste zur Charakterisierung der Informatik unbedingt enthalten sein sollten: Die Informatik beschäftigt sich mit Daten (die Informationen vermitteln), die von einer Anlage (d.h. maschinell und automatisch) verarbeitet werden.

Ein viertes Stichwort, das in der Liste ebenfalls nicht fehlen sollte, umreißt den Charakter der Informatik, als Fachgebiet betrachtet. Informatik ist kein Handwerk, Informatik ist eine wissenschaftliche Disziplin (daher auch Computer *Science*). Informatik wurde in der Vergangenheit zunächst als Spezialgebiet innerhalb anderer wissenschaftlicher Disziplinen betrieben, seit etwa 1960 kann sie jedoch nicht mehr nur als Ansammlung von Methoden und Regeln aufgefasst werden, die aus anderen Wissenschaften (z.B. Logik, Mathematik, Elektrotechnik) entliehen sind; vielmehr hat sich die Informatik zu einem zusammenhängenden, theoretisch fundierten Gebäude, also zu einer neuen Grundlagenwissenschaft entwickelt, die auf andere Wissenschaften ausstrahlt.

Weitere Stichworte zur Frage „Was ist Informatik?" wären z.B. Algorithmus, Programm, Programmierung, Prozess, Speicher, Automatisierung. Unsere kurzen Überlegungen reichen aber bereits aus, den Begriff „Informatik" in eine Definition zu fassen, wie sie in Deutschland weitgehend anerkannt ist und durch die Gesellschaft für Informatik (GI) (URL: http://www.gi-ev.de) als Standesvertretung der Informatiker propagiert wird.

Definition:
Informatik ist die Wissenschaft, die sich mit der systematischen und automatischen Verarbeitung, Speicherung und Übertragung von Daten aus Sicht der Hardware, der Software, der Grundlagen und der Auswirkungen befasst.

Alternative Definitionen bezeichnen die Informatik als die Wissenschaft:

- von der Struktur, den Computer-Sprachen und der Programmierung von DV-Anlagen sowie der Methodik ihrer Anwendung einschließlich der Mensch-Maschine-Wechselwirkung (so im Zweiten Datenverarbeitungsprogramm der Bundesregierung, einem groß angelegten Forschungsprogramm 1971);
- (*algorithmenorientierte Sichtweise*) mindestens von den Algorithmen und Datenstrukturen sowie deren Darstellung und Realisierung unter besonderer Berücksichtigung digitaler Rechenanlagen (Claus, 1974);
- (*informationstheoretische Sichtweise*) that has as its domain information processes and related phenomena in artifacts, society and nature (Nygaard, 1986);
- (*arbeitsweltorientierte Sichtweise*) von der Analyse von Arbeitsprozessen und ihrer konstruktiven, maschinellen Unterstützung. Nicht die Maschine, sondern die Organisation und Gestaltung von Arbeitsplätzen steht als wesentliche Aufgabe im Mittelpunkt der Informatik. Die Gestaltung der Maschinen, der Hardware und der Software ist dieser primären Aufgabe untergeordnet. Informatik ist also nicht „Computerwissenschaft" (Coy, 1992);

- of the systematic study of algorithmic processes that describe and transform information; their theory, analysis, design, efficiency, implementation, and application. The fundamental question underlying all of computing is „What can be (efficiently) automated?“ (halb offizielle Definition der Association of Computing Machinery, ACM, der amerikanischen Computergesellschaft (URL: http://www.acm.org) (Denning, 1989 und 2003)).

Interessant ist bei diesen Definitionsversuchen zum einen die historische Entwicklung des Bilds der Informatik, zum anderen die damit verbundenen Sichtweisen. Für den Schulunterricht sind die Definitionen relevant, weil die jeweiligen Sichtweisen auch den Unterricht und seine Inhalte prägen. Macht man sich z.B. die Definition der ACM zu eigen, so wird man einen Unterricht durchführen, der sich stark auf Algorithmen und ihre effiziente Implementierung konzentriert. Orientiert man sich an der Definition von Coy, so wird man die Modellierung und Gestaltung von Arbeitsabläufen durch Computereinsatz und die damit verbundenen Auswirkungen im Blick haben. Auf die konkreten Einflüsse gehen wir in Abschnitt 1.2.2 ein. Der unterrichtliche Ansatz, den dieses Buch verfolgt, wird in Kapitel 2 in Form eines Grundmodells für Ziele, Inhalte und Lehrmethoden beschrieben.

Überraschenderweise wird der Begriff „Computer“ in allen o.g. Definitionen nur „beiläufig“ im Nebensatz erwähnt. Dies entspricht aber gerade dem Stellenwert, den das Gerät innerhalb der Informatik und im Informatikunterricht einnimmt. So werden technische Inhalte in diesem Buch ebenfalls nur am Rande berührt.

In obiger Definition wie in den anderen Beschreibungen wird der Begriff „Computer“ oder Synonyme so verwendet, als wäre allgemein bekannt, um was es sich dabei handelt und was man mit Computern machen kann. Meist herrscht aber auch heute noch eine relativ vage Vorstellung von der Leistungsfähigkeit eines Computers.

Vier Stichwörter liefert bereits die Definition des Begriffs „Informatik“: automatisch, Verarbeitung, Information, (Daten-)Speicher. Ein Computer ist also ein Gerät (eine Maschine), das automatisch Daten/Informationen verarbeitet und ablegt. Reicht diese Definition aber schon aus?

Man betrachte einmal eine Telefonverbindung. In die Sprechmuschel spricht man Informationen hinein. Diese Informationen werden automatisch in elektrische Signale umgewandelt, weitergeleitet, verstärkt und von dem Lautsprecher der Hörmuschel wieder in Sprache umgesetzt (also verarbeitet). Ist eine Telefonverbindung zwischen zwei Telefonen ein Computer? Nein, natürlich nicht! Wir haben eine wichtige Eigenschaft vergessen, die in der Stichwortliste und in einer Definition auf keinen Fall fehlen darf: die *Universalität* des Computers.

Definition:
Ein *Computer* (engl.: to compute = rechnen, berechnen; urspr. aus dem lat. computare = berechnen; älteres Synonym: Datenverarbeitungsanlage, Abk. DVA) ist ein *universell* einsetzbares Gerät zur automatischen Verarbeitung von Daten (einschl. deren Speicherung).

„Universell" bedeutet hierbei, dass der Computer nicht für eine bestimmte Anwendung gebaut ist, sondern durch Änderung seines *Programms* für beliebige Zwecke (nicht nur zum Rechnen) eingesetzt werden kann und dann ohne menschliche Bedienung arbeitet. Mal sortiert der Computer Namen alphabetisch, im nächsten Moment prüft er, ob eine eingegebene Zahl ungerade ist oder nicht, dann wieder füllt er die Steuererklärung aus, steuert einen Schweißautomaten, übernimmt die automatische Landung eines Flugzeugs, verwaltet Kochrezepte oder spielt Schach. Bei jeder dieser grundverschiedenen Anwendungen bleibt der Computer als physikalisches Gerät unverändert, geändert und angepasst an die willkürlichen Wünsche das Menschen wird jeweils nur sein Programm.

Diese Erklärung zeigt auch teilweise die Problematik der naiven Frage „Was kann man mit einem Computer machen?" auf. Einem Autokäufer wird man auf die ähnliche Frage „Wohin kann ich mit einem Auto fahren?" antworten, dass er damit überall hinfahren kann, sofern die Rahmenbedingungen stimmen (Tank gefüllt, Straßen vorhanden usw.) und sofern er sich an gewisse Regeln (Verkehrsregeln, Fahrverhalten u.Ä.) hält. Ebenso ist es mit Computern: Sie können beliebige Tätigkeiten übernehmen, die formalisierbar und insbesondere algorithmisierbar (siehe unten) sind, wobei die Geräte physikalisch intakt sein müssen und man sich bei der Benutzung an gewisse Regeln technischer, juristischer, ökonomischer und sozialer Art zu halten hat.

Mit der Einführung des Computers in nahezu alle Bereiche des täglichen Lebens hat eine zweite industrielle Revolution begonnen. Waren Maschinen bis dahin alleine Verstärker einer Reihe menschlicher Kräfte – telefonieren statt laut schreien, mikroskopieren statt sehen, schreiben als sprechen ohne Anwesenheit –, so kam mit dem Computer erstmalig ein „Denkverstärker" auf, also ein Gerät zur Unterstützung geistiger Routinetätigkeiten.

Ein zentraler Begriff der Informatik (wenn nicht gar der zentrale) ist der Begriff des Algorithmus.

Definition:
Ein *Algorithmus* ist ein mit formalen Mitteln beschreibbares, mechanisch nachvollziehbares Verfahren zur Lösung einer Klasse von Problemen.

Eine exakte Beschreibung des Algorithmus ist notwendig, um Lösungsverfahren für die unterschiedlichsten Probleme *so* zu formulieren, dass ihre Bearbeitung von einem Rechner übernommen werden kann. Solch eine exakte Darstellung eines Algorithmus bezeichnet man als *Programm*. Man beschränkt sich aber in der Informatik nicht nur auf die reine Programmierarbeit, sondern untersucht ganz allgemein die Struktur von Algorithmen, von zu verarbeitenden Daten (*Datenstrukturen*) sowie von Sprachen, mit denen Algorithmen und Programme angemessen formuliert werden können (*Programmiersprachen*). Diese Thematik, also die *Modellierung* von lebensweltlichen Gegenständen und Abläufen durch programmiersprachliche Darstellungen, wird in Kapitel 6 hinsichtlich der Grundlagen und besonders in den Kapiteln 4, 7 und 11 mit Bezug zu speziellen Anwendungsfeldern behandelt.

Um eine gewisse Einseitigkeit im Informatikunterricht zu umgehen, die durch die Verwendung der Begriffe „Programm" (Betonung des Programmierhandwerks) oder „Computer" (Betonung der im Unterricht untergeordneten Hardware) entsteht, verwendet man im Bereich der Informatikdidaktik und zunehmend auch in anderen Bereichen der Informatik oftmals den Begriff des „Informatiksystems".

Definition:
Als *Informatiksystem* bezeichnet man die spezifische Zusammenstellung von Hardware, Software und Netzverbindungen zur Lösung eines Anwendungsproblems.

Eingeschlossen sind alle durch die Einbettung des Systems in den Anwendungsbereich beabsichtigten oder verursachten nichttechnischen Fragestellungen und ihre Lösungen, also Fragen der Gestaltung des Systems, der Qualifizierung der Nutzer, der Sicherheit sowie der Auswirkungen und Folgen des Einsatzes.

Informatik ist in diesem Sinne dann die Wissenschaft von Entwurf und Gestaltung von Informatiksystemen.

In Kapitel 3 werden wir das „Wesen" der Informatik aus fachwissenschaftlicher Sicht genauer analysieren.

Man unterscheidet innerhalb der Informatik sechs Teilgebiete: die Theoretische, die Praktische und die Technische Informatik, ferner Gesellschaftliche Bezüge der Informatik und Didaktik der Informatik sowie die Anwendungen der Informatik. Theoretische, Praktische und Technische Informatik sowie ingenieurmäßige Anteile der Anwendungen der Informatik fasst man oft unter dem Oberbegriff *Kerninformatik* zusammen.

Theoretische Informatik

Sowohl für die Formulierung und Untersuchung von Algorithmen als auch für die Rechnerkonstruktion spielen Methoden und Modelle aus der Mathematik eine wesentliche Rolle. Da die Struktur von Informatiksystemen ständig komplexer wird, nimmt auch der Abstraktionsgrad einer angemessenen Beschreibung zu. Für die Untersuchung von Fragestellungen in diesem Bereich sind gute Kenntnisse der strukturellen Mathematik nötig, die eine Reihe von formalen Methoden zur Beschreibung von Systemen bietet. Bei der Untersuchung von Sprachen spielen Methoden der Logik eine wichtige Rolle.

Beispiele für Teilgebiete der Theoretischen Informatik sind Formale Sprachen, Theorie der Netze und Prozesse, Automatentheorie, Semantik und Komplexitätstheorie.

Praktische Informatik

Algorithmen lassen sich zwar prinzipiell rechnerunabhängig formulieren; um sie aber auf Rechenanlagen bearbeiten zu lassen, muss der Computer zu einem komfortablen Werkzeug gemacht werden. Programme, geschrieben in *maschinenunabhängigen* Programmiersprachen, müssen von speziellen Übersetzungsprogrammen in eine dem Rechner verständliche und ausführbare Form übertragen werden; ein *Betriebssystem* überwacht die Ausführung der Programme, die bei größeren Rechenanlagen oftmals gleichzeitig ablaufen, und übernimmt die Steuerung der Ein- und Ausgabe; *Datenbanksysteme* verwalten umfangreiche Datenbestände; Programmsysteme sorgen für viele Hilfsfunktionen (Programme erstellen, testen, archivieren usw.). Alle diese meist sehr großen Softwareprodukte werden in sehr großen Teams und mit ingenieurmäßigen Produktionsmethoden hergestellt.

Beispiele für Teilgebiete der Praktischen Informatik sind Übersetzerbau, Software-Engineering, Informationssysteme, Betriebssysteme, Simulation und Künstliche Intelligenz.

Technische Informatik

In der Technischen Informatik befasst man sich mit dem funktionellen Aufbau von Computern und den zugehörigen Geräten sowie mit dem logischen Entwurf und der konkreten Entwicklung von Rechnern, Geräten und Schaltungen (*Hardware*). Die Schnittstelle zu Betriebssystemen und die Zusammenstellung von Computern spielen eine wichtige Rolle.

Beispiele für Teilgebiete der Technischen Informatik sind Rechnerarchitektur, Prozessdatenverarbeitung, Fehlertoleranz, Leistungsmessung und VLSI-Entwurf.

Gesellschaftliche Bezüge der Informatik

Informatik hat starke Auswirkungen auf die Gesellschaft. Eine Gesellschaft wird von Informationen und Informationsflüssen geprägt, deren Automatisierung auf Entscheidungsprozesse einwirkt. Andererseits beeinflusst der Einsatz von Computern die Arbeitswelt und den Freizeitbereich nachhaltig. Ähnlich wie bei der Entwicklung mechanischer Maschinen (Schlüsselerfindungen: Dampfmaschine, Verbrennungsmotor; industrielle Revolution) wird auch der Computer als Instrument der *Rationalisierung* eingesetzt, woraus sich für die Betroffenen oft schwerwiegende soziale Folgen (Wandel von Arbeitsplätzen und beruflichen Anforderungen) ergeben. Weiterhin sind Regelungen über den Umgang mit schutzwürdigen Daten zu treffen. Untersuchungen hierzu werden im Gebiet *Informatik und Gesellschaft* zusammengefasst. Neuere Sprechweisen verwenden den Begriff *Kontextuelle Informatik* (Keil-Slawik, 2003). In den letzten Jahren erkannte man auch zunehmend die Gefahren, die sich aus der schnellen Verfügbarkeit *personenbezogener Daten* und der Konzentration von Informationen in *Datenbanken* ergeben: mögliche Einschränkung der Rechte des Einzelnen und Entstehung neuer Abhängigkeiten bzw. Machtverhältnisse durch die Verfügungsgewalt über Informationen. Schließlich kann der Computer zur Steuerung, Informationssammlung und -auswertung auf fast allen Gebieten von Wirtschaft, Wissenschaft, öffentlichem und privatem Leben eingesetzt werden und ermöglicht allein aufgrund seiner Arbeitsgeschwindigkeit die Lösung immer neuer, immer komplexerer Probleme.

Didaktik der Informatik

Die Vermittlung (das Lehren) und die Aneignung (das Lernen) von Wissen, Können und Einstellungen werden für informatische Bildungsgegenstände von der Didaktik der Informatik erforscht, beschrieben und gelehrt. Didaktik der Informatik untersucht die Lehr-Lern-Prozesse dieser informatischen Bildung in unterschiedlichen Entwicklungsphasen des Menschen, vom frühen Kindesalter, über die berufliche Aus- und Weiterbildung bis zum lebensbegleitenden Lernen in der Fortbildung und im Seniorenalter. Didaktik der Informatik ist eine Komponente des Informatikstudiums, insbesondere für das Lehramt Informatik aller Schulformen. Die *Hochschuldidaktik der Informatik* ist eine Spezialisierung der Didaktik der Informatik, die sich an Lehrende an Hochschulen wendet, um deren Bildungsaufgaben zu unterstützen. Laufende Forschungsergebnisse hierzu findet man in den Tagungsbänden der Tagungsreihe „HDI – Hochschuldidaktik der Informatik" (Claus, 1998; Forbrig/Siegel/Schneider, 2006; Schwill, 2008; Engbring et al., 2010).

Fachdidaktik stellt einen Bezug zwischen der Fachwissenschaft und der Lebenswelt her; sie macht die von der Fachwissenschaft gewonnenen Erkenntnisse für die Schule oder allgemein für Aus-, Fort- und Weiterbildung von Kindern und Erwachsenen zugänglich. Hiermit befassen wir uns ausführlich in diesem Lehrbuch und kurzgefasst in diesem Kapitel.

Anwendungen der Informatik

Informatik versteht sich als *anwendbare* Wissenschaft, die viele Sparten des Lebens beeinflusst. Unter Anwendungen der Informatik fasst man Anwendungen von Methoden der Kerninformatik in anderen Wissenschaften und die Entwicklung spezieller Verfahren und Darstellungstechniken zusammen. Die früher Angewandte Informatik genannte Disziplin untersucht Abläufe in den unterschiedlichsten Bereichen auf ihre Automatisierbarkeit durch Computer. Gewisse aus verschiedenen Anwendungen stammende gemeinsame Gebiete sind ergonomische Fragen und Probleme der Mensch-Maschine-Kommunikation. Dies überschneidet sich auch mit Forschungsgebieten aus der Psychologie (Kognitionswissenschaften), aus der Pädagogik (Training und Erklärungsprobleme), aus den Sozial- und Wirtschaftswissenschaften (Arbeitsstrukturen, Organisationsfragen, Führungssysteme) usw. Die Grenze zwischen Angewandter und Praktischer Informatik ist fließend.

Beispiele für Teilgebiete der Angewandten Informatik sind die Wirtschaftsinformatik, die Rechtsinformatik, die Bioinformatik und die medizinische Informatik. Solche Gebiete werden in der Literatur auch als „Bindestrich-Informatiken“ bezeichnet.

1.1.2 Stellung im Wissenschaftsgefüge

Historisch betrachtet hat sich die Informatik – zuvor vor allem als Spezialgebiet betrieben – aus der Mathematik, einer Grundlagenwissenschaft, und der Elektrotechnik, einer Ingenieurwissenschaft, entwickelt und ist selbst zu einer Grundlagenwissenschaft geworden, deren Methoden und Ergebnisse in nahezu allen anderen Wissenschaften verwendet werden. Letzteres dokumentiert sich z.B. in Bezeichnungen wie Rechtsinformatik, Medizinische Informatik, Wirtschaftsinformatik, Bioinformatik. Wie ordnet sich die Informatik als neue Wissenschaft in den Kanon der bestehenden Wissenschaften ein?

Eine Zuordnung der Informatik zu den *Geisteswissenschaften* scheidet aus, da Informatik sich nicht allein auf die Gewinnung und Darstellung neuer Erkenntnisse beschränkt. Vielmehr ist eines ihrer zentralen Ziele der Entwurf und die Herstellung praktisch einsetzbarer Produkte. Informatik behält also stets auch den anwendungsorientierten Aspekt im Auge. Dennoch besitzt die Informatik eine erhebliche geisteswissenschaftliche Komponente, etwa dort, wo es um Berechenbarkeit, Künstliche Intelligenz oder um gesellschaftliche Auswirkungen geht.

Informatik ist auch keine klassische *Naturwissenschaft.* Zwar untersucht sie Prozesse, die auch in der Natur anzutreffen sind, etwa informationsverarbeitende

Prozesse, ihre wichtigsten Forschungsgegenstände (Maschinen, Algorithmen, Datenstrukturen) sind jedoch von Menschenhand geschaffen.

Im Abschnitt 1.1.1 haben wir bereits gesehen, dass die Informatik als eine der wenigen Wissenschaften ihre Bezüge zur Gesellschaft in Form einer Teildisziplin pflegt. Und auch die arbeitsweltorientierte Charakterisierung von Coy spricht für eine gesellschaftswissenschaftliche Einbindung. Daher muss die Zugehörigkeit der Informatik zu den Gesellschaftswissenschaften auch geprüft werden. In den *Gesellschaftswissenschaften* (oft auch Sozialwissenschaften genannt) werden Phänomene des menschlichen Zusammenlebens aus unterschiedlichen Perspektiven theoretisch und empirisch untersucht. Offenbar ist dies aber kein Gegenstand der Informatik und damit eine Zuordnung zu den Gesellschaftswissenschaften ausgeschlossen. Allerdings beeinflusst die Informatik durch ihre erheblichen Auswirkungen auf die Gesellschaft das Zusammenleben der Menschen und sorgt damit erst für Untersuchungsgegenstände der Gesellschaftswissenschaften. Hinsichtlich der Arbeits- und Forschungsmethoden ist die in den Gesellschaftswissenschaften vorherrschende empirische Methode in der Informatik, die ihre Ergebnisse überwiegend konstruktiv und deduktiv erzielt, kaum vertreten.

Ingenieurwissenschaften befassen sich überwiegend mit konkreten technischen Objekten, etwa in der Elektrotechnik oder dem Maschinenbau. Die Objekte der Informatik sind demgegenüber häufig abstrakter Natur, etwa Information, Algorithmus, Datum, Prozess. Daher kann man die Informatik auch nicht den Ingenieurwissenschaften zuordnen. Allerdings besitzt die Informatik vor allem im Bereich ihrer Anwendungen hohe ingenieurmäßige Anteile. Auch die professionelle Softwareentwicklung wird mehr und mehr durch ein ingenieurartiges Vorgehen geprägt. Diese Schwerpunktverlagerung hat bereits an einigen Universitäten zur Bildung neuer Studiengänge „Ingenieurinformatik" geführt. Langfristig ist mit einer Aufspaltung der Informatik in eine ingenieurmäßige und eine grundlagenorientierte Wissenschaft zu rechnen. Die Informatik hätte dann eine ähnliche Entwicklung vollzogen wie viele andere Wissenschaften vorher, etwa das Abspalten der Elektrotechnik und des Maschinenbaus von der Physik, der Chemietechnik und der Verfahrenstechnik von der Chemie usw.

Informatik als Strukturwissenschaft

Eine detaillierte Analyse des Wissenschaftsgefüges hat Carl F. von Weizsäcker in seinem Buch „Die Einheit der Natur" (von Weizsäcker, 1971) angestellt. Er ordnet die Informatik – wie auch die Mathematik – in die Klasse der *Strukturwissenschaften* ein. Innerhalb der Informatik (und der Mathematik) untersucht und erforscht man auf formaler Ebene strukturelle Eigenschaften von Objektklassen (z.B. das operationale Verhalten der Objekte, die Eigenschaften von Operationen), zunächst noch ohne zu berücksichtigen, welche konkreten Objekte sich dieser Struktur unterordnen und ob es überhaupt solche Objekte gibt. Indiz für diese Sichtweise sind die zahlreichen Verwendungen des Wortes „Struktur“ in der Informatik: strukturierte Programmierung, Kontrollstrukturen, Datenstrukturen, Rechnerstrukturen, Strukturgrammatik, Struktogramm usw.

Beispiel: Ganz typisch ist diese strukturorientierte Denkweise bei der Spezifikation. Module spezifiziert man häufig durch *abstrakte Datentypen*, wobei zunächst nur die Struktur des Datentyps, d.h. die Eigenschaften der zugeordneten Operationen auf den *Sorten* (= Bezeichner für Wertebereiche), festgelegt wird. Eine Bedeutung erhält die Definition erst durch *Interpretation*, also durch Assoziierung der Sorten und Operationen mit Objekten der realen Welt. Ggf. stellt sich dabei heraus, dass es überhaupt keine (widersprüchliche Definition), genau einen (*monomorpher* Datentyp) oder mehrere (*polymorpher* Datentyp) reale Objektwelten gibt, die sich der definierten Struktur unterordnen. In der Praxis interessieren aber meist nur monomorphe Datentypen.

Das folgende Beispiel illustriert die Begriffe:

```
type Beispiel
    sorts: M
    operations:
        a: → M
        s: M → M
        p: M → M
    laws:
        ∀x∈M: p(s(x))=x
        ∀x∈M, x≠a: s(p(x))=x
        ∀x∈M: s(x)≠x
        ∀x∈M, x≠a: p(x)≠x
end.
```

Offenbar gibt es in dem abstrakten Datentyp einen Wertebereich M und drei Operationen, eine nullstellige Operation, also eine Konstante a aus M, und zwei einstellige Operationen s und p von M in sich, die sich gemäß den Gesetzen verhalten. Mindestens zwei Objektwelten ordnen sich dieser Spezifikation unter:

1. Man assoziiert M mit $\mathbb{N}_0$, a mit der Null, s mit der Nachfolgerfunktion und p mit der Vorgängerfunktion. Diese Zuordnung erfüllt die Spezifikation.

2. Man assoziiert M mit {false, true}, a mit false, s und p mit der Negation. Auch diese Interpretation erfüllt die Spezifikation.

Der abstrakte Datentyp ist also polymorph.

Informatik als Wissenstechnik

Eine interessante Einordnung stammt von Luft (1989 und 1994), der die Informatik als Wissenstechnik sieht. Gegenstand der Informatik ist danach die Repräsentation von Wissen in Form von Daten in technischen Systemen und die Entwicklung von Algorithmen und Verfahren zur Wiedergewinnung und Kommunikation von Wissen und zur Automatisierung und Simulation geistiger Tätigkeiten.

Luft gelingt es durch diese Definition auch, die in der Informatik nicht immer sinnvoll und korrekt verwendeten Begriffe Daten, Information, Wissen zweckmäßig in unterschiedlichen Ebenen einzuordnen (Abb. 1.1).

Abbildung 1.1 Stellenwert von Daten, Information und Wissen

Diese Sichtweise stellt gleichzeitig eine Abkehr vom traditionellen Technikverständnis dar, bei dem die Technologie im Zentrum steht: Technische Systeme werden zunächst auf der Grundlage formaler, mathematischer und technischer Erkenntnisse vollständig entwickelt. Erst danach wird der Mensch als (hoffentlich) Nutznießer mit den technischen Systemen konfrontiert, muss sich den Gegebenheiten unterordnen, dem technischen System anpassen. Luft kehrt diesen traditionellen Ansatz der Trennung von Entwicklung und Nutzung technischer Systeme mit seinem Informatikverständnis um und integriert den Menschen, an den Wissen und geistige Tätigkeiten gebunden zu sein scheinen, stärker in den Entwicklungsprozess ein.

Informatik als Kulturtechnik, Computer Literacy, Digital Literacy

In immer stärkerem Maße wird von jedem Einzelnen erwartet, dass er mit Computern umgehen kann. Die Kenntnis über Computer ist aber bei der Mehrzahl der Bürger noch relativ beschränkt und häufig von falschen Vorstellungen geprägt. Die Möglichkeiten, mit der Arbeitsweise und Leistungsfähigkeit einer Rechenanlage vertraut zu werden, werden von der Mehrheit der Bevölkerung noch gering genutzt und sind meist auf den Arbeitsbereich begrenzt.

Die Wortschöpfung „Computer Literacy (Computer-Alphabetisierung)“ konkretisiert dieses Defizit. Sie drückt die Forderung aus, dass der Umgang mit und die gezielte Nutzung von Computern zu einer zentralen *Kulturtechnik* wie Lesen, Schreiben und Rechnen wird. Computer Literacy umfasst die Kenntnis über Computer und deren Verwendungsmöglichkeiten und die Fähigkeit, Computer zur Bewältigung von Aufgaben im Beruf, im häuslichen Bereich, in der Gestaltung der Freizeit usw. einzusetzen. Diese Fähigkeit ist von allen Personen grundsätzlich zu erwarten; ohne sie, also als Computer-*Analphabet*, ist eine geordnete Teilnahme am Leben nicht möglich.

Es ist anzunehmen, dass in Zukunft jeder in folgenden Gebieten Kenntnisse besitzen wird:

- Geschichte und Entwicklung von Informatiksystemen;
- Funktionseinheiten, aus denen sich ein Computer zusammensetzt, Kommunikationseinheiten und Vernetzung sowie Kenntnisse zugehöriger Begriffe wie Eingabe, Ausgabe, Programm, Programmiersprache, Datei, Bit, Byte, Peripherie usw.;
- Einsicht in die Arbeitsweise eines Informatiksystems und Fähigkeit, als Benutzer mit einem Computer zu arbeiten;
- Kenntnis über Sprachen und vorhandene Anwendungs- und Hilfsprogramme (Software) sowie Erstellen und Verändern einfacher Programme;
- Analyse eines Problems hinsichtlich der Möglichkeit, es durch einen Computer lösen zu lassen, und logisch fundierte Vermittlung des Problems an einen Informatiker;
- Bewertung von Programmen nach verschiedenen Gesichtspunkten (Effizienz, Benutzungsfreundlichkeit, Nutzen des Einsatzes, Zuverlässigkeit usw.);
- Auswirkungen der Informatik auf die Gesellschaft und den Einzelnen; Chancen, Nutzen und Gefahren ihres Einsatzes.

Von einer Computer Literacy breiter Kreise der Bevölkerung kann zurzeit noch keine Rede sein. Momentan bestehen noch zu große Barrieren, die es den meisten Menschen nicht ermöglichen, eine entsprechende Grundqualifikation in Informatik zu erwerben. Dies wird sich durch die Einführung eines Pflichtfachs „Informationstechnische Grundbildung" in die Schule (vgl. Abschnitt 1.3.2) sowie mit wachsender Durchdringung aller Schulfächer mit Informatikmethoden und -denkweisen in absehbarer Zeit ändern.

1.2 Didaktik der Informatik und ihre Geschichte

Laut Meyers Enzyklopädischem Lexikon Bd. 6 von 1974 ist Didaktik allgemein

„Unterrichtslehre; Kunst des Lehrens; Wissenschaft von der Methode des Unterrichtens",

wobei unterschiedliche Schwerpunkte möglich sind:

1. Didaktik als Wissenschaft und Lehre vom Lehren und Lernen überhaupt,

2. Didaktik als Wissenschaft vom Unterricht bzw. Theorie des Unterrichts,
3. Didaktik als Theorie der Steuerung von Lernprozessen,
4. Didaktik als Theorie der Lehr- bzw. Bildungsinhalte, ihrer Struktur, Auswahl und Zusammensetzung,
5. Didaktik als Theorie der Unterrichtsformen und -verfahren.

Während die Akzentuierungen auf die Punkte 1. bis 3. und teilweise auch 5. weitgehend fachneutral innerhalb der Pädagogik behandelt werden können, setzt eine Fachdidaktik, also eine Unterrichtslehre für ein bestimmtes Fachgebiet, ihren Forschungsschwerpunkt vor allem im Bereich 4. Denn die Auswahl und Zusammensetzung von geeigneten Inhalten ist von zentraler Bedeutung für die Vermittlung von Begriffen und Prinzipien der Informatik. Besonderes Gewicht ist auf prägnante Beispiele zu legen: Sie bleiben einerseits lange haften, und sie komprimieren Information, d.h., selbst komplizierte Sachverhalte lassen sich meist außerordentlich leicht wieder über die Beispiele erschließen. Dieses Buch wird sich daher auch mit Beispielen befassen, die für den Informatikunterricht einerseits interessant und fesselnd sind und andererseits zur Vermittlung unterschiedlicher Konzepte der Informatik besonders geeignet erscheinen.

Die zentrale Fragestellung einer Fachdidaktik lautete früher pauschal:

Was soll wann, wie und mit welchem Ziel gelehrt werden?

Man spricht hier von *Lernzielorientierung.*

In jüngerer Zeit ist man zu einer *Kompetenzorientierung* mit Kompetenzmodellen des Unterrichts übergegangen (vgl. Kapitel 5), und die didaktische Grundfrage lautet dann entsprechend:

Welche Kompetenz soll wann und wie erworben werden?

Genauer: Fachdidaktik stellt einen Bezug zwischen einer Fachwissenschaft und der Lebenswelt her; sie macht die von der Fachwissenschaft gewonnenen Erkenntnisse für die Schule oder allgemein für Aus-, Fort- und Weiterbildung von Kindern und Erwachsenen verfügbar. Im Einzelnen gehören zu diesem Prozess insbesondere folgende Aufgaben:

- Definition und Anordnung der Kompetenzendimensionen der Schüler in einem *Kompetenzstrukturmodell,*
- Differenzierung unterschiedlicher Ausprägungsgrade für jede Kompetenzdimension der Schüler in einem *Kompetenzniveaumodell.*
- Beschreibung eines *Kompetenzentwicklungsmodells*, das aufzeigt, in welcher Stufung bzw. Sequenz bestimmte Teilkompetenzen von den Schülern im

Rahmen eines effektiven Kompetenzerwerbsprozesses erlernt werden sollten,

- Entwicklung von Konzepten zur Methodik und zur Organisation des Unterrichts,
- Festlegung, welche Ideen, Methoden und Erkenntnisse der Fachwissenschaft im Unterricht vermittelt werden sollen, damit die Schüler die definierten Kompetenzen erwerben können,
- Reihung der Unterrichtsinhalte zu Lehrplänen und ihre fortlaufende Aktualisierung hinsichtlich neuester fachwissenschaftlicher und didaktischer Erkenntnisse.

Didaktik der Informatik und ganz allgemein Fachdidaktik ist keine in sich ruhende Wissenschaft, vielmehr strahlen eine Reihe anderer Wissenschaften (z.B. Psychologie) und Institutionen (z.B. die Schule selbst, als Behörde betrachtet)

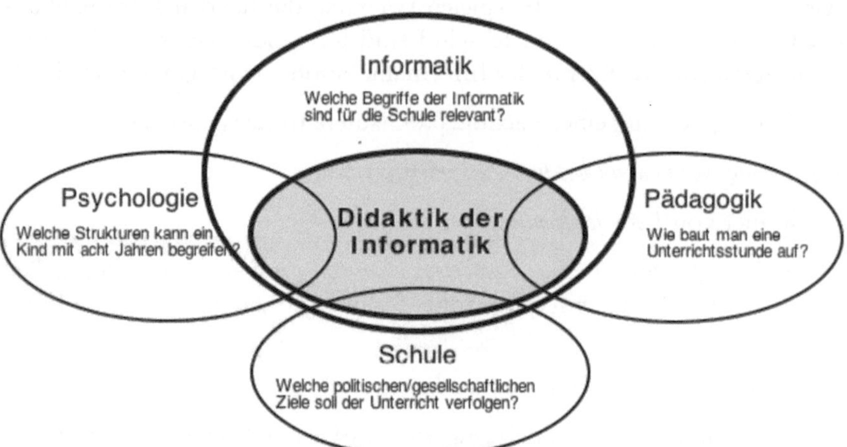

Abbildung 1.2 Einbettung der Didaktik der Informatik

auf sie aus. Abbildung 1.2 zeigt die Einbettung der Didaktik der Informatik in einen Kreis unterschiedlicher Wissenschaften und Institutionen sowie eine typische Fragestellung, die in dem jeweiligen Bereich bearbeitet wird und dessen zugehörige Antworten die Didaktik der Informatik zum Aufbau ihrer Lehre verwendet.

Auf einen interessanten Zusammenhang zwischen Didaktik und Informatik weist Baumann (1996) hin (Tab. 1.1): Definiert man wie oben Didaktik als die Wissenschaft von der Methode des Unterrichtens, so bezieht man sich hierbei traditionell implizit auf einen menschlichen Lehrer und menschliche Schüler.

Tabelle 1.1 Verhältnis zwischen Didaktik und Informatik

erteilt Unterricht und ist didaktisch vorgebildet	wird unterrichtet	methodische Bezeichnung
Lehrer	Schüler	traditioneller Unterricht
Informatiker	Computer	Programmierung
Computer	Schüler	CUU, E-Learning

Formal argumentiert ist nach dieser Definition aber auch die Informatik selbst eine Form von Didaktik, nur sind die Schüler hier Computer. Sie werden „unterrichtet", gewisse Probleme möglichst gut zu lösen. Den Lehrer nennt man dann Software-Technologen, Systemanalytiker, Wissensingenieur o.ä.; er erforscht Methoden, um Computern gewisse Inhalte effektiver zu vermitteln. Noch komplizierter wird der Sachverhalt, wenn man einen Computer zur Unterstützung des traditionellen Unterrichts heranzieht (Stichwort: E-Learning, computerunterstützter Unterricht, CUU). Nun ist der Computer ein didaktisch gebildeter Lehrer, und seine Schüler sind Menschen, womit wir wieder am Ausgangspunkt der Kette angelangt sind.

1.2.1 Beziehung zur Mathematik

Von der Mathematik unterscheidet sich die Informatik durch die Betonung unterschiedlicher Aspekte: Mathematik ist die Wissenschaft statischer idealisierter Strukturen, Informatik die Wissenschaft dynamischer realer Strukturen. (von Weizsäcker, 1971) spricht in diesem Zusammenhang von der Informatik als der „Mathematik zeitlicher Vorgänge, die durch menschliche Entscheidung, durch Planung, durch Strukturen, die sich darstellen lassen, als seien sie geplant, oder schließlich durch Zufall gesteuert werden". Die Mathematik stellt also vor allem begriffliche, die Informatik überwiegend methodische Hilfsmittel bereit. Ein weiterer wichtiger Unterschied besteht in der Art der in der Mathematik und Informatik überwiegend behandelten Größen und Objekte. Anders als in der Mathematik, die meist mit kontinuierlichen und elementaren Größen operiert, sind die in der Informatik vorkommenden Objekte strukturiert (d.h. aus mehreren unterscheidbaren elementaren Größen zusammengesetzt) und in höchstem Maße diskret. Letzteres ergibt sich aus der Darstellung von Größen auf einem Digitalrechner. Da nur eine endliche Menge unterscheidbarer Zeichen zur Verfügung steht, müssen alle Objekte durch diskrete Größen approximiert werden.

Claus (1977) fasst die Unterschiede von Mathematik und Informatik in sieben Thesen zusammen:

1. Mathematik trainiert das Denken in statischen abstrakten Räumen, während in der Informatik geübt wird, im zeitlichen Nach- und Nebeneinander zu denken.
2. Die Objekte der betrachteten Räume werden in der Mathematik nur selten auf ihre innere Struktur untersucht, dagegen sind in der Informatik die Datenstrukturen von zentraler Bedeutung.
3. Die Darstellung der Algorithmen und Datenstrukturen und Untersuchungen über Zeit und Platz, die für die Ausführung und Speicherung notwendig sind, spielen in der Mathematik im Gegensatz zur Informatik eine untergeordnete Rolle.
4. Die Untersuchungsobjekte der Mathematik unterliegen im Allgemeinen keinen Einschränkungen, während in der Informatik eine Bevorzugung diskreter Strukturen vorherrscht (die Mathematik ist daher „abstrakter", die Informatik „konkreter").
5. Die Mathematik-Ausbildung betont den „Einzelkämpfer", die Informatik hat in hohem Maße auch zum Mitarbeiter in Gruppen auszubilden (Einzelaufgaben contra Projektdurchführung).
6. Der Informatiker benötigt für seinen Beruf im wesentlich größeren Umfange als der Mathematiker „handwerkliche" Fähigkeiten und Erfahrungen (konkreter Umgang mit Rechnern, Beherrschung von mindestens zwei Programmiersprachen, genaue Kenntnis von Programmsystemen usw.).
7. Die Auswirkungen der Informatik betreffen die Gesellschaft und den Einzelnen unmittelbar, während der Mathematiker von der Öffentlichkeit kaum bemerkt wird (nur indirekt über andere Wissenschaften).

Einen detaillierten Vergleich der beiden Wissenschaften und ihrer Methoden liefert eine Untersuchung auf der Grundlage der in beiden Wissenschaften verwendeten Fundamentalen Ideen (s. Kapitel 3 für die Ideen der Informatik). Danach überwiegen die Unterschiede; sie bestehen nicht nur hinsichtlich der Fundamentalen Ideen, sondern auch in der Form der jeweiligen Modellbildung (Schwill, 1995). Dieser Vergleich spricht folglich nicht für eine Einbeziehung der Informatik in den Mathematikunterricht, einerseits weil sich die Ideen der Informatik den Ideen der Mathematik nicht so zuordnen lassen, dass eine Mitbehandlung informatischer Inhalte im aktuellen Mathematikunterricht den Schülern ein angemessenes Bild der Informatik vermittelt, andererseits weil die realen Sachverhalte, die die Informatik modelliert, sowie die Modellbildungsmethoden nur wenig gemeinsam haben.

1.2.2 Unterrichtsziele und historische didaktische Ansätze

Offenbar richten sich die Inhalte eines Fachunterrichts stets auch nach seinen Zielen, und mit den Zielen ändern sich jeweils auch die didaktischen Ansätze, nach denen der Unterricht zu organisieren ist. So ist z.B. Informatik in der Oberstufe gänzlich anders zu unterrichten, wenn es als eigenständiges Fach eingerichtet ist, als wenn der Informatikunterricht in andere Fächer, z.B. die Mathematik, einbezogen ist.

Eine detaillierte Klassifikation von prinzipiell möglichen und tatsächlichen Zielen eines Informatikunterrichts zusammen mit den zugehörigen didaktischen Ansätzen hat Claus (1991) aufgestellt. Wir greifen die wichtigsten und interessantesten Kombinationen von Unterrichtsziel und Didaktikansatz (in leicht geänderter Form) heraus und erläutern sie etwas ausführlicher (Tab. 1.2).

Die Paare (Ziel, Ansatz) sind relativ scharf gegeneinander abgegrenzt und betonen jeweils nur einen kleinen Ausschnitt aus der Menge der möglichen Zugänge zur Informatik. Es handelt sich gewissermaßen um „Reinkulturen", die man im praktischen Unterricht jedoch nicht in dieser reinen Form verwenden kann. Vielmehr muss man Kombinationen mehrerer Unterrichtsziele auswählen, um unterschiedliche Aspekte der Informatik zu vermitteln. Entsprechende Mischformen von Didaktikansätzen kommen bereits in der Praxis vor.

Die Ansätze im Einzelnen:

- universeller Ansatz: Die Informatik (oder Teile davon) wird in einen übergeordneten Zusammenhang gestellt. Möglich ist z.B. ein Unterricht allgemein über informationsverarbeitende Systeme in Natur, Wirtschaft, Wissenschaft und Gesellschaft oder über natürliche und künstliche Sprachen, deren Syntax, Semantik und Pragmatik, sowie darüber, was mit unterschiedlichen Sprachbegriffen darstellbar ist.
- ideenorientierter Ansatz: Nach Bruner (1960) soll sich der Unterricht eines Faches in erster Linie an den „Fundamentalen Ideen" der zugrundeliegenden Wissenschaft orientieren. Da den Fundamentalen Ideen eine längerfristige Gültigkeit zugeschrieben wird, kann es einem Informatikunterricht nach diesem Ansatz am ehesten gelingen, dem Druck der Wissenschaft, der durch die Halbwertszeit des Informatikwissens aufgebaut wird, zu entgehen. Allerdings gibt es kaum Untersuchungen darüber, was Fundamentale Ideen der Informatik sind. Diesen Ansatz werden wir im Kapitel 3 dieses Buches näher ausführen.

Tabelle 1.2 Unterrichtsziele und zugehörige Didaktikansätze

Unterrichtsziel	Didaktikansatz
a. Wissenschaftsbezogener Bereich	
a1. Einbettung der Informatik in übergeordnete Begriffe	universeller Ansatz
a2. Fundamentale Ideen der Informatik	ideenorientiert
a3. Unterliegende Technik- und Hilfsbereiche	hardwareorientiert, logikorientiert, numerischer Ansatz
a4. Gesicherte Aussagen, Systematik, Weltbild	theorieorientiert oder informatischer Ansatz
b. Zukunftsaspekte	
b1. Visionen über Möglichkeiten der Informatik	visionsorientiert
b2. Entwicklungslinien der Informatik	Extrapolationsansatz
c. Einsatz, Anwendungen, Auswirkungen bis heute	
c1. Typische Anwendungen zurzeit	anwendungsorientiert
c2. Auswirkungen (Arbeit, Soziales, Freizeit usw.)	sozialorientiert
d. Nutzen (und Schaden)	
d1. Nutzen für den Einzelnen	joborientiert
d2. Nutzen für die Arbeitswelt	arbeitsweltorientiert
d3. Nutzen für die Allgemeinheit	gesellschaftsorientiert
e. Grundtechniken und Unterstützungscharakter	
e1. Computer als Werkzeuge in anderen Fächern	integrativer Ansatz
e2. Informatik als wichtige Kulturtechnik	kulturorientiert

- logik-, hardwareorientierter, numerischer Ansatz:

  logikorientiert: Mit Logikkalkülen lassen sich viele Aspekte von Maschinen und Programmen eindeutig spezifizieren, beschreiben und in gewissem Umfang auch verifizieren. Im Hochschulbereich nimmt dieser Ansatz bereits einen breiten Raum ein.
  Historisch hat sich die Informatik u.a. aus der Elektrotechnik und der Mathematik entwickelt. Entsprechende Didaktikansätze sind jedoch veraltet.

hardwareorientiert: s. Beispiel unten.

numerisch: Im Mittelpunkt stehen numerische Berechnungen (z.B. die Wurzelberechnung nach Heron). Weitere Anwendungen werden nicht behandelt.

- informatischer Ansatz: Informatische Inhalte und Methoden werden systematisch in einer Form dargestellt, wie sie sich in grundlegenden Vorlesungen, Informatiklehrbüchern und Lexika finden. Dieser Ansatz bereitet am ehesten auf ein Informatikstudium vor.
- visionsorientierter Ansatz: Ausgehend von einer bestimmten Zukunftsvorstellung über Arbeitsweise, Leistungsfähigkeit und Anwendungsbereich von Informatiksystemen versucht man, ausgewählte Teilaspekte dieser Vision zu programmieren oder zu simulieren. Gleichzeitig entwickelt man die notwendigen informatischen Grundkenntnisse hierzu, etwa zur prinzipiellen Leistungsfähigkeit von Rechnern (Berechenbarkeit), zur Spracherkennung usw.
- Extrapolationsansatz: Hier geht man umgekehrt zum visionsorientierten Ansatz vor: Ausgehend von den aktuellen Gegebenheiten versucht man die Entwicklung der nächsten 10 bis 15 Jahre vorzuzeichnen und vermittelt die entsprechenden Inhalte im Unterricht. Zu diesen Inhalten könnten z.B. Parallelismen aller Art gehören: Parallelrechner, Netze, Sprachen für Parallelrechner usw.
- anwendungsorientierter Ansatz: Welche aktuellen Anwendungen und Anwendungsmöglichkeiten bestehen für die Informatik und für Computer zurzeit? Ausgehend von dieser Fragestellung analysiert man die in den entsprechenden Bereichen vorkommenden Systeme hinsichtlich der verwendeten Informatikmethoden und -konzepte.
- sozialorientierter Ansatz: Schwerpunkt dieses Didaktikansatzes sind die persönlichen und gesellschaftlichen Auswirkungen der Informatik.
- joborientierter Ansatz: Es ist unbestritten, dass Personen mit Informatikkenntnissen bessere Berufschancen besitzen. Die kurzfristigen Chancen erhöhen sich meist deutlich für diejenigen, die ein bestimmtes marktgängiges Produkt (Computersystem, Betriebssystem, Programmiersprache, Textsystem) beherrschen. Diese Tatsache greift der joborientierte Ansatz auf. Er vermittelt *eine* Programmiersprache, *ein* Betriebssystem, *ein* Textsystem usw. Grundprinzipien der Informatik treten in den Hintergrund.
- arbeitsweltorientierter Ansatz: Unterschiedliche Systeme werden erläutert, analysiert und hinsichtlich ihres Nutzens und Schadens für Benutzer, Firmen, die Wirtschaft klassifiziert.

- gesellschaftsorientierter Ansatz: Hier bilden weniger Einzelpersonen oder Firmen, sondern die Gesellschaft den Schwerpunkt, für den Nutzen und Schaden klassifiziert werden.
- integrativer Ansatz: In vielen Schulfächern werden bereits Computer als Unterrichtsmittel eingesetzt. Der integrative Ansatz verfolgt nun das Ziel, zugleich mit den Anwendungen des Computers auch in die Grundprinzipien der Informatik einzuführen.
- kulturorientierter Ansatz: Lernziel dieses Ansatzes ist die „*Computer Literacy*“ (Näheres in Abschnitt 1.1.2).

Beispiele:

1. Der veraltete (bis etwa 1976 in den Schulen vertretene) *hardwareorientierte Ansatz* ist eine Kombination von a3, a4 und c1 mit Schwerpunkt auf a3. Bei diesem Ansatz wird die Informatik als technische Disziplin gesehen, deren Forschungsgegenstand der Computer (als technisches Gerät betrachtet) ist. Die schaltalgebraischen Grundlagen, ihre Realisierung sowie die prinzipielle Arbeitsweise von Computern stehen im Vordergrund. Algorithmen werden mit Flussdiagrammen dargestellt und in Basic oder Maschinen- und Assembler-Sprachen formuliert und auf Mikroprozessoren oder Modellrechnern ausgeführt. Höhere Programmiersprachen werden nur vereinzelt verwendet. Es überwiegen Anwendungen aus der Mathematik (Numerik).

   Beispiel für ein Lehrbuch, das dieses didaktische Prinzip verfolgt, ist: Flensberg/Zeising: „Praktische Informatik“, Bayerischer Schulbuch-Verlag 1974.

2. Zurzeit überwiegt in der Schule der *algorithmenorientierte Ansatz*. Hierbei wird die Informatik als Wissenschaft gesehen, die Methoden zum Entwurf und zur Spezifikation von Algorithmen bereitstellt, die Programmierung unterstützt und Techniken zur Darstellung und Realisierung von Problemlösungen sowie zur Analyse und Verifikation von Programmen erarbeitet. Höhere Programmiersprachen dominieren. Hardwarebezogene Konzepte treten in den Hintergrund, weil damit zu rechnen ist, dass diese relativ schnell veralten. Der Computer wird also weniger als Forschungsobjekt denn als Werkzeug betrachtet.

   Der algorithmenorientierte Ansatz kann als Kombination der Ansätze a2, a4, b2 und c aufgefasst werden, wobei der Schwerpunkt auf a4 liegt.

   Beispiel für ein Lehrbuch, in dem der algorithmenorientierte Ansatz verfolgt wird, ist Metzler Informatik, Metzler Verlag 1984.

Mittlerweile gilt auch diese Methodik als überholt. Ihr Nachteil besteht zum einen darin, dass der Begriff des Algorithmus überwiegend im imperativen Sinne interpretiert wird und die anderen Darstellungen (etwa prädikativ, funktional) vernachlässigt werden. Ferner werden die Grenzen der Algorithmisierbarkeit im theoretischen (Berechenbarkeit, Verifikation), im praktischen (Grenzen der Modellierung, Entwicklung unüberschaubar großer Programme) und im gesellschaftlichen Sinne (Sicherheit von Softwaresystemen) nicht hinreichend herausgestellt. Grob gesprochen betont dieser Ansatz die Machbarkeit gegenüber der Nicht-Machbarkeit. Und schließlich gewinnen die der Algorithmisierung vorangehenden Phasen der Problemanalyse und Modellierung eine immer größere Aufmerksamkeit (vgl. Kapitel 4 und 5).

Generell scheint sich derzeit eine Schwerpunktverlagerung hin zu den Ansätzen a1 und a2 abzuzeichnen, wobei bei a1 die Informatik allgemein als Lehre von den informationsverarbeitenden Systemen angesehen wird.

3. Der in die Sekundarstufe I eingebrachte Unterricht zur ITG/IKG (informations- und kommunikationstechnische/-technologische Grundbildung) umfasst die Ziele und Ansätze a4, c, d und e2 mit Betonung auf c und d. Einzelheiten dieser Unterrichtsform werden in Abschnitt 1.3.2 vorgestellt.

Für den Informatikunterricht in der Sekundarstufe II muss der Schwerpunkt auf einen der Ansätze a1 – a4 gelegt werden. Wir bevorzugen einen Ansatz, der für den Informatikunterricht besonders geeignet erscheint: den ideenorientierten Ansatz a2. Die wesentlichen Prinzipien dieses Ansatzes enthält Kapitel 3.

Die Orientierung an Lern- und Unterrichtszielen gehört der Vergangenheit an. Angestrebt wird inzwischen eine *Kompetenzentwicklung* von Lernenden, die umfassendere Fähigkeiten und Fertigkeiten bildet, denn zu den kognitiven Fähigkeiten und Fertigkeiten, um bestimmte Probleme zu lösen, kommen noch motivationale, volitionale (die Willensbildung betreffende) und soziale Bereitschaften und Fähigkeiten hinzu. Kompetenzen, die durch den Informatikunterricht gebildet werden, und Vorschläge zur Kompetenzentwicklung werden in Kapitel 5 und 10 angesprochen.

1.3 Entwicklung der Didaktik der Informatik

Die fachdidaktische Forschung steht noch am Beginn. Zurzeit bestehen nur etwa zehn Professuren für Didaktik der Informatik an den Universitäten, ein Teil davon wurde erst in den letzten drei Jahren eingerichtet. Die Anzahl der Promotionen in der Fachdidaktik Informatik beträgt bisher nur etwa 15. Die

Anzahl der Habilitationen in der Fachdidaktik Informatik beträgt bisher nur drei (Eberle, 1996; Hubwieser, 2000; Steinert, 2010).

Die Arbeitsgruppen an den einzelnen Standorten befassen sich zum einen mit der Ausbildung von Lehramtsstudierenden Informatik; einige Arbeitsgruppen widmen sich dabei wesentlich der Curriculumentwicklung für gewisse Schulstufen und -formen im Bundesland sowie der begleitenden Lehrerweiterbildung. Zum anderen arbeiten die Forschergruppen an der didaktischen Erschließung zentraler Gegenstände der Informatik. In den vergangenen Jahren standen Untersuchungen zur Ausbildung von *Modellierungskompetenz* im Zentrum der Forschungsanstrengungen; der Zugang erfolgt dabei für die Schüler vor allem über die objektorientierte Modellierung. Hierfür liegt inzwischen ein umfangreicher Bestand an Forschungsergebnissen vor, die sich mit Darstellungsfragen, Altersangemessenheit, (Programmier-)Sprachauswahl und Methodik im Unterricht befassen, allerdings nur zum Teil empirisch abgesichert sind. Weitere Forschungen widmeten sich der Forschungsmethodik der Didaktik der Informatik, wobei es um die Anwendung und Weiterentwicklung empirischer Methoden ging, darunter Entwicklung von Messmethoden (vor allem zur Kompetenzmessung), Anlage von empirischen Forschungssettings und Interpretation von Ergebnissen. Denn es mangelt an empirischen Auswertungen von didaktischen Ansätzen.

Der Entwicklungsstand der Didaktik der Informatik wird auch in den Tagungsbänden der aller zwei Jahre stattfindenden GI-Fachtagung „Informatik und Schule (INFOS)" dokumentiert:

- Informatik als Herausforderung an Schule und Ausbildung (Arlt/Haefner, 1984),
- Informatik-Grundbildung in Schule und Beruf (von Puttkamer, 1986),
- Zukunftsperspektiven der Informatik für Schule und Ausbildung (Stetter/Brauer, 1989),
- Informatik: Wege zur Vielfalt beim Lehren und Lernen (Gorny, 1991),
- Informatik als Schlüssel zur Qualifikation (Troitzsch, 1993),
- Innovative Konzepte für die Ausbildung (Schubert, 1995),
- Informatik und Lernen in der Informationsgesellschaft (Hoppe/Luther, 1997),
- Informatik und Schule. Fachspezifische und fachübergreifende didaktische Konzepte (Schwill, 1999),
- Informatikunterricht und Medienbildung (Magenheim/Keil-Slawik, 2001),

- Informatische Fachkonzepte im Unterricht (Hubwieser, 2003),
- Unterrichtskonzepte für informatische Bildung (Friedrich, 2005),
- Didaktik der Informatik in Theorie und Praxis (Schubert, 2007),
- Zukunft braucht Herkunft. 25 Jahre INFOS – Informatik und Schule (Koerber, 2009).

Seit 2002 finden GI-Workshops zur Didaktik der Informatik (URL: http://www.fg-ddi.gi-ev.de/materialien.html) im Wechsel mit der GI-Fachtagung „Informatik und Schule (INFOS)" statt, die einen aktuellen Forschungsschwerpunkt zur Diskussion stellen (Schubert et al., 2002; Magenheim/Schubert, 2004; Schwill/Schulte/Thomas, 2006; Brinda et al., 2008; Diethelm et al., 2010).

Während etwa die Zeitschrift „LOG IN – Informatische Bildung und Computer in der Schule" (URL: http://www.log-in-verlag.de), deren regelmäßige Lektüre wir jeder Lehrkraft dringend empfehlen, viele positive Beispiele von praktisch erprobten Unterrichtseinheiten präsentiert, fehlen Negativbeispiele. Zudem sind die Beispiele überwiegend ohne besonderen Zusammenhang: Es liegt ihnen kein *allgemeines Prinzip* zugrunde.

Es mangelt noch an Fachbüchern, -zeitschriften und Standesvereinigungen. Die bislang einzige 1999 gegründete wissenschaftliche Zeitschrift für den deutschsprachigen Raum ist „informatica didactica" (URL: http://www.informatica-didactica.de) und erscheint elektronisch. Sie wird begleitet von der Buchreihe „Commentarii informaticae didacticae" (URL: http://opus.kobv.de/ubp/schriftenreihen_ebene2.php?sr_id=61), in der Tagungsbände und ausgewählte Forschungsberichte elektronisch und gedruckt publiziert werden. Eine weitere „Zeitschrift für Didaktik der Informatik" (URL: http://www.zfdi.info) ist in 2009 gestartet, hat aber noch keine Beiträge veröffentlicht.

Die immer noch bestehenden Defizite auf der Seite der „gesicherten Erkenntnisse" über das Unterrichten von Informatik in der Schule werden also noch einige Jahre fortbestehen. Allerdings verbesserte sich die Situation 2005, da die Deutsche Forschungsgemeinschaft (DFG) Projekte zur Didaktik der Informatik förderte:

- 2005-2010 DFG-Projekt A8 „Informatikunterricht und E-Learning zur aktiven Mitwirkung am digitalen Medienumbruch" im Rahmen des DFG Sonderforschungsbereichs/Forschungskolleg 615 „Medienumbrüche",
- 2008-2010 DFG-Projekt „Entwicklung von qualitativen und quantitativen Messverfahren zu Lehr-Lern-Prozessen für Modellierung und Systemverständnis in der Informatik (MoKoM I)",

- 2010-2012 DFG-Projekt „Kompetenzentwicklung mit Eingebetteten Mikro- und Nanosystemen (Komina)".

Und auch danach besteht immer noch das Problem, die Dynamik der Informatik, die die anderer Wissenschaften um ein Vielfaches übertrifft, didaktisch zu beherrschen. Selbst eine ausgebaute Didaktik wird die Fortschritte der Wissenschaft Informatik nicht mit gleicher Geschwindigkeit für den Schulunterricht zugänglich machen können. Daher müssen sich die Inhalte in Aus-, Fort- und Weiterbildung bis auf Weiteres an den Grundlagen der Wissenschaft orientieren. Es ist unverzichtbar, dass wir den in der Ausbildung befindlichen Lehrern und die wiederum ihren Schülern ein Bild von *grundlegenden Prinzipien*, *Denkweisen* und *Methoden* (von sog. *Fundamentalen Ideen*) der Informatik mitgeben. Nur von diesen Ideen ist eine längerfristige Gültigkeit zu erwarten. Neuere Sachverhalte erscheinen dann häufig nur als Variation eines bereits vertrauten Themas und können über die einmal gelernten Ideen leichter wieder erschlossen werden. Einen Ansatz zum Aufbau einer an diesem Prinzip orientierten Didaktik der Informatik werden wir in Kapitel 3 ausführlich vorstellen.

1.3.1 Lehrerbildung

Auch auf der Seite der Ausbildung besteht noch ein erheblicher Nachholbedarf. Es gibt kaum *aus*gebildete Informatiklehrer. Die meisten Lehrer haben sich in unterschiedlich anspruchsvollen Maßnahmen, die durch die Bundesländer und ihre regionalen Lehrerbildungsinstitute oder Universitäten angeboten wurden und werden, fort- oder weitergebildet oder sich eine gewisse Fachkompetenz selbst erarbeitet. Diese Situation wird sich wegen der Einstellungspolitik und der nur schwach nachwachsenden Absolventen auch in naher Zukunft nicht gravierend ändern. Derzeit besteht ein Verhältnis von geschätzt etwa 1:50 zwischen grundständig ausgebildeten und weitergebildeten Lehrkräften. Solange ein solches Missverhältnis vorliegt, ist das Unterrichtsfach Informatik von einer Normalität weit entfernt.

Es gibt zwar eine Reihe von Studiengängen für das Lehramt Informatik, manchmal existieren die Angebote jedoch nur auf dem Papier oder sind personell nicht angemessen abgesichert und werden realiter kaum wahrgenommen. Diese Lage ist ursächlich auf die noch andauernde Aufbausituation der Wissenschaft Informatik und die Überlast ihrer Fachbereiche zurückzuführen. Für Didaktik war bisher einfach noch keine Zeit.

Alle Lehramtsstudiengänge werden nach und nach vom klassischen Staatsexamen auf das Bachelor-Master-System umgestellt. Im Rahmen von notwendigen Akkreditierungen werden dann gewisse Mindeststandards sichergestellt, darunter z.B.

- die Einhaltung von Rahmenrichtlinien der Kultusministerkonferenz,
- ein gewisser Mindestanteil von Fachdidaktik im Studium und seine zweckmäßige Verteilung im Studienverlauf,
- fachdidaktische Forschungsleistung der Universität, die in der Regel durch eine Professur für Didaktik der Informatik sichergestellt wird,
- kleinere und größere Praxisphasen, die den angehenden Lehrkräften frühzeitig einen Einblick in Schulwirklichkeit erlauben, auch damit sie ihre Studienentscheidung rechtzeitig überprüfen können,
- die Möglichkeit, das Studium mit einem Bachelor-Abschluss vorzeitig zu beenden, wenn man den Lehrerberuf nicht mehr anstrebt, aber dennoch einen Ausbildungsstand erreicht zu haben, der z.B. Beschäftigungsfähigkeit (sog. „employability") in bildungsnahen Branchen ermöglicht,
- Sicherung eines straffen Studienverlaufs durch vereinfachte Koordination des Studiums der beiden Unterrichtsfächer für häufig gewählte Kombinationen.

1.3.2 Unterrichtsgestaltung

Informatik ist seit vielen Jahren mehr oder weniger weit in die Schulen vorgedrungen. Welche Gründe haben maßgeblich dazu geführt, Informatik als Schulfach einzuführen, und wie stellt sich das Fach Schülern und Lehrern zurzeit dar? Für die angehende Lehrkraft ist die Kenntnis tragfähiger Begründungen bedeutsam, da sie auch heute noch oftmals auf Kollegen, Eltern und Institutionen trifft, die das Schulfach Informatik in Frage stellen.

Begründungen für das Schulfach Informatik

Claus (1977) hat die Entwicklung der Informatik in der Schule seinerzeit nachgezeichnet. Danach richteten unterschiedliche gesellschaftliche Kräfte in den 1970er-Jahren die Forderung an die Schulträger, Informatik als Schulfach in der Sekundarstufe II einzuführen, weil die aktuellen sozialen, ökonomischen und technischen Entwicklungen ohne ein Schulfach Informatik im Lehrplan nicht mehr angemessen repräsentiert seien. Unter diesen Kräften befanden sich zum einen die Eltern, die für ihre Kinder bei den damals anwachsenden Arbeitslosenzahlen, insbesondere der akuten Jugendarbeitslosigkeit, bessere Berufschancen erhofften, zum anderen die Industrie, die gewaltige Absatzzuwächse durch die Ausstattung der Schulen und der Kinderzimmer mit ihren Geräten erwartete.

Die einzelnen damals kursierenden Begründungen für Informatik in der Schule lassen sich auf vier Grundaussagen zurückführen:

- Informatikunterricht dient der Entmystifizierung des „allmächtigen“ Computers.
- Der überall geplante Einsatz der Datenverarbeitung bedingt Grundkenntnisse bei allen Bürgern. Zugleich können Politiker hierdurch den zu erwartenden gewaltigen finanziellen Aufwand gegenüber den Bürgern rechtfertigen.
- Die Denkweise der Informatik ist universell verwendbar.
- Die durch die Datenverarbeitung gegebenen technologischen Neuerungen beeinflussen das Gesellschaftsgefüge und müssen vom Bürger bewältigt werden.

Claus weist daraufhin, dass sich diese Begründungen, so korrekt sie im Einzelfall auch sein mögen, wörtlich ebenso für andere Wissenschaften verwenden lassen. Für die Begründung eines neuen Schulfachs müssen daher die fachspezifischen Argumente stärker in den Vordergrund treten, wobei sich die Argumentation zumindest auf die Beantwortung der folgenden drei Fragen konzentrieren sollte:

- *Welche Bedeutung hat das Fach für unsere und die künftige Generation und deren Gesellschaftssystem?*

  Antwort: Das technische Instrument „Computer“ und seine Einsatzmöglichkeiten sind für das tägliche Leben und die Organisation und die Rationalisierung menschlicher und gesellschaftlicher Bereiche von zentraler Bedeutung. Der Einsatz von Datenverarbeitungsanlagen erfordert Überwachung und Kritik. Computer sind schwer abzuschätzende Machtinstrumente, mit denen Machtstrukturen wesentlich verändert und im Grundgesetz festgelegte Grundrechte ausgehöhlt werden können. Jeder Bürger sollte sich daher der Einsatzmöglichkeit und der funktionalen Leistungsfähigkeit der Datenverarbeitungsanlagen bewusst sein (s. Computer Literacy in Abschnitt 1.1.2).

- *Welche Bedeutung hat das Fach für andere Wissenschaften?*

  Antwort: Informatik ist eine (der Mathematik vergleichbare) Grundlagenwissenschaft. Ihre Methoden finden in praktisch allen anderen Wissenschaften Verwendung. Von der Informatik geht somit eine integrierende Wirkung aus. Informatik dient als generelle Methode, Problemlösungsprozesse zu erarbeiten und in einem exakten Formalismus so darzustellen, dass die konkrete Ermittlung von Lösungen unmittelbar einem technischen Gerät übertragen werden kann. Zentral ist hierbei das algorithmische Denken im zeitlichen Nach- und Nebeneinander auf beliebigen Datenstrukturen, das auch bei alltäglichen Verhaltensformen oder Abläufen Anwendung findet.

- *Welche Bedeutung oder Auswirkungen hat das Fach für die weitere Entwicklung oder für den allgemeinen Fortschritt der Menschheit?*

  Antwort: Durch richtige Nutzung der Datenverarbeitungsanlagen kann fast jede Wissenschaft nun in Bereiche vordringen, die früher aufgrund manueller Beschränktheit und der langsamen menschlichen Handlungsgeschwindigkeit nicht quantitativ „errechenbar“ waren. Dies bedeutet qualitativ einen Aufbruch in neue Dimensionen (z.B. Weltraumfahrt, Kristall-Analyse, Simulation und Planspiel, Verkehrssteuerung, Bundesdatenbank). Der Mensch wird frei von geistiger Routine-Tätigkeit. Die menschliche Arbeit verschiebt sich deutlich von handwerklich ausführenden zu planenden Tätigkeiten.

Diesen gewaltigen Quantensprung, der mit der Leistungsfähigkeit von Computern und der Erschließung neuer Anwendungsfelder einhergeht, illustriert anschaulich folgendes Beispiel.

Beispiel: Die Geschwindigkeit eines zu Fuß gehenden Menschen beträgt etwa 6 km/h. Die schnellsten vom Menschen geschaffenen Objekte (Raumsonden) bewegen sich etwa mit 100 km/s, das ist 60.000-mal schneller. Die Lichtgeschwindigkeit von 300.000 km/s beträgt etwa das $1{,}8 \cdot 10^8$-fache der Geschwindigkeit des Menschen. Vergleichen wird die Verhältnisse beim Rechnen: Die Autoren benötigen zur Addition zweier 12-stelliger Zahlen etwa 15 s. Ein leistungsfähiger Computer berechnet in der gleichen Zeit etwa $1{,}5 \cdot 10^9$ Additionen. Die theoretisch erreichbare Rechengeschwindigkeit liegt unter Ausnutzung von Parallelrechnern vermutlich mehrere Zehnerpotenzen höher (Tab. 1.3).

Tabelle 1.3 Vergleich von Rechen- und Bewegungsgeschwindigkeit

	Mensch	vom Menschen geschaffene Objekte	theoretische Grenze
Bewegungsgeschwindigkeit	6 km/h	60.000-faches	$1{,}8 \cdot 10^8$-faches
Rechengeschwindigkeit	0,07 Additionen/s	$1{,}5 \cdot 10^9$-faches	$\geq 10^{15}$-faches

Man sieht also: Der Leistungsgewinn, der mit Rechnern bisher erreicht wurde oder noch zu erreichen ist, übertrifft den Mobilitätsgewinn durch schnelle Verkehrssysteme um ein Vielfaches.

Sekundarstufe II

Informatik ist in allen Bundesländern als eigenständiges Fach vertreten. Es kann als Grundkurs und in einer Reihe von Ländern auch als Leistungskurs angeboten werden. Meist kann Informatik als 3. oder 4. Prüfungsfach im Abitur gewählt werden, jedoch rechnet es oft zu keinem der drei Aufgabenfelder, kann dann also insbesondere weder Mathematik noch eine Naturwissenschaft in der Abiturwertung ersetzen. Informatik ist dann eine erhebliche Zusatzbelastung, die nur wenige Schüler in Kauf nehmen. Dieses Manko konkretisiert sich, wie Lehrer berichten, an zunächst hohen Kursteilnehmerzahlen in Jahrgangsstufe 10/11, die dann beim Übergang zur 11./12. Klasse häufig auf Minimalstärken abschmelzen. Damit wird das Fach Informatik eine Randerscheinung in der Schule, dessen Bedeutung seinem gesellschaftlichen Stellenwert bei Weitem nicht gerecht wird.

Eine Schlüsselstellung nimmt der *Anfangsunterricht Informatik* ein (vgl. Kapitel 13); von seiner Anlage hängt es entscheidend ab, ob Schüler und vor allem Schülerinnen einen zutreffenden Einblick in das Fach gewinnen, der sie zu einer verständigen Entscheidung für oder auch gegen die Weiterführung des Fachs befähigt.

Eine weitere viel gefeierte Unterrichtsform in dieser Stufe ist der Projektunterricht (vgl. Kapitel 14). Nach den bisherigen Erfahrungen scheint kein Unterrichtsfach in ähnlicher Weise geeignet, Schüler an projektorientiertes Arbeiten in Gruppen zu gewöhnen, ohne dass ein Ermüdungseffekt einsetzt.

Sekundarstufe I

Eine Einführung von Informatik als eigenständiges Fach im Pflichtbereich ist derzeit nicht bundesweit durchsetzbar, obwohl es von vielen Informatikern gefordert wird. Meist gibt es Angebote oder Arbeitsgruppen im Wahlpflichtbereich, die aber nur interessierte Schüler erreichen. Pflichtangebote bestehen in Bayern, Mecklenburg-Vorpommern und Sachsen.

In fast allen Ländern wurden Modellversuche durchgeführt, um Jugendlichen eine *informations- und kommunikationstechnische oder -technologische Grundbildung* (ITG/IKG) in unterschiedlichen Ansätzen durch Eingliederung in vorhandene Fächer zu vermitteln.

In einem Rahmenkonzept der Bund-Länder-Kommission (BLK) wurden folgende Aufgaben der ITG genannt:

1. Aufarbeitung und Einordnung der individuellen Erfahrungen mit Informationstechniken,
2. Vermittlung von Grundstrukturen und Grundbegriffen, die für die Informationstechniken von Bedeutung sind,

3. Einführung in die Handhabung eines Computers und dessen Peripherie,
4. Vermittlung von Kenntnissen über die Einsatzmöglichkeiten und die Kontrolle der Informationstechniken,
5. Einführung in die Darstellung von Problemlösungen in algorithmischer Form,
6. Gewinnung eines Einblicks in die Entwicklung der elektronischen Datenverarbeitung,
7. Schaffung des Bewusstseins für die sozialen und wirtschaftlichen Auswirkungen, die mit der Verbreitung der Mikroelektronik verbunden sind,
8. Darstellung der Chancen und Risiken der Informationstechniken sowie Aufbau eines rationalen Verhältnisses zu diesen,
9. Einführung in Probleme des Persönlichkeits- und Datenschutzes.

Ein Problem dieses Konzepts: Einige der o.g. Aufgaben, z.B. 2., 3. und 5., lassen sich derzeit nicht integrieren, da es kein adäquates Unterrichtsfach hierfür gibt.

In den Ländern sind unterschiedliche Modelle dieses Konzepts realisiert:

- *Ein-Fach-Blockmodell:* Die ITG wird in ein sog. *Leitfach* (z.B. die Mathematik oder die Arbeitslehre/Technik) integriert und in einem oder mehreren Blöcken innerhalb der regulären Unterrichtszeit vermittelt.

  Vorteile: Einheitlichkeit der Darstellung, einfache Organisation des Ansatzes.

  Nachteile: Gefahr der einseitigen Prägung der Inhalte durch das Leitfach, zeitliche Belastung eines einzigen Unterrichtsfaches (des Leitfachs).

- *Mehr-Fach-Blockmodell:* Die ITG wird in mehrere Fächer eingegliedert und entweder in mehreren Blöcken (*Blockmodell*) vermittelt oder im normalen Fachunterricht punktuell immer dann angesprochen, wenn sich curriculare Ansatzpunkte ergeben (*Verteilungsmodell*).

  Vorteile: Verteilung der Belastung auf mehrere Fächer.

  Nachteile: Gefahr der Zersplitterung der Thematik vor allem beim Verteilungsmodell, Verlust des Überblicks, Verdünnung der Inhalte.

- *Projektmodell:* Die Inhalte der ITG werden außerhalb des regulären Unterrichts unter Beteiligung mehrerer Lehrer in Projektveranstaltungen vermittelt.

  Vorteile: Möglichkeit zum fächerübergreifenden Unterricht in einem für die Schule neuen Modell.

Nachteile: Organisatorische Schwierigkeiten, zusätzlicher Zeitaufwand für Schüler.

Diese Überlegungen zeigen, dass die genannten Ansätze vermutlich zum Scheitern verurteilt sind und man um ein eigenständiges Fach Informatik langfristig nicht herumkommt.

Primarstufe

Hier ist zurzeit nicht an einen Informatikunterricht gedacht, jedoch gibt es Vorschläge, Grundkonzepte der Informatik u.a. im Mathematikunterricht zu vermitteln (Freudenberg, 2009; Herper/Hinz, 2009; Weigend, 2009; Knöß, 1989). Viele Grundschulen wurden im Rahmen von Medienoffensiven mit Computern ausgestattet, die in Klassenräumen in Form von Medieninseln integriert sind und im Unterricht aller Fächer eingesetzt werden können. Eine Vermittlung von Informatik beschränkt sich zwar auf Bedienfertigkeiten, unterstützt aber den Unterricht der Sekundarstufe I, der dann auf gewissen Erfahrungen aufsetzen kann.

2 Grundmodell für Ziele, Inhalte und Lehrmethoden

2.1 Informatikdidaktische Orientierung für Lehrer und Schüler

Erfolgreicher Informatikunterricht beachtet bekannte Rahmenbedingungen aus dem Lernprozess und aus dem Prozess des fachlichen Arbeitens. In diesem Buch wird ein Lernprozess angestrebt, der vom aktiven Schüler ausgeht, der sich Informatik handlungsorientiert, problemorientiert, anwendungsorientiert und ganzheitlich aneignet und dabei vom Lehrer begleitet wird. Das erfordert Transparenz und Begründung des Lehr-Lern-Konzepts für den Schüler über einen längeren Zeitraum, z.B. für ein Halbjahr, mit Ausblick auf sinnvolle Fortsetzung und Einbettung in verschiedene Bildungsgänge der allgemeinbildenden Sekundarstufe, der beruflichen Bildung und der Weiterbildung. Mit dieser Kombination von Handlungsorientierung, Problemorientierung, Anwendungsorientierung und Ganzheitlichkeit des Lernens gelingt nicht nur die Betonung der Schüleraktivität, sondern diese aktive Rolle wird für den Schüler auch sichtbar. Der immer noch weit verbreitete Frontalunterricht, häufig verknüpft mit langen Lehrermonologen, entspricht der hier empfohlenen Vorgehensweise nicht. Unterschätzt wird meist, dass mehr Schüleraktivität einen deutlich höheren Vorbereitungsaufwand des Lehrers voraussetzt. Was so leicht aussieht bei Unterrichtsbeobachtungen, die den Lehrer als Impulsgeber im Hintergrund zeigen, funktioniert nur bei starker konzeptioneller Vorleistung. *Handlungsorientierung* wird vom Konstruktivismus abgeleitet (Vygotsky, 1978), d.h., der Schüler erwirbt Wissen und Können durch aktives Gestalten im Fach als Einzelperson und Gruppenmitglied. *Problemorientierung* stellt den Schüler vor Anforderungen, die er mit dem erworbenen Wissen und Können zunächst nicht vollständig überschauen kann, aber durch konsequentes Nachdenken und schrittweises Vorgehen schließlich bewältigt werden können und ihn zum Erschließen neuer Lernquellen motivieren soll. Typischerweise regt die Problemorientierung neue soziale Prozesse zur Kommunikation und Kooperation an. Das *ganzheitliche Lernen* soll viele Sinne und Kompetenzbereiche ansprechen, um die Nachhaltigkeit des Gelernten zu sichern. Neben den in der Schule dominierenden kognitiven Anforderungen beobachtet man immer wieder, mit wie viel Begeisterung (affektives Element) und körperlichem Einsatz am Rechner (psychomotorisches Element) Schüler Informatikprobleme bearbeiten. Die *Anwendungsorientie-*

rung ermöglicht es dem Schüler, die Einzelerkenntnisse zu systematisieren und im historischen und lebensweltlichen Kontext zu bewerten. Der Schüler versteht z.B., dass asymmetrische Verschlüsselungsverfahren aus der Notwendigkeit entstanden, viele Schlüsselpaare für schnelle symmetrische Verschlüsselungsverfahren auf einem unsicheren Kanal zu übertragen, und erlebt im historischen Kontext die Anwendung von Primzahlen. Die Bindung des Informatikunterrichts an das Fach wird im Kapitel 3 näher beschrieben.

Vorerst soll gelten, dass gute Verständlichkeit nicht zum Widerspruch zur fachlichen Korrektheit und Erweiterbarkeit des Gelernten führen darf. Informatikbegriffe und -konzepte bauen aufeinander auf, können also nicht in beliebigen Zusammenstellungen erlernt werden. In einem Graphen lässt sich für jeden Lerninhalt die Beziehung zwischen Vorwissen und neuen Erkenntnissen darstellen. Das Vorwissen wurde in der Regel in verschiedenen Unterrichtsfächern erworben, und umgekehrt liefert der Informatikunterricht wichtige Kompetenzen für das Lernen in anderen Fächern. Auf diese Beziehungen wird im Abschnitt 2.5 ausführlicher eingegangen. Handlungsorientierung und Problemorientierung zwingen Lehrer zur Auseinandersetzung mit der informatikspezifischen Vorgehensweise beim Lösen von Aufgaben. Diese Arbeitsweise beruht auf Empfehlungen (Heuristiken), die der Schüler verstehen und anwenden muss. Zum Verstehen benötigt man die geeignete Auswahl an Informatikprinzipien und -methoden, bleibt aber vollständig frei in der Wahl der Werkzeuge. Es existiert also keine Produktbindung in der informatischen Bildung. Im Mittelpunkt steht vielmehr die Vermittlung von Wirkprinzipien, die anhand von Systemen oder Produkten studiert werden und nicht umgekehrt. Es werden primär keine Bedienfertigkeiten vermittelt. Eine kleine Testfrage gibt Aufschluss: Ist das vermittelte informatische Prinzip auch ohne das Beispielsystem relevant, an dem es studiert wird? Die Informatikprinzipien und -methoden unterliegen allerdings einer historischen Bewertung und sind nicht zeitbeständig.

Man empfiehlt heute andere Problemlösestrategien als vor zehn oder zwanzig Jahren (Brauer/Brauer, 1995). Revisionen der Kompetenzbilder und Bildungspläne sind deshalb unverzichtbar (Humbert, 2003). Hier wird vor allem mit Basiskonzepten (Tab. 2.1) argumentiert, deren Bedeutung nicht vordergründig an die Wahl von Programmierstil (z.B. funktional, prozedural, objektorientiert) und Programmiersprache gebunden ist, z.B. der Einsatz virtueller Maschinen (vgl. Kapitel 9).

Gezeigt werden soll, dass Lehrer und Schüler ein informatikdidaktisches Grundmodell (Abb. 2.1) als Orientierungswissen verwenden können, das sowohl die Grundbildung als auch die Vertiefung besser organisieren und bewerten hilft (Schubert, 1991). Wo stehe ich im Bildungsprozess? Diese und folgende andere Fragen kann sich der Schüler selbst beantworten. Warum stimmen meine Lösungsvorschläge nicht mit denen der anderen Gruppenmitglieder

Tabelle 2.1 Informatikprinzipien und -methoden des Problemlösungsprozesses

Prinzip	Methode
Prozessmodellierung	Gliedern des Entwicklungsprozesses in Phasen, z.B. - Spezifikation der Anforderungen - Implementierung des Entwurfs
Einsatz virtueller Maschinen	Arbeiten in Projekten, z.B. - Teststrategien - projektbegleitendes Dokumentieren und Verwalten
strukturierte Zerlegung	
- Modularisierung	- Top-down-Methode - Bottom-up-Methode - Geheimhaltung der Wirkungsweise - Schichtung
- Hierarchisierung	- Klassifikation - Schachtelung - Vererbung

überein? Wo liegen meine persönlichen Stärken und Schwächen? Was erwartet mich in der Informatikvertiefung?

Wünschenswert ist ebenfalls, dass Lehrer und Schüler gemeinsam die Bildungsinhalte mithilfe des Grundmodells so strukturieren, dass Kernkompetenzen und mögliche Erweiterungen klar getrennt werden. Der Bildungsbeitrag eines jeden Moduls kann so genau beschrieben und zertifiziert werden. Sehen wir uns das Grundmodell des Informatikunterrichts näher an. Es besteht inzwischen ein breiter Konsens, dass das Modellieren – Strukturieren und Beschreiben mit formalen Sprachen – in der Informatik Besonderheiten aufweist, die in keinem anderen Unterrichtsfach erlernt werden können, aber unverzichtbar sind für die aktive Mitgestaltung der Gesellschaft, die als Informations- oder Wissensgesellschaft bezeichnet wird (Breier et al., 2000) (vgl. Kapitel 5).

Handlungsorientierung konzentriert sich im Informatikunterricht auf die Bereitstellung von Ergebnissen, die nicht auf traditionellem Wege erzielt wurden. Der Schüler rechnet z.B. nicht aus, wie hoch die Jahresdurchschnittstemperatur ist. Er weiß, dass eine Wetterstation die täglichen Messwerte, niedrigste und höchste Tagestemperatur (Tmin, Tmax), in einer Datei bereitstellt, die der Rechner auswerten kann. Das funktioniert nicht ohne Lösungsplan, der bereits vorliegen kann oder konstruiert werden muss (Beispiel 2.1). Der Schüler erlebt, dass er für jede neue Aufgabenstellung prüfen muss, wie er einen Lösungsplan gewinnen kann. Er lernt, wie aufwendig es ist, einen einfachen Lösungsplan selbst zu entwickeln. Es kann also lohnend sein, in der Literatur und in Programmbibliotheken nach einem Algorithmus für diese Art von Aufgaben zu suchen. Wir sprechen von *Aufgabenklasse* (vgl. Kapitel 5), um zu betonen, dass ein Plan mit einfachen Veränderungen viele ähnliche Aufgaben löst, hier z.B. die Ermittlung der durchschnittlichen Niederschlagsmenge, oder auch des Durchschnittsumsatzes oder des Durchschnittsalters. Der Schüler kann die erforderlichen Anpassungen eines Grundalgorithmus für eine Aufgabenklasse an eine konkrete Aufgabe nur vornehmen, wenn er Aufbau und Funktionsweise eines Lösungsplans prinzipiell verstanden hat. Das Lesen und Schreiben von Lösungsplänen mit einer formalen Beschreibungssprache (z.B. Pseudocode, Beispiel 2.1) und einer Programmiersprache sind deshalb unverzichtbar für den Informatikunterricht insgesamt. Sie müssen aber nicht gleichzeitig erlernt werden. Für eine Informatikeinführung in der Sekundarstufe I können graphische Schemata (eine Auswahl enthält Kapitel 11) als formale Beschreibungssprache zur Anwendung kommen. Die Aufgabenklassen sind so wählbar, dass programmierte Standardlösungen das Erlernen einer Programmiersprache in den ersten Jahrgangsstufen entbehrlich machen (Frey et al., 2001).

Beispiel 2.1 Pseudocode

```
Setze die Anfangswerte SdT:=0 und Anzahl:=0.
Wiederhole, solange nicht Dateiende erreicht wurde:
        Lies aus der Datei das Wertepaar Tmin, Tmax.
        Berechne die Tagesdurchschnittstemperatur dT:=(Tmin+Tmax)/2.
        Berechne die Summe der Tagesdurchschnittstemperaturen SdT:=SdT+dT.
        Aktualisiere die Anzahl der Wertepaare Anzahl:=Anzahl+1.
Berechne die Jahresdurchschnittstemperatur JdT:=SdT/Anzahl.
Gib das Ergebnis JdT aus.
```

Wenn der Lösungsplan gefunden wurde, kann der Schüler mit ihm experimentieren – ihn implementieren und erproben –, bis die erzeugten Ergebnisse den anfangs formulierten Anforderungen entsprechen. Diese Phase der Ausbildung wird von vielen Schülern als interessant und abwechslungsreich beschrieben. Der Lösungsplan übernimmt die Funktion einer Hypothese, die im Anwendungsprozess auf ihre Tragfähigkeit bzw. Schwachstellen hin untersucht wird. Vernachlässigt wird im Informatikunterricht nicht selten, dass ähnlich wie im naturwissenschaftlichen Unterricht zu protokollieren ist, welche Ergebnisse die Experimente zeigten, und dass nach dem Experimentieren die Ergebnisse interpretiert und bewertet werden müssen (vgl. Kapitel 8).

Da meist kein formaler Nachweis die Korrektheit der Ergebnisse belegen kann, hilft in der Bewertungsphase der Technikeinsatz nicht weiter. Modellieren und Bewerten haben dem Informatikunterricht den Ruf eines schweren Faches eingebracht, vergleichbar zum Abstraktionsniveau der Mathematik. Das Grundmodell (Abb. 2.1) veranschaulicht, welche Schlüsselrolle diesen anspruchsvollen Phasen für den Erkenntnisprozess zukommt.

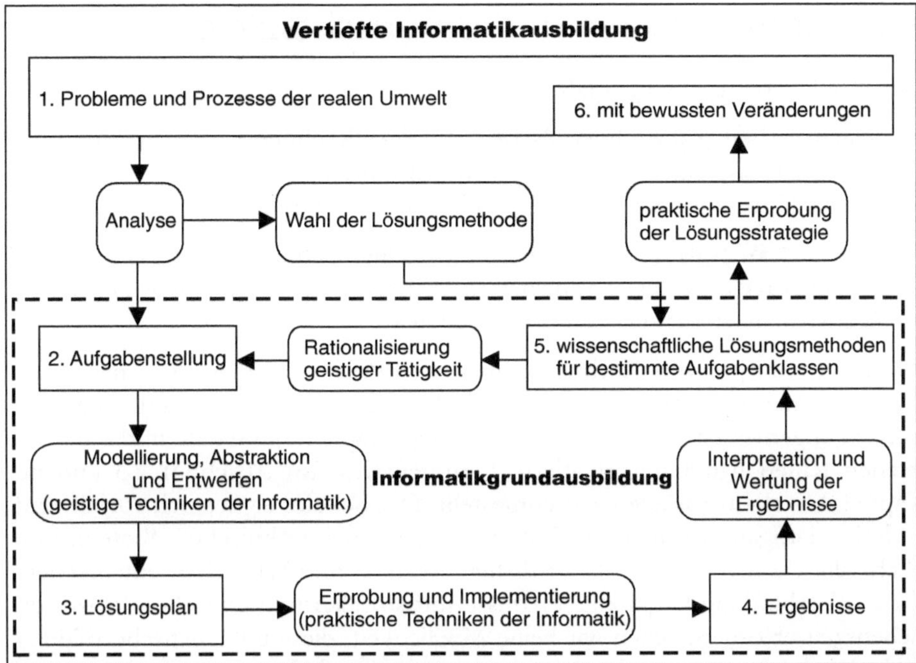

Abbildung 2.1 Grundmodell für Informatikunterricht

Die eingezeichneten Pfeile zeigen den fachlogischen Ablauf. Sie sind nicht als Lernschritte zu interpretieren. Der Schüler kann mit jedem Lernmaterial, z.B. einer fertig vorliegenden informatischen Lösungsmethode für eine bestimmte Aufgabenklasse, beginnen und sich unterschiedlich tief mit einem Lerngegenstand, z.B. dem Verstehen der Rationalisierung geistiger Tätigkeit, auseinandersetzen. Gerade der Rationalisierungseffekt wird vom Schüler besonders gut verstanden, wenn die Lösungsmethode vorlag und nicht erst in vielen Stunden entwickelt werden musste.

Wie viel Unterrichtzeit benötigt eine solche Grundbildung? Darüber gehen die Erfahrungsberichte weit auseinander. Von Abwahl bedrohte Informatikkurse scheiterten nicht selten daran, dass zu viele Kompetenzen in zu kurzer Zeit ermöglicht werden sollten. Gesichert ist, dass Schüler nach einem Ausbildungsjahr den aktiven Rollen- und Sichtenwechsel zwischen den geistigen und praktischen Arbeitstechniken der Informatik erlernen können. Der Komplexitätsgrad der Beispiele (z.B. im Grund- und Leistungsfach) hängt dabei von bildungspolitischen Vorgaben ab. Das Grundmodell für Informatikunterricht bildet wie jedes Modell nicht alle Aspekte gut ab. So kann man nur indirekt erkennen, dass die angewendeten Informatiksysteme zum Lerngegenstand werden (vgl. Kapitel 9).

2.2 Kompetenzen und Unterrichtsziele

Der Schüler soll nach einem Jahr

- seinen Arbeitsplatzrechner als Beispiel einer Rechnerarchitektur, eines Betriebssystems, einer Sammlung von Anwendungssoftware verstehen und daraus Konsequenzen für sein Handeln ableiten können,
- seinen Arbeitsplatzrechner als Element eines Schul-Intranets, eines Weitverkehrsnetzes, eines sensiblen Sicherheitskonzeptes verstehen und daraus Konsequenzen für sein Handeln ableiten können.

Die Basiskonzepte von Rechnerarchitektur, Betriebssystemen, Rechnernetzen und Informationssicherheit gehören deshalb in jede Grundausbildung und müssen angemessen thematisiert werden (vgl. Kapitel 5). Gerade in diesen Bereichen fehlen handlungsorientierte Lernszenarios. Im Abschnitt 2.3 und im Kapitel 9 werden Ansätze dazu vorgestellt. Der Schüler eignet sich soziale und ethische Umgangsformen im Rahmen eines soziotechnischen Systems an. Nicht alle werden den gesellschaftlichen Normen und Wünschen entsprechen. Da die Verbindung kognitiver Prozesse mit sozialen und ethischen Prozessen Lebenszeit erfordert, sehen wir keine Möglichkeit, diese informatische Bildung und Erziehung stark zu komprimieren. Wir empfehlen deshalb ein zweites Ausbildungsjahr zur Vertiefung, d.h. Verknüpfung ausgewählter Ziele der Lebensumwelt mit den angeeigneten Basiskompetenzen. Die Methode des Projektunterrichts (vgl. Kapitel 14) bietet dem Schüler Gelegenheit zur Begegnung mit einer Folge von Informatikprojekten, die er einzeln und im Team gestaltet. Projektpartner außerhalb der Schule sind nach wie vor Einzelerfolge. Es fehlt die Breitenwirkung für alle Schüler an allen Schulen. Regionale Projektbörsen für jeden Schulverwaltungsbereich sind deshalb notwendig. Der Schüler soll durch persönliche Kontakte mit den Anwendern seiner Informatiklösung die Akzeptanz seiner Projektergebnisse kennenlernen. Lernmotivation und Selbstreflektion erhalten dadurch neue Impulse. Wir verwenden hier den *Kompetenzbegriff* der Kultusministerkonferenz:

„*Kompetenz* bezeichnet den Lernerfolg in Bezug auf den einzelnen Lernenden und seine Befähigung zu eigenverantwortlichem Handeln in beruflichen, gesellschaftlichen und privaten Situationen. Demgegenüber wird unter Qualifikation der Lernerfolg in Bezug auf die Verwertbarkeit, d.h. aus der Sicht der Nachfrage in beruflichen, gesellschaftlichen und privaten Situationen, verstanden“ (KMK, 2000, S. 9).

Im Anhang A werden die Definitionen für Handlung-, Fach-, Personal- und Sozialkompetenz aus dem KMK-Dokument aufgeführt.

Welcher Beitrag des Informatikunterrichts zur Bildung in der Wissensgesellschaft wird erwartet? Eine *neue Kulturtechnik* ist zu erlernen. Die ersten Thesen der „Erfurter Resolution“ lauten:

„Der Umgang mit Information ist neben den traditionellen Kulturtechniken des Lesens, Schreibens und Rechnens eine weitere unverzichtbare Grundkompetenz geworden. Dies bedeutet, dass für den Erwerb dieser Kompetenz im Rahmen der aktuellen Schulentwicklung ein fester unterrichtlicher Ort vorgesehen werden muss – wie beispielsweise für schreiben und lesen. … Mit dem Schlagwort Medienerziehung ist die geforderte informatikspezifische Kompetenz nicht zu erreichen“ (Erfurter Resolution, 1999).

Diese neue Kulturtechnik darf nicht mit dem Nutzungsaspekt verwechselt werden. Es geht vielmehr um sehr anspruchsvolle Gestaltungsfähigkeiten:

„Reduktion der Komplexität durch Strukturierung, Informatisches Modellieren (Objektorientierung), Interaktions- und Kommunikationsstrategien“ (Erfurter Resolution, 1999).

Wenn Information als Rohstoff der Wertschöpfung eingesetzt wird, dann muss Bildung auch alle Schüler darüber aufklären, um eine Benachteiligung bei der Lebensgestaltung auszuschließen. Informationsverarbeitung war viele Jahre eine Spezialtätigkeit für wenige Berufsgruppen. Gegenwärtig fällt es schwer, eine Gruppe zu finden, die von Informationsverarbeitung nicht betroffen ist. „Betroffen sein“ führt aber noch nicht zu selbstbestimmtem Handeln. Bildung kann die Kompetenzen fördern, die selbstbestimmtes Handeln im Kontext der Informationsverarbeitung ermöglichen. Dabei ist eine spezifische Ausprägung der informatischen Bildung für die unterschiedlichen Schularten und Bildungsphasen sehr sinnvoll. Je nach Neigung und Begabung empfehlen wir folgende Kompetenzbereiche:

1. Die Bewältigung von informatischen Alltagsanforderungen und die Befreiung von Aberglaube auf dem Gebiet der Informatik umfasst:
   - Beherrschung von Komplexität durch Strukturierung,
   - Informatisches Modellieren,
   - Interaktions- und Kommunikationsstrategien.

2. Der verantwortungsvolle Umgang mit Informatikanwendungen erfordert ein tiefes Verständnis soziotechnischer Systeme und kann deshalb gut mit beruflichen Tätigkeiten verbunden werden.

3. Die menschengerechte Gestaltung von Informatikanwendungen stellt hohe Anforderungen an Kommunikation und Kooperation.

Den ersten Kompetenzbereich benötigen alle Menschen für ihre selbstbestimmte Lebensgestaltung. Er muss im Rahmen der Allgemeinbildung angeeignet werden. Der zweite Kompetenzbereich baut auf dem ersten auf und kann von allen Menschen in individuellen Komplexitätsstufen und in unterschiedlichen Bildungsphasen (Allgemeinbildung, Berufsbildung, lebensbegleitendes Lernen) erworben werden. Der Komplexitätsgrad der Anwendungen und die damit verbundenen Bildungsanforderungen werden häufig unterschätzt.

„Im Zeitalter der Anwenderpakete wird damit das Programmieren nicht mehr nur als Werkzeug benötigt, sondern als Gedankengut, das den vernünftigen Einsatz der Werkzeuge ermöglicht, die von anderen erstellt wurden. Eine ähnliche Aussage gilt für jede Art von Allgemeinbildung“ (Nievergelt, 1999, S. 368).

Der dritte Kompetenzbereich kann im Sinne einer Fortsetzung der Aufklärung aus dem ersten Bereich für alle Menschen in unterschiedlichen Bildungsphasen interessant sein, bleibt aber aufgrund der hohen Anforderungen der Prinzipien, Methoden und Werkzeuge ein Bereich, den sich nicht alle Menschen erschließen möchten.

Wir wollen nun den ersten Kompetenzbereich näher beschreiben. Handlungsorientierung bedeutet hier, dass der Schüler einen Tätigkeitszyklus (Abb. 2.2) erlernt, bei dem das Erzeugen und Interpretieren von Fehlern zu einem erfolgreichen Erkenntnisprozess gehört. Der Lehrer soll eine Lernumgebung bereitstellen, die die selbstorganisierte Aneignung des Tätigkeitszyklusses durch den Schüler fördert. Das vereinfachte Schema der Tätigkeiten soll dem Schüler vorliegen wie eine schrittweise zu erkundende Landkarte. Er muss selbst beobachten und bewerten, was er dazugelernt hat, was er beherrscht, wo seine Schwierigkeiten liegen.

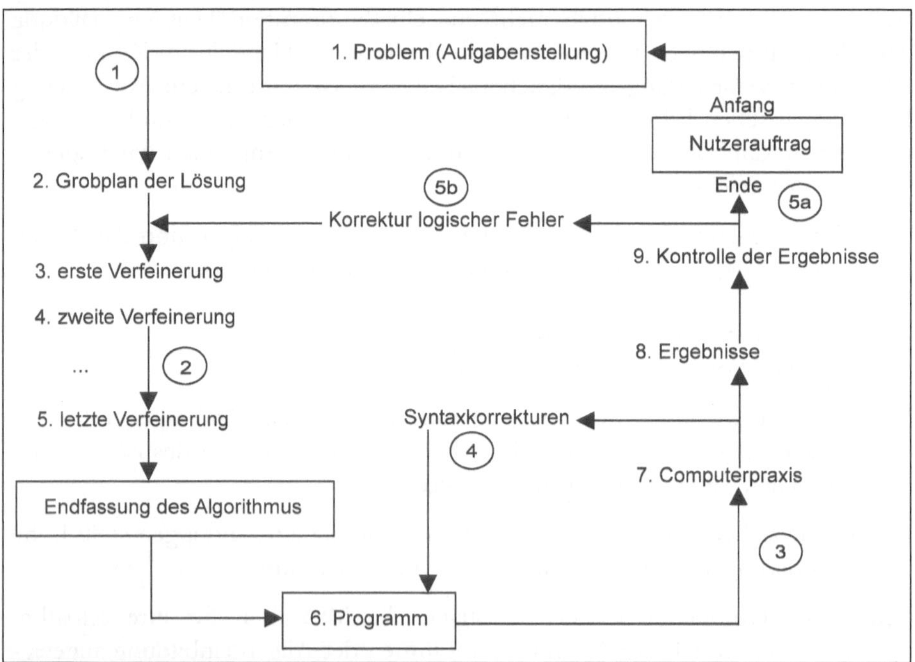

Abbildung 2.2 Tätigkeitszyklus des Lernenden

Die Ermittlung der Jahresdurchschnittstemperatur stellt z.B. eine sinnvolle Anfangsaufgabe dar, weil gut verständlich ist, dass der Mensch einen Nutzen davon hat, solche Berechnungen künftig immer dem Rechner zu überlassen. Der einmalige Planungsaufwand steht also in guter Relation zum kontinuierlichen Vorteil der Rationalisierung geistiger Arbeit. Der Schüler kann diese Aufgabe aber ohne Vorkenntnisse nicht lösen. Er sieht, dass der Tätigkeitszyklus die Vorgehensweise von einem Grobplan über mehrere Verfeinerungen bis zur Endfassung der Lösung empfiehlt. Vorerst ohne Rechnereinsatz muss er den Vorteil der Top-down-Methode in der Informatik verstehen. Dazu benötigt er Lernmaterial, das ihm einen Brückenschlag von Alltagserfahrungen, z.B. Reiseplanung, zur Informatik ermöglicht, z.B. Ermittlung der Jahresdurchschnittstemperatur. Der Schüler kann für eine Reiseplanung, z.B. Klassenfahrt nach Prag, beschreiben, wodurch sich der Grobplan von den Verfeinerungen unterscheidet. Er erkennt, dass der Grobplan die Teilaufgaben und Verantwortlichkeiten festlegt, ohne sich bereits mit der Realisierung der Teillösungen zu befassen. Analog geht der Informatiker bei der strukturierten Zerlegung in Module vor. Eine weitere Analogie zur Reiseplanung tritt auf. Wir wissen, wann wir am Ziel sein wollen bzw. müssen, und legen danach den Reisestart fest. Wir wissen, was der Rechner als Ergebnis liefern soll, und leiten daraus die Aktionen ab, die er ausführen muss.

Beispiel 2.2 Grobplan

Aktionen für die Ausgabe: JdT
Aktionen für die Verarbeitung:
- *dT bereitstellen*
- *dT summieren*
- *JdT berechnen*

Aktionen für die Eingabe: unklar
- *Frage: In welcher Form liegen welche Eingabewerte vor?*
- *Antwort:*
  $Tmin_1$, $Tmax_1$, ... , $Tmin_n$, $Tmax_n$ liegen in einer Datei gespeichert vor.

Für die Verfeinerung des Grobplans fehlt dem Schüler noch jede praktische Erfahrung. Wir empfehlen deshalb einen methodischen Wechsel zur Computerpraxis mit einer der Teilaufgaben. Wie erzeugt man eine Ausgabe mit dem Rechner? Statt des Wertes JdT, den der Rechner noch nicht ermitteln kann, wird die Zeichenkette „Jahresdurchschnittstemperatur" zum Üben verwendet. Der Schüler erkennt, dass die Aktionen für die Ausgabe formal beschrieben werden müssen und vom Rechner erst ausgeführt werden, wenn eine spezielle Sprache, die Programmiersprache, zum Einsatz kommt. Schon hier lernt der Schüler, Syntax und Semantik einer formalen Sprache zu unterscheiden und auf die Bedeutung von Fehlern, Syntaxfehler und logische Fehler und deren Korrektur einzugehen. Den Prozess, sich Informatikwissen und -können anzueignen, soll der Schüler als systematisches Testen des Informatiksystems auffassen. Er hat dann den ersten Schritt zum Verständnis der interaktiven Arbeit mit dem Rechner bewältigt. Als nächster Schritt bietet sich an, sich davon zu überzeugen, was Dateien, Sammlungen gespeicherter Daten, wirklich enthalten. Eine solche Aufgabe erfordert die Aneignung von Datentypen und Datenstrukturen (vgl. Kapitel 6). Danach ist es sinnvoll, selbst Daten in Dateiform aufbewahren zu können. Die Lösung der Jahresdurchschnittstemperatur ist komplett, wenn der Schüler verstanden hat, wie Rechner die Summenberechnung vornehmen, wenn es sich dabei nicht um den Sonderfall weniger, aufzählbarer Werte handelt. Der Schüler kann sein erstes Problem damit vollständig lösen. Der Tätigkeitszyklus begleitet ihn als Orientierungshilfe in seiner Spirale steigender Problemanforderungen, d.h., nach einfachen Aufgaben folgen kompliziertere, die nach ähnlicher Strategie gelöst werden können.

Tabelle 2.2 Kontrollpunkte im Tätigkeitszyklus

Geistig planende Tätigkeiten	Praktische Tätigkeiten
1. Aufgabenanalyse zur Datengewinnung und Datenstrukturierung	3. interaktive Arbeit am Rechner
2. Lösungsplan durch strukturierte Zerlegung (Modularisierung, Hierarchisierung)	4. Implementierung des Lösungsplans und Korrektur von Syntaxfehlern
5. Erzeugen korrekter Ergebnisse	
5a. Bewertung der Ergebnisse und Korrektur von logischen Fehlern	5b. Erproben der Lösung (z.B. Setzen von Prüfpunkten, Nutzen von Trace-Komponenten)

Die Lernerfolgskontrolle (Tab. 2.2) muss beide Bereiche, die geistig planenden und die praktischen Tätigkeiten, in gerechter Verteilung berücksichtigen. Schüler sind unterschiedlich begabt. Es motiviert sie, beide Bereiche zu erlernen, wenn sich die Leistungsmessung auch auf beide erstreckt. In der Vergangenheit galten rechnerbasierte Kontrollen als problematisch, da Zuverlässigkeit und Sicherheit dem Gleichbehandlungsgrundsatz nicht genügten. Diese Probleme sind überwunden. Zurzeit spielen eher organisatorische Hürden der Kursteilung und -beaufsichtigung eine Rolle, da jeder Schüler den individuellen Rechnerzugang in der Prüfung nutzen muss.

2.3 Auswahl und Klassifikation der Unterrichtsinhalte

Die Auseinandersetzung um Bildungskern und Linienführung des Schulfaches Informatik wird sehr heftig geführt, aber nicht unbedingt effizient. Als Hindernis hat sich eine Pseudotheorie der Informatik erwiesen, die das Entwickeln kleiner und größerer Programme zum Mittelpunkt des Schulfaches erklärte und sowohl die Lehrerfortbildung als auch die Lehrpläne vieler Bundesländer über Jahrzehnte beeinflusste. Einen Ausweg aus dieser Sackgasse bildet das Konzept der „*Fundamentalen Ideen der Informatik*“ (Schwill, 1993a) (vgl. Kapitel 3). Sie wurden exemplarisch aus dem Softwareentwicklungsprozess begründet und abgeleitet. Ihre prinzipielle Lehrbarkeit auf jedem Schulniveau wurde gezeigt. Dahinter verbirgt sich die Hypothese, dass die Softwareentwicklung das allgemeinbildende Kernstück der Fachwissenschaft Informatik darstellt und deshalb zur Strukturierung des gleichnamigen Schulfaches geeignet ist.

Einen zweiten möglichen Zugang zu Auswahl und Klassifikation der Unterrichtsinhalte bildet der neue Typ des Aufgabenlösens, der mit der Arbeitsteilung zwischen Mensch und Informatiksystem entstand und für die Automatisierung geistiger Arbeit in der Informations- oder Wissensgesellschaft typisch ist. Dabei erhalten Lösungsplanung und Mensch-Maschine-Interaktion einen deutlich höheren Stellenwert als die traditionelle Lösung einer Aufgabe, die automatisierbar wird. Der Mensch übernimmt es,

- Ziele zu definieren, Lösungsmodelle auszuwählen und Pläne aufzustellen, mit denen die Ziele erreicht werden,
- Systeme während der Ausführung der Pläne zu steuern,
- die Lösungsvarianten des Systems zu interpretieren, zu bewerten und zu verantworten.

Die Frage „Was ist Informatik?" wird für den Schüler mit Leitlinien des Schulfaches beantwortbar. Solche Leitlinien erleichtern die Auswahl und Klassifikation der Unterrichtsinhalte, fördern deren Überschaubarkeit und betonen das Wesentliche. Sie leisten einen wichtigen Beitrag zur Lehrbarkeit des Faches. Leitlinien des Schulfaches

- erstrecken sich über mehrere Schuljahre,
- besitzen Schwerpunkte in einzelnen Schuljahren,
- ordnen den Stoff vom Einfachen zum Komplizierten (Spiralcurriculum),
- zeigen die Entwicklung und Beständigkeit grundlegender Prinzipien und Methoden im Fach, z.B. die „Fundamentalen Ideen der Informatik".

Damit wird die Gefahr der Fehlinterpretation der Curricula reduziert. Die Leitlinien fördern die Vernetzung der Unterrichtsinhalte. Für jedes Element kann der Beitrag zu den Bildungszielen dargestellt werden. Die Sachlogik des Faches trägt zur Strukturierung des Lehr-Lern-Prozesses angemessen bei. Eine fachsystematische Abbildung der Wissenschaft auf die Allgemeinbildung ist nicht zu befürchten, da die Bildungsziele die Auswahl und Transformation der Unterrichtsinhalte prägen (vgl. Kapitel 10).

Wie kommt man zu Leitlinien für den Informatikunterricht? Die Frage „Was ist Informatik?" lässt sich mit einfachen Teilfragen untersetzen und vollständig beantworten (Tab 2.3).

Zu jeder Teilfrage gibt eine Leitlinie die möglichen Antworten gestaffelt nach Jahrgangsstufen und dem damit verbundenen Vorwissen. Wir benötigen also mindestens drei Leitlinien: Pläne (I), Sprachen (II), Systeme (III). Pläne sollen

Tabelle 2.3 Unterrichtsleitlinien

Frage	Leitlinie
Was ist möglich? Was wird in der Informatik gemacht?	I. Pläne
Wie kann man sich verständigen und etwas darstellen?	II. Sprachen
Wie funktionieren die verarbeitenden Informatiksysteme?	III. Systeme

nicht auf Algorithmen reduziert werden, Sprachen nicht auf Programmiersprachen und Systeme nicht auf Anwendungs-Software.

I. Pläne

Der Lerngegenstand umfasst menschliche Vorgehensweisen (Abb. 2.1 und Abb. 2.2) und die Berechenbarkeit von Algorithmen und heuristischen Funktionen. Hier wird geklärt, welche Eigenschaften Probleme besitzen müssen, um mit Informatiksystemen gelöst werden zu können. Außerdem wird begründet, dass eine hohe Komplexität der Probleme (selbst wenn die Probleme einfach zu beschreiben sind) deren Lösung verhindert. Die Bestimmung von Aufgabenklassen wird an Beispielen erläutert. Als Klassifikationsmerkmale kommen wiederum die Komplexität oder Analogien in der Lösungsstruktur in Frage. Die Begriffe „*berechenbar*", „*entscheidbar*" und „*akzeptierbar*" werden von der intuitiven Einführung bis zur modellbasierten Definition schrittweise vertieft. Dadurch wird die Rationalisierung geistiger Arbeit verständlich, und die Beurteilung der gesellschaftlichen Anforderungen an die Informatik erhält ein fachliches Fundament. Die Transformation einer natürlichsprachlichen Problembeschreibung in eine abstrakte Darstellung fördert die Einordnung unbekannter Probleme in bekannte Klassen. Das Erkennen innerer Gesetzmäßigkeiten eines Problems erleichtert den Entwurf eines geeigneten Lösungsmodells. Grob- und Feinpläne können strukturiert und auf ihre Komplexität hin analysiert werden (vgl. Kapitel 6 und 7).

II. Sprachen

Man spricht vom „Computerschock", wenn ein Mensch mit den Reaktionen eines Informatiksystems konfrontiert wird, die von seinen Erwartungen abweichen und er die Orientierung in der Fülle möglicher Benutzungsaktionen verloren hat. Typische Fragen sind dann „Wo bin ich?", „Wie kam ich hierher?", „Was kann ich jetzt tun?". Entgegen allen Behauptungen sind Informatiksysteme bisher überwiegend nicht intuitiv anwendbar und selbsterklärend. Im Gegenteil: Der ständig wachsende Funktionsumfang der Systeme lässt eine effiziente Anwendung nur mit gut überlegten Interaktionsstrategien zu. Der Schüler lernt, die Menge aller Ikonen oder Menüeinträge einer Benutzungsoberfläche als spezielle formale Sprache zu interpretieren, mit der er sinnvolle Pläne für die Lösung einer Aufgabe mit Anwendungs-Software beschreiben kann.

Der Schüler muss zwischen Interaktion und Kommunikation im Kontext der Informatik unterscheiden lernen. *Interaktion* bezeichnet die Aktionen des Menschen bei der Anwendung eines Informatiksystems. Es wird von Mensch-Maschine-Interaktion oder Mensch-Computer-Interaktion gesprochen. Im Informatikunterricht treten zwei typische Formen auf, das Steuern einer Anwendung über die graphische Benutzungsoberfläche und das Entwerfen und Testen eines Plans mit einer Softwareentwicklungsumgebung. In jedem Fall gehört ein vertieftes Verständnis für Informationssicherheit und Datenschutz zum angemessenen und selbstbestimmten Handeln des Schülers. Unter *Kommunikation* verstehen wir hier den Austausch von Nachrichten unter Menschen. Zur netzbasierten Kommunikation mit Menschen kann der Informatikunterricht einen Bildungsbeitrag leisten, indem er über ethische, soziale und rechtliche Anforderungen aufklärt. Webbasierte Partner- und Gruppenarbeit wird nicht nur angewendet, sondern zum Thema des Informatikunterrichts, indem erklärt wird, warum und wie das möglich ist. Das elektronische Publizieren kann exemplarisch als eine wichtige Anwendung des Informationssystems „WWW" behandelt werden. Der Unterschied zwischen Dokumentenbeschreibungssprachen und Programmiersprachen lässt sich an diesem Beispiel gut verstehen.

Eine formale Sprache ermöglicht dem Schüler, einen natürlichsprachlichen Plan als Programm zu formulieren, den der Rechner ausführen kann. Der Schüler benötigt die Einführung in mindestens eine formale Sprache, deren Syntax, Semantik und Anwendung, um Probleme mit den Methoden der Informatik zu lösen und die Verarbeitung von Daten mittels Rechner zu verstehen. Der Vergleich einer Modellierungs- und einer Programmiersprache fördert das Verständnis für die menschliche Vorgehensweise beim Planen in der Informatik. Eine Klassifikation formaler Sprachen und der sie erzeugenden Grammatiken setzt nicht voraus, dass Vertreter unterschiedlicher Klassen vertieft werden müssen. Es existiert zurzeit keine ideale Programmiersprache für den Informatikunterricht. Eine Sprachenauswahl nach beruflichen Aspekten ist für die Allgemeinbildung abzulehnen (vgl. Kapitel 6, 7 und 11).

III. Systeme

Der Schüler lernt, wie ein Informatiksystem prinzipiell aufgebaut ist und funktioniert. Es werden Repräsentanten wichtiger Systemklassen ausgewählt:

- Informationssystem, z.B. das „WWW",
- Rechnernetz und verteiltes System, z.B. das Schul-Intranet,
- Rechnerarchitektur für ein adäquates Rechnermodell,
- Betriebssysteme, z.B. Linux.

Es besteht keine Notwendigkeit alle Systemklassen in der gleichen Jahrgangsstufe vorzustellen. Sie sollten jedoch alle im Spiralcurriculum für den obligatorischen Informatikunterricht der Sekundarstufe I enthalten sein. Wurde früher im Informatikunterricht typischerweise mit Aufbau und Funktionsweise eines Einzelplatzrechners begonnen, findet heute die erste schulische Begegnung mit einem Rechner im Intranet der Schule statt. Informationssicherheit und Datenschutz stellen deutlich höhere Anforderungen an den Schüler. Eine altersgerechte Einführung in diese Thematik, die jahrgangsweise vertieft und erweitert wird, ist deshalb bereits zum Unterrichtsbeginn notwendig. Für die Schüler steht das Verstehen und Anwenden zeitbeständiger Wirkprinzipien von Informatiksystemen im Vordergrund. Jede Art von Produktschulung muss deshalb abgelehnt werden, da die Kurzlebigkeit des erworbenen Wissens den erforderlichen Transfer auf innovative Entwicklungen behindert. Wenn die Prinzipien verstanden wurden, sind Kriterien formulierbar, die die Auswahl des richtigen Systems, z.B. einer Anwendungs-Software, für die Lösung des jeweiligen Problems ermöglichen. Informatikunterricht ist nicht der Lernort für Benutzungsschulung an Anwendungs-Software.

Die Kriterien für die Gestaltung von Informatiksystemen werden angewendet, anfangs bei der Analyse und Bewertung fertiger Systeme, später auch bei der Anforderungsdefinition für eigene Entwicklungen. Automatenmodelle, z.B. das Modell des endlichen Automaten (Nievergelt, 1999) und des Kellerautomaten, unterstützen das Verständnis komplizierter Informatikanwendungen. Basiskonzepte, wie das der Prozesse, findet der Schüler in allen Informatiksystemen wieder (vgl. Kapitel 9).

2.4 Gestaltung und Bewertung typischer Unterrichtssituationen

Im Informatikunterricht kommen alle bekannten Sozialformen (z.B. Gruppenunterricht) und Handlungsmuster (z.B. Experiment) zur Anwendung. Hier interessiert uns der Begriff der Unterrichtssituation.

„Unterrichtsmethodische Handlungskompetenz von Lehrern und Schülern besteht in der Fähigkeit, in immer wieder neuen, nie genau vorhersehbaren *Unterrichtssituationen* zielorientiert, selbständig und unter Beachtung der institutionellen Rahmenbedingungen zu arbeiten, zu interagieren und sich zu verständigen“ (Meyer, 1994, S. 47).

Von allen möglichen Unterrichtssituationen konzentrieren wir uns auf jene, welche mit dem Konstruieren von Informatikbausteinen und -systemen verbunden sind, da hier eine Spezifik auf Schüler und Lehrer zukommt, die in anderen Unterrichtsfächern in dieser Form unbekannt ist. Wir wollen diese Spezifik im Aneigungsprozess als typische Unterrichtssituationen näher charakterisieren.

Aus dem Grundmodell für die Informatikausbildung ergeben sich folgende typischen Unterrichtssituationen, die der Lehrer mit den Schülern gestaltet:

a) Die Möglichkeiten des Rechnereinsatzes in einem Problemfeld sind zu prüfen und zu beurteilen.
b) Es ist eine konkrete, realisierbare Aufgabenstellung aus einem Problemfeld abzuleiten und zu beschreiben als Auftakt der Dokumentation, die alle Schritte begleitet.
c) Die Analyse der Aufgabenstellung ist bis zur Datengewinnung und Datenstrukturierung und zur Bestimmung der Aufgabenklasse zu führen.
d) Die Modellierung des Lösungsprinzips erfolgt bis zur Grobstruktur der Handlungen unter Benutzung der Grundalgorithmen, die in der Aufgabenklasse enthalten sind.
e) Ein Lösungsplan wird durch schrittweise Verfeinerung unter Anwendung von Strukturelementen entwickelt.
f) Ein Logiktest wird zur Überprüfung des Lösungsplanes eingesetzt.
g) Lösungsplan und Datenstrukturen werden in die Programmiersprache übertragen, oder das Programm wird mittels Codegenerator automatisch erzeugt.
h) Implementierung und Erprobung des Programms am Rechner führen mit den Korrekturschritten bis zur Erzeugung korrekter Ergebnisse, die interpretiert und bewertet werden müssen.
i) Die Informatiklösung ist insgesamt zu beurteilen und, wenn möglich, zu verbessern.
j) Die Dokumentation ist abzuschließen, und der entwickelte Informatikbaustein bzw. das Informatiksystem ist anzuwenden.

Man beachte, dass a), b), i) und j) der Vertiefung zuzuordnen sind, die die Schüler meist nur einmal als Abschluss ihrer Ausbildung in einer Projektarbeit kennenlernen und absolvieren. Die Grundausbildung wiederholt die Unterrichtssituationen c) bis h) mehrmals, um eine gewisse Sicherheit im elementaren Wissen und Können zu erzielen. Alle drei Leitlinien, Pläne, Sprachen und Systeme, tragen zur Aneignung des mit a) bis j) beschriebenen Problemlösens mit Methoden der Informatik bei (Tab. 2.4).

So bilden Einführung in die Entwurfsstrategie, Lösungstransfer und heuristische Vorgehensweise beim Lösen komplexer Übungen Schwerpunkte für Pläne. Bei der Implementierung mittels Programmiersprache wird die Anwendung formaler Sprachen gefördert. Die netzbasierte Gruppenarbeit erfordert ein Grundverständnis für Kommunikationssysteme. Wir konzentrieren uns zuerst auf die Verknüpfung der Leitlinien und betrachten den Lernprozess als Ganzes. In den folgenden Kapiteln werden die Leitlinien detaillierter untersetzt. Da Problemlösen nicht zeitunabhängig ist, müssen wir prüfen, welche Entwicklungen auf diesem Gebiet unterrichtsrelevant sind (vgl. Kapitel 4).

Tabelle 2.4 Einführung in das Problemlösen der Informatik

Stufe	Stoff	Schwerpunkt
1	komplexere Übungen Informationssicherheit Rechnernetz	heuristische Vorgehensweise Schutzmöglichkeiten Verteilungsmöglichkeiten
3	Hierarchisierung Datenstruktur Liste Betriebssystem	Lösungstransfer Korrekturmöglichkeiten Schichten-Modell
2	Zyklus, Alternative Datenstruktur Datei Rechnerarchitektur	Bewerten der Ergebnisse Speichermöglichkeiten Rechnermodell
1	Modularisierung, Datentypen Informationssystem Kommunikationssystem	Einführung in die Entwurfsstrategie Prinzip der Rechneranwendung netzbasierte Gruppenarbeit

Das Entwerfen informatischer Modelle durch *strukturierte Zerlegung* (Modularisierung, Hierarchisierung, Orthogonalisierung) wurde als „Fundamentale Idee der Informatik“ begründet (vgl. Kapitel 3). In den letzten Jahren wurden Aufgabenklassen im Informatikunterricht erprobt, die den Modellbildungsprozess betonen und von den Besonderheiten der Programmiersprachen trennen (Brinda, 2000). Die typischen Unterrichtssituationen a) bis j) besitzen einen Bildungswert, der weit über den Informatikunterricht hinausreicht (vgl. Kapitel 5). In ihnen erlernt der Schüler Techniken der geistigen Arbeit und einen besonderen Umgang mit Wissen, der für die aktive Teilnahme an der Informations- oder Wissensgesellschaft unverzichtbar ist und zugleich eine Schlüsselkompetenz für das lebensbegleitende Lernen darstellt. Diese Aspekte werden in den beiden folgenden Abschnitten ausführlicher vorgestellt, da sie den Schülern im Unterricht auch erklärt werden müssen.

Techniken der geistigen Arbeit

Inzwischen hat sich Modellieren und Strukturieren im Informatikunterricht bewährt. Das komplizierte Wechselspiel von Modell, Algorithmus und System erfordert jedoch neue Techniken der geistigen Arbeit für die Wissensaufnahme, die Darstellung von Problemlösungen und die Systemerprobung (systematisches Testen und Verifikation von Lösungsabschnitten) (Abb. 2.3).

Stark vernachlässigt wurde bisher das Konzept des *Nichtdeterminismus*. Er spielt bei der Diskussion und Konstruktion von Algorithmen eine wichtige Rolle. Die Vorgehensweise „Erzeugen von möglichen Lösungshypothesen und ihre Über-

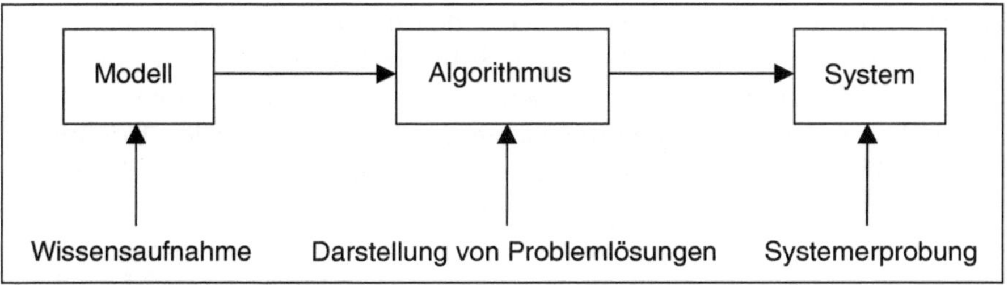

Abbildung 2.3 Modellieren und Strukturieren

prüfung", z.B. beim Vier-Farben-Problem (vgl. Kapitel 4), ist eine Strategie, bei der nichtdeterministisches Denken zu interessanten Lösungen führt.

Zustandsgraphen, die Zerlegung in Teilproblemgraphen, die Beschreibung und Formalisierung einer Heuristik bilden einen natürlichen Zugang zu Datenstrukturen. Problemlösen heißt dann, Algorithmen kennenzulernen, die im Zustandsraum die Lösungssuche realisieren. Die Abhängigkeit zwischen der Wahl der Datenstruktur und der Reduzierung der Problemkomplexität kann auf diese Weise sehr gut veranschaulicht werden. Strategien für die Organisation der Suche ermöglichen die Diskussion darüber, welche Sprachen und Systeme für eine Problemlösung besonders geeignet sind.

Suchalgorithmen kommt heute im Informatikunterricht der Stellenwert zu, den die Sortieralgorithmen vorher einnahmen. Damit wird die fachdidaktische Frage, wie man Verständnis für die konzeptionellen Schichten moderner Informatikanwendungen gewinnt, ohne deren Entwicklung im Detail nachvollziehen zu müssen, wieder auf Grundalgorithmen und Datenstrukturen zurückgeführt, aber diesmal ohne die enge Bindung an die Programmiersprache.

Es besteht die Gefahr der Einengung auf zu schlichte Bildungsziele, da die komplexen Modellhintergründe zur Undurchsichtigkeit der Systeme führen. Informatikdidaktik stellt sich deshalb die Aufgabe, die Transparenz komplizierter Algorithmen und Datenstrukturen zu fördern, damit menschliche Verantwortung tatsächlich wahrgenommen werden kann. Dabei steht die Komplexitätsbewältigung im Vordergrund. Moderne Benutzungsoberflächen lösen dieses Bildungsproblem nicht. Das Schulfach Informatik kann von aktuellen Hardware- und Softwareentwicklungen Abstand gewinnen, wenn es sich an den Erfahrungen solcher Fächer wie Mathematik und Physik orientiert.

Wie die Mathematik besitzt die Informatik eigene Methoden für das Modellieren von Problemlösungen, die in vielen anderen Disziplinen angewendet werden können, als geistige Basistechnologie. Man spricht von Mathematisierung und Informatisierung, um diesen Grundlagencharakter von Mathematik und Informatik für viele andere Wissenschaften auszudrücken.

In Analogie zur Physik wendet die Informatik spezifische Möglichkeiten für anspruchsvolle Experimente an, um die Wirkprinzipien künstlicher Systeme zu untersuchen. Hardware-Labore stehen eher den traditionellen Versuchsfeldern der Ingenieurwissenschaften nahe. Aber Software-Experimente im Sinne des explorativen Erkenntnisgewinns orientieren sich an Vorgehensweisen der Physik. Hypothesen über die Zusammenhänge der Parameter werden formuliert. Zur Überprüfung der Hypothese wird ein Experiment geplant, mit Software-Bausteinen aufgebaut und durchgeführt. Beobachtungen und Messungen sind zu protokollieren. Das Protokoll hilft, die Zusammenhänge der beteiligten Faktoren bzw. Komponenten zu klären. Mögliche Beobachtungs- oder Messfehler sind zu diskutieren. Auch diese Technologie der geistigen Arbeit beeinflusst zunehmend mehr Fachdisziplinen.

Die pädagogische Doppelfunktion der Informatik, d.h. im Fach Informatik zugleich für andere Fächer lernen, verstärkt sich weiterhin.

In der kurzen Geschichte des Schulfaches Informatik hat sich der Schwerpunkt von Sprach- und Systemdetails, also vielen Fakten, auf die menschlichen Vorgehensweisen beim informatischen Modellieren mit den Phasen Analyse, Spezifikation, Entwurf, Programmierung und Erprobung verlagert (vgl. Kapitel 6). Von exemplarischen Anwendungen sollte der Lernprozess zur theoretischen Durchdringung von Modellen führen, an denen, didaktisch vereinfacht, das Wesentliche komplizierter Algorithmen und Datenstrukturen erklärbar wird. So sind z.B. Informatiksysteme zur Untersuchung von Zusammenhängen bei Umweltschutzaufgaben durch solch hohe Komplexität gekennzeichnet. Nicht die Anwendungen, sondern die zugrundeliegenden Strukturen ermöglichen zukunftssicheres Allgemeinwissen. Die didaktische Vereinfachung darf die Vernetzung der Einflussgrößen nicht zerstören, kann aber sehr wohl einen Realitätsausschnitt zum Problemraum erklären, der als „abgeschlossene Welt" behandelt wird. Dabei kann eine Wissensbasis aufgestellt werden, die die Abhängigkeiten in Form von Fakten und Regeln enthält und auf Anfragen der Schüler Lösungen ableitet. Die Schüler können die Regeln mit Prioritäten versehen und experimentell deren Wirksamkeit überprüfen. Typischerweise sind den Regeln Nebenbedingungen zuzuordnen, um irreversible Prozesse auszuschließen. Die Schüler beobachten den Konflikt, wenn keine ideale Lösung des Problems mehr möglich ist. Im nächsten Schritt lernen sie die Bedingungen so zu verunschärfen, dass mit schwächeren Anforderungen an ausgewählte Kriterien eine Kompromisslösung erzielt wird.

Umgang mit Wissen

In vielen Bereichen fehlt gut strukturiertes Wissen für die vollständig algorithmische Lösung von Aufgaben (z.B. in der medizinischen oder technischen Diagnostik). Das Informatikgrundwissen der Schüler reicht nicht aus, um den Einsatz des Rechners für solche Modellierungen zu verstehen. Obwohl sie täglich mit Wissen zu tun haben, wissen sie zu wenig über dessen komplizierte Eigenschaften (unvollständig, unsicher, zeitabhängig).

Die Idee, Wissen (eine Wissensbank) von der Problemlösekomponente (einem Inferenzmechanismus) getrennt aufzubauen, führt zu der Erkenntnis, dass nicht das konkrete Wissen, sondern dessen Darstellungsform die Problemlösekomponente beeinflusst. Das heuristische Vorgehen eines Fachmanns wird z.B. in Regeln formalisiert. Diese Regeln operieren auf Datenstrukturen. Die Reihenfolge, in der die Regeln verwendet werden, kann zur Problemlösung führen. Damit werden Methoden der Wissensrepräsentation eine Denkhilfe, um auch heuristisches Wissen zu strukturieren, zu formalisieren, zu klassifizieren und zu bewerten. Das aber gewinnt in der Allgemeinbildung grundlegende Bedeutung, da es die Möglichkeit zum selbständigen Weiterlernen und zum Lernen auf höherer Abstraktionsstufe, d.h. zum Lernen über das Lernen, fördert. Damit wird die These gestützt, dass Wissenserwerb, Wissensverarbeitung und die Methoden des Schlussfolgerns kognitiven Wert an sich besitzen (vgl. Kapitel 5). Problemlösungen führen die Schüler auf Techniken der Regelauswahl und Regelverarbeitung zurück. Die Vorwärts- bzw. Rückwärtsverkettung sind Strategien, die universell in vielen Disziplinen einsetzbar sind und deren Anwendung zum Unterrichtsthema wird (vgl. Kapitel 4). Die Diskussion darüber, wie eine Konfliktbeseitigung modelliert werden kann, führt wieder zu den Suchalgorithmen, z.B. auf Zustandsgraphen (s. auch Abschnitt 11.1).

Die Algorithmen und Datenstrukturen für die Wissensverarbeitung zeigen, dass diese Grundlinie des Informatikunterrichts weiterentwickelbar ist. Sie ermöglicht die Behandlung neuer Aufgabenklassen wie Klassifizieren, Planen, Entscheiden, Beraten, Lernen. Der Zugang zum Problemlösen mit Metaregeln, also Regeln zur Anwendung von Regeln, unterstreicht die Bedeutung dieser Techniken. Die Ableitung neuen Wissens kann transparent gemacht werden. Erklärungsalgorithmen, die ein Inferenzprotokoll anbieten, sog. „Wie-Erklärungen“, zeigen den Schülern, welche Regeln mit welchen Nutzereingaben zum aktuellen Ergebnis führten. Sie werden aber bei umfangreichen Lösungsableitungen unübersichtlich. Bei Anforderung einer Eingabe können die Schüler einen anderen Erklärungsalgorithmus anfordern, eine „Warum-Erklärung“. Es wird dann die augenblicklich verwendete Regel mit den bereits erfüllten Prämissen angezeigt. Unklar bleibt jedoch die Bedeutung der Objekte und Fakten und die Entwicklung und Tragweite der heuristischen Bewertung einer Situation. Das bildet aber gerade die Brücke vom Nichtwissen zum Wissen. Die Modellierung einer solchen Mensch-Maschine-Interaktion erlaubt es den Schülern, tiefere Einsichten in Missverständnisse, Fehlhandlungen und deren Ursachen zu gewinnen.

Die Übertragung des menschlichen Lernens aus Beispielen und Fehlern auf maschinelles Lernen kann an kleinen wissensbasierten Lösungen diskutiert werden. Lernalgorithmen werden auf diese Weise entmystifiziert.

Kriterien für Software-Qualität erhalten ein fachliches Fundament. Die Illusion vom naiven Benutzer, der mit Expertensystemen komplizierte Aufgaben löst, wird abgebaut zugunsten des Leitbildes vom kompetent entscheidenden Fachmann, der um die Leistungsgrenze des Modells weiß, Varianten prüfen und beurteilen kann.

2.5 Fachübergreifendes und fächerverbindendes Lernen

Jedes Unterrichtsfach leistet einen Beitrag zum fächerübergreifenden und fächerverbindenden Lernen. Deshalb ist es nicht so einfach zu verstehen, dass das Schulfach Informatik hier eine Sonderstellung einnimmt, die im Wesentlichen drei Gründe hat. Der erste Grund liegt in der pädagogischen Doppelfunktion der Anwendungsaufgaben des Informatikunterrichts. Dieser Grund hängt eng mit dem zweiten Grund zusammen, der Informatisierung aller Fachgebiete und damit verbunden auch aller Unterrichtsfächer (vgl. Abschnitt 2.4 und Kapitel 5).

Der dritte Grund hat historische Wurzeln im Scheitern der *„Informationstechnischen Grundbildung – ITG"* (vgl. Kapitel 1). Wir gehen darauf zuerst ein. Auf massiven Druck der Elternschaft und der Wirtschaft wurde über ein Fundamentum zur Informatik für alle Schüler beraten. 1984 beschloss die Bund-Länder-Kommission für Bildungsplanung und Forschungsförderung (BLK) das Rahmenkonzept für die „Informationstechnische Bildung in Schule und Ausbildung". Seitdem ist der Begriff ITG für das Fundamentum üblich, das für alle Schüler obligatorisch ist. Die ITG sollte einen Beitrag zur informatischen Bildung ausschließlich über fachübergreifendes und fächerverbindendes Lernen leisten. Ein Grund für das Scheitern dieser ITG lag darin, dass für die Schüler die informatischen Lernziele nicht deutlich herausgestellt wurden. Der Beschluss einer ITG bleibt aber gültig. Das Anwenden von Informatiksystemen und die gesellschaftliche Bedeutung der Informatik sollten von den Schülern in ca. 60 Unterrichtsstunden erlernt werden. Mögliche Themen waren z.B.: Verwaltung von Schülerdateien, Kalkulation einer Klassenfahrt, Wahlanalysen, Bewerbungsschreiben, Schülerzeitung, Simulation ökologischer Systeme, Auswertung von Schülerumfragen zu aktuellen Themen.

Es existierten verschiedene Möglichkeiten für die konkrete Realisierung (vgl. Kapitel 1). Inzwischen gibt es Informatiklehrpläne für die *Sekundarstufe I* in vielen Bundesländern, die weit über die Anwendungsschulung der ITG hinausgehen.

Sehen wir uns den ersten Grund näher an, die *pädagogische Doppelfunktion* der Anwendungsaufgaben des Informatikunterrichts (Becker, 1986). Im Informatikunterricht dominierte lange Zeit das fachübergreifende Lernen besonders beim Programmieren von kleinen Lösungen zu Aufgaben aus anderen Fächern. Dabei wurden sehr viele Aufgaben aus dem Mathematikunterricht gewählt. Die Datenmodellierung reduziert sich in solchen Fällen auf die Auswahl von Datentypen für Zahlen, und viele wichtige Modellierungsaspekte (vgl. Kapitel 6) kommen zu kurz. Die Schüler besitzen in der Informatikgrundausbildung noch nicht die fachlichen Voraussetzungen, um Problemstellungen der Informatik zu lösen. Deshalb wurde bei der Erkenntnisgewinnung im Fach Informatik meist von Problemstellungen aus anderen Unterrichtsfächern ausgegangen. Die Schüler lernten also im Idealfall für zwei Unterrichtsfächer gleichzeitig (Abb. 2.4). Deshalb spricht man von pädagogischer Doppelfunktion.

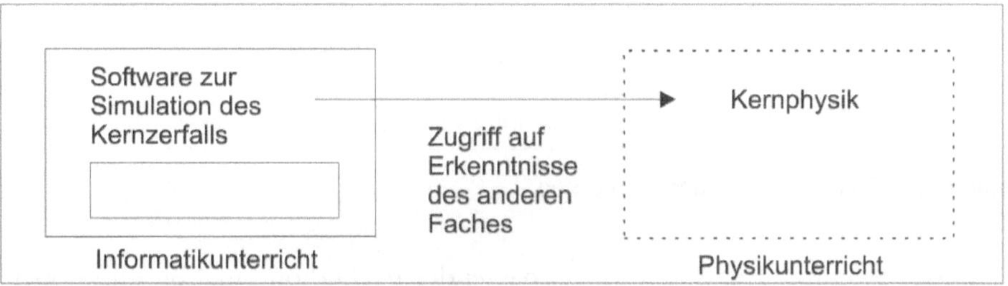

Abbildung 2.4 Fachübergreifendes Lernen

Im Realfall waren sie häufig überfordert mit dieser Form des kontinuierlichen fachübergreifenden Lernens. Die erwarteten Vorkenntnisse aus dem anderen Unterrichtsfach erwiesen sich häufig als nicht anwendungsbereit. Dann musste die Informatikunterrichtszeit zur Wiederholung dieses Stoffes eingesetzt werden – eine Situation, die Lehrer und Schüler nicht motivierte. Inzwischen werden Informatiksysteme im Unterricht von Schülern so analysiert, modifiziert, gestaltet, dass der Schwerpunkt des Lernprozesses auf Inhalten der Informatik liegt. Als Anwendungsfall eignet sich eine Lebenswelterfahrung ebenso wie eine andere Wissenschaft. Das fachübergreifende Lernen nimmt immer noch angemessenen Raum ein, wird sich aber deutlich verlagern zu anderen Unterrichtsfächern, die auf die Vorkenntnisse aus dem Informatikunterricht zugreifen müssen.

Das Unterrichtsfach Informatik nimmt vor allem wegen des zweiten Grundes – der *Informatisierung aller Fachgebiete* und damit verbunden auch aller Unterrichtsfächer – eine besondere Stellung in Schulen ein. Das hat das Lernen bereits entscheidend verändert. Jedes andere Fach wendet Wissen und Können aus dem Informatikunterricht an. Das lässt sich nicht auf das Starten und Beenden von Informatiksystemen reduzieren. Das Gewinnen, Speichern, Verarbeiten und Interpretieren von Daten steht im Mittelpunkt. Deshalb kann jedes Fach einen fachübergreifenden Bezug zum Informatikunterricht herstellen. Häufig fehlt für diesen Ansatz noch eine solide Informatikgrundbildung für alle Lehrer.

Das fächerverbindende Lernen in Projektwochen oder Kombinationskursen, z.B. Musik und Informatik, lässt sich bedeutend leichter umsetzen (Abb. 2.5).

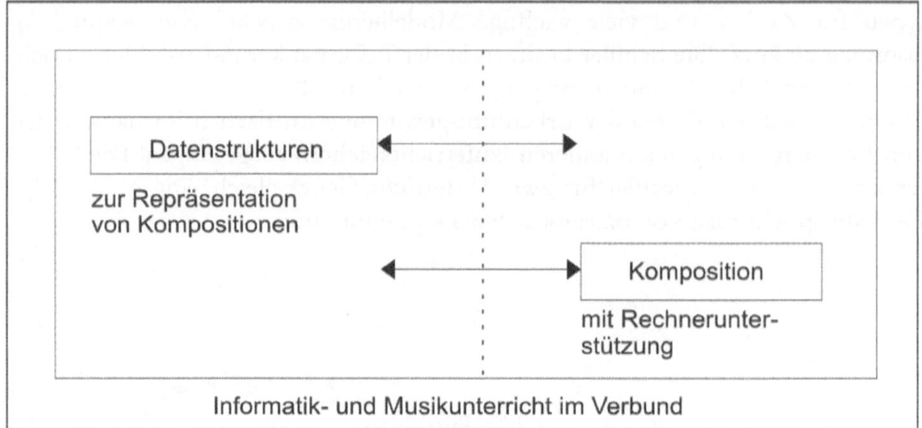

Abbildung 2.5 Fächerverbindendes Lernen

Dazu sind zwei (oder ein) Lehrer mit passender Fächerkombination und hoher Motivation zu finden („teamteaching"). Die Gleichberechtigung der Informatik ist in diesem Verbund zu sichern, indem Prinzipien und Methoden des Faches zum Unterrichtsgegenstand in angemessener Breite und Tiefe werden. Eine Einschränkung auf Hardware- und Software-Dienstleistungen für andere Fächer widerspricht dem Grundsatz des fächerverbindenden Lernens.

3 Theoretische Fundierung der Schulinformatik

3.1 Einleitung

Trotz einer nun mehr als 50-jährigen Entwicklungsgeschichte besitzt die Informatik noch immer eine erstaunliche Dynamik. Ein Anhaltspunkt hierfür ist die Vielzahl der innerhalb eines Zeitabschnitts beobachteten, prognostizierten oder geforderten Paradigmenwechsel, unter denen in letzter Zeit mindestens folgende im Gespräch sind:

- von der sequentiellen zur parallelen Verarbeitung mit autonomen und intelligenten Verarbeitungseinheiten, die miteinander kommunizieren (beobachtet von Brauer (1991)). Im Ergebnis wird die Welt durch eine Vielzahl unsichtbarer eingebetteter Systeme durchdrungen, die unmerklich Dienste verrichten (Pervasive/Ubiquitous Computing, (Mattern, 2007));
- vom Programmieren als Kunst zum Programmieren als Ingenieurwissenschaft;
- von der strukturierten (top-down-orientierten) zur objektorientierten Programmierung (prognostiziert von Claus (1989));
- von der imperativen zur deklarativen Programmierung;
- von einer struktur-/ingenieurwissenschaftlichen Sicht der Informatik, deren Forschungen sich um den Computer zentrieren, zu einer hermeneutischen Disziplin, in deren Mittelpunkt der Mensch und die technische Gestaltung seiner Interaktionen steht (gefordert von Capurro (1990));
- im Bereich des Software-Engineering von der produktorientierten zur prozessorientierten Softwareentwicklung, bei der ganzheitliche Gesichtspunkte unter Einbeziehung der Nutzer des evolutionär zu entwickelnden Systems eine besondere Rolle spielen (gefordert von Floyd (1987));
- im Verständnis der Anwender, wie IT-Services via Großrechner, später Client-Server-Architektur und zukünftig *Cloud Computing* zukünftig bereitgestellt und genutzt werden (engl. Wikipedia, Stichwort „Cloud Computing“, 26.07.2010).

Kann ein Fach Schulfach werden, wenn es ständigen Veränderungen unterworfen ist? Wie vermittelt man ein Schulfach, wenn es seinen eigenen Status und sein Selbstverständnis noch nicht hinreichend geklärt hat?

In diesem Abschnitt wollen wir ein Konzept vorschlagen, das sich in den vergangenen Jahren in vielerlei Hinsicht als nützlich für die Definition der Inhalte des Informatikunterrichts und seine praktische Durchführung erwiesen hat. Dazu betrachten wir zunächst eine Reihe von Grundlagen aus den Bereichen Philosophie/Erkenntnistheorie und Pädagogik.

Der Begriff des Paradigmas wurde zuerst durch T.S. Kuhn (1962) im Rahmen seiner Forschungen zur Wissenschaftsentwicklung durch Revolutionen einer breiten Öffentlichkeit zugänglich. Kuhn bezeichnet als Paradigma

„allgemein anerkannte wissenschaftliche Leistungen, die für eine gewisse Zeit einer Gemeinschaft von Fachleuten maßgebende Probleme und Lösungen liefern" (Kuhn, 1962, S. 10).

Wissenschaftsentwicklung vollzieht sich nach Kuhn nicht evolutionär, sondern revolutionär: Ein Paradigma bestimmt für einen gewissen Zeitabschnitt (Phase der „Normalwissenschaft") das wissenschaftliche Vorgehen und wird *schlagartig* durch ein anderes abgelöst, falls das bisherige zu Widersprüchen führt oder für die Weiterentwicklung der Wissenschaft nicht mehr tragfähig genug erscheint (*Grundlagenkrise*).

Die obigen und andere hier nicht genannten Paradigmenwechsel der Informatik haben bisher keine Grundlagenkrise ausgelöst. Sie wurden vielmehr stets mit einer erstaunlichen Gelassenheit aufgenommen und fügten sich organisch in die bisherigen Aktivitäten innerhalb der Informatik ein. Hierfür scheinen im Wesentlichen zwei Gründe maßgebend zu sein:

1. *Die inflationäre Verwendung des Begriffs „Paradigma" in der Informatik.*

In der Informatik wird der Begriff des Paradigmas nur selten in der von Kuhn intendierten Bedeutung verwendet. Es erscheint sogar zweifelhaft, dass sich in der Informatik überhaupt schon *ein* anerkanntes Paradigma herausgebildet hat; die obige Beobachtung von gleichzeitig existierenden und teilweise miteinander konkurrierenden Strömungen belegt nach Kuhn eher, dass sich die Informatik noch in einer vorparadigmatischen Orientierungsphase befindet und ihr der Status einer „normalen Wissenschaft" auf der Basis eines Paradigmas erst bevorsteht. Wegner (1983) meint allerdings umgekehrt, dass in einer stark interdisziplinär geprägten Wissenschaft wie der Informatik die „friedliche" Koexistenz mehrerer Paradigmen gerade für eine wissenschaftliche Reife spricht. Auf eine Orientierungsphase könnten auch die vielen in der Informatik kursierenden Begriffsbildungen hindeuten, die auf „orientiert" enden (Claus, 1989), wie anwendungsorientiert, algorithmenorientiert, objektorientiert, logikorientiert usw. Die o.g. Paradigmenwechsel sind jedenfalls keine wissenschaftlichen Revolutionen im Sinne Kuhns; vielmehr lassen sie sich meist auch als konsequente Weiterentwicklungen bestehender Konzepte auffassen (z.B. die objektorientierte Programmierung als Fortsetzung der strukturierten (Müller, 1992)).

2. *Die trotz ihrer stürmischen Entwicklung schon relativ stabilen Grundlagen der Informatik.*

Die Robustheit, mit der eine sich noch orientierende Wissenschaft wie die Informatik auf die obigen, wenn auch relativ sanften Verschiebungen ihres Wissenschaftsgefüges reagiert, erstaunt dennoch. Es muss folglich schon ein gewisses stabiles Fundamentum existieren, auf dem das Gebäude der Informatik ruht und das von „Paradigmenwechseln" (zumindest der obigen schwachen Art) kaum oder gar nicht beeinträchtigt wird. Dieses Fundamentum ist dann aber zugleich prädestiniert, Quelle für Gegenstände zu sein, die im Informatikunterricht zu vermitteln sind. Zugleich sichert das Fundamentum eine gewisse Aktualität bei gleichzeitiger Beständigkeit des Informatikunterrichts.

Wie lässt sich dieses Fundamentum charakterisieren? Diese Fragestellung, für die in diesem Kapitel Lösungsansätze angeboten werden, ist eng verknüpft mit einer wissenschaftstheoretischen Analyse der gegenständlichen, begrifflichen und methodischen Grundlagen der Informatik. Solch eine „Theorie der Informatik" wurde zwar in der Vergangenheit bereits von verschiedenen Seiten mehrfach (allerdings zumeist mit anderer Intention) gefordert (z.B. Lockemann, 1986; Siefkes, 1990; Coy, 1989; Luft, 1989), dieser Forderung wurde jedoch zumindest mit der hier verfolgten Zielrichtung bisher nur in sehr geringem Umfang nachgekommen (Dörfler, 1984; Lockemann, 1986; Gotlieb, 1991; Knöß, 1989; Floyd, 1979).

In diesem Kapitel wollen wir daher aufbauend auf den obigen Vorüberlegungen zentrale Elemente der Methodologie der (Kern-)Informatik bestimmen, indem wir ausgehend vom Softwareentwicklungsprozess typische Vorgehensweisen von Informatikern analysieren. Die Methodologie sei dabei charakterisiert durch gewisse langlebige Konzepte, sog. *Fundamentale Ideen* (ein Begriff, dessen Ursprung in den Erziehungswissenschaften liegt), auf die sich große Bereiche der Informatik abstützen, die den informatischen Forschungsbestrebungen eine Richtung geben und die sich ferner an natürlichen kognitiven Prozessen orientieren und in der historischen Entwicklung der Informatik erkennbar sind.

Zunächst werden wir die Beiträge der Philosophie (vor allem von Kant) und der Erziehungswissenschaften (vor allem von J.S. Bruner) zur Klärung des Begriffs der Fundamentalen Ideen und ihrer erkenntnistheoretischen und methodologischen Bedeutung für eine Wissenschaft analysieren. Aus dieser Untersuchung werden wir insgesamt fünf griffige Merkmale von Fundamentalen Ideen ableiten und zu einer eigenen Definition zusammenfassen. Anschließend entwickeln wir auf dieser Grundlage Fundamentale Ideen der Informatik, indem wir ausgehend vom Software Life Cycle die einzelnen Aktivitäten bei der Erstellung von Software analysieren und zur Vorgehensweise in anderen Teilgebieten der Informatik in Beziehung setzen. Die ermittelten Ideen werden wir im Ansatz auf der Basis der angegebenen Kriterien als fundamental verifizieren.

3.2 Zur Definition Fundamentaler Ideen

3.2.1 Der Ideenbegriff in der Philosophie

Der Begriff der Idee besitzt in der Philosophie eine lange Tradition und geht auf Plato zurück, wurde später u.a. von Descartes, Locke, Hume und Berkeley wieder aufgegriffen, jedoch einer neuen Bedeutung zugeführt. Erst Kant orientiert sich wieder am Platonischen Ideenbegriff. Wir wollen im Folgenden die wichtigsten Eigenschaften von Ideen aufführen, soweit sie für die hier beabsichtigte Begriffsklärung von Bedeutung sind. Dabei werden sich für eine Reihe von Merkmalen auch erziehungswissenschaftliche Konsequenzen zeigen.

Plato

Plato besitzt die abstrakteste Vorstellung von Ideen. Sie bilden hier neben der Realität eine eigene Klasse (einen „Kosmos“) von reinen Gegenständen (eine höhere Wirklichkeit), die sich an einem himmlischen Ort befinden, also unabhängig vom Denken eines Einzelsubjekts existiert. Alle realen Dinge sind nur mehr oder weniger unvollkommene Abbilder („Schattenbilder“) der Ideen. Typische Beispiele für Ideen bei Plato sind die Ideen des Kreises, des Stuhls, der Gerechtigkeit, des Guten oder des Schönen, zu denen es in der Realität nur unvollkommene Nachbildungen gibt. Die Funktion von Ideen ist normativ: Sie dienen dem Menschen als Richtschnur, um sein Verhalten und seine Lebenswelt diesen Ideenvorstellungen anzunähern.

Alle Ideen sind angeboren und bilden die Grundlage aller menschlichen Erkenntnis. Jeder Mensch hat vor der Geburt die Gelegenheit, einen kurzen Blick in den „Ideenhimmel“ zu werfen. Erkenntnis erfolgt dann nicht durch Neuerwerb einer Idee, sondern durch Wiedererinnerung.

Mit Descartes und in der Folge Locke, Leibniz, Hume und Berkeley verliert der Begriff der Idee seine kosmologische Prägung; vielmehr wird „Idee“ mehr und mehr zu einer Bezeichnung für jeden Denkakt bzw. zu einem Synonym für „Begriff“. Erst Kant trennt sich wieder von dieser Identifizierung.

Kant

Die Analyse menschlicher Erkenntnisprozesse in der „Kritik der reinen Vernunft" bringt wesentliche Neuerungen und Präzisierungen des Ideenbegriffs und der Funktion von Ideen.

Kant setzt die schon von Leibniz begonnenen rationalistischen Überlegungen fort und kommt zum Ergebnis, dass nicht die Erfahrung die Erkenntnis bestimmt, sondern dass umgekehrt die Erfahrungswelt weitgehend ein Produkt unseres Verstandes ist („kopernikanische Wende" (Kant, 1993, B XVI)). Alle Strukturen, die wir in der Erfahrung vorfinden, haben wir ihr selbst aufgeprägt („Der Verstand schöpft seine Gesetze nicht aus der Natur, sondern schreibt sie dieser vor" (Kant, 1957, § 36)). Objektive Erkenntnis, die Wahrnehmung des „Dings an sich", ist folglich nicht möglich, da alle Erfahrungen durch das Bewusstsein ge- bzw. verformt werden, bevor sie Erkenntnismaterial werden.

Die Strukturen, die nach Kant unsere Erkenntnis ermöglichen und leiten, selbst aber nicht aus der Erfahrung gewonnen werden können, gliedern sich in drei Ebenen mit zunehmender Distanz von der objektiven Realität:

- die „reinen Anschauungsformen" (Raum und Zeit), durch die jede Wahrnehmung von Gegenständen geprägt ist, die selbst aber keine Eigenschaften von Gegenständen sind. In das Bewusstsein gelangen also nicht die wahrgenommenen Gegenstände „an sich", sondern nur ihre durch die Anschauungsformen geprägten *Erscheinungen*.
- die „reinen Verstandesbegriffe", sog. *Kategorien*, wie Quantität, Kausalität, Möglichkeit, Notwendigkeit usw., die das begriffliche Gerüst für jegliche Form menschlichen Denkens bilden; es sind reine Formen zur Konstituierung der Erfahrung.
- die „reinen Vernunftbegriffe", sog. *transzendentale Ideen*, wie Seele, Welt, Gott, die als idealisierte Zielvorstellungen das methodologische Instrumentarium zur Vermehrung der Erkenntnis bereitstellen. Diesen Aspekt werden wir im Folgenden genauer vorstellen, weil er sich mit den hier verfolgten Absichten, den Ideenbegriff zu präzisieren, weitgehend deckt.

Ideen

Kant löst sich von dem Ideenbegriff seiner Vorgänger und Zeitgenossen und schließt wieder an den Platonischen Ideenbegriff an, jedoch mit einigen bedeutenden Modifikationen.

Kant definiert den Begriff der Idee in expliziter Form an vielen Stellen in seinen Werken, u.a. als

- „nichts anderes als der Begriff von einer Vollkommenheit, die sich in der Erfahrung noch nicht vorfindet“ (Kant, 1967),
- „Begriff aus Notionen, der die Möglichkeit der Erfahrung übersteigt“ (Kant, 1993, B377) (Notion = „reiner Verstandesbegriff“),
- „notwendiger Vernunftbegriff, dem kein kongruierender Gegenstand in den Erfahrungen gegeben werden kann“ (Kant, 1993, B384).

Ideen sind also Produkte des reinen Denkens und in der Erfahrung, wie die Ideen Platos, nicht in der gedachten Form, höchstens als unvollkommene Abbilder anzutreffen.

Wie ergibt sich nun die methodologische Bedeutung der Kant’schen Ideen?

Jede menschliche Erkenntnis beginnt mit einer sinnlichen Wahrnehmung, die durch reine Anschauungsformen (Raum/Zeit) geprägt wird. Diese wird anschließend nach Maßgabe der reinen Verstandesbegriffe (Kategorien) begrifflich strukturiert. Die reinen Vernunftbegriffe (Ideen) schließlich ordnen die Verstandesbegriffe unter den Gesichtspunkten „warum gilt?“ oder „wie hängt zusammen?“ und setzen dem Verstand das Ziel, die größtmögliche Einheit (Systematik) des Erkenntnismaterials zu suchen. Diese Idee von der „absoluten Totalität der Bedingungen“ (Kant, 1993, B379) offenbart sich u.a. an folgenden Methoden der Wissenschaft oder allgemein des menschlichen Wissenserwerbs:

- an der Suche nach der Gesamtheit aller Bedingungen, die ein beobachtetes Ereignis ausgelöst haben (*Beispiel:* Versuch einer exakten Wettervorhersage),
- an der Suche nach der letzten, gleichsam unbedingten Bedingung einer Bedingungskette (*Beispiel:* Urknalltheorie),
- an der Suche nach der vollständigen Einheit der Teile in einem System, wobei hier im übertragenen Sinne die Teile eines Systems als Bedingungen des Systems aufgefasst werden (*Beispiel:* Entwicklung einer vollständigen Systematik aller Lebewesen).

Die Idee von der Totalität der Bedingungen hat Kant weiter strukturiert und dabei drei zentrale Wirkungsbereiche ermittelt, an denen sich die Idee konkretisiert, den psychologischen (*Seele*), den kosmologischen (*Welt*) und den theologischen Bereich (*Gott*).

Zur regulativen Funktion von Ideen

Während Begriffe der Erkenntnis von Sachverhalten dienen, indem sie Wissen konstituieren (durch Definitionen, Sätze, Beweise), besitzen Ideen eine *regulative Funktion*, indem sie den Verstand anleiten, seinen Erkenntnisbestand durch die Suche nach geeigneten Erfahrungen in Richtung auf die Ziele, die die Ideen beschreiben, zu erweitern. Problematisch werden Ideen jedoch, sobald man versucht, Erkenntnisse über sie zu gewinnen, sie also nicht regulativ, sondern wie Begriffe konstitutiv zu verwenden: Betrachtet man die Ideen also statt als Erkenntnisziel als Gegenstände, über die man Aussagen machen, Schlüsse ziehen oder Beweise führen kann, so stößt man unweigerlich auf Widersprüche.

Fassen wir zusammen: Ideen sind idealisierte Vorstellungen, mit denen möglicherweise nicht erfahrbare Ziele verbunden sind; sie kanalisieren jedoch den menschlichen Forschungsdrang und leiten den Verstand an, seinen Erkenntnisbestand in Richtung auf das Ziel auszudehnen, ohne es womöglich jemals erreichen zu können.

3.2.2 Der Begriff der Fundamentalen Ideen in der Pädagogik

Bedeutende Beiträge zur Klärung des Ideenbegriffs stammen aus der Pädagogik. Fundamentale Ideen sollen hier vor allem zur Verbesserung des Fachunterrichts an allgemeinbildenden Schulen dienen.

3.2.2.1 Hintergründe und Motivation

Bereits 1929 schlug A.N. Whitehead (1929, S. 260) vor, sich im Fachunterricht

> „offenkundig auf unmittelbare und einfache Weise mit einigen wenigen allgemeinen Ideen von weitreichender Bedeutung"

zu befassen, denn:

> „Die Schüler stehen ratlos vor einer Unmenge von Einzelheiten, die weder zu großen Ideen noch zu alltäglichem Denken eine Beziehung erkennen lassen."

Im Jahre 1960 formulierte dann J.S. Bruner (1960) das didaktische Prinzip, wonach sich der Unterricht in erster Linie an den *Strukturen* der zugrundeliegenden Wissenschaft orientieren soll. Im deutschsprachigen Raum hat sich für diese Strukturen die Bezeichnung *„Fundamentale Ideen"* durchgesetzt.

Bruner begründet seinen Zugang wie folgt: Lernen in der Schule hat vor allem den Sinn, die Schüler zu präparieren, das zukünftige Leben erfolgreicher zu bewältigen. Da kontrolliertes Lernen nach Anleitung – sieht man einmal von der beruflichen Fort- und Weiterbildung ab – mit dem letzten Schuljahr oder Semester weitgehend abgeschlossen ist, können später eintretende Veränderungen im Privatleben, in Wirtschaft und Gesellschaft nur durch Übertragung (*Transfer*) früher erworbener Kenntnisse auf die neuen Situationen gemeistert werden.

Man kann diese Transferleistung vor allem hinsichtlich zweier Aspekte klassifizieren:

- Ähnelt die neue Situation einer bereits bekannten, so dass deren Lösungsschema nur geringfügig erweitert oder geändert werden muss, um auch auf die neue Situation anwendbar zu sein, so spricht man vom *spezifischen Transfer*. Spezifische Transferleistungen beziehen sich auf relativ lokale Effekte und werden überwiegend dann gefordert, wenn es um die kurzfristige Anwendung handwerklicher Fertigkeiten innerhalb eines begrenzten Fachgebiets geht.
- Beim *nichtspezifischen Transfer*, der sich auf langfristige (i.A. lebenslange) Effekte bezieht, lernt man anstelle von oder zusätzlich zu handwerklichen Fertigkeiten grundlegende Begriffe, Prinzipien und Denkweisen (sog. *Fundamentale Ideen*). Ferner bildet man *Grundhaltungen und Einstellungen* aus, z.B. zum Lernen selbst, zum Forschen, zur Wissenschaft, zu Vermutungen, Heuristiken und Beobachtungen, zur eigenen Leistung, zur Lösbarkeit von Problemen usw. Später auftretende Probleme können dann gewissermaßen als Spezialfälle dieser Grundkonzepte, als Varianten eines vertrauten Themas, erkannt, eingeordnet und mit den zugehörigen Lösungsverfahren in transferierter Form behandelt werden. Während der spezifische Transfer also etwas Neues direkt auf etwas Bekanntes derselben logischen Ebene zurückführt, bezieht der nichtspezifische Transfer eine Metaebene ein (Abb. 3.1).

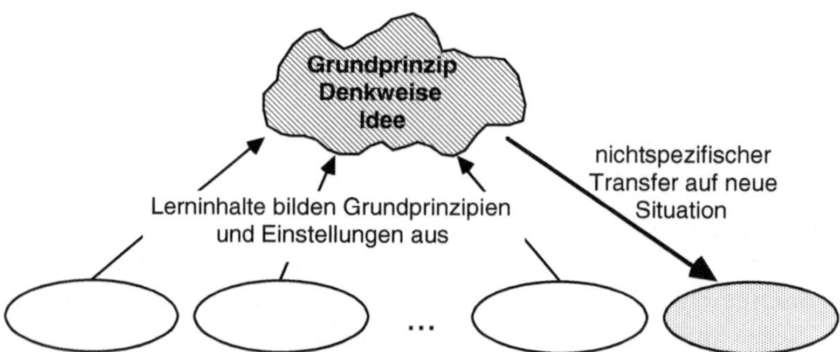

Abbildung 3.1 Nichtspezifischer Transfer

In Berufsschulen und in der betrieblichen Fort- und Weiterbildung dominiert der spezifische Transfer. Die vermittelten Fertigkeiten werden überwiegend nicht in einer Weise behandelt, die bei den Lernenden Fundamentale Ideen ausbildet. Diese Fertigkeiten können daher i.A. nur durch spezifischen Transfer auf neue Probleme und Situationen übertragen werden. Dem gegenüber steht der nichtspezifische Transfer im Zentrum des gesamten Bildungsprozesses an allgemeinbildenden Schulen: fortwährendes Erzeugen, Erweitern und Vertiefen von Wissen in Form Fundamentaler Ideen. Daher – und jetzt kommen wir wieder auf die Ausgangsforderung Bruners zurück – hat sich der Unterricht vor allem an den Fundamentalen Ideen zu orientieren.

3.2.2.2 Charakterisierung des Ideenbegriffs in der Pädagogik

Über die Merkmale von Ideen herrscht in den Erziehungswissenschaften weitgehend Konsens, der zu einigen bemerkenswerten Definitionen geführt hat.

Position von J.S. Bruner

Bruner selbst gibt keine explizite Definition oder Charakterisierung des Begriffs, er überlässt es im Wesentlichen dem Leser, sich anhand vieler Beispiele eine intuitive Vorstellung von Fundamentalen Ideen zu verschaffen. Lediglich einige wenige Hinweise sind über das Buch verstreut, z.B.:

„... daß die basalen Ideen ... ebenso einfach wie durchschlagend sind." (Bruner, 1960, S. 26);

„... denn 'fundamental' bedeutet ... ja gerade, daß ein Begriff eine ebenso umfassende wie durchgreifende Anwendbarkeit besitzt." (Bruner, 1960, S. 31).

Fundamentale Ideen sind also in vielen Bereichen einer Wissenschaft umfassend anwendbar, und sie besitzen eine tragende Rolle, indem sie eine Vielzahl von Phänomenen ordnen und integrieren. Wir sprechen hier vom *Horizontalkriterium*. Hiermit ist folgende Anschauung verbunden: eine horizontale Achse, die eine Vielzahl von Wirkungsbereichen durchstößt (Abb. 3.2).

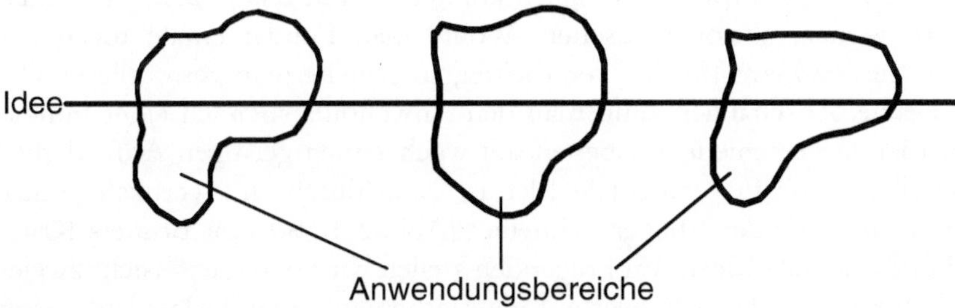

Abbildung 3.2 Veranschaulichung des Horizontalkriteriums

Die folgende Aussage

„Wenn früheres Lernen späteres Lernen erleichtern soll, dann muß es ein allgemeines Bild geben, das die Beziehungen zwischen den früher und den später begegnenden Dingen deutlich macht." (Bruner, 1960, S. 25)

zeigt in Verbindung mit der berühmten These Bruners

„... daß die Grundlagen eines jeden Faches jedem Menschen in jedem Alter in irgendeiner Form beigebracht werden können." (Bruner, 1960, S. 26),

dass Fundamentale Ideen den Stoff innerhalb eines Anwendungsbereiches auch vertikal strukturieren: Eine Fundamentale Idee kann auf nahezu jeder beliebigen geistigen Ebene (also einem Primarschüler ebenso wie einem Hochschüler) erfolgreich vermittelt werden (*Vertikalkriterium*). Unterschiede bestehen auf den verschiedenen Ebenen nur hinsichtlich des Niveaus sowie des Grads der Detaillierung und Formalisierung, mit dem die Idee präsentiert wird. Kontrapositiv formuliert (nach Fischer, 1984): Was nicht prinzipiell auch einem Grundschüler vermittelt werden kann, kann keine Fundamentale Idee sein. Das Vertikalkriterium ist von besonderer Bedeutung für die Ausbildung: Erfüllt eine Idee dieses Kriterium, so kann sie als Richtschnur verwendet werden, um den Unterricht auf jeder Ebene des gesamten Bildungsprozesses daran zu orientieren.

Fundamentale Ideen stehen also am unteren Rand intellektueller Fähigkeiten und müssen daher schon in frühen Stadien der Ausbildung des menschlichen Gehirns aufgenommen werden können. Wenn man dies akzeptiert, dann müssen solche Ideen mit der Entwicklungsstruktur unseres Gehirns in Einklang stehen; sie können also nicht in irgendeinem abstrakten Sinne „beliebig objektiv" sein oder sich als vom Menschen unabhängige „Naturgesetze" darstellen. Dies erinnert an die Kant'schen Überlegungen zum Verhältnis zwischen den Dingen „an sich", die uns verborgen bleiben, und ihren Erscheinungen. Ähnlich verhält es sich mit Fundamentalen Ideen einer Wissenschaft: Sie sind nicht Elemente der Wissenschaft an sich, sondern Produkte unseres Verstandes, die wir der Wissenschaft aufprägen. Folglich können sie nur relativ zum Menschen objektiviert werden. Visionär gesehen: Wollte man Fundamentale Ideen der Informatik für *intelligente Maschinen* erarbeiten, so erhielte man vermutlich völlig andere Ansätze. Anschaulich kann man den Anwendungsbereich einer Fundamentalen Idee in verschiedene Ebenen mit wachsenden geistigen Anforderungen unterteilen. Eine Fundamentale Idee ist dann durch eine vertikale Achse repräsentiert, die jede der Ebenen schneidet (Abb. 3.3). So weit Bruners Kriterien für Fundamentale Ideen. Im Folgenden stellen wir noch die Ansicht zweier anderer Autoren vor, die sich zwar auf die Mathematik oder Teilgebiete davon beziehen, aber auch allgemeine Hinweise enthalten.

Position von A. Schreiber

Schreiber (1983) orientiert sich im Wesentlichen an den Bruner'schen Überlegungen. Sein Beitrag besteht u.a. in der Angabe recht griffiger Anhaltspunkte für Fundamentale Ideen der Mathematik, und zwar nennt er:

- **Weite**, d.h. logische Allgemeinheit. Gemeint ist hier wohl Folgendes: Eine Idee besitzt Weite, wenn sie einen gewissen Spielraum für Interpretationen zulässt und ein gewisses Maß an Anpassungsfähigkeit besitzt. Exakt formu-

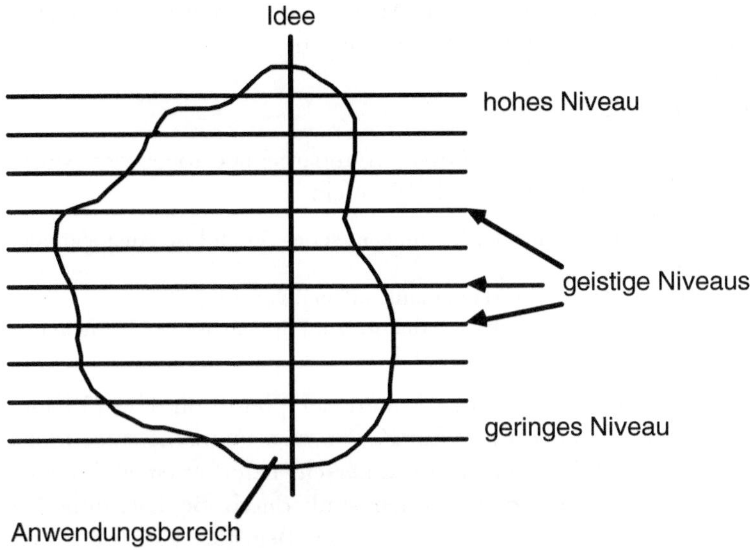

Abbildung 3.3 Veranschaulichung des Vertikalkriteriums

lierte Vorschriften, Axiome oder Regeln scheiden danach als Ideen aus. *Beispiele:* Das Kommutativgesetz der Addition a+b=b+a ist also keine Idee, da ihm die Allgemeinheit fehlt. Stattdessen könnte man die *Invarianz* als Idee mit Weite betrachten, der sich das Kommutativgesetz (Invarianz gegen Vertauschung von Operanden) wie auch viele andere Phänomene unterordnen. Ebenso sind hiernach die berühmte Gleichung $E=mc^2$ oder das Quicksort-Verfahren keine Fundamentalen Ideen. Die zugrundeliegenden Ideen sind vielmehr der Materie-Energie-Dualismus bzw. das Divide-and-Conquer-Verfahren.

- **Fülle**, d.h. vielfältige Anwendbarkeit und Relevanz. Dieses Kriterium deckt sich im Wesentlichen mit unserem Horizontalkriterium.
- **Sinn**, d.h. Verankerung im Alltagsdenken, lebensweltliche Bedeutung. Mit diesem Kriterium – wir sprechen im Folgenden vom *Sinnkriterium* – geht Schreiber über die Bruner'schen Kriterien hinaus. Für ihn zählen Fundamentale Ideen noch zur Sphäre des Alltagsdenkens. Ihr Kontext ist vortheoretisch, noch unwissenschaftlich. Die Präzisierung zu einem exakten Begriff steht einer Idee noch bevor. Man vergleiche hierzu auch das Zitat von Whitehead zu Beginn von Abschnitt 3.2.2.1.
  Beispiel: Das skizzierte Verhältnis zwischen einer Idee „mit Sinn" und einem Begriff besteht z.B. zwischen „Reversibilität" (d.h. Umkehrbarkeit von Operationen mit Wiederherstellung des Ausgangszustandes) als Idee und „Umkehrfunktion" als Begriff. Während „Umkehrfunktion" ein rein ma-

thematischer Terminus ohne Bezug zur Alltagswelt ist, lässt sich Reversibilität an vielen Stellen im täglichen Leben aufzeigen.

Position von F. Schweiger

Schweiger (1982) erarbeitet in seinem Aufsatz Fundamentale Ideen der Analysis. Seiner Ansicht nach sind Fundamentale Ideen ein

> „Bündel von Handlungen, Strategien oder Techniken, sei es durch lose Analogie oder Transfer verbunden, die
> (1) in der historischen Entwicklung der Mathematik aufzeigbar sind, [...]
> (3) als Ideen zur Frage, was ist Mathematik überhaupt, zum Sprechen über Mathematik, geeignet erscheinen, [...]“ (Schweiger, 1992, S. 207)

Zwei Aspekte sind neu: der historische (1) und der philosophische (3). Der historische Aspekt – wir wollen fortan vom *Zeitkriterium* Fundamentaler Ideen sprechen – ist aus zwei Gründen bedeutsam. Einerseits liefert er einen Anhaltspunkt, wie Fundamentale Ideen zu gewinnen sind: durch Beobachtung der geschichtlichen Entwicklung fachwissenschaftlicher Begriffe, Konzepte und Strukturen. Andererseits wird hiermit angedeutet, dass Fundamentale Ideen einer Wissenschaft längerfristig gültig bleiben. Diese Eigenschaft hat auch Nievergelt erkannt, wenn er sein „quest for classics“ formuliert:

> „How do we recognize ideas of long lasting-value among the crowd of fads? The ‘test of time’ is the most obvious selector. Other things being equal, ideas that have impressed our predecessors are more likely to continue to impress our successors than our latest discoveries will.“ (Nievergelt, 1990, S. 5)

Den philosophischen Aspekt verstehen wir weniger als Kriterium für, denn als Konsequenz einer ideenorientierten Wissenschaftsbetrachtung: Hat man eine Wissenschaft erst einmal durch das Aufstellen Fundamentaler Ideen strukturiert, so ist man gleichzeitig im Besitz ihrer philosophischen Fundierung, weiß um ihr „Wesen“ und kann sie gegen andere Wissenschaften abgrenzen.

Wir wollen nun als Ergebnis der Überlegungen eine eigene Definition des Begriffs „Fundamentale Idee“ anschließen: Die fünf herausgearbeiteten Kriterien (Horizontal-, Vertikal-, Ziel-, Zeit- und Sinnkriterium) sind zu erfüllen, wobei die ersten beiden die Bedingungen der Fundamentalität sind und die drei anderen notwendig sind, um überhaupt von einer Idee sprechen zu können.

Definition:

Eine *Fundamentale Idee* bzgl. eines Gegenstandsbereichs (Wissenschaft, Teilgebiet) ist ein Denk-, Handlungs-, Beschreibungs- oder Erklärungsschema, das

1. in verschiedenen Gebieten des Bereichs vielfältig anwendbar oder erkennbar ist (*Horizontalkriterium*),

2. auf jedem intellektuellen Niveau aufgezeigt und vermittelt werden kann (*Vertikalkriterium*),
3. zur Annäherung an eine gewisse idealisierte Zielvorstellung dient, die jedoch faktisch möglicherweise unerreichbar ist (*Zielkriterium*),
4. in der historischen Entwicklung des Bereichs deutlich wahrnehmbar ist und längerfristig relevant bleibt (*Zeitkriterium*),
5. einen Bezug zu Sprache und Denken des Alltags und der Lebenswelt besitzt und für das Verständnis des Faches notwendig ist (*Sinnkriterium*).

Die Ergänzung des Sinnkriteriums um die „Notwendigkeitsklausel" stammt von Modrow (2002). Er wünscht sich nicht nur eine lebensweltliche Verankerung der Ideen, sondern auch eine didaktisch-curriculare. Ideen entwickeln nach seiner Ansicht nur Sinn für Lernende, wenn sie für das Verständnis des Fachs erforderlich sind. Denn darin liegt der Sinn des Unterrichts.

Fundamentale Ideen im vergleichbaren Sinne wurden bisher vor allem für die Mathematik und eine Reihe ihrer Teilgebiete vorgestellt, u.a. für Wahrscheinlichkeitsrechnung, Analysis, lineare Algebra und analytische Geometrie, Numerik, Gruppentheorie und Geometrie (Fischer, 1976; Halmos, 1981; Heitele, 1975; Klika, 1981; Müller, 1980; Schweiger, 1982; Tietze, 1979). Weitere Ansätze, zumeist mit einem anderen Ideenverständnis, gibt es in Physik, Chemie, Biologie, Sozial- und Wirtschaftswissenschaften (Spreckelsen, 1970; Schmidt, 1981; Gärtner, 1977; Price, 1965; Michaelis, 1968).

3.3 Fundamentale Ideen der Informatik

Bei der Entwicklung einer Kollektion von Fundamentalen Ideen der Informatik werden wir im Wesentlichen nach folgendem Programm vorgehen, das von den Inhalten der Informatik zu ihren Ideen abstrahiert und ggf. iterativ mehrfach durchzuführen ist:

1. Schritt: Analyse konkreter Inhalte der Informatik und Ermittlung von Beziehungen und Analogien zwischen ihren Teilgebieten (Horizontalkriterium) sowie zwischen unterschiedlichen intellektuellen Niveaus (Vertikalkriterium). Dies liefert eine erste Kollektion von Fundamentalen Ideen.

2. Schritt: Erarbeitung der Zielvorstellungen, die sich mit den Ideen verbinden (Zielkriterium).

3. Schritt: Verbesserung und Modifikation dieser Liste durch Überprüfung, ob jede der Ideen auch eine lebensweltliche Bedeutung besitzt und im Alltag nachweisbar ist (Sinnkriterium).

4. Schritt: Nachzeichnung der historischen Entwicklung jeder Idee. So gewinnt man evtl. weitere Gesichtspunkte und stabilisiert die Ideenkollektion. Hierzu beachte man den Vorschlag von Nievergelt (vgl. Abschnitt 3.2.2.2).

5. Schritt: Abstimmung der Ideen untereinander und Analyse von Beziehungen zwischen ihnen: Besitzen die Ideen ein vergleichbares Abstraktionsniveau? Lassen sich die Ideen irgendwie strukturieren oder gruppieren? Bestehen hierarchische oder netzwerkartige Abhängigkeiten zwischen den Ideen?

Natürlich können wir nicht jeden der vier Schritte des Verfahrens im Detail nachvollziehen, uns genügt hier das Prinzip. Ebenso wollen wir nicht für jede der gewonnenen Ideen nachprüfen, ob sie alle Kriterien der Definition erfüllt. Hierzu sollen einige Beispiele genügen. Stets ist aber zu berücksichtigen, dass jede Liste ein gewisses subjektives Element enthält, weil die beteiligten Begriffe und Bedingungen nicht formal definiert sind und auch nicht formal definiert werden können (regulative versus konstitutive Funktion von Ideen), also immer Interpretationsfreiheiten lassen. Auch gibt es kein Kriterium, um nachzuweisen, ob eine Ideenkollektion alle Elemente der Wissenschaft vollständig und in angemessenem Umfang beschreibt. Diese Eigenschaft gewinnt sie allenfalls durch Diskussion und regelmäßigen Gebrauch innerhalb der Wissenschaft.

Zum 1. Schritt: Welche konkreten Inhalte der Informatik soll man auf Ideen untersuchen?

Eine zentrale Aufgabe der Wissenschaft Informatik ist es, den Computer besser nutzbar zu machen und für jedwede Art von Problemen einzusetzen. Schlüssel hierzu ist weniger die Hardware, die über die Jahrzehnte im Wesentlichen durch Leistungszuwachs dazu beigetragen hat, Probleme zu erschließen, als vielmehr die Software. Informatische Denk- und Arbeitsweisen konkretisieren sich daher in erster Linie am Softwareentwicklungsprozess; Aufgabe der Informatik ist es, diesen Prozess im weitesten Sinne zu erforschen und Methoden hierfür bereitzustellen. Folglich erscheint es sinnvoll, gerade die Tätigkeiten innerhalb dieses Entwicklungsprozesses auf Vorkommen von Fundamentalen Ideen zu analysieren.

3.3.1 Softwareentwicklung

Die Grundlage für die Untersuchung von Fragestellungen bei der Softwareentwicklung bildet der Software Life Cycle (Standardform s. Abb. 14.1 in Kapitel 14). Legt man andere Modelle, wie das Wasserfallmodell, das Spiralmodell o.ä. zugrunde, so ändern sich die Aktivitäten dabei kaum, nur ihre zeitliche Abfolge.

Gehen wir die einzelnen Phasen im Überblick durch. Zum Verständnis empfiehlt es sich, zunächst den Abschnitt „Softwaretechnologische Aspekte“ in Kapitel 14.2.2 zu lesen.

Problemanalyse. Zentrale Idee dieser Phase, in der das zu lösende Problem und alle wichtigen Umgebungsbedingungen vollständig und eindeutig erfasst werden, ist die *strukturierte Zerlegung*. Die verschwommenen Vorstellungen des Auftraggebers werden präzisiert und strukturiert zu Papier gebracht sowie auf Durchführbarkeit untersucht. Die Struktur des gegebenen Systems, in das das Softwareprodukt eingebettet werden soll, wird durch *Zerlegung* in Komponenten und Ermittlung ihrer Beziehungen aufgedeckt. Üblicherweise erfolgt solch eine Analyse schrittweise, indem man zunächst eine grobe Zerlegung vornimmt und einzelne ihrer Komponenten weiter verfeinert, bis ein hinreichend großer Detaillierungsgrad erreicht ist. So erhält man eine *Hierarchie* von Abstraktionsstufen. (Nicht nur) in dieser Phase ist die Aufprägung hierarchischer Beziehungen ein zentrales Strukturierungsmittel.

Die Durchführbarkeitsanalyse bezieht sich vonseiten der Kerninformatik auf Berechenbarkeitsfragen und auf Überlegungen zur *Komplexität* im theoretischen Sinne. Damit zusammenhängende Ideen sind u.a. *Reduktion*, *Diagonalisierung*.

Entwurf. Im Zentrum der Entwurfsphase steht die Idee der *Modularisierung*, ebenfalls eine Form der *strukturierten Zerlegung*, mit ihren beiden Ausprägungen (*Top-down* und *Bottom-up*). Damit überhaupt modularisiert werden kann, müssen gewisse Bedingungen erfüllt sein: Die Wirkung jedes Moduls muss formal mit einer *Spezifikationssprache* definiert werden, die auch ein Konzept zur Kapselung (*Parameter-/Blockkonzept*) enthält, um die innere Struktur eines Moduls vor anderen Modulen *geheim* zu halten.

Implementierung. Kern der Implementierungsphase ist die Idee der *Algorithmisierung* (*Zerlegung* in Einzelschritte) und die anschließende Umsetzung des Algorithmus in ein *ablauf*fähiges Programm einer *Programmiersprache* bestehend aus *Datenstrukturen* (*Aggregation*, *Generalisation* usw.; s. Kapitel 6.3.1) und *Kontrollstrukturen* (*Sequenz*, *Schleife*, *Alternative* usw.; s. Kapitel 6.3.2).
Je nach zu lösendem Problem stehen für die Wahl der Algorithmen gewisse Grundmuster, häufig Paradigmen genannt (Es sind aber keine Paradigmen im Kuhn'schen Sinne.), zur Verfügung, z.B. *Divide-and-Conquer*, *Branch-and-Bound* usw. Bei der Programmierung ist *strukturiert* vorzugehen. Damit die Module und ihre Beziehungen im Programm erkennbar werden, muss die Programmiersprache mindestens über ein *Block*- und ein *Parameterkonzept* sowie über Mittel zur graphischen oder sprachlichen Darstellung von *Hierarchien* (Klammern, begin...end, Einrückung) verfügen.

Funktionsüberprüfung. Zentrale Idee in dieser Phase ist die Qualitätskontrolle, d.h. die Untersuchung und *Bewertung* des fertigen Programms oder seiner

Teile auf *Korrektheit.* Formal oder durch Testeingaben werden die Programmteile *partiell* und *total* verifiziert. Korrekte Bausteine werden durch Umkehr des vorangegangenen Zerlegungsprozesses zu größeren zusammengesetzt, die dann ihrerseits überprüft werden. Bei nebenläufigen Programmen spielen hierbei auch Ideen wie *Konsistenz* und *Fairness* eine Rolle.

Leistungsüberprüfung. Im Zentrum dieser Phase steht, ebenfalls unter dem Aspekt, die Qualität des Produkts zu *bewerten*, die Idee der *Komplexität.* Damit zusammenhängende Ideen sind u.a. *Ordnung*, *Worst-Case-Laufzeit*.

Die letzten Phasen des Software Life Cycle bilden Installation, Abnahme und Wartung des Softwareprodukts. Neue bisher nicht genannte Ideen tauchen hierbei nicht auf.

3.3.2 Die Ideenkollektion

Unter den in Abschnitt 3.3.1 genannten Ideen fallen drei besonders auf, weil sie, gewissermaßen als phasenübergreifende Ideen, in allen Stadien der Softwareentwicklung eine herausragende Rolle spielen: Die Ideen der *Algorithmisierung*, der *Sprache* und der *strukturierten Zerlegung*. Diese Ideen – wir nennen sie *Masterideen* – wollen wir im Folgenden genauer analysieren, da sie auch Anhaltspunkte für eine Reihe weiterer Ideen liefern.

Algorithmisierung

Über die Bedeutung der Algorithmisierung als Fundamentale Idee der Informatik besteht weitgehend Konsens. Mit dieser Idee verbindet sich die Zielvorstellung (*Zielkriterium*), alle Probleme ließen sich durch maschinell nachvollziehbare Verfahren, deren Korrektheit jederzeit gesichert ist, effizient lösen. Diese Zielvorstellung wird z.B. sichtbar

- an dem Versuch, die Algorithmenentwicklung selbst zu automatisieren,
- an der starken KI-These (Die starke KI-These vertritt die Ansicht, dass das Gehirn eine symbolverarbeitende Maschine ist und dass sich Denken und Rechnen nicht grundsätzlich, sondern nur quantitativ unterscheiden.), die – unabhängig davon, ob man sie vertritt oder nicht – entsprechende Forschungen motiviert und ihnen eine Richtung gibt,
- an dem Versuch, auch nicht berechenbare Probleme durch Betrachtung immer größerer berechenbarer Teilklassen noch zu attackieren,
- an dem Versuch, nicht effizient lösbare Probleme durch andere Rechenmodelle (besser: Gedankenmodelle) doch noch effizient lösen zu können

(z.B. nichtdeterministische Turingmaschinen, randomisierte Algorithmen, Orakel).

Eine genauere Analyse der Aktivitäten beim Algorithmisieren liefert noch eine Fülle weiterer Ideen. Wir unterscheiden vier große Bereiche: Beim Entwurf eines Algorithmus bedient man sich häufig der oben schon erwähnten Grundmuster, sog. Entwurfsparadigmen (auch hier nicht im Kuhn'schen Sinne), wie *Divide-and-Conquer*, *Backtracking* (für eine detaillierte Aufstellung s. (Mehlhorn, 1984)). Diesen Entwurf setzt man anschließend in ein Programm um. Hierfür stehen gewisse gemeinsame Konzepte zur Verfügung, um den Daten- und Kontrollbereich zu beschreiben, wie z.B. *Konkatenation*, *Alternative*, *Rekursion* usw. Diese auf den ersten Blick imperativ geprägten Ideen finden sich auch bei funktionalen und prädikativen Programmiersprachen, etwa die Konkatenation als Komposition. Das fertige Programm wird auf einem (oder mehreren) Prozessoren ausgeführt. Damit verbunden ist die Idee des *Prozesses*, d.h. die Trennung von Beschreibung und Ausführung eines Algorithmus. Die letzte Ideengruppe im Rahmen der Algorithmisierung befasst sich mit der Bewertung von Algorithmen unter Qualitätsgesichtspunkten. Die beiden zentralen Bewertungskriterien sind *Korrektheit* und *Komplexität*, jeweils mit einer Reihe weiterer zugehöriger Ideen.

Sprache

Nicht nur bei der Programmierung (Programmiersprachen), bei der Spezifikation (Spezifikationssprachen), bei der Verifikation (Logikkalküle), in Datenbanken (Anfragesprachen), bei Betriebssystemen (Kommandosprachen) spielt die Idee der Sprache eine herausragende Rolle, vielmehr besteht in der Informatik eine generelle Tendenz zur Versprachlichung von Sachverhalten. Dies gilt auch für Bereiche, bei denen zunächst kein unmittelbarer Bezug zu einer sprachlichen Darstellung erkennbar ist, z.B. beim VLSI-Entwurf oder bei der Bildverarbeitung. Dieses Vorgehen bietet u.a. folgenden Vorteil: Es vereinheitlicht die Sichtweise, denn jedes Problem reduziert sich dann auf ein Problem über Wörter; die algorithmische Manipulation von Sprachen und Wörtern ist andererseits gut erforscht.

Mit der Idee der Sprache verbindet sich die Zielvorstellung (Zielkriterium), dass sich alle informatik-relevanten Sachverhalte durch gewisse Zeichenfolgen beschreiben lassen, die nach einfachen Bildungsgesetzen aufgebaut sind und die untereinander auf effiziente algorithmische Weise semantikerhaltend transformierbar sind.

Beispiel: Eine Rechnerarchitektur veranschaulicht man sich häufig durch ein Ebenenmodell (Abb. 3.5) (Tanenbaum, 1984). Jeder Ebene wird ein anderes Sprachniveau zugeordnet, mit dem die Objekte und Aktionen der Ebene adäquat beschrieben werden können. Die Arbeitsweise des Rechners besteht in diesem Modell aus einer Folge von Übersetzungsprozessen, die die Benutzersprache auf der obersten Ebene sukzessive semantikerhaltend auf die unterste Ebene umsetzt.

In engem Zusammenhang mit Sprachen stehen offenbar die Ideen von *Syntax* und *Semantik*, ferner die verschiedenen Ansätze zur semantikerhaltenden Transformation von Wörtern einer Sprache in eine andere, z.B. die Ideen der *Übersetzung*, *Interpretation* oder *operationalen Erweiterung*.

Strukturierte Zerlegung

Die Zerlegung konkretisiert sich im Software Life Cycle z.B.

- bei der Istanalyse an der wiederholten Zerlegung des bestehenden Systems in Komponenten und an der Bildung von Teams,
- beim Entwurf an der hierarchischen Modularisierung,
- bei der Implementierung an der wiederholten Zerlegung von Abläufen in Einzelschritte (auch Algorithmisierung) oder an der Zerlegung eines Problems in einfachere (Divide-and-Conquer),
- beim Software Life Cycle selbst an der Zerlegung des Entwicklungsprozesses in sechs Phasen, die jeweils wiederum aus mehreren Unterphasen bestehen.

Bei der strukturierten Zerlegung können wir offenbar zwei zueinander orthogonale Aspekte unterscheiden:

- Der vertikale Aspekt, die *Hierarchisierung* (Abb. 3.6 links), beschreibt die Zerlegung eines Gegenstands in aufeinander aufbauende Ebenen unterschiedlichen Abstraktionsniveaus. Geleitet wird diese Vorgehensweise von der Zielvorstellung (Zielkriterium) einer schrittweisen totalen Zerlegbarkeit jedes Systems in eine endliche Folge von Hierarchieebenen, die einen unterschiedlichen Abstraktionsgrad besitzen, aber semantisch äquivalent sind und algorithmisch ineinander überführt werden können.
  Die Idee der Hierarchisierung finden wir u.a. in folgenden Zusammenhängen (vgl. Parnas, 1974): Ebenenmodelle der Rechnerarchitektur, Sprachhierarchien (z.B. die Chomsky-Hierarchie), Maschinenmodelle, Komplexitäts- und Berechenbarkeitsklassen, virtuelle Maschinen, ISO-OSI-Ebenenmodell.
- Der horizontale Aspekt, die *Modularisierung* (Abb. 3.6 Mitte), beschreibt die Zerlegung eines Gegenstands in einzelne Teile gleichen Abstraktionsniveaus. Hinter der Modularisierung verbirgt sich die Zielvorstellung, jedes System ließe sich durch die Eigenschaften seiner Teile vollständig erklären und als Summe total voneinander unabhängiger Teile (bottom-up) auffas-

sen bzw. in total voneinander unabhängige Teile zerlegen (top-down). Diese Zielvorstellung ist zwar faktisch unerreichbar, denn die Eigenschaften eines Systems lassen sich nicht nur aus den Eigenschaften der Subsysteme allein ableiten, sondern sie werden auch durch ihre Beziehungen untereinander beeinflusst; die normative (nach Plato) bzw. die regulative Funktion (nach Kant) dieser Idee äußert sich jedoch in dem Bestreben, die Abhängigkeiten zwischen den Teilsystemen (Schnittstellen) dann wenigstens so gering wie möglich zu halten.

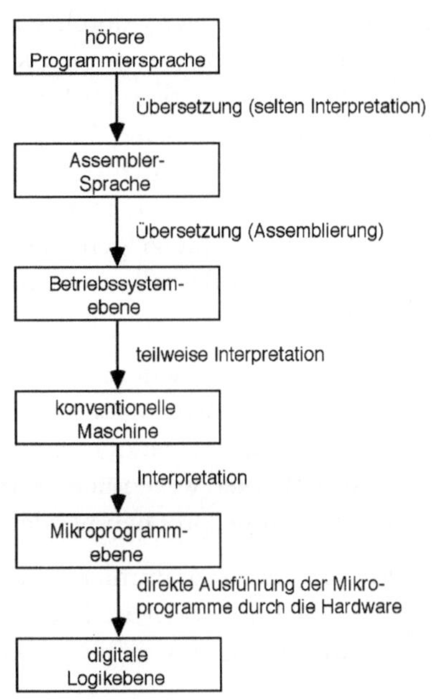

Abbildung 3.5 Ebenenmodell der Rechnerarchitektur

Die hierarchische Modularisierung entsteht als Mischform aus diesen beiden Grundformen (Abb. 3.6 rechts).

Einen weiteren wichtigen Aspekt der Zerlegung haben wir bisher noch nicht erwähnt: Offenbar kommt jeder Zerlegungsprozess irgendwann zum Ende, spätestens dann, wenn ein atomares Niveau erreicht wird.

Beispiele: Beim Divide-and-Conquer-Verfahren bricht die Zerlegung ab, sobald ein Problem vorliegt, für das die Lösung unmittelbar angegeben werden kann. Bei der hierarchischen Modularisierung stoppt sie spätestens dann, wenn eine Modulspezifikation erreicht wird, die sich direkt in eine einzelne Anweisung der Programmiersprache umsetzen lässt.

Diese Beobachtung führt auf die Idee der Erzeugendensysteme, wir wollen in Anlehnung an eine ähnliche Operation in der linearen Algebra von der Idee der *Orthogonalisierung* sprechen. Unter Orthogonalisierung eines Objektbereiches verstehen wir die Angabe einer möglichst kleinen Zahl von Basiselementen des

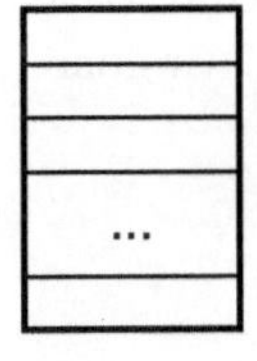

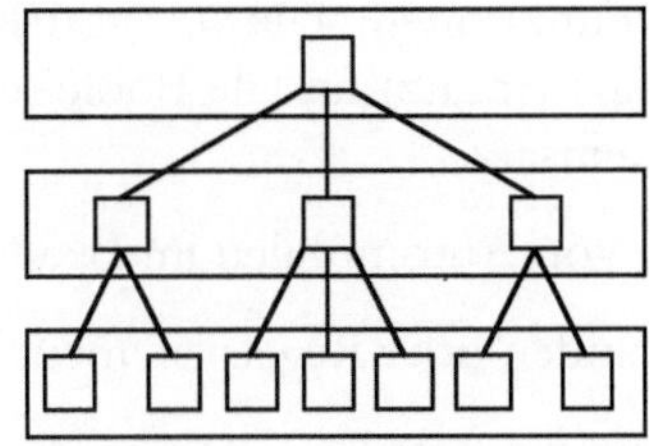

Abbildung 3.6 Hierarchisierung, Modularisierung, hierarchische Modularisierung

Bereiches sowie von Operationen auf dieser Basis, so dass jedes beliebige andere Objekt des Bereichs durch endliche Anwendung der Operationen aus den Basiselementen erzeugt werden kann. Anschaulich handelt es sich um ein *Baukastenprinzip*. Hinter dieser Idee verbirgt sich der Wunsch nach „Einfachheit“ und die reduktionistische Zielvorstellung, jeder Objektbereich ließe sich in der beschriebenen Weise orthogonalisieren, was für viele in der Informatik vorkommenden Bereiche auch tatsächlich sehr häufig zutrifft, wie die folgenden Beispiele belegen. Sie zeigen zugleich, dass es sich um eine Fundamentale Idee innerhalb und außerhalb der Informatik (vgl. Horizontal- und Sinnkriterium) handelt:

- Programmiersprachen: Ein zentrales Prinzip der Sprache Algol68 war ihr Orthogonalentwurf: Es gibt einige wenige elementare Daten- und Anweisungstypen, die jedoch in beliebiger Weise kombiniert werden dürfen. Pascal ist hier wesentlich restriktiver; von Orthogonalität ihrer Strukturen kann nicht gesprochen werden.
- imperative Programmiersprachen: Die Strukturen Zuweisung, Konkatenation und while-Schleife bilden eine Basis der Kontrollstrukturen. Jede andere Anweisung lässt sich durch diese drei Typen darstellen.
- funktionale Programmiersprachen: Die Grundoperationen bei Sprachen, die sich am λ-Kalkül orientieren, sind Abstraktion (= Definition einer Funktion mit Parametern), Applikation (= Aufruf einer Funktion mit aktuellen Parametern) und Substitution (= Parameterersetzung).
- Maschinen: Die universelle Turingmaschine bildet die (einelementige) Basis der Klasse aller Turingmaschinen.
- primitiv-rekursive und μ-rekursive Funktionen: Es gibt eine Menge von Grundfunktionen (z.B. konstante Funktion 1, Nachfolgerfunktion) und eine Reihe von Operationen (z.B. Komposition, Einsetzung von Funktionen, μ-Operator), mit der man jede primitiv-rekursive bzw. μ-rekursive Funktion erzeugen kann.
- formale Sprachen: Dyck-Sprache, reguläre Sprachen und Homomorphismus orthogonalisieren die kontextfreien Sprachen (Satz von Chomsky-Schützenberger).
- Boole'schen Funktionen: UND, ODER und NICHT bilden eine Basis (einen sog. Bausteinsatz) für alle Boole'schen Funktionen. NAND ist ebenfalls ein Bausteinsatz.
- der Fertigung von Automobilen im Baukastensystem,
- bei Schrankwänden oder Regalsystemen,
- bei Häusern aus Fertigteilen,

- bei der DNS, die aus vier Grundsubstanzen Adenin, Guanin, Cytosin und Thymin besteht.

Zum Nachweis der Nicht-Orthogonalität verwendet man üblicherweise die Idee der Emulation: Gegeben sei ein Erzeugendensystem. Kann man eines der Elemente des Systems durch die übrigen darstellen, so ist das System nicht orthogonal. Weitere Ausführungen zum Spektrum der Idee der Orthogonalisierung innerhalb und außerhalb der Informatik findet man in (Schwill, 2003).

Nach diesen Vorüberlegungen können wir jetzt den vollständigen Katalog Fundamentaler Ideen der Informatik aufstellen. Er enthält alle bisher genannten Ideen, thematisch gruppiert und hierarchisch (da ist die Idee wieder!) strukturiert. Einige neue Ideen runden die einzelnen Gruppen ab. Masterideen sind wie erwähnt Algorithmisierung, strukturierte Zerlegung und Sprache (Abb. 3.7).

Man beachte: Bei den kursiv dargestellten Bezeichnungen handelt es sich um Oberbegriffe für Ideengruppen, die zur Systematisierung hinzugenommen wurden, und nicht um Ideen. Von Stechert (2009) stammt die Idee der Zugriffskontrolle in der Rubrik „Modularisierung – Hilfsmittel", deren Fundamentalität im Sinne der Kriterien auch dort nachgewiesen wird.

Offenbar ist die Zuordnung einzelner Ideen zu Masterideen nicht immer eindeutig. So enthält z.B. das Divide-and-Conquer-Verfahren eine algorithmische und eine Zerlegungskomponente. Wir haben in solchen Fällen die Ideen *dann* der Algorithmisierung zugeordnet, wenn der dynamische Anteil (Prozessaspekt, Ablaufaspekt) überwiegt. Bei der Zerlegung dominiert im Gegensatz dazu der statische Aspekt, also das Ergebnis der Zerlegung und nicht der Weg dorthin. Ferner tauchen einzelne Ideen in verschiedenen Ausprägungen an mehreren Stellen der Aufstellung auf. Zum Beispiel bezeichnen Reduktion und Transformation Übersetzungsprozesse; Übersetzung selbst erscheint dann noch einmal als Idee zur Realisierung von Hierarchien.

Man erkennt also, dass die Ideen teilweise in vielfältiger Weise miteinander verflochten sind. Eine exakte Zuordnung und scharfe Abgrenzung voneinander ist kaum möglich. Auch hier offenbart sich in dem Versuch, dies doch zu tun, die regulative Funktion der Idee der strukturierten Zerlegung.

Auf einen genauen Nachweis der Fundamentalität der Ideen im Sinne der fünf Kriterien wollen wir hier verzichten. Ansätze findet man in (Schwill, 1993a).

Wir haben die Sammlung von Ideen willkürlich auf einer bestimmten Hierarchiestufe abgebrochen, drei Beispiele mögen jedoch zeigen, dass sich die Hierarchie nach unten weiter fortsetzen lässt, wobei die Ideen natürlich immer spezieller und ihr Wirkungsbereich im Sinne des Horizontalkriteriums immer enger wird.

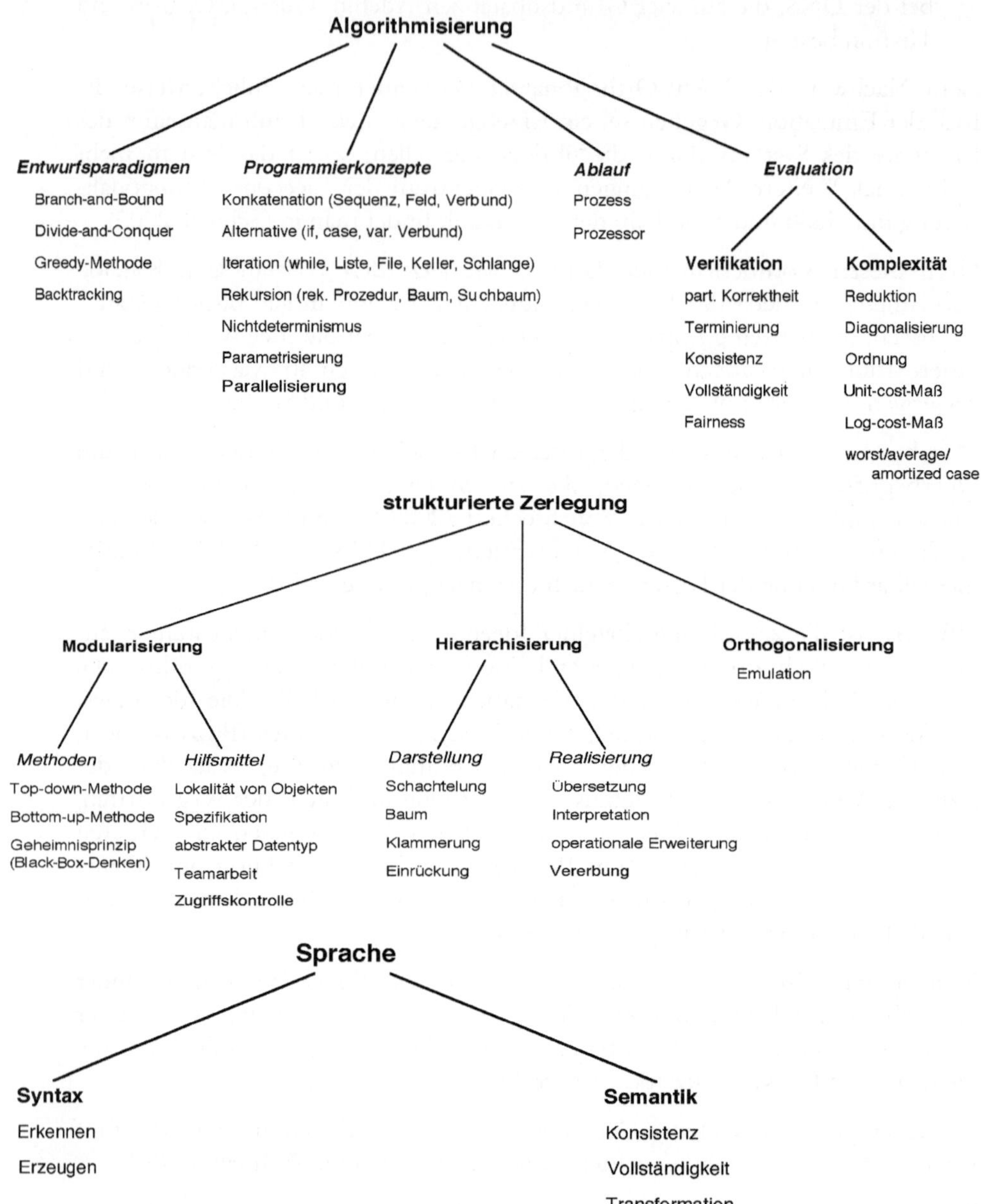

Abbildung 3.7 Fundamentale Ideen der Informatik

Beispiele:

1. Plane-sweeping ist eine Fundamentale Idee im Bereich der *Greedy-Methode*, gewissermaßen eine bereichsspezifische Ausprägung der Greedy-Methode für die Belange der Algorithmischen Geometrie.

2. Eine Fundamentale Idee der *Iteration* ist der Zyklus prompt-read-check-echo (vgl. Floyd, 1979), der mit jeder Eingabeprozedur verbunden ist: Zunächst wird dem Benutzer die Bereitschaft zur Entgegennahme von Eingaben signalisiert (prompt), es folgt das Einlesen (read) und die Protokollierung auf einem Ausgabegerät (echo). Die anschließende Überprüfung der Eingabe auf Zulässigkeit (check) entscheidet darüber, ob die Daten verarbeitet oder erneut angefordert werden.

3. Eine Fundamentale Idee der *Konkatenation* ist die bei funktionalen Sprachen im Zusammenhang mit Listen regelmäßig vorkommende Funktionskomposition generate-transform-filter-accumulate (Paulson, 1996): Zunächst wird eine lineare Liste ausgehend von einem Anfangswert nach einem bestimmten Schema erzeugt (generate). Anschließend werden alle Listenelemente gleichartig funktional transformiert und unerwünschte Werte eliminiert (filter). Abschließend werden die Werte zu einem einzigen verknüpft (accumulate).

3.3.3 Modellbildung und Masterideen

Das Ideen-Tripel Algorithmisierung, strukturierte Zerlegung und Sprache lässt sich noch auf eine weitere interessante Weise abstützen: Bei der Suche nach Antworten auf die Frage „Was ist Informatik?" wird häufig der Modellierungsaspekt der Informatik betont (Coy, 1989; Lockemann, 1986; Luft, 1989; Denning, 1989). Gelegentlich wird die Informatik auch als *Wissenschaft von der Modellbildung* bezeichnet und damit der Modellbildung ein hoher Stellenwert im Informatikunterricht zugesprochen (Thomas, 2002; GI, 2001). Akzeptiert man diese Charakterisierung, so lassen sich die drei Masterideen als tragende Säulen der Modellbildung auffassen (Abb. 3.8):

- Mit der *strukturierten Zerlegung* sind die Ideen verbunden, mit deren Hilfe man ein reales System analysiert und die modellrelevanten Eigenschaften ableitet.
- Das Modell wird anschließend auf der Basis einer Beschreibungs*sprache* präzisiert und öffnet sich so weiteren syntaktischen und vor allem semantischen Analysen und Transformationen.

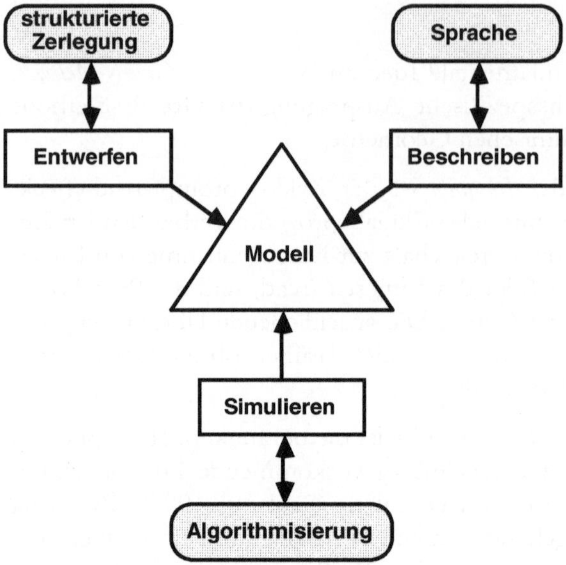

Abbildung 3.8 Phasen der Modellbildung

- Der dynamische Aspekt von Modellen, die Möglichkeit, sie zu simulieren, wird durch die *Algorithmisierung* erfasst. Die zugehörigen Ideen dienen dem Entwurf und dem Ablauf von Simulationsprogrammen, wobei die Simulation im weitesten Sinne zu verstehen ist.

3.3.4 Fundamentale Ideen als Konzept- und Relevanzfilter

„Das Prinzip der Fundamentalen Ideen stellt ein Instrument dar, mit dem die Bedeutsamkeit eines Themas oder eines Sachverhaltes überprüft werden kann. Diese Überprüfung liefert wichtige Anhaltspunkte für die Aufbereitung des Stoffes und die Unterrichtsgestaltung."

schreiben Hartmann/Näf/Reichert (2006, S. 36). Wir wollen diese Funktion der Ideen, aus dem zunächst unüberschaubaren Wust an Inhalten, Konzepten und Begriffen der Informatik unterrichtsrelevante Gegenstände und die ihnen zugrundeliegenden Fundamentalen Ideen herauszufiltern, an einem Beispiel veranschaulichen. Ein weiteres Beispiel findet man in (Döbeli Honegger, 2007), wo der Autor auf ähnliche Weise die einem Wiki zugrundeliegenden Fundamentalen Ideen der Informatik ermittelt.

Bewertet werden soll der Gegenstand „Telekommunikation", speziell das elektronische Bezahlen, auf seine Informatikrelevanz. Dazu analysiert man die Fundamentalen Ideen und findet

- aus der Algorithmisierung: Kodierungsalgorithmen, Übertragungsprotokolle, Routing-Algorithmen, Nebenläufigkeit, Fairness, Konsistenz, Authentifizierung, Textsuche;
- aus der strukturierten Zerlegung: Netzwerktopologien, Protokollhierarchie, Transportstrategien, Plazierungsproblem;
- aus der Sprache: Syntax (z.B. von HTML), Dokumentendarstellung, Übersetzung und Interpretation von Skripten; u.v.m.

Ergebnis: Das Thema „elektronisches Bezahlen" ist aus Informatiksicht ein strukturreicher Gegenstand, er trägt wesentlich zur Entwicklung Fundamentaler Ideen bei. Umgekehrt gilt ebenso: Wenn man zum untersuchten Gegenstand keine Fundamentalen Ideen ermitteln kann, dann ist der Stoff entweder nicht unterrichtsrelevant, oder man hat ihn noch nicht so weit durchdrungen, um die Ideen zu erkennen. In beiden Fällen sollte das Thema daher (zunächst) nicht unterrichtet werden.

3.4 Fundamentale Ideen – Bestandsaufnahme und Weiterentwicklungen

Das Konzept der Fundamentalen Ideen hat eine Reihe von Rahmenplänen und Gestaltungsempfehlungen geprägt, z.B. die Rahmenlehrpläne Informatik Sekundarstufe I in Brandenburg und Sekundarstufe II in Bremen.

Ferner sind die Konzepte in einer Reihe von Forschungsarbeiten aufgegriffen und weiterentwickelt worden. Wesentliche Erweiterungen des Konzepts und eine gewisse Neustrukturierung der Ideensammlung stammen von Modrow (2002). Zum einen erweitert er das Sinnkriterium um eine „Notwendigkeitsklausel" (s. Definition von Fundamentalen Ideen in 3.2.2.2), zum anderen strukturiert er die Ideenkollektion auf andere Weise, wobei er zutreffend erkennt, dass sich die Idee der Sprache von den prozesshaften Ideen der Algorithmisierung und der strukturierten Zerlegung abhebt. Sein Vorschlag (Abb. 3.9), Sprache durch *Formalisierung* zu ersetzen, erscheint tragfähig. Zugleich erfasst er hiermit deutlicher den beschreibenden (durch Sprachen) und den verarbeitenden Anteil (durch Automaten) sowie Grenzbetrachtungen (Berechenbarkeit).

Ein weiteres Kriterium für Fundamentale Ideen wird von Hartmann/ Näf/Reichert (2006) vorgeschlagen. Das *Repräsentationskriterium* lässt nur Ideen

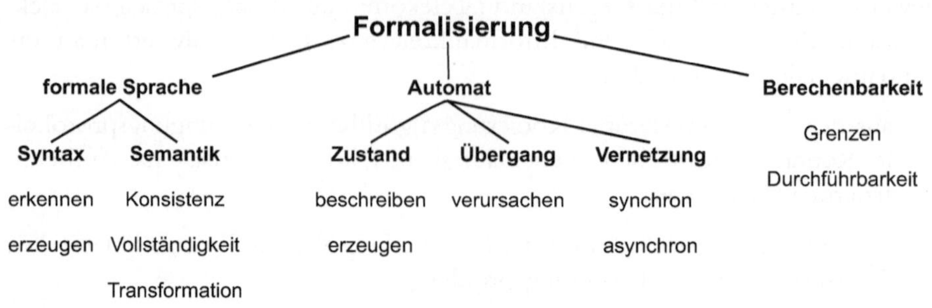

Abbildung 3.9 Modifikation der Idee der Sprache durch Modrow

zu, die sich auf verschiedenen kognitiven Repräsentationsstufen (enaktiv, ikonisch, symbolisch) darstellen lassen. Dieses Kriterium wird allerdings schon weitgehend vom Vertikalkriterium erfasst, denn um eine Idee auf einem niedrigen kognitiven Niveau zu vermitteln, ist eine angepasste Darstellung, die entwicklungspsychologisch, z.B. von der Piaget'schen Stufentheorie, getragen wird, ja gerade erforderlich.

Stechert (2009) verwendet Fundamentale Ideen, um den Einsatz von Entwurfsmustern der Softwareentwicklung in der Schule zu begründen und den Bildungswert seiner ausgewählten Unterrichtsgegenstände abzusichern (vgl. auch Kapitel 15). Eine Neuerung ist die Idee der *Zugriffskontrolle*, deren Fundamentalität im Sinne der Kriterien nachgewiesen wird und die Eingang in den Ideenkatalog gefunden hat.

Wursthorn (2005) identifiziert die Grundkonzepte der Informationstechnischen Grundbildung in Baden-Württemberg und verifiziert ihren didaktischen Wert anhand der Kriterien für Fundamentale Ideen. Die Kriterien sind weitgehend erfüllt.

3.5 Schlussbemerkungen

Jede Wissenschaft, insbesondere wenn sie ihren Status im Fächerkanon der Schule legitimieren will, muss sich von Zeit zu Zeit fragen, welches ihr Forschungsgegenstand ist, welche begrifflichen und methodischen Grundlagen sie nutzt, um zu Erkenntnissen zu gelangen, und was ihre unverwechselbaren Denkweisen sind. Diese Aufgabe, der sich in etablierten Wissenschaften philosophisch oder didaktisch ausgerichtete Forschungsgruppen widmen, ist von der Informatik noch wenig bearbeitet worden (Coy, 1992; GI, 2006; Rechenberg, 2010). Wir haben in diesem Abschnitt auch einen Schritt zur Klärung der methodischen Grundlagen der Informatik unternommen. Als Leitfaden diente uns hierbei das Konzept der Fundamentalen Ideen, ein vielseitiger Begriff mit einem weitreichenden Spektrum, das bei Weitem nicht ausgeschöpft worden ist.

Die Ergebnisse können auch für die Weiterentwicklung der *Hochschuldidaktik Informatik* herangezogen werden: Jeder Student wird im Laufe seines Berufslebens vermutlich mehreren Paradigmenwechseln der Informatik gegenüberstehen, wobei jeweils ein größerer Teil seines Wissens überflüssig oder fehlerhaft wird. Daher sollten die Fähigkeiten, die er während des Studiums erwirbt, möglichst robust gegenüber neuen wissenschaftlichen Entwicklungen sein und ihn befähigen, Paradigmenwechsel zu bewältigen. Folglich müssen Studenten ein Bild von den dauerhaften Grundlagen, den Fundamentalen Ideen, Prinzipien, Methoden und Denkweisen der Informatik erlangen. Dazu sind in Vorlesungen und Lehrbüchern stets die Fundamentalen Ideen, die sich hinter den jeweils behandelten Sachgebieten verbergen, herauszuarbeiten, zu betonen, zu anderen Teilgebieten in Beziehung zu setzen und so in einen übergeordneten Zusammenhang einzuordnen. Mehlhorn (1984, Chapt. IX) hatte die Wahl zwischen einem ideenorientierten („paradigm oriented“) und einem themenorientierten („problem oriented“) Zugang, entschied sich dann aber der kürzeren Darstellung wegen für den themenorientierten Ansatz. In einem besonderen Kapitel ordnet er die Lösungsansätze jedoch, wie von uns angeregt, in eine übergeordnete Ideenstruktur ein. (Schwill, 1993a und 1994a) enthalten hierzu Einzelheiten.

4 Problemlösen im Informatikunterricht

Bildung in jeder Form soll zum Problemlösen befähigen. Die Lernerfolgskontrolle zeigt gerade in diesem Bereich starke Defizite. Meist wird das Ausführen von sehr speziellen, mechanischen Vorgehensweisen mit großem Zeitaufwand erlernt. Diese Fähigkeiten sind dann im Alltag nicht auf kompliziertere Aufgaben übertragbar. Es fehlt im Kanon der traditionellen Unterrichtsfächer eine Möglichkeit, sich mit prinzipiellen Vorgehensweisen beim Problemlösen auseinanderzusetzen. Hier wird von der These ausgegangen, dass Schüler Problemlösen nicht nur an Aufgaben verschiedener Unterrichtsfächer erlernen dürfen. Problemlösen selbst wird Unterrichtsgegenstand. Das Fach Informatik eignet sich dafür als Lernort besonders gut, da Problemlösestrategien von Schülern selbst angewendet werden und für die Anwendung in Informatiksystemen zu formalisieren sind. Ein Problem gilt in der Informatik als gelöst, wenn man ein maschinell verarbeitbares Verfahren entwickelt hat, das die Lösung liefert. Problemlösungen sind so präzise zu beschreiben, dass sie im Unterricht diskutiert und von Rechnern ausgeführt werden können. Es muss den Schülern bewusst werden, dass es nicht ausreicht, etwas selbst verstanden zu haben, wenn man es nicht darstellen und anderen zugänglich machen kann. Wissensrepräsentation fördert das Problemlösen im Fach. Wir werden die kognitiven Empfehlungen im Abschnitt 4.1 kurz vorstellen und im Abschnitt 4.2 auf die Informatik anwenden.

„Der Erwerb von Problemlöseoperatoren kann durch Entdecken, durch *Analogie zur Lösung eines Beispielproblems* oder durch direkte Instruktion erfolgen" (Anderson, 2001, S. 249).

Das Lernen durch Analogie zur Lösung eines Beispielproblems, kurz Lernen aus Beispielen genannt, ist eine typische Vorgehensweise in der Informatik.

„Die Probanden, die die abstrakte Instruktion erhielten, konnten von einem späteren gegebenen Set von Problemen nur 13 Prozent lösen; die Probanden, die ein Beispiel sahen, lösten 28 Prozent der Probleme, und die Probanden, die beides erhielten, konnten 40 Prozent der Probleme lösen" (Anderson, 2001, S. 249).

Deshalb wird im Abschnitt 4.3 das Lernen aus Beispielen mit Instruktionsvorschlägen verknüpft.

4.1 Allgemeine Problemlösestrategien

Zustandsraummodell

Aus der kognitiven Psychologie übernehmen wir die Modellvorstellung, dass Problemlösen das Suchen einer möglichen Lösung in einem Problemraum ist. Die Bedeutung des prozeduralen Wissens für das Problemlösen, die Eigenschaften von Problemlöseoperatoren, die Auswahl solcher Operatoren, die Repräsentation von Problemen und Einstellungseffekte sehen wir uns im Folgenden gründlicher an. Mit deklarativem Wissen allein, Wissen über Fakten und Dinge, können Probleme nicht gelöst werden. Zur Problemlösung gehören Zielgerichtetheit, Zerlegung des Gesamtzieles in Teilziele, Anwendung von Operatoren, Bewertungen.

„Der Begriff Operator bezeichnet eine Handlung, die den vorliegenden Problemzustand in einen anderen Problemzustand transformiert. Die Lösung des Gesamtproblems ist eine Sequenz aus solchen bekannten Operatoren“ (Anderson, 2001, S. 242).

Prozedurales Wissen beschreibt, wie kognitive Prozesse beim Problemlösen in Handlungen (Aktionen) überführt werden.

Problemlösen wird als zielgerichtetes Verhalten definiert. Der Suchraum und die möglichen Schritte werden charakterisiert. Die Antwort auf die Frage, welche Schritte erfolgreich waren, liefert Erkenntnisse, mit denen man den Suchprozess steuern kann (Algorithmen, Heuristiken). Mit Heuristiken kann man einen Suchraum einschränken. Das Modell vom Problemraum (Zustandsraummodell) wurde von Allen Newell und Herbert Simon entwickelt. Verschiedene Wissenszustände, die ein Problemlösender erreichen kann, definieren einen Problem- oder Zustandsraum. Gesucht ist eine Transformation (durch den Problemlöser), die den unerwünschten Anfangszustand $\mathbf{z_0}$ (Problem) in den erwünschten Zielzustand $\mathbf{z_n}$ (Problemlösung) überführt (Abb. 4.1). Diese Transformation entspricht einer Sequenz von Handlungen (durch Operatoren), die schrittweise $\mathbf{z_0}$ in $\mathbf{z_n}$ umwandelt. Dabei sind gewöhnlich Zwischenzustände erforderlich. Objekte, Attribute, Werte und Überführungsfunktion sind zu ermitteln. Solche Operatoren zu finden, die die gewünschte Überführung herbeiführen, kann ein sehr komplizierter Prozess sein. Notwendig ist die Zerlegung der Aufgabe in Teilaufgaben, bis eine Folge von Operatoren einen Anfangszustand in einen Zielzustand überführt. Der Problemlösende muss einen angemessenen Weg durch das Labyrinth von Zuständen finden, also Suchprozesse organisieren. Suchbäume (Zustands-Handlungs-Bäume) können dabei hilfreich sein. Zum Problemlösen sind heuristische Methoden erforderlich. Heuristiken bezeichnen in der Informatik Lösungsverfahren, die nur zum Teil auf wissenschaftlich gesicherten Erkenntnissen, sondern vorwiegend auf Hypothesen, Analogien oder Erfahrungen aufbauen (Claus/Schwill, 2006). Für jede

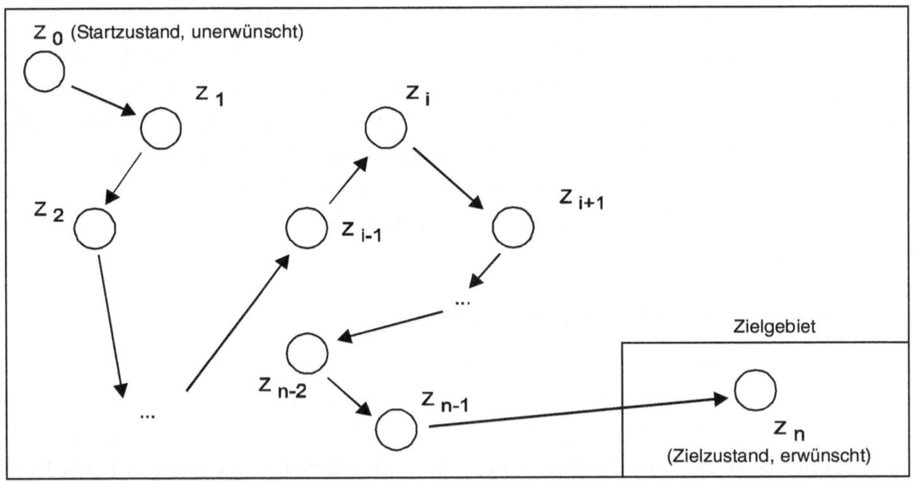

Abbildung 4.1 Zustandsraummodell

Problemklasse stehen spezielles Wissen und spezielle heuristische Techniken zur Verfügung. Variable, kognitive Strukturen, Wissen und eine Heuristik zur Problemklasse bilden den Problemlöser (die Problemlösung). Problemlösungsprozesse verlaufen nicht algorithmisch, besitzen kein strenges Schema, weisen häufig Versuch-Irrtum-Strategie in mehreren Zyklen auf, zeigen die große Bedeutung von Fehlern (Fehler sind positiv zu bewerten) und erfordern Strategien. Der Schlüssel zum Erfolg liegt in der operatorgerechten Repräsentation des Problems und der Verfügbarkeit des Wissens.

Regelbasierte Systeme stellen einen allgemeinen Formalismus zum Problemlösen mit verschiedenen und wechselnden Bearbeitungsrichtungen dar. Dazu stehen bereichsübergreifende und bereichsspezifische Regeln der Form „wenn Bedingungen erfüllt, dann Handlungen ausführen" zur Verfügung. Die Schüler müssen die Eigenschaften der Regeln verstehen lernen, z.B.:

- Bedingungen interpretieren, prüfen und formulieren können;
- modulare Regeln verketten und Verkettungen zerlegen können;
- Regeln den Zielen und Teilzielen zuordnen können;
- Regeln auf Problemklassen verallgemeinern können;
- den Aufwand für die Ausführung von Regeln berechnen können.

Wir sprechen von Komplexität eines Problems, um den Aufwand an Rechenzeit und Speicherplatz für dessen Lösung zu charakterisieren. Gesucht wird nicht schlechthin eine Lösung, sondern eine effiziente Lösung eines Problems. Die *Regelverkettung vorwärts* (forward chaining) führt vom Anfang zum Ziel. Die

Regeln „wenn ... dann ...“ sind datengetrieben. Schlüsse werden aus Fakten gezogen. Die *Regelverkettung rückwärts* (backward chaining) führt vom Ziel zum Anfang. Die Regeln „dann ... wenn ...“ sind zielgetrieben. Von Folgerungen wird auf die Bedingungen geschlossen. Diese Rückwärtssuche findet man z.B. bei mathematischen Beweisen oder Reiseplanungen. Ein Zielkonflikt erfordert, die Teilziele neu zu strukturieren. Im Plan werden Abhängigkeiten zwischen den Teilzielen ermittelt und Fakten gesucht, um Ziele durch Teilziele zu ersetzen.

Vorgehensweisen beim Problemlösen

Ohne geeignete Operatoren können die Aktionen der Produktionsregeln nicht ausgeführt werden. Schüler eignen sich Operatoren durch Entdecken, durch Mitteilung und durch Beobachten an. Das Entdecken oder Wiederentdecken fällt besonders schwer und eignet sich nicht für jeden Lerngegenstand. Im Kapitel 8 gehen wir auf Explorationsmodule ein, die entdeckendes Lernen im Informatikunterricht unterstützen. Mitteilung oder Instruktion bringen nicht den gewünschten Erfolg. Also konzentrieren wir uns auf die Analogiebildung, d.h. den Problemlösungstransfer. Die Analogiebildung erfordert, die Elemente der Lösung von der Basisdomäne auf die Zieldomäne zu übertragen. Das kann über Wissenschaftsgrenzen hinweg ein besonders innovatives und kompliziertes Verfahren sein. Es besteht die Gefahr, dass äußerliche Ähnlichkeiten, z.B. die zeitliche Nähe im Lernprozess, den Schüler zu falschen Ansätzen führen. Die Methoden Unterschiedsreduktion und Mittel-Ziel-Analyse eignen sich für Problemklassen unterschiedlich gut.

Die Methode der Unterschiedsreduktion

Differenzierte Ähnlichkeitsmuster sind zur Auswahl der Teilziele so zu nutzen, dass der Abstand zum Ziel abnimmt, indem erfolgreiche Zwischenmuster erzeugt werden. Es besteht die Gefahr irreführender Ähnlichkeit. Außerdem ist es eine kurzsichtige Methode, die den Erfolg nicht sichert, wenn eine vorübergehende Verschlechterung der Situation zum Ziel führt. Am Beispiel des Bauern, der mit Ziege, Kohlkopf und Wolf einen Fluss in einem Kahn mit maximal zwei Ladungskomponenten pro Passage überqueren möchte, wird das deutlich.

Die Mittel-Ziel-Analyse

Die Objekte mit ihren Unterschieden sind vorgegeben. Operatoren verändern die Merkmale, um Unterschiede zu beseitigen. Eingaben sind so zu modifizieren, dass Operatoren anwendbar werden. Schwer beeinflussbare Unterschiede sind möglich. Diese müssen ersetzt werden durch andere Unterschiede. So kann man sich zeitweilig vom Ziel entfernen. Beim Erzeugen neuer Teilziele sind erforderliche Umwege möglich.

Beide Methoden sind den prinzipiellen Barrieren beim Problemlösen ausgesetzt. So können die Operatoren bekannt sein, aber ihre Anwendungsreihenfolge nicht, z.B. beim Schach. Es können neue Operatoren erforderlich sein, z.B. Erfindungen. Der Zielzustand kann dynamisch und erst während des Problemlösungsprozesses präzisierbar sein, z.B. bei Diagnoseaufgaben. Das Gedächtnis spielt bei der Überwindung der Barrieren eine entscheidende Rolle. Erforderlich ist Wissen über den Problembereich und über heuristische Techniken, allgemeine heuristische Techniken, z.B. Analogieschluss, und fachspezifische heuristische Techniken.

Repräsentation

Von der konkreten Repräsentation hängt die Wahl der Operatoren ab. Funktionale Gebundenheit (Fixierung) hemmt, Objekte in der gewohnten Umwelt auf neue Art zu repräsentieren. Eine Lösung kann blockiert werden, wenn man die Werkzeuge nur einseitig nutzen kann oder möchte. Das psychologische Experiment zum „Kerzenproblem" (Anderson, 2001, S. 267-268) zeigte, dass bei Vorgabe einer Schachtel mit Reißnägeln, einer Kerze und Zündhölzern die Befestigung der Kerze an einer Tür leichter gemeistert wurde, wenn die Reißnägel nicht mehr in der Schachtel ausgeteilt wurden. Die neue Funktion der Schachtel als Kerzensockel wurde dann deutlich schneller erkannt. Für die Formulierung von Aufgaben ist das eine wichtige Erkenntnis. Aber auch die Gestaltung von Lernprozessen insgesamt sollte auf Fixierungen untersucht werden. Die Anwendung der Informatik hat in unterschiedlichen Fächern, Wissenschaften wie Unterrichtsfächern, zu neuen Anforderungen an die Repräsentation von Daten, Information und Wissen geführt. Wir wissen noch sehr wenig über die Rückwirkungen dieser neuen Wissensrepräsentationen auf das menschliche Problemlösen. Bekannt ist, dass menschliche Fähigkeiten, die in der Vergangenheit hoch geschätzt wurden, z.B. präzises Rechnen und Schreiben, diesen Stellenwert verloren haben. Dafür hat sich der Bedarf an präzisen Problemdefinitionen und Wissenspräsentationen deutlich erhöht.

Einstellungseffekte

Die Automatisierung der Denkvorgänge (Operatorsequenz im Gedächtnis) und der Einfluss allgemeiner semantischer Faktoren führen dazu, dass einige Wissensstrukturen (deklarative oder prozedurale) auf Kosten anderer besser zugänglich sind. Die Anwendung der Informatik in Lernprozessen ermöglicht Sichtenwechsel auf eine Problemdarstellung und auf Lösungsalternativen, die den individuellen Bedürfnissen entgegenkommen. Damit lassen sich Denkblockaden und Sackgassen überwinden. Wir können traditionelle Gedankenexperimente visualisieren und damit interagieren. Für Schüler mit Konzentrations- und Abstraktionsproblemen ergeben sich interessante Perspektiven. Es sollte aber keine Vereinfachung des Lernens insgesamt erwartet werden.

4.2 Strategien der Informatik

Es bestanden Missverständnisse über die kreativen Anforderungen, die der Mensch beim informatischen Modellieren und bei der rechnerverarbeitbaren Darstellung solcher Modelle erfüllen muss. Man nahm an, der kreative Spielraum des Menschen würde durch die Informatik stark eingeschränkt. Gezeigt hat sich, dass der Entwurf von Algorithmen und Datenstrukturen eine anspruchsvolle geistige Tätigkeit ist. Die Darstellungen wandelten sich von maschinennahen zu problemorientierten Sprachen, von schwach strukturierten zu stark strukturierten Entwürfen, von prozeduralen zu objektorientierten Modellen. Die Objektorientierung gilt zurzeit als das erfolgreichste Paradigma der Informatik. Wir verwenden den Begriff Paradigma als Bezeichnung für ein übergeordnetes Prinzip (Claus/Schwill, 2006, S. 478).

Prozedurales Wissen und Problemlösen

Zwei prinzipiell mögliche Vorgehensweisen werden häufig kombiniert:

- Top-down-Methode (a),
- Bottom-up-Methode (b).

Bei der Top-down-Methode (Abb. 4.2) ersetzt man mit schrittweiser Verfeinerung das Gesamtproblem durch eine Sequenz von Teilproblemen. Man geht davon aus, dass die Teilprobleme einfacher zu bearbeiten sind und insgesamt das Ausgangsproblem lösen. Dieser Ansatz ist immer dann erfolgreich, wenn für die Teilprobleme bereits Standardlösungen existieren, die man wiederverwenden kann oder nur leicht modifizieren muss. Damit wird die Lösungskonstruktion aus vorgefertigten Bausteinen betont, die in der Informatik weit verbreitet ist. Es kann mit hoher Sicherheit davon ausgegangen werden, dass die Lösung zum Problem passt.

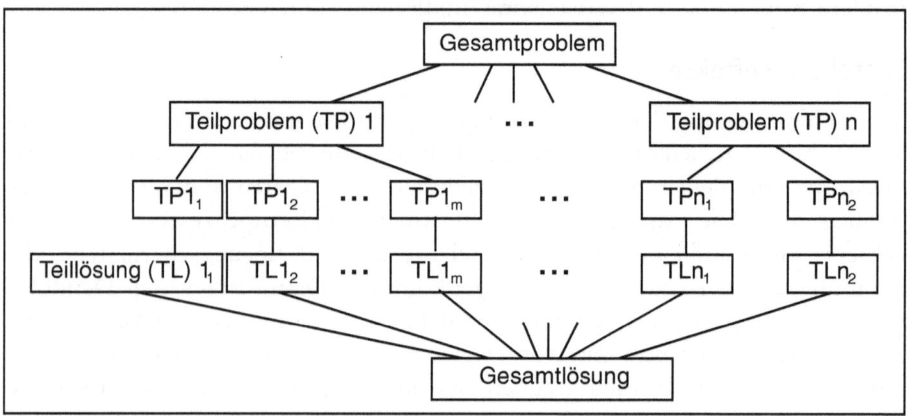

Abbildung 4.2 Top-down-Methode

Bei der Bottom-up-Methode (Abb. 4.3) werden existierende Teillösungen experimentell verknüpft in der Erwartung, damit Teilprobleme zu lösen, für die noch keine Standardlösungen vorliegen. Der forschende, entdeckende Aspekt steht im Vordergrund. Es kann nicht davon ausgegangen werden, dass die Teillösungen das vorliegende Gesamtproblem lösen. Eventuell werden nach erfolgreicher Modulentwicklung neue Aufgabenklassen entdeckt, deren Lösungen aus der Kombination dieser Teile hervorgehen.

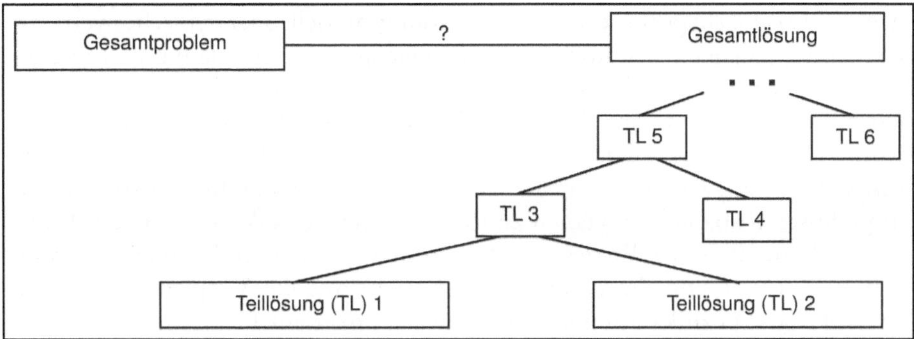

Abbildung 4.3 Bottom-up-Methode

Mit (a) folgt man den kognitiven Empfehlungen für das Problemlösen und entwickelt persönliche Kreativität. Mit (b) wird man dem Forschungs- und Experimentierbedarf des Faches gerecht, läuft aber Gefahr, das Ausgangsproblem aus den Augen zu verlieren. Aus Kapitel 1 wissen wir, dass Algorithmen immer Problemklassen lösen. Der Transfer auf neue Probleme der gleichen Klasse und die damit verbundene Modifikation von Algorithmen liegen deshalb nahe. Beim Problemlösen durch Analogiebildung wird in der Informatik eine erfolgreiche Struktur ausgewählt, die man auf den neuen Anwendungsfall überträgt.

Das fachliche Konzept der Entwurfsmuster gibt eine bewährte Lösung für ein immer wiederkehrendes Entwurfsproblem an (Gamma et al., 1996). Damit kann eine Klassifizierung von Basisaufgaben im Informatikunterricht erfolgen, die den Schülern die Orientierung in einer Fülle von Konzepteinzelheiten erleichtert. Im Bereich des imperativen Problemlösens waren z.B. die Grundalgorithmen für die Summenbildung, die Erzeugung von Tabellen, die Ermittlung des Maximums bzw. Minimums, das einfache Sortieren solche Aufgabenklassen. *Kompositum-Muster* (Objekte zu Baumstrukturen zusammensetzen), *Proxy-Muster* (Zugriff auf Objekte kontrollieren) und *Beobachter-Muster* (Objektänderungen synchronisieren) erleichtern die Einführung in das objektorientierte Modellieren (vgl. Abschnitt 7.3). Das *Fassaden-Muster* (einfache Schnittstelle zu einer Menge von Bausteinen) kann seine Wirkung erst mit einer komplexeren

Aufgabenstellung (Projektarbeit) entfalten. Wichtig ist die Fähigkeit der Schüler, im Analogieschluss die Wiederverwendbarkeit von Lösungen bzw. Teillösungen zu erkennen. Mit diesem Transfer können sie sich den Gestaltungsprozess neuer Anwendungen erleichtern.

Wenn man sich für die Top-down-Methode entscheidet, empfiehlt sich folgende Vorgehensweise:

1. Schritt: Von der unscharfen Problemdefinition versucht man durch Aufstellen einer Lösungshypothese zu einem Lösungsmodell oder typischerweise zu vielen verschiedenen Lösungsmodellen zu gelangen und hat damit die prinzipielle Lösbarkeit des Problems gezeigt. Ebenso ist es möglich, dass kein Lösungsmodell gefunden wird. In diesem Fall ist der Nachweis der Unentscheidbarkeit eine wichtige Erkenntnis. Bei vorliegender Lösbarkeit muss die Komplexität der Lösung untersucht werden, um die theoretisch lösbaren von den praktisch lösbaren Problemen zu trennen. Für die praktisch lösbaren Probleme wird am Ende des Prozesses ein Informatiksystem die Lösung ausführen (Abb. 4.4). Dazu sind die Definition des Problems, die Vorplanung und die Konstruktion (Spezifikation und Grobentwurf) erforderlich.

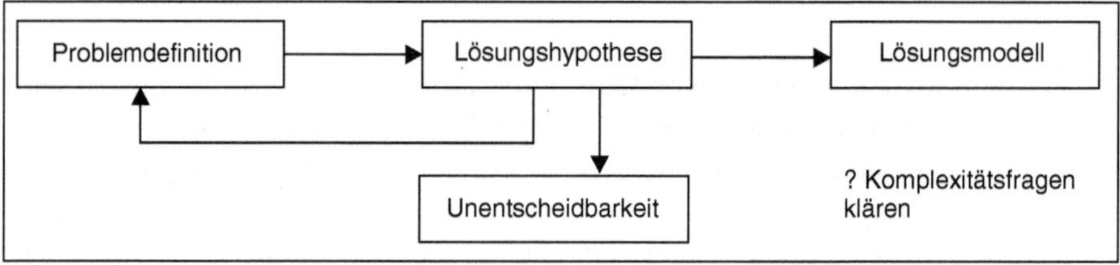

Abbildung 4.4 Problemlösen als Prozess

Algorithmisch beschreibbare Problemlösungen zeigen ein breites Spektrum an Eigenschaften: Definierbarkeit (exakt bis ungenau), Komplexität (klein bis groß), Lösungsbeschreibung (mathematisch, partiell formal), Lösungswissen (bekannt, partiell bekannt). Interessant ist es, näher zu untersuchen, warum das Erkennen von Analogien in der Informatik so hilfreich ist. Beim Problemlösen wird ein Weltausschnitt von unstrukturierten Ausgangsdaten mit einem Strukturkonzept so unterlegt, dass das zu entwickelnde System zerlegt und gegliedert wird. Diese Strukturkonzepte bilden Standardanwendungssituationen ab, die klassifizierbar und wiederverwendbar sind, vorausgesetzt man erkennt die Ähnlichkeiten im Weltausschnitt. Prinzipiell sind immer Lösungsvarianten möglich. Unterschiedliche programmiersprachliche Denkschemata (z.B. prozedural, deklarativ) können zur Anwendung kommen. Zum informatischen Modellieren können Modelle anderer Fachgebiete verwendet werden, z.B. mathematische, physikalische, technische, wirtschaftswissenschaftliche Modelle (Abb. 4.5).

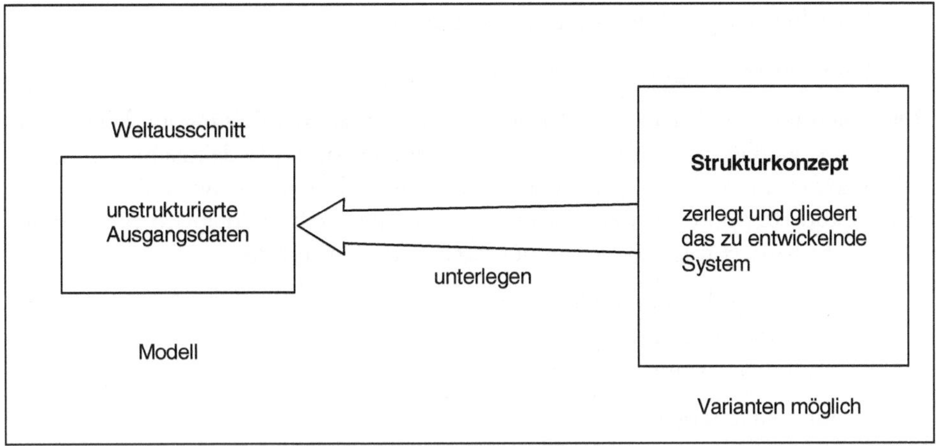

Abbildung 4.5 Strukturkonzept gliedert die Ausgangsdaten

Zu den Prinzipien und Methoden zählen Hierarchisierung, Modularisierung, Top-down-Methode, Bottom-up-Methode. Die kognitiven Leistungen umfassen Entdecken (Wiederentdecken), kreatives Denken, begriffliches Denken und Variieren von Strukturkonzepten. Die Versuch-Irrtum-Strategie dominiert bei Anfängern. Dieser schöpferische Akt ist nicht algorithmisierbar.

2. Schritt: Vom Lösungsmodell gelangt man zur Software für eine ganze Klasse von Problemen mit gleichen Eigenschaften. Man spricht von abstrakten oder virtuellen Maschinen, da die Lösung nicht nur auf einem konkreten Rechnertyp ausführbar sein soll. Dazu gehören die Feinentwürfe und die Implementierung auf einer realen Basismaschine. Diese Konstruktion eines Programms erfordert solche Prinzipien und Methoden wie Top-down-Methode mit schrittweiser Verfeinerung, Modulkonzept, strukturierte Programmierung, Objektorientierung. Es existieren immer verschiedene Programme für ein informatisches Modell. Entwicklungssysteme stehen für alle programmiersprachlichen Denkschemata zur Verfügung, die Teamarbeit und Fehlersuche unterstützen. Die kognitiven Leistungen erfordern hoch spezialisierte Heuristiken und große Disziplin (Schauer/Tauber, 1983). Ein wesentlicher Vorteil liegt in der Anwendung und Modifikation fertiger Strukturkonzepte. Dazu muss man aber Analogien erkennen und anwenden können. Die prinzipiellen Eigenschaften von Wissen erschweren die Entwicklung von Informatiklösungen:

- Redundanz (Regel ist Spezialfall einer anderen Regel),
- Widersprüchlichkeit,
- Unsauberkeiten (Sackgassen, Unerfüllbarkeit),
- Unvollständigkeit,

- Unsicherheit (Maß des Vertrauens zu einer Aussage),
- Unpräzision (unscharfe Aussagen; z.B. „jung“).

Die Fachdidaktik Informatik fördert Komplexitätsbewältigung und Transparenz mit vielfältigen Konzepten. Eines davon sind „Didaktische Systeme“ (Brinda/Schubert, 2002a), mit denen Wissensstrukturen, Aufgabenklassen und Explorationsmodule für den Lernprozess bereitgestellt werden. Im Informatikunterricht fördert folgende Vorgehensweise den Lernerfolg:

1. Reduzierung des Anwendungsprozesses:
   - Grundmodell mit typischen Situationen,
   - Tätigkeitszyklus mit Kontrollpunkten.
2. Komplexitätsreduzierung der Aufgaben:
   - Klassifizieren und Modifizieren von Grundalgorithmen,
   - Einbinden von Bausteinen einer Bibliothek.
3. Reduzierung der Planungsentscheidungen durch Empfehlung einer Verfahrensheuristik (Lernen aus Beispielen):
   a) Idee, Zerlegung, Analogie, Konstruktion,
   b) Eingrenzen des Suchraumes,
   c) Abhängigkeit zwischen Wahl der Datenstruktur und der Reduzierung der Problemkomplexität,
   d) Verständnis für die konzeptionellen Schichten moderner Informatikanwendungen,
   e) Kreativität und Disziplin.

In der Informatik haben sich graphische Darstellungen (z.B. Graphen, Bäume, vgl. Kapitel 11) zur Repräsentation des zu formalisierenden Wissens durchgesetzt. Der Und-Oder-Baum (Abb. 4.6) kann Handlungsstrategien veranschaulichen, die für Entscheidungsprozesse charakteristisch sind. Strategiespiele (vgl. Kapitel 14) können so modelliert werden. Entscheidungen werden bei jeder Problemlösung benötigt. Wir empfehlen deshalb Graphen und Bäume zur Repräsentation menschlichen Wissens und informatischer Modelle (vgl. Kapitel 5).

Das konstruktive Element der Informatiklösung bringt stark motivierende Wirkung in den Lernprozess. Die Schüler besitzen fast grenzenlose Modellierungsmöglichkeiten. Sie lernen,

1. von der vage formulierten Problemstellung zur präzisierten Aufgabenstellung durch Konkretisierung zu gelangen;
2. durch Analyse der Aufgabenstellung das Problem in Teilprobleme zu zerlegen, da diese leichter überschaubar und lösbar sein können;

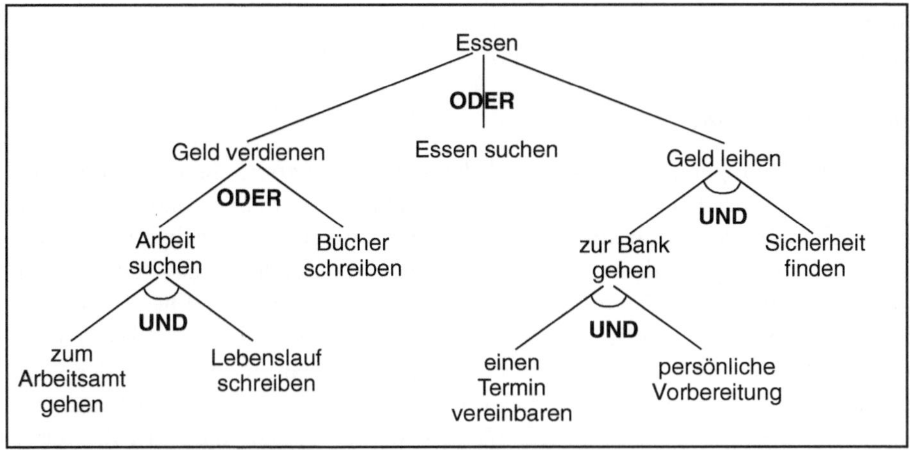

Abbildung 4.6 Beispiel für einen Und-Oder-Baum

3. den Prozess des Sammelns und Klassifizierens von Information bis zur Beschreibung von realen Objekten durch abstrakte Datentypen;
4. aus den modellierten Datenstrukturen und dem erforderlichen Ablaufmodell auf die Aufgabenklasse zu schließen;
5. die statische Darstellung der dynamischen Abläufe mit Grundstrukturen und Entwurfsmustern zu realisieren.

Die Tatsache, dass stets mehrere originelle und korrekte Lösungen gefunden werden können, die nicht mit der des Lehrers übereinstimmen müssen, erhöht bei kreativen Schülern die Freude am Experimentieren.

4.3 Unterrichtsbeispiele

Einführung in Problemlösetechniken

Das prädikative programmiersprachliche Denkschema eignet sich besonders gut zur Einführung in das Problemlösen mit Methoden und Mitteln der Informatik, da das Aufstellen von Regeln für den Problemlöseprozess hier explizit erlernt wird. Außerdem werden allgemeingültige Problemlösetechniken wie Komplexitätsreduzierung durch Problemzerlegung, Strukturierung der Teilaufgaben, Suche nach Analogien oder Verknüpfung von Anfangs- und Zielzustand durch Vorwärts- und Rückwärtsverkettung erkannt und angewendet. Die Schüler definieren Relationen zwischen den Objekten des Problemraums. Sie schreiben auf, was sie über das Problem wissen, und nicht, wie man die Lösung erhält. Der Arbeitsstil des experimentierend forschenden Arbeitens eignet sich gut für das prädikative Problemlösen.

Spracherweiterung

Indem die Anfänger die Objekte und deren Eigenschaften aus der Aufgabenstellung herauslesen und in ihrer Muttersprache aufschreiben, bilden sie neue Schlüsselwörter der Programmiersprache. Eine Sprache für prädikatives Problemlösen ist Prolog. Sie besitzt deklarative und prozedurale Bestandteile. Dieser Programmierung liegt die Prädikatenlogik 1. Stufe zugrunde. Die Resolution wird als Beweisverfahren bei der Lösungsfindung angewendet, d.h., das Prolog-System geht wie ein Theorembeweiser vor. Das Programm entspricht der Wissensbasis (Fakten, Regeln). Eingabewerte werden in Fragen gekleidet, mit denen das Programm gestartet wird. Die Antworten stellen die Ausgabewerte, also die Antworten auf die Fragen, dar. Die fundamentale Kontrollstruktur ist die Rekursion. Damit werden Zyklen ausgedrückt.

Virtuelle Maschine

Das Prolog-System besitzt einen vorgefertigten Lösungssuchalgorithmus – die virtuelle Maschine – als Verarbeitungsmechanismus, der die Fakten und Regeln auswertet und zur Lösung verknüpft. Der Algorithmus der Programmausführung setzt sich also aus der selbst gestalteten Wissensbasis und dem vorgegebenen Suchalgorithmus zusammen. Die virtuelle Maschine entlastet die Schüler bei der Lösungskonstruktion. Sie müssen die Tiefensuche mit Rückkehrverfahren, Backtracking genannt, nicht selbst entwickeln, sondern wenden sie an. Allerdings erfordert die erfolgreiche Entwicklung von Lösungen, dass diese virtuelle Maschine vollständig verstanden wurde. Backtracking kann z.B. nur gelingen, wenn das Wissen in Form von Fakten und Regeln in einer Reihenfolge eingegeben wurde, die die Arbeitsweise der virtuellen Maschine berücksichtigt, wenn das Konzept der Termersetzung (Unifikation) genutzt wird und wenn Variablenbindungen wieder aufgelöst werden können. Besondere Lernschwierigkeiten bereitet die Anwendung des Schnittoperators (cut), mit dem man erfolglose Pfade von der Tiefensuche ausnehmen kann. Der Suchraum und damit der Suchaufwand wird reduziert, indem Zweige des Suchbaums abgeschnitten (besser: gesperrt) werden. So erhält man effizientere Lösungen. Man muss dafür Wissen über den Problembereich besitzen, um entscheiden zu können, dass die weitere Suche in der Wissensbasis von bestimmten Zuständen prinzipiell keine Lösung mehr liefern kann.

Anfängerfehler sind Modellierungs- und Dialogprobleme:
- Modellierungsprobleme:
  - Abgrenzung des Weltausschnittes (Modell „abgeschlossene Welt"),

  - Bestimmung der Objekte, Zuordnung der Eigenschaften,
  - Aufstellen von Regeln (Regeln als virtuelle Aussagen).
- Dialogprobleme:
  - Notwendigkeit von Anfragen,
  - keine Beurteilung der Aussagen durch das System,
  - mangelnde Transparenz der Lösungssuche,
  - Flüchtigkeit von logischen Variablen (beziehen sich auf Objekte, nicht auf Speicherzellen).

Die fachdidaktische Gestaltung konzentriert sich auf:

- Wissen strukturieren:
  - Objekte, Eigenschaften, Beziehungen,
  - Modell abgeschlossene Welt,
  - Formalisierung zu Fakten und Regeln,
  - Varianten für Datenstrukturen.
- Erkunden der Prolog-Maschine:
  - Faktenbasen erweitern,
  - Ableitungsbaum als Darstellungsmittel,
  - Ableitungsregeln,
  - Regelverkettung,
  - Beobachtung der Variablenbindung,
  - Backtracking steuern.
- Programmierheuristik:
  - Reihenfolge der Fakten und Regeln,
  - Gefahr von Endlosschleifen,
  - Strukturierung von Regelwerken.
- Heuristik zur Beschränkung von Suchräumen.

Wir empfehlen nicht, die informatische Bildung ausschließlich auf das prädikative programmiersprachliche Denkschema aufzubauen. Es sprechen aber gute Gründe für eine Einführung in dieses alternative Konzept der Informatik:

1. Dem Schüler wird ein erheblicher Teil des Programmieraufwandes abgenommen. Er beschreibt sein zu lösendes Problem mit Fakten und Regeln, ohne sich um die Lösungssuche selbst zu kümmern. Diese wird ihm in vorgefertigter Software zur Verfügung gestellt (Tiefensuche mit Rückkehrverfahren). Das hat für den Schüler den Vorteil, dass er mit einfachen Anfragen an sein Programm komplizierte Lösungsmechanismen auslösen kann, die er schrittweise zu erkunden und anzuwenden lernt.

2. Die Algorithmenstruktur Zyklus und die Datenstruktur Liste beruhen im prädikativen programmiersprachlichen Denkschema auf der rekursiven Arbeitsweise und sind nur damit möglich. Rekursion steht damit nicht am Ende einer langen Einführung, sondern gehört bereits zur Gestaltung erster, einfacher Programme. So wird Rekursion zu einer rasch vertrauten Entwurfsmethode bei den eigenen Problemlösungen. Es hat sich gezeigt, dass rekursive Denk- und Arbeitsweisen, die zu den Fundamentalen Ideen der Informatik gehören, fast spielerisch erlernt werden. Damit gelingt ein erstaunlich einfacher Zugang zu anspruchsvollen Konzepten der Informatik.

3. Der Schüler wird vom sonst üblichen Ballast der Syntaxbesonderheiten einer Programmiersprache entlastet. Er braucht kaum Schlüsselworte zu erlernen; er bildet sie selbst. Die wenigen Schreibregeln von Prolog sind gut überschaubar. Dagegen liegt der Schwerpunkt auf den Anforderungen an das Modellieren der Problembeschreibung. Logisches Denken wird gefördert. Die eigene Verantwortung für die Korrektheit der Wissensbasis, das Prolog-Programm, ist leichter einzusehen als in anderen programmiersprachlichen Denkschemata.

Exkurs: Prädikative Programmierung, eine andere Sichtweise

Alle bekannten Vorschläge zur Verwendung von Prolog im Anfangsunterricht basieren implizit oder explizit auf zwei Thesen:

These 1: Prolog besitzt eine große Nähe zur natürlichen Sprache, so dass umgangssprachliche Darstellungen von Problemen und deren Lösungen leicht in die Prolog-Notation übertragen werden können.

These 2: Die Aufgabe, Probleme statt Vorschriften zu ihrer Lösung zu beschreiben, ist für Anfänger leichter zugänglich.

Beide Thesen besitzen zwei Angriffspunkte: Sie beruhen auf nichtempirischen Einzelerfolgen, und — noch wichtiger — sie widersprechen empirischen Ergebnissen aus der Psychologie.

zu These 1: Die Widerlegung dieser These kann an drei Punkten ansetzen:

a) Alltagslogik = Prädikatenlogik,
b) closed world assumption,
c) deklarative vs. prozedurale Semantik.

zu a) Alltagslogik = Prädikatenlogik:

Die Nähe, die Prolog zur natürlichen Sprache zugeschrieben wird, beruht auf einem Gerüst von Folgerungen, das sich grob so darstellen lässt: Logische Operationen sind natürliche Elemente menschlichen Denkens, denn logische Argumentationen finden sich auch in der Lebenswelt. Daher besitzen alle Schüler schon ein gewisses Grundverständnis von Logik, das sich zur Vermittlung von Prolog im Anfangsunterricht nutzen lässt (Kowalski, 1979; Lehmann, 1993). Zugleich wird mit dieser Argumentationskette implizit Alltagslogik mit Prädikatenlogik identifiziert, unzulässigerweise, wie man sich an folgenden Beispielen klarmacht:

„Sie war reich, und er heiratete sie"

versus „Er heiratete sie, und sie war reich".

„Paula ist eine gute Schülerin, weil sie hart arbeitet".

„Wenn es regnet, nehme ich einen Schirm".

Konsequenz: „Wenn es nicht regnet, nehme ich keinen Schirm".

Tatsächlich haben Anfänger häufig große Probleme, umgangssprachliche Aussagen in prädikatenlogische umzusetzen, vor allem dann, wenn sie wie oben temporale oder kausale Elemente enthalten bzw. undifferenziert logische Operationen verwenden (Taylor/duBoulay, 1987).

zu b) closed world assumption:

Weitere Schwierigkeiten von Anfängern sind bei der closed world assumption zu erwarten, die den natürlichen Schlussweisen im „open world"-Alltag widerspricht: Auf die Frage „Gibt es auf Tahiti Vulkane?" wird man im Allgemeinen die Antwort „weiß ich nicht" erwarten; Prolog antwortet stattdessen mit „nein".

zu c) Deklarative versus prozedurale Semantik:

Natürliche Sprachen können Wissen rein deklarativ formulieren. Prolog täuscht stattdessen eine deklarative Darstellung nur vor, interpretiert das Wissen aber im Verborgenen prozedural, ohne dass aus der textuellen Darstellung eines Prolog-Programms irgendwelche Hinweise auf diese Ausführung abgeleitet werden können. Dieser Zwiespalt, der nur durch ein Verständnis der virtuellen Prolog-Maschine abgebaut werden kann, bereitet Anfängern immense Schwierigkeiten (Taylor/duBoulay, 1987).

zu These 2: Mit der Maxime „Problemlösen durch Problembeschreiben" ist folgende naive Vorstellung der Prolog-Programmierung verbunden: Der Computer erhält ein Bündel von zweckfreiem (d.h. problemunabhängigem) Wissen zur Verfügung gestellt und unabhängig davon eine Problemstellung, zu deren Lösung er das Wissen nutzen kann. Diese Vorstellung wird auch in Lehrbüchern häufig propagiert. Tatsächlich ist die Darstellung des Wissens aber in hohem Maße zweckgebunden und problemabhängig.

Beispiel: Das Verhältnis zweier Personen kann man zumindest auf drei Arten beschreiben. Welche Darstellung für welchen Zweck geeignet erscheint, muss vorab entschieden werden:

```
mag(otto,paula).
otto_mag(paula).
es_stimmt_dass(otto,mag,paula).
```

Das folgende Beispiel illustriert abschließend die Schwierigkeiten, selbst Sachverhalte mit eindeutig logischem Hintergrund in Prolog zu modellieren, und damit die Diskrepanz zwischen natürlichsprachlichen und Prolog-artigen Problemdarstellungen.

Beispiel: A, B und C stehen vor Gericht. A sagt aus, dass B lügt. B sagt aus, dass C lügt. C sagt aus, dass A und B beide lügen. Wer lügt, wer sagt die Wahrheit? Die Prolog-Modellierung:

```
ist_Lügner(wahr,lügt).
ist_Lügner(lügt,wahr).
beide_lügen(wahr,lügt,lügt).
beide_lügen(lügt,wahr,lügt).
beide_lügen(lügt,lügt,wahr).
beide_lügen(lügt,wahr,wahr).
?- ist_Lügner(A,B),ist_Lügner(B,C),beide_lügen(C,A,B).
```

Wer hätte erwartet, dass trotz der versteckten Implikationen in den Aussagen von A, B und C in der Modellierung keine Implikation mittels :- auftaucht?

Folgerung: Da Alltagslogik und Prädikatenlogik sowie natürlichsprachliche und Prolog-Modellierung nur wenig gemeinsam haben, darf zunächst nicht davon ausgegangen werden, dass Schüler, zumal auf einführendem Niveau und ohne jedes Vorwissen, gut in Logik sind bzw. die Modellierungsprobleme intuitiv lösen können. Folglich ist für ein vertieftes Verständnis von Prolog zumindest eine vorhergehende Einführung in die Prädikatenlogik erforderlich, die bisher von der Mathematik nicht erbracht wird, einen möglichen Vorteil von Prolog beim Einstieg von Anfängern in die Informatik aber wieder zunichte macht, wenn die Informatik diese Einführung leisten muss.

Die folgende Unterrichtsskizze soll mehr Lehrer ermutigen, diesen Weg zur Einführung in das Problemlösen mit Mitteln und Methoden der Informatik zu wählen, und ihnen zugleich helfen, mit vertretbarem Einarbeitungsaufwand zu Unterrichtserfolgen zu gelangen. Ergebnis der informatischen Bildung könnte dann für immer mehr Schüler die Erkenntnis sein, dass zu jeder Problemklasse das richtige programmiersprachliche Denkschema auszuwählen ist. Eine anspruchsvolle Erweiterung des Algorithmenbegriffs kann die Anwendung von Regeln darstellen, die eine Wissensbasis modifizieren, indem sie zur Ausführungszeit eines Programms vorbereitete Regeln hinzufügen oder löschen.

Lernbereiche

I. Einführung in die gewählte Programmierumgebung:

1. Starten des Systems – Kennenlernen der Benutzungsoberfläche, Laden und Nutzen des 1. Beispiels – Anfragen an die Faktenbasis, Analyse des 1. Beispiels – Lösungssuche als fertige Software,
2. Erweiterung des 1. Beispiels um Regeln – Programm als Sequenz, Laden, Editieren, Nutzen und Speichern des veränderten Programms, Kennenlernen der Ableitung durch Mustervergleich,
3. neue Faktenbasis des 2. Beispiels entwerfen, Wiederholung des Editierens und Speicherns, Anfragen mit Variablen (Name, Wert, Typ) – Variablenbindung als Selektion.

II. Daten- und Algorithmenstrukturen mit rekursiver Arbeitsweise:

4. Erweiterung des 2. Beispiels um eine rekursive Regel, Zyklus durch Rekursion, Rekursionsaufruf und Rekursionsabbruch, praktische Realisierung der rekursiven Arbeitsweise,
5. Entwerfen einer rekursiven Lösung für das 3. Beispiel, Wiederholung Rekursionsaufruf und Rekursionsabbruch, Spur der Ableitung verfolgen – Suchprozess mit Rückkehr,
6. Prozedurmodell entwickeln – Aufruf, Erfolg, Misserfolg, Rückkehr, Einführen der Datenstruktur Liste – Kopf und Restliste, Anwendung der Datenstruktur Liste im 4. Beispiel,
7. Analyse des 5. Beispiels – rekursive Datenstruktur, Beobachten des rekursiven Abbaus der Liste bis zur leeren Liste, Wiederholung des Suchprozesses mit Rückkehr am 5. Beispiel.

III. Komplexe Übungen:

8. Ziel: Färben einer Landkarte (vgl. Abschnitt 11.1) – Analyse des Programms, Kennenlernen der Beschreibung eines Suchraumes durch Aufzählung, Programm als Wissensbasis aus Fakten und Regeln, Wiederholung des Prozedurmodells,
9. Ziel: Vorfahren-Relation in einen Familienstammbaum einfügen, Wiederholung der rekursiven Arbeitsweise, Programmierheuristik zur Reihenfolge der Fakten und Regeln,
10. Ziel: Mahnung zu einer Bibliotheksdatei entwerfen, Wiederholung des Variablen- und Datenkonzepts, Zusammenfassung zum Problemlösen mit einer logischen Programmiersprache.

Ziel: Einführung in die gewählte Programmierumgebung

Zielorientierung mit Eingabe, Verarbeitung und Ausgabe: Der Lehrer führt in den neuen Lernbereich ein, indem er den Schülern erklärt, dass Problemlösen in der Informatik mit Programmen realisiert wird, die Eingaben zur Verarbeitung nutzen und daraus Ausgaben erzeugen. Um eigene kleine Programme zu entwickeln, benötigt man eine spezielle Software, die Programmierumgebung genannt wird. Eine solche Programmierumgebung können die Schüler in den neuen Lernbereichen kennenlernen, um mit ihrer Hilfe die eigenen Ideen in Programme zu fassen.

Starten des Systems – Kennenlernen der Benutzungsoberfläche: Die Schüler sollen Eingabe, Verarbeitung und Ausgabe experimentell erkunden, indem sie ein Programm kennenlernen und anwenden, das der Lehrer für sie vorbereitet hat. Die Prolog-Arbeitsumgebung wird gestartet. Die Schüler finden eine Benutzungsoberfläche vor, die an ihre Erfahrungen bei der Anwendung von Informatiksystemen anknüpft. Sie laden das Programm „Freundinnenauswahl" (vgl. Anhang B1).

Laden und Nutzen des 1. Beispiels – Anfragen an die Faktenbasis: Während z.B. bei der Textverarbeitung das Öffnen einer Datei völlig ausreichte, um diese Datei zu nutzen, lernen die Schüler jetzt eine Besonderheit der Prolog-Arbeitsumgebung kennen. Das Programm muss „konsultiert", d.h. das dort beschriebene Wissen für die Verarbeitung aktiviert werden. Nun können Anfragen an die *Faktenbasis* gestellt werden. Die Schüler lernen, das System zu verlassen.

Analyse des 1. Beispiels – Lösungssuche als fertige Software: Die Analyse führt die Schüler zu der Erkenntnis, dass ein einfaches Prolog-Programm aus Fakten besteht, die das zu lösende Problem näher beschreiben, aber keinen Lösungsweg festlegen. Interessant ist deshalb die Frage, wie der Rechner die Lösung des Problems findet. Die Lösungssuche steht als fertige Software mit dem Interpreter der Prolog-Programme zur Verfügung. Es handelt sich um einen Algorithmus für Tiefensuche, der umkehren kann, wenn er in eine Sackgasse geraten ist. Die Umkehr wird mit einem Rückkehrverfahren, Backtracking, realisiert. Erfolglose Variablenbindungen werden rückgängig gemacht. Mit einer Anfrage (Eingabe) kann eine Anzahl verschiedener Lösungen (Ausgabe) erzeugt werden. Fakten, die bei der Problembeschreibung vom Menschen vergessen wurden, kann die automatische Lösungssuche nicht nachbessern. Der Beweisverlauf kann also die Mängel der Wissensbasis nicht korrigieren.

Ziel: Erweiterung des 1. Beispiels um Regeln – Programm als Sequenz

Der Lehrer führt den Begriff „Regel" an Beispielen aus dem täglichen Erfahrungsbereich der Schüler ein. *Regeln* der Form „wenn Voraussetzungen erfüllt, dann gelten folgende Eigenschaften" werden mit den Schülern gemeinsam gebildet für die Freundinnenauswahl. Die in Prolog umgekehrte Schreibweise der Regeln wird besprochen.

Laden, Editieren, Nutzen und Speichern des veränderten Programms: Die Schüler wiederholen ihre Kenntnisse aus der vorhergehenden Stunde, indem sie die Programmierumgebung starten, das Programm laden und die Regeln hinzufügen. Das Speichern eines Programms wird neu eingeführt. Nach dem Aktivieren des Programms stellen die Schüler erstmals Anfragen, die Regeln zur Anwendung bringen.

Kennenlernen der Ableitung durch Mustergleichheit: Die Schüler erkunden den Unterschied zwischen Anfragen, die vom System mit „ja“ oder „nein“ beantwortet werden, und Existenzanfragen mit einer Variablen, bei der sie verschiedene Lösungen durch die Bindung von konkreten Objekten an diese Variable erhalten. Der Lehrer erklärt am Beispiel, wie es zur Ableitung von Lösungen durch Mustervergleich (Identifizierung, Unifikation) kommt:

> Anfrage: ?-freundin(Wer).
> Versuch mit der 1. Regel: *maedchen(Wer),klug(Wer).*
> Versuch mit dem 11. Fakt: *maedchen(anne),klug(anne).*
> Erfolgsmeldung: Wer = anne

Die Suche nach passenden (mustergleichen) Fakten wird von den Schülern als Schlusspunkt der erfolgreichen Lösungssuche erkannt. Die *Ableitung auf Fakten* stellt also stets den letzten Beweisschritt dar, sofern überhaupt eine Lösung gefunden wird. Sie ist zugleich die einfachste Form der Unifikation. *Unifikation* ist die Basisoperation einer virtuellen Prolog-Maschine, wobei zwei Prolog-Ausdrücke (Terme) in Übereinstimmung gebracht werden. Eine Mustergleichheit wird hergestellt. Die Ableitungsfolge kann graphisch als Ableitungsbaum dargestellt werden. Die Schüler verstehen den einfachsten Programmaufbau als Sequenz. Die Menge der Fakten und Regeln zu einem Problem kann auch als Wissensbasis (Prolog-Programm) bezeichnet werden. Die Schüler erfahren, dass ein Prolog-Programm immer sequentiell vom Interpreter verarbeitet wird, und erhalten ein Verständnis für die Verarbeitung von Wissen durch die virtuelle Prolog-Maschine *(prozedurale Semantik)* im Vergleich zum Menschen *(deklarative Semantik)*. Damit verstehen sie, dass die Fakten am Programmanfang stehen müssen, um unnötige Suchwege zu verhindern, und dass die Reihenfolge, in der Wissen eingegeben wird, die Arbeitsweise der Prolog-Maschine beeinflusst. Schrittweise wird so eine Programmierheuristik im Unterricht entwickelt, die es den Schülern ermöglicht, eigene Lösungen zu erstellen.

Ziel: neue Faktenbasis des 2. Beispiels entwerfen

Der Lehrer weist darauf hin, dass jedes Programm einen kleinen, abgeschlossenen Weltausschnitt modelliert (Modell „abgeschlossene Welt“). Der Mensch trägt die Verantwortung für die Grenzen dieses Modells. Fehlende und fehlerhafte Fakten führen mit Sicherheit zu falschen Lösungen. Objektorientierte Denkweisen lassen die Knoten des Netzes als Objekte erkennen (z.B. Rhombus) und die Kanten als Relationen zwischen den Objekten (z.B. Rhombus ist ein spezielles Drachenviereck). Ziel der Modellierung ist eine Abbildung der Objekte mit ihren Relationen in einem Informationssystem. Der Weltausschnitt wird durch den Bereich der konvexen Vierecke begrenzt (Abb. 4.7). Im Beispiel „Vierecksarten" führt die Beschreibung aller Kanten zu einer Sammlung von Fakten, über welche einfache Anfragen möglich sind (vgl. Anhang B2). Die Anfrage: „?-ist_ein(trapez,konvexes_Viereck)." liefert die Antwort „nein", obwohl die Relation in der realen Welt gültig ist, falls der 1. Fakt vergessen wurde. Der Prolog-Interpreter bringt mit „nein" zum Ausdruck: „Diese Beziehung wurde nicht in das Modell aufgenommen." Ohne Verständnis für die Lösungsversuche der *virtuellen Prolog-Maschine* werden mit Sicherheit Modellierungsfehler auftreten. Aber auch eine korrekte Faktenbasis liefert im vorliegenden Beispiel keine Relation, die sich über Zwischenstufen ergibt. Die Schüler erkennen, dass Fakten hier nicht ausreichen. Die Erweiterung des Gelernten wird vom Problem ausgehend begründet. Dieses problemorientierte Lernen ist charakteristisch für die informatische Bildung.

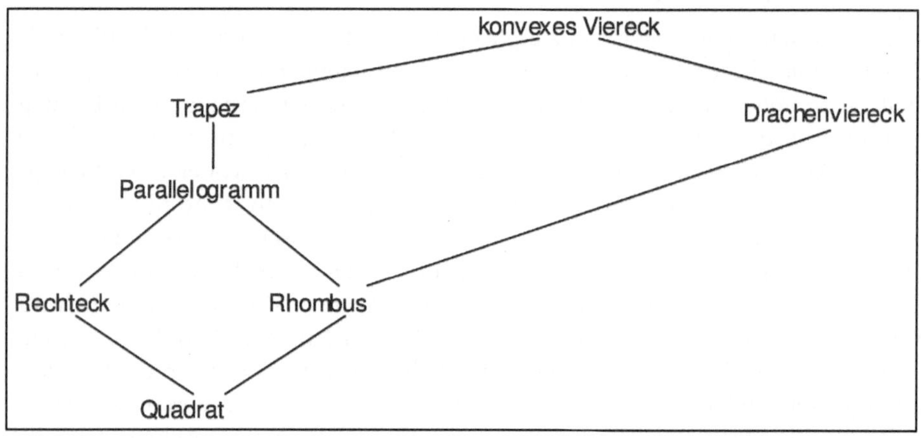

Abbildung 4.7 Modellierungsgraph

Wiederholung des Editierens und Speicherns: Die Schüler erstellen dieses Programm (Faktenbasis) mit der Programmierumgebung selbständig. Mit verschiedenen Anfragen erkunden sie die Programmausführung (Schlussfolgerungsprozess) und die Variablenbindung. Sie nutzen die Möglichkeit, alle Lösungen eines Problems vom Prologsystem zu erhalten.

Anfragen mit Variablen (Name, Wert, Typ) – Variablenbindung als Selektion: Der Begriff der Variablen in der Informatik knüpft an die aus der Mathematik bekannten Kennzeichen Name und Wert an und wird um die neue Eigenschaft des Typs ergänzt. Vorerst bleibt es beim Datentyp Zeichenketten. Später im Lernbereich 6 kann exemplarisch auf die Arithmetik mit den Datentypen für Ziffern verwiesen werden. Die Prolog-Arbeitsumgebung erspart den Schülern die aufwendigen Syntaxbesonderheiten anderer Programmiersprachen. Typdeklarationen sind nicht in das Programm zu schreiben, müssen aber logisch durchdacht und in den Konsequenzen verstanden werden.

Nach dem sequentiellen Programmablauf lernen die Schüler nun die Selektion mit der Algorithmenstruktur *Alternative* kennen, die durch Fakten und Regeln ermöglicht wird, die mit dem gleichen Schlüsselwort beginnen. Sie werden zum Begriff Prozedur zusammengefasst. Neu ist für die Schüler, dass die Variablenbindungen nur vorübergehend erfolgen. Gerade die Auflösung bestehender Bindungen und die Neubindung ermöglichen die alternativen Lösungswege bei der Ausführung des Prolog-Programms. Die Leistungsfähigkeit der Prolog-Maschine geht über die Unifikation durch Identität hinaus. Enthält z.B. die Anfrage eine Variable, dann entsteht eine Existenzanfrage. In diesem Fall interessiert nicht ein bestimmtes Objekt, sondern die Tatsache, ob überhaupt ein Objekt mit der gewünschten Eigenschaft existiert. Eine solche *Existenzanfrage* wird vom System nicht mit nur „ja" oder „nein" beantwortet. Im Erfolgsfall wird das erste konkrete Objekt, Atom genannt, angezeigt, mit dem die Existenzanfrage erfüllt werden konnte.

Der universelle Fakt „ist_ein(X,Y)." wird durch *Substitution*, Variablenbindung, von X durch „trapez" und Y durch „konvexes_Viereck", zur *Instanz* „ist_ein(trapez,konvexes_Viereck).". Die Variable ist dabei das Mittel, um mehrere Anfragen zusammenzufassen. Der Schüler erhält dann nicht nur eine Lösung, sondern alle. Durch die Unifikation besteht die Möglichkeit, eine Anfrage durch Bindung der freien, noch keinem konkreten Objekt zugeordneten Variablen in Übereinstimmung mit einem Fakt zu bringen. Diese Variablenbindung wird Instanziierung genannt. Sie bleibt bis zum Erreichen einer Lösung oder eines Umkehrpunktes durch Backtracking erhalten.

Unter *Backtracking* versteht man die Fortsetzung der Lösungssuche mit alternativen Fakten unter Aufhebung der vorher vollzogenen Variablenbindung.

Ziel: Erweiterung des 2. Beispiels um eine rekursive Regel

Die Schüler sind unzufrieden damit, dass das 2. Programm nur feststellen kann, dass ein Parallelogramm ein Trapez ist und nicht auch, dass ein Parallelogramm ein konvexes Viereck ist. Um diesen Mangel zu beheben, entsteht das Ziel, eine Regel „gehoert_zu" zu formulieren, die sich selbst wieder aktivieren (aufrufen) kann, um eine ganze *Zugehörigkeitskette* abzuleiten.

Zyklus durch Rekursion, Rekursionsaufruf und Rekursionsabbruch: Dazu führt der Lehrer den neuen Begriff *Rekursion* anschaulich ein (z.B. Spiegelbild im Spiegel) und erklärt das Kennzeichen der rekursiven Arbeitsweise, eine Regel aktiviert sich selbst wieder. Nachdem der rekursive Aufruf in der rekursiven Regel formuliert wurde, steht die Frage, wie dieser sich ständig wiederholende Prozess, *Zyklus*, gestoppt werden kann.

Deshalb wird vom Lehrer der Begriff der Abbruchbedingung eingeführt, die zu jeder Rekursion und zu jedem Zyklus gehört. An diesem Beispiel lässt sich eine typische Modellierungsheuristik erlernen:

1. Der Rekursionsabbruch muss von der virtuellen Prolog-Maschine vor dem Rekursionsaufruf gefunden werden, also im Programmtext vor dem Aufruf stehen.
2. Die Teilziele im Körper rekursiver Regeln sind so anzuordnen, dass der Rekursionsaufruf so lange wie möglich aufgeschoben wird.

Diese Heuristik folgt nicht aus der Prädikatenlogik 1. Stufe, sondern aus der Regelverarbeitung mit einer virtuellen Maschine (Abb. 4.8).

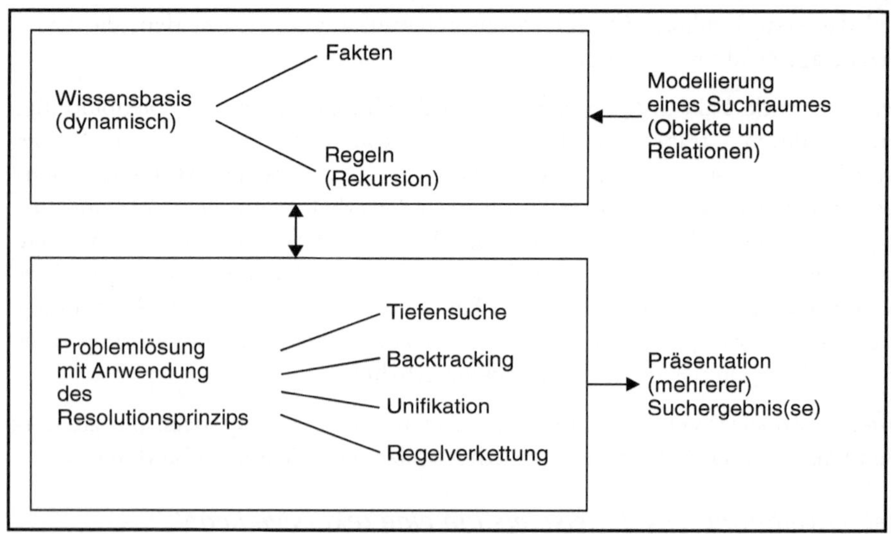

Abbildung 4.8 Regelsuche mit einer virtuellen Prologmaschine

Anfänger benötigen die Veranschaulichung der Aktionen in einem *Ableitungsbaum* (Abb. 4.9), um Wissensbasen auf ihre Vollständigkeit und Korrektheit zu überprüfen. Aus dem Ableiten der *Ziellisten* kann die geeignete Heuristik für die Modellierung gefunden werden.

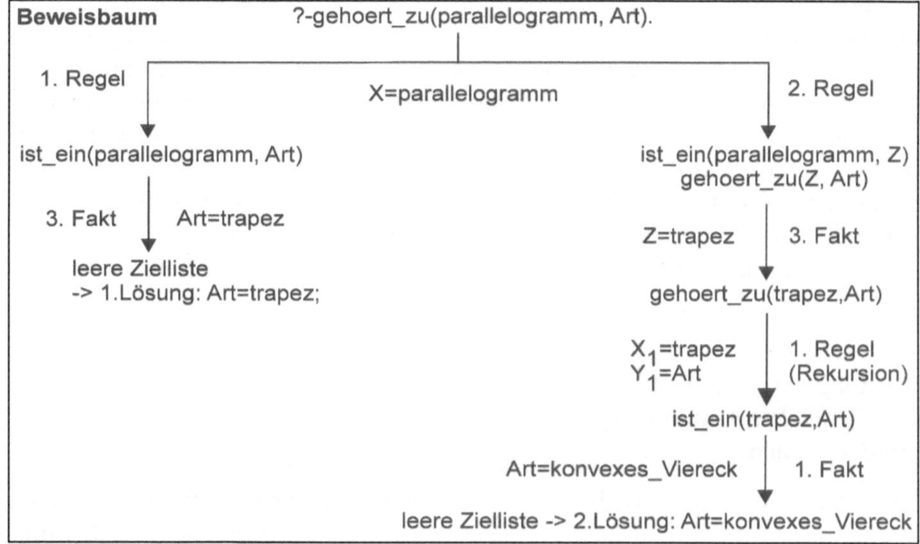

Abbildung 4.9 Ableitungsbaum

Praktische Realisierung der rekursiven Arbeitsweise: Die Schüler gehen zur praktischen Arbeit über. Sie laden, modifizieren und speichern das 2. Programm selbständig. Das ist für sie eine gute Wiederholung im Umgang mit der Programmierumgebung. Neu ist das Anwenden einer rekursiven Problemlösung. Deshalb sollte ausreichend Zeit zur Verfügung stehen, um verschiedene Anfragen zu stellen und mit der Lösungssuche zu experimentieren.

Um eine Antwort auf die Anfrage „?-gehoert_zu(parallelogramm, Art)" zu finden, sucht die Prolog-Maschine sequentiell beginnend mit der ersten *Programmklausel*, Oberbegriff für alle Fakten und Regeln, nach einem Fakt oder Regelkopf, der mit der Anfrage unifiziert werden kann. Die 1. Regel bietet diese Möglichkeit. Durch Bindung der freien Variablen „X=parallelogramm" entsteht ein neues Ziel, wenn der unifizierte Regelkopf durch den Regelkörper „ist_ein(parallelogramm,Art)." ersetzt wird.

Ziel: Entwerfen einer rekursiven Lösung für das 3. Beispiel

Die rekursive Arbeitsweise soll an dem einfachen Beispiel „Computeraufbau" (vgl. Anhang B3) geübt werden. Der grobe Computeraufbau liefert dafür die Beziehungen zwischen dem Ganzen und seinen Teilen. Die Formulierung dieser Fakten „teil_von" stellt jetzt für die Schüler schon keine Schwierigkeit mehr dar. Anders verhält es sich mit dem Anwenden der Rekursion.

Wiederholung Rekursionsaufruf und -abbruch: Hier ist die Hilfe des Lehrers erforderlich, um die Analogie zum 2. Programm zu erkennen. Wieder soll eine Regel mehrfach aktiv werden, um Teile, die wiederum Teile enthalten, richtig zu verbinden. Der Zyklus wird mit dem Rekursionsaufruf realisiert. Dazu gehört ebenfalls ein passender Rekursionsabbruch. Die Schüler erfahren, dass die Lösung für den einfachsten Fall zuerst realisiert wird. So verstehen sie, warum im Prolog-Programm der Rekursionsabbruch immer vor der Regel mit dem Rekursionsaufruf stehen muss. Diese Programmierheuristik fördert die Korrektheit und Effizienz ihrer Lösungen. Nachdem die Lösung gemeinsam entworfen wurde, erfolgt die praktische Erprobung individuell von den Schülern.

Spur der Ableitung verfolgen – Suchprozess mit Rückkehr: Der Lehrer demonstriert den Aufruf der Trace-Komponente des Prolog-Systems, um damit die Spur der Ableitung experimentell zu erkunden. Der Suchprozess mit Rückkehr wird im abschließenden Unterrichtsgespräch wiederholt, indem Beispiellösungen begründet werden.

Die Schüler werden erstmals mit den Systemmitteilungen *Aufruf (Call), Erfolg (Exit), Misserfolg (Fail)* und *Rückkehr (Redo)* konfrontiert. Vorerst geht es aber nur um das Beobachten ausgewählter Lösungswege. Das dazugehörende Prozedurmodell (Abb. 4.10) mit den vier Türen wird in den folgenden Unterrichtsstunden schrittweise entwickelt. Für den weiteren Unterricht stehen jetzt die drei grundlegenden Algorithmenstrukturen Sequenz, Alternative und Zyklus zur Verfügung. Die Schüler werden zunehmend besser verstehen, dass alle Informatiklösungen aus diesen Bausteinen zusammengesetzt werden können (Fundamentale Idee der *Orthogonalisierung*, Baukastenprinzip der Informatik).

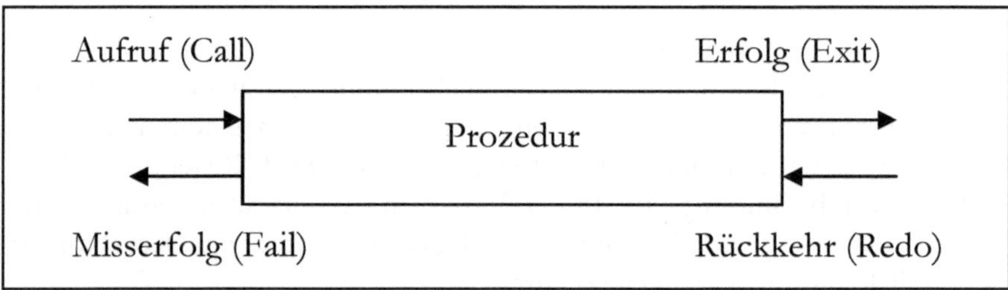

Abbildung 4.10 Prozedurmodell

Ziel: Prozedurmodell entwickeln (Aufruf, Erfolg, Misserfolg, Rückkehr)

Die Tiefensuche des Prolog-Interpreters erfordert die Rückkehr von erfolglosen Wegen und die Suche nach alternativen Möglichkeiten. Die Schüler erkennen das an den vier Türen, die es für jede Prozedur (Teillösung) gibt. Der Lehrer führt nochmals die Beobachtung der letzten Stunde vor als Einstieg in die

Erklärung des Modells am Beispiel. Am Beispiel der Prozedur „teil_von" wird das Prozedurmodell vorgestellt:

Anfrage:	*teil_von(computer,Was).*
Aufruf der Prozedur:	*teil_von(computer,Was).*
Erfolg:	*teil_von(computer,zentraleinheit).*
	Was = zentraleinheit
Rückkehr:	*teil_von(computer,Was).*
Erfolg:	*teil_von(computer,peripherie).*
	Was = peripherie
Rückkehr:	*teil_von(computer,Was).*
Misserfolg:	*teil_von(computer,Was).*

Der Misserfolg tritt erst dann auf, wenn kein unbenutzter Fakt der Prozedur „teil_von" mit der Anfrage in Übereinstimmung gebracht werden kann. Im 3. Fall sind zwar noch drei unbenutzte Fakten vorhanden, aber dort steht jeweils das Objekt „zentraleinheit" an der ersten Position. Das kann nicht mit dem Anfrageobjekt „computer" zur Übereinstimmung der Muster gebracht werden. Von dieser ersten Konfrontation mit dem Prozedurmodell darf noch kein tiefes Verständnis erwartet werden. Die kontinuierliche Anwendung bei allen folgenden Beispielen bringt erst schrittweise diese Einsicht.

Einführen der Datenstruktur Liste – Listenkopf und Restliste: Nachdem die Algorithmenstrukturen bekannt sind, soll bei den Schülern Verständnis für die Bedeutung der Datenstrukturen in der Informatik geweckt werden. In der Prolog-Programmierumgebung steht mit der Datenstruktur Liste ein anspruchsvolles Informatikkonzept mit einfachen Beschreibungsmöglichkeiten zur Verfügung. Der Lehrer kann am Beispiel einer Namensliste die neuen Begriffe Listenkopf und Restliste einführen und auf deren Schreibweise in Prolog mit dem Listenoperator eingehen.

Anwendung der Datenstruktur Liste im 4. Beispiel: Die Datenstruktur Liste kann sehr einfach zur Beschreibung von Nachbarländern eingesetzt werden. Da das Programm „Nachbarländer" (vgl. Anhang B4) nur aus Fakten besteht, können sich die Schüler gut auf die Datenstruktur konzentrieren. Das Editieren, Speichern und Nutzen des Programms bereitet keine Schwierigkeiten.

Ziel: Analyse des 5. Beispiels – rekursive Datenstruktur

Die Kenntnisse über die Datenstruktur Liste werden vertieft, indem das kleine, aber gehaltvolle Programm „Listenelement" (vgl. Anhang B5) gemeinsam mit den Schülern analysiert wird. Es besteht aus einem Fakt, dem Rekursionsabbruch, und einer einzigen Regel mit dem rekursiven Aufruf. Das Wissen über die Rekursion wird wiederholt. Der Lehrer führt mit der Trace-Komponente die Wirkung des Programms vor und vereinfacht diese Informationsfülle über die Ableitungsspur zu einem Ableitungsbaum.

Beobachten des rekursiven Abbaus der Liste bis zur leeren Liste: Nachdem die Schüler den rekursiven Abbau der Liste bis zur leeren Liste durch die Demonstration des Lehrers und das analysierende Unterrichtsgespräch kennenlernten, wird die praktische Nutzung des Programms für beliebige Listen zur Festigung dieses neuen Stoffes eingesetzt.

Wiederholung des Prozedurmodells: In der praktischen Arbeit mit der Programmierumgebung wird die Trace-Komponente von den Schülern selbständig aktiviert und damit das Prozedurmodell für die Kontrolle des Lösungsweges bewusst eingesetzt. Erste Versuche der Schüler im mündlichen Argumentieren mit den neuen Begriffen Aufruf, Erfolg, Misserfolg und Rückkehr schließen den Lernbereich 5 ab. Die Ableitungsbäume machen deutlich, dass die Prolog-Maschine zuerst einen Ableitungspfad bis zum Ende verfolgt, bevor ein neuer Pfad begonnen wird. Beim Absteigen in die Tiefe werden alle Entscheidungspunkte mit alternativen Möglichkeiten markiert, die noch nicht überprüft wurden. Der Aufruf (Call) kommt durch die sequentielle Auswahl ohne Backtracking zustande. Bei Erfolg (Exit) wird für ein späteres Backtracking ein Entscheidungspunkt gesetzt, falls es alternative Klauseln gibt. Der Misserfolg (Fail) tritt auf, wenn keine der Klauseln einer Prozedur mit dem Ziel unifiziert werden konnte. Es wird dann ein tiefes Backtracking zu einem anderen Ziel, zum letzten Entscheidungspunkt, eingeleitet. Rückkehr (Redo) bedeutet, dass diese Prozedur durch tiefes Backtracking von einer gescheiterten Prozedur aus erneut verwendet wird. Der gesetzte Entscheidungspunkt ermöglicht die Fortsetzung mit der ersten noch nicht benutzten Klausel. Flaches Backtracking führt nicht aus der verwendeten Prozedur heraus. Beim Scheitern einer Klausel der Prozedur kommt es zur Anwendung alternativer Klauseln innerhalb der gleichen Prozedur.

Komplexe Übungen: Im Vergleich zum Ausgangsniveau wurde so viel neuer Stoff erarbeitet, dass Übung, Anwendung und Kontrolle der Einzelheiten im Zusammenhang erforderlich sind.

Ziel: Färben einer Landkarte – Analyse des Programms

Das Beispiel „Färben einer Landkarte" (Abb. 4.11) ähnelt einer Knobelaufgabe und hat den Vorteil, dass die Schüler die Lösung nicht sofort kennen (vgl. Abschnitt 11.1). Noch anspruchsvoller wird die Frage nach *allen* möglichen Lösungen. Der Vorteil der Informatikanwendung wird hier erstmals richtig deutlich. Das gelingt in anderen Programmierumgebungen mit Anfängerlösungen selten. Der Schwerpunkt wird jetzt auf die Analyse der Aufgabenstellung (Eingabe- und Ausgabewerte) und den Grobentwurf (Problembeschreibung) gelegt.

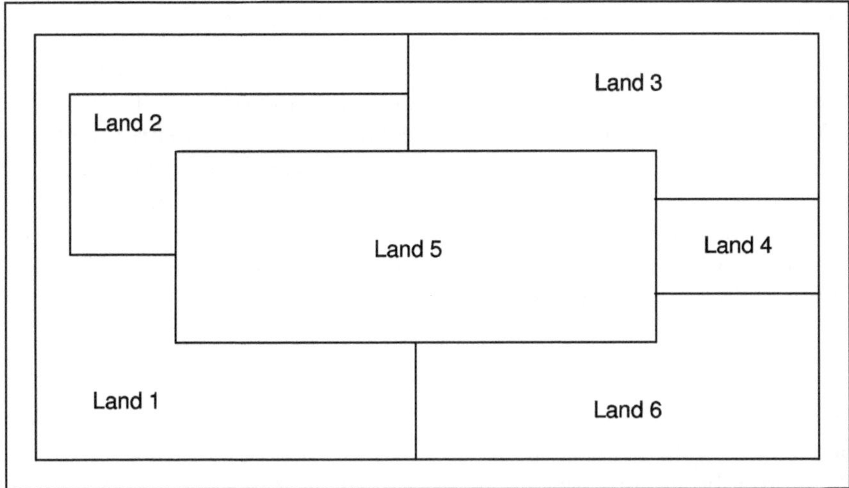

Abbildung 4.11 Landkarte

Die fertige Lösung stellt der Lehrer danach zum Experimentieren bereit (vgl. Anhang B6).

Kennenlernen der Beschreibung eines Suchraumes durch Aufzählung: Diese grundlegende Problemlösemethode ist für die Schüler neu. Sie sollte deshalb in Ruhe genutzt und auf ihre Vor- und Nachteile hin untersucht werden. Die Schüler sollen erkennen, dass die Landkarte in vereinfachter Form in der Programmiersprache darzustellen ist. Dazu werden die Nachbarschaftsbeziehungen aufgezählt. Diese Methode der Beschreibung des Suchraumes durch Aufzählung ist nur vertretbar, wenn die Anzahl der Objekte und der Beziehungen zwischen ihnen klein bleibt. Die Anzahl der Lösungen kann dabei durchaus beachtlich groß sein.

Programm als Wissensbasis aus Fakten und Regeln: Neben der Wiederholung des Grundaufbaus einer solchen Wissensbasis wird die Ausgabeprozedur „write“ neu eingeführt. Die Schüler unterscheiden zwischen der Textausgabe in Hochkommas und der Wertausgabe für die Variablen. Hier bieten sich Ansatzmöglichkeiten zur Modifikation des fertigen Programms, indem neue Ausgabemöglichkeiten erprobt werden. In leistungsstarken Gruppen kann auf die Art der Lösungserzeugung durch Generieren einer Farbbelegung und deren Testen auf Verträglichkeit eingegangen werden. An diesem Beispiel lassen sich die zeitweiligen Variablenbindungen mit der Trace-Komponente besonders gut kontrollieren. Die Schüler beobachten auch erstmals, dass sie auf die Ergebnisse warten müssen, weil das System längere Suchzeiten benötigt.

Ziel: Vorfahrenrelation in einen Familienstammbaum einfügen

Zur Wiederholung und Zusammenfassung aller gelernten Elemente eignet sich besonders das Beispiel „Familienstammbaum" (vgl. Anhang B7). Es fehlt in keinem Anfängerlehrbuch. Der Vorteil besteht darin, dass der Lehrer die Objekte und Beziehungen sofort bei den Schülern als bekannt voraussetzen kann und trotzdem genügend anspruchsvolle Informatikelemente üben kann. Der Lehrer stellt ein Rahmenprogramm zur Verfügung, in das die Schüler nur noch die von ihnen gewünschten Namen eintragen müssen. Als Übung werden die Vater-, Mutter- und Geschwisterrelation im Unterrichtsgespräch zusammengetragen.

Wiederholung der rekursiven Arbeitsweise: Mit der neuen Zielstellung, nicht nur die Eltern, sondern auch frühere Vorfahren mit einer Regel zu ermitteln, soll die Analogie zu den bereits gelösten Beispielen hergestellt werden. Wieder werden der Rekursionsabbruch und der Rekursionsaufruf formuliert. Jetzt müssten diese rekursiven Programmelemente bereits von den Schülern gefunden werden.

Programmierheuristik zur Reihenfolge der Fakten und Regeln: Die Schüler ergänzen den Programmrahmen nach eigenen Vorstellungen und nutzen das vollständige Programm. Im Umgang mit der Programmierumgebung sollte sich eine gewisse Sicherheit eingestellt haben. Dieses Beispiel eignet sich auch für eine Lernerfolgskontrolle, die aus einem praktischen und einem theoretischen Teil bestehen könnte. Der praktische Teil ergibt sich aus der Vervollständigung des lückenhaften Programms. Für den theoretischen Teil bieten sich Fragen nach dem Programmaufbau und zum heuristischen Wissen, z.B. der Reihenfolge der Fakten und Regeln, an.

Ziel: Mahnung zu einer Bibliotheksdatei entwerfen

Die Aufgabenstellung „Bibliotheksmahnung" (vgl. Anhang B8) kann der Auftakt zu einem interessanten, weiterführenden Informatikunterricht in den folgenden Schuljahren sein. Hier wird ein praktisches Anwendungsfeld der Informatik berührt, das natürlich in dieser kurzen Einführungsphase nicht zufriedenstellend bearbeitet werden kann. Die Bibliotheksverwaltung, zum Beispiel der Schulbibliothek, wird von den Schülern als echtes Problem verstanden. Also greift der Lehrer exemplarisch eine Teilaufgabe heraus, die mit den Möglichkeiten der Anfänger lösbar ist.

Wiederholung des Variablen- und Datenkonzepts: Die Zusammenstellung geeigneter Fakten wie „buch", „leser" und „ausleihe" bereitet den Schülern keine Schwierigkeiten. Der Lehrer kann in leistungsstarken Gruppen die zusammengesetzten Datenstrukturen einführen, da sie in Prolog erstaunlich leicht zu beschreiben sind. Für jedes Buch bieten sich eine Registriernummer, der Autor mit Name und Vorname und der Titel an. Gemeinsam wird die Regel für eine Mahnung entworfen. Hier kann der Lehrer die Schüler mit der *anonymen Variable* als Platzhalter für uninteressante Information bekannt machen. Die Nutzung dieses Programms kann nur der zaghafte Beginn für eine umfassendere Bibliothekslösung sein. Die Schüler werden so zum selbständigen Weiterlernen in der Informatik angeregt. Beim Laden, Ergänzen, Speichern und Nutzen des Teilprogramms sollten keine Schwierigkeiten mehr auftreten.

Zusammenfassung zum prädikativen programmiersprachlichen Denkschema: Den Abschluss dieser Informatikeinführung bildet eine Zusammenfassung des Problemlösens im prädikativen programmiersprachlichen Denkschema:

- Das Programm ist eine Wissensbasis mit Fakten und Regeln.
- Eingaben werden als Anfragen formuliert.
- Ausgaben liefert das System in Form von Antworten.
- Zur Lösungssuche wird eine virtuelle Prolog-Maschine verwendet.
- Sequenzen entstehen durch die Reihenfolge der Fakten und Regeln.
- Alternativen entstehen durch verschiedene Fakten und Regeln mit gleichem Namen.
- Zyklen entstehen durch Rekursionsaufruf und Rekursionsabbruch.

Unter dem Begriff „Maschinelles Lernen" können modifizierbare Wissensbasen betrachtet werden, die nach erfolgreicher Modellanwendung neue Fakten erzeugen, mit denen der Anwendungserfolg gemerkt und der künftige Suchprozess gesteuert wird. Die Flüchtigkeit von logischen Variablen liegt in ihrer Verbindung zum Objekt, nicht zur Speicherzelle. Für die informatische Bildung ist die Erkenntnis wertvoll, dass das System die Aussagen nicht bewerten kann, sondern nach festem Kalkül verknüpft. Die Strukturierung von Wissen steht im Vordergrund. Von der eigenen Entwicklung adäquater Sprachelemente für die Prädikate wird die Modellierung stark beeinflusst. Diese unmittelbare Verbindung zwischen Modell und System wird in anderen programmiersprachlichen Denkschemata von der Beschreibungssprache vorbestimmt. Prädikative Modellierung wird erschwert durch einen prozeduralen Anteil des Konzeptes, ohne den Ein- und Ausgabeströme und Fenstertechnik nicht bereitgestellt werden könnten. Dieser Einsatz von Prädikaten mit Nebeneffekten (Bratko, 1987; Clocksin/Mellish, 1987) ist ein notwendiger Kompromiss an die im Kern imperativ arbeitende Rechnerarchitektur.

5 Kompetenzentwicklung

5.1 Entwicklung von Basiskompetenzen

Der Begriff Kompetenz wird hier in der Definition von Weinert verwendet:

„*Kompetenzen* sind die bei Individuen verfügbaren oder durch sie erlernbaren kognitiven Fähigkeiten und Fertigkeiten, um bestimmte Probleme zu lösen, sowie die damit verbundenen motivationalen, volitionalen und sozialen Bereitschaften und Fähigkeiten, um die Problemlösungen in variablen Situationen erfolgreich und verantwortungsvoll nutzen zu können" (Weinert, 2001, S. 27)

Der Begriff Kompetenz wird noch untersetzt mit sieben Facetten.

„Die individuelle Ausprägung der Kompetenz wird nach Weinert von verschiedenen Facetten bestimmt: Fähigkeit, Wissen, Verstehen, Können, Handeln, Erfahrung, Motivation" (Klieme et al., 2007, S. 72-73).

Es existieren unterschiedliche Möglichkeiten zur Beschreibung der Kompetenzentwicklung im Informatikunterricht (Schubert, 2009) (vgl. Kapitel 2 und 10). Für die Sekundarstufe I wird auf die umfangreichen Empfehlungen der GI verwiesen (GI, 2008). Für die Sekundarstufe II geben die vier Kompetenzbereiche der EPA Informatik (KMK, 2004a) eine erste Orientierung:

- Erwerb und Strukturierung informatischer Kenntnisse,
- Kennen und Anwenden informatischer Methoden,
- Kommunizieren und Kooperieren,
- Anwenden informatischer Kenntnisse, Bewerten von Sachverhalten und Reflexion von Zusammenhängen.

Für mögliche Kompetenzstufen können die Anforderungsbereiche der EPA Informatik herangezogen werden:

- I: Wiedergeben, Beschreiben, Identifizieren, Verwenden, Übersetzen, Erweitern;
- II: Auswählen, Anordnen, Verarbeiten, Darstellen, Anwenden bekannter Verfahren;
- III: Auswahl und Anpassung geeigneter gelernter Methoden und Verfahren.

Erschwert wird die Anwendung der EPA Informatik auf das Verstehen von Informatiksystemen dadurch, dass der Inhaltsbereich „Wirkprinzipien von Informatiksystemen“ aufgeteilt wurde. So findet man „Grundsätzliche Funktionsweisen von Computersystemen (z.B. Von-Neumann-Rechnermodell)“ unter Möglichkeiten und Grenzen informatischer Verfahren und „Kommunikation zwischen Computern, Netze (z.B. einfaches Kommunikationsprotokoll, einfaches Schichtenmodell) unter Interaktion mit und von Informatiksystemen (KMK, 2004a, S. 6). Zusammenfassend bleibt unverständlich, warum die EPA Informatik in der Kompetenzentwicklung mit Informatiksystemen unter den Empfehlungen für die Sekundarstufe I bleibt (GI, 2008). Da wir bei den Schülern in Grundkursen kein Informatikvorwissen aus der Sekundarstufe I voraussetzen können, sind die dort zu erwerbenden Kompetenzen Bestandteil der Unterrichtsprojekte. Wir finden dort im Inhaltsbereich Informatiksysteme (GI, 2008, S. 37-40) mehr Anregung als in der EPA Informatik, z.B.: Schüler

- verstehen die Grundlagen des Aufbaus von Informatiksystemen,
- erschließen sich weitere Informatiksysteme,
- klassifizieren Hardware und Software,
- reagieren angemessen auf Meldungen des Betriebssystems.

Für Systemverständnis im Informatikunterricht der Sekundarstufe orientieren wir uns an dem Unterrichtsmodell von Stechert (vgl. Kapitel 15). Es ermöglicht uns, aus den von ihm erprobten Lernphasen zu den Basiskompetenzen die geeigneten für diesen Informatikunterricht auszuwählen und anzubieten (Stechert, 2009, 190 ff.):

- $\mathbf{S_A}$: Verständnis für die wesentlichen Aspekte des *nach außen sichtbaren Verhaltens*;
- $\mathbf{S_{AB}}$: Verständnis für die *Wechselwirkungen* zwischen dem nach außen sichtbaren Verhalten und der inneren Struktur;
- $\mathbf{S_B}$: Verständnis für die wesentlichen Aspekte der *inneren Struktur*, die auf Fundamentalen Ideen der Informatik als Wirkprinzipien basieren (z.B. mithilfe von Strukturmodellen wie Blockmodellen, Schichtenmodellen, Entwurfsmustern);
- $\mathbf{S_{BC}}$: Verständnis für die *Wechselwirkungen* zwischen der inneren Struktur und ausgewählten Implementierungsaspekten;
- $\mathbf{S_C}$: Verständnis für die ausgewählten *Implementierungsaspekte* (Implementierung) zur Erstellung einer konkreten Realisierung;

- S_{AC}: Verständnis für die *Wechselwirkungen* zwischen dem nach außen sichtbaren Verhalten und ausgewählten Implementierungsaspekten (z.B. durch systematisches Testen).

Im ersten Schritt konzentrieren wir uns auf vier der sechs Lernphasen, und zwar S_A, S_{AB}, S_B, S_{AC}. Davon wiederum ist S_{AB} die entscheidende. S_A und S_B bilden dazu die Erweiterung und ermöglichen den Sichtenwechsel. Stechert setzte ausgewählte Entwurfsmuster der Softwaretechnik erfolgreich als lernförderliche Strukturmodelle im Informatikunterricht ein, um die Vernetzung von Fundamentalen Ideen der Informatik damit zu veranschaulichen. Unter einem *lernförderlichen Strukturmodell* verstehen wir ein Fachkonzept der Informatik, das nicht als Lerngegenstand, sondern als Unterrichtsmittel eingesetzt wird. Die positive Bewertung der Informatiklehrenden war die Voraussetzung für die Suche nach weiteren lernförderlichen Strukturmodellen:

„Die im Rahmen des Forschungsprojekts durchgeführten Unterrichtsreihen veränderten dieses Bild. Die Schülerinnen und Schüler haben die Erfahrung gemacht, dass Informatik mehr ist als nur Programmieren. Das systematische Erkunden von Informatiksystemen, das im zweiten Halbjahr der Jgst. 12 und in der Jgst. 13 weiter vertieft wird, ermöglicht ein besseres Verständnis für die Vernetzung der zahlreichen Bereiche der Informatik ..." (Ganea/Koch, 2008, S. 119).

Wir benötigten eine Einbettung der Kompetenzentwicklung mit Informatiksystemen in das Spiralcurriculum der Sekundarstufe. Die erfolgreiche Anwendung der Entwurfsmuster war an Grenzen gestoßen. Das Abstraktionsniveau ist dabei sehr hoch. Entwurfsmuster eignen sich deshalb besonders als lernförderliche Strukturmodelle für die Jahrgangsstufe 12/2. Welche Strukturmodelle sind für 11/2 und 12/1 geeignet? Von Oktober 2008 bis Januar 2009 führten wir eine Unterrichtsintervention im Grundkurs 12/1 durch, in der in 24 Unterrichtsstunden mit anschließendem Test das *Blockmodell des Von-Neumann-Rechners* (VNR) und *Schichtenmodelle* (Ebenenmodell des Rechners, Internetschichtenmodell) als lernförderliche Strukturmodelle zum Einsatz kamen. Die Auswertung ermöglichte eine Entscheidung zum Spiralcurriculum:

- Die erste Kompetenzvertiefung zum Verstehen von Informatiksystemen kann im Grundkurs 11/2 in ca. fünf Wochen erworben werden. Dabei wird ein Blockmodell als Lernhilfe eingesetzt.
- Die zweite Kompetenzvertiefung zum Verstehen von Informatiksystemen kann im Grundkurs 12/1 in ca. fünf Wochen erworben werden. Dabei werden ausgewählte Schichtenmodelle als Lernhilfe eingesetzt.
- Die dritte Kompetenzvertiefung zum Verstehen von Informatiksystemen kann im Grundkurs 12/2 in ca. fünf Wochen erworben werden. Dabei werden ausgewählte Entwurfsmuster als Lernhilfe eingesetzt.

Wir sprechen von *Kompetenzfacetten* (Tab. 5.1-5.3), um den beobachteten Lernererfolg in den Unterrichtsprojekten zu beschreiben, der an lebensweltliche Problemstellungen gebunden ist. Damit grenzen wir uns vom langwierigen Kompetenzerwerb ab, der erst nach mehreren Schuljahren ermittelt werden kann. Von den Basiskompetenzen, die die Schüler im Grundkurs 11/2 entwickelten, sind einige auf den Einsatz des Blockmodells zum Von-Neumann-Rechner als lernförderliches Strukturmodell zurückzuführen (Tab. 5.1).

Tabelle 5.1 Basiskompetenzen mittels Blockmodell

	Kognitive Kompetenzfacetten	**Nicht-kognitive Kompetenzfacetten**
	Die Schülerinnen und Schüler ...	
S_A	wissen, dass mehrere Programme gleichzeitig ausgeführt werden können	haben die Erwartungshaltung, dass mehrere Programme ohne Einschränkungen ausgeführt werden können
S_{AB}	können das Systemverhalten des VNR erklären und wissen, dass der VNR-Flaschenhals das Systemverhalten beeinflusst	sind bereit, von Black-Box-Vorstellungen (Gefahr der Computergläubigkeit) zu rationalen Strukturmodellen zu wechseln
S_B	können die zentrale Steuerschleife erklären (dynamische Sicht)	sind motiviert, von einer statischen zu einer dynamischen Sicht zu wechseln
S_{AC}	können einen Fehler im Systemverhalten auf das Dekodieren eines falschen Befehls aufgrund eines Speicherfehlers erklären	sind bereit, in Teamarbeit eine Fehlerursache zu analysieren

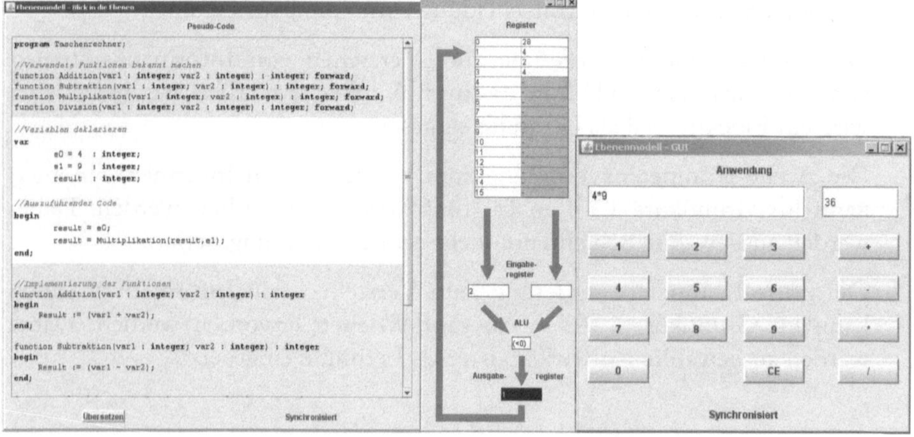

Abbildung 5.1 Schichtenmodell (Ebenenmodell) des Rechners

Um lernförderliche Strukturmodelle im Informatikunterricht anwenden zu können, benötigt man geeignete Unterrichtshilfen (vgl. Kapitel 8). So entstand zum Beispiel ein Applet zu einem Schichtenmodell, hier dem Ebenenmodell des Rechners (Abb. 5.1), das den Sichtenwechsel fördert.

Die Schüler wenden den Taschenrechner an (Anwendungssicht). Bei Eingabe von Operanden und Operation wird der Pseudocode (Ebene der problemorientierten Sprachen) ergänzt und der Assemblercode (Assemblerebene) erzeugt. Die Verarbeitung des Assemblerprogramms mithilfe der Hardware durch die Register und Arithmetik-Logik-Einheit (Ebene der Hardware) kann durch die Schüler wiederholt beobachtet werden. Solche Unterrichtsmittel liegen mit Filius (vgl. Kapitel 12) auch für das Vierschichtenmodell (Anwendung, Transport, Internet, Subnetz zur Datenübertragung) der Internet-Technologie vor, das die Lernenden handelnd erkunden können. Basiskompetenzen, die mithilfe von Schichtenmodellen im Grundkurs 12/1 erworben wurden, sind exemplarisch für Internetworking beschrieben (Tab. 5.2).

Tabelle 5.2 Basiskompetenzen mittels Schichtenmodell

	Kognitive Kompetenzfacetten	**Nicht-kognitive Kompetenzfacetten**
	Die Schülerinnen und Schüler ...	
S_A	tauschen über das Internet Daten aus	erwarten eine zuverlässige Datenübertragung
S_{AB}	können die Datenübertragung am Beispiel E-Mail anhand des Client-Server-Prinzips erklären	sind motiviert, sicherheitskritische Bereiche zu suchen
S_B	können die Datenübertragung mit einem Interaktionsdiagramm darstellen	sind bereit, den Kontext der Datenübertragung durch Anwendungsfälle einzubeziehen
S_{AC}	können die Datenübertragung systematisch nachverfolgen und Fehler auf Protokollebene erklären	nutzen ihr Wissen über Protokolle, um sich für mehr Datenschutz zu engagieren

Die Entwicklung der informatischen Fachsprache erwies sich in allen Unterrichtsprojekten als kompliziert. Vermutet wird, dass diese Förderung mit Beginn der Sekundarstufe II zu spät einsetzt. Die Informatiklehrenden vermissen die Lehrbuchkultur, die sie aus ihrem zweiten Fach kennen. Damit fehlt ein Konsens zum Kernwortschatz der informatischen Fachsprache je Jahrgangsstufe. Unterschätzt werden ganz offensichtlich auch die Aufgaben aus dem Anforderungsbereich I (Sachverhalte und Methoden reproduzieren) und die damit verbundene Vorbildrolle der Lehrperson. Lehrende müssen mit großer Geduld Erklärungen wiederholen. Über das mehrfache Hören und Lesen können die Lernenden das aktive Anwenden der Fachwörter anbahnen: an Gesprächen teilnehmen, zusammenhängendes Sprechen und Schreiben in unterschiedlichen Kontexten. Ohne Zeit zum Sprechen und für Diskussionen (Erklären, Begründen, Bewerten) wird das Angebahnte aber nicht gefestigt. Solche Phasen fehlen häufig. Der Informatikunterricht scheint „in Eile" voranzuschreiten, bleibt aber sprachlich auf einem Niveau, das für diese Jahrgangsstufen inakzeptabel ist.

Aus den Unterrichtserprobungen von Stechert (vgl. Kapitel 15) stammen die Beobachtungen der Basiskompetenzen, die mithilfe von ausgewählten Entwurfsmustern im Grundkurs 12/2 erworben wurden (Tab. 5.3). Betont wird in diesem Zusammenhang, dass es zu keinem Zeitpunkt darum ging, die Entwurfsmuster der Softwaretechnik zum vordergründigen Lerngegenstand der informatischen Bildung zu machen. Vielmehr war die Suche nach lernförderlichen Strukturmodellen auch im Bereich der Entwurfsmuster erfolgreich. Proxy- und Zustandsmuster bewährten sich dabei besonders, da sie den erforderlichen Lebensweltbezug sicherten.

Tabelle 5.3 Basiskompetenzen mittels Entwurfsmuster Proxy

	Kognitive Kompetenzfacetten	**Nicht-kognitive Kompetenzfacetten**
	Die Schülerinnen und Schüler ...	
S_A	kennen die Regeln der Zugriffskontrolle aus dem Schulrechnernetz	erwarten, dass auf persönliche Daten nur von einer berechtigten Person zugegriffen werden kann
S_{AB}	können die Realisierung der Zugriffskontrolle eines Systems mittels Stellvertreterobjekt erklären	sind motiviert, sicherheitskritische Bereiche zu suchen
S_B	können Zugriffskontrolle mit Klassendiagramm (Entwurfsmuster Proxy) und Sequenzdiagramm darstellen	sind bereit, in Teamarbeit die Struktur eines Programms zur Zugriffskontrolle zu analysieren
S_{AC}	sind in der Lage, bei gegebenem Quellcode die Zugriffsrechte zu modifizieren	können sich in die Sicherheitsbedürfnisse unterschiedlicher Benutzergruppen versetzen und daraus Anforderungen ableiten

Magenheim, Schaper und Schubert führten gemeinsam das DFG-Projekt „Entwicklung von qualitativen und quantitativen Messverfahren zu Lehr-Lern-Prozessen für Modellierung und Systemverständnis in der Informatik (MoKoM)" durch. In diesem Projekt arbeiteten Informatiker, Psychologen und Informatiklehrer aus Siegen und Paderborn an empirisch fundierten Kompetenzmodellen (*Kompetenzstrukturmodell, Kompetenzentwicklungsmodell*) für den Informatikunterricht der Sekundarstufe II. Ziel war es, die oben beschriebenen Basiskompetenzen mit geeigneten Messinstrumenten zu erfassen, um Rückschlüsse auf die Gestaltung von Informatikunterricht zu ziehen.

5.2 Bildungswert der Informatik

In den Thesen der „Erfurter Resolution" (Erfurter Resolution, 1999) wird der Bildungswert der Informatik als neue Kulturtechnik begründet. Die Gestaltung der Lehr-Lern-Prozesse zum Erwerb der informatischen Kulturtechnik wurde sehr tiefgründig studiert. Baumann (1993) begründet die *Systemorientierte Informatikdidaktik* mit den Richtzielen zu Informatiksystemen (*Entwicklung, Wirkung, Grenzen*). Schwill (1993) leitete die *Fundamentalen Ideen der Informatik* (z.B. *Algorithmisierung, strukturierte Zerlegung, Sprache*) nach erziehungswissenschaftlichen Kriterien her (vgl. Kapitel 3). Claus (1995) entwickelte den Zugang zu *Formalen Sprachen als Unterrichtslinie*. Hubwieser und Broy (1997) begründeten ein Unterrichtskonzept, mit dem die *Fundamentalen Strukturierungstechniken der Informatik* für den Rohstoff Information erlernt werden können. Wirth (1999) betonte den Bildungswert der Programmierung mit der *Konstruktion abstrakter Maschinen*. Hartmann und Nievergelt (2002) zeigten den Zugang zur grundlegenden *Idee des formalen Systems*.

Informatik, sowohl Formalwissenschaft als auch Ingenieurwissenschaft, ist zur Basiswissenschaft der gesellschaftlichen Entwicklung geworden. Sie zeichnet sich durch besondere Prinzipien und Methoden für Modellierung, Abstraktion und Konstruktion aus. Das allein begründet noch nicht ihre herausragende Position im Wissenschaftskanon. Es ist ihr Hineinwirken in andere Wissenschaftsbereiche, das die Informatik so einzigartig und bedeutend für die Allgemeinbildung macht. Dabei geht es nicht vordergründig um den Werkzeugeinsatz, d.h. die Anwendung von Informatiksystemen. Interessant ist für die Allgemeinbildung folgende spiralförmige Entwicklung, die in verschiedenen Wissenschaften unter dem Einfluss der Informatik beobachtet wurden:

- Zuerst liegen Aufgaben vor, die vollständig intuitiv, also heuristisch, gelöst werden.
- Mit dem Eindringen in die Probleme entsteht ein gesichertes theoretisches Umfeld. Das führt zur informatischen Modellierung für Teilprobleme.

- Daraus werden neue Heuristiken auf höherer Ebene abgeleitet.

Damit verändern die geistigen Techniken der Informatik die Forschung und Lehre in anderen Fächer und fördern die Beherrschung von Komplexität. Der Bildungswert der Informatik liegt also in der Bedeutung der *informatischen Strukturierung als Erkenntnismethode* in anderen Wissenschaften auch unabhängig von Informatiksystemen. Wir sprechen von der *Informatisierung* aller Disziplinen (analog zur *Mathematisierung*), wenn wir die Veränderungen im Problemlösen dieser Disziplinen durch die geistigen Techniken der Informatik betrachten. Um diesen Bildungswert der Informatik für alle Bürger zugänglich zu machen, fordert Claus (2004) eine „Dienstleistungsdidaktik".

5.3 Bildungsstandards und Kompetenzmodelle

Zur informatischen Bildung existieren auf internationaler Ebene Empfehlungen, Lehrpläne und anspruchsvolle Unterrichtskonzepte, aber keine anerkannten Bildungsstandards. Eine große Bandbreite im Lernerfolg der Schüler ist die Folge. Der Trend geht zu international abgestimmten Testmethoden für die Bildungsergebnisse in den Fächergruppen. Für den Informatikunterricht fehlen vorerst solche Vergleichsdaten, obwohl er weltweit in der Sekundarstufe angeboten und von den Schülern gewählt wird. Zur Vorbereitung von Bildungsstandards in der informatischen Bildung sind vergleichbare Lehr-Lern-Materialien erforderlich. Zwei Zugänge werden dafür in diesem Buch vorgestellt, die „*Fundamentalen Ideen der Informatik*" (Schwill, 1993a) (vgl. Kapitel 3) und die „*Didaktischen Systeme*" (Brinda, 2003; Freischlad, 2010) (vgl. Kapitel 12). Mit den „Fundamentalen Ideen" wird die fachwissenschaftliche Auswahl begründet, mit den „Didaktischen Systemen" deren fachdidaktische Kommunikation und Umsetzung im Unterricht.

Mit dem Konzept der „Didaktischen Systeme" wird eine Kollektion aufeinander abgestimmter Lehr-Lern-Materialien bereitgestellt, die in einem Unterrichtsszenario (z.B. zum objektorientierten Modellieren oder zu Internetworking) je nach Zielgruppe sehr flexibel zu verschiedenen Kompetenzen führen können (Brinda/Schubert, 2002a). Didaktische Systeme besitzen traditionelle Komponenten (I. Gruppe): *Aufgabenklassen* und *Explorationsbausteine* (allgemeine lernförderliche Software), aber auch neue, noch ungewohnte Komponenten (II. Gruppe): *Wissensstrukturen* (Graphen als Beschreibungsstrukturen für das Fachwissen) und *Handlungsmuster* (diese stellt zwar die Erziehungswissenschaft bereit, aber es kann mehr Forschung in die informatikdidaktische Konkretisierung investiert werden). Die II. Gruppe ist vorgesehen zur Erweiterung der I. Gruppe, enthält also explizit fachdidaktisches Wissen, das den Zielgruppenbezug herstellt. Es ist nicht an eine automatisierte Generierung von Lernmaterial gedacht. Die Komponenten der II. Gruppe sind vorwiegend für die Hand des

Lehrers gedacht und sollen die Begründung fachdidaktischer Entscheidungen fördern. Erwartet wird eine inhaltliche und lehrmethodische Bereicherung des Informatikunterrichts, da Lehrer bei der Gestaltung innovativer Varianten unterstützt werden. Ähnlich wie bei der Softwareentwicklung bietet sich eine kooperative Anwendung und Weiterentwicklung von Didaktischen Systemen an, da ihre Attraktivität mit dem Variantenreichtum wächst. Diese Repräsentation fachdidaktischen Wissens erleichtert die Kommunikation zum Stand der Didaktik der Informatik und zu den Bildungsergebnissen. Die Graphen bilden Elemente der informatischen Bildung ab, die sich mit Lernerfolgskontrollen messen und bewerten lassen. Für die Schüler wird der von ihnen erreichte Bildungsstand anschaulicher. Die Aufgabenklassen und Wissensstrukturen bilden zusammen eine Beschreibung von *Bildungsstandards*, deren Umsetzung mithilfe von *Kompetenzmodell* und *niveaubestimmenden Aufgaben* gut messbar ist.

Die ersten Informatikbildungsstandards für die Sekundarstufe I wurden 2008 von der GI veröffentlicht (GI, 2008). Sie orientieren sich an den Mathematikbildungsstandards von „National Council of Teachers of Mathematics (NCTM)" (NCTM, 2000), die fünf *Inhaltsaspekte* (inhaltliche Themenbereiche: Zahlen und Operationen; Muster, Funktionen und Algebra; Geometrie und Raumorientierung; Messen; Datenanalyse, Statistik und Wahrscheinlichkeit) und fünf *Prozessaspekte* (methodenorientierter Teil: Problemlösen, Argumentieren und Beweisen, Kommunikation, Verbindungen zwischen mathematischen Begriffen, Darstellungen) verwenden. Für die Informatik wurden ebenfalls fünf Inhaltsbereiche (*Information und Daten; Algorithmen; Sprachen und Automaten; Informatiksysteme; Informatik, Mensch und Gesellschaft*) und fünf Prozessbereiche (*Modellieren und Implementieren; Begründen und Bewerten; Strukturieren und Vernetzen; Kommunizieren und Kooperieren; Darstellen und Interpretieren*) gewählt. Dieser Auswahl liegt noch kein Kompetenzmodell der Informatik zugrunde, wie es Experten der Erziehungswissenschaft für jedes Unterrichtsfach fordern.

„Die Entfaltung eines wissenschaftlich abgestützten *Kompetenzmodells* im Sinne von *Komponenten, Niveaustufen* oder gar *Entwicklungsverläufen* wird nur selten vollständig möglich sein. Allerdings gehen auch die traditionelle Lehrplanarbeit und die Unterrichtsplanung von Lehrern implizit immer von Vorstellungen über Kompetenzstrukturen und deren Erwerb aus. Bildungsstandards sollten hier einen qualitativen Schritt nach vorn ermöglichen, indem sie die zugrundeliegenden Annahmen über den Aufbau von Kompetenzen explizit machen und – soweit möglich – den Anschluss an fachdidaktische und psychologische Forschung herstellen" (Klieme et al., 2007, S. 78).

2008-2010 arbeiteten Nelles, Magenheim, Rhode, Schaper, Schubert, Stechert an dieser *Kompetenzmodellierung*. Ausgewählt aus dem Gesamtspektrum der Informatik wurden die drei typischen Aufgabenbereiche *Systemanwendung, Systemverständnis und Systementwicklung* (bezogen auf Informatiksysteme). Begonnen wurde mit einem *normativen Kompetenzrahmenmodell*, das durch zielgruppenbezogenes Quellenstudium gewonnen wurde:

„Zunächst wird inhaltlich auf einer übergeordneten Ebene zwischen vier Kompetenzdimensionen unterschieden (Aufgabenbereiche (K1), Nutzung informatischer Sichten (K2), Anforderungen an den Umgang mit Komplexität (K3) und nicht-kognitive Kompetenzen (K4)), die auf weiteren Ebenen durch verschiedene Kompetenzfacetten bzw. -komponenten inhaltlich differenziert werden“ (Nelles et al., 2010, S. 46).

Zur Durchführung der Befragungen wurde ein strukturierter Interviewleitfaden entwickelt. Er orientiert sich an Leitfragen. In diesem Textkasten wird als Ausschnitt das Szenario „Online-Katalog“ (ein von zwölf Szenarios) vorgestellt:

1) Stellen Sie sich vor, Sie haben in einer Fachzeitschrift einen Artikel zu einem neuen Forschungsgebiet gelesen und möchten nun mehr darüber erfahren.
   - Wie können Sie sich weitere Informationen beschaffen?
   - Welche Kenntnisse und Fähigkeiten benötigen Sie dafür?
   - Welche informatischen Sichten sind hierbei von Bedeutung?
   - Welche Komplexität weist das Projekt auf?
   - Welche Einstellungen und Bereitschaften benötigen Sie dafür?
   - Welche Probleme treten bei unerfahrenen Anwendern auf?
2) Um weitere Informationen zu bekommen, konsultieren Sie zunächst den Online-Katalog der nächstgelegenen Universitätsbibliothek.
   - Was erwarten Sie von einem solchen Online-Katalog?
   - Wie versuchen Sie, Informationen aus einem solchen Online-Katalog zu erhalten?
3) Leider hat die Recherche keine Ergebnisse gebracht, und Sie haben sich zur Nutzung einer Internetsuchmaschine entschlossen.
   - Welche Erwartungen haben Sie an eine solche Suchmaschine?
   - Wie gehen Sie vor, um die gewünschten Informationen zu erhalten?
   - Welche Probleme treten bei unerfahrenen Anwendern auf?
4) Sie haben nun eine Anfrage an eine Suchmaschine gestellt, dabei aber keine Treffer erhalten.
   - Welche Gründe könnten dafür verantwortlich sein?
   - Wie gehen Sie vor, um die gewünschte Information zu erhalten?
   - Welche Probleme treten bei unerfahrenen Anwendern auf?
5) Bei einer weiteren Suchanfrage erhalten Sie über 3 Mio. Treffer. Viele davon sind für Sie jedoch nicht relevant.
   - Welche Gründe könnten dafür verantwortlich sein?
   - Wie gehen Sie vor, um die gewünschte Information zu erhalten?
   - Welche Probleme treten bei unerfahrenen Anwendern auf?

Um die Leistungsvoraussetzungen zu identifizieren und zu beschreiben, wurden Interviewverfahren zur Befragung von Experten eingesetzt, die sich an bewährten aufgabenanalytischen Methoden und der „*Critical-Incident-Technik*“ orientieren. Durch diese Form der Befragung konnte offengelegt werden, wie die Befragten in erfolgsrelevanten Anforderungssituationen agieren und welche

Kenntnisse, Strategien, Fähigkeiten und Einstellungen zur effektiven Bewältigung anspruchsvoller Denk- und Handlungsanforderungen beim informatischen Systemverständnis und Modellieren zum Tragen kommen.

Als Experten für die aufgaben- und anforderungsanalytischen Interviews kamen Personen in Frage, die einerseits ein ausgezeichnetes fachliches Wissen und Können für die Domäne Informatisches Systemverständnis und Modellierung besitzen und andererseits ein adäquates fachdidaktisches Verständnis für die beiden Lerndomänen mitbringen (z.B. Informatiklehrer, wissenschaftlich tätige Informatikdidaktiker, Fachwissenschaftler). Insgesamt wurden 30 Experten befragt. Die auf der Basis von audiotechnischen Aufzeichnungen erstellten Befragungsprotokolle wurden inhaltsanalytisch ausgewertet. Mithilfe einer zusammenfassenden und strukturierenden Inhaltsanalyse wurden zunächst relevante Kompetenzaspekte bestimmt und paraphrasiert. In weiteren Schritten wurden die identifizierten Kompetenzelemente in Orientierung an den normativ bestimmten Dimensionen zugeordnet. Auf dieser Grundlage entstand ein *empirisch überprüftes Kompetenzstrukturmodell* des informatischen Systemverständnisses und Modellierens (Lehner et al., 2010; Magenheim et al., 2010; Schubert/Stechert, 2010).

Von den drei typischen Aufgabenbereichen besaßen *Systemanwendung (K1.1)* und *Systemverständnis (K1.2)* im normativen Kompetenzrahmenmodell noch keine Subdimensionen. Tabelle 5.4 zeigt eine Auswahl aus dem empirisch überprüften Kompetenzstrukturmodell, und zwar die *Kompetenzdimension Aufgabenbereiche (K1)*. Daran kann man erkennen, wie ergiebig die Expertenbefragung war. Sie lieferte für K1.1 neun neue Subdimensionen und für K1.2 sogar 26 neue Subdimensionen. Deutlich wurde, dass die existierenden Empfehlungen und Rahmenpläne die beiden Aufgabenbereiche Systemanwendung (K1.1) und Systemverständnis (K1.2) stark unterschätzten. Andernfalls hätten sie die wesentlichen Kompetenzsubdimensionen enthalten. Tabelle 5.4 deckt aber auch ein forschungsmethodisches Problem auf: Die Subdimensionen lassen sich mehrfach zuordnen. Wenn man davon ausgeht, dass Schüler zuerst Systeme anwenden und verstehen lernen, bevor sie selbst Systeme entwickeln, dann wird die frühestmögliche Zuordnung einer Kompetenzsubkategorie verständlich. *Systementwicklung (K1.3)* war schon im normativen Kompetenzrahmenmodell mit zehn Subdimensionen sehr gründlich strukturiert. Diese wurden in der Expertenbefragung bestätigt. Die Subdimensionen Qualität von Software (K1.2.4) und Architektur (K1.2.5) sind für K1.3 ebenfalls gültig, wurden nur nicht doppelt aufgeführt (Tab. 5.4).

Tabelle 5.4 Dimension K1 Basiskompetenzen (Schubert/Stechert, 2010)

K1. Basic Competencies		
K1.1 System Application K1.1.1 Structuring of Application Field K1.1.3.1 Top-down Design K1.1.3.2 Step-wise Refinement K1.1.2 System Exploration K1.1.3 Use of Media to Foster System Application and System Comprehension K1.1.4 Selection of System K1.1.4.1 Comparison of the System K1.1.4.2 Appropriate Selection Criteria K1.1.5 Transfer to new Application Fields	K1.2 System Comprehension K1.2.1 System Exploration K1.2.2 Requirements vs. Performance K1.2.3 Test K1.2.2.1 Errors as Learning Opportunities K1.2.4 Quality of Software K1.2.4.1 Correctness K1.2.4.2 Efficiency K1.2.4.3 Robustness K1.2.4.4 Reusability K1.2.4.5 Compatibility K1.2.4.6 Structuredness K1.2.4.7 Usability K1.2.4.8 Maintainability K1.2.4.9 Security K1.2.5 Architecture & Organisation K1.2.5.1 Digital Logic & Data Representation K1.2.5.2 Interfacing & I/O-Strategies K1.2.5.3 Structured Computer Organisation & Functionality K1.2.6 Net-Centric Computing K1.2.6.1 Network Architecture K1.2.6.2 Internetworking K1.2.7 Programming Languages K1.2.7.1 Virtual Machines K1.2.7.2 Interpreters & Compilers K1.2.7.3 Algorithms & Data Structures K1.2.7.4 Object-Oriented Programming	K1.3 System Development K1.3.1 System Exploration K1.3.2 Business Modeling K1.3.3 Requirements K1.3.4 Analysis & Design K1.3.5 Implementation K1.3.6 Test K1.3.7 Deployment K1.3.8 Architecture & Organisation K1.3.9 Next-Centric Computing K1.3.10 Programming Languages

Die *nicht-kognitiven Kompetenzen (K4)* erhielten durch die Aussagen der Experten eine deutliche Ausdifferenzierung der Kompetenzkategorien. Durch die empirisch gewonnenen Daten konnten diese weiterführend untergliedert werden in K4.1 Einstellungen, K4.2 sozial-kommunikative Kompetenzen mit Kooperation und Teamfähigkeit, Empathie, K4.3 motivationale und volitionale Kompetenzen mit Offenheit für neue Ideen/Anforderungen, Lernbereitschaft, Bereitschaft zum Engagement.

Die inhaltliche, fachdidaktische und lernpsychologische Verbesserung der Lernumgebung, die Schülern die Aneignung der Basiskompetenzen K1.1 zur Systemanwendung und K1.2 zum Systemverständnis ermöglichte (vgl. Abschnitt 5.1), orientierte sich an den Forschungsergebnissen zum normativen und zum empirisch verfeinerten Kompetenzmodell (Schubert/Stechert, 2010). Hier wurde das in MoKoM entwickelte Messinstrument in den Kursen „Von-Neumann-Blockmodell" in 11/2 und „Ausgewählte Entwurfsmuster" in 12/2 zur Erprobung eingesetzt.

Vor allem die nicht-kognitiven Kompetenzen gemäß den Kategorien K4.1 Einstellungen (Wahrnehmung/Antizipation des Informatiksystems im Kontext, Erwartung an System, Zielgerichtetheit, Entmystifizierung, selbstbestimmtes Handeln) wurden mit Fragebogen erhoben. Diese Befragung der Schüler kann für jede lernförderliche Struktur wiederholt werden. Die Ergebnisse ermöglichen es, die Stabilität der *Lerneffekte* bzw. des *Kompetenzerwerbs* mithilfe dieser Unterrichtsgestaltung zu überprüfen. Auf solchen Ergebnissen können Forschungsvorhaben zur Analyse und Validierung von *Kompetenzentwicklungsmodellen* aufbauen.

5.4 Wissen strukturieren

Wir prüften verschiedene geistige Techniken zur Wissensrepräsentation aus Mathematik und Informatik, um die Kommunikation und Vergleichbarkeit informatikdidaktischen Wissens zu fördern. Die Darstellungsschemata, z.B. Und-Oder-Bäume, Graphen, semantische Netze, Regeln, Ablaufpläne, eignen sich prinzipiell alle, um Wissen über das Wissen, sog. *Metawissen*, zur Beschreibung von Objekten und den Relationen zwischen ihnen einzusetzen. In der Informatik ist das Ziel, dieses formalisierte Wissen zur Ableitung neuen Wissens mittels Informatiksystem einzusetzen. Diese Formalisierungen eignen sich aber auch hervorragend für die Dokumentation und Präzisierung menschlicher Vorgehensweisen. In diesem Sinne werden sie hier verwendet. Wir wählen Und-Oder-Graphen zur Darstellung von Lerneinheiten. Komplizierte Informatikkonzepte bauen typischerweise auf einfachen Konzepten auf. Jede Kante verbindet die Vorkenntnisse mit dem neuen Stoff.

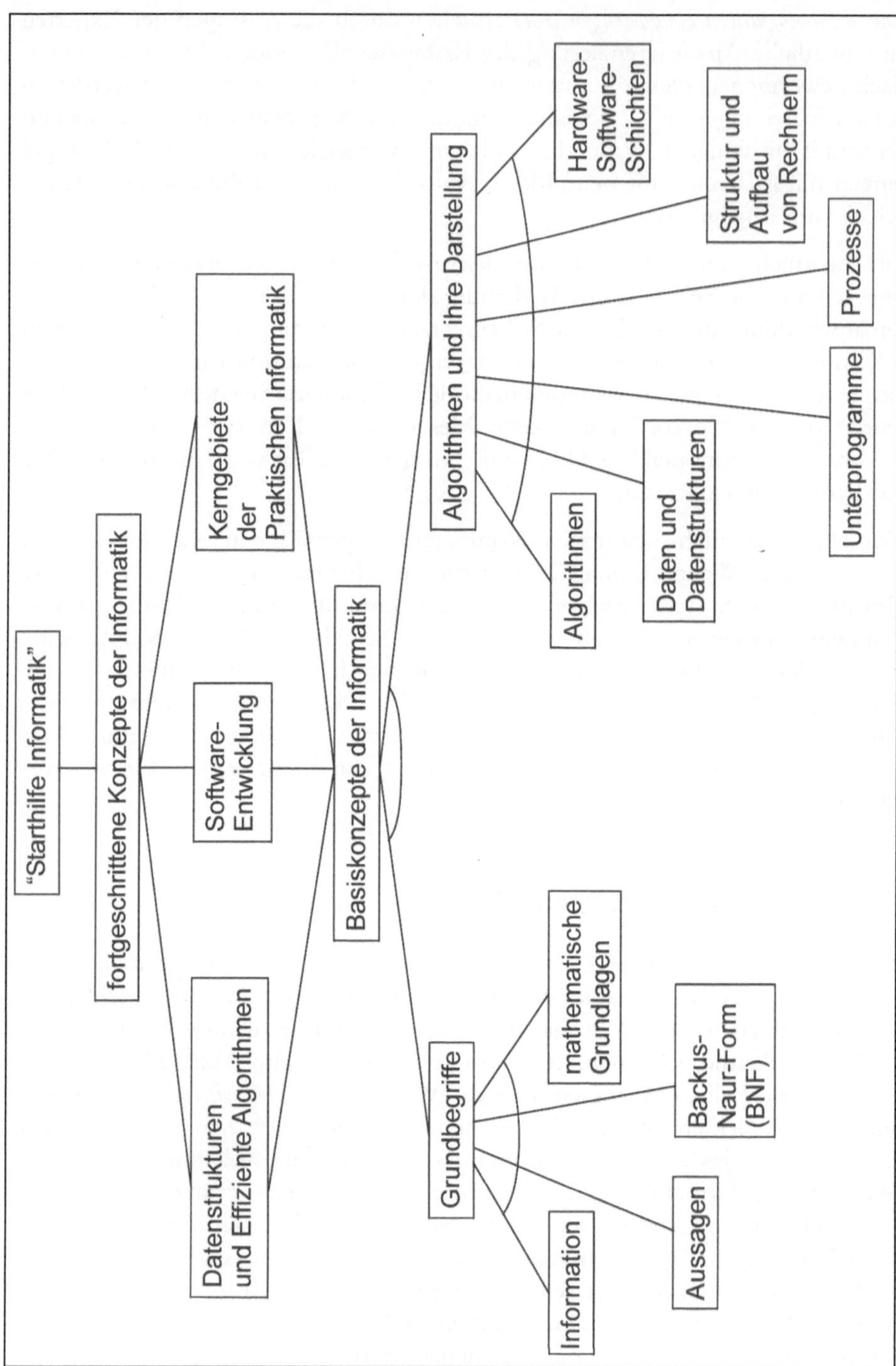

Abbildung 5.2 Und-Oder-Graph zu „Starthilfe Informatik"

Am Beispiel des Buches „Starthilfe Informatik“ (Appelrath et al., 2002) wird ein solcher Und-Oder-Graph vorgestellt (Abb. 5.2). Die Autoren empfehlen die Kapitel „Grundbegriffe“ und „Algorithmen und ihre Darstellung“ als unverzichtbare Basiskonzepte der Informatik, auf die der Leser nicht verzichten soll. Die zehn Bestandteile dieser Kapitel sind im Graph mit „Und“ markiert, also nicht wählbar, sondern obligatorisch. Der Graph verzichtet im Gegensatz zum Buch auf eine Sequenzialisierung. Jeder mögliche Lernpfad stellt eine überprüfenswerte informatikdidaktische Variante dar.

Keine davon sollte ohne Begründung ausgeschlossen werden. Die Kapitel „Datenstrukturen und Effiziente Algorithmen“, „Softwareentwicklung“ und „Kerngebiete der Praktischen Informatik“ werden von den Autoren als fortgeschrittene Konzepte der Informatik bezeichnet, für die keine Reihenfolge empfohlen wird, da sie nach den beiden Basiskapiteln voneinander unabhängig gelesen und verstanden werden können. Das Beispiel zeigt sehr anschaulich die fachlichen und lehrmethodischen Fehler existierender Lehrpläne.

Häufig wird die Softwareentwicklung von den Schülern gefordert, ohne ein ausgewogenes Verständnis für die aufgezeigten Grundlagen zu entwickeln. Die Komponenten „Prozesse“, „Struktur und Aufbau von Rechnern“ und „Hardware-Software-Schichten“ fehlen besonders häufig oder werden zu knapp vorgestellt.

Wir gehen im Kapitel 9 auf die Aneignung dieser Basiskonzepte näher ein. Die daraus resultierenden Lernschwierigkeiten sind also systematischer Art und nicht zielgruppenspezifisch oder individuell. Anders ausgedrückt: Die Qualität der informatischen Bildung kann schon auf der Basis solcher Wissensstrukturen diskutiert werden. Sie bilden auch einen interessanten Ansatz für einen Soll-Ist-Vergleich zwischen Schulen und Ländern.

5.5 Von Aufgaben zu Aufgabenklassen

Wir gehen davon aus, dass der Lernerfolg ganz wesentlich von der Wahl der richtigen Aufgaben für die Schülertätigkeiten abhängt. Im Informatikunterricht herrscht ein Mangel an interessanten und abwechslungsreichen Aufgaben. Der Aufgabenbegriff wird sehr verschieden verwendet.

„Das Unterrichtsthema ist die vom Lehrer vorgegebene oder zwischen dem Lehrer und den Schülern vereinbarte, für einen begrenzten Zeitraum gestellte *Lernaufgabe*“ (Meyer, 1994, S. 83).

Da wir problemorientierten Unterricht empfehlen, werden Probleme als nicht *routinemäßig lösbare Aufgaben* verstanden. Solche Aufgaben können in unterschiedlichen Phasen des Lernprozesses als Beispiel (Einführungsbeispiel, Anwendungsbeispiel), Übungsaufgabe, Klausuraufgabe auftreten. Wichtig ist uns im Rahmen eines Didaktischen Systems die fachliche Klassifikation der Aufgaben. Eine oder mehrere Aufgabenklassen gehören zu einer Lerneinheit in der Wissensstruktur. Wenn der Schüler typische Vertreter dieser Aufgabenklassen lösen kann, wurde das Bildungsziel erreicht, das mit einem Knoten im Und-Oder-Graph verbunden ist. Ein Nachbarknoten enthält das nächste Bildungsziel. Die Formulierung einer Aufgabenklasse bündelt die Bildungserfahrung zu einem kleinen Bereich der Informatik. Dem Lernenden wird damit eine Zusage auf wahrscheinlichen Bildungserfolg gegeben. Solches heuristisches Wissen liegt in Wissenschaften, die viele Generationen mit wiederkehrenden Aufgabenklassen erfolgreich ausbildeten, in viel zuverlässigerer Weise vor als in der Informatik.

Die Phasen im Lernprozess werden ebenfalls sehr unterschiedlich benannt:

1. Unterrichtseinstieg oder Hinführung oder Einleitung,
2. Erarbeitung oder Verarbeitung oder Vertiefung oder Problemlösung,
3. Ergebnissicherung oder Zusammenfassung oder Veröffentlichung oder Übung oder Anwendung oder Kontrolle.
4. Jeder Begriff steht für die Betonung einer Sichtweise auf den Lernprozess. Die erziehungswissenschaftliche Funktion einer Fachaufgabe kann und soll sehr leicht veränderbar sein, d.h., dieselbe Aufgabe ist prinzipiell in jeder dieser Phasen einsetzbar. Sie kann also für eine Lerngruppe den Einstieg bilden und für eine andere Lerngruppe in der Kontrolle zur Anwendung kommen.

Für die informatische Bildung existiert noch kein Konsens zu den Aufgabenklassen, die in einer Jahrgangsstufe verpflichtend bzw. ergänzend sind. Wir betrachten wieder das Buch „Starthilfe Informatik“ und finden dort folgende Aufgabe in den Basiskapiteln und Abschnitten:

- „Grundbegriffe“:
  - „Information“: Mengenschreibweise, Mengenoperationen;
  - „Aussagen“: Ablaufplan (Bedingungen als Rauten, Handlungen als Rechtecke), Boole’sche Ausdrücke;
  - „Mathematische Grundlagen“: binäre Zahlendarstellung, Wertetabellen, Funktionen (Polynome, Exponentialfunktion, Logarithmen), Größenordnungen ($x \rightarrow \infty$, O-Notation, Ω-Notation, Θ-Notation) für zeitliche und räumliche Abschätzungen;
  - „Backus-Naur-Form (BNF)“: kontextfreie Grammatik;
- „Algorithmen und ihre Darstellung“ (vgl. Kapitel 6):
  - „Algorithmen“: Ersetzen von Leerzeichen, Sequenz, Alternative, Schleife, Variablenkonzept, Anwendung der BNF, Euklid’scher Algo-

rithmus zur Berechnung des größten gemeinsamen Teilers, Sortieren einer Folge von n natürlichen Zahlen, Algorithmus zum Testen einer Zahl auf Primzahleigenschaft;
- „Daten und Datenstrukturen“: elementare Datentypen, Teilmengenbildung (Restriktion), Kartesisches Produkt (record), Felder (array), Matrixmultiplikation, Folgenbildung (Keller, Schlangen, Listen, Zeigerstrukturen), Spiegeln einer Zahlenfolge, Teilworterkennung, Potenzmengen, Funktionsräume, angenäherte Intervallberechnung, Dateien;
- „Unterprogramme“: Prozedurdeklarationen, Übergabemechanismen (call by value, call by reference, call by name), Rekursion, Suche des Maximums, Fakultätsfunktion;
- „Prozesse“: gemeinsame Speicherbereiche, parallele Suche, Erzeuger-Verbraucher-Problem mit gemeinsamen Variablen, Nachrichtenaustausch (message passing), Erzeuger-Verbraucher-System (s. auch Kapitel 11) mit Nachrichtenaustausch, faire Abläufe;
- „Struktur und Aufbau von Rechnern“: einfaches Modell eines Computers, Befehlssatz, Maschinenprogramme, Rechnerstrukturen, Speicherstrukturen;
- „Hardware-Software-Schichten“: ohne.

Im oben aufgeführten Beispiel finden wir sehr konkrete Aufgaben, z.B. Euklid’scher Algorithmus zur Berechnung des größten gemeinsamen Teilers, und Aufgabenklassen, z.B. Suche des Maximums. Im nächsten Schritt interessiert uns, wie eine Abstraktion von Aufgaben zu Aufgabenklassen vorgenommen werden kann. Das Vorgehen am Beispiel der Objektorientierung kann verallgemeinert werden für andere Bereiche der informatischen Bildung:

Brinda analysierte Übungsaufgaben zu OOM und stellte fest, dass sich diese i.d.R. in verschiedene Arbeitsaufträge und einen Beispielkontext trennen lassen. Eine Klasse neuer Übungsaufgaben lässt sich dadurch identifizieren, dass die nach den zuvor genannten Kriterien ausgewählte Aufgabenstellung von ihrem Beispielkontext getrennt und somit zu einem strukturierten Aufgabengerüst reduziert werden kann. Für jede solche Aufgabenklasse muss angegeben werden, welche Materialien zur Verfügung stehen bzw. welche Information gegeben ist und welcher Auftrag besteht bzw. welche Information gesucht ist.

Für die Klasse, z.B. Suche des Maximums, bedeutet das, die konkrete Aufgabe entsteht durch die Verbindung mit dem jeweiligen Beispielkontext, z.B. gesucht ist die höchste Jahrestemperatur, der höchste Tagesumsatz, der höchste Ernteertrag, wobei derselbe Grundalgorithmus mit verschiedenen Parametern ausgeführt wird. Die Schüler sollen diesen Abstraktionsprozess von konkreten Aufgaben zu einer Aufgabenklasse nicht nur nachvollziehen, sondern selbst organisieren können. Diese Fähigkeit hilft ihnen, von der Fülle der Einzelheiten zum Wesentlichen vorzudringen.

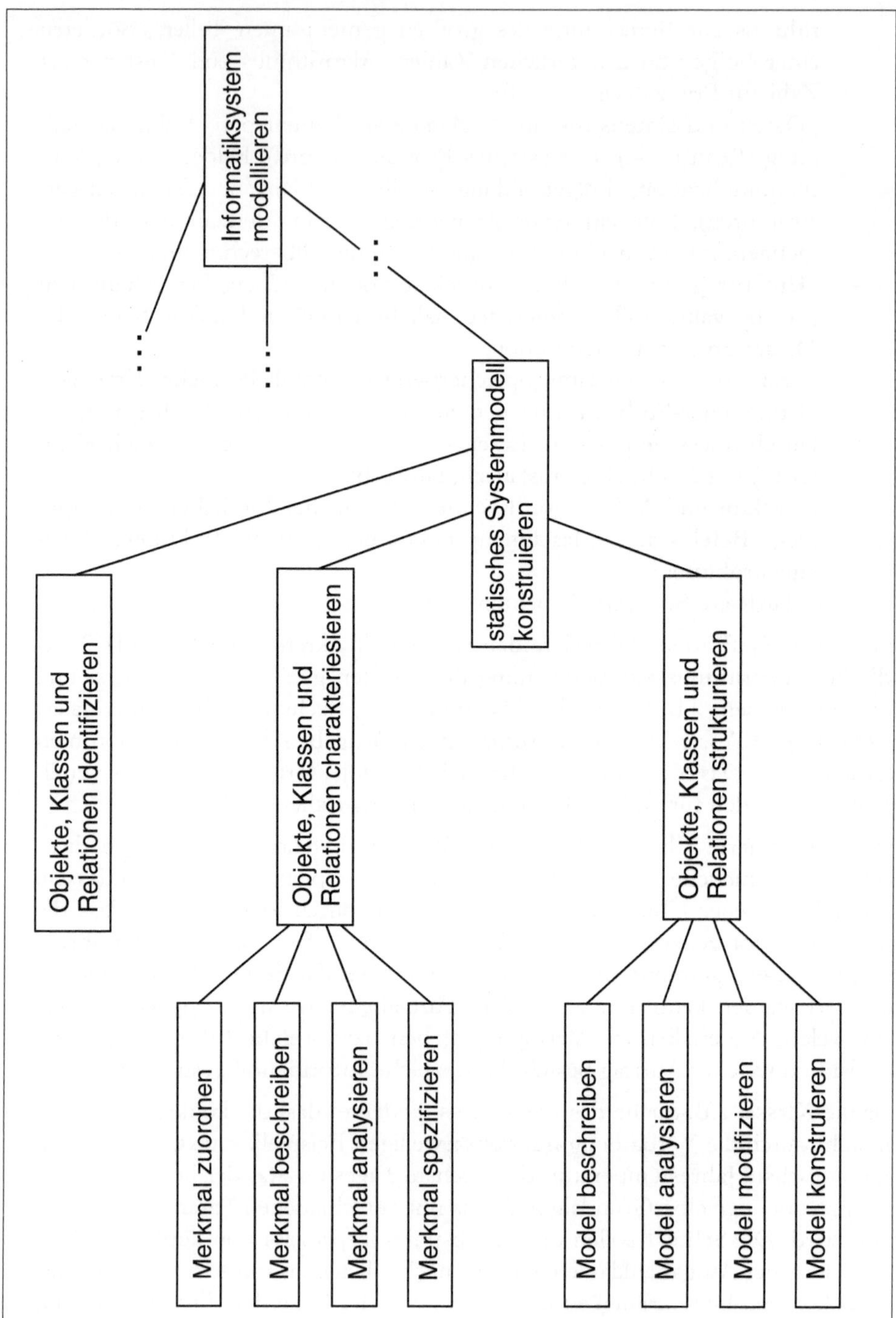

Abbildung 5.3 Einordnung von Aufgabenklassen in eine Struktur

Für Lehrer ist es wichtig, die Aufgabenklassen entsprechend den Anforderungen auszuwählen, die von den Schülern bewältigt werden können. Dazu kann eine Einordnung der Aufgabenklassen in eine Struktur hilfreich sein (Abb. 5.3).

Die Baumstruktur wird so angelegt, dass Aufgabenklassen, die sich auf eine spezielle Modellierungstechnik oder ein spezielles Modelldetail beziehen, die Blätter bilden. Innere Knoten bilden Aufgabenklassen, die verschiedene Aspekte kombinieren. Sie haben zugleich auch Sicherungscharakter für in der Hierarchie tiefer befindliche Knoten. Die selbst- und vollständige Modellierung eines Informatiksystems bildet in dieser Struktur den Wurzelknoten. In (Brinda, 2000) wurden Aufgabenstellungen zur Konstruktion eines statischen Systemmodells auf die beschriebene Weise analysiert und dokumentiert und dabei die in Abbildung 5.3 dargestellte Hierarchie von Aufgabenklassen konstruiert.

Ein weiterer Vorteil der Strukturierung besteht darin, dass Lehrer und Schüler den erreichten Lernerfolg gut darstellen und überprüfen können. Die Gefahr, dass wichtige Basisfähigkeiten übersehen werden und die Schüler deshalb an komplexeren Aufgabenklassen scheitern, nimmt ab. Die Arbeit mit einem Explorationsmodul wird motiviert aus dem Wunsch des Schülers, mit Elementen zu agieren, die aufgrund ihrer Abstraktion oder Komplexität mit anderen Lernmaterialien schwerer erfassbar oder schwerer darstellbar sind.

5.6 Lernen durch Exploration

Ziel ist die Entwicklung von Bildungssoftware, die vollständig vom Schüler gesteuert wird. Ohne seine Aktivität laufen auch keine Systemprozesse ab. Der Schüler kann nicht ziellos durch multimediale Präsentationen navigieren. Es bedarf zumindest einer fachlich fundierten Hypothese zum Lerngegenstand, um die Interaktion mit dem Lernmaterial zu starten.

„Exploratives Lernen (= entdeckendes, forschendes oder autonomes Lernen) weist eine hohe Selbstverbindlichkeit auf" (Kerres, 2002, S. 217).

Um Verwechslungen mit der Versuch-Irrtum-Strategie zu vermeiden, wird der mögliche Gedankenverlauf eines Schülers skizziert (Abb. 5.4). Keinesfalls ist daran gedacht, solche Handlungsszenarios zu programmieren. Allerdings benötigt der Schüler geeignete Software für seine Entdeckungsreisen im Sinne des explorativen Lernens. Wir bezeichnen diese spezielle Software als Explorationsbausteine oder allgemeiner als lernförderliche Software (Brinda/Schubert, 2002b). Ein einfaches Beispiel dafür ist das Anfordern einer Webseite. Die Wirkprinzipien bleiben den Schülern verborgen, wenn sie einen Browser verwenden.

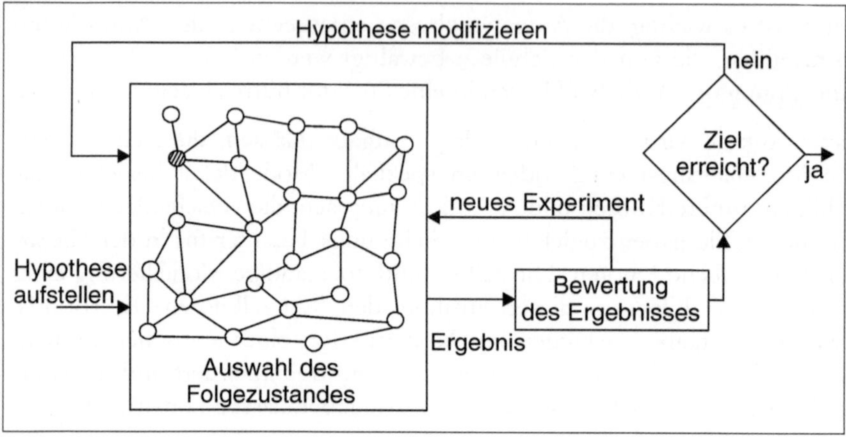

Abbildung 5.4 Lernen durch Exploration

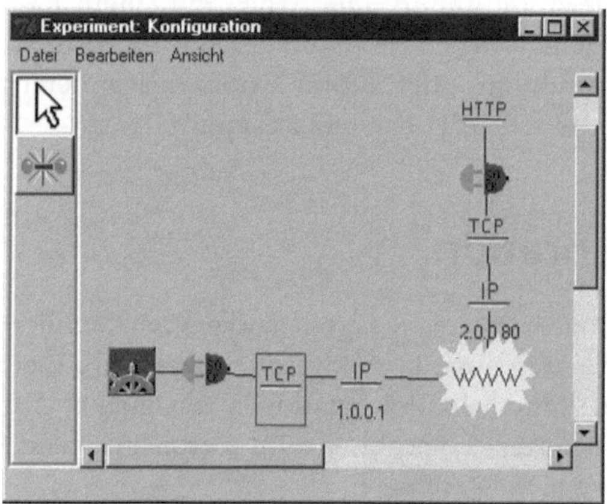

Abbildung 5.5 Experiment zur Anforderung einer Webseite

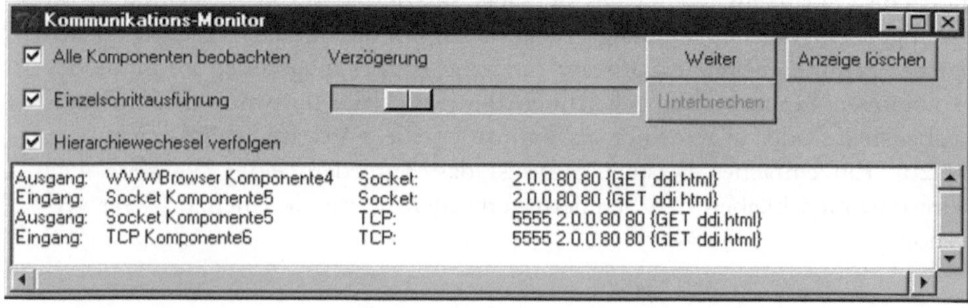

Abbildung 5.6 Trace-Komponente

Es steht eine Lernsoftware zur Verfügung, mit der diese verborgenen Prozesse erkundet werden können (Steinkamp, 1999).

Die Schüler können das graphisch dargestellte Netzwerk manipulieren (Abb. 5.5) und die ausgeführten Protokollschritte beobachten (Abb. 5.6).

Sie überprüfen auf diese Weise ihre Hypothesen zu Aufbau und Funktionsweise von Rechnernetzen (vgl. Abschnitt 8.4). Mehr Möglichkeiten für das explorative Lernen liefert die „Lernumgebung für objektorientiertes Modellieren (LeO)" (vgl. Abschnitt 8.5).

5.7 Handlungsmuster

Handlungsmuster (methodisches Vorgehen; Handlungsstruktur) des Unterrichts werden erfolgreich angewendet: Lehrervortrag, Schülerreferat, Unterrichtsgespräch (z.B. gelenktes Unterrichtsgespräch), Streitgespräch, Tafelarbeit, Experiment, Rollenspiel, Planspiel, Erkundungsgang, Klausur/Test, Demonstration, Geschichten erzählen.

Erfahrungsberichte haben eine lange Tradition. Die Vergleichbarkeit zwischen bekannten und neuen Situationen fällt dabei schwer. Der hohe Aufwand zur möglichst genauen Beschreibung von Voraussetzungen, Aktionen und Ergebnissen steht in einem ungünstigen Verhältnis zum Nutzen, da die Übertragbarkeit häufig nicht erkannt wird oder nicht gelingt. Viele sog. „Best-Practice"-Sammlungen scheitern daran.

Im Gegensatz dazu werden *modularisierbare Lernmaterialien*, z.B. Beispielsammlungen, von vielen Lehrern über Jahrzehnte genutzt und von einem programmiersprachlichen Denkschema in andere übertragen, um sie weiterhin anwenden zu können. Solche zeitlosen Beispiele sind z.B. die Berechnung des größten gemeinsamen Teilers (Appelrath et al., 2002) und die Umschichtung der Türme von Hanoi (Diethelm/Geiger/Zündorf, 2002).

Es liegt deshalb nahe, zu den Lernmaterialien die *Lehr-Lern-Heuristik* hinzuzufügen. Verschiedene, sehr umfangreiche Kataloge mit Vorschlägen für Metadaten zur Beschreibung von Anwendungserfahrungen von Lernmaterialien existieren bereits, z.B. „Learning Object Metadata (LOM)" (IEEE, 2002). Das Beispiel LOM zeigt aber auch, wie unhandlich eine internationale Standardisierung wirken kann. Gesucht sind deshalb Möglichkeiten für eine unkomplizierte Formalisierung und Strukturierung von Lehr-Lern-Erfahrungen, die auch die Überführung von Forschungsergebnissen in die Bildungspraxis erleichtern.

Wir schlagen vor, die Handlungsmuster des Unterrichts mit den anderen Komponenten eines Didaktischen Systems (Wissensstrukturen, Aufgabenklassen mit

Musterlösungen, Explorationsbausteine) zu verknüpfen. Auch auf weitere multimediale Dokumente kann verwiesen werden:

- Videoaufzeichnungen der Lehrertätigkeiten und der Schülertätigkeiten,
- Präsentationsfolien ohne oder mit Annotationen,
- Listen mit typischen Schülerfragen,
- Ergebnisse der Lernerfolgskontrollen.

Von Modellversuchen in Schulen und begutachteten Publikationen, z.B. „informatica didactica – Zeitschrift für fachdidaktische Grundlagen der Informatik“ (URL: http://www.informatica-didactica.de), abgesehen, besteht selten die Möglichkeit der Evaluation solcher Vorschläge, die nicht nur vom Vorschlagenden selbst vorgenommen wird.

5.8 Evaluation des Informatikunterrichts

Eine mögliche Vorgehensweise zur Evaluation des Informatikunterrichts wurde im Rahmen des Projekts „MUE – Multimediale Evaluation in der Informatiklehrerausbildung“ entwickelt, um die Ausbildung der beruflichen Kompetenzen im Lehramt Informatik in erster und zweiter Phase zu verbessern. MUE wurde vom Ministerium für Schule, Wissenschaft und Forschung des Landes Nordrhein-Westfalen gefördert und von den Partnern an den Universitäten Dortmund, Paderborn und an den Studienseminaren Hamm, Paderborn gemeinsam durchgeführt (Humbert/Magenheim/Schubert, 2000; Magenheim/Schubert, 2000). Zwei Videokameras wurden eingesetzt, um die Sicht auf den Lehrer und die Sicht auf die Schüler getrennt zu erfassen. An der Universität Paderborn wurde eine Applikation entwickelt, die es ermöglichte, die Videoströme beider Kameras synchron in benachbarten Fenstern zu betrachten, Ausschnitte parallel zu markieren und mit fachdidaktischen Kommentaren zu multimedialen Dokumenten zu ergänzen. Die Selbstevaluation von Studierenden im Lehramt Informatik konnte in den schulpraktischen Übungen mit dem MUE-Projekt verbessert werden.

Im Februar 2001 führte die Arbeitsgruppe „Didaktik der Informatik“ der Universität Dortmund Unterrichtsbesuche an Bayerischen Gymnasien durch. Auch diese Ergebnisse wurden publiziert (Frey et al., 2001; Hubwieser/Humbert/Schubert, 2001). Hospitiert wurde zu folgenden Beobachtungsschwerpunkten:

- Welche Fachkonzepte werden im Unterricht thematisiert?
- Welche fachdidaktischen Konzepte werden im Unterricht umgesetzt?
- Welche Tätigkeiten führen die Schüler aus?

- Welche Unterrichtsmittel (Medien und Informatiklabor) kommen zum Einsatz?

Der Vorteil für den Lehrer, sich selbst zu beobachten, ist hoch einzuschätzen. Ebenso wichtig ist die Veranschaulichung von fachdidaktischen Vorschlägen. Typische Lernsituationen lassen sich so besser beurteilen. Die Aufzeichnung eines Schülervortrages z.B. mit paralleler Sicht auf das präsentierte Ergebnis eignet sich ebenso für die Lernerfolgsauswertung in der Klasse wie für die Gruppendiskussion zum Unterrichtsprozess unter Lehrern. Für viele erfahrene Lehrer ist es keineswegs selbstverständlich, sich selbst in einer Videoaufzeichnung beobachten und studieren zu können. Als neue Sicht kommt parallel die Reaktion der Schüler auf die Lehrtätigkeit hinzu. Der Klang der eigenen Stimme erscheint zunächst fremd. Die sprachlichen Besonderheiten werden zuerst erkannt. Danach konzentriert man sich auf die Schüler, vertieft sich im Unterrichtsablauf, erkennt fachdidaktische Stärken und Schwächen und denkt über Alternativen nach. Für diesen Prozess der Selbstevaluation sollte man ausreichend Zeit haben und ohne Beobachter sein. Danach sind sehr offene Gruppendiskussionen möglich, die rationaler und weniger emotional gefärbt sind als im traditionellen Unterrichtsauswertungsgespräch. Die Lehrer sind gemeinsam in Analyse und Konstruktion des Unterrichtsgeschehens vertieft. Eine Verteidigungshaltung des betroffenen Lehrers wird dabei überflüssig. Die Schüler und deren Möglichkeiten rücken stärker in den Blickpunkt. Spannende Phasen sind wiederholt studierbar. Neue fachdidaktische Ideen entstehen. Diese Qualität erreichte das traditionelle Nachgespräch in den schulpraktischen Übungen vorher seltener.

Es ist sinnvoll, Unterrichtsvideos ausgezeichneter Lehrer bereitzustellen, um die Lehrerbildung in erster und zweiter Phase und in der Lehrerfortbildung mit diesem Medieneinsatz zu bereichern. Der authentische Eindruck, die wiederholte Analysemöglichkeit komplizierter Phasen und Übergänge (Methodenwechsel) und die nachgewiesene Realisierbarkeit unter bestimmten Rahmenbedingungen sind mit anderen Darstellungsformen nicht zu erreichen. Eigene Unterrichtsbesuche und schulpraktische Übungen werden nicht ersetzt, aber wirksamer vor- und nachbereitet mit Video-Evaluation. Nach unseren Erfahrungen sollte auf ein Hospitationsprotokoll bei den videoaufgezeichneten Unterrichtsstunden nicht verzichtet werden. Es erleichtert das Markieren und Kommentieren der Gelenkstellen des Unterrichts, an denen sich besonders wichtige Merkmale des Lehr-Lern-Prozesses beobachten lassen.

Für die Gruppendiskussion zur Unterrichtsevaluation erwies sich das persönliche Hospitationsprotokoll als unverzichtbar. Für die Analyse diskussionswürdiger Unterrichtsphasen werden die Videos herangezogen. Das Phänomen der sehr unterschiedlichen Wahrnehmung und Wichtung von Stärken und Schwächen des Unterrichtsprozesses zwischen Lehrer und Beobachtungsgruppe lässt sich so sehr konstruktiv lösen. Hinweise zur Qualität der Kommunikation, Kooperation und Interessenlage werden beobachtbar und damit überprüfbar. Der subjektive Bewertungsfaktor nimmt deutlich ab. Lehrer sind aufgeschlossener für die gemeinsame Suche nach fachdidaktischen Alternativen. Die Freude am erfolgreichen Unterrichtsprozess wirkt nachhaltiger, da sich das Resultat sehen, beschreiben und vorzeigen lässt und damit seine Flüchtigkeit verliert.

Für die Dokumentation von besonders gravierenden Veränderungen, wie sie mit Schulversuchen angestrebt werden, empfehlen wir die Video-Evaluation des Unterrichts besonders. Zum einen wird die interne Fortbildung der Beteiligten damit sehr gut ergänzt. Zum anderen wird der Transfer der Konzepte für Lehrer erleichtert, die nicht unmittelbar am Schulversuch teilnehmen konnten. In den frühen Phasen eines Schulversuches bieten sich Unterrichtsvideos an, um die Bestandsaufnahme für die Rückkopplung bei der Gestaltung der neuen Konzepte einzusetzen.

Dem steht allerdings ein nicht zu unterschätzender personeller Aufwand gegenüber. Mit feststehenden Kameras (ohne Personal) können spontane Unterrichtsentwicklungen nicht flexibel verfolgt werden. Der Lehrer wechselt im Informatikunterricht ständig seinen Standort. Störend ist eine Laboreinrichtung, in der die Schüler hinter den Geräten kaum zu sehen oder zu hören sind. Solche Labore empfehlen wir aber vor allem aus fachdidaktischen Gründen nicht. Die Kommunikation und Kooperation der Schüler als Lerngruppe wird zu stark eingeschränkt.

6 Informatisches Modellieren und Konstruieren

Die Überlegungen am Schluss von Kapitel 3 sowie tiefergehende Arbeiten (z.B. Thomas, 2002) weisen darauf hin, dass man die Informatik in einem gewissen Sinne als Wissenschaft von der Herstellung ausführbarer Modelle ansehen kann. In diesem Kapitel analysieren wir den Modellbildungsprozess genauer und gehen in den weiteren Abschnitten auf formale Methoden zur Präzisierung ein. In Kapitel 11 werden weitere zentrale informatische Modelle besprochen. Ein Lehrbuch zum informatischen Modellieren ist (Kastens/Kleine Büning, 2008). Zunächst klären wir das Wesen allgemeiner Modellbildung.

6.1 Der Modellbegriff in der Informatik

Als Modell bezeichnet man umgangssprachlich jedes Abbild und auch jedes Vorbild von etwas.

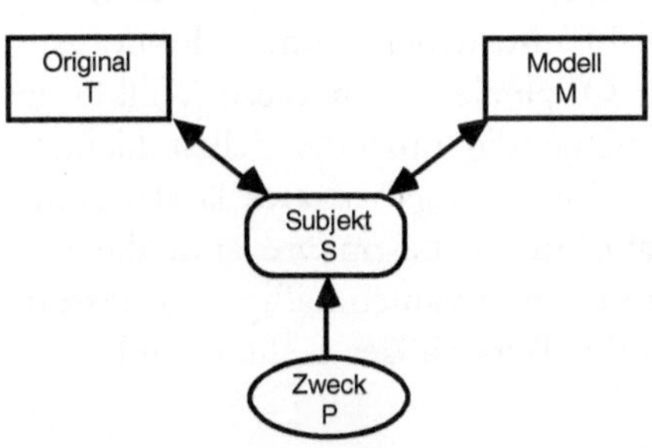

Abbildung 6.1 Modellbildung

Genauer ist nach Apostel (1961) ein Modellbildungsprozess durch eine Relation R(S,P,T,M) beschrieben, wobei ein Subjekt S zum Zwecke P (purpose) zu einem Original T (prototype) ein Modell M entwirft (Abb. 6.1). Nach Stachowiak (1965) besteht zudem zwischen T und M stets eine Verkürzungsrelation in dem Sinne, dass M nicht alle, sondern nur die aus Sicht von S bzgl. P relevanten Eigenschaften von T erfasst.

Die einzelnen Wissenschaften haben unterschiedliche Formen der Modellierung hervorgebracht. Die Unterschiede betreffen nicht nur – wie zu erwarten ist – die Modelle M und die Methoden, die S verwendet, um M aus T zu erzeugen (in der Informatik vornehmlich aus den Ideenbereichen Sprache und strukturierte Zerlegung), sondern auch die Originale und die Zwecke der Modellbildung. In der Logik sind Modelle mathematische Strukturen, die gegebenen

Gesetzen genügen, in den Naturwissenschaften sind es formale Darstellungen, die Teile der Realität in mehr oder weniger stark vereinfachter Form beschreiben.

Wenn die Informatik auch starke ingenieurwissenschaftliche Züge trägt (vgl. Kapitel 1), so sind ihre Modelle doch deutlich verschieden von denen der Ingenieurwissenschaften. Insbesondere stützen sie sich nicht auf das klassische ingenieurwissenschaftliche Integrations- und Differentiationskalkül stetiger Funktionen der Mathematik, sondern verwenden diskrete digitale Modelle für verteilte, interagierende Systemkomponenten. Die Informatik war daher gezwungen, in vielerlei Weise neue Modelle für ihre Zwecke zu erarbeiten; dieser Prozess ist trotz gewisser Standards für einzelne Modelle noch nicht abgeschlossen (Broy/Rumpe, 2007).

In der Informatik bilden Modelle die Basis für jede Form der Speicherung, Übertragung, Zerlegung und Verarbeitung. Sie verkörpern hier Wunsch- oder Zielvorstellungen (Berechnungsmodelle, Datenmodelle, Rechnermodelle, Zustandsmodelle, Ablaufmodelle), die häufig nicht oder nur in unvollkommener Weise realisierbar sind. Genauer lassen sich die Elemente, durch die ein Modellierungsprozess in der Informatik bestimmt ist, wie folgt charakterisieren.

Originale T

Die Informatik modelliert meist Sachverhalte, die einer vom Menschen geschaffenen Welt entstammen (Bürovorgänge, Fahrzeugströme an Kreuzungen, Bibliothekssysteme). Damit fehlt ihnen eine „natürliche Einfachheit". Vielmehr können diese Originale beliebig kompliziert sein, wobei die Kompliziertheit im Wesentlichen auf menschlicher Willkür beruht und daher kaum reduktionistischen Regeln unterliegt. Zugleich sind die Originale durch diese Willkür in hohem Maße diskret und ihr Verhalten hochgradig unstetig. Selbst kleinste Veränderungen der Eingabe eines bekannten Ein-/Ausgabepaares lassen keine Rückschlüsse auf die Änderung der Ausgabe zu. Insbesondere sind die Bestandteile des Originals und ihr Verhalten nur selten zahlenmäßig zu erfassen. Tatsächlich spielen Zahlenbereiche, speziell der Bereich der reellen Zahlen, in der Informatik nur eine geringe Rolle.

Zwecke P

Die Informatik modelliert die reale durch eine künstliche Welt, die aber weitgehend realistisch bleibt und kaum idealisiert ist. Sie beschreibt ihre Originale nicht (nur auf Zwischenstufen des Modellbildungsprozesses), sondern bildet sie so nach, „wie sie sind" (z.B. Akten bleiben Akten, Karteikarten bleiben Karteikarten), besser: wie sie vom Menschen unmittelbar wahrgenommen werden (s.u.). Die Modelle erlangen so eine eigene (virtuelle) Realität und können in jeder Hinsicht an die Stelle ihrer Originale treten. Die nur geringen Möglichkeiten, die realen Objekte reduktionistisch im Modell darzustellen, stören hierbei nicht.

Modelle M

Das Endergebnis informatischer Tätigkeit ist meist ein maschinell ausführbares Modell, das durch einen Algorithmus bzw. ein Programm beschrieben wird. Dieses Modell besitzt typische Merkmale, von denen zwei besonders hervorzuheben sind:

1. Elementarbausteine der Modelle

   Die Modelle der Informatik können aus gewissen – meist wenigen – atomaren Grundbausteinen in endlich vielen Schritten konstruiert werden (vgl. die Fundamentale Idee der Orthogonalisierung). Keine Informatikmodelle sind in diesem Sinne die reellen Zahlen oder stetige Funktionen (dennoch können diese natürlich in der Informatik nützlich sein).

   Die Bausteine informatischer Modelle sind *Objekte*, durch nur geringfügige Abstraktionsprozesse entstanden und im Wesentlichen übereinstimmend mit ihren Originalen, so wie sie vom menschlichen Bewusstsein wahrgenommen und kognitiv erfasst und verarbeitet werden.

   Hier scheint ein tiefer Zusammenhang zu bestehen zwischen den Modellen in der Informatik und – entsprechend gängiger kognitions-psychologischer Theorien – der menschlichen Wahrnehmung von Objekten, den Denkprozessen, der Repräsentation von Wissen sowie der Art und Weise, wie dieses Wissen menschliche Handlungen und Entscheidungen steuert (Schwill, 1994b). Alle diese Theorien zeigen, grob gesprochen, dass Wahrnehmungen objektorientiert systematisiert werden, wobei die Objekte mehr durch die mit ihnen möglichen Operationen als durch ihre äußeren Eigenschaften wie Farbe oder Form klassifiziert werden. Glass (1979) und Anderson (1980) bezeichnen die zentralen Strukturkomponenten dieser systematisierenden kognitiven Prozesse als *Kategorien* bzw. *Schemata*, das sind komplexe Einheiten, die große Bereiche menschlichen Wissens und Verhaltens organisieren und weitgehend mit dem informatischen Begriff des Objekts übereinstimmen, wie er durch objektorientierte Programmiersprachen realisiert ist.

2. Modellierung der Zeit

   In der Informatik ist die Zeit stets Teil des Modells, sie wird nicht gequantelt oder in den Modellen „eingefroren", sondern sie „vergeht (als Eigenzeit des Modells) tatsächlich", so dass dynamische Vorgänge auch im Modell dynamisch repräsentiert sind und nicht statisch approximiert werden müssen.

Am deutlichsten wird die Eigenschaft der Zeit in informatischen Modellen durch Vergleich mit der Mathematik oder Physik: Mathematische Modelle eliminieren die Zeit durch Quantelung. Dabei werden dynamische Prozesse in Momentaufnahmen zerhackt, die anschließend statisch beschrieben werden. Die Zeit ist hierbei zwar noch ein Parameter, aber „sie vergeht nicht". Vielmehr lässt sich der Zustand des modellierten Systems nur für jeden festen Zeitpunkt aus der Beschreibung ermitteln. Erst durch Berechnung aller Zustände für alle Zeitpunkte kann die Dynamik des Originals zurückgewonnen werden.

Beispiel: Modellierung des freien Falls.

Die Physik modelliert das Verhalten eines fallenden Steins statisch durch Formeln, die für jeden Zeitpunkt t Geschwindigkeit v, Position s und kinetische Energie E des Steins in Abhängigkeit seiner Masse m angeben:

$$v(t)=at,$$

$$s(t)=\frac{1}{2}at^2,$$

$$E(t)=\frac{1}{2}m(v(t))^2$$

Die Formeln liefern für konkrete Parameter jeweils Momentaufnahmen (Zustände des Steins). Der Stein selbst wird auf eine Zahl, seine Masse, reduziert.

In der künstlichen Welt, die ein informatisches Modell beschreibt, existiert eine Eigenzeit, und der Stein fällt „tatsächlich" (virtuell). Der Stein selbst wird so modelliert, wie er in der Realität wahrgenommen wird, d.h. als Objekt (Kategorie, Schema), dem gewisse Eigenschaften und Operationsmöglichkeiten anhaften:

```
define Stein = object
    liegt auf ...;
    hat räumliche Ausdehnung;
    ist grau;
    ist schwer;
    ist hart;
    kann man werfen;
    kann man mit hämmern;
    ...
end.
```

Frey (1961) hat vor längerer Zeit eine grobe Klassifikation von Modellen angegeben (eine umfangreichere Klassifikation findet man in (Thomas, 2002)). Er unterscheidet *ikonische* Modelle, die einen „anschaulich bildhaften Bezug auf das Abgebildete" (das Original) haben und *symbolische* Modelle, die mithilfe einer formalen Sprache wohldefinierter Syntax und Semantik beschrieben werden.

Ikonische Modelle dienen vor allem zur Veranschaulichung von Sachverhalten, erklären sie aber meist nicht, weil sie keine Gesetzmäßigkeiten oder kausalen Zusammenhänge erfassen. So gibt eine Graphik des Kursverlaufs einer Aktie zwar viele Informationen, erklärt aber den Verlauf überhaupt nicht.

Symbolische Modelle sind die allgemeinste Form von Modellen. Sie sind schwerer vorstellbar, liefern aber Erklärungen anstelle von Beschreibungen und ermöglichen daher auch Voraussagen über das zukünftige Verhalten des Originals.

Die Informatik verwendet ikonische (Bäume, Graphen, Struktogramme, vgl. Kapitel 11) und symbolische Modelle (Programme, Grammatiken), allerdings nur als Zwischenschritte auf dem Weg zu einem Endergebnis, das weder ikonisch noch symbolisch genannt werden kann: die künstliche Welt, die der durch ein Programm gesteuerte Prozess generiert. Diese Welt veranschaulicht keine Sachverhalte, sie erklärt sie nicht, und sie erfasst keine Gesetzmäßigkeiten (wohl aber das dahinterstehende Programm), sie *ist* der Sachverhalt und damit – zumindest in der Zielvorstellung – „identisch" zu ihrem Original.

Wir sprechen hier in Fortsetzung der Überlegungen von Frey von *enaktiven* (handlungsbezogenen) Modellen: Die Wirklichkeit wird durch Objekte modelliert, an denen man Handlungen vornehmen kann, und die selber aktiv werden und auf andere Objekte einwirken können, die folglich vom Menschen kognitiv erfasst werden wie ihre Originale.

Beispiel: Ikonisches, symbolisches und enaktives Modell eines Autobahnnetzes. Gegeben sei das deutsche Autobahnnetz (Original T). Wir suchen einen Algorithmus, der zu je zwei der folgenden Großstädte Hamburg, Berlin, Düsseldorf, Frankfurt, Nürnberg, Stuttgart, München den kürzesten Weg und seine Länge in Kilometern ausgibt (Zweck P). Zum Beispiel wäre der kürzeste Weg von Düsseldorf nach München der Weg D-F-N-M mit 610 km.

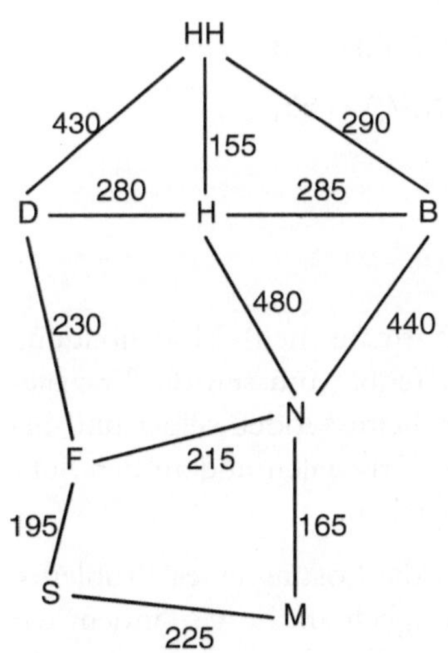

Abbildung 6.2 Ikonisches Modell

Abbildung 6.2 zeigt ein *ikonisches* Modell (einen sog. Graphen, vgl. Kapitel 11).

Ein *enaktives* Modell wäre im Extremfall eine künstliche „Autobahnwelt", die durch ein Programm generiert wird, mit „fahrenden" Objekten, die durch Datenstrukturen beschrieben sind. Dieses Modell wäre allerdings für den beabsichtigten Zweck deutlich zu aufwendig; man ist ja nur an den kürzesten Entfernungen interessiert.

Offenbar besteht zwischen Original und Modell eine (erhebliche) *Verkürzungsrelation*, denn im Original vorkommende Elemente, wie die geographische Lage der Städte, Staus, Baustellen, Geschwindigkeitsbegrenzungen, Fahrbahnzustand, Wetter, Städte unterwegs und vieles mehr sind im Modell nicht erfasst. Das ist für den vorgegebenen Zweck „kürzeste Wege finden" aber auch nicht erforderlich.

Beispiel: Symbolisches Modell von Graphen

Dabei ist das Autobahnnetz ein Tripel A=(X,Y,d). X ist die Menge der Städte, Y eine Teilmenge der Menge aller 1- und 2-elementigen Teilmengen von X, die Direktverbindungen, und d: $Y \to \mathbb{N}_0$ die Entfernungsfunktion.

A=(X,Y,d), wobei

X={HH,D,H,B,F,N,S,M},

$Y \subseteq 2^X$ mit

Y={{HH},{D},{H},{B},{F},{N},{S},{M},{HH,D},{HH,H,},
{HH,B},{H,D},{H,N},{H,B},{D,F},{B,N},{F,N},
{F,S},{N,M},{S,M}}

und

d: $Y \to \mathbb{N}_0$ mit

d({HH,D})=430,d({HH,H})=155,d({HH,B})=290,
d({H,D})=280,d({H,N})=480,d({H,B})=285,d({D,F})=230,
d({B,N})=440,d({F,N})=215,d({F,S})=195,d({N,M})=165,
d({S,M})=225,
d(z)=0 für alle übrigen $z \in Y$.

Nach diesen Überlegungen zum Wesen der (informatischen) Modellbildung sind nun die einzelnen Aspekte zu präzisieren. Offenbar müssen die Präzisierungen vor allem beim Zweck der Modellbildung, beim Modell selbst und bei den Methoden der Modellbildung ansetzen, an den Originalen und an den Subjekten kann man ja nicht viel ändern; sie sind vorgegeben.

Das Ziel informatischer Modellbildung ist zumeist die Lösung eines Problems. Den Zweck der Modellbildung formalisieren wir folglich am besten, indem wir durch eine sog. *Spezifikation* exakt festlegen, welches Problem unsere algorithmische Lösung erfassen soll.

Das *Modell* präzisieren wir einerseits durch die *Datenobjekte*, mit denen wir die Realität nachbilden; dazu geben wir Vorschriften zur Konstruktion von Datentypen und Datenstrukturen an. Andererseits formalisieren wir die Sprachmittel, mit denen die *Verarbeitung* der Datenobjekte beschrieben wird. Bei dieser Beschreibung unterscheiden wir drei verschiedene Darstellungsformen: die *imperative*, die *funktionale* und die *prädikative* Form.

Zur Modellbildung selbst verfügt die Informatik über eine Reihe von *Methoden*, darunter logische Strukturen, Graphen, Grammatiken, Automatenmodelle, Petri-Netze, UML-Diagramme u.v.m. Ausgewählte dieser Methoden werden wir im Kapitel 11 vorstellen und diskutieren.

6.2 Spezifikation

Jede informatische Problemlösung beginnt mit der Definition des Problems selbst: Man erstellt eine sog. *Spezifikation* des Problems. Diese Spezifikation bildet zugleich die Grundlage (den *Zweck*), auf der man anschließend ein Modell bildet, also die Gegenstände der realen Welt analysiert, Beziehungen zwischen den Gegenständen aufdeckt, Operationen sucht und die Erkenntnisse schließlich in einer formalen Notation darstellt.

Eine genaue Spezifikation besitzt zahlreiche Vorteile und erleichtert die spätere Programmkonstruktion erheblich. Sie dient zur Verständigung zwischen Auftraggeber des Problems und Entwickler der Lösung, zur Überprüfung des Programms, ob es tatsächlich alles leistet, was man erwartet hat, und sie ermöglicht es, einmal entwickelte Problemlösungen für andere Zwecke wieder zu verwenden, weil man anhand der Spezifikation gleich erkennen kann, wozu das Programm genutzt werden kann.

Ein Programm A berechnet eine Funktion f_A von der Menge der Eingabewerte in die Menge der Ausgabewerte. Damit liegt bereits das mathematische Konzept vor, das die „Wirkung“ eines Programms beschreibt. Es liegt also nahe, sich hierauf bei der Spezifikation zu beziehen und die Angabe der Funktion als Präzisierung des Zwecks des gewünschten Programms zu betrachten. Genau dies leistet die *funktionale Spezifikation*, die aus zwei Teilen besteht:

- Im ersten Teil beschreibt man die *Funktionalität* von A, d.h., man legt den *Definitionsbereich* X (= Art der Eingaben) und den *Wertebereich* Y (= Art der Ausgaben) der Funktion f_A: X→Y fest, die A berechnen soll.
- Im zweiten Teil spezifiziert man die Semantik von P, indem man den funktionalen Zusammenhang zwischen zulässigen Ein- und Ausgaben präzisiert. Diesen Zusammenhang formuliert man durch die Angabe einer *Vorbedingung* (*precondition*) und einer *Nachbedingung* (*postcondition*). Die Vorbe-

dingung legt die Einschränkungen fest, denen die Eingaben von P genügen müssen, die Nachbedingung beschreibt die Beziehung zwischen den zulässigen Eingaben und den zugehörigen Ausgaben.

Funktionalität, Vor- und Nachbedingung verknüpft man zu einer kompakten formalen Darstellung wie folgt.

Definition:
Eine *funktionale Spezifikation* S besitzt die allgemeine Form:

```
S:  spec f: X→Y with
         f(x)=y where
    pre P(x)
    post Q(x,y).
```

Bedeutung: Durch S wird ein Programm A spezifiziert, dessen berechnete Funktion f ist. Die Eingabewerte von A stammen aus der Menge X, die Ausgabewerte aus der Menge Y. Bei Eingabe eines beliebigen Wertes x, der die Vorbedingung P erfüllt, liefert A – sofern A terminiert – den Ausgabewert y, und zwischen x und y besteht die Beziehung Q. Falls A nicht terminiert, ist die Aussage bedeutungslos.

Eigentlich ist noch festzulegen, welche Sprachelemente für die Beschreibung der Vor- und Nachbedingungen zur Verfügung stehen sollen. Wir wollen hier informell bleiben und pauschal die gesamte mathematische Sprache zugrunde legen, also

Mengen	$\emptyset$, $\mathbb{N}$, $\mathbb{R}$, {...}, ...
Konstanten	17, π, {1,2,3}, [1,2,3], ...
Variablen	$x \in \mathbb{N}$, $a \in \{x_1,\ldots,x_n\}$, $b \in$ {wahr, falsch}, ...
Quantoren	$\forall\, x \in \mathbb{N}: x \geq 0$ („Für alle ... gilt ...“)
	$\exists\, y \in \mathbb{R}: y \geq 10$ („Es existiert ein ... mit ...“)
Operationen	$A \cap B$, $A \cup B$, $A \times B$, $x+7$,
	A und B, A oder B, $\neg A$, ...
Funktionen	$f: \mathbb{N} \to \mathbb{N}$ mit $f(x)=x+1$, ... usw.

In Lehrveranstaltungen über die Theorie der Programmierung wird die Sprache der Vor- und Nachbedingungen auf eine gewisse Teilmenge der Prädikatenlogik eingeschränkt.

Definition:
Ein Programm A *erfüllt die Spezifikation* S oder ist *korrekt* bzgl. S, falls f_A die Funktionalität $X \to Y$ besitzt und falls für alle $x \in X$ gilt: Aus P(x) folgt Q(x,f(x)). A heißt dann *Implementierung* von S.

Beispiele:

1. Aufgabe ist das Mischen zweier aufsteigend sortierter Zahlenfolgen zu einer aufsteigend sortierten Folge. Exakt spezifiziert lautet diese Aufgabe:

   S_{misch}: spec misch: $\mathbb{N}_0^* \times \mathbb{N}_0^* \rightarrow \mathbb{N}_0^*$ with
   $misch(x,y)=z$ where
   pre $x=[x_1,...,x_n]$ und $n \geq 0$ und $x_1 \leq x_2 \leq ... \leq x_n$ und
   $y=[y_1,...,y_m]$ und $m \geq 0$ und $y_1 \leq y_2 \leq ... \leq y_m$
   post $z=[z_1,...,z_{n+m}]$ und $z_1 \leq z_2 \leq ... \leq z_{n+m}$ und $z=\pi(x \bullet y)$
   für eine Permutation π, d.h., z ist eine Permutation der Folge x konkateniert mit y.

2. Für das Problem in Abschnitt 6.1, kürzeste Wege im Autobahnnetz zu finden, lautet die Spezifikation des Algorithmus wie folgt (dabei sei $X=\{HH,D,H,B,F,N,S,M\}$):

   S_{Wege}: spec kw: $2^X \rightarrow X^* \times \mathbb{N}_0$ with
   $kw(M)=(w,k)$ where
   pre $1 \leq |M| \leq 2$
   post Für $M=\{s,s'\}$ gilt $w=[s=x_1,...,x_n=s']$ und $n \geq 1$ und

   $$k=\sum_{i=1}^{n-1} d(\{x_i,x_{i+1}\})$$

   und für alle $w' \in X^*$ mit $w'=[s=y_1,...,y_m=s']$ gilt:

   $$k \leq \sum_{i=1}^{m-1} d(\{y_i,y_{i+1}\}).$$

   Erläuterung: Gesucht ist ein Programm, das die Funktion kw berechnet. kw besitzt ein Argument aus 2^X, der Potenzmenge über X (die beiden Städte), und liefert einen Wert aus X^* (die Folge der Städte, die auf dem kürzesten Weg liegen) und eine natürliche Zahl (die Entfernung der beiden Städte). Als Vorbedingung muss gelten, dass M mindestens eins und höchstens zwei Elemente hat.

Um ein Programm benutzen zu können, muss man nur seine Spezifikation kennen, man muss aber nichts darüber wissen, wie das Programm intern realisiert ist. Da die Spezifikation somit die einzige Verbindung eines Programms zur Außenwelt ist, bezeichnet man sie auch als *Benutzungsschnittstelle* (*interface*), eigentlich ist sie die Definition der Schnittstelle.

Nicht immer wird es möglich oder vernünftig sein, die Spezifikation vollständig formal aufzuschreiben, vor allem wenn sie sehr umfangreich ist. Häufig kann man sie dann durch umgangssprachliche Formulierungen vereinfachen. Im

Informatikunterricht ist jedoch anhand ausgewählter Beispiele des obigen Umfangs das Prinzip einzuüben und insgesamt zu vermitteln, dass Programmierung zunächst eine sorgfältige und präzise Niederschrift der geforderten Eigenschaften eines Programms erfordert.

Nach Fertigstellung des Programms ist anhand ausgewählter Beispiele und formaler Verifikationsmethoden möglichst exakt nachzuweisen, dass das Programm die Spezifikation erfüllt. Welche Elemente der an sich schwierigen Thematik „formale Verifikation" für die Schule geeignet erscheinen, zeigt Schwill (1994c).

6.3 Daten- und Ablaufmodellierung

Um ein Problem zu lösen, sind die Gegenstände der realen Welt so durch geeignete Strukturen zu modellieren, dass sie algorithmisch möglichst einfach und effizient zu verarbeiten sind. Die Erfahrung zeigt, dass es nicht immer leicht ist, zu realen Objekten geeignete Modellierungen zu finden. So ist meist ein längerer wiederholter Analyse- und Erprobungsprozess nötig, um die Merkmale des Originals in geeignete Daten- und Kontrollstrukturen abzubilden. In diesem Abschnitt wollen wir uns mit den allgemeinen Prinzipien befassen, um Sachverhalte, die maschinell verarbeitet werden sollen, durch Datentypen und Kontrollstrukturen zu modellieren.

Wesentliches Lernziel bei der Behandlung im Unterricht ist das Verständnis, dass sich die Informatik bei der Konstruktion ihrer Gegenstände in erheblichem Maße Baukästen unterschiedlicher Form bedient, die zwar klein, aber außerordentlich leistungsfähig und z.T. unüberschaubar komplex sind.

6.3.1 Datentypen

Die Welt, die durch ein Informatiksystem modelliert werden soll, besteht gewöhnlich aus sehr vielen Daten in zahlreichen verschiedenen Formen und Darstellungen. Mit diesen Daten operiert das Informatiksystem, bis eine Lösung gefunden ist. Man könnte zwar prinzipiell den „Datenbrei" der zu modellierenden realen Welt als solches hinnehmen – und einige Programmiersprachen tun das auch –, tatsächlich kann man den Daten aber relativ leicht eine Struktur aufprägen. Das Strukturierungskriterium sind die Operationen, die mit den Daten möglich sind. Jeweils alle Datenobjekte, auf denen die gleiche Menge von Operationen möglich ist und die sich strukturell gleich verhalten, fasst man zu einem Datentyp zusammen. So sichert man ab, dass alle Werte eines Datentyps das gleiche operationale Verhalten aufweisen. Typisierung erleichtert die Manipulation von Daten erheblich und macht Programme sicherer und nachvollziehbarer. Zugleich werden durch die Typisierung gerade solche Informationen über die Eigenschaften von Daten und ihren Operationen erfasst, die sich durch einen Compiler automatisch überprüfen lassen. Man definiert daher:

Definition:
Ein *Datentyp*, kurz *Typ*, D ist ein Paar D=(W,R) bestehend aus einer Wertemenge W und einer Menge R von Operationen, die auf W definiert sind.

Ein *elementarer* Datentyp ist ein Datentyp, dessen Wertemenge nicht weiter in Datentypen zerlegt werden kann.

Bemerkung: Es hängt vom persönlichen Geschmack und vom Sprachniveau der Programmiersprache ab, wann man einen Datentyp als elementar betrachtet.

Notationen: Sei neben $\mathbb{N}$, $\mathbb{Z}$ und $\mathbb{R}$

$\mathbb{A}$={'a',...'z','A',...,'Z','0',...,'9','.',';','◊',...} die Menge der Zeichen (◊=Leerzeichen),

$\mathbb{B}$={true,false} die Menge der Wahrheitswerte.

Häufig unterscheidet man nicht zwischen einem Datentyp D=(W,R) und seiner Wertemenge W, z.B. steht int auch schon mal für $\mathbb{Z}$. Und statt $x \in W$ schreibt man auch $x \in D$.

Beispiele: Hier sind die üblichen elementaren Datentypen, die wir durch die rechts stehenden Bezeichner abkürzen:

($\mathbb{A}$,{...}) =: char
($\mathbb{A}$*,{•,...}) =: text
($\mathbb{N}$,{+,-,*,div,mod,=,≠,>,...}) =: nat
($\mathbb{Z}$,{+,-,*,div,mod,=,≠,...}) =: int
($\mathbb{R}$,{+,-,*,/,=,≠,...}) =: real
($\mathbb{B}$,{and,or,not}) =: bool

In der Informatik hat sich zur Bildung von Datentypen und -strukturen ein *Baukastenprinzip* (*ein* Beispiel für die Fundamentale Idee der *Orthogonalisierung*) bewährt. In diesen Baukästen gibt es einige wenige Grundbausteine, die *elementaren Datentypen*, ferner einige wenige Kombinationsregeln, die *Konstruktoren*, um die Grundbausteine zu verknüpfen und damit neue Bausteine zu schaffen, die ihrerseits wieder mittels der Regeln zu noch komplexeren Bausteinen zusammengesetzt werden können (LEGO-Prinzip). Und so definiert man einen Baukasten (Abb. 6.4): Sei Δ die Klasse aller Datentypen und Δ_e die Klasse der elementaren Datentypen. Für i=1,...,n sei

K_i: $\Delta \times \ldots \times \Delta \rightarrow \Delta$

ein Konstruktor, der eine gewisse Anzahl von Datentypen als Argument benötigt und einen neuen Datentyp erzeugt. Dann ist für $K=\{K_1,...,K_n\}$

$$B=(\Delta_e,K)$$

ein *Datentyp-Baukasten.*

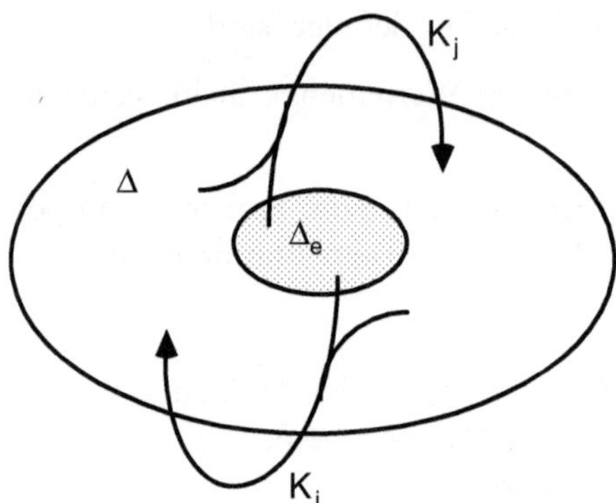

Abbildung 6.4 Baukastenprinzip zur Definition von Datentypen

In der Informatik hat sich im Laufe der Zeit ein *Standardbaukasten* $B_0=(\Delta_0,K_0)$ etabliert, der so oder ähnlich in beinahe allen Programmiersprachen integriert ist und in dem es sechs elementare Datentypen und sieben Konstruktoren gibt:

Δ_0={nat, int, real, char, text, bool},
K_0={Enumeration, Restriktion, Aggregation, Generalisation, Rekursion, Potenzmengenbildung, Bildung von Funktionenräumen}.

Mit diesem überraschend kleinen und übersichtlichen Standardbaukasten können nun tatsächlich alle nur erdenklichen Sachverhalte der realen Welt angemessen erfasst und so modelliert werden, dass sie mit Computern effizient verarbeitet werden können (Schwill, 2003).

Dabei bedeutet:

- *Enumeration* die Bildung eines elementaren Datentyps durch Aufzählung aller seiner Elemente.
  Schematische Definition:
  typ D ≡ $\{d_1,d_2,...,d_n\}$,
  z.B.: typ Farbe ≡ {rot, grün, blau}.
- *Restriktion* die Bildung einer Teilmenge eines Datentyps.
  Schematische Definition:
  typ D' ≡ D {x | P(x)},

wobei D' die Menge aller x vom Typ D ist, die das Prädikat P erfüllen,
z.B.: typ GeradeZahl ≡ int {x | x mod 2=0}.
Meist sind in Programmiersprachen allerdings nur sehr einfache Prädikate P zugelassen.

- *Aggregation* das gleichrangige Zusammensetzen mehrerer Datentypen zu einem einzigen (kartesisches Produkt).
Schematische Definition:
typ D ≡ $\{D_1,D_2,...,D_n\}$,
wobei die Wertemenge von $D=D_1 \times D_2 \times ... \times D_n$ ist,
z.B.: typ Datum ≡ (int,int,int),
typ Schulzeit ≡ (Datum,Datum).

- *Generalisation* die Vereinigung von disjunkten Datentypen zu einem einzigen.
Schematische Definition:
typ D ≡ $D_1 \mid D_2 \mid ... \mid D_n$,
wobei die D_i paarweise disjunkt sein müssen,
z.B.: typ Punkt ≡ (real,real),
typ Steigung ≡ real,
typ Gerade ≡ (Punkt,Punkt) | (Punkt,Steigung) | (real,real,real)
um eine Gerade in der Ebene zu definieren, die entweder durch zwei Punkte, durch einen Punkt und eine Steigung oder in der Normalform ax+by+c=0 durch drei real-Werte a, b, c gegeben sein kann.

- *Rekursion* der Übergang zu einem Datentyp mit abzählbar unendlich vielen Elementen, die gleichartig aus einfacheren Elementen desselben Typs aufgebaut sind.
Schematische Definition:
typ D ≡ T | D',
wobei T ein sog. *terminaler* (*atomarer*) Datentyp ist, auf den sich die Definition (schließlich) abstützt, und D' irgendeinen Typ bezeichnet, in dessen Definition wieder D vorkommt,
z.B.: typ Zeichenfolge ≡ {eps} | (char,Zeichenfolge)
für einen Datentyp, dessen Werte Zeichenfolgen beliebiger Länge sind, wobei eps die leere Zeichenfolge darstellt. Ein Text ist also entweder leer, oder er besteht aus einem einzelnen Zeichen, dem ein Text folgt. Ein Wert dieses Typs ist z.B.
('A',('u',('t',('o',eps)))).

- *Potenzmengenbildung* die Bildung der Menge aller (endlichen) Teilmengen eines Datentyps.
Schematische Definition:
typ D ≡ $2^{D'}$,

wobei die Wertemenge von D die Menge aller Teilmengen von D' ist, z.B.: <u>typ</u> mischfarbe ≡ $2^{\{\text{rot, grün, blau}\}}$.

- *Bildung von Funktionenräumen* der Übergang von zwei Datentypen zu einem Datentyp, dessen Wertemenge die Menge aller Funktionen zwischen diesen Datentypen ist.
  Schematische Definition:
  <u>typ</u> D ≡ [D→D'].
  Wertebereich dieses Typs sind alle (berechenbaren) Abbildungen f: D→D'.
  Beispiel: <u>typ</u> intFunkt ≡ [(int,int)→int]
  definiert die Menge aller Funktionen, die als Argument ein Paar von ganzen Zahlen besitzen und als Ergebnis eine ganze Zahl liefern. Zu intFunkt gehören z.B. die Rechenoperationen +, -, *.

Bei der Definition eines Datentyps mittels eines Konstruktors werden implizit gewisse Funktionen mitdefiniert, die den Konstruktionsprozess wieder rückgängig machen und es ermöglichen, einen in einer Datenstruktur versteckten elementaren Wert „wieder aufzuspüren". Solche Funktionen nennt man *Destruktoren* oder besser *Selektoren.*

Beispiel: In einigen Programmiersprachen gibt es einen Konstruktor [ ], der aus Zahlen Zahlenfolgen bildet, z.B. die Zahlen 2, 7, 1 zur Folge [2,7,1]. Mittels der Operationen first (=liefere erstes Element) und rest (=liefere Folge ohne das erste Element) können einzelne Elemente einer Zahlenfolge wiedergewonnen werden, z.B.

7 = first(rest([2,7,1])).

„first" und „rest" sind also Selektoren für den Konstruktor „Folgenbildung".

6.3.2 Ablaufstrukturen

Während sich für die Modellierung von Datenobjekten ein einziger Standardbaukasten etabliert hat, der in allen Programmiersprachen – z.T. in verkleinerter Form – verwendet wird, gibt es für die Ablaufmodellierung mehrere Baukästen. Etabliert haben sich drei grundsätzlich verschiedene Baukästen, die in der Literatur auch als *Programmierstile* (Schwill, 1993b) oder *Programmierparadigmen* bezeichnet werden und deren charakteristische Merkmale wohlunterscheidbar sind:

- der Baukasten für die imperative Programmierung,
- der Baukasten für die funktionale Programmierung,
- der Baukasten für die prädikative Programmierung.

Unterschiede zwischen den Programmen, die mit den Baukästen erstellt werden können, bestehen in Eleganz, Klarheit, Kürze und Mitteilbarkeit. Anhänger des einen Baukastens lassen sich aufgrund ihrer Gewöhnung und Erfahrung meist nicht zu einer anderen Richtung „bekehren". Man sollte jedoch diese Stile kennen und sie je nach dem Aufgabenfeld einsetzen können.

Die drei Baukästen ordnet man zwei übergeordneten Kategorien zu, der Klasse der *prozeduralen* und der Klasse der *deklarativen* Sprachen.

Alle drei Baukästen sind gleich leistungsfähig und besitzen die gleiche Ausdruckskraft: Zu jeder beliebigen berechenbaren Funktion kann man mit jedem der drei Baukästen ein Programm konstruieren, das die Funktion berechnet. Diese Aussage beweist man z.B. durch folgenden Ringschluss: Es gibt ein imperatives Programm, das funktionale Programme simuliert, es gibt weiter ein funktionales Programm, das prädikative Programme nachvollzieht, und es gibt schließlich ein prädikatives Programm, mit dem man imperative Programme simulieren kann. Der exakte Beweis wird in Lehrveranstaltungen zur theoretischen Informatik geführt.

Als vierter Baukasten wird häufig noch die *objektorientierte Programmierung* genannt. Objektorientierte Sprachen verfügen über leistungsfähige Typsysteme, die Datenabstraktion, -kapselung (Datenkapsel) und *Vererbung* unterstützen. Unter einem *Objekt* versteht man dabei die Zusammenfassung von Daten und Operationen (*Methoden*) zu einer Einheit. Damit verknüpft sind Angaben über die Vererbungsbeziehungen zwischen Objekten in der Form „ist Spezialisierung von" bzw. „ist Verallgemeinerung von". Objekte können untereinander *Nachrichten* (Daten oder Anweisungen, bestimmte Methoden auszuführen) austauschen. Alle Objekte mit gemeinsamen Eigenschaften werden zu *Klassen* zusammengefasst.

Zu den objektorientierten Programmiersprachen gehören Sprachen wie Smalltalk-80 (als Reinform), Oberon, Simula (als Urahn), C++, Java oder Eiffel. Die objektorientierten Baukästen sind jedoch, zumindest soweit es die zurzeit gängigen betrifft, im Kern imperativ. Andererseits können die objektorientierten Konzepte mit allen drei Baukästen kombiniert werden, ohne deren Charakter zu stören. Entsprechende Ansätze werden zurzeit erforscht und erprobt. Logisch gesehen, lässt sich die objektorientierte Programmierung daher eher zusammen mit der strukturierten Programmierung, als deren Erweiterung sie aufgefasst werden kann, in die Klasse der Softwareentwurfsmethoden als in die Klasse der obigen Baukästen einordnen.

Objektorientierte Sprachen unterstützen eine *evolutionäre* Art der Softwareentwicklung (*rapid prototyping* = schnelle Erstellung eines ersten lauffähigen Prototyps des geplanten Systems). Probleme werden hierbei nicht wie beim traditionellen Softwareentwurf dadurch gelöst, dass man die Lösung von Grund auf neu entwickelt, sondern man versucht, aufbauend auf einem Grobkonzept, ältere für andere Zwecke erstellte Softwarebausteine wieder zu verwenden und an die neue Aufgabenstellung anzupassen (Bottom-up-Vorgehen). Aus dem Programmieren im herkömmlichen Sinne, sprich dem Erschaffen neuer Software, wird bei der objektorientierten Programmierung also mehr und mehr ein *(Re-)Konfigurieren* (Konfiguration), d.h. ein Wiederverwenden und Neuzusammenstellen bereits existierender Komponenten. Auf die Objektorientierung wird detailliert in Kapitel 7 eingegangen.

Im Folgenden wollen wir die drei Baukästen vergleichen. Die wichtigsten Unterscheidungsmerkmale (ausführliche Erläuterungen in (Schwill, 1993a)) sind dabei:

- der *Kalkül* oder das *mathematische Modell:* Jedem Baukasten liegt ein bestimmtes mathematisches Modell oder ein Kalkül zugrunde. Alle Programmiersprachen eines Stils basieren auf diesem Modell und sind, vereinfacht gesprochen, durch Ergänzung des Modells um syntaktische Konstrukte (im Engl. *syntactic sugar* genannt) entstanden, welche zwar die Lesbarkeit von Programmen und die Benutzungsfreundlichkeit der Sprache verbessern, nicht aber ihre Ausdruckskraft erhöhen;
- der Begriff des *Programms* und der *Start* eines Programms;
- die *elementaren Bausteine* zur Beschreibung von Programmen und die *Konstruktoren*, um die elementaren Bausteine zu komplexeren zusammenzusetzen;
- das *Variablenkonzept:* Jedem Baukasten liegt eine ganz bestimmte Vorstellung von dem Begriff der Variablen und den möglichen Operationen mit Variablen zugrunde.

Imperativer Baukasten

Zugrundeliegendes Modell: Mathematisches Modell der Registermaschine. Eine *Registermaschine* ist ein Automat, dessen Speicher aus einer festen Anzahl von Registern besteht. Jedes Register kann eine beliebig große natürliche Zahl aufnehmen. Auf ein Register können drei verschiedene Operationen angewendet werden: +1, –1 (0 darf jedoch nicht unterschritten werden) und der Test =0. Die Maschine berechnet eine Funktion f: $\mathbb{N}_0^r \to \mathbb{N}_0^s$. Dieses Maschinenmodell ist trotz seiner Einfachheit außerordentlich leistungsfähig. Man kann zeigen, dass es zu jeder berechenbaren Funktion f eine Registermaschine mit höchstens drei (!) Registern gibt, die f berechnet.

Programm: Ein imperatives Programm ist eine nach bestimmten Konstruktionsprinzipien aufgebaute Zusammenstellung von Befehlen oder Anweisungen.

Anweisung: Eine Anweisung ist die Aufforderung an den Computer, eine Handlung auszuführen. Man unterscheidet *elementare* Anweisungen und *strukturierte* Anweisungen, die mithilfe von gewissen Bildungsprinzipien (sog. *Konstruktoren*) aus den elementaren Anweisungen gewonnen werden können. Die wichtigste elementare Anweisung ist die *Zuweisung*. Zu den Konstruktoren gehören mindestens die *Konkatenation* (Sequenz, Hintereinanderausführung von Anweisungen), die *Alternative* (bedingte Anweisung: if, case) und die *Iteration* (Schleife: while, repeat).

Variablenkonzept: Eine Variable ist ein Behälter mit Bezeichner, in den Werte meist eines vorher festgelegten Typs abgelegt werden können. Die zentralen Operationen auf Variablen sind *Lesen* und *Schreiben*. Das Variablenkonzept der imperativen Programmierung orientiert sich an der Funktionsweise heutiger Rechner (*Von-Neumann-Architektur*) mit Speichern, die aus einzelnen Speicherzellen bestehen. Eine Speicherzelle entspricht dabei einem Standardbehälter für eine Variable.

Start eines Programms: Der Ablauf eines Programms wird durch Ausführung der ersten Anweisung gestartet.

Beispiel: Mischen in einer schematischen imperativen Programmiersprache:

```
def s1, s2, s3: Zahlenfolge;
solange s1 ≠ [ ] und s2 ≠ [ ] tue
    wenn first(s1) < first(s2) dann
        s3 ← s3 • [first(s1)];
        s1 ← rest(s1)
    sonst
        s3 ← s3 • [first(s2)];
        s2 ← rest(s2)
    ende
ende;
s3 ← s3 • s1 • s2.
```

Start des Programms: run misch.

Funktionaler Baukasten

Zugrundeliegender Kalkül: Die funktionale Programmierung basiert auf dem *λ-Kalkül*, der Anfang der 1930er-Jahre von Church (1941) entwickelt wurde, um den Begriff der Berechenbarkeit zu präzisieren. Hierbei handelt es sich um einen mathematischen Formalismus zur Definition und Anwendung von Funktionen, die durch Rechenvorschriften gegeben sind. Dabei verwendet er wie schon beim Registermaschinenmodell sehr elementare, aber überaus mächtige Operationen.

Programm: Ein funktionales Programm ist eine Menge von Funktionsdefinitionen (Funktionalgleichungen), die nach bestimmten Grundprinzipien aufgebaut sind.

Funktion: Funktionen in funktionalen Programmiersprachen entsprechen Funktionen im mathematischen Sinne, also Abbildungen f: A→B. Die Funktionen sind jedoch nicht mengentheoretisch, sondern durch *Rechenvorschriften* definiert.

Funktionen werden nach gewissen Bildungsprinzipien (*Konstruktoren*) aus *elementaren* Funktionen aufgebaut. Zu den elementaren Funktionen gehören meist Addition, Subtraktion, Operationen auf linearen Listen, die Alternative if B then F(...) else G(...) usw. Die drei zentralen Konstruktoren spielen schon beim λ-Kalkül eine dominante Rolle:

- Komposition/Einsetzung: Funktionen können komponiert werden, d.h., als aktuelle Parameter von Funktionen können wiederum Funktionsanwendungen verwendet werden. Dieser Konstruktor ermöglicht auch die Definition *rekursiver* Funktionen.
- Anwendung: Eine Funktion kann auf aktuelle Parameter angewendet werden. Hierbei werden die aktuellen Parameter nach bestimmten Strategien ausgewertet und an die Stelle der formalen Parameter im Funktionsrumpf eingesetzt. Anschließend wird der modifizierte Funktionsrumpf ausgewertet.
- Abstraktion: Parametrisierung eines Ausdrucks, d.h. Übergang zu einer Funktionsdefinition und Angabe, welche Elemente des Ausdrucks als Parameter und welche als Konstanten aufzufassen sind.

Variablenkonzept: Eine Variable ist ein Bezeichner, der an ein konkretes Objekt meist eines bestimmten vorher festzulegenden Datentyps gebunden ist. Es gibt weder eine Zuordnung von Variablen zu Speicherzellen noch die dynamische Veränderung von Werten, daher können Zwischenwerte nirgends abgelegt oder über einen längeren Zeitraum gespeichert werden. Funktionen können folglich keine *Seiteneffekte* besitzen, da die Ergebnisse ihrer internen Berechnungen nur über den Funktionswert nach außen gegeben und nicht an irgendeiner nach außen nicht sichtbaren Stelle festgehalten werden können. Diese Eigenschaft bezeichnet man als *referenzielle Transparenz.*

Die wichtigste Operation auf Variablen ist die *Substitution.* Wird eine Funktion f mit formalem Parameter x und Rumpf R auf einen aktuellen Parameter E (z.B. einen Ausdruck) angewendet, so muss x innerhalb von R überall durch das Argument E substitutiert werden. Hierfür gibt es die bekannten Ersetzungsstrategien (*Substitutionsregeln*) Call-by-value (Wertübergabe), Call-by-name (textuelle Ersetzung), Call-by-need (*lazy evaluation*).

Start eines Programms: Der Ablauf eines Programms wird durch Aufruf einer Funktion mit Parametern gestartet.

Beispiel: Mischen in einer schematischen funktionalen Programmiersprache:

```
funktion misch f:intlist g:intlist → intlist ≡
wenn f=[] dann g sonst
     wenn g=[] dann f sonst
          wenn (first f)<(first g) dann
               (first f,misch (rest f) g)
          sonst (first g,misch f (rest g))
          ende
     ende
ende.
```

Anwendung der Funktion durch Aufruf, z.B.:

misch [3,7,19,54] [2,3,5,16,74].

Prädikativer Baukasten

Zugrundeliegender Kalkül: Die prädikative Programmierung basiert auf der *Prädikatenlogik*. Sie ist ein zentrales Hilfsmittel (nicht nur) der Mathematik und dient zur Formalisierung von Sachverhalten und logischen Argumenten und zur Präzisierung von mathematischen Begriffen wie Definition, Satz, Beweis, Folgerung, wahr und falsch usw. Prädikatives Programmieren ist in diesem Sinne nichts anderes als das Aufstellen von Behauptungen und das Beweisen der Behauptungen in einem System von *gültigen* (d.h. immer wahren) Aussagen, wobei als Aussagen jedoch nur bestimmte Grundformen (sog. *Hornformeln*) zugelassen sind.

Programm: Ein prädikatives Programm ist eine Menge von wahren Aussagen über bestimmte Sachverhalte (*Fakten*) und von logischen *Schlussregeln*, mit denen aus gegebenen Fakten neue hergeleitet werden können. Fakten und Regeln lassen sich im deklarativen Sinne als *Wissen* über bestimmte Sachverhalte auffassen.

Faktum: Ein Faktum ist eine wahre Aussage über die Eigenschaften von oder die Beziehungen zwischen Objekten. Besteht etwa zwischen den Objekten $a_1,...,a_n$ die Beziehung e, so schreibt man das Faktum

$e(a_1,...,a_n)$.

Schlussregel: Schlussregeln besitzen die allgemeine Form

Prämisse ⇒ Konklusion.

Bedeutung: Ist die Prämisse erfüllt, so gilt die Konklusion. Die Prämisse wird gebildet aus Termen, die durch logisches UND verknüpft sind.

Variablenkonzept: Variablen sind im prädikativen Sinne Unbestimmte. Die wichtigste Operation auf Variablen ist die *Unifikation.* Hiermit bezeichnet man den Prozess, zwei Ausdrücke (*Terme*) „gleichzumachen", indem man die in beiden Termen vorkommenden Variablen konsistent durch irgendwelche Terme ersetzt. Dieser Prozess spielt eine zentrale Rolle beim Beweisen von Aussagen: Während Fakten und Regeln allgemeine Beziehungen zwischen einer Vielzahl von Objekten beschreiben, formuliert eine Behauptung eine Aussage über konkrete Objekte. Man muss daher, um die Fakten und Regeln anwenden zu können, die dort vorkommenden Objekte mit denen aus der Behauptung identifizieren. Dies leistet die Unifikation.

Start eines Programms: Der Ablauf eines Programms wird durch Eingabe einer Behauptung gestartet. Der Computer versucht dann, die Behauptung mithilfe der Regeln und der Fakten zu beweisen.

Beispiel: Mischen in einer schematischen prädikativen Programmiersprache:

```
(∀Y) (misch([ ],Y,Y)).
(∀Y) (misch(Y,[ ],Y)).
(∀A,B,X,Y,Z) (A≤B ^ misch(X,[B|Y],Z)
          ⇒ misch([A|X],[B|Y],[A|Z])).
(∀A,B,X,Y,Z) (B<A ^ misch([A|X],Y,Z)
          ⇒ misch([A|X],[B|Y],[B|Z])).
```

Weitere Beispiele findet man im Kapitel 4.

In den 1970er-Jahren wurde heftig darüber gestritten, welche Programmiersprache für die Schule am geeignetsten sei. Die beiden Kontrahenten waren damals vor allem Basic und Pascal. Diese als *Sprachenstreit* bekannt gewordene Auseinandersetzung wurde dadurch aufgelöst, dass man die „richtige Denkweise" in den Mittelpunkt des Unterrichts stellte; die Übertragung einer mit der richtigen Denkweise ermittelten Problemlösung in eine Programmiersprache sei dann lediglich noch eine maschinelle Tätigkeit, die die Vorstellungswelt der Schüler und das systematische Vorgehen beim Programmieren kaum noch negativ beeinflussen könne. Diese auf den ersten Blick überzeugende Argumentation ignorierte jedoch eine Vielzahl von Überlegungen zum Zusammenhang zwischen Sprache und Welt (etwa bei Wittgenstein) sowie die *Sapir-Whorf-These* (Whorf, 1973), die die Existenz eines sprachlichen Relativitätsprinzips behauptet, welches anschaulich besagt, dass Menschen, die verschiedene Sprachen benutzen, äußerlich ähnliche Eindrücke unterschiedlich wahrnehmen und bewerten und damit auch zu unterschiedlichen Weltbildern gelangen. So ist die Programmiersprache, auch wenn sie als Gegenstand des Unterrichts zunehmend in den Hintergrund tritt, immer noch zentrales Werkzeug, in dem alle informatikrelevanten Sachverhalte formuliert werden, und Medium, mit dem der überwiegende Teil der Informatikinhalte im Unterricht transportiert wird. Sie prägt folglich in erheblichem Maße das informatische Denken und die Ausbildung Fundamentaler Ideen.

Die aktuelle Situation gleicht der damaligen, nur hat sich das Streitobjekt auf eine Metaebene verlagert: Welches ist die für die Schule geeignete Denkweise (verkörpert durch den zugehörigen Baukasten)? Vermutlich kann man den Streit auch hier schlichten, indem man die Verantwortung wie damals in eine Metaebene (bezogen auf Sprachen ist das schon eine Metametaebene) verlagert und damit so lange verdrängt, bis man wiederum mehrere Metadenkweisen voneinander isoliert hat und sich die Frage nach der korrekten Metadenkweise erneut stellt. Derzeit kann man sich im Wesentlichen mit folgenden Prinzipien zur Nutzung der unterschiedlichen Baukästen in der Schule behelfen:

Die Festlegung auf einen Baukasten (in der Regel ist das der imperative, angereichert um Objektorientierung) reicht nicht aus.

Hierüber herrscht allgemein Konsens. Im Unterricht sollte mindestens noch ein weiterer Baukasten vorgestellt werden. Diese Forderung ist in den meisten Rahmenplänen schon festgeschrieben. Offen ist derzeit noch, in welcher Reihenfolge die beiden Baukästen im Unterricht behandelt werden sollen: Ist es günstiger, mit einem Baukasten zu starten, der an der Lebenswelt der Schüler orientiert ist, wie der imperative, oder soll man mit einem Baukasten beginnen, den sicher die Mehrheit der Schüler noch nicht kennt, z.B. den prädikativen, wie es in Kapitel 4 beispielhaft vorgeschlagen wird? Dieser Aspekt wird in Kapitel 13 noch vertieft. Siehe auch (Lehmann, 1992 und 1993; Schwill, 1995).

Auf den imperativen Baukasten kann man bis auf Weiteres nicht verzichten. Jedoch sollte man dann stets die objektorientierten Erweiterungen imperativer Sprachen wählen.

Obgleich es sich bei der mit der objektorientierten Programmierung angestrebten Leistungssteigerung des Softwareentwurfs durch evolutionäres (Bottom-up-)Vorgehen um keinen schuladäquaten Lerninhalt handelt, gibt es dennoch gewichtige pädagogische und informatische Gründe für die Beibehaltung der imperativen Programmierung im Unterricht. Zum einen besitzt der imperative Stil einen besonderen Bezug zur Lebenswelt und zum Alltagsdenken der Schüler, und er unterstützt, insbesondere in seiner Erweiterung um objektorientierte Konzepte, die elementaren kognitiven Prozesse des Denkens, Erkennens und Problemlösens (Schwill, 1993d und 1995). Andererseits werden zur Vermittlung gewisser Informatikinhalte, bei denen Bezüge zu konkreten Rechnermodellen bestehen, stets imperative Darstellungen benötigt. Hierzu gehören z.B. die maschinennahe Programmierung in Assembler, die Programmierung von Turing- oder Registermaschinen oder die Effizienzanalyse von Algorithmen, die auf einem verallgemeinerten Registermaschinenmodell (der sog. Random Access Machine *RAM*) basiert, das imperativ programmiert wird.

Der prädikative Baukasten eignet sich zum Einstieg in die Informatik vermutlich besser als der funktionale Ansatz. Auf höherem Niveau scheint jedoch der funktionale Baukasten überlegen.

Wegen der wenigen Sprachelemente und der relativen Nähe zur natürlichen Sprache scheint der prädikative Baukasten, z.B. in Form der Programmiersprache Prolog, für den Anfängerunterricht besser geeignet zu sein als der funktionale, der explizit vom Konzept der Rekursion Gebrauch macht, das Anfängern erfahrungsgemäß große Schwierigkeiten bereitet (Göbel/Vorberg, 1988; Haussmann/Reiss, 1989; Kruse, 1982; Wiedenbeck, 1989) und der durch seine mathematische Notation eher abschreckend wirkt. Für umfangreiche Programme, die über die klassischen deklarativen Spielbeispiele hinausgehen, müssen jedoch in Prolog in hohem Maße nicht-deklarative Elemente ausgenutzt werden, wodurch die Denkweise mehr und mehr imperative Züge erhält. Hier muss der Programmierer daher sein scheinbar deklaratives Programm, insbesondere wenn er um Effizienzverbesserungen bemüht ist, genau daraufhin untersuchen, wie es von der Maschine ausgeführt wird. Es besteht also beim prädikativen Ansatz eine pädagogisch bedenkliche Diskrepanz zwischen der Form, in der ein Programm aufgeschrieben wird (*deklarative Semantik*), und der Art und Weise, wie es ausgeführt wird (*prozedurale Semantik*). Bei funktionalen Sprachen ist diese Diskrepanz weniger offensichtlich, denn das funktionale Programm wird zwar deklarativ formuliert, lässt aber immer noch erkennen, wie es ausgeführt wird (Schwill, 1995).

Die in der Schule verwendeten Programmiersprachen sollten möglichst strukturreich sein und sich von den zugrundeliegenden Kalkülen deutlich abheben.

Schon seit Langem wird empfohlen, den Unterricht nicht auf maschinenorientierte Sprachen zu gründen. Diese Forderung bezog sich zunächst auf imperative Programmiersprachen, die auf dem Kalkül (Register-)Maschine basieren; sie gilt jedoch in gleicher Weise auch für andere Sprachstile. Es sollten also Sprachen in der Schule gewählt werden, die sich in ihren Konzepten möglichst deutlich von den zugrundeliegenden Kalkülen Registermaschine, λ-Kalkül, Prädikatenkalkül unterscheiden. Dies gilt im imperativen Bereich z.B. für Smalltalk-80, Oberon, Modula-2, Ada, Python, weniger für Java, Pascal, C, Basic, im funktionalen Bereich für ML, Hope, Miranda, Haskell, weniger für Lisp, Logo, Scheme. Hier zeichnet sich eine Schwäche von Prolog ab: Prolog ist relativ strukturarm und unterscheidet sich vom zugrundeliegenden Prädikatenkalkül nur geringfügig. Es gibt keine Typen, wenig Möglichkeiten zur Datenabstraktion und -kapselung (Datenkapsel) und kaum Strukturierungselemente. Eine detaillierte Beurteilung von Java bzgl. seiner Tauglichkeit als *erste* Programmiersprache, die mit einem negativen Ergebnis endet, findet man in (Böszörmenyi, 2001).

7 Objektorientierte Denkweisen

7.1 Einführung

Die Einführung in die Informatik kann mit objektorientiertem Modellieren (OOM) und Programmieren (OOP) (vgl. Kapitel 6 und 13) beginnen. Zwingend ist das nicht. In (Appelrath et al., 2002, S. 105 ff.) wird für das „Programmieren im Kleinen" die prozedurale Zerlegung empfohlen und für das „Programmieren im Großen" (die Softwareentwicklung) die Objektorientierung. Die Entscheidung für oder gegen die Objektorientierung hat also etwas mit dem Stellenwert zu tun, den man der Softwareentwicklung im Informatikunterricht einräumt. Hier wird an einem Beispiel gezeigt, wie eine Einführung in die Informatik mit objektorientierten Denkweisen ergänzt werden kann. Es soll deutlich werden, dass die traditionellen, grundlegenden Konzepte der strukturierten Programmierung unverzichtbarer Lerngegenstand sind, auch wenn objektorientierte Lösungen von den Schülern konstruiert werden. Andernfalls werden die Ziele der informatischen Bildung nicht erreicht, „z.B. ist das Konzept der Modularisierung viel grundlegender als das Konzept der Objektorientierung" (Böszörmenyi, 2001, S. 15). Auch das Variablenkonzept der Informatik wird in der Literatur zum OOM stark unterschätzt. Darin liegt eine Ursache für Lernprobleme. Die Skriptsprache Python wurde zur Überprüfung der Lösungsentwürfe gewählt, weil damit die Anwendung der Datenstrukturen Datei und Liste sehr erleichtert wird. Folgende Teilziele werden angestrebt:

- Die Schüler können das Konzept der Modularisierung anwenden.
- Die Schüler kennen die Vorgehensweise beim OOM.
- Sie können das Variablenkonzept der Informatik (Variable und elementare Datentypen) und Datenstrukturen (Datei, Liste) anwenden.
- Sie kennen ausgewählte Elemente der Unified Modeling Language (UML) und der Programmiersprache Python.
- Sie können ausgewählte rechnerinterne Abläufe zur Lösungsausführung beschreiben, z.B. mit Struktogrammen (vgl. Abschnitt 11.4).

An einem einfachen Beispiel lernen die Schüler den Gesamtprozess mit den Arbeitsschritten Analysieren, Entwerfen, Programmieren und Evaluieren kennen und führen ihn teilweise selbst aus. Es ist kompliziert, ein sehr einfaches Beispiel zu finden, das bereits einen sinnvollen Zugang zur Objektorientierung anbietet. Eine leicht erweiterbare Aufgabe lautet: „Sie können Ihren Lieblingsautor und Ihr Lieblingsbuch eingeben und erhalten die Ausgabe für Ihr Buch des Monats.“ Beim *Analysieren* wird deutlich:

- Ein Buch kann mehrere Autoren haben.
- Typischerweise schreibt ein Autor mehrere Bücher.
- Damit erhalten wir die zwei Klassen „Autor“ und „Buch“, die verknüpft sind mit einer Assoziation der Kardinalität „m zu n“.
- Klassen besitzen Attribute und Operationen (Methoden).
- Wir beschränken uns auf den Namen des Autors und den Titel des Buches.

OOM ist für Anfänger keineswegs intuitiv und einfach. Im Gegenteil, die Tatsache, dass Grundbegriffe verwendet werden, die die Schüler aus einem ganz anderen Kontext bereits kennen, erschwert den Abstraktions- und Formalisierungsprozess erheblich. So bezeichnet in der Lebenswelt z.B. Klasse eine Sammlung sehr unterschiedlicher Schüler. Im Informatikunterricht ist es wesentlich, zur Unterscheidung zwischen Objekt und Klasse von Objekten die Klasse als Bauplan für gleiche Objekte einzuführen.

Zum Entwerfen bietet sich z.B. das UML-Klassendiagramm an (Abb. 7.1). Aus diesem statischen Entwurf ist für die Schüler nicht zu ersehen, wie der Ablauf einer Lösung im Rechner funktioniert. Zusätzlich zum Klassendiagramm müssen die Schüler ein kognitives Modell vom Rechner entwickeln, um zu verstehen, dass ein Rechner nur dann Objekte bilden kann, wenn er dafür einen lesbaren Bauplan vorfindet. Dieser wird in der Klassendefinition vereinbart.

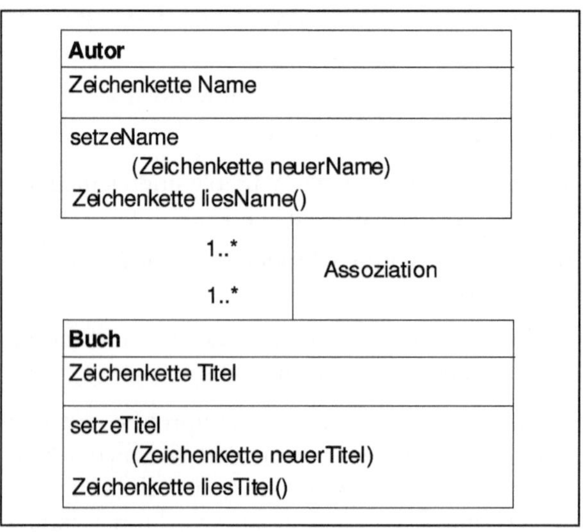

Abbildung 7.1 Entwurf als Klassendiagramm

Am Anfang jeder Lösung müssen also diese Vereinbarungen stehen. Danach kommen Anweisungen zum Bilden von Objekten nach dem Klassenbauplan. Erst damit kann der gewünschte Verarbeitungsprozess ausgeführt werden. Die Zusammenhänge zwischen Eingabe, Verarbeitung und Ausgabe entdecken die Schüler bei diesem sehr einfachen Beispiel nur zum Teil. Auf die Eingabe folgt hier keine Verarbeitung, aber die Ausgabe. Für den Lernprozess ist eine Notation für die rechnerinternen Abläufe zur Lösungsausführung unverzichtbar. Wir empfehlen Struktogramme dafür (Linkweiler, 2002).

Ein Nachteil der hier beschriebenen Vorgehensweise ist, dass sehr schnell eine Vielzahl traditionell bedeutsamer Konzepte der Informatik mit der Objektorientierung verknüpft werden muss (Tab. 7.1). Zwar können in einem Lernprozess immer Lösungsteile für eine bestimmte Zeit als „Black Box" verwendet werden. Da aber die Funktionalität beim OOM schwerer teilbar ist als beim prozeduralen Modellieren, bleibt für das schrittweise Einführen in die Grundlagen weniger Gestaltungsspielraum. In der Literatur (Böszörmenyi, 2001) wird dieses informatikdidaktische Problem diskutiert.

Tabelle 7.1 Lernkonzepte für die Einführung in das informatische Modellieren

Konzepte	Informatik allgemein	OOM speziell
Basiskonzepte	Variablenkonzept	Objekt
	elementare Datentypen	Klasse
	Datenstrukturen	Attribut
	Kontrollstrukturen:	Operation (Methode)
	- Sequenz	
	- Zyklus	
	- Alternative	
Statische	strukturierte Zerlegung	
Konzepte	- Modularisierung - Modulkonzept	Assoziation
	- Modulschnittstelle	
	- Parameterübergabearten	
	- Hierarchisierung	Vererbung
Dynamische	Modulaufruf	Botschaft (Nachricht)
Konzepte	Automatenmodell	Kooperation der Objekte

Das selbständige Programmieren muss nicht am Anfang stehen. Zuerst sollte das Lesen von Programmen erlernt werden. Genau dafür wird meist nicht genügend Lernzeit eingeplant. Syntax und Semantik einer formalen Sprache können durch Lernen aus Beispielen sehr gut angeeignet werden.

Die Schüler lernen aussagekräftige Bezeichnungen schätzen. Auf interne Attribute wird z.B. mit den Operationen „setze <Attributbezeichner>" und „lies <Attributbezeichner>" zugegriffen. Das Programm „Buch des Monats" (vgl. Anhang B9) wird fertig vorgegeben. Die Schüler lernen die Arbeitsumgebung zum Editieren, Speichern, Laden, Interpretieren und Ausführen einer Lösung kennen. Sie erfahren, dass formale Sprachen vom Computer übersetzt werden, um die Ausführung der Programme zu ermöglichen.

Dazu stehen Werkzeuge zur Verfügung. Sie unterscheiden zwischen Compiler und Interpreter. Beide übersetzen den Quelltext in Maschinencode, den der Prozessor des Computers ausführen kann. Compiler erzeugen erst den gesamten Maschinencode aus dem Quelltext, der anschließend beliebig oft ausgeführt werden kann. Interpreter erzeugen den Maschinencode jeder Anweisung und führen diese sofort aus. Die Schüler erkennen die Vorteile. Beim ersten Fehler stoppt der Interpreter. Sie können sofort korrigieren. Auf die Nachteile muss explizit hingewiesen werden. Eine Anweisung, die mehrfach auszuführen ist, wird auch mehrfach übersetzt. Vor jeder Programmausführung muss wieder übersetzt werden.

Das *Evaluieren* zeigt die Defizite dieser ersten Lösung. Das Beispiel bewirkt je ein Eingabefenster für den Namen des Autors und den Titel des Buchs. Das ist komfortabel. Die Ausgaben erfolgen alle im gleichen Fenster ohne Löschen dazwischen. Das entspricht nicht den Anforderungen. Mit einem Autor und einem Buch lässt sich noch kein reales Problem lösen.

Datenstrukturen

Die Verwaltung von Büchern in einer Bibliothek führt zu einer Vielzahl an Büchern und Lesern (Abb. 7.2). Die Klasse Buch erfordert jetzt Attribute, die den Ausleihvorgang unterstützen, z.B. die Signatur. Von einem Buch können mehrere Exemplare in der Bibliothek vorhanden sein. Die Klasse Autor wird überflüssig. Diese Information wird dem Buch als Attribut zugeordnet. Die Klasse Leser wird notwendig. Buchkatalog und Leserkartei müssen gespeichert werden. Die Schüler stoßen dabei auf das Problem: „Wie speichert man Attributwerte für längere Zeit?" Die Lösung bietet die *Datenstruktur Datei.* Nach der Analyse des Programms „Bücher in Datei erfassen" (vgl. Anhang B10) wird es aktiviert, um Attributwerte in einer Datei zu speichern. In Python lernen die Schüler, wie eine Klasse zu beschreiben ist. Sie nutzen den Namensraum zur Datenkapselung und die Strukturierung der Lösung durch die Einzugstiefe. Sie können Attributwerte ein- und ausgeben und verändern.

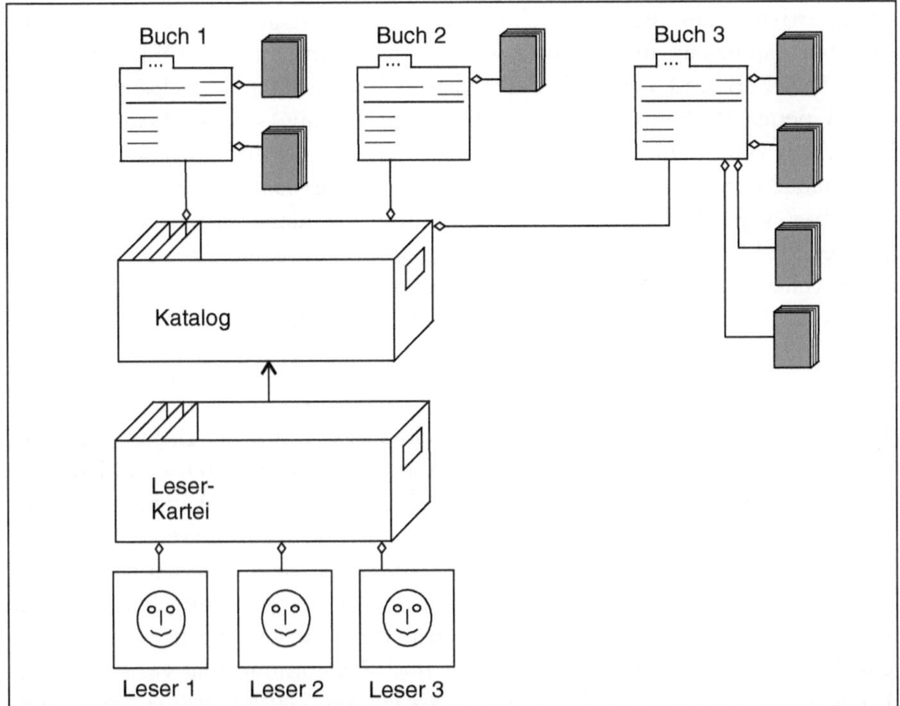

Abbildung 7.2 Anwendungsszenario Bibliothek

Die Datenstruktur Datei ist keine Besonderheit der Objektorientierung. Die Schüler müssen die Komponenten Datensatz, Dateifenster, Dateizeiger und die Aktionen Öffnen, Schließen, Schreiben, Lesen ebenso erlernen wie beim prozeduralen Modellieren. Die Schüler erkennen, dass typischerweise die Kontrollstruktur Zyklus (Wiederholung) angewendet wird, um alle Datensätze zu lesen. In Python ist es sehr einfach, eine Datei zu erzeugen (zu schreiben), indem man *Lösungsbausteine aus der Programmbibliothek* einbindet (importiert). Die Schüler legen den Dateinamen mit Pfadangabe fest und erkennen den Vorteil, der daraus resultiert, dass viele Attributwerte im Verbund in den Datensatz geschrieben werden können. Die Analyse des Programms „Bücher aus Datei anzeigen" stellt das Lösungsprinzip vor und macht deutlich, dass bestimmte Aktionen immer wiederkehren. Das erleichtert den Schülern die Orientierung im Programm und das Lesen von Texten in einer formalen Sprache.

Neu ist dabei, dass die Attributwerte aus dem Datensatz gelesen und in den Arbeitsspeicher geschrieben werden. Ohne Grundverständnis zu Aufbau und Arbeitsweise eines Rechners kehren bestimmte Modellierungsfehler immer wieder. Die Schüler benötigen eine Vorstellung von Speicherung und Datenaustausch im Rechner. Hier liegen oft beobachtete Versäumnisse eines Informatikunterrichts, der die technische Basis vernachlässigt. Wir gehen in Kapitel 9 näher darauf ein. Jetzt können zwar die Attributwerte der Objekte in Dateien gespeichert und bei Bedarf aus diesen Dateien wieder gelesen werden, aber ein neues Problem taucht auf. Die Verarbeitung solcher Datenmengen gelingt nicht ohne eine Datenstruktur, die den Zugriff auf die Daten im Arbeitsspeicher unterstützt. Der aktuelle Datensatz der Datei, der in den Puffer geschrieben wird, kann eine solche Strukturierung nicht leisten. Wir müssen folgendes Problem lösen: „Wie verbindet man zusammengehörende Objekte?" Das Anwendungsszenario liefert die Antwort. Wir benötigen das digitale Gegenstück zu Bücherkatalog (Bücherliste) und Leserkartei (Leserliste).

Die *Datenstruktur Liste* ist in der Informatik eine veränderbare Folge von Objekten und unterstützt sequentiellen, aber keinen indizierten Zugriff. Die Listenelemente speichern wir als Datensätze in einer Datei, um bei Bedarf die Liste im Arbeitsspeicher wieder mit den Datensätzen aus der Datei zu füllen (vgl. Anhang B11). Die Schüler verstehen, wie eine Liste aufgebaut wird, indem an die leere Liste die Elemente schrittweise angefügt werden. Sie erfahren, dass es vorgefertigte Operationen gibt, mit denen man Listen verändern kann (Elemente sortieren, einfügen oder löschen). Damit werden Anwendungsbeispiele mit Lebensweltbezug für den Informatikunterricht zugänglich, die früher umfangreiche Erfahrungen in der Modellbildung und Programmierung voraussetzten, z.B. das Zeigerkonzept zur Verwaltung *dynamischer Datenstrukturen* wie Listen und Bäume.

Statische Konzepte

Die Schüler sollen erkennen, dass Objekte nur dann zusammenarbeiten können, wenn die sie erzeugenden Klassen in geeigneter Weise miteinander verknüpft wurden. Solche Verknüpfungen sind unterschiedlich effizient. Die Schüler werden anfangs mit getrennten Listen für Bücher und Leser arbeiten, da sie das folgende Problem noch nicht lösen können: „Wie verbindet man ähnliche Klassen?" Wir kommen mit dieser Problemstellung zu dem statischen Konzept der Vererbung. Die Schüler lernen, dass jede Liste gleiche Attribute und Operationen aufweist, die sich gut in einer Oberklasse zusammenfassen lassen (Abb. 7.3). Vererbung führt zu Hierarchien und beschreibt die Beziehungen zwischen Oberklassen und Unterklassen. Die Schüler müssen verstehen, dass von abstrakten Klassen keine Objekte gebildet werden. Eine besondere Lernschwierigkeit bereitet den Schülern bei der Vererbung das Verständnis für die neue Definition einer Operation, z.B. für die abstrakte Klasse Liste:

```
def ausgabe (self):
    for Element in self.Datenstruktur_Liste
        Element.ausgabe()
```

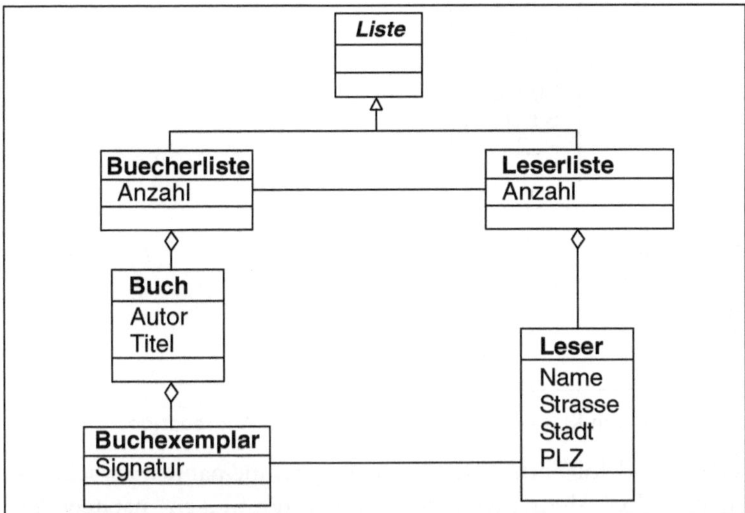

Abbildung 7.3 Vererbung von Listeneigenschaften

und für die Unterklasse Bücherliste:

```
def ausgabe (self):
    lauf =0
    for Buch in self.Datenstruktur_Liste
        lauf=lauf+1
        Buch.ausgabe()
```

Die Ausgabeoperation der Bücherliste setzt die Ausgabeoperation der Liste außer Kraft. Die Schüler sollen verstehen, dass Sonderfälle auf diese Weise von der Vererbung ausgenommen werden können.

Sie erkennen, dass die Vererbung sinnlos wird, wenn die Sonderfälle überwiegen. Sie lernen die Vorteile der Vererbung kennen, die die Erweiterbarkeit der Lösung und Wiederverwendbarkeit von Lösungselementen fördert. Ein bedeutender Nachteil der Vererbung, der Verstoß gegen das Geheimnisprinzip, muss thematisiert werden. Das einfachere statische *Konzept der Assoziation* wurde von Anfang an benötigt, wird aber jetzt in wesentlich komplexeren Zusammenhängen vertieft. Klassendiagramme erschweren das Verständnis dafür, dass eine Assoziation die Beziehung zwischen Objekten beschreibt und nicht zwischen Klassen. Aggregation bezeichnet die Rangordnung „besteht aus" bzw. „ist Teil von" zwischen Objekten der beteiligten Klassen. Aggregation ist eine Sonderform der Assoziation (Abb. 7.4).

Die schrittweise Erweiterung der Lösung erfordert als Nächstes die Kontrollstruktur Alternative (Fallunterscheidung). Um die Operation „buecher_aus-

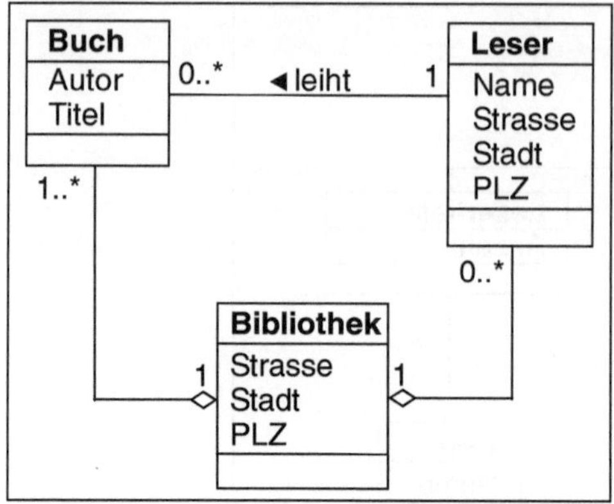

Abbildung 7.4 Verknüpfung von Klassen durch Assoziation und Aggregation

leihen“ zu entwerfen, sind folgende logische Strukturen ineinander zu schachteln: zwei Zyklen und drei Alternativen. Solche Verknüpfungen machen den intellektuellen Reiz des informatischen Modellierens und Konstruierens aus, erfordern aber auch ein hohes Maß an Unterstützung im Lernprozess, um den dynamischen Lösungsverlauf hinter dem statischen Entwurf zu erkennen bzw. Entwurfsfehler aufzudecken.

Um ausgewählte Funktionen einer Bibliothekverwaltung zu modellieren, werden die Datenstrukturen Datei und Liste sowie Vererbung und Assoziation eingesetzt (Abb. 7.5). Dabei lernen die Schüler, das *Modulkonzept* (Gestaltung von Modulschnittstellen) anzuwenden und seine Bedeutung zu verstehen.

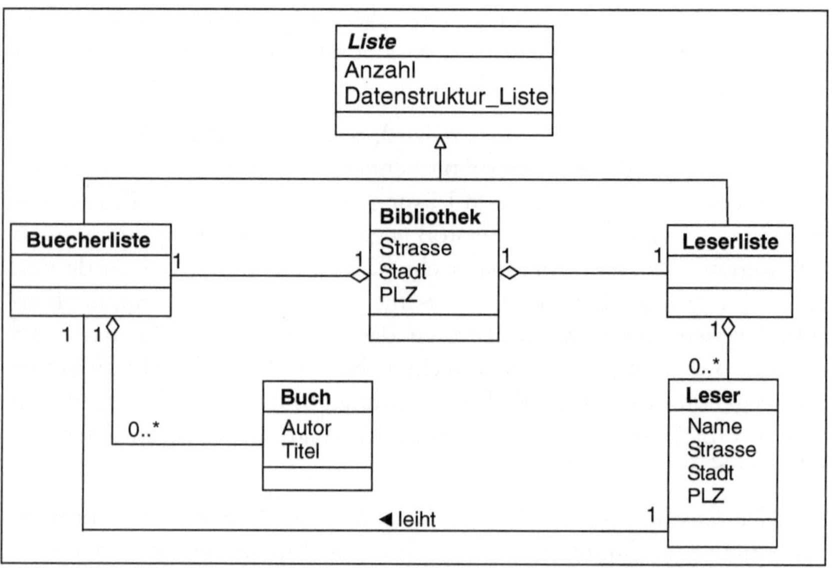

Abbildung 7.5 Hierarchisierung durch Vererbung

„Das Modulkonzept geht in seiner Leistungsfähigkeit über das Prozedurkonzept hinaus" (Claus/Schwill, 2006, S. 427).

Beim prozeduralen Modellieren zerlegen die Schüler Aufgaben so lange in Teilaufgaben, bis sie zu elementaren Lösungselementen gelangen, die sie mit Datentypen, Datenstrukturen und Kontrollstrukturen beschreiben können. Beim OOM funktioniert dieses Vorgehen nicht. Sie müssen Klassen mit Attributen (Datentypen, Datenstrukturen) und Operationen (Kontrollstrukturen) auf einer höheren abstrakten Ebene beschreiben, denn jede Klasse ist ein Modul. Beim Modul wird die Zerlegung der Daten zusammen mit der Zerlegung der Operationen vorgenommen. Es fallen also mehr Gestaltungsaufgaben gleichzeitig an.

„Ein Modul ist die konkrete Ausgestaltung eines (abstrakten) Datentyps" (Claus/Schwill, 2006, S. 427).

Das *Konzept des abstrakten Datentyps (ADT)* wurde bei einer Einführung in das prozedurale Modellieren vermieden und gehörte typischerweise erst in einen Aufbaukurs. Wenn die Einführung in die Informatik mit OOM beginnt, lassen sich diese Anforderungen an das Abstraktionsvermögen nicht umgehen. Die Wahl sehr einfacher Aufgaben löst das Problem ebenfalls nicht, da der Sinn der OOM damit nicht erkannt werden kann. Ein wesentlicher Vorteil der Modularisierung einer Lösung ist die Komplexitätsbewältigung (Abb. 7.6).

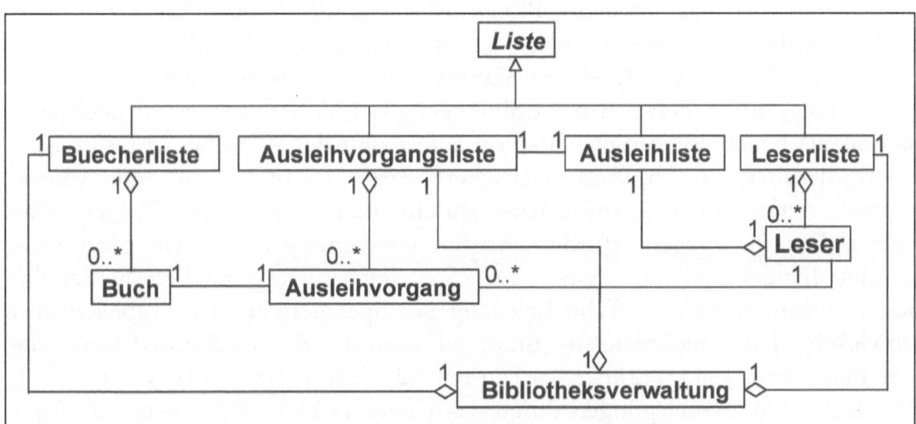

Abbildung 7.6 Komplexitätsbewältigung durch Modularisierung

Lösungselemente können modifiziert und wieder verwendet werden. Programmbibliotheken stellen fertige Bausteine, Software-Module, für alle bekannten Standardaufgaben bereit. Der Konstruktionsaspekt zur Verknüpfung von Modulen tritt deutlich in den Vordergrund gegenüber der Eigenanfertigung. Damit wird die Betonung der Modellierung verständlich.

Dynamische Konzepte

Der dynamische Ablauf bei der Informationsverarbeitung im Rechner wird beim OOM als Kooperation der Objekte erklärbar. Dazu senden die Objekte einander *Botschaften*, um Operationen anzufordern bzw. auszulösen, die sie selbst nicht erbringen können. Die Botschaft entspricht also dem *Modulaufruf*. Bei einem Modulaufruf werden typischerweise Parameter übergeben, Platzhalter oder Werte für Attributwerte oder Objekte:

- Eingabeparameter (Beispiele 7.2, 7.3, 7.4),
- Ergebnisparameter (Beispiel 7.1).

Die Schüler müssen die Parameterübergabearten unterscheiden lernen und im richtigen Kontext einsetzen können. Aus langjährigen Lehrerfahrungen mit der prozeduralen Modellierung weiß man, dass das Lernschwierigkeiten bereitet. Das Objekt „Bibliotheksverwaltung" besitzt die Operation „buecher_ausleihen" und ruft aus dieser heraus eine ganze Reihe von Objekten und deren Operationen mit Parametern auf. Das ermöglicht den Schülern vielfältige Übungen.

Beispiel 7.1 (A) Gesuchtes_Buch.setze_Rueckgabedatum(Rueckgabedatum):
Wir beginnen den Übungsprozess mit einem besonders einfachen und leicht verständlichen Fall, der Rückgabe eines einzelnen Ergebnisses. Mit der Botschaft (A) ruft das Objekt „Bibliotheksverwaltung" die Operation „setze_Rueckgabedatum" des Objektes „Gesuchtes_Buch" der Klasse Buch mit dem leeren Platzhalter „Rueckgabedatum" für das Ergebnis auf. Das Objekt „Gesuchtes_Buch" liefert den Attributwert „31.12.2010" für das „Rueckgabedatum" als Ergebnisparameter. Python liefert statt der Wertübergabe eine Mitteilung darüber, wo der Wert gespeichert wurde. Es findet also eine Adressübergabe statt. In der Informatik spricht man von einem Zeiger. Das Verständnis für Zeiger erfordert Abstraktionsvermögen und ein Grundverständnis für den Speichervorgang. Den Speichervorgang verstehen die Schüler besser, wenn sie eine zeitliche Belegung des Speicherplatzes in Tabellenform entwickeln. Jede Buchrückgabe führt zur Freigabe des Rückgabedatums, die hier mit „None" ausgedrückt wird (Tab. 7.2). Damit wird auch verständlich, dass frühere Wertebelegungen durch das Überspeichern verloren gehen. Werden solche Zwischenergebnisse später wieder benötigt, muss eine Datensicherung stattfinden, z.B. auf einem externen Datenträger.

Tabelle 7.2 Zeitliche Belegung des Speicherplatzes

Rueckgabedatum	Rueckgabedatum	Rueckgabedatum	Rueckgabedatum	Rueckgabedatum
None	31.11.2010	None	31.12.2010	None

Beispiel 7.2 (B) self.Bib_Ausleihvorgangsliste.anfuegen_Element(Bib_Ausleihvorgang):
Ein Parameter muss kein einzelner Wert sein. Ganze Objekte können als Parameter übergeben werden. In diesem Beispiel ruft das Objekt „Bibliotheksverwaltung“ mit der Botschaft (B) die Operation „anfuegen_Element“ des Objektes „Bib_Ausleihvorgangsliste“ der Klasse Ausleihvorgangsliste mit dem Objekt „Bib_Ausleihvorgang“ als Eingabeparameter auf. Als Resultat dieser Zusammenarbeit besitzt die Ausleihvorgangsliste einen neuen Eintrag (Tab. 7.3). Es wird kein Ergebnisparameter übergeben.

Tabelle 7.3 Anfügen eines Listenelementes

Ausleihvorgang		Ausleihvorgangsliste	
Leser 1		Leser1	Buchobjekt1
Buchobjekt4	→	Leser2	Buchobjekt2
		Leser4	Buchobjekt3
		Leser1	Buchobjekt4

Beispiel 7.3 (C) Bib_Ausleihliste.setze_Ausleihvorgangsliste(self.Bib_Ausleihvorgangsliste):
In diesem Beispiel wird mit der Botschaft (C) die Assoziation zwischen den Objekten „Bib_Ausleihliste“ (Liste X) und „Bib_Ausleihvorgangsliste“ (Liste Y) aufgebaut, ohne die keine Kooperation zwischen den Objekten möglich ist. Dazu ruft das Objekt „Bibliotheksverwaltung“ mit der Botschaft (C) die Operation „setze_Ausleihvorgangsliste“ des Objektes „Bib_Ausleihliste“ der Klasse Ausleihliste mit dem Zeiger auf das Objekt „Bib_Ausleihvorgangsliste“ als Eingabeparameter auf. Sie können danach kooperieren. So kann die Liste X die Liste Y finden und nutzen, z.B. durchsuchen (Tab. 7.4). Es wird kein Ergebnisparameter übergeben.

Tabelle 7.4 Assoziation anwenden

Ausleihliste (Liste X) für Leser1		Ausleihvorgangsliste (Liste Y)	
Buchobjekt1		Leser1	Buchobjekt1
	→	Leser2	Buchobjekt2
		Leser4	Buchobjekt3
		Leser1	Buchobjekt4

Beispiel 7.4 (D) „Bib-Ausleihliste.aktualisiere(Gesuchter_Leser)“:
Hier ruft das Objekt „Bibliotheksverwaltung“ mit der Botschaft (D) die Operation „aktualisiere“ des Objektes „Bib_Ausleihliste“ der Klasse Ausleihliste mit „Gesuchter_Leser“ als Eingabeparameter auf. Als Resultat dieser Zusammenarbeit wird die Ausleihliste des Lesers aktualisiert, indem die neuen Buchobjekte dort eingetragen werden (Tab. 7.5). Es wird kein Ergebnisparameter übergeben.

Tabelle 7.5 Liste aktualisieren

Ausleihliste (X) für Leser1		Ausleihvorgangsliste (Y)	
Buchobjekt1		Leser1	Buchobjekt1
Buchobjekt4	→	Leser2	Buchobjekt2
		Leser4	Buchobjekt3
		Leser1	Buchobjekt4

Informationsverarbeitung als Netzwerk von Botschaften zwischen Objekten wird bereits bei kleinen Beispielen schnell unübersichtlich (Abb. 7.7). Die Bibliotheksausleihe wird mit elf Botschaften realisiert, von denen einige ohne Parameter auskommen (z.B. Ausgabe- und Vergleichsoperationen). Für den Lernerfolg der Schüler ist entscheidend, dass sie die dynamischen Abläufe hinter den statischen Entwürfen verstehen und diskutieren können (Abb. 7.8). Sehr unterschiedliche informatikdidaktische Vorgehensweisen wurden in der Unterrichtspraxis erprobt, um die verborgenen Prozesse aufzudecken und zu veranschaulichen, z.B.:

- Rollenspiele, Aktivitätsdiagramme (Diethelm/Geiger/Zündorf, 2002),
- Konstruktion von Bausteinen für Klassenbibliothek (NRW, 2003),
- Didaktisches System für OOM (Brinda/Schubert, 2003).

Diese Ansätze wollen Qualitätsstandards in der informatischen Bildung fördern. Die Anwendung von Generatoren zur Erzeugung des Quelltextes von Programmen kann den Bildungsschwerpunkt auf Analyse, Entwurf und Evaluation von Lösungen lenken und von der Programmierung im engeren Sinne entlasten. Eine ausschließliche Aneignung der Objektorientierung im Informatikunterricht verpasst die Möglichkeit zu zeigen, dass es keinen optimalen Programmierstil gibt. Unterschiedliche Problemklassen erfordern unterschiedliche Lösungskonzepte. Objektorientierung löst keineswegs alle Probleme. Es bleibt bei der Empfehlung, die Schüler mehr als ein Lösungskonzept erproben zu lassen. Der Einsatz von Unterrichtshilfen für den Informatikunterricht auch zum OOM wird im Kapitel 8 näher beschrieben.

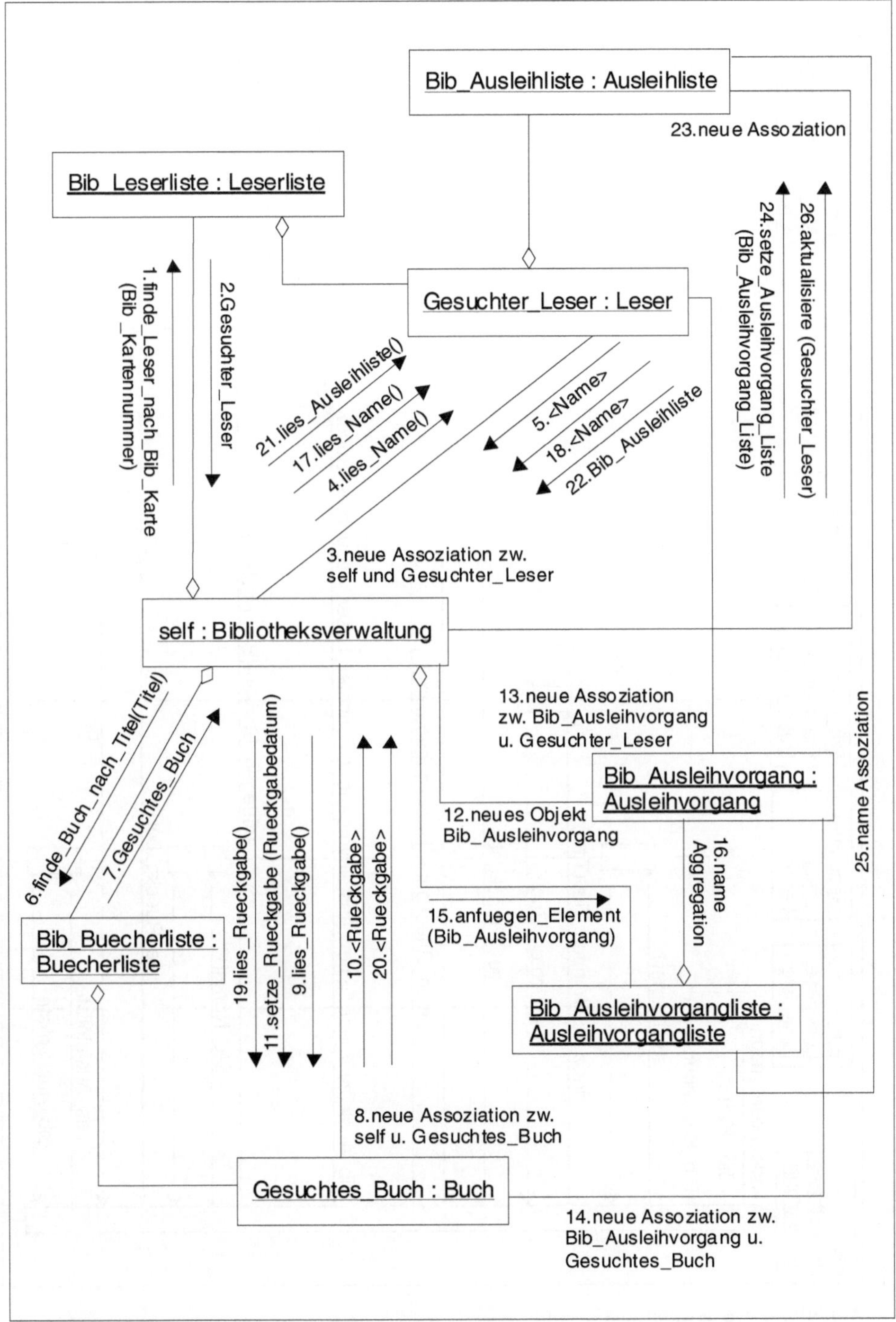

Abbildung 7.7 Objektdiagramm mit Parameterübergabe

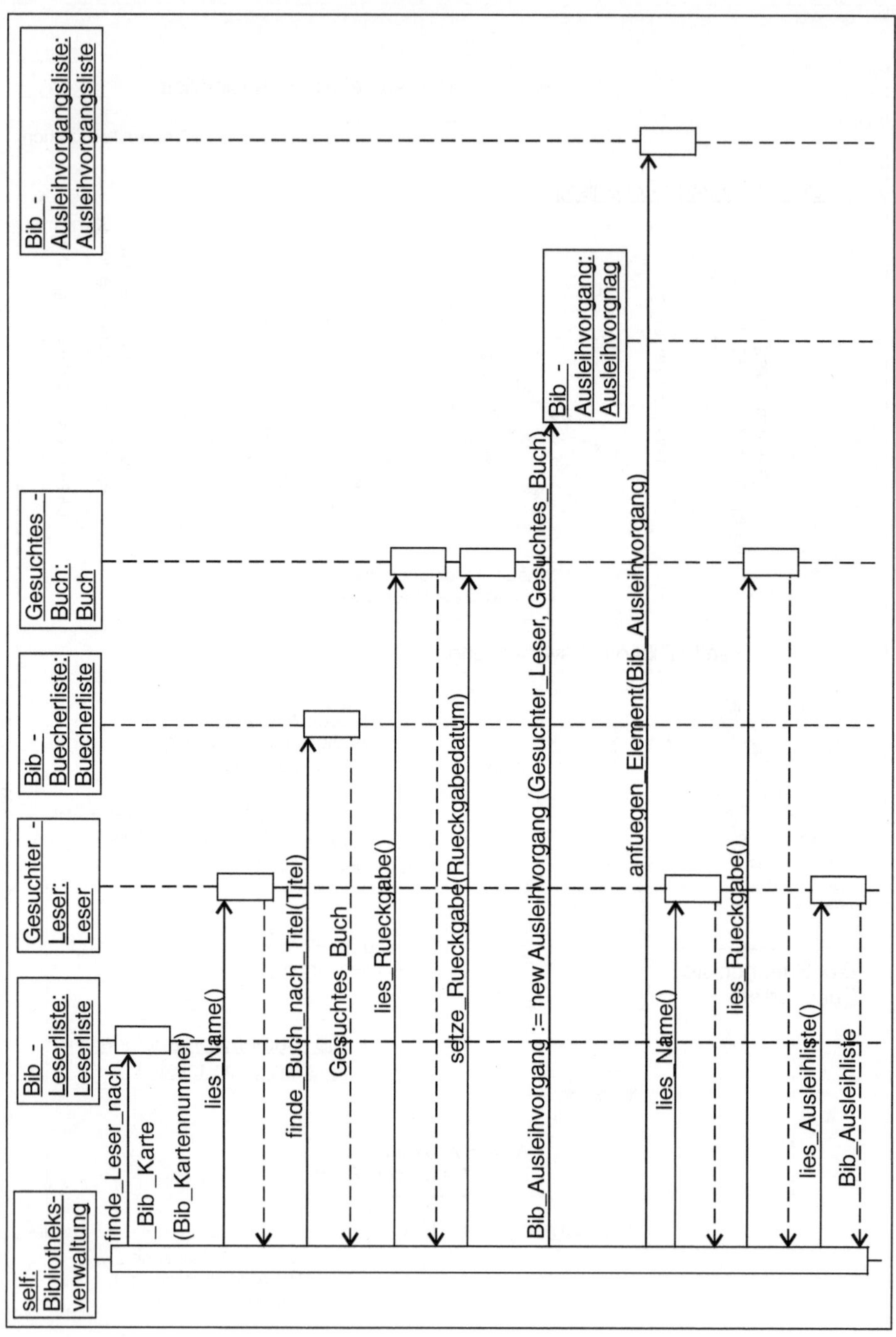

Abbildung 7.8 Sequenzdiagramm

Beispiel 7.5 Operation Bücherausleihe:

```
def buecher_ausleihen(self):
    Ausleihwunsch = "j" # Anfangswert setzen
    while Ausleihwunsch =="j": # Beginn 1. abweisender Zyklus
      Bib_Kartennummer = raw_input("Bibliothekskartennummer? ")
      # Botschaft(1)
      Gesuchter_Leser = self.Bib_Leserliste.finde_Leser_nach_Bib_Karte(Bib_Kartennummer)
      if Gesuchter_Leser == None: # Beginn 1. Alternative
        print "Leser nicht angemeldet"
      else:
        Ausleihwunsch_fuer_Leser = "j" # Anfangswert setzen
        while Ausleihwunsch_fuer_Leser == "j": # Beginn 2. abweisender Zyklus
          print "Ausleihe für", Gesuchter_Leser.lies_Name() # Botschaft (2)
          Titel = raw_input("Titel des Buches? ")
          # Botschaft (3)
          Gesuchtes_Buch = self.Bib_Buecherliste.finde_Buch_nach_Titel(Titel)
          if Gesuchtes_Buch == None: # Botschaft (4) # Beginn 2. Alternative
            print "Buch nicht vorhanden"
          else:
            if Gesuchtes_Buch.lies_Rueckgabe() == None: # Beginn 3. Alternative
              Rueckgabedatum = raw_input("Rückgabedatum? ")
              Gesuchtes_Buch.setze_Rueckgabe(Rueckgabedatum) # Botschaft (5)
              Bib_Ausleihvorgang = Ausleihvorgang(Gesuchter_Leser, Gesuchtes_Buch)
              # Botschaft (6)
              self.Bib_Ausleihvorgangsliste.anfuegen_Element(Bib_Ausleihvorgang)
              print "Leser:", Gesuchter_Leser.lies_Name() # Botschaft (7)
              print "Buch:", Titel,
              print "Rückgabe:", Rueckgabedatum
          else:
              print "Buch ausgeliehen bis ", Gesuchtes_Buch.lies_Rueckgabe() # Botschaft (8)
            # Ende 3. Alternative und 2. Alternative
            Ausleihwunsch_fuer_Leser = raw_input("Weitere Bücher ausleihen? (j/n)")
          # Ende 2. abweisender Zyklus
        Bib_Ausleihliste = Gesuchter_Leser.lies_Ausleihliste() # Botschaft (9)
        # Botschaft (10)
        Bib_Ausleihliste.setze_Ausleihvorgangsliste(self.Bib_Ausleihvorgangsliste)
        Bib_Ausleihliste.aktualisiere(Gesuchter_Leser) # Botschaft (11)
        # Ende der 1. Alternative
      Ausleihwunsch = raw_input("Für anderen Leser Bücher ausleihen? (j/n)")
      # Ende 1. abweisender Zyklus
```

7.2 Entwicklung und Bedeutung

Der Begriff „objektorientierte Programmierung (OOP)“ wird in verschiedener Bedeutung verwendet. Das führt zu ähnlichen Missverständnissen, wie sie vom *Prinzip der strukturierten Programmierung* ausgingen (Schubert, 1991). Wenn man den Prozess des OOM unterteilt in:

- objektorientierte Analyse (OOA),
- objektorientierter Entwurf (OOE),
- objektorientierte Programmierung (OOP),

dann meint man die Programmierung im engeren Sinne, also die Übertragung des Entwurfes in die Programmiersprache (auch Kodierung genannt). In der Fachwissenschaft Informatik ist es üblich, mit Programmierung den gesamten Problemlösungsprozess (Analyse, Entwurf und Programmierung (Kodierung)) zu bezeichnen. In der Lehrdisziplin Informatik setzt sich zunehmend der Begriff informatische Modellierung für den fachspezifischen Problemlösungsprozess als Ganzes durch. Wir bezeichnen deshalb das *Prinzip der objektorientierten Programmierung* mit OOM. In den Zitaten wird OOP in diesem Sinne verwendet. Zur Bedeutung der OOM wird die Sichtweise aus dem Schülerduden Informatik übernommen:

> „Daher lässt sich die objektorientierte Programmierung zusammen mit der strukturierten Programmierung, als deren Fortsetzung sie aufgefasst werden kann, eher in die Klasse der Software-Entwicklungsmethoden als in die Klasse der programmiersprachlichen Denkschemata einordnen“ (Claus/Schwill, 1997, S. 382).

„Programmiersprachliches Denkschema“ wird im Folgenden kurz Paradigma genannt. Man unterscheidet das prozedurale und deklarative (fasst funktional und prädikativ zusammen) Paradigma. In der Informatik werden nach wie vor alle Paradigmen angewendet. Für jede Aufgabenklasse steht ein spezielles Paradigma im Vordergrund.

> „Es gibt Problemstellungen, deren Umsetzung geradezu nach objektorientierter Programmierung verlangen, z.B. im Bereich der Simulation oder bei der Entwicklung graphischer Benutzeroberflächen, und andere, bei denen das nicht der Fall ist. Insofern kann tatsächlich der Fall eintreten, dass objektorientierter Entwurf und Programmierung das Problem nicht löst und daher nicht ‚funktioniert‘ “ (Claussen, 1993, S. 2-3).

Es besteht keine Notwendigkeit, erfolgreiche prozedurale und deklarative Informatiklösungen objektorientiert nachzubauen. Die Informatik besitzt eine lange Tradition im Entwickeln effizienter Algorithmen. Diese Erfahrungen dürfen in der informatischen Bildung nicht fehlen. OOM sollte also dort einsetzen, wo bessere Lösungen damit erzeugt werden können. OOM stützt sich heute ebenso wie das Prinzip der strukturierten Programmierung auf das prozedurale Paradigma, denn Operationen werden auf diese Weise realisiert. Das mag eine Zwischenstufe der Entwicklung sein, die noch überwunden wird. Es zeigt uns aber zwei wichtige Konsequenzen. Erstens ist OOM keineswegs so homogen in der Denkweise, wie behauptet wird. Zweitens gehört zur informatischen Bildung das Verständnis dafür, dass das informatische Modellieren

„... eine geschichtliche Entwicklung durchlaufen hat und sich noch immer weiterentwickelt. ... Die Richtung, in der die geschichtliche Entwicklung abgelaufen ist, war sicher kein Zufall" (Böszörmenyi, 2001, S. 15).

Für die Schüler ist es also außerordentlich wichtig, verschiedene Problemlösungsansätze der Informatik kennen und vergleichen zu lernen. So kann z.B. das deklarative Paradigma mit der Softwareentwicklungsmethode des strukturierten Wachstums verbunden werden. Die Schüler erkennen, dass die Transparenz umfangreicher Wissensbasen (aus Fakten und Regeln) bzw. komplizierter Funktionengeflechte unterstützt werden muss. Trace-Mechanismen und Erklärungskomponenten veranschaulichen die Ableitungspfade. Wir empfehlen, zwei Paradigmen im Informatikunterricht vorzustellen. Bisher liegen gute Erfahrungen zur gestaffelten Einführung in das prozedurale (als erstes) und prädikative (als zweites) Paradigma vor. Für andere Kombinationen fehlt bisher die vergleichbare Lernerfolgskontrolle. Beide Paradigmen können unterschiedlich tief angeeignet werden. Das Bildungsziel eines Sichtenwechsels steht im Vordergrund, nicht die Lösung komplexer Konstruktionsaufgaben.

Abstraktion spielt in der Fachwissenschaft eine andere Rolle als in der Lehrdisziplin Informatik. Im Fach vereinfacht Abstraktion die Entwicklungsprozesse von Hard- und Software. Sie muss nur einmal richtig verstanden werden. Dieses Verständnis hat die Lehrdisziplin zu fördern. Gerade dabei zeigen sich große Schwierigkeiten. Deshalb muss der Aneignungsprozess mit sehr anschaulichen Einzelbeispielen beginnen. Die Anforderungen an die Abstraktion dürfen nur schrittweise erhöht werden. Genau so ist auch die historische Entwicklung in der Informatik verlaufen. Ein Grund mehr, den historischen Lernansatz zu verfolgen.

Die These von der Weiterentwicklung der strukturierten Programmierung wird für die Schüler verständlich, wenn man die Vorstufen der OOM näher betrachtet. Ihre Thematisierung im Informatikunterricht entspricht einer Linie mit steigender Abstraktion und beantwortet die Frage zum Entwicklungsstand der Informatik. Zur Komplexitätsbewältigung und der damit verbundenen Fehlerreduzierung wurde die funktionale Abstraktion als Grundkonzept zur Beschreibung benutzerdefinierter Operationen entwickelt. Die Schüler lernen die Möglichkeit zur Konstruktion wiederverwendbarer Lösungsbausteine im prozeduralen Paradigma in Form von Prozeduren und Funktionen kennen. Bei der Anwendung treten häufig Probleme im Verständnis des Parameterkonzeptes auf. Die Entscheidung für Wert- und Referenzparameter erfordert ausreichendes Wissen um die damit verbundenen Konsequenzen. Als Lernhilfe wurde z.B. das Modell eines Hauses mit verschiedenen Räumen vorgestellt, an deren Türschildern man die aktuellen Parameterbelegungen ablesen kann, die jeweils im Rauminneren erzeugt wurden. Das erwies sich bei Referenzparametern eher als Hürde im Lernprozess.

Da *Kapselung* ein wichtiges Prinzip der Informatik ist, lohnt es, den Entwicklungsweg transparent zu machen und die Etappen zu beurteilen:

1. Etappe: *Subroutinen* konnten Befehlsfolgen einer maschinenorientierten Programmiersprache unter einem Namen zur Wiederverwendung bereitstellen. Die dabei verwendeten Daten blieben jedoch ungeschützt, da sie noch nicht gekapselt werden konnten. Sie waren global verfügbar, d.h., sie existierten während der gesamten Ausführungszeit des Programms. Benutzerdefinierte Datentypen waren noch unbekannt.

2. Etappe: Eine Weiterentwicklung des Konzeptes führt zur *funktionalen Abstraktion.* Sie wird in Form von Unterprogrammen, Funktionen oder Prozeduren, realisiert. Operationsfolgen und Daten werden gemeinsam gekapselt. Damit liegen lokale Daten vor. Lokal sichtbare Daten existieren nicht über die Ausführungszeit der Funktionen und Prozeduren hinaus. Der Datenaustausch erfolgt mittels Parameterkonzept über eine definierte Schnittstelle. Die formalen Parameter werden vor der Ausführungszeit vereinbart. Die aktuellen Parameter entstehen zur Ausführungszeit. Es fehlt die Möglichkeit, lokale Daten über die Ausführungszeit der Funktionen und Prozeduren hinaus zur Verfügung zu stellen, ohne diese außerhalb der Kapselung aufzubewahren.

3. Etappe: Eine *Datenkapsel* kann als nächster Schritt zur Verbesserung des Konzeptes verstanden werden. Die benutzerdefinierte Datenstruktur wird zusammen mit den Operationen gekapselt, die auf dieser Datenstruktur ausgeführt werden sollen. Dabei wird festgelegt, welche Daten von außen sichtbar sein dürfen und welche verborgen werden. Die Programmiersprache Modula stellt Datenkapseln zur Verfügung. Als nachteilig erwies sich, dass nur genau ein Exemplar einer solchen Struktur beschreibbar ist. Es fehlt also ein Konzept, das den Export eines Datentyps ermöglicht.

4. Etappe: Mit dem *abstrakten Datentyp (ADT)* wurde das möglich. Die Vorteile bestehen darin, dass:
   - beliebig viele Exemplare (Instanzen) vom Typ ableitbar sind,
   - ein hoher Grad der Abstraktion für benutzerdefinierte Datentypen erreicht wird.
   - Es bleibt der Nachteil, dass keine Ableitungen von Typen aus einem Basistyp möglich sind.

5. Etappe: Die Fortsetzung des Konzeptes führte vom ADT zur *Objektorientierung.* Eine Klasse entspricht einem ADT. Jedes Objekt entsteht durch In-

karnation aus einer Klasse (Bauplan für eine Objektart). Eine Klasse beschreibt Instanzvariablen (gekapselte Datenstruktur in den Objekten) und die über den Variablen definierten Operationen. OOM bietet mit der Vererbung die Möglichkeit, aus einem Basistyp neue Typen abzuleiten. Schnittstelle und Funktionalität des Basistyps gehen auf den abgeleiteten Typ über. Es besteht die Möglichkeit zur Modifikation des abgeleiteten Typs.

Die Schüler verstehen OOM nun als eine Entwicklungsstufe des informatischen Modellierens, die nicht zufällig entstand, die aber auch keinen Abschluss bilden kann, denn Vererbung verstößt gegen das *Geheimnisprinzip*.

Im Informatikunterricht der Sekundarstufe II erwies sich das Konzept des ADT als erlernbar. Solange keine Informatikvorkenntnisse aus der Sekundarstufe I vorlagen, sahen die Lehrpläne vieler Bundesländer genau ein Paradigma der Informatik, das prozedurale Paradigma, vor. In diesem wurde das erforderliche Abstraktionsniveau systematisch bis zu ADT und dynamischen Datenstrukturen über die möglichen Kurse entwickelt. Bei der Euphorie über das hohe fachliche Niveau in einem Teilgebiet der Informatik wurde übersehen, dass zunehmend weniger Schüler bereit waren, ein Fach zu wählen, in dem es sehr schwer ist, Spitzenleistungen zu erzielen. Die Überlegungen der Schüler zu ihrer Abiturstrategie zeigten, dass Informatik im Wettbewerb mit anderen Fächern bestehen muss. Bei der Suche nach neuen, attraktiven Konzepten bot sich OOM an. Außerdem versprachen Fachwissenschaftler große Erleichterung in der Softwareentwicklung durch Anwendung der OOM. Hier kann es leicht zu Fehleinschätzungen des Lernaufwandes für OOM gekommen sein. Inzwischen wird OOM in den Lehrplänen einiger Bundesländer empfohlen. Die Ablösung des prozeduralen Paradigmas durch OOM wurde gefordert (Czischke, 1997). Die notwendige Fähigkeit, Operationen mit prozeduralen Strukturen zu gestalten, eignen sich die Schüler bei dieser unterrichtlichen Vorgehensweise im Kontext der OOM an. Wenn man die folgende These als korrekt annimmt, dann wird OOM keineswegs leichter erlernbar sein als das Basiskonzept ADT.

„Objektorientierter Entwurf ist die Entwicklung von Softwaresystemen als strukturierte Sammlung von Implementierungen abstrakter Datentypen“ (Claussen, 1993, S. 15).

Die beschriebene bessere Motivationslage der Schüler kann durchaus andere Ursachen haben. So kann die Begeisterung der Lehrer für OOM einen wichtigen Einfluss auf ihren Unterricht ausüben. Eine Evaluierung der Lernprozesse zu alternativen Vorgehensweisen beim informatischen Modellieren steht noch aus. Sie wird erschwert durch die geringen Schülerzahlen im Informatikunterricht. Ob die objektorientierten Denkweisen den lehrmethodisch günstigsten Zugang zum Verständnis der Informatik bilden, bleibt vorerst offen. Es gibt deutliche Gegenstimmen:

„Dabei wird übersehen, dass Objektorientierung kaum für den Einstieg in die Informatik geeignet ist“ (Hartmann/Nievergelt, 2002, S. 467).

Wir empfehlen, unterschiedliche Arten der informatischen Modellierung zum Lerngegenstand zu machen. Jeder Eindruck eines universellen Problemlöseansatzes ist zu vermeiden. Ein ausgewogenes Verständnis der Informatik muss Vorrang vor sehr speziellen Bildungszielen bekommen (Humbert, 2003). Dekomposition von Lösungen wird häufig empfohlen, ist aber nicht an Objektorientierung gebunden:

„Furthermore, many practices associated with OOP, such as decomposing software into modules and separating the interface from the implementation, are not limited to OOP; they are simply good software practice and have been supported by modern programming languages and systems for years." (Ben-Ari, 2010, p. 32)

Insgesamt darf das informatische Modellieren nicht den Informatikunterricht ausfüllen. Es besteht keine Notwendigkeit, große Informatiksysteme im Unterricht mit Schülern zu entwickeln, um deren Wirkprinzipien und Architektur als Lerngegenstand zu gestalten. Die Lernzeit für die Analyse von anwendungstauglichen Informatiksystemen wird häufig unterschätzt. Wir empfehlen deshalb, Strukturmodelle im Unterricht einzusetzen, um Entwurf und Funktionalität von Informatiksystemen zu vermitteln (vgl. Kapitel 9 und 15).

7.3 Vertiefung in Informatik mit OOM

Im Abschnitt 7.1 wurde dargestellt, dass die unterrichtliche Anwendung der OOM bei der Einführung in die Informatik ein schwieriges Unterfangen ist, da die Schüler Basiskonzepte unterschiedlicher programmiersprachlicher Denkschemata, prozedural und objektorientiert, ohne Vorkenntnisse gleichzeitig erlernen müssen. Dagegen eignet sich OOM sehr gut für eine Vertiefung im Fach, da sich die Schüler bei dieser unterrichtlichen Vorgehensweise mit sehr anspruchsvollen Konzepten der Informatik auseinandersetzen können, z.B. mit Polymorphie und Entwurfsmustern. Im Kapitel 4 wurde das Zustandsraummodell als Grundvorstellung für das Problemlösen diskutiert (Abb. 4.1).

Fasst man einen Knoten des Graphen als Objekt auf, das sich in einem Zustand $\mathbf{z_n}$ befindet, bis eine Botschaft $\mathbf{b_1}$, ein Ereignis, es zur Veränderung, zum Zustandswechsel, zwingt, also in einen Zustand $\mathbf{z_{n+1}}$ überführt, so liegt der OOM das Verarbeitungsmodell des endlichen Automaten zugrunde. Der Programmablauf wird durch den Austausch von Botschaften gesteuert (Abb. 7.9). UML enthält Zustandsdiagramme, die sich sehr gut zur Veranschaulichung des Verarbeitungsmodells mit den Zustandswechseln eignen. Man betrachtet Objekte als abgeschlossene und autonome Bausteine. Die Autonomie der Objekte bedingt die Nebenläufigkeit, da die Objekte ihre Botschaften unabhängig voneinander versenden können. Die Verarbeitung kann deshalb parallel ausgeführt werden. Deutlich wird, dass es nicht ausreicht, anschauliche Klassenhierarchien zu skizzieren, um OOM zu erlernen.

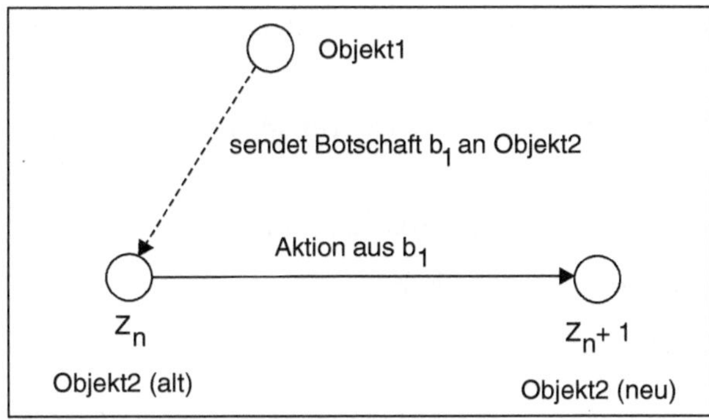

Abbildung 7.9 Programmschritt im OOM

Polymorphie

Polymorphie bedeutet allgemein Vielgestaltigkeit. In der Informatik wird darunter die Eigenschaft eines Bezeichners (z.B. einer Funktion, einer Prozedur, einer Operation, einer Variablen) verstanden, in verschiedenen Anwendungsumgebungen eine umgebungsabhängige Wirkung zu zeigen. Das bringt entscheidende Vorteile bei der Entwicklung von Informatiksystemen:

> „Sie (die Polymorphie) ist eine Grundvoraussetzung für die Wiederverwendung von Programmen, die auch in neuen Einsatzgebieten durch Neuinterpretation der Variablen und ihrer Klassenzugehörigkeit korrekt funktionieren müssen“ (Claus/Schwill, 2006, S. 512).

Damit ist Polymorphie ein sehr universelles Prinzip der Informatik, das bei jeder Systementwicklung anzuwenden ist. Integriert wurde es sowohl in einige funktionale als auch in objektorientierte Programmiersprachen. Es ist zu hinterfragen, ob Anfänger, Schüler und Studenten mit dem Erlernen des Konzeptes der Polymorphie große Schwierigkeiten haben, mehr noch als mit dem Parameterkonzept. Andererseits finden sich in der Lebenswelt der Schüler zahlreiche Beispiele für das Konzept der (Parameter-)Polymorphie, nämlich immer dann, wenn Handlungen universell anzuwenden sind und für unterschiedliche Objekte vom Menschen sinnvoll umgesetzt werden, z.B. die Operation „Schuhe zumachen“ für Schuhe mit Schnürsenkeln, mit Klettverschluss oder Slipper, „Auto fahren“ für Autos diverser Marken oder sogar Lkw, oder „Kaffee kochen“ mit jedweder Maschine oder herkömmlich nur mit Kessel.

> „Mit kaum einem Konzept der objektorientierten Softwareentwicklung haben Lernende so viele Probleme wie mit dem Polymorphismus“ (Balzert, 1999, S. 256).

Dafür könnte es mehrere Gründe geben. Polymorphie ist nicht ausschließlich ein Konzept von OOM. Ihre Anwendung bei Entwurf und Implementation stellt Schüler vor die Aufgabe, Basiskonzepte aus sehr unterschiedlichen Teilgebieten der Informatik zu verknüpfen:

- Varianten für die Vereinbarung von Bezeichnern ermöglichen das Überladen von Bezeichnern.
- Parameter für Datentypen führen zur parametrischen Polymorphie.
- Variablen stellen verschiedene Beziehungen her.
- Bezeichner können zu unterschiedlichen Zeiten an Objekte, Datentypen oder Datenstrukturen gebunden werden, zur Übersetzungszeit (statische oder frühe Bindung genannt), zur Laufzeit (dynamische oder späte Bindung genannt) eines Programms.
- Compiler, Interpreter, Binder (linker), Lader bringen ein Programm, das für eine virtuelle Maschine geschrieben wurde, auf einer realen Maschine zur Ausführung. Damit führen sie die Bindung der Bezeichner zum gewünschten Zeitpunkt aus.
- Bindungsbereiche geben die Lebensdauer von Bezeichnern an, die auch existieren können, ohne sichtbar zu sein. Gültigkeitsbereiche geben an, wo ein Bezeichner verwendet werden kann (die Sichtbarkeit).

Damit wird deutlich, dass sich die Schüler ein kognitives Modell vom Rechner aneignen müssen, das es ihnen erlaubt, diese Basismechanismen zu erkennen, zu verstehen und in neue Zusammenhänge auf einer abstrakteren Ebene einzuordnen. Das Ergebnis soll die problemadäquate Anwendung der Polymorphie durch die Schüler sein (Abb. 7.10).

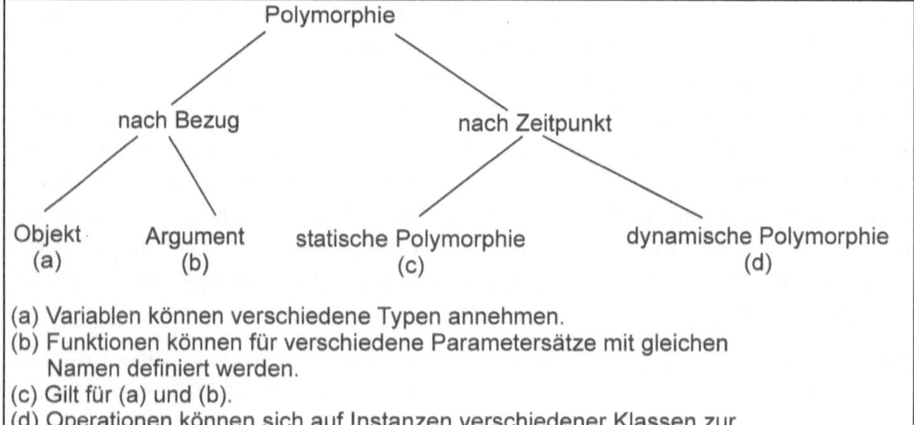

Abbildung 7.10 Arten der Polymorphie

Bereits 1992 wurde Polymorphie als zentrales Konzept der OOM für den Informatikunterricht mit folgender Aufgabe zur Veranschaulichung vorgestellt (Müller, 1992):

„Rechtecke und Quadrate sind auf dem Bildschirm darzustellen. Gegeben sind die kartesischen Koordinaten des linken unteren Eckpunktes, Länge, Breite des Vierecks. Die Kanten der Vierecke liegen parallel zu den Koordinatenachsen."

Das Beispiel lässt sich sehr gut erweitern. Andere geometrische Figuren, Kreise, können hinzugefügt werden. Geometrische Operationen wie Verschiebung, Spiegelung, Drehung sind mit den Figuren ausführbar. Die schrittweise Erweiterung der Lösung fördert das Verständnis der Schüler für die Notwendigkeit einer Verfeinerung der Vererbungsstruktur, z.B. mit einer abstrakten Klasse „geometrische Figur". Wenn wir Polymorphie im Informatikunterricht anwenden wollen, müssen wir konkrete Programmelemente näher betrachten, da die Programmiersprachen verschiedene Mechanismen dafür zur Verfügung stellen. Wir haben uns in diesem Fall für Java entschieden, da alle Operationen polymorph sind. Es liegt dynamische Objekt-Polymorphie vor, da Bezeichner erst zur Laufzeit gebunden werden. Die Schüler können später auch den Sonderfall erproben, mit dem man eine Operation vom Überschreiben ausnimmt.

Beim Analysieren der Startaufgabe wird deutlich, dass die Klasse Rechteck mindestens zwei Operationen benötigt, die Eingabe von Position und Größe (Koordinaten des linken unteren Eckpunktes, Länge, Breite) in Pixel und das Zeichnen. Die Instanzvariablen „xKoord, yKoord, laenge, breite" werden in der Klasse gekapselt, um sie vor direkten Veränderungen von außen zu schützen. Nur über eine definierte Schnittstelle kann von außen auf die Instanzvariablen zugegriffen werden. Da eine Klasse die geistige Vorwegnahme von Objekten darstellt (analog zum Bauplan), kann mit Klassen nicht manipuliert werden. Erst wenn durch Inkarnation Objekte abgeleitet wurden, können Rechtecke gezeichnet werden. Um vom neu definierten Datentyp (der Klasse Rechteck, vgl. Anhang B12) ein Objekt „einRechteck" zu erzeugen, wird der Konstruktor „Rechteck" mit den gewünschten Parametern aufgerufen: „einRechteck = new Rechteck (50,50,200,100)" (Abb. 7.11). Die Anwendung der Polymorphie ermöglicht für jede Klasse die Vergabe gleicher Bezeichner für gleiche Operationen. Konflikte bei gleichen Bezeichnern werden mit der Verbindung von <Klassenname>.<Operationsname> aufgelöst. Diese Verbindung wird zu unterschiedlichen Zeiten hergestellt, zur Übersetzungszeit bei statischer Objektpolymorphie (SOP) oder zur Laufzeit bei dynamischer Objektpolymorphie (DOP) (Abb. 7.10). Quadrate werden durch Vererbung als spezielle Rechtecke modelliert (Abb. 7.12).

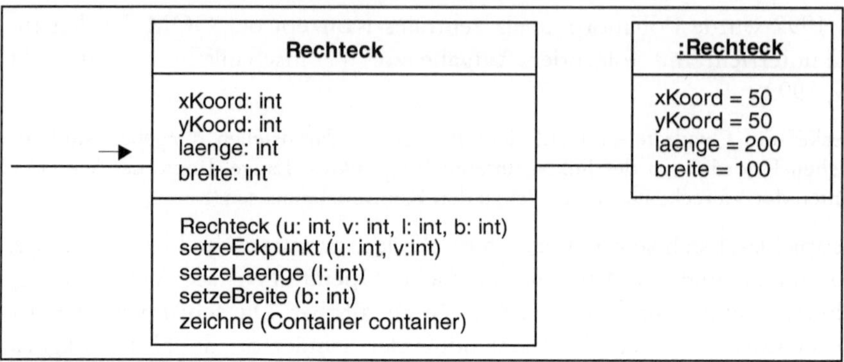

Abbildung 7.11 Erzeugen eines Objektes Rechteck

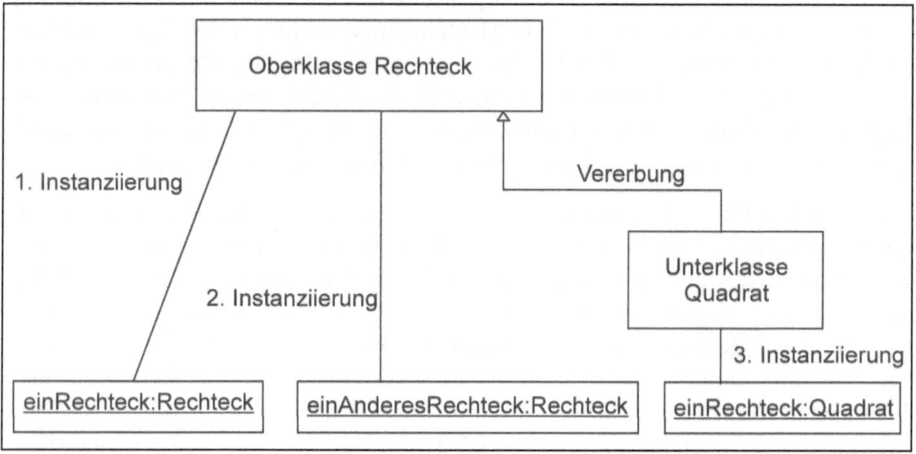

Abbildung 7.12 Vererbung von Operationen

In der Klassendefinition des Quadrats wird der Konstruktor der Oberklasse „super(u,v,l,l)“ verwendet (vgl. Anhang B13). Mit „einRechteck = new Quadrat(100,50,200) wird neben dem schon vorhandenen Rechteck jetzt auch ein Quadrat erzeugt. Die Operationen „setzeLaenge(int l)“ und „setzeBreite(int b)“ müssen neu gestaltet werden, um die Besonderheiten des Quadrats aus der Vererbung herauszunehmen. Man spricht von „programming by difference“ (Abb. 7.13).

Das funktioniert aufgrund SOP, die das Überschreiben von geerbten Operationen ermöglicht. Die Wirkung der SOP kann von den Schülern beobachtet werden, da sie die Erzeugung und Veränderung der geometrischen Figuren über die graphische Benutzungsoberfläche (GUI graphical user interface) selbst beeinflussen können. Die Botschaft „Rechteck.setzeBreite(50)“ ändert eine Breite

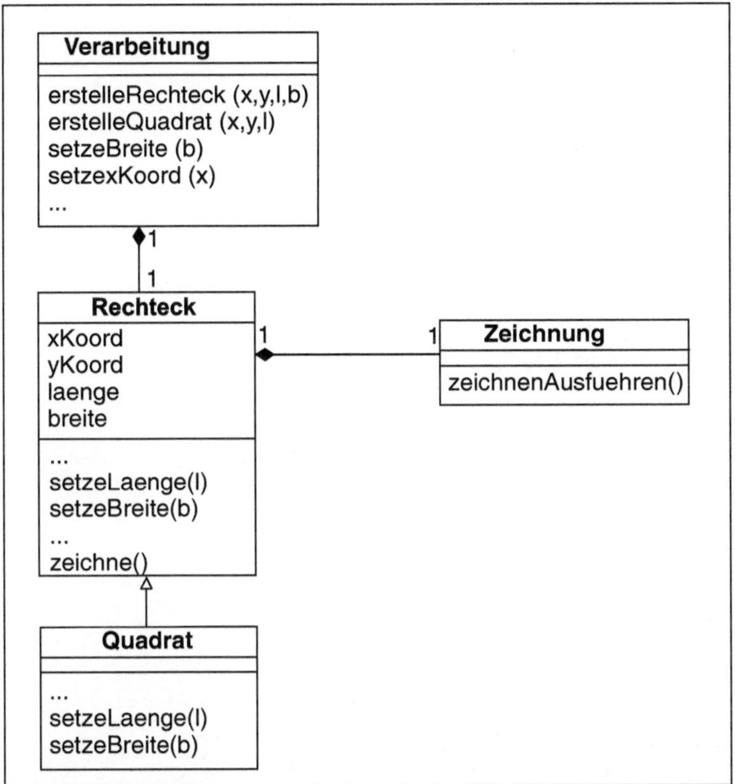

Abbildung 7.13 Entwurf

des Rechtecks. Die Botschaft „Quadrat.setzeBreite(50)“ dagegen ändert Länge und Breite und sichert so die Korrektheit des Quadrats.

Um die Wirkung der DOP zu zeigen, wird eine Lösungsvariante angewendet (vgl. Anhang B14). Zur Laufzeit des Programms erzeugen die Schüler wieder interaktiv Rechteck oder Quadrat und beobachten die korrekte Änderung von Position und Größe. Sie erkennen, dass zu jedem Zeitpunkt mit genau einer geometrischen Figur gearbeitet wird, aber vor der Laufzeit nicht festliegt, mit welcher (Abb. 7.14). Sie erkennen, DOP stellt für Objekte mit gemeinsamer Oberklasse sicher, dass die gleichlautende Botschaft zur Laufzeit individuell interpretierbar ist. Der Bezeichner „einRechteck“ ist ein flexibler, sich wandelnder Verweis auf Objekte vom Typ Rechteck oder Quadrat, aber zu jedem Zeitpunkt eindeutig bestimmt.

„Ein wichtiges Entwurfsziel ist die Maximierung des Polymorphismus“ (Balzert, 1999, S. 380).

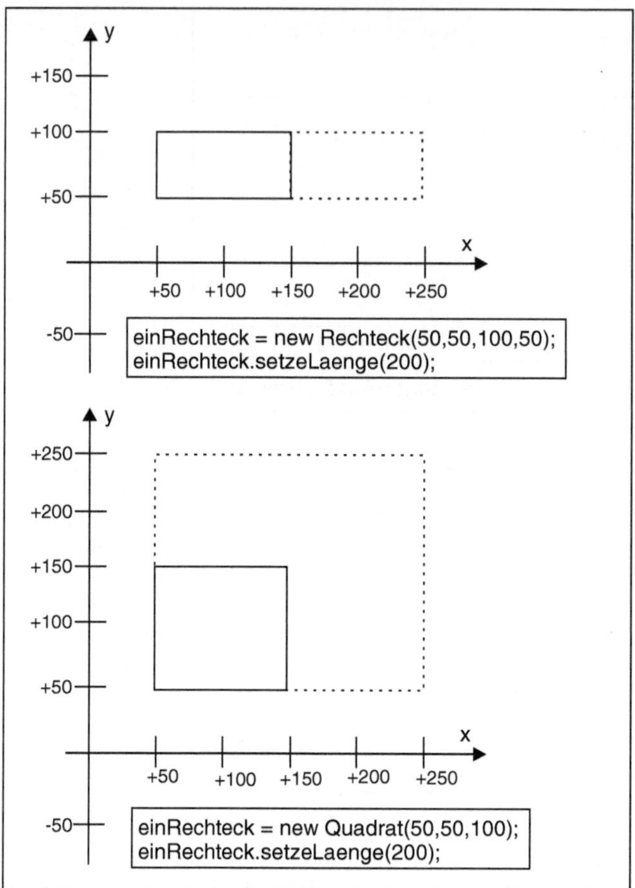

Abbildung 7.14 Wirkung der dynamischen Objektpolymorphie

Damit bildet Verständnis für Polymorphie die Voraussetzung zur Verfeinerung von Vererbungsstrukturen (Balzert, 1999, S. 380): Operationen so hoch wie möglich in der Vererbungshierarchie anlegen. Immer den gleichen Namen für analoge Operationen wählen. Alle Schnittstellen der Operationen so allgemein wie möglich halten.

Entwurfsmuster

Im Kapitel 4 wurde gezeigt, wie wichtig in der informatischen Bildung das Erkennen von Analogien und das Anwenden von *bewährten Strukturkonzepten* sind. Damit kann eine Klassifizierung von Basisaufgaben im Informatikunterricht erfolgen, die den Schülern die Orientierung in einer Fülle von Konzepteinzelheiten erleichtert. Im Bereich des prozeduralen Modellierens waren die Grundalgorithmen für die Summenbildung, die Erzeugung von Tabellen, die Ermittlung des Maximums bzw. Minimums oder das einfache Sortieren solche Aufgabenklassen. Für OOM wurden Entwurfsmuster entwickelt (Gamma et al., 1996).

„Ein Entwurfsmuster gibt eine bewährte, generische Lösung für ein immer wiederkehrendes Problem an, das in bestimmten Situationen auftritt. Es lassen sich klassen- und objektbasierte Muster unterscheiden. Klassenbasierte Muster werden durch Vererbungen ausgedrückt. Objektbasierte Muster beschreiben in erster Linie Beziehungen zwischen Objekten [, die zur Laufzeit geändert werden können; Einschub von S. 283]“ (Balzert, 1999, S. 538).

Die Entwurfsmuster wurden nach ihren Aufgaben (Erzeugung, Struktur, Verhalten) und ihrer Umsetzung (mit Klassen oder mit Objekten) klassifiziert (Tab. 7.6).

Tabelle 7.6 Klassifikation der Entwurfsmuster (Gamma et al., 1996)

	klassenbasierte Muster mittels Vererbung	*objektbasierte Muster* zur Laufzeit
Erzeugungsmuster System unabhängig von Objekterzeugung	Objekte aus unterschiedlichen Klassen erzeugen *Fabrikmethode-Muster*	Objekterzeugung an anderes Objekt delegieren *Abstrakte-Fabrik-Muster*
Strukturmuster erzeugen größere Strukturen	Schnittstellen zusammenführen	Objekte zusammenführen *Kompositum-Muster*
Verhaltensmuster verbergen komplexen Kontrollfluss	Verhalten unter Klassen verteilen	Vererbung ersetzen durch Aggregation, Komposition *Beobachter-Muster*

Bei der Einführung in die Informatik wendeten die Schüler fertige Module aus einer Programmbibliothek an und erkannten den Vorteil solcher Bibliotheken. Jetzt besteht ein Bildungsziel darin, dass die Schüler den Unterschied zwischen Klassenbibliothek (Wiederverwendbarkeit von Programmcode) und Entwurfsmuster (Wiederverwendbarkeit von Entwürfen) erkennen. Sie erfahren, warum Entwurfsmuster notwendig sind für Qualität, Flexibilität und Wiederverwendbarkeit von Informatiksystemen.

„Der Entwurf objektorientierter Software ist schwer. Noch schwerer aber ist der Entwurf wiederverwendbarer objektorientierter Software“ (Gamma et al., 1996, S. 1).

Die Schüler sollen verstehen, dass der publizierte Katalog von Entwurfsmustern eine Momentaufnahme in der Entwicklung der Informatik darstellt, das Prinzip aber, Entwurfsmuster anzuwenden, schon eine lange Tradition besitzt. Gamma et al. erläutern, dass dem *MVC-Konzept* (model – view – controller) der objektorientierten Programmiersprache Smalltalk mehrere Entwurfsmuster zugeordnet werden können, Beobachter-Muster, Kompositum-Muster, Strategie-Muster.

Die *MVC-Architektur* diskutieren wir im Kapitel 9 ausführlicher. Für eine Vertiefung im Informatikunterricht eignen sich besonders Beobachter-Muster zum Synchronisieren von Objektänderungen und Kompositum-Muster, um Objekte zu Baumstrukturen zusammenzusetzen mit dem Ziel, eine komplexe Baumstruktur oder deren Blätter über eine gemeinsame Schnittstelle manipulieren zu können. Wichtig ist die Fähigkeit der Schüler, mittels Analogieschluss die Anwendungsbedingungen für ein Muster zu erkennen. Wir betrachten dazu das *Beobachter-Muster* näher und wenden es auf das Beispiel der geometrischen Figuren an (Abb. 7.15). Im Beobachter-Muster existiert immer eine Klasse „Subjekt" und eine Klasse „konkretes Subjekt", z.B. „Rechteck", die mit einer beliebigen Anzahl von Beobachterklassen kooperieren können. Im „konkreten Subjekt" werden alle Daten des Rechtecks gespeichert. Das „konkrete Subjekt" wird von einem „konkreten Beobachter" benachrichtigt, dass Daten zu ändern sind. Daraufhin fordert es alle angemeldeten Beobachter auf, ihre Daten zu aktualisieren. Jede Klasse „Beobachter" definiert den Zugriff auf die Daten für ihre Unterklassen, die konkreten Beobachterklassen, hier die Klassen „Eingabe", „Zeichnung", „Flächeninhalt" und „Umfang". Daten, die sich häufig än-

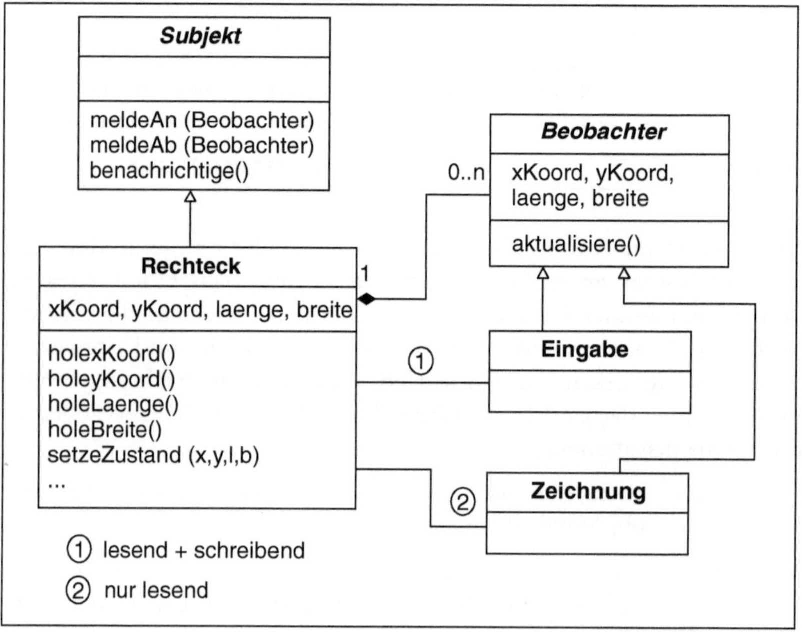

Abbildung 7.15 Anwendung des Beobachter-Musters

dern, sind in unserem Beispiel die Werte der Instanzvariablen „xKoord, yKoord, laenge und breite“. Sie werden von „Eingabe“ schreibend und lesend und von „Zeichnung“ lesend verwendet. Es liegen mit „Eingabe“, „Zeichnung“, „Flächeninhalt“ und „Umfang“ vier „konkrete Beobachter“ vor, die unabhängig voneinander agieren können und doch konsistente Daten besitzen (vgl. Anhang B15). Die Schüler erkennen, dass das Beobachter-Muster immer angewendet werden sollte, wenn die Konsistenz von Daten in verschiedenen Objekten sicherzustellen ist ohne zu enge Verzahnung ihrer Klassen. Der Vorteil ist dann die Austauschbarkeit der konkreten Beobachter, ihre Wiederverwendung in anderen Programmen und das Erweitern der Lösung um weitere Beobachter.

8 Unterrichtshilfen für den Informatikunterricht

8.1 Interaktion

Lange Zeit wurde in der Informatik ausschließlich von Mensch-Maschine-Kommunikation und von Kommunikation im Sinne von Datenkommunikation gesprochen. Das Modell zur Übertragung von Information besteht dann aus Sender, Codierung, Kanal, Decodierung und Empfänger (Claus/Schwill, 2006, S. 344). Zunehmend setzen sich in der deutschsprachigen Fachliteratur die Begriffe Mensch-Maschine-Interaktion bzw. Mensch-Computer-Interaktion und Datenaustausch durch. Damit soll deutlich gemacht werden, dass der Kommunikationsbegriff menschliche Partner voraussetzt. Die Arbeit des Menschen mit Informationssystemen (vereinfacht Computern) zeigt neue Wechselbeziehungen, die man mit dem Begriff *Interaktion* davon unterscheiden möchte. In der englischen Literatur werden diese Begriffe häufig synonym verwendet. Informatiklehrer sollten diese Sprachprobleme im Unterricht thematisieren. Eine Lösung des Problems ist mit dem oben genannten Kompromiss noch nicht gelungen, denn laut Duden ist

> „Interaktion aufeinander bezogenes Handeln zweier oder mehrerer Personen; Wechselbeziehung zwischen Handlungspartnern: soziale Interaktion; sprachliche Kommunikation ist die wichtigste Form menschlicher Interaktion" (Dudenredaktion, 2001, S. 840).

Es kann hineingedeutet werden, dass es Interaktion mit Handlungspartnern geben kann, die keine Menschen sind. Aber ob das der Weg zum Verständnis der Arbeit mit Informationssystemen wird, bleibt unklar. In diesem Text wird Interaktion für die neue Wechselbeziehung zwischen Mensch und Informatiksystem gewählt, und *Kommunikation* bleibt im traditionellen Bereich:

> „Verständigung untereinander, zwischenmenschlicher Verkehr besonders mit Hilfe von Sprache, Zeichen" (Dudenredaktion, 2001, S. 928).

Wir benötigen beide Begriffe. In der Entwicklung der Informatik nimmt die Interaktion den historisch längeren Zeitraum ein. Vom ersten Rechner an bestand die Notwendigkeit, diese Systeme mittels Interaktion zu steuern. Das Prinzip der *freien Programmierbarkeit* eines Rechners stellte diese Maschinen auf ein besonderes Niveau. Die ursprüngliche Trennung in solche Berufsbilder wie

Systemanalytiker, Programmierer und Bediener (Operator) verschwand mit der Einführung der Arbeitsplatzrechner weitgehend. Systemanalytiker entwarfen die Algorithmen und Datenstrukturen für einen Anwendungsauftrag. Programmierer erzeugten daraus Programmcode in der gewünschten Programmiersprache und implementierten diesen bis zur funktionstüchtigen Software. Bediener großer Rechenanlagen führten die fertigen Anwendungen im Routinebetrieb aus. Mit dem neuen Berufsbild des Informatikers wurde die Arbeitsteilung so umgesetzt, dass die Anwender aller Berufsgruppen mit der von Informatikern geschaffenen Software selbständig ihre Aufgaben lösen. Die Interaktion mit Informatiksystemen wird deshalb nach Entwicklern und Anwendern unterteilt. Die Systemkomponente für diese Interaktion wird *Benutzungsoberfläche* genannt.

„Die Benutzungsoberfläche setzt sich ... aus folgenden drei Komponenten zusammen: Präsentation ..., Interaktion (zur Bereitstellung von Dialogfunktionen und Festlegung der Anweisungen für Anwenderprogramme), Kontrolle ...“ (Claus/Schwill, 2006, S. 89).

Graphische Benutzungsoberflächen mit Fenstertechnik, Menüführung und Bildern (Ikonen) haben sich durchgesetzt. Die Bilder stellen eine Brücke zum traditionellen Arbeitsprozess her, z.B. Ordner, Dokument, Papierkorb, Koffer. Entwicklungswerkzeuge und Anwendersysteme unterscheiden sich kaum noch in den Benutzungsschnittstellen, so verschieden die Funktionalität sein mag. Die Interaktion selbst wird bestimmt von der zu lösenden Aufgabenklasse und den Ein- und Ausgabemöglichkeiten. Die Kommunikation mittels Informatiksystem – *Telekommunikation* – gehört zu den neuen Entwicklungen in der Informatik. Die Glasfaserübertragung und die Satellitentechnik brachten den Wechsel von der analogen zur digitalen Telekommunikation (Telematik: Telekommunikation und Informatik). Danach entstand der Bedarf neuer Software für traditionelle Kommunikationsdienstleistungen. Die E-Mail wurde anfangs zu einer Alternative zur Postkarte. Nachdem Verschlüsselungsmechanismen einsetzbar wurden, konnte die Vertraulichkeit des Briefes nachgebildet werden. Seriöse Geschäftsbeziehungen konnten erst mit der rechtskräftigen Verbindlichkeit der digitalen Signatur über ein Netzwerk wie das Internet aufgebaut werden. 1997 brachte erstmals ein Gesetz die erforderliche Rechtssicherheit für die veränderten Kommunikationsmöglichkeiten.

8.2 Informatiklabor

Informatikunterricht ohne Informatiklabor ist wie Schwimmunterricht ohne Schwimmbecken möglich, aber nicht empfehlenswert. Mit der Anwendung von Informatiksystemen entstanden Deutungsmuster wie Automat, Werkzeug, Partner, Denkzeug. Sie sollten helfen, die neuen Tätigkeiten des Menschen in vorhandene Denkstrukturen einzuordnen, führten aber auch zu falschen Erwartungshaltungen. Die Werkzeugsicht brachte eine Unterschätzung der freien Programmierbarkeit. Die Partnersicht überschätzte die Interaktionsmöglichkeiten auf der Basis formaler Sprachen. Ob das Kunstwort Denkzeug eine nützliche Metapher bildet, bleibt abzuwarten. Der *Dialogbetrieb* ist die typische Betriebsart in der Schule:

> „Die Form des Gesamtauftrages ist nicht von vornherein festgelegt, sondern kann vom Benutzer interaktiv, d.h. in unmittelbarer Reaktion auf Ergebnisse der Teilaufträge, ständig erweitert werden" (Claus/Schwill, 2006, S. 92).

Der Mensch erteilt seine Aufträge meist über Tastatur und Maus. Das Informatiksystem bearbeitet diese Aufträge und liefert die Ergebnisse wahlweise über Bildschirm und/oder Drucker an den Menschen. Aus dieser Interaktion mit dem Informatiksystem wurden Begriffe wie interaktive Systeme und Dialogsysteme abgeleitet. Anfangs standen Einzelcomputer im Informatiklabor, danach arbeitete man mit lokalem Rechnernetz. Heute existiert meist ein Schul-Intranet mit Verbindung zum Internet.

Das Informatiklabor der Schule ist die Lehr-Lern-Umgebung für dieses Unterrichtsfach und kann den Anforderungen nur gerecht werden, wenn Gestaltungsregeln beachtet werden (Walker, 2010). Besonders hinderlich ist der Bildschirm als Barriere zwischen den Menschen. Deshalb empfiehlt sich eine Gestaltung des Informatiklabors mit zentralem Kommunikationsbereich und dezentralen Interaktionsbereichen (Abb. 8.1). Der Demonstrationsbereich des Lehrers bleibt an der traditionellen Spitze. Wesentlich ist die Verbindung der beiden Arten von Schülerarbeitsplätzen. Eine Stuhldrehung muss ausreichen, um vom zentralen Gruppenbereich zum dezentralen Experimentierplatz zu wechseln. Wenn das möglich wird, kann der Informatiklehrer variantenreichere und in sich abgestimmtere Unterrichtssequenzen gestalten. Andernfalls wird der Wechsel zwischen den planenden, diskutierenden Lernphasen und den realisierenden, experimentellen Lernphasen durch Zeit- und Konzentrationsverlust behindert.

Erst mit der Verbreitung von Rechnern in Tablet-Form ist damit zu rechnen, dass traditionelle Arbeitsplatzgestaltungen und -haltungen im Informatikunterricht wieder möglich werden und der Rechner den Status eines Fremdkörpers im Unterrichtsgeschehen verliert, sondern sich organisch – wie Schulheft oder Taschenrechner – in den Unterricht eingliedert.

Unverzichtbar ist der benachbarte Vorbereitungsraum mit Lehrerarbeitsplätzen zur Lernmaterialentwicklung und Pflege der Unterrichtsmittelsammlung (Hard- und Software, Lehrbücher, Arbeitsblätter, Videos usw.). Hier kann die ungestörte Arbeit der Lehrer außerhalb des Unterrichts stattfinden. Servicepersonal stört den Unterricht nicht, wenn es im Vorbereitungsraum Wartungs- und Entwicklungsarbeiten am Rechnernetz ausführt. Für das lokale Rechnernetz des Informatiklabors haben meist Informatiklehrer die Administration übernommen, ohne dass die Frage der Anrechnung auf das Arbeitspensum geklärt wurde. Mit der Administration des Schul-Intranets muss ein Informatiker betraut werden. Im Berufsfeld des Lehrers ist dafür kein Platz. Es ziehen sich bereits Lehrer aus dem Fach Informatik zurück, weil sie nicht zum Schulpostmeister für die Verwaltung von ca. 1000 E-Mail-Adressen der Schüler und für den daraus resultierenden Postversand werden wollen.

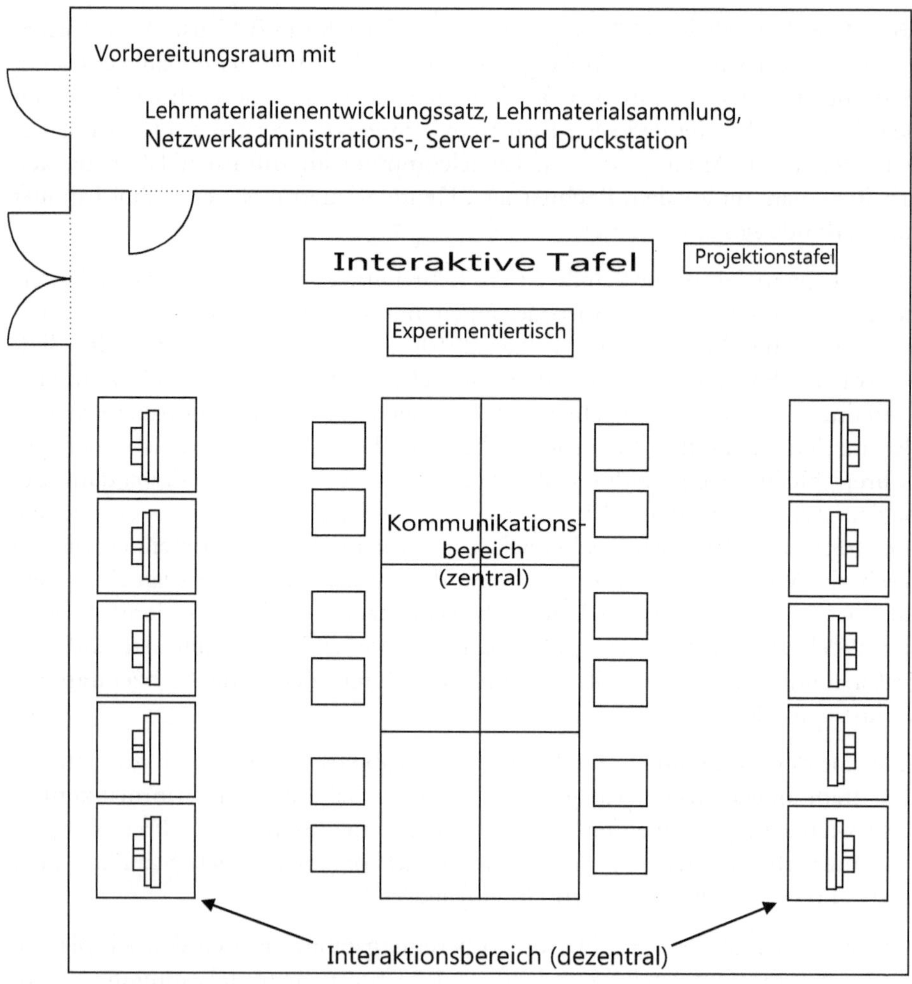

Abbildung 8.1 Gestaltung eines Informatiklabors

Informatiklehrer beraten häufig die Schulleitung und das Kollegium bei der Gestaltung des Lernens mit Informatiksystemen. Auch das stellt eine zusätzliche berufliche Aufgabe dar, die Anerkennung und Vergütung verlangt. Die Anwendung von Informatiksystemen für unterschiedliche Unterrichtsfächer entwickelte sich ebenfalls vom Einzelplatzsystem über das lokale Rechnernetz des Informatiklabors zum Schul-Intranet. Es ist kein Internet-Anschluss erforderlich, um ein leistungsstarkes Intranet für Schulen aufzubauen. Der Internet-Anschluss stand vielen Schulen zuerst an einem Einzelplatzsystem zur Verfügung. Meist blieb es danach den Lehrern überlassen, das lokale Rechnernetz des Informatiklabors mit dem weltweiten Netz zu verbinden. Eine Rechnernetzinfrastruktur, die auf die Bedürfnisse der Schule abgestimmt ist, wird heute schrittweise entwickelt. Dabei handelt es sich um eine interdisziplinäre Aufgabe, die nur von Informatikern und Lehrern gemeinsam gelöst werden kann. Den Schülern blieben die Probleme der heterogenen und deshalb sehr störanfälligen Rechnernetze nicht verborgen. Das funktionstüchtige Dialogsystem als Unterrichtsmittel ist nicht an den Zugang zum Internet oder Intranet gebunden. Das lokale Rechnernetz bringt tatsächlich Kooperationsmöglichkeiten und Organisationsvorteile, die der Einzelplatz nicht bereitstellen kann.

Die Schülertätigkeiten werden deshalb für ein vernetztes Dialogsystem betrachtet. Typischerweise beginnt Informatikunterricht mit dem Erlernen der Anmeldung im Rechnernetz des Informatiklabors oder im Schul-Intranet. Tastatur und Maus sind zwar als Eingabegeräte aus der Primarstufe vertraut, aber am Bildschirm wird meist eine Benutzungsoberfläche sichtbar, die keineswegs selbsterklärend ist. Die Erleichterung der individuellen Arbeit zeigt sich für Anfänger deshalb lange Zeit nicht. Stress und Frustration sind häufig zu beobachten. Ein kognitives Modell vom Informatiksystem bringt Orientierungswissen in die anfängliche Versuch-Irrtum-Strategie. Die Schüler durchlaufen Stufen der Dialogarbeit. Sie können

- Ausgaben des Systems richtig interpretieren,
- Ausgaben des Systems richtig vorhersehen,
- Eingaben zum Steuern des Systems so planen, dass die gewünschten Ausgaben geliefert werden,
- Ergebnisse im Anwendungskontext bewerten und verantwortungsbewusst einsetzen.

Die logische Speicherstruktur der Verzeichnisse für Systeme, Lehrerdaten und Schülerdaten muss thematisiert werden. Daraus leitet sich die erforderliche Informationssicherheit ab, deren Basismechanismen Verschlüsselung, Authentifizieren und Zugriffsschutz schrittweise zu erlernen sind. Da es keine absolut sicheren Systeme geben kann, sind die Schüler für den sorgfältigen Umgang mit dem Informatiklabor zu sensibilisieren und in das tägliche Aufräumen im Netz einzubeziehen. Das ist auch ein Beitrag zum selbstbestimmten Lernen, erzeugt Wissen über die den Schülern anvertrauten Werte und Achtung vor der Arbeitsleistung der Lehrergruppe und Schülergruppe, die diese Lernumgebung pflegen. Eine kontrollierbare Laborordnung darf nicht fehlen. Sie wird mit traditionellen Belehrungen und Sanktionen verbunden. Die Konfrontation zwischen Schülern und Lehrern würde das kreative Potential der Schüler in sehr ungünstiger Weise aktivieren. Hier hilft Transparenz der Vorschriften und des Managementaufwandes und Verteilung der Dienstleistungslasten, die bei der Vor- und Nachbereitung der Laborexperimente auftreten. Was Lehrer und Schüler gemeinsam entwickeln, wird auch gemeinsam geschützt.

Neu nachgedacht werden muss über die Organisation des Informatikunterrichtes. Eine kurze Pause reicht nicht aus, um die notwendigen Systemumstellungen für die Lehr-Lern-Experimente vorzunehmen. Der Informatiklehrer kann seine Experimentaltechnik auch nicht auf separaten Rolltischen vorbereiten und in den Laborraum fahren. Die Doppelstunde erweist sich als sinnvoller Rahmen für Entwerfen, Implementieren und Experimentieren.

Viel diskutiert werden die hohen Kosten für die regelmäßig zu erneuernde technische Infrastruktur der informatischen Bildung. Trotz des Preisverfalls bei Hardware und Software und der zunehmenden Angebote an kostenfreier Software bleiben die Auswirkungen der Ausstattungsversäumnisse der vergangenen Jahre. Es fehlen preiswerte Schulrechner und auf die Bildungsziele abgestimmte Lernsoftware. Der Informatikunterricht ist davon besonders betroffen. Es existiert kein Konsens mehr über die Programmiersprachen für den Informatikunterricht, seit Pascal abgelöst wurde.

8.3 Unterrichtshilfen

Die meisten Schulfächer verfügen über ein gewisses Sortiment an Unterrichtshilfen, mit denen ausgewählte Inhalte enaktiv veranschaulicht und vermittelt werden können. Beispielhaft seien aus der Mathematik Cuisenaire-Stäbchen, Napier'sche Rechenstäbchen, Steckwürfel oder Körpermodelle genannt, aus der Physik kennt man z.B. Versuche mit Klingeln, Magneten, Federn usw. In der Informatik sind solche Anschauungsmittel noch weitgehend unbekannt, oder sie werden approximativ durch den Rechner visualisiert, mit möglichen negativen Effekten auf Sensitivität und Aktivität. Paradebeispiel ist die Simulation von elektronischen Schaltungen auf dem Rechner anstelle realer Experimente.

Andererseits kann man weltweit eine große Offensive aller Fächer – und nicht nur in der Informatik – beobachten, Gegenstände des jeweiligen Fachs aufzubereiten und einer interessierten außerfachlichen Öffentlichkeit nahezubringen. Dazu dienen vermehrt attraktive Ausstellungen mit Exponaten, an denen man das Fach nicht nur anschauen, sondern spürbar erfahren, insbesondere ertasten, erfühlen, erriechen oder erschmecken kann. Als Exponate dienen Gegenstände, mit denen man gewisse abstrakte Konzepte veranschaulicht. Oftmals sind die Zuschauer selbst Teil des Exponats und erwecken es durch Handlungen zum Leben, weil das Exponat selbst nur aus einer abstrakten Beschreibung besteht, die erst durch Handlungen konkretisiert werden muss. Zu nennen sind hier das Mathematikum in Gießen (URL: http://www.mathematikum.de), die Ausstellung „Abenteuer Informatik" von Gallenbacher (URL: http://www.abenteuer-informatik.de) oder informatische Spiele oder Tricks für Kinder, die man für Informatik gewinnen will (URL: http://www.famity.de) (vgl. Themenheft LOG IN Heft 160/161, 2009).

In diesem Abschnitt stellen wir einige Überlegungen für die Begründung und Gestaltung von informatischen Unterrichtshilfen vor. Dazu ziehen wir Ergebnisse aus Psychologie und Pädagogik heran.

8.3.1 Historische und kognitionspsychologische Notizen zur Anschauung

Unterricht soll anschaulich sein. Unterrichtshilfen sollen die Veranschaulichung unterstützen. Für diese Maxime gibt es in der Historie zahlreiche Begründungen und Belege. Daher beginnen wir zunächst mit einem kurzen Abriss über die geschichtliche Entwicklung des Begriffes „Anschauung", um anhand einiger historischer Ansätze den Einsatz von Unterrichtshilfen nachvollziehen zu können.

Comenius beginnt im 17. Jahrhundert in der Didactica magna erstmalig eine didaktische Auseinandersetzung mit dem Begriff der Anschauung. Geprägt vom Empirismus fordert er: „Der Anfang der Kenntnis muss immer von den Sinnen ausgehen (denn nichts befindet sich in unserem Verstande, das nicht zuvor in einem der Sinne gewesen wäre". Und weiter als Goldene Regel für die Lehrenden: „Alles soll wo immer möglich den Sinnen vorgeführt werden. Was sichtbar dem Gesicht, was hörbar dem Gehör, was riechbar dem Geruch, was schmeckbar dem Geschmack, was fühlbar dem Tastsinn. Und wenn etwas durch verschiedene Sinne aufgenommen werden kann, soll es den verschiedenen zugleich vorgesetzt werden."

Pestalozzi vertrat im 19. Jahrhundert wohl eine der rigorosesten Ansichten über die Anschauung, die aber über lange Zeit hinweg und auch heute noch mehr oder weniger bewusst das Handeln vieler Lehrer bestimmt. Er war der Ansicht,

> „daß die Anschauung das absolute Fundament aller Erkenntnis sei; mit anderen Worten, daß jede Erkenntnis von der Anschauung ausgehen und auf sie müsse zurückgeführt werden können".

Sein Begriff der Anschauung ist denkbar einfach:

„So ist sie nichts anders als das bloße Vor-den-Sinnen-Stehen der äußeren Gegenstände und die bloße Regmachung des Bewußtseins ihres Eindrucks.“ (Pestalozzi, 1801)

Man erkennt an diesem Zitat einen Hauch von Konstruktivismus, denn gemeint ist auch, dass die Schüler die Begriffe bzw. Zusammenhänge durch eigene Anstrengung bilden und nicht einfach „so übernehmen“.

Besonders lassen sich die Vorteile von Unterrichtshilfen über die Entwicklungstheorie Jean Piagets erklären.

Geistige Entwicklung im Sinne Piagets kann man als ein ständiges Wechselspiel zwischen *Assimilation*, d.h. Anpassung neuer Informationen an die eigene kognitive Struktur, und *Akkomodation*, d.h. Veränderung kognitiver Strukturen durch Einflüsse aus der Umwelt, ansehen (Abb. 8.2).

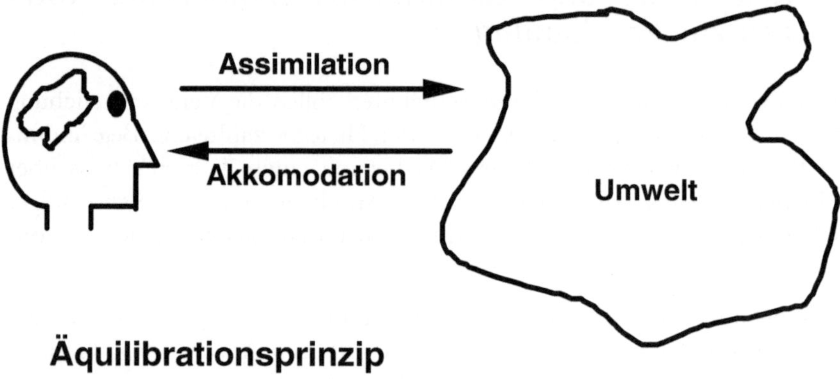

Abbildung 8.2 Äquilibrationsprinzip nach Piaget

Dabei verläuft die geistige Entwicklung nach Piaget in verschiedenen Phasen bzw. Stufen. Nach jeder Phase besteht zunächst ein Zustand des relativen Gleichgewichts (*Äquilibration*), das durch neue Umwelteinflüsse gestört wird und zu einer Weiterentwicklung zur nächsthöheren Stufe überleitet. Für den Informatikunterricht sind dabei vor allem die Phasen 3 und 4 von Bedeutung, für die wir charakterisierende Merkmale ergänzen:

1. Sensomotorische Phase (0-2 Jahre),
2. Präoperationale Phase (2-7 Jahre),
3. Konkret-operationale Phase (7-11 Jahre): Fähigkeit zur Standpunktverlagerung, Konzentration auf mehrere Merkmale von Gegenständen, Unterscheidung von Erscheinung und Wirklichkeit, gedankliche Umkehrung von

Operationen (Reversibilität), Konsistenz in der Anschauung, empirisch-induktives Schließen.

In dieser Phase sind konkrete Stützen in Form von Unterrichtshilfen besonders wirksam, denn die Fähigkeiten der Kinder beziehen sich immer noch auf reale Gegenstände sowie auf Handlungen, die konkret ausgeführt werden. Abstrakte, hypothetisch deduzierte Beziehungen werden erst durch die Entwicklung formal-operationaler Strukturen in der nächsten Phase erschlossen.

4. Formal-operationale Phase (ab 12 Jahre): abstraktes Denken, systematisches Denken und Experimentieren, Kausalitätsprinzip, hypothetisch-deduktives Schließen, Logik.

Die Reichweite von Unterrichtshilfen beschränkt sich weitgehend auf die konkret-operationale Phase. Die Beobachtung aber, dass auch Erwachsene, also Personen, die sich entwicklungspsychologisch bereits auf der formal-operationalen Stufe befinden, von der Nutzung von Unterrichtshilfen profitieren können, wird durch das *psychogenetische Grundgesetz* gestützt. Diese von dem amerikanischen Psychologen Granville Stanley Hall in Anlehnung an das biogenetische Grundgesetz von Ernst Haeckel formulierte These besagt, dass auf der makroskopischen Ebene die individuelle psychische Entwicklung den wichtigen Schritten in der Evolution der Menschheit entspricht und dass auf der mikroskopischen Ebene bei jedem Denkprozess und jeder Form des Wissenserwerbs die obigen Phasen – wenn auch in hoher Geschwindigkeit – durchlaufen werden, so dass auch ein Denkprozess einer Person auf der formal-operationalen Phase von einer Unterrichtshilfe unterstützt wird, wenn sich der Denkprozess gerade im konkret-operationalen Stadium befindet. Auf dieser Eigenschaft basieren z.B. intensiv die Unterrichtsvorschläge zur objektorientierten Modellierung von Diethelm/Geiger/Zündorf (2005) sowie die kinästhetischen Lernaktivitäten von Silvilotti und Pike (2007) zum Verteilten Rechnen.

Einen weiteren Beleg für die fruchtbare Verbindung von Denken und Handeln liefern die Ergebnisse von Paivio (1986) zur *dualen Kodierung*. Paivio nimmt getrennte Verarbeitungssysteme für verbale und nonverbale Information an. Doppelte Kodierung eines Gegenstands durch sprachliche und bildhafte Repräsentationen erhöht die Erinnerungswahrscheinlichkeit, weil Information doppelt repräsentiert wird, einmal nonverbal als Bild und einmal verbal durch einen mit dem Bild verknüpften Begriff. Paivios Annahme wird durch hirnphysiologische Befunde unterstützt, die zeigen, dass bei der Verarbeitung von sprachlichem Material vor allem die linke Hirnhälfte aktiv ist, während beide Hirnhälften an der Verarbeitung nonverbaler Information beteiligt sind. Man beachte aber, dass hierbei nur Gedächtniseffekte, aber keine Verstehensleistungen untersucht wurden.

8.3.2 Theorie und Klassifikation von Unterrichtshilfen

Trotz der besonderen Bedeutung von Unterrichtshilfen ist ihre Theorie vor allem in der Informatik noch weitgehend unentwickelt. Eine Aussage von Glöckel (2003, S. 40) beschreibt diesen Zustand recht treffend: „Eine solche Theorie der Unterrichtsmittel blieb eigenartigerweise lange Zeit wenig entwickelt. Dies hat wohl mit dazu beigetragen, dass zwar die Ausstattung der Schulen immer reicher, die Mittel technisch vollkommener, äußerlich prächtiger und auch kostspieliger wurden, dass ihre inhaltliche Qualität, ihre Eignung als Hilfen für das Lernen sich aber nicht im gleichen Maße verbesserte.“ Für die Informatik gilt die Aussage beinahe uneingeschränkt, denn wo findet man hinreichend gesicherte Aussagen zum Einsatz von Programmiersprachen – auch ein Unterrichtsmittel –, zur Nutzung von Softwareentwicklungswerkzeugen, zu Programmierumgebungen oder zu klassischen „handfesten“ Hilfen, wie sie hier vorgestellt werden. Natürlich ist in diesem Zusammenhang auch eine Klassifizierung und Benennung der Unterrichtsmittel noch weitgehend unentwickelt, obwohl deren Bedeutung eigentlich seit Langem unbestritten ist.

Für Michael (1983) dienen Unterrichtshilfen der Veranschaulichung von Realität, wobei folgende Funktionen bedeutsam sind:

1. Veranschaulichung als Motivationshilfe, um Lernprozesse in Gang zu setzen oder zu halten;
2. Veranschaulichung als Erkenntnishilfe, um Lernprozesse zu erleichtern, besseres Verstehen zu ermöglichen;
3. Veranschaulichung als Reproduktionshilfe, um Gelerntes intensiver einzuprägen und genauer wiedergeben zu können.

Für den hiesigen Zweck sind vor allem die Funktionen 1 und 2 von Bedeutung.

Eine mögliche Einteilung der Veranschaulichungsmittel (nach Huber, 1965) zeigt Abbildung 8.3, wobei unsere Unterrichtshilfen in den Bereich plastische Nachbildung fallen. Aus heutiger Sicht ist diese Einteilung unvollständig, da z.B. alle neuen multimedialen Mittel fehlen.

Auf eine Referierung von Forschungsergebnissen zum Einsatz von Unterrichtshilfen verzichten wir hier und verweisen auf (Glöckel, 2003) und (Rost, 2006).

8.3.3 Beispiele für Unterrichtshilfen

Gute Erfahrungen beim Einsatz von traditionellen Unterrichtsmitteln liegen zum Thema Sortierverfahren vor. Zum Einsatz kommen Spielkarten. Die Schü-

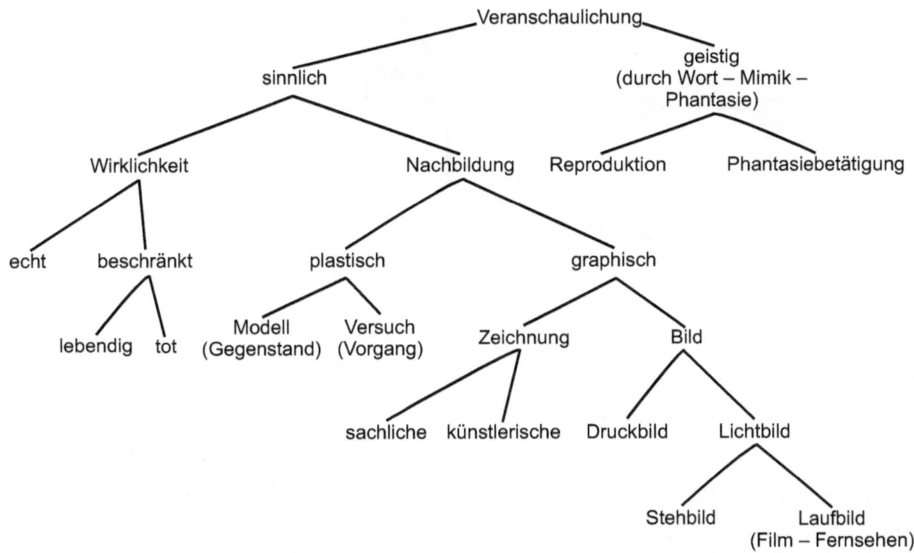

Abbildung 8.3 Klassifikation von Veranschaulichungsmitteln nach Huber

ler bilden mit einer kleinen Auswahl an Karten beliebige Testdatensätze und sortieren von Hand. Das Gespräch darüber führt zum Bewusstmachen der Algorithmen für das Sortieren im Rechner. Das entdeckende Lernen ist hier fest mit dem Manipulieren der Objekte verbunden. Vorteilhaft ist, dass mit sehr einfachen Materialien sehr komplexe Algorithmen vollzogen werden. Ebenfalls zur Veranschaulichung eines Sortierverfahrens wurde eine kleine mechanische Maschine gebaut, über die im Folgenden berichtet wird.

Bucketsort

Diese Unterrichtshilfe ist eine der Ersten, die im Rahmen einer studentischen Arbeit entwickelt worden ist. Ihre Konstruktion (Abb. 8.4) ist in ein Exponat im Heinz Nixdorf MuseumsForum in Paderborn (URL: http://www.hnf.de) eingeflossen (Abb. 8.5).

Aus einem Vorratsbehälter rollen Kugeln unterschiedlicher Größe eine Rollbahn herunter, die aus zwei Stäben besteht, deren Abstand sich von rechts nach links vergrößert. Kleinere Kugeln fallen weiter rechts, größere Kugeln weiter links in darunterliegende Behälter (Buckets). Am Schluss werden in einem weiteren Schritt alle Behälter auf eine weitere Rollbahn ausgeleert und liegen dort dann der Größe nach von links nach rechts absteigend sortiert.

Das Modell verkörpert trotz seiner Einfachheit dennoch alle wesentlichen Eigenschaften von Bucketsort: Es handelt sich um kein vergleichsbasiertes Sortierverfahren, denn zwischen den zu sortierenden Objekten finden niemals

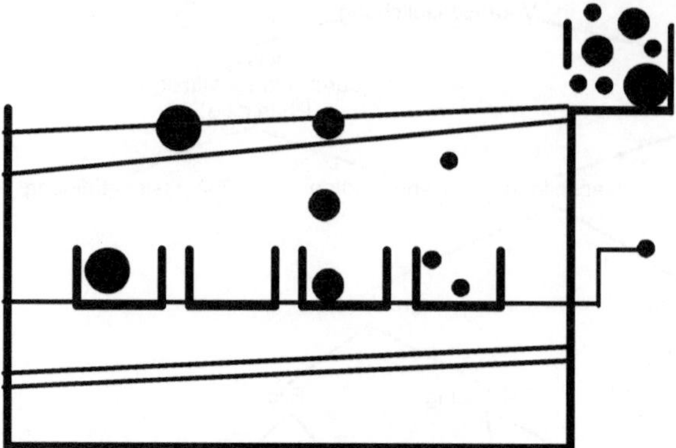

Abbildung 8.4 Skizze der Bucketsort-Maschine

Abbildung 8.5 Bucketsort-Maschine im Heinz-Nixdorf-MuseumsForum Paderborn

Vergleiche statt; man kann nur spezifische Sortierräume sortieren, denn Kugeln einer Größe außerhalb dieses Bereichs fallen evtl. zwischen die Buckets; das Verfahren benötigt Linearzeit, optisch erkennbar an der Länge des längsten Wegs, den eine Kugel maximal zurücklegt; ein Computerprogramm besteht aus zwei Phasen, der Sortierphase mit Befüllen der Buckets und der Ausgabephase mit Ausleeren der Buckets.

In dem Modell des Computermuseums erfolgt der Start des Modells durch eine Drehung am Griff in der Mitte. Die Kugeln sortieren sich dann in die vorgesehenen Behälter. Durch eine ausgeklügelte Mechanik ist dafür gesorgt, dass man mit einer weiteren Drehung am Griff alle Kugeln wieder in den Vorratsbehälter befördert werden kann und das Spiel erneut beginnt (Abb. 8.5).

Variablen- und Speichermodell

Dieses Modell stammt von Roland Fleischer, damals Lehrer am Greifenstein-Gymnasium in Thum. Er war Sieger des Wettbewerbs „Unterrichtshilfen", der im Rahmen der Tagung INFOS (Informatik und Schule) 1999 in Potsdam (URL: http://www.informatikdidaktik.de/INFOS99/Wettbewerb) stattfand (Abb. 8.6). Das Modell setzt sich aus zwei Teilen zusammen. Beide Teile können unabhängig voneinander im Unterricht eingesetzt werden.

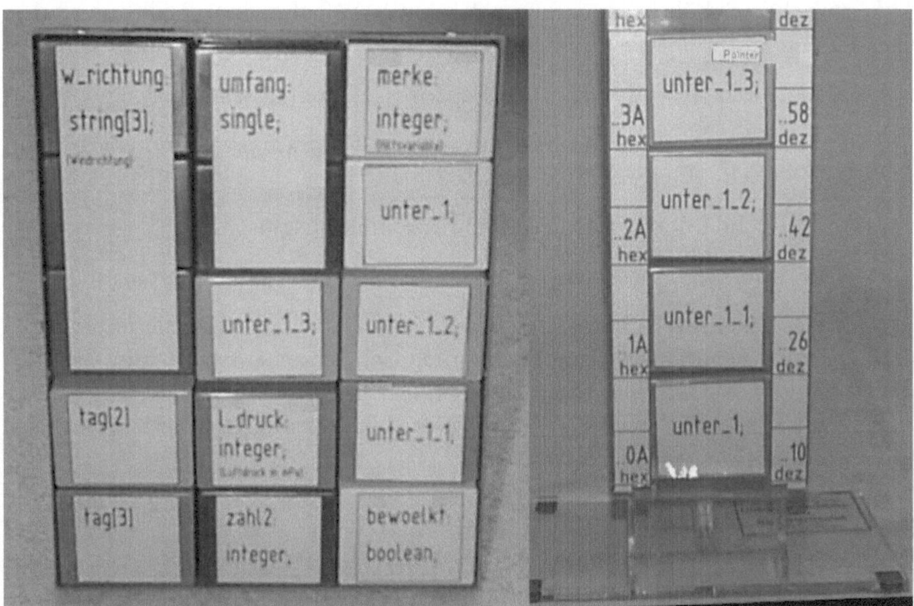

Abbildung 8.6 Variablen- und Speichermodell

Das *Variablenmodell* besteht aus einer Plastikbox mit herausnehmbaren und beschrifteten Behältern. Es lassen sich einfache Variablen verschiedener Datentypen veranschaulichen. Der unterschiedliche Speicherbedarf kommt in der Behältergröße zum Ausdruck. Weiterhin können mit dem Modell strukturierte Variablen veranschaulicht werden, wobei Farbe und Größe der Behälter die verschiedenen Datentypen repräsentieren.

Das *Speichermodell* stellt einen Ausschnitt aus dem Hauptspeicher mit einem Adresszeiger dar. Der Speicherbereich ist auf beiden Seiten mit relativen Speicheradressen in Byte versehen. Dabei wird die dezimale und hexadezimale Adressangabe verwendet. Die Variablenbehälter lassen sich in eine Führung einschieben und belegen einen der Behältergröße bzw. dem Datentyp entsprechenden Speicherplatz. Zur Demonstration verschiedener Speichertypen ist es möglich, den Speicherausschnitt nach unten zu öffnen bzw. zu schließen. Wird der Boden geschlossen, lässt sich das LIFO-Prinzip (Last In First Out) demonstrieren; bei offenem Boden das FIFO-Prinzip. Ebenso kann das Verständnis für den Aufbau abstrakter Datentypen wie Stapel oder Schlange verbessert werden.

Rollenspiele

Eine Alternative zu den fehlenden gegenständlichen Unterrichtsmitteln bilden *Rollenspiele*. Die Schüler übernehmen dabei die Aufgabe einer Teillösung oder einer Rechnerkomponente und beobachten z.B.,

- wie die Daten für Ein- und Ausgabeprozesse bereitgestellt werden,
- wie die Objekte in einem objektorientierten Programm zusammenarbeiten, z.B. (Diethelm/Geiger/Zündorf, 2002),
- wie ein Rechnernetz die Daten über Protokolle austauscht,
- welche Stationen eine E-Mail vom Sender zum Empfänger durchläuft.

Obwohl das Spiel mit beschrifteten Karten für Daten oder Signale unterstützt werden kann, bleibt nach dem Rollenspiel viel Schreibaufwand, um die Beobachtungen zu strukturieren und zu bewerten. Eine Videoaufzeichnung könnte die Flüchtigkeit des Spiels abwenden. Der Zeitaufwand für Spiel und Reflektion wird dadurch aber nicht verringert.

8.4 Experimente im Informatikunterricht

Das Experimentieren ist eine wichtige Erkenntnismethode, die in jedem Unterrichtsfach angewendet werden kann:

> „Heute versteht man unter einem Experiment einen planmäßigen und kontrollierten Versuch zur Überprüfung einer Fragestellung oder zur Aufklärung eines unklaren Sachverhalts" (Meyer, 1994, S. 313).

Meyer unterscheidet drei Arten von Experimenten: Forschungsexperimente, Unterrichtsexperimente und freies Experimentieren bzw. Tüfteln, Erproben. In der Informatik sind alle drei Arten sinnvoll. Für die informatische Bildung konzentrieren wir uns auf die Unterrichtsexperimente. Sie werden nach dem Ausführenden eingeteilt in Schülerexperiment und Lehrerexperiment (Lehrerdemonstration) oder nach dem Ziel in Einführungs-, Anwendungs- (Kontroll-, Bestätigungs-) und Selbsterfahrungsexperiment (im sozialen Raum). Die Auseinandersetzung mit dieser experimentellen Unterrichtskomponente der Informatik führt zum Verständnis der hohen Arbeitsbelastung der Lehrer. 1999 war es noch kompliziert, über das Thema „Informatik-Experimente im Schullabor"

(Steinkamp, 1999) zu diskutieren. Das mag auch daran liegen, dass Informatiklehrer eher die Analogien zur mathematischen als zur naturwissenschaftlichen Bildung suchen. Man sprach von Simulation und Animation, akzeptierte aber noch nicht die Tatsache, dass die Informatik ein großes Potential für Experimente besitzt. Das änderte sich in den letzten Jahren grundlegend. Der Begriff Experiment wurde in den Duden Informatik aufgenommen:

> „Methode, um eine Vermutung, eine These oder eine Theorie zu überprüfen, um einen Effekt zu untersuchen oder um die Einsatzmöglichkeiten zu demonstrieren. Da Systeme der Informatik oft unüberschaubar sind, überprüft man gewisse Eigenschaften durch Experimente. ... Typische Experimente in der Informatik sind: Tests (Testen), Messreihen, Fallstudien, Feldbeobachtungen und kontrollierte Experimente." (Claus/Schwill, 2006, S. 243).

Wir bezeichnen einen Rechnereinsatz nicht automatisch als Experiment. Das Testen von Programmen nach der Versuch-Irrtum-Strategie, leider häufig im Informatikunterricht zu beobachten, ist kein Experiment. Wie im naturwissenschaftlichen und technischen Unterricht setzt ein Experiment im Informatikunterricht eine Hypothese voraus, die nach einer definierten und wiederholbaren Vorgehensweise überprüft wird. Wir empfehlen Experimente für das Erlernen der Wirkprinzipien von Informatiksystemen (vgl. Kapitel 9), z.B. von Rechnernetzen. Das Manipulieren der Schüler mit dem Rechnernetz des Informatiklabors ist ein fragwürdiges Unterfangen, da der Unterricht nachfolgender Gruppen gefährdet wird. Außerdem sind die ablaufenden Prozesse und Protokolle im System verborgen. Ideal wären handliche Modellnetzwerkkomponenten (Server, Client, Router, Gateway, Bridge, Verbindungsleitungen und -stecker), die es erlauben, bei reduzierter Komplexität die vom verteilten System auszuführenden Protokollschritte zu beobachten. Vorerst fehlen gegenständliche Unterrichtsmittel für solche Experimente. Deshalb wurden Experimentierumgebungen in Form von Informatiksystemen entwickelt.

Dabei kommt es darauf an, dass die wesentlichen Schülertätigkeiten möglich sind: *Planen* des Experiments, *Manipulieren* und *Beobachten* des Untersuchungsgegenstandes. Zum Planen ist eine graphische Repräsentation erforderlich, die einen Bezug zu den realen Komponenten z.B. eines Rechnernetzes herstellt (Steinkamp, 1999). In diesem Beispiel bilden selbsterklärende Ikonen die Brücke zum Lebensweltbezug (Abb. 8.7). Ein graphischer Baukasten stellt die Komponenten zum Manipulieren bereit. Immer ist eine besondere Ausgabefunktionalität erforderlich, die die verborgenen Prozesse, hier die ausgeführten Protokollschritte, an die Benutzungsoberfläche bringt. Eine solche „didaktische Trace-Komponente" (trace – Spur) kann den Zustand, den Datenfluss oder die Struktur eines Systems aufdecken. Die Funktionsweise der Rechnernetze wird in der Experimentierumgebung nachgebildet. Für Lehrer muss die Software mit transparenten Quelltexten verfügbar sein, damit Anpassungen an die Lernziele und Vorkenntnisse der Schüler möglich sind (vgl. Kapitel 12).

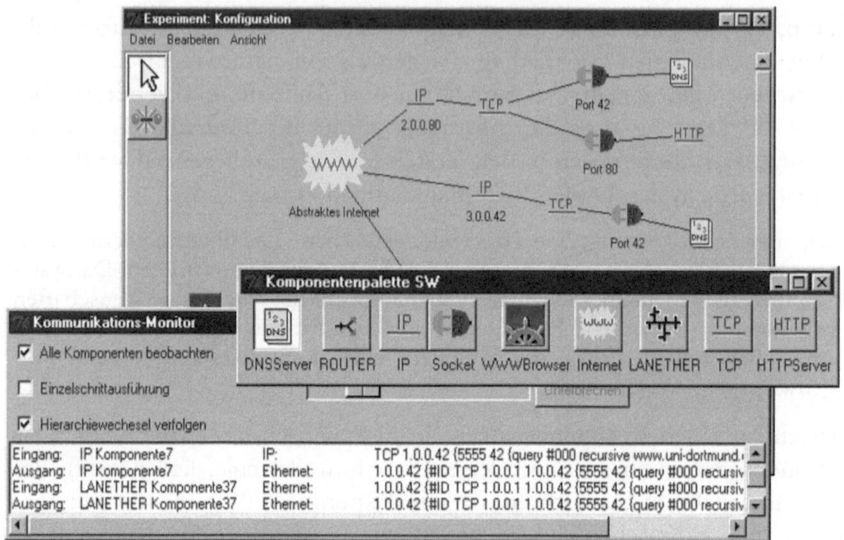

Abbildung 8.7 Konfigurieren eines Rechnernetzes

8.5 Lernen mit Informatiksystemen

Motivation

Das Lernen in der Wissensgesellschaft erfordert die Ausgestaltung neuer Lernarrangements. Idealvorstellungen von vernetzten Datenbeständen, die über Lernplattformen für Exploration, Kommunikation und Kooperation zeit- und ortsunabhängig eingesetzt werden, stoßen in der Realität auf ganz handfeste Probleme. Die multimediale Präsentation von Bildungsgegenständen über Rechnernetze wird oft schon als didaktischer Mehrwert beschrieben, obwohl deren Funktion und Akzeptanz im Lernprozess nicht geklärt wurde. Multimediale Lehre, „E-Learning“ und Wissensmanagement setzen spezielle Informatiksysteme voraus, welche die Konstruktion, die Bewertung und den Transfer von Wissen durch Einzelpersonen und Personengruppen fördern. Da Informatiksysteme für Schüler immer leichter erreichbar sind, liegt es nahe zu untersuchen, welche Anwendungsmöglichkeiten den Lernprozess besonders gut unterstützen. Selbst die Entwickler von sog. „Online-Kursen“, Fernstudium über das Rechnernetz, verzichten nicht mehr auf Präsenzveranstaltungen.

„Die Teilnehmer lernen sich kennen und finden sich eventuell bereits für Gruppenarbeiten zusammen. Es entstehen persönliche Bindungen, die in schwierigen Lernphasen die Motivation aufrechterhalten helfen. Die Anonymität eines Fernlehrganges, die oft zum Kursabbruch führt, wird abgebaut“ (Bruns/Gajewski, 2002, S. 33).

Solche Angebote sind für Zielgruppen notwendig, die keinen anderen Zugang zur Bildung finden können. Man denke an Personen im Arbeitsprozess. Der Trend geht aber deutlich zum Verbinden der Vorzüge von Präsenzlehre und E-Learning, „Blended Learning“ genannt. Monologe, wie sie die traditionelle Vorlesung bietet, können per Lehrbuch mit DVD orts- und zeitunabhängig angeboten werden. Diskussionen bleiben in Präsenzveranstaltungen lebendig und attraktiv. Sie können aber mit Groupware – Informatiksystemen, die menschliche Kooperation unterstützen – deutlich besser vorbereitet werden, da transparent wird, wer, was, wann zum Gesamtergebnis beigetragen hat. Die Bereitstellung von Lernergebnissen für die Gruppe wirkt sehr motivierend. Schüler können ihre Ergebnisse unmittelbar mit denen der anderen Gruppenmitglieder vergleichen. Sie sehen, wo sie stehen. Zur Eingrenzung des Themas gehen wir hier auf Lerngruppen ein, die einen zertifizierten Bildungsabschluss erwerben wollen und dazu Präsenzlehrveranstaltungen einer Bildungsinstitution besuchen.

Entwicklung von Informatiksystemen für Bildungsprozesse

Die Bemühungen, gute Bildungssoftware zu entwickeln, zeigten: Kaum ein anderer Anwendungsbereich bereitet der Informatik solche Probleme wie der Bildungsbereich. Es existieren hochkomplexe Informatiksysteme für die Konstruktion, die Bewertung und den Transfer von Wissensbeständen durch Einzelpersonen und Personengruppen. Diese setzen aber ein hohes Niveau des Wissens im jeweiligen Fach, z.B. der Medizin, bei den Anwendern voraus. Es sind typische Arbeitsmittel in der Wissensgesellschaft. Experten lernen indirekt damit, verbessern so ihr Wissen. Für Anfänger in einem Fach sind sie kaum geeignet. Die Qualität der Präsentation von digitalem Lernmaterial hat sich deutlich verbessert. Man denke an multimediale Lexika zur Geographie, Biologie und Geschichte. Dieses Material kann in vernetzten Datenbeständen verwaltet und über spezielle Informatiksysteme, sog. Lernplattformen, verteilt werden. Damit wird aber noch kein Lernprozess initiiert. Eine gelungene Präsentation ist eine notwendige, aber keine hinreichende Bedingung für das Lernen. In der direkten Begegnung von Lehrer und Schüler gelingt das Lernen unter günstigen Bedingungen. Lernen ist ein komplizierter Prozess, in dem es auf die eigene Anstrengung der Schüler, exzellente Lehrer, Kommunikation und Kooperation mit anderen Menschen ankommt. Informatiksysteme können dem Schüler die eigene Anstrengung nicht abnehmen. Diese Erwartung wird häufig beim Käufer digitaler Lernmaterialien geweckt und natürlich enttäuscht.

Wissensbasierte Informatiksysteme für den Bildungsbereich, auch „Intelligente Lernsysteme“ genannt, bieten Adaptivität an, d.h., ein solches System passt sich den Schülern an, z.B. Konfiguration der Oberfläche, Auswahl des Schwierigkeitsgrades, Auswahl des Lernweges, Modifikation des Lernmaterials. Es besteht die Gefahr der Fehleinschätzung der Schüler. Da das System den Lernprozess steuert, tritt nicht selten Frustration bei den Schülern auf. Einem hohen Entwicklungsaufwand steht Unsicherheit über den Bildungseffekt gegenüber.

Missverständlich wird die konstruktivistische Lerntheorie so interpretiert, als wäre sie besonders leicht mit E-Learning zu realisieren.

„Der Konstruktivismus begreift Lernen als aktiven, dynamischen Prozess, bei dem neue Inhalte in die vorhandenen Wissensstrukturen eingebaut werden, und entwickelt Lehrverfahren, die die Integration der neuen Inhalte unterstützen" (Bruns/Gajewski, 2002, S. 17).

Betont wird dabei das aktive Handeln der Schüler. Das „Klicken" von Bedienelementen einer Bildungssoftware ersetzt oder erleichtert das Denken jedoch nicht. Informatiksysteme ermöglichen sehr unterschiedliche Niveaustufen der Interaktion, z.B.:

- Navigation im Lernmaterial,
- Eingabe von digitalen Notizen der Schüler zum Lernmaterial,
- Eingabe von Aufgabenlösungen: auswählen von Werten aus einer festen Menge oder Interpreter für freie Eingaben erforderlich,
- Planen und Umsetzen von Explorationsstrategien,
- Planen und Durchführen von Software-Experimenten.

Softwaretechnische Konzepte für E-Learning sind nach wie vor ein komplizierter Forschungsgegenstand. Vorerst gilt: Schlechte Didaktik ist leicht zu programmieren, und anspruchsvolle Didaktik ist schwer oder überhaupt nicht programmierbar. Um die Wiederverwendbarkeit von Lernmaterialien zu erhöhen, geht der Trend zur Modularisierung von Lernangeboten. Die Anwendung dieser Elemente wird mit Metadaten (Deskriptoren) beschrieben.

„Die Standardisierung solcher Deskriptoren, etwa für die Auszeichnung von XML-Dokumenten, wird zur Zeit in verschiedenen Komitees verfolgt" (Kerres, 2002, S. 372).

Im BMBF-Verbundprojekt (gefördert von 2001-2004) „Simba – Schlüsselkonzepte der Informatik in verteilten multimedialen Bausteinen unter besonderer Berücksichtigung der spezifischen Lerninteressen von Frauen" gestalteten und evaluierten die Kooperationspartner Materialien und Szenarios für Blended Learning im Informatikstudium. Im Verbund entstand eine bemerkenswerte Vielfalt informatikdidaktischer Konzepte und medialer Qualitäten.

„So werden unterschiedliche Zugänge zum Inhalt möglich, die dann ggf. von unterschiedlichen Lerntypen bevorzugt werden" (Weicker/Weicker/Claus, 2002, S. 96).

Die projektinterne Kooperation erforderte Absprachen zur Strukturierung der Ergebnisse. Das Open-Source-Konzept der Softwareentwicklung wurde vom Simba-Team auf E-Learning-Materialien übertragen mit dem Ziel, viele Anwender zu finden. Erfolgreiche Anwender müssen aber modifizieren können. Denn empirische Studien zeigten, dass umfangreiche und unstrukturierte Lernmaterialen für eine Nachnutzung (Anwendung in neuen Lernprozessen) schwer zugänglich sind. Der flexible, zielgruppenorientierte Einsatz erforderte ein hohes Maß an Integration und Modifikationen der Materialien. Kleine Einheiten lassen das sehr erfolgreich zu. Der Verbund sicherte deshalb die Nachhaltigkeit seiner Ergebnisse, indem Medienobjekte (z.B. eine Animation), Gruppenobjekte (z.B. ein Test), Themen und Kurse für den Austausch unter Lehrenden und für die Anwendung durch Lernende bereitgestellt wurden. Auf umfangreiche Metadaten (IEEE, 2002) wurde dabei verzichtet. Für die webbasierte Import-Export-Schnittstelle wurden folgende Daten publiziert:

Bezeichnung	Kurz-beschreibung	URL	Format	Rahmenbedingungen	Klassifikation

Damit wurde einerseits die interne Vernetzung der Teilprojekte weiter ausgebaut und anderseits externe Anwender bei der gezielten Suche nach geeigneten Bausteinen unterstützt. Die Modularisierung förderte bereits die Mehrfachanwendung der Lernmaterialien z.B. in Schnupperunis für Frauen, Proseminaren und Projektgruppen. Lehrende betonten den Bildungswert durch alternative Beispiele und Zugänge zum Lerngegenstand. Ausgewählte Lernmaterialien wurden von verschiedenen Bundesländern in der Lehrerfortbildung angewandt und fanden so auch Einsatz im Informatikunterricht in Schulen.

Didaktik der Informatik und E-Learning

Dieses Teilgebiet der Informatik untersucht Informatiksysteme als Lerngegenstand und Lernmedium, z.B. mit folgenden Forschungsschwerpunkten:

- Entwicklung von Konzepten für Informatikunterricht und Informatiklehrerbildung,
- Evaluation von Bildungskonzepten der Informatik in Schulen, Hochschulen und Unternehmen,
- Entwicklung von Konzepten zur Verknüpfung von Präsenzlehre und E-Learning zu Blended Learning,
- Entwicklung von Explorationsmodulen zur Unterstützung von:
  - Sichtenwechsel auf Lerngegenstand,
  - Konstruktion von Lösungen,
  - Verknüpfen von Lösungselementen,
  - Bewerten von Modellen,
- Entwicklung von Software-Experimenten.

Diese Schwerpunkte sind im Zusammenhang zu sehen, d.h., sie ergänzen sich sehr gut. Ein Erfolg versprechender Ansatz zur Verbesserung der Bildung allgemein, auch der informatischen Bildung, ist *Blended Learning*, die Verbindung traditioneller Lernszenarios mit E-Learning-Phasen. Solche E-Learning-Phasen setzen eine Selbstregulation von Lernaktivitäten voraus, die für Experiment und Exploration typisch sind. Beide, Experiment und Exploration, erfordern besonderes Lernmaterial für die aktive Auseinandersetzung mit dem Lerngegenstand. Der Experimentbegriff setzt sich in der Informatik erst allmählich durch, deshalb konzentrieren wir uns hier auf Exploration (vgl. Kapitel 5 und 12). Bevor dafür Lernmaterial entwickelt werden kann, sind die didaktischen Anforderungen zu erkunden. Ausgewählte Ergebnisse, Standardfälle für Lernprozesse mit Informatiksystemen, sind auch auf andere Fächer übertragbar.

Ein solcher Standardfall ist der *Sichtenwechsel auf den Lerngegenstand*. Im Informatikunterricht gelingt die Entwicklung eines Klassendiagramms für den objektorientierten Entwurf, z.B. einer Bibliotheksverwaltung, vielen Schülern leichter, wenn sie in diesem Abstraktionsprozess zur Sicht auf das anschaulichere Objektdiagramm wechseln können, das wesentlich näher am Anwendungsszenario ist (Abb. 7.2 und Abb. 7.3). Ein solches Objektdiagramm wird aber nicht automatisch von Entwicklungswerkzeugen angeboten. Analoge Anforderungen zur schrittweisen Entwicklung von abstrakten Zusammenhängen treten in vielen Fachgebieten auf. Hier liegt eine Stärke des Lernens mit Informatiksystemen. Deshalb ist Bildungssoftware für den Sichtenwechsel prinzipiell empfehlenswert.

Einen zweiten Standardfall bildet die *Konstruktion von Lösungen* (s. auch Kapitel 6). In der Informatik wird z.B. die Neustrukturierung eines objektorientierten Entwurfes erleichtert, wenn man das Klassendiagramm editieren, d.h. leicht modifizieren, kann. Im Konstruktionsprozess steht häufig das *Verknüpfen von Lösungselementen* im Mittelpunkt. Das Modellieren mit abstrakten Strukturen ist eine weitere Stärke beim Lernen mit Informatiksystemen. Viele Fachgebiete werden bereits bei solchen Prozessen in der Arbeitswelt unterstützt. Für den Lernprozess fehlen häufig Systeme mit zielgruppengerechter Funktionalität und Komplexität.

Die Schüler korrigieren im Informatikunterricht fehlerhafte oder unvollständige Lösungsentwürfe, z.B. Klassendiagramme. Um die Fehler zu finden, können sie mit Sequenzdiagrammen den Lösungsprozess verfolgen. Eine Visualisierung von Widersprüchen beim Vergleich zwischen Klassendiagramm und Sequenzdiagramm unterstützt Bewertung und Korrektur des Entwurfes wesentlich (Abb. 8.8). Solche Trace-Mechanismen, die die Konsequenzen von Lösungsplänen oder Teillösungen veranschaulichen, sind in vielen Fachgebieten sinnvoll und möglich.

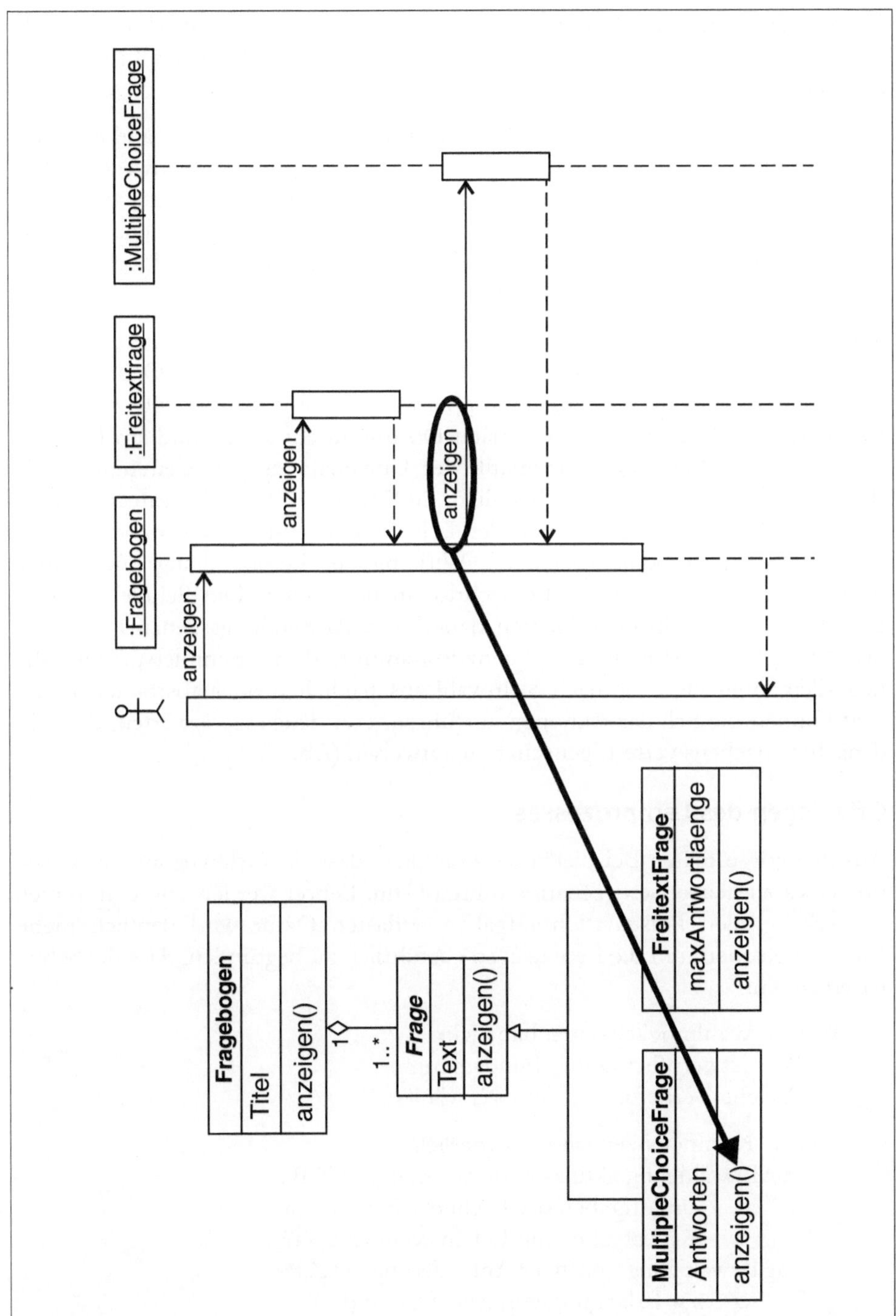

Abbildung 8.8 Bewerten von Modellen

Damit wurde ein dritter Standardfall identifiziert, das *Bewerten von Modellen* durch den Schüler, das nicht automatisierbar ist, aber ausgezeichnet mit Informatiksystemen unterstützt werden kann.

Informatiksysteme können auf diese Weise Lernerzentrierung, authentische und komplexe Anwendungssituationen, Perspektiven- und Rollenwechsel fördern. Sie bilden die Basis für E-Learning. Wir wollen als Beispiel dafür die „Lernumgebung für objektorientiertes Modellieren (LeO)" vorstellen. Sie stellt eine Sammlung von Explorationsmodulen dar, mit denen objektorientiertes Modellieren (OOM) gefördert werden kann.

LeO ist keine Selbstlernsoftware, sondern muss in den Informatikunterricht integriert werden, um dort Blended Learning zu ermöglichen. LeO ist das Ergebnis einer studentischen Projektgruppe, wurde im Studienjahr 2001/2002 am Fachbereich Informatik der Universität Dortmund entwickelt und am Fachbereich Elektrotechnik und Informatik der Universität Siegen weiterentwickelt (Brinda, 2003). LeO wurde im Schuljahr 2002/2003 erstmals im Informatikunterricht eingesetzt und bekam von den Lehrern eine gute Akzeptanzbewertung. Die Explorationsmodule zeigen die Wirkung der Lernhandlung und helfen dabei, Fehler als wertvollen Lernschritt anzuerkennen. Die Schüler wählen Beispiele und verschiedene Sichten darauf aus: Anwendungsszenario, Objektdiagramm, Klassendiagramm, Sequenzdiagramm und Programmiersprache. Mit den Elementen dieser je nach Sichtwahl anschaulichen oder abstrakten Lernwelt können die Schüler Aktionen ausführen, von denen sie erwarten, dass sie danach wünschenswerte Eigenschaften aufweisen (Abb. 8.9).

Offenlegen des Lernprozesses

Aus den vorgestellten Beispielen wird deutlich, dass die Offenlegung des Lernprozesses zu neuen Lernszenarios führen kann. Lehrer werden von den immer wiederkehrenden Präsentationsaufgaben entlastet. Dafür wird deutlich mehr Einsatz gefordert, um die Lernziele so ausführlich zu begründen, dass die Schüler erkennen:

- Welche Wahlmöglichkeiten habe ich?
  - Was ist verpflichtendes Fundament?
  - Welche Vertiefungen kann ich wählen?
- Welche Kompetenzen sind erforderlich
  - zur Bewältigung aktueller Anforderungen? Z.B.:
    - für Aufgaben der Fächerverbindung (a1),
    - für Aufgaben mit Lebensweltbezug (a2),
  - zur Bewältigung künftiger Anforderungen? Z.B.:
    - zur Erlangung von Zertifikaten (b1),

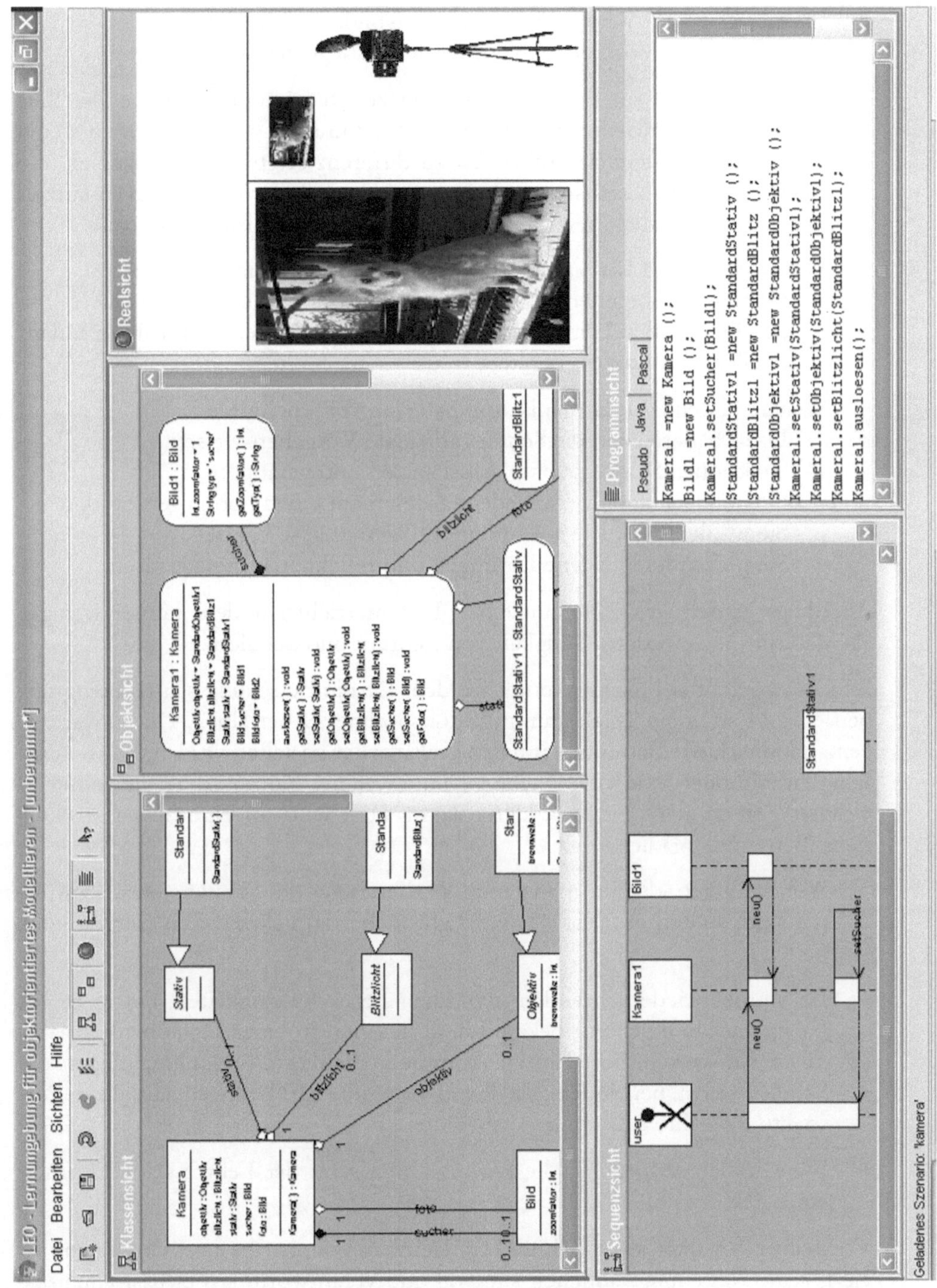

Abbildung 8.9 Lernumgebung für objektorientiertes Modellieren (LeO)

- zum Verständnis von Berufsbildern (b2),
- als Vorbereitung auf das lebensbegleitende Lernen (b3).

Zur Begründungen von Lernzielen werden zu oft b1 und b2 verwendet. Die Möglichkeiten und Notwendigkeiten von a1, a2 und b3 werden noch zu wenig genutzt. Konsequenterweise führt das zu differenzierteren Lernprozessen, die aber nicht automatisch entstehen. Lehrer müssen Schülern Alternativen aufzeigen, diese zum Teil auch bewusst von den Schülern organisieren lassen:

- Welche verteilten Lernorte und Medien passen zu meinen Zielen?
  - Gemeinsam bereiten Lehrer und Lerngruppe Präsenzphasen vor.
  - Schüler werden beim Einsatz von Informatiksystemen für ihren individuellen Lernprozess beraten.
- Welche verteilte Lernorganisation habe ich vorzunehmen?
  - Dazu beherrschen die Schüler adäquate Vorgehensweisen.
  - Sie können Schwerpunkte selbst setzen und verändern.
  - Sie unterscheiden verschiedene Sichten auf einen Lerngegenstand.
  - Sie wählen Beispiele aus und modifizieren diese bei Bedarf.
  - Sie präsentieren eigene Lösungen und reflektieren diese kritisch.

Allerdings eignen sich Zeiteinheiten (z.B. Unterrichtsstunden) immer weniger als Maß für die geforderte Tätigkeit von Lehrern und Schülern.

Es kann keinem Lehrer zugemutet werden, für die Betreuung seiner Lerngruppen eine 24-stündige Telekommunikationshotline zu betreiben. Die Erwartungen an individuelle Betreuung müssen realistischer gestaltet werden. Es ist sorgfältig zu erkunden, wie viele Fachprobleme welcher Komplexität ein Lehrer in welcher Zeit moderieren bzw. klären kann. Hier wird für eine besser strukturierte Betreuung plädiert:

- Alle Anfragen, die auf mangelnde Vorbereitung des Schülers zurückzuführen sind, sollten mit Verweis auf Lehrbücher zurückgewiesen werden können.
- Bei immer wiederkehrenden, typischen Lernschwierigkeiten, die in einem Fachgebiet hinreichend bekannt sind, können in einer Datenbank gesammelte Antworten zum Einsatz kommen. Zu dieser Sammlung tragen die Schüler selbst bei, indem sie ihnen bekannte Erklärungen aus ihrer Perspektive für ihre Mitschüler aufbereiten.
- Für wirklich anspruchsvolle Diskussionen setzt der Lehrer seine Leistung ein.

Vorstellbar ist, dass jeder Schüler ein Betreuungskonto besitzt, das ihn motiviert, seine Betreuungseinheiten sinnvoll und verantwortungsbewusst einzusetzen bzw. andere Schüler zu unterstützen, um seine Ansprüche auf Betreuung kontinuierlich aufzufüllen. Damit kann ebenso jahrgangsstufen- und kursübergreifendes Lernen gefördert werden.

Es gibt bereits Spielgemeinschaften, in denen das Stellen und Beantworten besonders wertvoller Fragen zu Bonuspunkten führt. Dieser Ansatz lässt sich gut auf Lerngemeinschaften übertragen.

Aktivitäten fördern

Jeder Bildungsprozess weist die erwarteten Aktivitäten der Schüler aus. Nicht alle Aktivitäten sind überprüfbar. Man denke z.B. an die Vor- und Nachbereitungszeiten, die Schüler für den Unterricht aufwenden sollen. Wir neigen dazu, traditionelle Lernprozesse zu idealisieren. Für Frontalunterricht gilt: Wirklich aktiv war der Lehrer. Über mögliche Aktivitäten der Schüler in Lehrveranstaltungen für große Gruppen können wir nur Vermutungen anstellen.

Aus vielen E-Learning-Projekten wissen wir, dass es zu Engpässen in der Betreuung kam, da die Fragen und Aktivitäten der Schüler das erwartete Maß überstiegen. Allerdings ist es keine gleichmäßige Erhöhung der Aktivität bei allen Schülern. Im Gegenteil, die Aktiven werden noch aktiver. Sie können jetzt fast grenzenlos Fragen stellen und agieren. Die Passiven fallen noch weniger auf, wenn nicht tatsächlich die Aktionen gemessen und analysiert werden. Dazu kommen natürlich auch viele Fragen, die auf die neue, noch ungewohnte Lernsituation bzw. die fehlende informatische Bildung (wird häufig mit Medienkompetenz verwechselt) der Schüler zurückzuführen sind.

Bei Blended Learning muss nicht jede Aktivität der Schüler in der E-Learning-Phase stattfinden. Aus den aufgezeigten Beispielen leiten sich vier Schwerpunkte ab, bei denen Lerntätigkeiten mit E-Learning besonders gefördert werden können:

1. Übung: Der Übungsprozess kann vielfältiger und attraktiver werden, wenn:
   - der Beispielvorrat umfangreich genug ist (Datenbank),
   - die Lösungswege gut dokumentiert wurden,
   - die Klassifikation der Aufgaben den Transfer der Lösungen unterstützt.
2. Test: Die Schüler können ihren Lernfortschritt selbst kontrollieren bzw. vor Prüfungen trainieren, vorausgesetzt, die Testanforderungen sind dafür anspruchsvoll genug.
3. Exploration und Experiment:
   - Die Schüler können Zugang zu entfernten Bereichen, z.B. Experimenten an anderen Standorten, erhalten.
   - Es sind Aktionen möglich, um Gedankenexperimente anschaulich durchzuführen.
   - Mit Informatiksystemen kann experimentiert werden.

4. Projektarbeit:
   - Die Projektgruppe dokumentiert ihren Lernprozess über eine Versionsverwaltung der Zwischenergebnisse mit einem Informatiksystem, z.B. einer sog. Groupware.
   - Für alle Gruppenmitglieder wird transparent, wer den Lernprozess wie gestaltet hat und wie die Komplexität verteilt wurde.
   - Mit der Teilnahme an einer Lehrveranstaltung können nicht länger die inhaltlichen Beiträge der Schüler ersetzt werden.

E-Learning fördert die Bereitstellung von Anwendungsbeispielen mit Lebensweltbezug in Form von multimedialen Dokumenten oder durch netzbasierte Lerngemeinschaften mit Praxispartnern. Die Visualisierung von verborgenen Wirkprinzipien wird möglich mittels Grafik, Animation, Simulation. Die Schüler können Interaktionen zum Kennenlernen von Faktoren im System durchführen, ohne Schaden anzurichten oder zu nehmen. Die schrittweise Formalisierung mit Rückbezug zur Veranschaulichung erleichtert den Abstraktionsprozess. Die Anwendbarkeit der Abstraktion kann vorgeführt oder von den Schülern selbst erprobt werden.

Alles, was das Lehrbuch so ausgezeichnet kann, darf nicht auf schlechterem Niveau unter der Bezeichnung E-Learning erscheinen.

9 Informatiksysteme

9.1 Wirkprinzipien von Informatiksystemen

Der Begriff Informatiksystem brachte mehr Klarheit in die Anforderungen an die informatische Bildung als die Begriffe Computer oder Rechner oder gar „Neue Medien". Es geht nicht um das Inbetriebnehmen von Geräten wie Fernseher oder das Programmieren von Geräten wie DVD-Player oder das Steuern von Maschinen wie Autos. Es geht um die Organisation der eigenen geistigen Tätigkeit, die Schüler erlernen müssen.

Obwohl Informatiksysteme in der informatischen Bildung allgegenwärtig sind, werden ihre Wirkprinzipien, der Aufbau und die Arbeitsweise, als Unterrichtsgegenstand oft unterschätzt und vernachlässigt. Wir beobachteten Schüler, die Klassendiagramme für OOM erlernten, aber die Frage „Wie funktioniert ein Computer?" nicht beantworten konnten. Es erwies sich als Irrtum, dass Schüler beim Entwerfen kleiner Programme ein tragfähiges kognitives Modell vom Rechner oder von Informatiksystemen im Allgemeinen entwickeln. Empirische Studien (Humbert, 2003) zeigten, dass auch Schüler eines Informatikkurses sich von Rechnern bedroht fühlen können. Das Bildungsziel, den Rechner zu entmystifizieren, hat also nicht an Aktualität eingebüßt.

Es sind gute Unterrichtstraditionen verloren gegangen. Angeblich veraltete Lehrbücher für die Schule erklärten und veranschaulichten z.B. die Von-Neumann-Prinzipien und den Rechneraufbau sehr gut. Veraltet ist eventuell nur das eine oder andere Foto einer realen Rechneranlage. Lehrer sind zunehmend mehr verunsichert, ob „Betriebssystem" noch ein Lernbereich sein soll. Der schon damals falsche lehrmethodische Zugang – die Thematisierung von Betriebssystemkommandos – lässt sich auf Informatiksysteme mit GUI (graphische Benutzungsoberfläche) nicht mehr übertragen. Das nährte den Irrtum, der Schüler benötige kein Wissen mehr über das Betriebssystem.

Hier fehlt Aufklärung der Lehrer zu den Schwerpunkten, mit denen „Wirkprinzipien von Informatiksystemen" zu untersetzen sind. Informatisches Modellieren ist eine wichtige Komponente der informatischen Bildung, darf aber weder inhaltlich noch zeitlich dominieren. Wir plädieren für eine ausgewogene Unterrichtsstruktur, in der „informatisches Modellieren" und „Wirkprinzipien von Informatiksystemen" gleichwertig und zeitlich gleichgewichtig erlernt werden können (vgl. Kapitel 15). Für beide Komponenten eignet sich ein Spiralcurriculum ausgezeichnet, in das die lerngruppengerechten Module eingebettet werden.

Informatiksysteme bestehen aus Schichten, die alles Geheimnisvolle ausschließen. Die Wiederholbarkeit gleicher Aktionsfolgen ist prinzipiell gegeben. Überraschungen treten auf, wenn die hochkomplexen Systeme Zustände annehmen, die vom Menschen in der Planungsphase nicht bedacht wurden. Solche Fehlerzustände lassen sich unterteilen in einfache und schwere. Einfache Fehler lassen sich gut rekonstruieren, sind der Analyse leichter zugänglich und damit schneller behebbar. Schwere Fehler treten scheinbar zufällig auf. In Wirklichkeit sind sie an seltene Konstellationen im System gebunden, dadurch kaum analysierbar und entsprechend schwer zu beheben. Genau diese Alltagserfahrung verleiht Rechnern in den Augen von Schülern etwas Mystisches (Rechenberg, 1994).

Die freie Programmierbarkeit von Informatiksystemen ist deren wichtigste Eigenschaft. Wenn wir also Wissen über Wirkprinzipien vermitteln wollen, kommt dem *Prinzip der freien Programmierbarkeit* eine Schlüsselrolle zu.

„Es ist wohl das Phänomen der sichtbaren Spitze, die einen zum größten Teil unsichtbaren Eisberg krönt. ... Das Gedankengut des Programmierens darf nicht zum Geheimkult der Informatikspezialisten verkümmern. So wie das Industriezeitalter die Anforderungen an die Allgemeinbildung der Gesamtbevölkerung beachtlich erhöht hat, so wird das bevorstehende Informationszeitalter diese nochmals anheben" (Nievergelt, 1999, S. 364/365).

Aufklärung darüber kann eine Analyse des informatischen Modellierens bringen. Informatiker konstruieren Beschreibungen (Programme, Software), die einen Aktionsraum abgrenzen sollen. Bei Bedarf wird die Beschreibung angewendet, d.h., sie steuert Prozesse der realen Welt. Diese Aktionen sollen nicht dem Zufall überlassen sein, sondern menschliche Ziele in die Tat umsetzen. Das kann nur gelingen, wenn die reale Welt so genau wie möglich im Informatiksystem beschrieben (abgebildet) wird. Genau hier liegt das Problem. Informatiksysteme können *prinzipiell nur einen Weltausschnitt* aufnehmen. Diese künstlichen Ausschnitte bilden ein Modell (vgl. Kapitel 6).

9.2 Reale, abstrakte und virtuelle Maschine

Im Kapitel 2 (vgl. Abschnitt 2.3) führte die Frage „Wie funktionieren die verarbeitenden Informatiksysteme?" zur Unterrichtsleitlinie „III. Systeme". Dazu gehört ein Verständnis für reale, abstrakte und virtuelle Maschinen. Als reale Maschine kann der Von-Neumann-Rechner vorgestellt werden. Das Denkmuster ist dann: Daten werden mit Operationen bearbeitet. Das erfolgt in elementaren Schritten durch Maschinenbefehle. Beispiele für *abstrakte Maschinen* können der mathematische Funktionsbegriff und das logisches Schließen über

Aussagen sein. Die Schüler können mit Scheme den Lambda-Kalkül und mit Prolog das Resolutionsprinzip (vgl. Kapitel 4) auf Rechnern anwenden. Die Schüler lernen das Prinzip der *virtuellen Maschine* kennen:

„Bei der Spezifikation und bei der Beschreibung von Ressourcen verwendet man abstrakte Speicherstrukturen, Operationseinheiten und Kontrollmechanismen, mit deren Hilfe man sein Problem korrekt lösen kann. Diese ‚*virtuelle Maschine*' muss man anschließend durch Programme auf einem Rechner realisieren" (Claus/Schwill, 2006, S. 727).

Eine Verknüpfung mit dem informatischen Modellieren, einschließlich Programmieren kann erfolgen.

"As teachers, however, we recognize another value in programming: it is in essence the construction of abstractions, the engineering of *(abstract) machines*" (Wirth, 1999, p. 3).

Die Schüler sollen sich im Informatikunterricht ein Grundverständnis zu Systemen aneignen, indem sie schrittweise zuerst den Rechner analysieren (Rechnerarchitektur, Betriebssystem), danach Rechner logisch zu einem Rechnernetz verbinden, auf dem die Ausführung einer typischen Anwendung untersucht wird (z.B. Informationssystem/Datenbanksystem). Wir empfehlen folgende Schwerpunkte:

- Rechnerarchitektur: kognitives Modell zu Aufbau und Arbeitsweise eines Rechners (z.B. Ebenenmodell des Rechners (vgl. Abschnitt 5.1)), Von-Neumann-Prinzipien, Schichten-Architektur (vgl. Abschnitt 9.4),
- Betriebssystem: Prozesse (vgl. Abschnitt 9.3), Betriebsmittel, Geräteverwaltung mit Unterbrechungsbehandlung, Gerätetreiber, Zuteilung und Freigabe von Geräten, Eingabe-Ausgabe-Bibliotheken,
- Rechnernetz/verteiltes System: Adressierung, Protokoll, Schichten-Modell der Internet-Technologie (vgl. Abschnitt 9.5 und Kapitel 12)),
- Informations-/Datenbanksystem: Daten, Information, Wissen, Schichten-Modell (z.B. Drei-Ebenen-Konzept eines Datenbankmanagementsystems mit internem, konzeptionellem und externem Schema), Entity-Relationship-Modelle (vgl. Abschnitt 11.3).

Dieser Lernprozess sollte in den Jahrgangsstufen 5 bis 8 der Sekundarstufe I schulartspezifisch stattfinden, indem ein Spiralcurriculum von den Anwendungen zu den Wirkprinzipien führt (vgl. Kapitel 10).

9.3 Prozesse

Der Schwerpunkt „Prozesse" nimmt in der Unterrichtsleitlinie „Wirkprinzipien von Informatiksystemen" den gleichen Stellenwert ein wie „Algorithmen" in der Unterrichtsleitlinie „informatisches Modellieren". Deshalb wird der Schwerpunkt „Prozesse" über verschiedene Jahrgangsstufen schrittweise entwickelt, erweitert und vertieft. Mit diesem Wissen und Können wird Aufbau und Arbeitsweise von Betriebssystemen und damit von Rechnern, Rechnernetzen und verteilten Systemen verständlich. Wir empfehlen die folgende, schrittweise Entwicklung der Zusammenhänge.

Bei der Ausführung von Programmen laufen Prozesse ab, und zwar Benutzerprozesse und Systemprozesse. Die Betrachtung eines einzelnen Prozesses als Algorithmus, der von einem Prozessor (Recheneinheit) ausgeführt wird, geht an der Komplexität von Rechnernetzen und verteilten Systemen vorbei. Die Lösung entsteht im abgestimmten Zusammenwirken vieler Prozesse, die in Beziehung zueinander stehen. Dabei treten Situationen von Kooperation und Konkurrenz zwischen den Prozessen im Wechsel auf, die mittels Synchronisation koordiniert werden müssen. Der Begriff Prozess hilft Anwendern von verteilten Informatiksystemen, deren Wirkungsprinzipien besser zu verstehen. *Prozesse* sind Folgen von Ereignissen, denen Aktionen zugeordnet werden, die zu einer Lösung gehören. Die Ereignisse stehen in kausaler Beziehung. Daraus folgen die möglichen Varianten für eine zeitliche Ordnung, die das Neben- und Nacheinander festlegt.

Prozesse beanspruchen *Betriebsmittel* (Gesamtheit der Hard- und Software-Komponenten, z.B. Prozessor, Dateien, Drucker, Speicherplatz). Wenn diese Betriebsmittel nicht bereitgestellt werden können, treten Wartephasen auf. Dazu kommt es auch, wenn ein Prozess die Ergebnisse eines anderen Prozesses zur Weiterarbeit benötigt. Prozesse in Informatiksystemen können *aktiv* (im Prozessor), *bereit* (warten auf Prozessor), *blockiert* (warten auf andere Ressourcen als den Prozessor oder auf eine Nachricht), *initiiert* (begonnen) oder *terminiert* (beendet) sein. Ein Prozess läuft sequentiell ab. Mehrere Prozesse können zueinander quasi-parallel (verzahnt) oder parallel ablaufen. Prozesse tauschen Information in Form von Daten aus. In der Literatur findet man für diesen Datenaustausch über Prozessgrenzen hinweg den Begriff „Kommunikation". Gemeinsame Daten können z.B. in gemeinsamen Speicherbereichen verwaltet werden. Die Zuteilung der Ressourcen erfolgt nach wohldurchdachten Strategien, z.B. der Wichtigkeit der Prozessergebnisse. Konfliktsituationen müssen erkannt und aufgelöst werden. Aspekte der Systemsicherheit spielen in der Prioritätenvergabe eine bedeutende Rolle. „*Fairness*" ist dabei eine Forderung an das steuernde Betriebssystem, d.h., jeder Prozess kommt auch nach akzeptabler Zeit zur Ausführung. Daraus resultiert eine *Warteschlangenverwaltung* (scheduler), die dem Prozess an der Spitze der Schlange eine bestimmte Ausführungszeit gestattet, ihn dann aber unterbricht und erneut am Warteschlangenende einordnet. Diese Ausführungszeit muss nicht für alle Prozesse gleich lang sein. Es wird also schnelle und langsame Prozesse geben.

Nebenläufigkeit ist ein Mittel zur Strukturierung von Prozessen in der Informatik. Schon bei einem Einzelsystem verbesserte die quasi-parallele (verzahnte) Ausführung mehrerer sequentieller Prozesse die Leistungsfähigkeit. Gesteuert wird diese Verzahnung vom Betriebssystem des Rechners. Während z.B. für einen Prozess die Ein- oder Ausgabe durchgeführt wird, kann einem anderen Prozess der Prozessor zugewiesen werden. Die gemeinsamen Ressourcen (Betriebsmittel) werden auf diese Weise günstig ausgelastet, z.B. Leerlaufzeiten des Prozessors minimiert. Zur Informationssicherheit gehört nicht nur der Schutz von Datenbeständen vor unberechtigtem Zugriff, sondern analog auch die Sicherung der Betriebsmittelzugriffe, um den störungsfreien Systemablauf zu gewährleisten. Mit der Anwendung von Rechnernetzen nahm der Bedarf an parallelen und koordinierten Lösungen stark zu. Sie werden so modelliert, dass über räumlich verteilte Komponenten die Vorteile der Nebenläufigkeit wirksam werden. Nebenläufige Prozesse sind logisch voneinander unabhängig, können also parallel oder quasi-parallel ausgeführt werden.

Eine Abhängigkeit ergibt sich indirekt durch den Wettbewerb um Betriebsmittel. Dabei können Konflikte auftreten. Eine *Verklemmung* (deadlock) bei der Anforderung von Betriebsmitteln liegt z.B. dann vor, wenn zwei Prozessen jeweils das Betriebsmittel zur Weiterarbeit fehlt, das dem anderen Prozess zugewiesen wurde. Sie müssten dann wechselseitig aufeinander warten ohne Aussicht auf Erfolg. Verhindert werden kann ein solcher Problemfall z.B. durch die komplette Ressourcenbereitstellung zu Prozessbeginn. Prozesse können auch in Konflikt geraten, wenn sie gemeinsame Datenbereiche verarbeiten. Gemeinsame Variablen müssen ungestört verändert werden (schreibender Zugriff) und dürfen bei der Auswertung nicht veraltet sein (lesender Zugriff). Zum Beispiel muss bei einem Reservierungssystem das Lesen während des Schreibens gesperrt sein, um Doppelbuchungen zu vermeiden. Zwar dürfen mehrere gleichzeitig lesen, aber nur einer darf zu einem Zeitpunkt schreiben, d.h. die Daten verändern. Um solche Probleme zu vermeiden, werden kritische Prozessphasen mit zusätzlichen Steuerinformationen geschützt. Andere Prozesse müssen warten, bis der gemeinsame Datenbereich wieder freigeschaltet wird.

Das *Semaphorkonzept* steuert die Prozessaufrufe, führt also zu Wartezuständen. Die Semaphore sind gemeinsame Variablen, die die Synchronisation der Prozesse durch gegenseitigen Ausschluss bewirken. So können auch gekoppelte Prozesse mit kurzen kritischen Abschnitten parallelisiert werden. Die Synchronisation bezieht sich auf das Bilden einer Reihenfolge für die Ausführung der kritischen Abschnitte. Auch hier wird Fairness gefordert, um das „Aushungern" eines immer wartenden Prozesses zu vermeiden. Parallel ablaufende Prozesse erfordern Mehrprozessorsysteme. Systeme, mit denen mehrere Benutzer scheinbar parallel arbeiten (Mehrbenutzersysteme), können schon mit einem, möglichst leistungsstarken Prozessor durch verzahnte Prozesse bereitgestellt werden.

Die Schüler benötigen vielfältige Unterrichtsmittel (auch Gleichnisse), um die verborgenen Abläufe zu entdecken und die damit verbundenen, abstrakten Konzepte zu erlernen (vgl. Kapitel 8). Bisher wurden allerdings wesentlich mehr Unterrichtsmittel für das informatische Modellieren einschließlich Programmieren (z.B. für Algorithmen und Datenstrukturen) entwickelt als für das Aneignen der Wirkprinzipien von Informatiksystemen. Für einen ersten Zugang zu Prozessen eignen sich auch Rollenspiele. Das *Philosophenproblem* von Dijkstra (vgl. Claus/Schwill, 2006, S. 505-506) liefert einen anschaulichen Zugang zu nebenläufigen Prozessen und möglichen Verklemmungen. Es liegt ein Gleichnis vor, eine

„... kurze, bildhafte Erzählung, die einen abstrakten Gedanken oder Vorgang mit einer anschaulichen, konkreten Handlung verständlich machen will" (Dudenredaktion, 2001, S. 660).

9.4 Schichten-Architektur

Im Abschnitt 9.2 wurde deutlich, dass die Schichtung von Hardware- und Software-Komponenten ein wichtiges Konzept in verschiedenen Teilgebieten der Informatik bildet. Die Entscheidung, in welcher Schicht eine Funktionalität realisiert wird, stellt die Entwickler vor ein prinzipielles Problem:

„Je tiefer die Schicht liegt, in der eine Lösung formuliert wird, um so länger dauert die Implementierung, um so fehleranfälliger ist sie, aber um so höher ist die Ausführungsgeschwindigkeit" (Appelrath et al., 2002, S. 71).

In der informatischen Bildung werden Schichten-Modelle als Unterrichtsgegenstand und Unterrichtsmittel eingesetzt (vgl. Abschnitt 9.5). Den Einstieg in das Thema kann das Verständnis für die Schichten-Architektur von Informatiksystemen bilden. Wir empfehlen die folgende, schrittweise Entwicklung der Zusammenhänge.

Bei der Entwicklung von Informatiksystemen wird die Gesamtheit der Bauprinzipien als *Rechnerarchitektur* bezeichnet. Die Anordnung der Komponenten erfolgt in erwünschten Mustern. Ein wichtiges Gestaltungsprinzip ist die Trennung des Datenbestandes von den Programmen, die diese Daten bearbeiten. Dadurch entstehen zwei Bereiche, die sog. Datenhaltungsschicht und die Anwendungsschicht. Jede Schicht kann wieder aus einzelnen Bausteinen bestehen. Insgesamt liegt eine *Zwei-Schichten-Architektur* vor. Der Vorteil eines solchen Systems liegt in der Austauschbarkeit von Verarbeitungskomponenten der Anwendungsschicht, ohne den Datenbestand zu verlieren oder zu beschädigen. Wer Software kaufen und erfolgreich anwenden möchte, ist gut beraten, auf die Qualitätsmerkmale zu achten, die sich aus dem Architekturkonzept ergeben. Viele Anwendungen benötigen Komponenten, die die Interaktion des Menschen mit dem Informatiksystem und die Präsentation der Daten ermöglichen und unterstützen.

Mit dem Siegeszug der *graphischen Benutzungsoberflächen* (GUI) wurden immer wiederkehrende Funktionalitäten erforderlich, z.B. das Öffnen eines Bildschirmfensters. Diese Teile der Gesamtlösung müssen nicht für jedes neue System von Grund auf neu programmiert werden. Eine neue GUI setzt man entsprechend den Wünschen der Anwender aus Modulen einer Bibliothek zusammen. Das führte zur Aufteilung der Anwendungsschicht in GUI und die eigentliche Verarbeitung der Daten. Diese Schicht zwischen GUI und Datenhaltung wird *Fachkonzept* genannt. Damit entsteht eine *Drei-Schichten-Architektur*, die den Austausch des GUI ermöglicht, ohne das Fachkonzept zu verletzen. Solche Architekturen sichern die Wiederverwendbarkeit von Software-Komponenten und die Änderbarkeit von Schichten unter der Voraussetzung, dass die Schnittstellen zwischen den Schichten erhalten bleiben.

Den Besonderheiten der Hardware kann man mit der Modifikation einer Schicht gerecht werden, ohne die Komponenten anderer Schichten erneuern zu müssen. Das erhöht die Portabilität, die unkomplizierte Übertragbarkeit einer Software auf verschiedene Hardware-Plattformen. Es existieren zwei Varianten für den Zugriff auf die *Datenhaltungsschicht.* Wenn nur die Fachkonzeptschicht auf die Daten zugreift, sind Wiederverwendbarkeit, Änderbarkeit und Portabilität hoch auf Kosten der Effizienz. Falls auch die GUI-Schicht auf die Daten zugreifen kann, werden die Übertragungsschritte durch das Fachkonzept eingespart, aber die Änderbarkeit wird eingeschränkt. Spezielle Zugriffsschichten zwischen GUI, Fachkonzept und Datenhaltung sind möglich und führen zur Mehr-Schichten-Architektur. In Rechnernetzen werden die Architekturschichten verteilt. Die Datenhaltung befindet sich typischerweise auf dem Server, die GUI-Schicht auf dem Client. Das Fachkonzept kann auf Server oder Client sinnvoll sein. Bei Änderungen bietet der Server die besseren Voraussetzungen, die Konsistenz des Systems zu sichern (Balzert, 1999).

Unterrichtserfahrungen (Penon/Spolwig, 1998; Humbert, 2003) zeigten, dass die Fähigkeiten der Schüler mittels Anwendung von Entwurfskonzepten verbessert werden müssen. Vorgeschlagen wird von diesen Autoren die *MVC-Architektur*, ein Entwurfskonzept, das aus Smalltalk-80 bekannt ist. In diesem Fall liegt der Übergang von einer verbesserungswürdigen objektorientierten Lösung zu den drei Klassen „Model" (Fachkonzept), „View" (Präsentation, Teil der GUI und Teil der Datenhaltungsschicht) und „Controller" (verbindet „View" mit der Eingabe, Teil der GUI und Teil der Datenhaltungsschicht) nahe. Der Vorteil besteht darin, dass ein Fachkonzept mit weiteren Präsentationen ausgestattet werden kann, indem man das entsprechende Paar „View" und „Controller" hinzufügt. In unserem Bibliotheksverwaltungsbeispiel (vgl.

Kapitel 7) bietet sich eine Anzeige von statistischen Daten an, aus der z.B. hervorgeht, wie oft bestimmte Bücher ausgeliehen wurden (Abb. 9.1).

„Die MVC-Architektur realisiert folgende Ideen: Das Model-Objekt (Fachkonzept) weiß nicht, wie seine Daten auf der Oberfläche dargestellt werden. Es darf nicht direkt auf seine assoziierten View- und Controller-Objekte zugreifen und dort Daten ändern. Es besitzt lediglich eine Liste aller von ihm abhängigen Objekte. Bei einer Aktualisierung muss es alle seine abhängigen Objekte über diese Änderung informieren. Wenn View- und Controller-Objekte geändert oder ausgetauscht werden, ist das Model-Objekt nicht davon betroffen" (Balzert, 1999, S. 374).

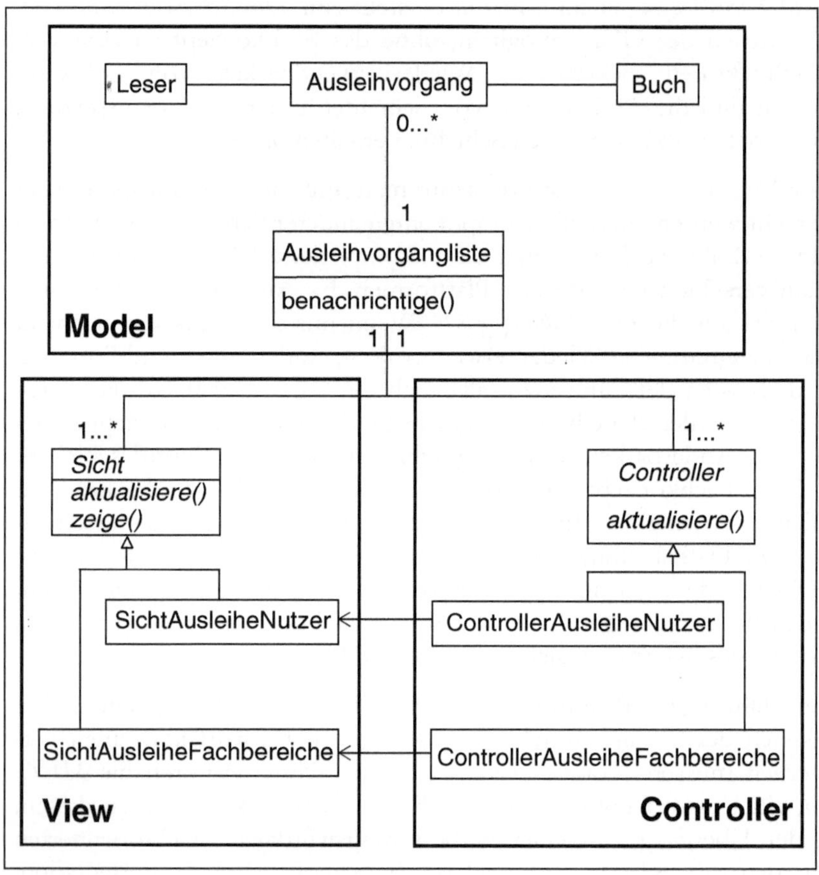

Abbildung 9.1 Beispiel MVC-Architektur

Damit wird deutlich, dass die MVC-Architektur ein Vorgänger des Beobachter-Musters ist. Wir empfehlen deshalb, nicht bei der MVC-Architektur stehenzubleiben, sondern auch einfache Entwurfsmuster in den Informatikunterricht einzubeziehen (vgl. Kapitel 7 und 15).

9.5 Informations- und Kommunikationssysteme

Informatiklehrer müssen neue Unterrichtsgegenstände entwickeln und traditionelle aktualisieren können. Beim Erschließen des neuen Stoffes treten typische Fehler auf. Meist werden Einzelheiten stark überbetont, da die sachlogische Struktur des Themas unzureichend erkannt wurde und die Frage nach dem allgemeinbildenden Fundamentum nicht befriedigend beantwortet werden konnte. Deshalb erscheint eine exemplarische Diskussion zum didaktischen Vorgehen hilfreich. Wir zeigen am Beispiel der *Informations- und Kommunikationssysteme* (IuK-Systeme), wie vorgegangen werden kann.

Motivation durch Ziele

Nur wenn die Frage nach den Bildungszielen die Einführung des Themas erzwingt, lohnt sich der hohe Aufbereitungsaufwand für den Informatikunterricht. Eine kritische Sicht ist angebracht, da die stürmische Entwicklung der Fachwissenschaft Informatik viele Ergebnisse hervorbringt, die keinesfalls zur Weiterentwicklung des Schulfaches beitragen. Im Falle der IuK-Systeme muss der Bildungswert sehr hoch eingeschätzt werden, da sie folgende Ziele für Schüler ermöglichen:

- Sie beherrschen die neuen Kommunikations- und Kooperationsformen der Informationsgesellschaft.
- Sie können einen Informationsraum strukturieren und in solchen Strukturen navigieren, um
  - auf Information zuzugreifen,
  - Information zu verteilen.
- Sie verstehen die Wirkprinzipien von Rechnernetzen und verteilten Systemen, der Basistechnologie neuer gesellschaftlicher Entwicklungen.

Zur Bedeutung dieser Bildungsziele besteht heute hohe Übereinstimmung in der Gesellschaft. Zur Erreichung dieser Ziele gehen die Meinungen weit auseinander. Sie reichen vom Glauben an die naive Anwendung bis zur Forderung nach eigenverantwortlicher Systementwicklung. Hier wird eine systematische Einführung empfohlen, die von beiden Extremwerten weit entfernt ist. Bei klarer Zielstellung steht der Lehrer vor der Notwendigkeit, den Inhalt zu strukturieren und stark zu filtern.

Schwerpunkte für den Inhalt

Mit folgenden Themen kann eine systematische Einführung in die Grundlagen der IuK-Systeme realisiert werden:

- historische Entwicklung,
- Bewertungssystematik,
- technische Grundlagen,
- ethische und rechtliche Regelungen,
- ausgewählte Anwendungen, wie
  - E-Mail,
  - Informationssysteme, z.B. „World Wide Web (WWW)“,
  - Software-Archive,
  - Diskussionsgruppen (News),
  - Nutzung entfernter Rechner,
- Informationssicherheit,
- Kooperationstechniken in vernetzten Systemen, wie
  - E-Mail-Listen zur abgeschlossenen Gruppendiskussion,
  - Diskussionsgruppen (News) für die offene Diskussion,
  - gemeinsame Dokumentenbearbeitung (asynchron und synchron),
  - Videokonferenzen.

Aus diesen Schwerpunkten lassen sich zielgruppengerechte Unterrichtssequenzen ableiten, die die Vorkenntnisse der Schüler angemessen berücksichtigen. Für Anfänger empfiehlt sich der Zugang über die Anwendungen, deren informatische Grundlagen schrittweise aufgedeckt werden. An Literatur zum Thema mangelt es nicht. Eine didaktisch sinnvolle Auswahl fällt schwer. Die Vernetzung der Grundbegriffe und Wirkprinzipien bleibt eine Aufgabe, die der Lehrer selbst lösen muss. Anregungen dazu liefern die Überlegungen zur Staffelung vom Einfachen zum Komplizierten und die Berücksichtigung der inneren Zusammenhänge des Stoffes.

Grundbegriffe und Wirkprinzipien

Am Anfang stehen dann die verteilten Systeme mit Betrachtungen zu Funktionalität, Komponenten und *Client-Server-Modell*. Darauf kann mit dem Internet-Protokoll aufgebaut werden, indem Vorschriften, Bestandteile, Adressen und die Datenübertragung vom Sender zum Empfänger thematisiert werden. Die Basismechanismen der Informationssicherheit führten zur Weiterentwicklung des Internet-Protokolls. Verschlüsselung, Authentifizierung und Zugriffsschutz müssen behandelt werden, wenn ein Verständnis zu Grundbedrohungen und deren Abwehr entwickelt werden soll. Die computergestützte Gruppenarbeit in der Schule besitzt eine inhaltliche und eine lehrmethodische Dimension.

Sie soll nicht nur Unterrichtsthema sein, sondern als Voraussetzung für das Lernen in allen Unterrichtsfächern angeeignet werden. Die asynchronen und synchronen Phasen eignen sich in Verbindung mit Projektarbeit sehr gut zur Vorbereitung auf selbstbestimmtes Lernen. Aktuelle Anwendungen wie digitale Signatur und elektronische Zahlungsmittel sind deshalb eine so wichtige Ergänzung, weil sie die gesellschaftlichen Auswirkungen der IuK-Systeme deutlich machen und auf künftige Lebenssituationen vorbereiten.

Eine Einführung in die Grundbegriffe gelingt am Beispiel der historischen Entwicklung (Tab. 9.1). Anfänger sind überrascht davon, dass die *Paketvermittlung* im Datennetz bereits 1969 entwickelt wurde. Dieses Wirkprinzip wird für den gewaltigen Datenaustausch im Internet heute erfolgreich eingesetzt. Die Geschichte der IuK-Systeme zeigt sehr anschaulich, dass zwischen der Entwicklung einer Technologie und deren gesellschaftlicher Breitenwirkung Jahrzehnte vergehen können.

Tabelle 9.1 Grundbegriffe aus einem Ausschnitt der historischen Entwicklung

1969	Beginn der *Paketvermittlung* im Datennetz
1972	*Telnet* und *FTP* mit *Protokollen*; *E-Mail* etwas später
1973	Erfindung Ethernet LAN
1977	Entwicklung von *TCP* (Transmission Control Protocol) und *IP* (Internet Protocol)
1983	Unix-Variante mit TCP/IP; Internet ca. 600 *Hosts*
1988	*Backbone* des Internet wird auf 1,5 Mbit/s umgestellt; ca. 56.000 Hosts
1990	*Informationssuche* mit Archie, WAIS, Gopher; Backbone mit 45 Mbit/s; Hostanzahl ca. 300.000
1993	*WWW* mit Mosaic; Hostanzahl 2.000.000

Eine Organisation (Provider) stellt für den Internet-Zugang eines Nutzers die Verbindung bereit. Das kann eine Standleitung oder eine Telefonwählleitung sein. Der neu dazugekommene Computer des Nutzers bekommt eine Internet-

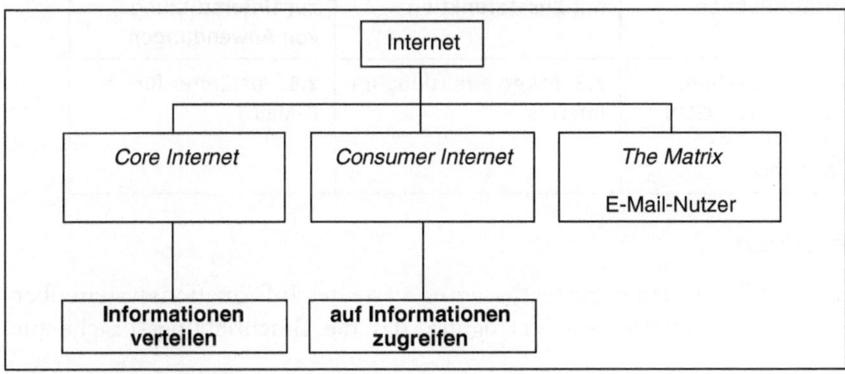

Abbildung 9.2 Einteilung des Internet

Adresse. Die Einteilung des Internet zeigt, dass noch keine gleichberechtigte Anwendung der Telekommunikation erreicht wurde. Nur ein Teil der Menschen mit Zugang zum Internet kann tatsächlich Information verteilen, also elektronisch publizieren und präsentieren (Abb. 9.2). Außerdem sind sehr viele Menschen vollständig ausgeschlossen von der Telekommunikation, da der Internetzugang territorial sehr unterschiedlich ist.

Eine Bewertungssystematik unterstützt den Lehr-Lern-Prozess, da sie es erlaubt, von Einzelheiten zu Gemeinsamkeiten der Phänomene vorzudringen. IuK-Systeme können eingeteilt werden nach Anwesenheit der Kommunikationspartner, Kommunikationsart, Funktionalität des Netzes (Tab. 9.2).

Tabelle 9.2 Einteilungsvarianten von IuK-Systemen

<table>
<tr><td colspan="3">Anwesenheit der Kommunikationspartner:</td></tr>
<tr><td>nicht gleichzeitig</td><td colspan="2">gleichzeitig</td></tr>
<tr><td>E-Mail
Informationssysteme
Diskussionsgruppen
asynchrone
Dokumentenbearbeitung</td><td colspan="2">Telefongespräch
Audio- und Videokonferenz
Chat
synchrone Dokumentenbearbeitung</td></tr>
<tr><td colspan="3">Kommunikationsart:</td></tr>
<tr><td colspan="2">Individualkommunikation</td><td>allgemeine Kommunikation</td></tr>
<tr><td colspan="2">z.B. E-Mail
- Grafiken, Bilder, Audio, Video, Programme
- Vorteile:
  - Weiterverarbeitbarkeit
  - Geschwindigkeit
  - Preis-Leistungs-Verhältnis</td><td>z.B. Informationssysteme
Informationen mit Verweisen
- automatische Suche
- verteilte Speicherung
- Interaktion</td></tr>
<tr><td colspan="3">Funktionalität des Netzes:</td></tr>
<tr><td>Übertragung
ohne Zusatzfunktion</td><td>Übertragung
mit Zusatzfunktion</td><td>Zusatzfunktionen
zur Unterstützung
von Anwendungen</td></tr>
<tr><td>Datenstrom zwischen zwei Punkten, z.B. ISDN (Integrated Services Digital Network)</td><td>z.B. Paketvermittlung im Internet</td><td>z.B. Postämter für E-Mail</td></tr>
</table>

Suchverfahren

Mit dem *WWW* steht ein hypertextbasiertes, verteiltes Informationssystem über das Internet oder Intranet zur Verfügung, das die Beschreibungssprache für

Dokumente mit Querverweisen „*Hypertext Markup Language* (HTML)" sehr schnell bekannt machte. Mit dem WWW können multimediale Dokumente (Text, Grafik, Audio, Video) zusammen mit Navigationsinformation als Hypertext bereitgestellt werden. Das Übertragungsprotokoll zwischen WWW-Client und WWW-Server wird „*Hypertext Transfer Protocol* (HTTP)" genannt. Die Schüler wenden zum Anzeigen von WWW-Inhalten *Browser* an, die man im einfachsten Fall erklären kann als eine:

„Softwarekomponente zum Aufbereiten und Durchstöbern riesiger Datenmengen" (Claus/Schwill, 2006, S. 116).

Mehr Verständnis für die Wirkprinzipien von Browsern erreicht man mit:

„Ein Browser ist ein User-Agent für das Web; er zeigt die angeforderte Web-Seite an und bietet zahlreiche Funktionen für die Navigation und Konfiguration. Web-Browser implementieren die Client-Seite von HTTP. In Zusammenhang mit dem Web verwenden wir deshalb die Begriffe ‚Browser' und ‚Client' gleichbedeutend" (Kurose/Ross, 2002, S. 101).

Browser finden WWW-Inhalte mittels „*Uniform Resource Locator* (URL)". URL ist die Adresse, die das Client-Programm benutzt, um eine gewünschte Information von einem Server zu erhalten. Sie enthält u.a. Protokoll, Hostname, Verzeichnis und Dateiname. Den Schülern muss bewusst werden: Wer auf Information verweist, indem er Zeiger setzt, übernimmt rechtliche Verantwortung dafür.

Wenn der Nutzer die URL der gewünschten Information nicht kennt, ist ein Suchproblem zu lösen. Eine wesentliche Forderung im Rahmen der Allgemeinbildung besteht darin, dass die Schüler die Datenbestände des WWW durch gezieltes Suchen erschließen können. Die Versuch-Irrtum-Strategie versagt hierbei vollständig. Systematische Suchverfahren sind zu erlernen. Im ungünstigsten Fall wird eine automatische Suche nach Stichwörtern gestartet. Das entspricht bei traditioneller Suche der Schlagwortkartei. Es handelt sich um einen weit verbreiteten Irrtum, dass eine automatische Suche auch automatisch die gewünschte Information liefert.

Suchen muss untersetzt werden mit Strategien und Werkzeugen. Solche Werkzeuge sind z.B. Kataloge und Suchmaschinen. Die *Kataloge* (thematische Verzeichnisse) mit mehreren Ebenen einer Hierarchie setzen auf Sachverstand des Menschen, die *Suchmaschinen* auf Ausdauer. Es handelt sich in beiden Fällen um Suchsysteme, die ein Regelwerk für den Umgang mit den Metainformationen, den Suchpfaden, besitzen. Zum Verständnis der Verzeichnisse benötigt man Einsicht in deren logische Struktur. Suchmaschinen bauen sehr große Datenbanken auf, ohne die Verwendbarkeit dieser Flut für den Anwender beurteilen zu können. Hier helfen sorgfältig überlegte Kriterien, mit denen man den Suchraum einschränken und die automatische, blinde Suche der Web-Roboter intelligenter steuern kann. Bei den formalen Anfragesprachen kommt es wie immer in der Informatik auf den Zusammenhang von Syntax, Semantik und Pragmatik an. Schüler mit Schwächen im Umgang mit logischen Ausdrücken benötigen besondere Unterstützung. Das Abstraktionsniveau sollte nicht unterschätzt werden. Es wird zwischen lokaler und globaler Suche unterschieden.

Bei *lokaler Suche* wird das Dokument auf dem eigenen Server gesucht. Für die lokale Suche können *lineare* Suche, *binäre* Suche und *Hash-Verfahren* angewendet werden, d.h., die Ausbildung kann, wenn gewünscht, anspruchsvolle Algorithmen thematisieren. Die Schüler lernen, dass bei der linearen Suche eine Suchmaske (Suchfenster) über den gesamten Text verschoben wird, bis Mustergleichheit gefunden wird. Sie erlernen eine Syntax zur Formulierung von Suchanfragen. Das Gegenstück dazu ist ein permutierter Index analog zum Index von Fachbüchern. Dazu kann dann die binäre Suche mit der Halbierung des Suchraumes eingesetzt werden oder das Hash-Verfahren, bei dem der Hash-Wert des Suchbegriffs zum Suchen verwendet wird.

Wenn die Logik der lokalen Suche beherrscht wird, können die *globalen Suchverfahren* mittels Katalogen und Suchmaschinen (Web-Robotern) darauf aufbauen. Bei der Behandlung globaler Suchsysteme muss thematisiert werden, wie Suchmaschinen zur benötigten *Metainformation* kommen:

1. Der Informationsanbieter informiert. Das kann zum Eintrag in thematische Verzeichnisse, analog zu Katalogen, genutzt werden, die mehrere Ebenen einer Hierarchie bilden. Der Suchende benötigt Einsicht in die logische Struktur.

2. Web-Roboter führen die automatische Suche nach Web-Servern, Dokumenten und weiteren URLs durch. Da sie große Datenbanken aufbauen, führt das häufig zu Komplikationen aufgrund des Ressourcenverbrauches (Netzbandbreite, Serverlast). Es existieren Vorschriften für Suchsysteme, z.B. wird der Zutritt für bestimmte Bereiche des Servers nicht erlaubt.

Der Suchende wird von der Informationsfülle überfordert, wenn er die Eingrenzung des Suchraumes durch Anfragesprachen unzureichend beherrscht. Erschwert wird die Ausbildung dadurch, dass die Anfragesprachen nicht einheitlich sind. Es besteht die Möglichkeit, mit *Operatoren* die Ähnlichkeit zwischen Suchbegriffen festzulegen. Mit *Qualifikatoren* kann die Suche auf Dokumententeile, z.B. die Überschrift, eingeschränkt werden.

Wenn man die Informationsquelle kennt, z.B. ein weltbekannter Verlag, dann ist die Informationsqualität leichter zu beurteilen. Eine wichtige Frage bildet die Bewertung von Dokumenten unbekannter Informationsanbieter. Eine automatische Bewertungsfunktion, die Häufigkeit und Ort des Suchbegriffes als Kriterien ansetzt, scheitert oft. Es besteht die Gefahr, dass unseriöse Autoren mit unzutreffenden Schlagwörtern auf sich aufmerksam machen wollen. Eine fachliche Bewertung wie bei Buch oder Fachzeitschrift ist wünschenswert. Zum Teil findet man einen Gutachterservice, der eine Bestenauswahl vornimmt.

Am Beispiel der eigenen Informationsverteilung sollen die Schüler erkennen,

- welche Bedeutung der Dokumententitel und die Überschriften für die Suche haben,
- wie eine Zusammenfassung aller wichtigen Begriffe die Suche unterstützt,
- wie sich Suchhinweise im Kopf von Hypertextdokumenten auswirken.

Das Verwalten der eigenen Datenbestände erfordert eine Zuordnung von Metainformation (*Metadaten*) zu den Dokumenten, die den eigenen, aber auch den weltweiten Suchprozess unterstützen, z.B. deskriptive Metadaten (Autor, Titel, Jahr) und semantische Metadaten (Thema, Schwerpunkte).

Modellvorstellungen

Es bieten sich vor allem die technischen Grundlagen mit Schichten-Modell, Vermittlungsverfahren, Internet-Architektur und Systembeispiele an. Ein verteiltes System verfügt über eine geschlossene Funktionalität, die durch räumlich getrennte Komponenten realisiert wird. Die Verfügbarkeit von Netztechnologien mit hoher Bandbreite und die wachsende Komplexität der Anwendungen beschleunigten den Wechsel von zentralen zu verteilten Systemen. Wenn einzelne Komponenten ausfallen, können ganze Bereiche des verteilten Systems weiterfunktionieren. Diese Fehlertoleranz ist ein Vorteil. Es kann aber auch das Gegenteil eintreten, so dass die Störung einer entfernten Komponente die Funktionalität des eigenen Bereiches beeinträchtigt. Ein weiterer Vorteil ist die kostengünstige Verteilung der Ressourcen, die ohne ein zentralsteuerndes Nadelöhr auskommt.

Man spricht von hoher Transparenz der verteilten Systeme. Das sollte nicht mit einfachen Systemstrukturen verwechselt werden. Die Datenübertragung zwischen den Rechnern über das Netz dient der Synchronisation von Zugriffen auf die gemeinsamen Datenbestände und der Koordination von logischen Abhängigkeiten der Verarbeitungsreihenfolge. Die Anwendung verteilter Systeme erfordert ein hochwertiges Netzwerkmanagement, um Engpässe bei der Datenübertragung zu vermeiden, die höheren Anforderungen an die Informationssicherheit zu erfüllen und die Wartung zu realisieren.

Für die Datenübertragung benötigt jede Komponente des verteilten Systems eine Schnittstelle für das Senden und Empfangen von Nachrichten und ein einheitliches Übertragungsprotokoll. Die bidirektionale Übertragung unterstützt den *Anforderung-Antwort-Mechanismus* (Client-Server-Modell). Der Aufruf mehrerer Verbraucher erfolgt mit dem Erzeuger-Verbraucher-Modell, wobei mehrere Verbraucher aus der Nachrichtenadresse erkennen, ob die Sendung für sie wichtig ist. Das *Internet* (interconnected networks) ist das bedeutendste globale Netz (*WAN – Wide Area Network*). Jeder Host kann über seine eindeutige Internet-Adresse erreicht werden. Statt des umfangreichen OSI-Referenzmodells sollte das Schichten-Modell der Internet-Technologie mit seinen vier Schichten eingeführt werden: Subnetzschicht für die physische Übertragung (elektrisch oder optisch), Internet-Schicht mit Protokoll, Transportschicht mit Protokoll und Anwendungsschicht (Abb. 9.3).

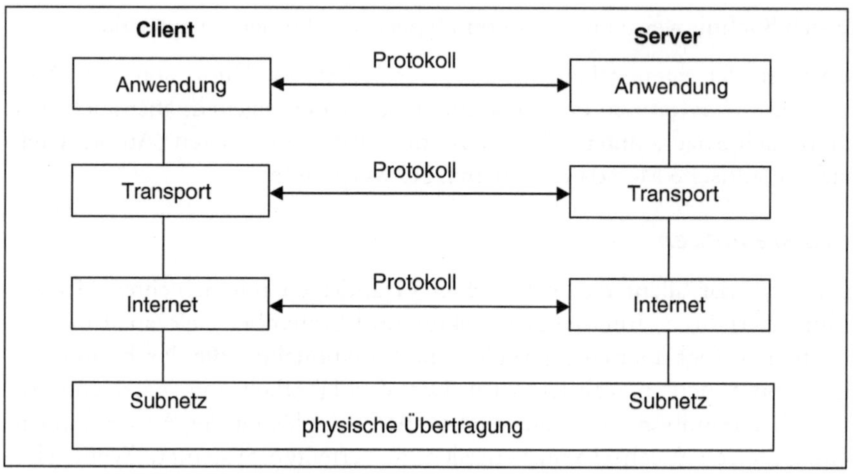

Abbildung 9.3 Schichten-Modell der Internet-Technologie I

Im Internet wirken zwei Protokolle zusammen. Das „*Transmission Control Protocol (TCP)*" sichert eine zuverlässige Datenübertragung. Das „*Internet Protocol (IP)*" wählt die günstigste Route für die Datenübertragung aus. Sie wurden ursprünglich als netzwerkübergreifendes Protokoll „TCP/IP" veröffentlicht (Cerf/ Kahn, 1974). Für die Sicherheit im Internet werden spezielle Computer (firewall) mit zwei Netzwerkkarten genutzt, die mittels Programmverbindung eine Sicherheitsschleuse zwischen dem zu schützenden Netz und dem Internet bilden. So können die Adressen der Datenpakete überprüft und Filtermechanismen aktiviert oder die Datenpakete insgesamt einer Analyse unterzogen werden. Verschlüsselung kann die Datenpakete vor unerlaubter Nutzung oder Veränderung schützen. Das Internet-Protokoll fördert das Verständnis der Wirkprinzipien von IuK-Systemen. Es ist außerdem die Grundlage für die selbständige Orientierung im Adressraum globaler Netzwerke. Protokolle sind als Satz von Vorschriften und logische Beziehungen zu thematisieren. Das Internet als Zwischenstation wird erst verständlich, wenn die Anforderung, Datenströme in die richtige Richtung zu lenken, diskutiert wurde (Abb. 9.4).

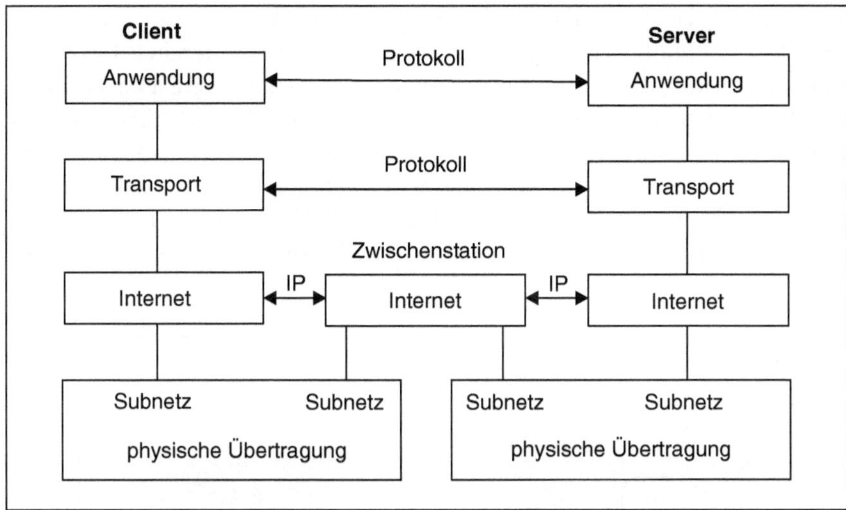

Abbildung 9.4 Schichten-Modell der Internet-Technologie II

Eine wesentliche Ergänzung bildet der sichere Transport über unsichere Übertragungswege mit Prüfsummen, Quittungsmechanismen und Wiederholungen. Kanalvermittlung und der damit verbundene typische Besetztfall sind vom

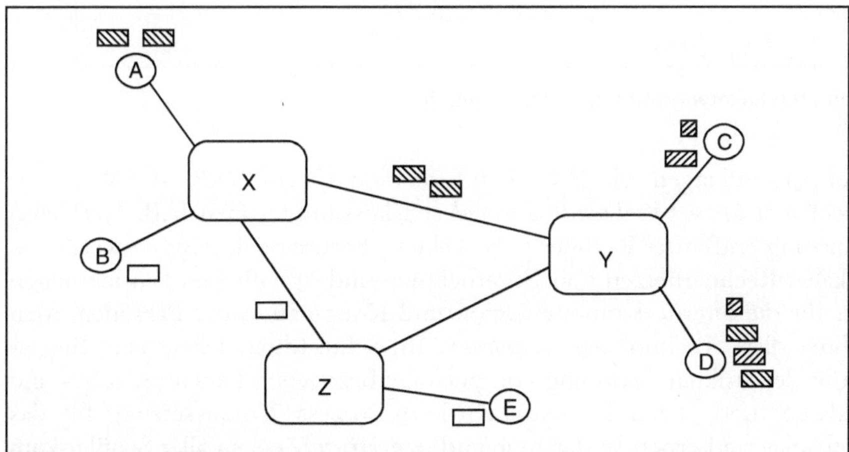

Abbildung 9.5 Paketvermittlung im Datennetz I

Telefon her bekannt. Nachrichtenvermittlung blockiert kurze Nachrichten, wenn lange gesendet werden. So wird verständlich, warum sich die Paketvermittlung in IuK-Systemen durchsetzte (Abb. 9.5).

Das Zerlegen der IP-Adressen in Empfänger- und Absenderadresse wurde bereits mit den Protokollbetrachtungen im Schichtmodell vorbereitet. Jetzt wird daran angeknüpft, um das Vermittlungsverfahren zu analysieren. Die Betrachtung eines Leitungsausfalls zeigt die Robustheit des Verfahrens (Abb. 9.6), das alternative Wege finden, Datenpakete zwischenspeichern und bei Bedarf beim Empfänger so umsortieren kann, dass die richtige Reihenfolge der Information rekonstruiert wird. Die Struktur eines IP-Pakets wird untersucht. Deutlich soll für die Schüler dabei werden, dass die Protokollköpfe als Verwaltungsdaten fungieren.

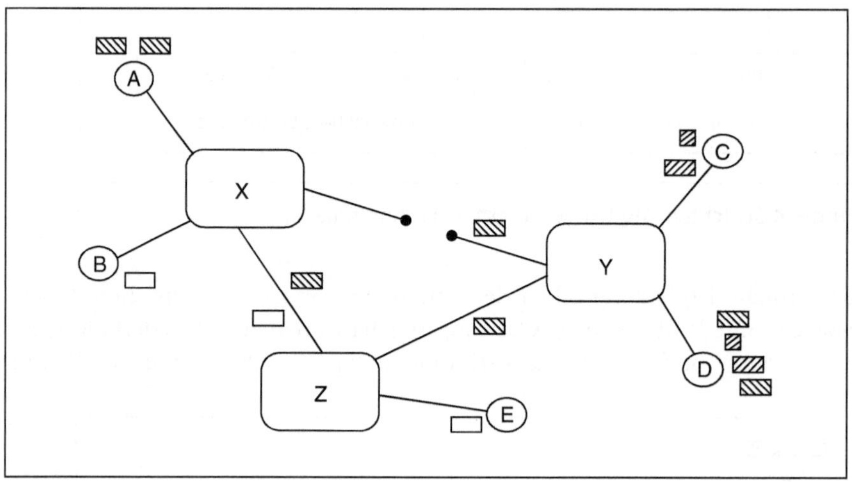

Abbildung 9.6 Paketvermittlung im Datennetz II

Internet-Anwendungen wie E-Mail, Informationssysteme (z.B. WWW), Softwarearchive (*FTP – File Transfer Protocol*), Diskussionsgruppen (z.B. NetNews) und Nutzung entfernter Rechner (z.B. Telnet, „Secure Shell (SSH)") werden in den lokalen Rechnernetzen von Unternehmen und öffentlichen Einrichtungen genutzt für die interne Kommunikation und Kooperation der Personen. Man bezeichnet diese Technologie als *Intranet.* Im Schul-Intranet liegt eine Besonderheit in der strikten Trennung von personenbezogenen Daten (Schüler- und Lehrerdaten) und Daten für den Lehr-Lern-Prozess. Voraussetzung für das selbstorganisierte Lernen ist der freie und ungestörte Zugang aller Schüler zum Intranet. Für die Lehrer sind Lehrerzimmer, -bibliothek und persönliche Büroräume mit lokal vernetzten Informatiksystemen auszustatten. Die Schüler können in der Schülerbibliothek, aber auch in offenen Bereichen im Gebäude an den Informatiksystemen arbeiten. Amerikanische Erfahrungen zeigen, dass gute Sichtbarkeit dieser Plätze ausreicht, um unerwünschten Informationszugriff zu verhindern, wenn die ethischen und rechtlichen Anforderungen an das Nutzungsverhalten geklärt sind. Aus Sicherheitsgründen sind alle Teilnehmer mit passwortgeschütztem Systemzugang und persönlicher E-Mail-Adresse auszustatten.

Mit diesen sehr gut zu veranschaulichenden Wirkprinzipien wird die selbstbestimmte Anwendung der IuK-Systeme durch die Schüler vorbereitet. Ein Aus-

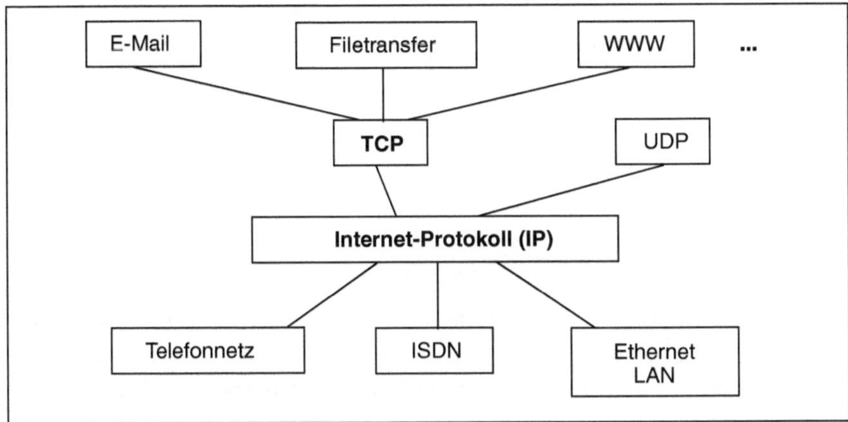

Abbildung 9.7 Ein Ausschnitt der Internet-Architektur

schnitt der Internet-Architektur (Abb. 9.7) verbindet ausgewählte Anwendungen, die für fachübergreifende Unterrichtsprojekte große Bedeutung erlangten.

Die Protokolle können an konkreten Anwendungen wie dem Senden und Empfangen von E-Mail bei Bedarf vertieft werden. Am Beispiel des „*User Datagram Protocol (UDP)*" wird der Verzicht auf Fehlerbehandlung und die daraus resultierenden Konsequenzen darstellbar. Um das Fernnetz zu entlasten und die Antwortzeiten zu reduzieren, werden zwischen WWW-Client und WWW-Server Zwischenrechner (proxy) eingefügt, auf denen Kopien von Dokumenten gespeichert werden.

„Ein *Web-Cache*, auch *Proxy-Server* genannt, ist eine Netzwerkeinheit, die HTTP-Anfragen im Auftrag des Client erfüllt. Der Web-Cache verfügt über seinen eigenen Plattenspeicher, in dem er Kopien der zuletzt angeforderten Objekte verwaltet" (Kurose/Ross, 2002, S. 113).

Die Schüler lernen mit dem Cache eine Netzwerkeinheit kennen, die sich als Server verhält, wenn eine Anfrage von einem Browser zu beantworten ist, und die sich als Client verhält, wenn eine Anfrage an einen Server zu stellen ist. Die Schüler erkennen, dass eine Kopie im Cache und deren Original auf dem ursprünglichen Server unterschiedlich aktuell sein können. Der Cache lohnt sich besonders für häufig genutzte Dokumente, die selten geändert werden.

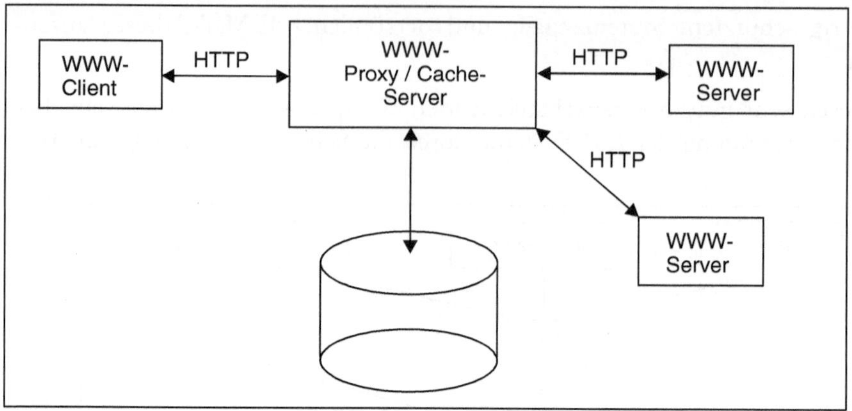

Abbildung 9.8 WWW-Architektur

Die informatische Bildung liefert mit dem Verstehen der WWW-Architektur Grundlagen für alle anderen Fächer, indem z.B. das typische Missverständnis, WWW sei identisch mit dem Internet, ausgeräumt werden kann (Abb. 9.8).

Das Grundprinzip verteilter Systeme (Client-Server-Architektur) wird eingeführt. Es findet sich heute in allen Intranet-Entwicklungen der Schulen wieder. Das HTTP begegnet den Anwendern in vielen Internet-Adressangaben. Es kann Unverständnis beseitigt werden durch Analogiebetrachtung zu bereits behandelten Protokollen. Mit der Wirkung der Proxy-Cache-Technik werden wichtige Entscheidungen zu Auswahl und Verweildauer von globalen Dokumenten im lokalen Speicherbereich verständlich.

Probleme

Es wird viel Kreativität in die Gestaltung guter Unterrichtsbeispiele investiert. Die Fachzeitschriften *informatica didactica*, *LOG IN*, die Bildungsserver und die GI-Fachtagungen, z.B. „*Informatik und Schule (INFOS)*“ machen solche Erfahrungen zugänglich. Eine Suche lohnt sich, bevor man mit der Neuentwicklung beginnt. Um beständige Grundlagen auszuwählen, benötigt man einen tiefen Einblick in dieses Teilgebiet der Informatik, das sich sehr innovativ entwickelt. Der Übergang zu neuen Protokollen dient nicht nur der Vergrößerung des Adressraumes, sondern auch der Einführung wichtiger Sicherheitskonzepte. Ethische und rechtliche Regelungen spielen in diesem Unterrichtsgegenstand eine große Rolle. Wenn sich Informatiklehrer dieser Aspekte nicht annehmen, gehen die fachlichen Bezüge im Lernprozess verloren.

Man kann sicher in anderen Fächern sehr allgemein darüber sprechen, aber kaum Verständnis für die komplexen Zusammenhänge entwickeln. Die Wirkprinzipien der Internet-Architektur bilden die kognitive Basis für das Verstehen der komplizierten Umsetzung der Gesetzgebung. Der Unterrichtsgegenstand setzt Existenz, Pflege und Administration eines Schul-Intranets voraus. Dafür setzen amerikanische Schulen bereits erfolgreich technisches Personal ein. Eine Minimalforderung besteht in Entlastungsstunden für die Netzadministratoren der Schulen. Es gilt, Schulaufsichtsbehörden und Schulträger mit dem Problem vertraut zu machen. Die GI publizierte Empfehlungen für die Lösung dieses Problems (Hubwieser/Fischer et al., 2001).

10 Strukturen untersuchen und Strukturieren

10.1 GI-Empfehlungen

10.1.1 Gesamtkonzept zur informatischen Bildung

Bis heute spüren wir die Auswirkungen des fehlenden Gesamtkonzeptes der informatischen Bildung. Berufliche Schulen und Hochschulen beginnen im Fach Informatik ohne gesicherte Vorkenntnisse. Sie differenzieren ihre Lehrpläne deshalb nicht. Absolventen ohne Informatikgrundkurs und solche mit Leistungskurs, einschließlich Informatikabitur, erfahren die gleiche Ausbildung. Diese Wiederholungszeiten schaden den Schülern und Studierenden im internationalen Wettbewerb um zügige Abschlüsse. Abhilfe kann ein Gesamtkonzept bringen, das die Bildungsziele für die Sekundarstufen I und II verbindlich festlegt. Genau das leistet die GI-Empfehlung zum Gesamtkonzept von 2000.

Veränderungen zeichnen sich ab. Die Forderung nach einem Informatik-Fundamentum für alle Schüler wird zunehmend besser erfüllt. In einer Reihe von Ländern findet inzwischen in der Sekundarstufe I obligatorischer Informatikunterricht statt, der sich an den nationalen und internationalen Empfehlungen oder an einem landesspezifischen Gesamtkonzept orientiert. Trotzdem bleibt noch viel Arbeit an der Umsetzung eines Gesamtkonzepts zur informatischen Bildung sowohl national wie auch international. Im Abschnitt 10.3 beschreiben wir unsere Vision von einem Gesamtkonzept der informatischen Bildung.

Die GI-Empfehlung zum Gesamtkonzept von 2000 betonte, dass die Informatik die Bezugswissenschaft der informatischen Bildung ist. Das mag für traditionelle Unterrichtsfächer selbstverständlich sein. Bedenkt man aber, dass Informatikinhalte lange Zeit nur sehr nachgeordnet in anderen Fächern, z.B. Mathematik und Arbeitslehre, erlernt werden konnten, dann wird die Wichtigkeit dieser Position klar. Oberflächliche Bedienfähigkeiten sollen abgelöst werden durch Hintergrundwissen und Gestaltungsfähigkeit von Anwendungen. Es wird von einer Ergänzung der traditionellen Kulturtechniken gesprochen.

„Die hier charakterisierte informatische Bildung orientiert sich an den nachstehenden *Leitlinien*:
- Interaktion mit Informatiksystemen,

- Wirkprinzipien von Informatiksystemen,
- Informatische Modellierung,
- Wechselwirkungen zwischen Informatiksystemen, Individuum und Gesellschaft“ (GI, 2000, S. 2).

Die Empfehlung geht davon aus, dass im vorfachlichen Unterricht der *Primarstufe* die wichtigsten *Systemkomponenten und Funktionen eines Informatiksystems* eingeführt werden und die Schüler Programme und Dokumente laden, öffnen, speichern, ausdrucken und schließen lernen.

In der *Sekundarstufe I* soll verpflichtender Informatikunterricht stattfinden, der *objektorientierte Denkweisen* der Informatik mit den Vorkenntnissen und Alltagserfahrungen der Schüler verbindet, z.B. beim Anwenden von E-Mail-Systemen, Hypertextgestaltung und der Strukturierung von Datenbeständen. Aufbau und Funktionsweise typischer Informatiksysteme werden problem- und handlungsorientiert erlernt. Ein Einblick in die Programmierung erfolgt mittels Simulation von Modellen und ausgewählten Programmiersprachelementen.

In der *Sekundarstufe II* sollen die Schüler einen Grund- oder Leistungskurs in Informatik wählen können, um anspruchsvollere Gestaltungsaufgaben zu lösen und die Fachsprache zu erlernen. Betriebssysteme, Rechnernetze und verteilte Systeme werden durch geeignete Modelle charakterisiert. Das *informatische Modellieren* nimmt breiten Raum ein.

10.1.2 Bildungsstandards Informatik

Diese GI-Empfehlung von 2008 beschreibt sehr detailliert und getrennt in zwei Niveaustufen, was die Schüler nach den Jahrgangsstufen 5-7 und nach den Jahrgangsstufen 8-10 in fünf *Inhaltbereichen* und fünf *Prozessbereichen* wissen und können sollen. Damit liegt ein Dokument vor, das die Qualität des Informatikunterrichts sehr nachhaltig fördern wird. Im Kapitel 5 wird die Entstehung der fünf Inhaltsbereiche (*Information und Daten; Algorithmen; Sprachen und Automaten; Informatiksysteme; Informatik, Mensch und Gesellschaft*) und die fünf Prozessbereiche (*Modellieren und Implementieren; Begründen und Bewerten; Strukturieren und Vernetzen; Kommunizieren und Kooperieren; Darstellen und Interpretieren*) vorgestellt (GI, 2008). Wir betrachten den Prozessbereich „Strukturieren und Vernetzen“ näher. Im Abschnitt „Kompetenzen über alle Jahrgangsstufen“ findet man dazu:

„Schülerinnen und Schüler aller Jahrgangsstufen *strukturieren Sachverhalte durch zweckdienliches Zerlegen und Anordnen*, erkennen und nutzen Verbindungen innerhalb und außerhalb der Informatik“ (GI, 2008, S. 13).

Auf den Seiten 50-52 der Empfehlungen wird dieser Prozessbereich erläutert:

„Die Informatik hat selbst Methoden des *Strukturierens* entwickelt, viele Informatikinhalte tragen bereits eine Struktur“ (GI, 2008, S. 50).

Dazu passen *Struktogramme* (S. 661-662) und *strukturierte Programmierung* (S. 662-663), die in Kapitel 11 und im Duden Informatik (Claus/Schwill, 2006) erklärt werden. Wir gehen aber noch einen Schritt weiter, indem wir uns dafür interessieren, welche Rolle der Begriff *Struktur* in der Informatik spielt:

„Ein zentraler Begriff der Informatik ist der Begriff des Algorithmus und seine Realisierung in Form eines Programms. Man beschränkt sich aber in der Informatik nicht auf Programmierbarkeit, *sondern untersucht ganz allgemein die Struktur* und das Zusammenwirken von Algorithmen (Prozess), von zu verarbeitenden Daten (*Datenstruktur*, Objekt, Klasse) sowie von Sprachen zu ihrer Formulierung (Programmiersprache)" (Claus/Schwill, 2006, S. 305-306).

Die Autoren der GI-Empfehlung behaupten nicht, dass die Inhalts- und Prozessbereiche genau so gegliedert sein müssen. Für uns sind *„Informatisches Modellieren und Konstruieren"* (vgl. Kapitel 6 und 11) und *„Strukturen untersuchen und Strukturieren"* (vgl. Abschnitt 10.3) Inhaltsbereiche. Für diese Position sprechen die Ergebnisse zur Kompetenzmodellierung im DFG-Projekt „Entwicklung von qualitativen und quantitativen Messverfahren zu Lehr-Lern-Prozessen für Modellierung und Systemverständnis in der Informatik (MoKoM)" (vgl. Abschnitt 5.1 und 5.3).

10.2 Internationale Gesamtkonzepte

10.2.1 UNESCO-Curriculum

1994 wurde die erste Fassung des UNESCO-Curriculums unter dem Titel „Information and communication technology in secondary education – A Curriculum for Schools" veröffentlicht, die 2000 aktualisiert wurde (van Weert, 2000). Die Autoren definierten *„Informatics Technology"*:

"The technological applications (artefacts) of informatics in society" (van Weert, 2000, p. 9).

Vier Niveaustufen der Kompetenzentwicklung werden beschrieben, von denen sich die drei verpflichtenden (A-C) auf das *Anwenden von Informatiksystemen* konzentrieren: „A. ICT Literacy; B. Application of ICT in Subject Areas; C. Integration of ICT across the Curriculum". 1994 waren die Folgen gravierend. Weltweit wurde der Informatikunterricht zurückgedrängt oder gar eingestellt. Diese Entwicklung kehrte sich erst 2009 wieder um, als in Frankreich und Großbritannien die Einführung von verpflichtendem Informatikunterricht diskutiert wurde.

Die vierte Niveaustufe der Kompetenzentwicklung „D. ICT Specialisation" war eigentlich nicht für allgemeinbildende Schule gedacht:

"This study is quite different and concerns vocational or professional education rather than general education" (van Weert, 2000, p. 13).

Aber genau diese Schwerpunkte bewährten sich im Informatikunterricht der Sekundarstufe weltweit: „Introduction to Programming, Top-down Program Design, Foundations of Programming and Software Development, Advanced Elements of Programming ".

Im Wettbewerb um Bildungsförderung wurde das UNESCO-Curriculum erfolgreich genutzt, um Informatik nicht in den Fächerkanon hineinzulassen oder es wieder aus ihm herauszubefördern. Gefördert wird gerne etwas Neues in der Bildung. Das führte manchmal auch nur zum schnellen Wechsel von Etiketten. Schwache Bildungskonzepte erschienen wertvoller, wenn sie als vernetzt, webbasiert, virtuell, multimedial, hypermedial bezeichnet wurden. Insgesamt fanden schnelle Bildungserfolge mit leicht erreichbaren Zielen (klicken, surfen, stöbern) zu viel Anerkennung durch Entscheidungsträger, die selbst keine informatische Grundbildung kannten. Der Informatikbildungsbedarf wurde lange unterschätzt.

10.2.2 A Model Curriculum for K-12 Computer Science

Das änderte sich seit 2003 durch die Publikation von „A Model Curriculum for K-12 Computer Science", der amerikanischen Computergesellschaft (Association for Computing Machinery (ACM)) (ACM, 2003). „K-12" steht für ein Gesamtkonzept der informatischen Bildung vom Kindergarten bis zur Jahrgangsstufe 12. Auch dieses Curriculum beschreibt vier Niveaustufen der Kompetenzentwicklung, aber im Gegensatz zum UNESCO-Curriculum geht es hier wirklich um die fundamentalen Konzepte der Informatik.

Tabelle 10.1 Struktur des Curriculums

Jahrgangsstufe	Niveaustufe	Bezeichnung
K-8	I	*Foundations of Computer Science*
9 oder 10	II	*Computer Science In the Modern World*
10 oder 11	III	*Computer Science as Analysis and Design*
11 oder 12	IV	*Topics in Computer Science*

Die Niveaustufen III und IV sind wählbar für Schüler mit besonderem Interesse an Informatik. Die Niveaustufen I und II sind verpflichtend für alle Schüler in allen Schularten. Beeindruckend sind die kognitiven und nicht-kognitiven Basiskompetenzen, die von allen Schülern zu erwerben sind:

"*Capabilities* are the 10 fundamental abilities for using IT to solve a problem: Engage in sustained reasoning, manage complexity, test a solution, manage faulty systems and software, organize and navigate information structures and evaluate information, collaborate, communicate to other audiences, *expect the unexpected*, anticipate changing technologies, and think abstractly about IT." (ACM, 2003, p. 3).

Dabei wird „*expect the unexpected*" unsere Leser an ihre eigenen Informatikerfahrungen erinnern.

Besonderes Interesse weckte die Niveaustufe I, da sie für sehr junge Schüler erreichbar sein soll. Wiederum stehen viele fundamentale Konzepte der Informatik in dem Ruf, schwer erlernbar zu sein. Sie setzen abstraktes und vernetztes Denken voraus. Zur positiven Aufnahme des Curriculums trug ganz wesentlich bei, dass die ausgewählten Unterrichtsbeispiele im Anhang der Empfehlung überzeugten. Für die Niveaustufe I wählte man Beispiele von Bell, Witten und Fellows, die diese erfahrenen Informatiklehrer 2002 unter dem Titel „Computer Science Unplugged. An enrichment and extension programme for primary-aged children" veröffentlichten (Bell/Witten/Fellows, 2002).

Wir haben in der Lehrerbildung mit diesen Unterrichtsbeispielen sehr gute Erfahrungen gesammelt (Tab. 10.2).

Aufgabe

Analysieren Sie das Unterrichtsbeispiel „You Can Say That Again" zur Textkompression (A.1 Sample Activities for Level I: Foundations of Computer Science) aus dem Text „Computer Science Unplugged".

Planen Sie darauf aufbauend vier Unterrichtsstunden zu diesem Thema. Legen Sie den Schwerpunkt auf die Schülertätigkeiten.

Anfangs können die Lehramtsstudierenden gar nicht glauben, dass man solche anspruchsvollen Informatikkonzepte ohne Rechnerlabor, dafür aber in Form von Spielen vermitteln kann. Nachdem sie selbst in die Rolle der Schüler wechselten, sind sie sehr positiv überrascht von dieser erfolgreichen Lernsituation.

„Thus, we agree with teachers who believe that students at this age ought to begin *thinking algorithmically as a general problem-solving strategy*. What children do, not what they see, may have the greatest impact on learning at the K-8 level. Thus, it makes sense to develop more teaching strategies that encourage students to engage in the process of visualizing an algorithm" (ACM, 2003, p. 9)

Im Kapitel 4 wurde das algorithmische Denken als allgemeine Problemlösestrategie vorgestellt und an Beispielen des prädikativen Baukastens veranschaulicht.

Tabelle 10.2 Lösungsvariante „You Can Say That Again" zur Textkompression

Zeit	Schülertätigkeit	Lehrertätigkeit
1. Stunde	a) Folie 1: Kompression gemeinsam erarbeiten b) Aufgabenblatt 1: Wiederherstellung	a) Motivation und verbale Vorstellung des Ersetzungsalgorithmus b) Besprechen des 1. Blattes und eventuell explizite Angabe eines Algorithmus
2. Stunde	c) Aufgabenblatt 2: Verkettete Ersetzung	c) Hausaufgabe: Gedichte komprimieren
3. Stunde	d) Komprimiertes Gedicht der Hausaufgabe an den Nachbarn reichen, damit dieser es dekomprimiert. Vortragen des Gedichts e) Aufgabenblatt 3: Wie viele Wörter sind notwendig?	d) Welche Texte sind besser, welche schlechter komprimierbar?
4. Stunde	f) Aufgabenblatt 4: Kompression des Märchens von den drei kleinen Schweinchen	e) Bezug zum Morse-Alphabet und zu Bildern herstellen

10.3 Strukturieren in einem Gesamtkonzept

10.3.1 Informatische Bildung

Wir fassen den Begriff *informatische Bildung* weiter als den des Informatikunterrichts, um interdisziplinäre Projekte zu erfassen, die das Schulfach Informatik und andere Schulfächer gemeinsam durchführen. Informatische Bildung umfasst die kognitive, affektive und psychomotorische Auseinandersetzung mit Informatiksystemen. Dabei sind die grundsätzlichen Fragen der Schüler zu beantworten:

- Motivation folgt aus der Frage nach den *Zielen* dieser Technikgestaltung: Warum wird Informatik angewendet?
- Leitlinien – *Pläne, Sprachen und Systeme* – (Tab. 2.3).

In diese Struktur der informatischen Bildung lassen sich alle notwendigen Grundbegriffe (Definitionen), Prinzipien (Sätze), Methoden (Verfahren) und Werkzeuge einordnen (Tab. 10.3). Der Bereich „Ziele der Informatik" nimmt eine übergeordnete Stellung zu den drei Unterrichtsleitlinien ein, die als Spalten einer Inhaltsmatrix verstanden werden können. Die Zeilen dieser Matrix wer-

Tabelle 10.3 Spiralcurriculum der informatischen Bildung

Systematisierung	Ziele der Informatik
	I Pläne II Sprachen III Systeme
Theoretische Grundlagen	*Gesamtkonzept der informatischen Bildung*
Historische Entwicklung	
Wirkungsweise, Funktionsumfang	
Verallgemeinerungen, Spezialfälle	
Entwicklungsmethodik	
Anwendungsbeispiele	
Gesellschaftliche Anforderungen	

den aus den allgemeinen Anforderungen an eine Systematisierung von Lerninhalten abgeleitet.

Wir diskutieren hier ein mögliches Gesamtkonzept (Tab. 10.4), das aus dem Grundmodell (vgl. Abschnitt 2.1) abgeleitet wird. Solche Vorschläge sollen die Curriculumsentwicklung und Unterrichtsgestaltung bereichern, sind aber kein Ersatz und keine Einschränkung dafür. Jede Beschreibung eines Gesamtkonzeptes liefert Orientierung für die Verknüpfung von Bildungsmodulen.

Tabelle 10.4 Gesamtkonzept der informatischen Bildung

Ziele der Informatik		
Pläne + Sprachen + Systeme		
Sekundarstufe I *obligatorisch*		Sekundarstufe II *fakultativ*
Jgst. 5 - 8	Jgst. 9 + 10	Jgst. 11 - 12
a. *Daten und Modelle*	b. *Programmierbarkeit*	c. *Softwareentwicklung*
a1. Mensch-Maschine-Interaktion	b1. Programmiersprachliches Denkschema	c1. Analyse und Spezifikation
a2. Sprachen und Strukturen zur Informationsspeicherung, Wiedergewinnung und Verknüpfung	b2. Möglichkeiten der Informatik	c2. Entwurf
a3. Wirkprinzipien von Informatiksystemen	b3. Komplexität von Lösungsklassen	c3. Programmierung und Erprobung
a4. Telekommunikation	b4. Testen von Lösungen	c4. Vertiefungskomplex

Gerade in der Modularisierung und Vernetzung kleiner Lerneinheiten liegt die Stärke. Auf neue Bildungsanforderungen kann recht flexibel reagiert werden mit einer Neuorganisation oder dem Austausch von Modulen. Ausgehend von den GI-Empfehlungen zu Bildungsstandards der Informatik (GI, 2008) findet zurzeit eine solche Neuorganisation von Lerninhalten für die Sekundarstufe I statt. Anregungen für Lebensweltbezug, Beispiele und Aufgaben kann man in den Lehrbüchern Informatik 1-3 finden (Frey et al., 2004; Hubwieser et al., 2007; Hubwieser et al., 2008). Informatik 1 kommt in der Jahrgangsstufe 7 von bayrischen Gymnasien zum Einsatz. Dort wird Informatik einstündig im Rahmen des Fächerverbundes Natur und Technik unterrichtet. Einen Schwerpunkt bilden vernetzte Informationsstrukturen (Internet), Austausch von Information (E-Mail). Zum Client-Server-Prinzip findet man dort altersgerechte Fragen. Der Start gestaltete sich für Schüler in Jahrgangsstufe 11 ohne Vorwissen zu Internetworking ebenso (vgl. Kapitel 12). Für die Informatik ist die Aktualisierung von Lerneinheiten in kurzen Zeitabständen typisch. Die weltweite Vernetzung der Rechner änderte die Sicht auf ein Informatiksystem. Objektorientierte Modellierung setzte die strukturierte Programmierung fort.

Die Komponenten a1. bis c4. für die Jahrgangsstufen sollen nicht sequentiell als Kursfolge unterrichtet werden, sondern sind von den Schülern im Spiralcurriculum in den Sekundarstufen I bzw. II zu erlernen. Eine mögliche Reihenfolge für die Einführung in das Problemlösen der Informatik zeigt Tabelle 2.4. Eine Einführung in die Softwareentwicklung wird in den Kapiteln 4 und 7 vorgestellt. Wir diskutieren am Beispiel dieses Gesamtkonzeptes exemplarisch, wie sich der Kompetenzbereich „*Strukturen untersuchen und Strukturieren*“ durch alle Komponenten a1. bis c4. hindurch zieht. Eine solche Darstellung ist für alle Kompetenzbereiche der informatischen Bildung möglich und sinnvoll.

10.3.2 Daten und Modelle

Die Komponente „Daten und Modelle“ gehört zum obligatorischen Informatikunterricht für alle Schüler. Das hat zur Konsequenz, dass sie in der Sekundarstufe I aller Schularten verankert sein muss. Die Einführung in die Telekommunikation wird mit der zielorientierten Anwendung des Schul-Intranets verbunden.

a1. Mensch-Maschine-Interaktion

Ziel (a1) orientiert darauf, dass die Schüler die Grundlagen der Mensch-Maschine-Interaktion kennenlernen und anwenden können. Die These vom „Computer als Denkzeug“ wird schrittweise entmystifiziert. Die Anwendung des Rechners als universelle, symbolverarbeitende Maschine soll verstanden werden, um selbstverantwortliche Lebensgestaltung zu ermöglichen (Koerber/Peters, 1993).

Einen besonders günstigen Zugang zur Informatik bildet der neue Typ des Aufgabenlösens, die Arbeitsteilung zwischen Mensch und Informatiksystem (vgl. Abschnitt 2.3). Folgende Schülerrollen sind im Unterricht zu ermöglichen:

- Anwender: Aufgaben mit Informatiksystemen lösen,
- Auftraggeber: Anforderungen an Informatiksysteme beschreiben.

Um vernetzendes Denken und Handeln (verteilt, interaktiv, nichtsequentiell) zu fördern, werden folgende *Inhalte* dem Ziel zugeordnet:

- Aufbau und Funktionsumfang von Benutzungsschnittstellen,
- Darstellung der Interaktionsmöglichkeiten (Ikonen, Menüs, Abfragesprachen),
- Interaktionsstrategien (Funktionsauswahl, Suchstrategie bei Recherche).

Als *Vorgehensweise* wird empfohlen:

- Beschreiben von Objekten der Problemlösung; Verknüpfung von Objektattributen mit Aktionen; Planen der Interaktion;
- Klassifikation von Aufgaben durch Abstraktion;
- Transfer von Einzellösungen auf Aufgabenklassen durch Analogieschluss;
- Bewerten der Pläne und Verallgemeinern zu Interaktionsstrategien.

a2. Sprachen und Strukturen zur Informationsspeicherung, Wiedergewinnung und Verknüpfung

Ziel (a2) orientiert darauf, dass die Schüler Sprachen und Strukturen zur Informationsspeicherung, Wiedergewinnung und Verknüpfung einsetzen können. Die Grundprinzipien von Informationssystemen, z.B. WWW, Datenbanksystem, und die damit verbundenen Anforderungen an den Schutz personenbezogener Daten ermöglichen tiefere Einsichten in die gesellschaftlichen Anforderungen an die Informatik. Daraus resultieren Kriterien für die Technikgestaltung und die Informationssicherheit. Die Gefahr des Verlustes oder Verfälschens großer Datenbestände eines Datenbanksystems wird untersucht. Es werden Mechanismen vorgestellt, die dem entgegenwirken. Die Informationssicherheit ermöglicht die Realisierung der juristischen Festlegungen zum Datenschutz. Rechnernetze und die damit verbundenen Sicherheitsrisiken führen zu der Erkenntnis, dass die Sicherheitsaspekte von fundamentaler Bedeutung für jede Systementwicklung in der Informatik sind. Anwendungen, z.B. digitale Signatur und elektronische Zahlungsmittel, runden diesen Teil ab.

Zum *Inhalt* gehören:
- Aufbau und Anwendung eines Datenbanksystems,
- Datenmodellierung (logischer Entwurf),
- Analyse, Bewertung und Modifikation von Datenbankstrukturen,
- Grundbegriffe und Gesetze des Datenschutzes,
- Sicherheitsanforderungen: Vertraulichkeit, Integrität, Verfügbarkeit, Anonymität, Originalität, Verbindlichkeit,
- Gefährdung durch Viren und Gegenmaßnahmen,
- Aufbau und Funktionsweise von Kryptosystemen zum Verschlüsseln, Authentifizieren und für den Zugriffsschutz.

Als *Vorgehensweise* wird empfohlen:
- Erkunden der Datenschutzbestimmungen und der Maßnahmen zu ihrer Realisierung an der Schule;
- Analyse von Daten auf ihre Verknüpfbarkeit;
- Effizienz von Anfragen;
- Experimentieren mit einfachen Kryptosystemen und Entdecken der zugrundeliegenden Basismechanismen.

a3. Wirkprinzipien von Informatiksystemen

Ziel (a3) orientiert darauf, dass die Schüler Wirkprinzipien von Informatiksystemen kennen und anwenden können. Die Modellierung typischer Umweltausschnitte in Informatiksystemen (vgl. Kapitel 6) und die daraus resultierenden Standardanwendungen (z.B. Programme für das Zeichnen, Spielen, Steuern) werden vorgestellt. Kriterien sind formulierbar, die die Auswahl des richtigen Systems für die Lösung der jeweiligen Problemklasse ermöglichen. Das Übersetzen von Plänen in Sequenzen von Basisoperationen wird als typische Systemeigenschaft erkannt. Die Fachmethodik (Vorgehensweise),

- Objekte, deren Eigenschaften und Beziehungen zu definieren,
- diese Strukturen als Modell einer „abgeschlossenen Welt" aufzufassen,
- aus diesen Strukturen durch Formalisierung und Abstraktion die Verarbeitungsschritte abzuleiten,

beeinflusst andere Wissenschaftsdisziplinen beachtlich. Aber auch die Informatik ändert ihre Denkweisen und Fachmethoden.

„Als neues Paradigma der Informatik stellt sich ein Computersystem somit dar als Gruppe gleichrangiger, selbständiger, einigermaßen intelligenter Akteure, die bestimmte Aufgaben erledigen und dazu miteinander und mit der Umgebung interagieren" (Brauer/Brauer, 1995, S. 28).

Folgende *Inhalte* sind dem Ziel zuzuordnen:
- Hardware und Software als formale Systeme,
- Aufbau und Funktionsweise von Rechnern,
- Programmsteuerung und das Konzept des logischen Speicherplatzes,
- Prozesse und Betriebsmittel (prozeduraler Entwurf),
- Systemleistungsklassen und ihre Merkmale.

Als *Vorgehensweise* wird empfohlen,
- einfache Schichten-Modelle zu analysieren,
- den Weg vom Baustein zum komplexen Informatiksystem aufzuzeigen,
- das Zusammenwirken von Rechnerarchitektur, Betriebssystem und Anwendungen zu erkunden.

a4. Telekommunikation

Ziel (a4) orientiert darauf, dass die Schüler Telekommunikation anwenden können und die Grundbegriffe und Informationswege kennenlernen. Telekommunikation als Medium und Gegenstand des Unterrichts fördert fächerübergreifendes und projektorientiertes Lernen. Das Schul-Intranet wird als Informationsquelle und Diskussionsforum erschlossen. Es entstehen neue Arbeitsweisen bei der Vorbereitung auf den Unterricht. Das Verständnis für Datenschutz und Informationssicherheit wird vertieft. Fragen des Jugendschutzes stellen sich neu.

Die Verarbeitung von Daten zu Information und Wissen in Rechnernetzen wird mit folgenden *Inhalten* untersetzt:
- Anwendung von Intranet und Internet,
- Einzelplatzsystem, lokale Netze, globale Netze,
- Protokolle,
- Informationssicherheit in Netzen.

Als *Vorgehensweise* wird empfohlen,
- Anwendung des Schul-Intranets kennenzulernen
  - zur Kommunikation und Kooperation,
  - für Recherche, Bewertung, Auswahl von Unterrichtsmaterial,
  - zum elektronischen Publizieren von Ergebnissen,
- Aufbau und Funktionsweise von Netzen zu erkunden,
- Verfahren zur Informationssicherheit anwenden zu können.

10.3.3 Programmierbarkeit

In der Informatik existieren alternative Konzepte – programmiersprachliche Denkschemata –, die zur Lösung von Aufgabenklassen unterschiedlich gut geeignet sind:

- logische Programmierung:
  - Problembeschreibung aus Fakten und Regeln,
  - z.B. Wissensbasen, Datenbankabfragen, Suchprobleme,
- prozedurale Programmierung:
  - Lösungsbeschreibung als Prozedurennetzwerk,
  - z.B. Berechnungen, Zeichenkettentransformationen,
- funktionale Programmierung:
  - Lösungsbeschreibung als Geflecht von Funktionen,
  - z.B. Grafiken, Formelmanipulation, Symbolverarbeitung,
- objektorientierte Programmierung:
  - Problembeschreibung durch Klassenhierarchien,
  - z.B. Konfigurationsaufgaben, Benutzungsschnittstellen.

Dabei kann es nicht darum gehen, ein Konzept zu bevorzugen und die anderen zu vernachlässigen, sondern Verständnis für die Vielfalt der Denk- und Arbeitsweisen der Informatik zu vermitteln. Die bisherige Beschränkung auf Algorithmen, die sich günstig in eine spezielle Programmiersprache übertragen lassen, und die Überfrachtung des Unterrichts mit Details der Programmentwicklungsumgebung motivierten die Schüler zu wenig. Das Vorgehen im Informatikunterricht muss einen breiteren Ansatz entwickeln:

- Analyse der Aufgabenstellung,
- Wahl des geeigneten programmiersprachlichen Denkschemas,
- Modellierung der Lösung und Übertragung in die zugehörige Sprache,
- Variantenvergleich zwischen Problemlösungen in verschiedenen programmiersprachlichen Denkschemata.

Hier wird vorgeschlagen, dass das Wissen über Programme deutlich in den Vordergrund gestellt und nur exemplarisch mit dem eigenen Programmieren der Schüler verbunden wird.

b1. Programmiersprachliches Denkschema

Ziel (b1) orientiert darauf, dass die Schüler Berechenbarkeit in Programmen verstehen und anwenden können. Die exemplarische Behandlung einer Entwurfs- und Programmiersprache gehört in diese Linie, um Objekte erzeugen, verbinden und verwalten zu können. Syntax und Semantik sind ebenso wie der Begriff der Grammatik im Kontext der Informatik zu behandeln.

> Folgende *Inhalte* sind dem Ziel zuzuordnen:
> - prinzipielle Eigenschaften einer formalen Sprache,
> - deren Grammatik,
> - deren Maschinenmodell.
>
> Als *Vorgehensweise* wird empfohlen,
> - mit prozeduralen Beispielprogrammen (fertigen Lösungen) zu experimentieren,
> - den Weg vom Konzept zur Anwendung vorzustellen.

b2. Möglichkeiten der Informatik

Ziel (b2) orientiert darauf, dass die Schüler die Möglichkeiten der Programmierbarkeit erkunden. Die Begriffe *„berechenbar"*, *„entscheidbar"* und *„akzeptierbar"* werden eingeführt. Die Transformation einer Problembeschreibung in eine andere kann demonstriert werden, um die Einordnung unbekannter Probleme in bekannte Klassen zu ermöglichen. Das Aufzeigen innerer Gesetzmäßigkeiten eines Problems führt zum geeigneten Lösungsmodell.

> Folgende *Inhalte* sind dem Ziel zuzuordnen:
> - Entscheidbarkeit,
> - Akzeptanz,
> - Unentscheidbarkeit.
>
> Als *Vorgehensweise* wird empfohlen,
> - mit funktionalen Beispielprogrammen (fertigen Lösungen) zu experimentieren.
> - anhand der prozeduralen und funktionalen Lösungen die Modelle der Berechenbarkeit zu vergleichen.

b3. Komplexität von Lösungsklassen

Ziel (b3) orientiert darauf, dass die Schüler die Komplexität von Lösungen erkennen können. Hier wird geklärt, welche Eigenschaften Probleme besitzen müssen, um prinzipiell mit Informatiksystemen gelöst zu werden. Außerdem wird begründet, dass die Komplexität von Problemen deren Lösung praktisch verhindern kann. Die Bestimmung von Aufgabenklassen wird an Beispielen erläutert. Als Klassifikationsmerkmale kommen wiederum die Komplexität oder Analogien in der Lösungsstruktur in Frage. Grob- und Feinpläne können auf ihre Komplexität hin analysiert werden.

Folgende *Inhalte* sind dem Ziel zuzuordnen:

- Vorgehensweisen zur Reduzierung der Komplexität von Problemen,
- Klassifizieren von Problemen in die Klasse *P* und die Klasse *NP*. In die Klasse P gehören alle Probleme, die deterministisch mit polynomialbeschränktem Zeitaufwand lösbar sind. Das sind alle *praktisch lösbaren Aufgaben*. In die Klasse NP gehören alle Probleme, die nichtdeterministisch (mit Raten) mit polynomial-beschränktem Zeitaufwand lösbar sind. Das sind alle *praktisch unlösbaren Aufgaben*, sofern sich die Hypothese bewahrheitet, dass P≠NP ist, was allgemein angenommen wird; denn das Raten kann nur durch vollständiges Durchmustern realisiert werden. Es existieren aber oft Heuristiken, die eine (optimale) Lösung zwar nicht für jeden Fall finden, aber oft akzeptable Ergebnisse liefern.
- Transformieren von Problemen zur Wiederverwendbarkeit von Lösungen.

Als *Vorgehensweise* wird empfohlen,

- mit objektorientierten und prädikativen Beispielprogrammen (fertigen Lösungen) zu experimentieren,
- die Komplexität dieser konkreten Beispiele zu bestimmen,
- diese exemplarischen Erfahrungen zu Komplexitätsklassen zu verallgemeinern.

b4. Testen von Lösungen

Ziel (b4) orientiert darauf, dass die Schüler Lösungen systematisch testen können und wissen, warum man kritische Programmabschnitte verifiziert. Testen (Funktionsüberprüfung) wird häufig missverstanden und fälschlicherweise mit Versuch-Irrtum-Strategie behandelt. Testen bedeutet:

„Überprüfung des Ein-/Ausgabeverhaltens eines Programms anhand von Experimenten und gezielten Programmdurchläufen (S. 682) ... Durch Testen kann immer nur die Anwesenheit von Fehlern, nie jedoch deren Abwesenheit bewiesen werden (S. 683)“ (Claus/Schwill, 2006).

Das Testen wird ergänzt durch eine *Verifikation*, wenn die Korrektheitsanforderungen einen Grad erreichen, der über den für Übungsprogramme für den Eigenbedarf hinausgeht.

Folgende *Inhalte* sind dem Ziel zuzuordnen:

- Konsistenz: Das System selbst und die von ihm verarbeiteten Daten sollen keine Widersprüche enthalten. Weltausschnitt (Modell) und Realität sollen bezüglich der zu lösenden Aufgaben gut harmonieren.
- Vollständigkeit: Die Vollständigkeit einer Spezifikation ist zu prüfen. Es tritt auch Überspezifikation auf, wenn an die Software unnötig einschränkende Anforderungen gestellt werden.

- Gerechtigkeit (fairness): Die Zuteilung von Betriebsmitteln erfolgt so, dass mehrere Informatiksysteme parallel oder verzahnt (zeitlich ineinandergefügt) aktiv werden können.
- Testen: Modultest (Testumgebungen, Testhilfen), Integrationstest (Vergleich mit der Anforderungsdefinition), Installationstest, Abnahmetest (vgl. Kapitel 14).
- Verifikation: Nachweis der Termination von Schleifen, Korrektheitsnachweis für Programme mit wenigen Programmzeilen.

Als *Vorgehensweise* wird empfohlen,

- Beispielprogramme zu testen,
- Korrektheitsanforderungen zu formulieren und verschiedene Korrektheitsniveaus zu unterscheiden,
- eine Vorgehensweise für das Testen zu entwickeln,
- Teststrategien und ihre Wirksamkeit zu vergleichen,
- Formalisierungsmöglichkeiten für kritische Lösungsabschnitte vorzustellen.

10.3.4 Softwareentwicklung

Die Ziele c1. bis c4. orientieren darauf, dass die Schüler die Entwicklung von Informatiksystemen verstehen. Das Informatiksystem soll seine Reaktionen nach den Denk- und Arbeitsweisen der Benutzer richten. Dazu müssen bereits bei der Entwicklung des Systems bekannt sein:

- der Nutzerkreis (Fähigkeiten, Nutzungsart),
- die Arbeitsaufgaben (Inhalte, Komplexität, Struktur).

So können Funktionalität und Benutzungsoberfläche genau spezifiziert werden. Der Nutzer soll sich auf seine Aufgabe konzentrieren können. Das Werkzeug Informatiksystem soll dabei in den Hintergrund treten und keine zusätzliche Belastung darstellen. Die Schüler vertiefen die Anforderungen an die Benutzungsfreundlichkeit von Informatiksystemen und erfahren, wie diese zu realisieren sind:

- Problemangemessenheit: Die Funktionalität wird geprüft.
- Dialogflexibilität: Steuerung und Aktivität soll prinzipiell beim Nutzer liegen. Das System hat angemessene Rückmeldungen bereitzustellen.
- Transparenz: Die Verständlichkeit ist zu überprüfen.
- Zuverlässigkeit: Das System soll auch dann noch korrekt arbeiten, wenn Komponenten fehlerhaft sind.

- Hilfen: Information über den Modus (Zustand) des Systems; aussagekräftige Fehlermeldungen; Korrekturvorschläge.
- Erwartungskonformität: Sie wird verbessert, wenn einheitliche Syntax für anwendungsunabhängige Funktionen (z.B. die Speicherung) eingesetzt wird.
- Vor- und Nachteile der Anwendung: Ein Vergleich mit der traditionellen Arbeitsweise lässt Vor- und Nachteile erkennen. Untersuchungen zur Effizienz der Lösungsalgorithmen gehören dazu.

Folgende *Inhalte* sind den Zielen c1. bis c4. zuzuordnen:

Die fachspezifische Vorgehensweise bei der Entwicklung von Informatiksystemen kann aus dem allgemeinen Problemlösungsprozess abgeleitet werden (vgl. Kapitel 4). Verschiedene Wissenszustände, die ein Mensch erreichen kann, definieren einen Problem- oder Zustandsraum. Problemlösen ist dann die Zerlegung in Teilaufgaben, bis Operatoren einen Anfangszustand in einen Zielzustand überführen. Der Mensch muss einen angemessenen Weg durch das Labyrinth von Zuständen finden (Suchprozesse). Mit Heuristiken kann solch ein Suchraum eingeschränkt werden. Die Teilziele sind so zu wählen, dass sie den Schüler motivieren und der Abstand zum Ziel abnimmt. Alle Objekte werden nach ihrer Funktion klassifiziert. Bereichsübergreifende und bereichsspezifische Regeln werden auf diese Weise zur Anwendung gebracht. Von der konkreten Repräsentation der Objekte hängt die Wahl der Operatoren ab. Sprachen und Sprachklassen entscheiden ganz wesentlich über die Qualität der Informatiksysteme. Zu jeder Problemklasse lässt sich eine besonders geeignete Darstellungsform bestimmen. In der Ausbildung ist deshalb großer Wert auf die Wahl der geeigneten Lösungsmethodik zu legen.

> Eine sinnvolle Verallgemeinerung für das fachdidaktische *Vorgehen* ist:
> - Gestaltungsprinzipien diskutieren,
> - Beschreibung des Problems,
> - Komplexitätsreduzierung,
> - Transparenz der Lösung sichern,
> - Effektivität untersuchen,
> - Testen systematisch durchführen,
> - Bewertung der Lösung vornehmen,
> - Konsequenzen der Anwendung aufzeigen.

Für Schüler spielt die Reduzierung des Anwendungsprozesses, die Komplexitätsreduzierung der zu lösenden Aufgabenklassen und die Einführung in die

Fachmethodik (Vorgehensweise) eine entscheidende Rolle. Damit wird das Verständnis für eine Reihe „Fundamentaler Ideen der Informatik“ vertieft (Algorithmisierung, strukturierte Zerlegung, Sprache).

Die Kapitel 4, 6 und 7 stellen dazu Beispiele vor. Dieser Ausbildungsabschnitt fördert interdisziplinäres Arbeiten, Teamfähigkeit und Projektarbeit. In jeder Ausbildungsphase können auf höherem Niveau neue Erfahrungen und Erkenntnisse vom Schüler gewonnen werden zu den Bereichen:

- Wissen strukturieren,
- Beschreibung von Wissen durch formale Sprachen,
- Informatiksysteme konstruieren.

11 Sprachen, Automaten und Netze

11.1 Graphen

Während Programmiersprachen das wichtigste Hilfsmittel der Informatik zur Bildung *symbolischer* Modelle darstellen, sind Graphen das zentrale Hilfsmittel zur Bildung *ikonischer* Modelle.

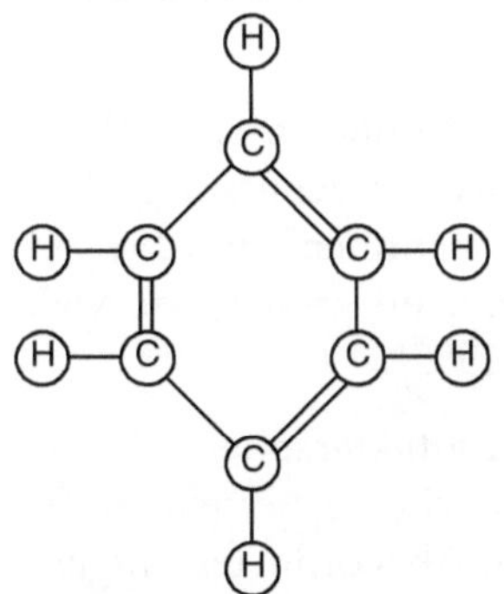

Abbildung 11.1 Chemische Strukturformel

Sobald Originale zu modellieren sind, in denen zwischen einer Reihe von Gegenständen Beziehungen oder Abhängigkeiten gleich welcher Art bestehen, bilden Graphen das geeignete Mittel, um die Sachverhalte zu beschreiben. Beispiele sind chemische Strukturformeln (Abb. 11.1), Verkehrsnetze, Verwandtschaftsbeziehungen, Rechnernetze, Abhängigkeitsgraphen, Objekthierarchien, Datenbankdefinitionen mittels Entity-Relationship-Diagrammen (vgl. Abschnitt 11.3) u.v.m.

Handelt es sich um „relativ" einfache Beziehungen zwischen den Objekten, die im Wesentlichen hierarchische Abhängigkeiten umfassen, so lassen sich die Sachverhalte meist durch *Bäume*, eine spezielle Form von Graphen, modellieren (vgl. Abschnitt 11.2).

Daher ist man im Informatikunterricht gefordert, Graphen in ihrer Grundform sowie in unterschiedlichen Ausprägungen und Anwendungsszenarien zu vermitteln, vor allem, um bei den Schülern die Fähigkeit zu fördern, Originale zu erkennen, für die Graphen ein geeignetes Modell bilden, sowie ihnen Sicherheit im Umgang mit Graphen und ihren Begrifflichkeiten zu geben. Hinzu lernen die Schüler auf höherer Stufe die Implementierung von Graphen (durch Matrizen oder Adjazenzlisten) und unterschiedliche Operationen auf Graphen und Bäumen. Es gibt eine unüberschaubare Zahl von unterschiedlich komplexen und altersbezogenen Beispielen, in denen die Modellierung der Sachverhalte über Graphen erfolgt. Ein typisches Beispiel folgt unten.

Ein weiteres schulisches Betätigungsfeld ist die Beschäftigung mit der *Komplexität*, die oft den Problemen und Algorithmen anhaftet, die graphentheoretische Fragestellungen beschreiben bzw. lösen sollen. Viele graphentheoretische Probleme gehören zur Klasse der *NP-vollständigen* Probleme, also den Problemen, die man mit nichtdeterministischen Turingmaschinen in polynomieller Zeit lösen kann. Für ein NP-vollständiges Problem kennt man bisher keine deterministischen Algorithmen, die das Problem in polynomieller Zeit lösen; man kann aber noch nicht beweisen, dass es keinen Polynomialzeitalgorithmus gibt (sog. *P-NP-Problem* (Garey/Johnson, 1979; Schwill, 1994d)). Die Tatsache, dass man noch keinen Polynomialzeitalgorithmus gefunden hat, schließt ja nicht aus, dass es doch einen gibt. Möglicherweise hat man sich bei der Suche danach bisher nicht klug genug angestellt. Tatsächlich wird aber aufgrund der seit Jahrzehnten erfolglosen Forschung allgemein angenommen, dass es für diese Probleme in der Tat keine polynomiellen deterministischen Algorithmen gibt.

Beispiel: Termine für Sitzungen eines Komitees. Die Abgeordneten eines Parlaments gehören n verschiedenen Ausschüssen an. Jeder Ausschuss tagt jede Woche genau einmal. Ist ein Abgeordneter Mitglied in mehreren Ausschüssen, so dürfen diese nicht zur gleichen Zeit tagen. Man möchte wissen, wie viele verschiedene Sitzungstermine festzulegen sind (Simon, 1992).

Diese Aufgabenstellung modelliert man durch einen Konfliktgraphen. Gegenstände sind die Ausschüsse, die Beziehung zweier Ausschüsse besteht in der Information, gleichzeitig stattfinden zu dürfen, weil kein Abgeordneter Mitglied beider Ausschüsse ist, oder nicht. Jeder Ausschuss wird durch einen Knoten dargestellt. Zwei Knoten werden genau dann durch eine Kante verbunden, wenn es einen Abgeordneten gibt, der in beiden Ausschüssen vertreten ist. Um nun die Zahl der Sitzungstermine zu ermitteln, muss man auf dem Graphen ein sog. *Färbungsproblem* lösen. Das Färbungsproblem ist die Frage, ob man jedem Knoten eines Graphen eine von k Farben so zuordnen kann, dass zwei durch eine Kante verbundene Knoten unterschiedliche Farben besitzen. Gelingt dies, so kommt man mit k Sitzungsterminen aus, und die Ausschüsse, die zu Knoten gleicher Farbe gehören, können zum gleichen Termin tagen. Abbildung 11.2 zeigt einen Konfliktgraphen mit 12 Knoten. Es sind also 12 Ausschüsse terminlich festzulegen. Zur Färbung des Graphen genügen drei verschiedene

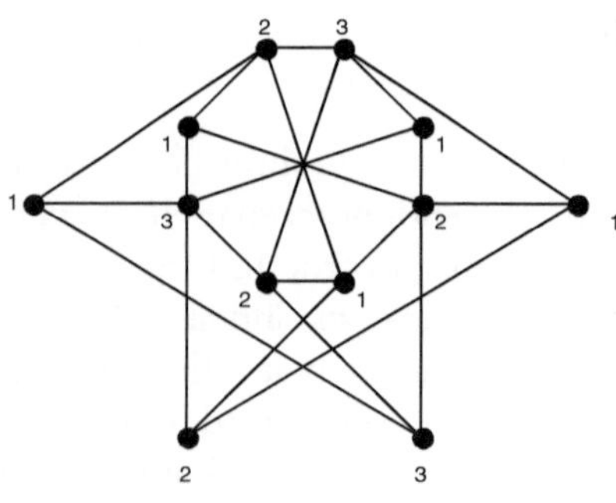

Abbildung 11.2 Konfliktgraph mit einer 3-Färbung

Farben, die in Abbildung 11.2 durch die Ziffern 1, 2, 3 dargestellt sind. Folglich genügen drei Termine pro Woche, um die Ausschüsse konferieren zu lassen. Konflikte für Abgeordnete, die in mehreren Ausschüssen sitzen, entstehen dann nicht.

Abbildung 11.3 Reichweiten von Mobilfunksendern

Ein weiteres ähnlich gelagertes Beispiel mit aktuellem Bezug findet man bei der Zuordnung von Frequenzen zu Mobilfunksendetürmen. In einem Gebiet befindet sich eine Reihe von Mobilfunksendeanlagen; die Anlagen decken jeweils gewisse Flächen ab, die sich zum Teil überlappen. Den Sendeanlagen müssen nun so Frequenzen zugeordnet werden, dass die Sendeanlagen in Überlappungsbereichen unterschiedliche Frequenzen verwenden, um Interferenzen zu vermeiden (Abb. 11.3). Das Problem führt man analog auf ein Färbungsproblem bei Graphen zurück. Rückblickend auf die Versteigerungen der UMTS-Mobilfunklizenzen im den Jahren 2000 und 2010 ist einzusehen, dass das Nutzungsrecht an möglichst vielen Frequenzen einen sehr hohen wirtschaftlichen Wert besitzt, da man in gewissem Umfang die Errichtung von Sendetürmen einsparen sowie ein größere Zahl von Kunden versorgen kann.

11.2 Bäume

In der Praxis gibt es sehr viele Fälle, in denen zwar eine Struktur mit Verzweigungen, also ein Graph, vorliegt, die Verzweigungsstruktur ist jedoch in gewisser Weise hierarchisch, und man kann Vorgänger und Nachfolger unterscheiden. Etwas genauer sind Bäume Graphen, in denen es keine Zyklen oder Kreise, anschaulich gesprochen keine „Rundwege“ gibt.

Beispiel: Wir betrachten eine Personalhierarchie in einer Firma. Es gibt einen Hauptabteilungsleiter (HAL), der zwei Abteilungsleiter (AL) unter sich hat. Jeder Abteilungsleiter kontrolliert mehrere Gruppenleiter (GL), und jede Gruppe hat mehrere Mitglieder (M). Graphisch lässt sich diese Struktur wie in Abbildung 11.4 darstellen.

Oft nutzt man die rekursive Struktur des Baums, z.B., um ihn zu durchlaufen und Markierungen von Knoten auszugeben, um Umordnungen vorzunehmen oder Daten einzutragen. Diese Struktur kommt in folgender Definition zum Ausdruck.

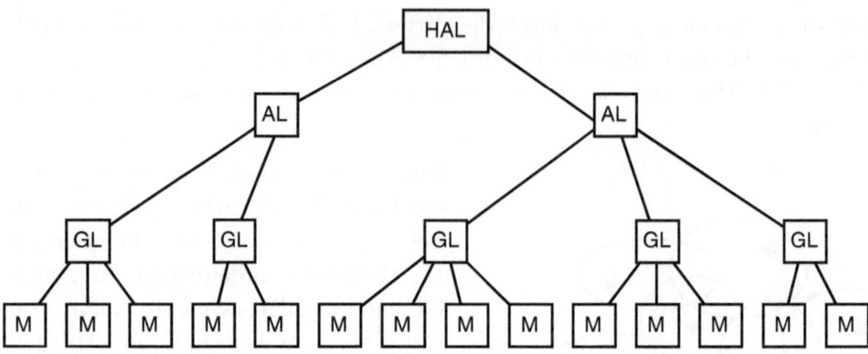

Abbildung 11.4 Darstellung der Personalhierarchie als Baum

Definition:

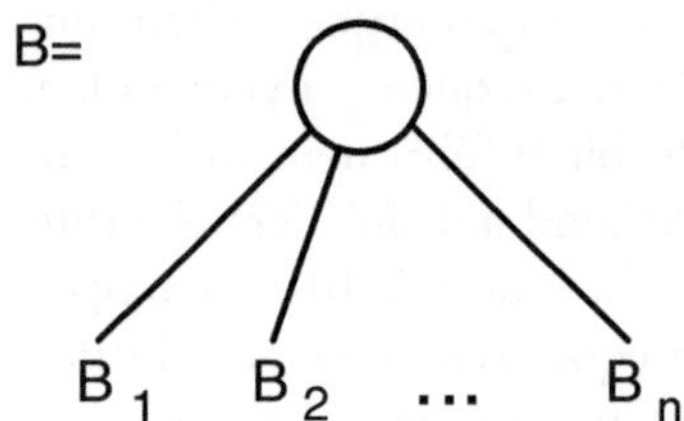

Ein *geordneter Baum* B ist rekursiv wie folgt definiert:

1. Die leere Struktur ist ein Baum.
2. Wenn B_1, B_2, ..., B_n für $n \geq 1$ Bäume sind, dann ist auch die nebenstehende rekursive Struktur B ein Baum.

Ein *markierter* geordneter Baum über einer beliebigen Menge M ist ein geordneter Baum, dessen Knoten jeweils mit einem Element aus M markiert sind.

Wie oft in der Informatik kann man sich auch hier wieder auf besonders einfache, aber deswegen nicht weniger ausdrucksstarke Bäume beschränken, die *binären* Bäume, bei denen dann gem. obiger Definition $n \leq 2$ ist. Beliebige Bäume lassen sich durch binäre Bäume simulieren.

Je nach informatischer Anwendung und zu modellierendem Original kann man Bäume in vielerlei Weise variieren: Man kann Knoten und/oder Kanten markieren, für Blätter und innere Knoten unterschiedliche Markierungsmengen vorsehen (z.B. bei Kantorovic-Bäumen), Vorgaben an die Höhe der Bäume machen (z.B. ausgeglichene Bäume), mehrere Marken in einem Knoten zulassen (z.B. B-Bäume), Marken in gewisser geordneter Form im Baum eintragen (Suchbäume) u.v.m.

Beispiel: Wir definieren einen markierten binären Baum, der zum Entschlüsseln von Morsezeichen verwendet werden kann (Abb. 11.5). Dazu wird der Morsecode so im Baum codiert, dass man beim Durchlaufen des Baumes von der Wurzel aus zu einem Knoten aus dem zurückgelegten Weg den Morsecode ablesen kann. Der Baum besitzt dazu folgende Eigenschaften:

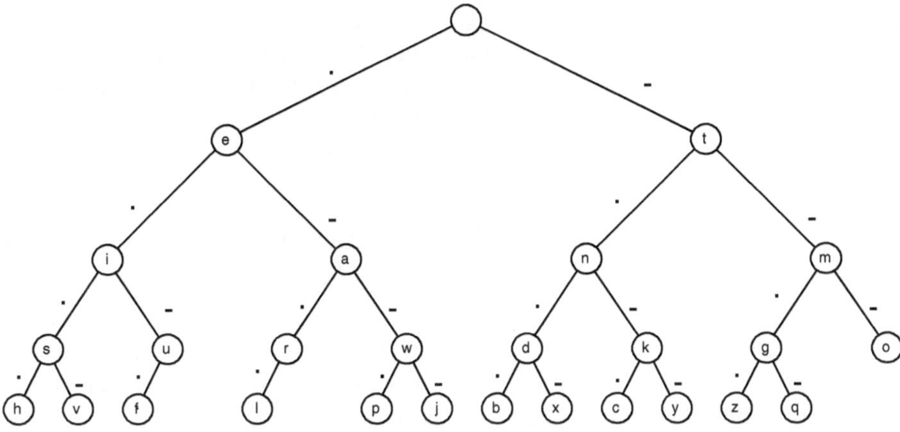

Abbildung 11.5 Morsebaum

1. Jeder Buchstabe kommt als Markierung eines Knotens im Baum vor.
2. Jede Kante zu einem linken Sohn ist als Morsezeichen „Punkt“ zu interpretieren.
3. Jede Kante zu einem rechten Sohn ist als Morsezeichen „Strich“ zu interpretieren.

So führt z.B. der Durchlauf von der Wurzel zum Buchstaben r über den Weg links/rechts/links und damit zum Morsezeichen •–•.

11.3 ER-Modelle

Eine sehr wichtige Anwendung von Graphen bei der Modellierung bilden *Entity-Relationship-Modelle*, kurz *ER-Modelle*, auch *ER-Diagramme* genannt, die man vor allem für den Entwurf von Datenbanken verwendet. Auf diesem Weg erwerben und vertiefen Schüler wichtige Fertigkeiten zur Modellierung, sie sind daher Gegenstand vieler Curricula für Grund- und Leistungskurse Informatik. Die Vorgehensweisen bei der Erstellung von ER-Modellen und die anschließende Übertragung in eine Datenbank machen wesentliche Fundamentale Ideen im Zusammenhang mit Modellierung sichtbar, und sie verdeutlichen, wie rasch leistungsfähige, aber dennoch verständliche Abstraktionsmethoden zu bedeutungsvollen Informatiksystemen, hier praktisch nutzbaren Datenbanken, führen.

Wie bei Graphen üblich, modelliert man Ausschnitte der realen Welt durch Identifizierung von genau abgrenzbaren Einheiten, wie Gegenständen, Objekten, Begriffen, Personen, sog. *Entitäten*, und durch Aufdeckung der zwischen den Entitäten bestehenden Beziehungen, sog. *Relationships*, kurz *Relationen*. Entitäten und Relationen werden zu Entitäts- und Relationstypen zusammengefasst und um modellrelevante Eigenschaften, sog. *Attribute*, ergänzt, die Relationen zusätzlich um ihre *Kardinalitäten*, die etwas über die grobe zahlenmäßige Zuordnung miteinander in Beziehung stehender Entitäten aussagen. Mögliche Kardinalitäten sind 1:1, 1:m und n:m, um auszudrücken, dass

- es bei 1:1 zu jeder Entität eines Entitätstyps höchstens eine Entität des in Beziehung stehenden Entitätstyps gibt und umgekehrt bzw.
- bei 1:m eine Entität des einen Entitätstyps mit beliebig vielen Entitäten des anderen Entitätstyps in Beziehung steht. In der umgekehrten Richtung betrachtet steht eine Entität des einen Entitätstyps mit höchstens einer Entität des anderen Entitätstyps in Beziehung bzw.
- bei m:n eine Entität des einen Entitätstyps mit beliebig vielen Entitäten des anderen Entitätstyps in Beziehung steht; Gleiches gilt für die umgekehrte Richtung.

Man hat es bei ER-Diagrammen also mit Graphen zu tun, die aus verschiedenen Sorten von Knoten und Kanten bestehen, die jeweils mit unterschiedlichen Markierungsmengen markiert sind.

Zur Modellierung müssen zunächst die Entitäten aus dem Original abgeleitet werden; anschließend erarbeitet man die Zusammenhänge zwischen ihnen. In der graphischen Darstellung, für die man meist die 1976 von Chen vorgeschlagene Notation wählt, repräsentieren Rechtecke Entitätstypen, Karos Relationstypen und Ovale Attribute; Attribute werden durch gestrichelte Linien, Relationships durch durchgezogene Linien angebunden. An die Kanten, die von Relationships ausgehen, schreibt man die jeweiligen Kardinalitäten.

Beispiel: Wir modellieren die Situation einer Fluggesellschaft, die Flüge mit den üblichen Daten, wie Flugnummer, Start- und Landezeiten usw., sowie Passagiere, die Flüge von A nach B über Reisebüros buchen, mit ihren persönlichen Daten verwaltet. Es gibt folgende Entitäten:

- Flüge mit den Attributen Start- und Zielort, Start- und Landezeit, Flugnummer,
- Passagiere mit den Attributen Name, Adresse, Telefonnummer,
- konkrete Abflüge, d.h. einen Flug zu einem bestimmten Datum mit zugehöriger Flugnummer

und folgende Relationstypen:

- konkrete Zuordnungen eines bestimmten Abflugs zum zugehörigen Flug,

- Buchungen von Passagieren über ein Reisebüro, die sich auf einen konkreten Abflug beziehen.

Die Kardinalität des ersten Relationstyps ist m:n, denn ein Passagier kann für mehrere Abflügen gebucht sein, und natürlich liegen für einen Abflug in der Regel viele Passagierbuchungen vor. Der zweite Relationstyp besitzt die Kardinalität 1:n, denn zu jedem Abflug gibt es genau einen Flug, auf den er sich bezieht, aber zu einem Flug gibt es natürlich in der Regel mehrere Abflüge, meist täglich oder für wiederkehrende Tage. Abbildung 11.6 zeigt die graphische Darstellung.

Stellt man ER-Modelle für den Entwurf einer Datenbank auf, so muss man sich noch Gedanken über eine eindeutige Identifizierung jedes Datenbankeintrags machen. Zunächst ist sicherzustellen, dass jede Entität durch die Werte ihrer Attribute eindeutig bestimmt wird. Das ist in Abbildung 11.6 offenbar der Fall. Ebenso ist jede Relation eindeutig durch die beteiligten Entitäten und die Relationsattribute festgelegt. Diese Attribute bilden einen *Schlüssel*. Meist benötigt man nicht alle Attribute zur Identifizierung einer Entität oder Relation; so reichen bei Flug allein die Flugnummer, bei Passagier Name und Telefonnummer, bei Abflug benötigt man Flugnummer und Datum. Eine Auswahl von Attributen, die zusammen einen Schlüssel bilden, nennt man *Primärschlüssel* und markiert sie im ER-Modell geeignet.

Aus einem ER-Modell mit den genannten Erweiterungen um Schlüsselmarkierungen kann man dann leicht ein Datenmodell für eine Datenbank ableiten, das anschließend auf einer Datenbank implementiert wird.

11.4 Struktogramme

Nicht nur zur Darstellung von Zusammenhängen auf Daten werden Graphen verwendet, sondern auch Abläufe können durch Graphen modelliert und veranschaulicht werden. Ein Beispiel sind die veralteten Programmablaufpläne und die später vorgeschlagenen Struktogramme, die jedoch in ihrer praktischen Darstellung kaum noch als Graphen erkennbar sind. Ihr Zweck besteht darin, algorithmische Ablaufstrukturen graphisch in einer Weise darzustellen, die anders als Programmablaufpläne zu gedanklicher Planung und strukturierter Programmierung zwingt. Die durch DIN66261 vereinheitlichten Struktogramme, die in den 1970er-Jahren von Nassi und Shneiderman vorgeschlagen wurden, bestehen im Wesentlichen aus vier Grundelementen zur Darstellung von Sequenz, Alternativen (if), Fallunterscheidung (case) und Schleife. Einzelheiten zur Darstellung findet man in (Claus/Schwill, 2006).

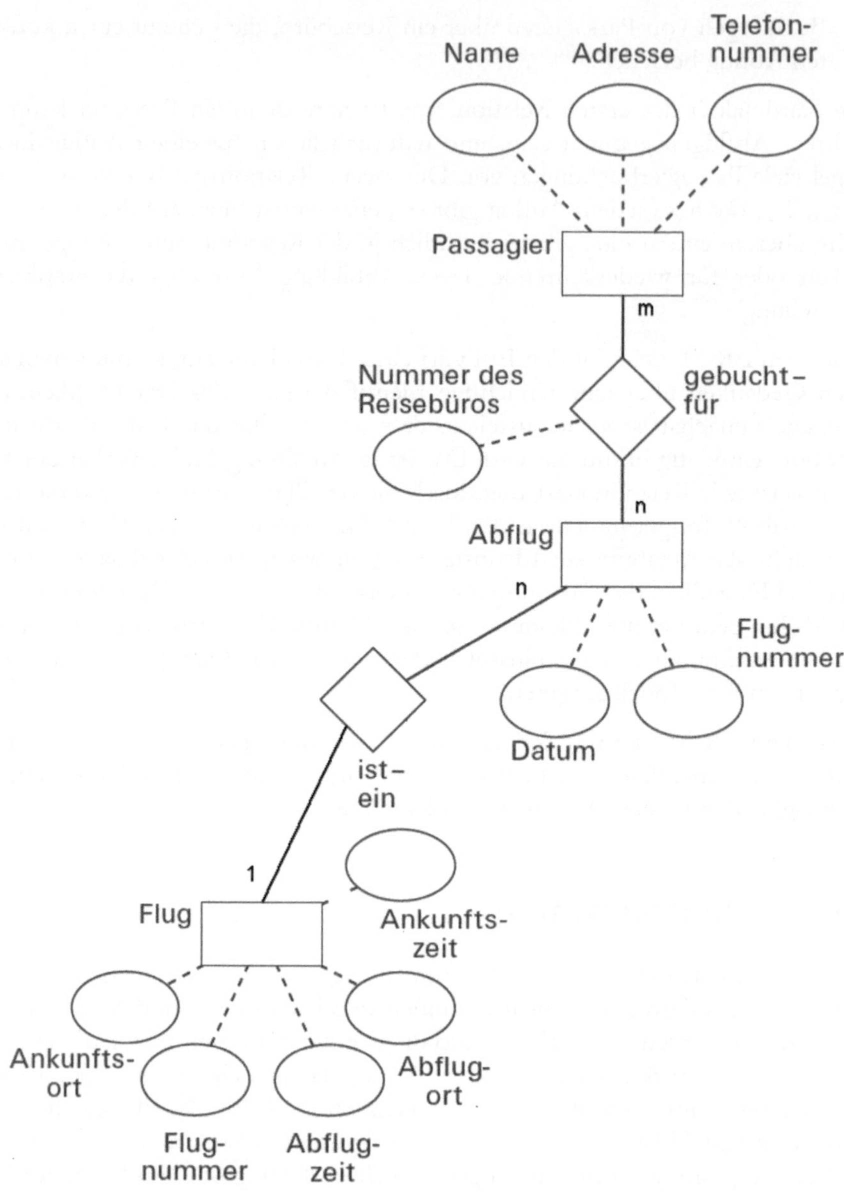

Abbildung 11.6 ER-Modell für einen einfachen Flugplan

Sinn und Zweck graphischer Darstellungen für Algorithmen im Unterricht wurden bisher nicht nennenswert diskutiert. Rein inhaltlich gibt es gegenüber der sprachlichen Darstellung eines Algorithmus oder Programms durch eine fiktive Programmiersprache oder Pseudocode kaum Vorteile. Zum einen fehlen in Programmablaufplänen und Struktogrammen Darstellungsmittel für Datenstrukturen, so dass eine weitere Darstellung hierfür benötigt wird, zum anderen ist die Handhabung recht anstrengend, wenn man keine Editorunterstützung besitzt und bei kleinsten Änderungen eines Programmablaufs Struktogramme neuzeichnen muss. Zum anderen berichten Lehrkräfte, dass gerade dies Schüler zu gewisser Disziplin, Genauigkeit und Konzentration bei der Programmentwicklung zwingt. Allerdings haben Lehrkräfte auch die Erfahrung gemacht, dass Schüler Struktogramme durchweg zur Dokumentation von fertigen Programmen erstellen und nicht für die Entwicklung von Programmen. Aufgrund dieser Erfahrungen muss man den Nutzen von Struktogrammen bezweifeln.

11.5 Automaten

Als Automaten bezeichnet man technische Geräte, die zu gewissen Eingaben nach einem schematischen (algorithmischen) Verfahren nach endlich vielen Schritten erwartete Ausgaben liefern. Auch der Computer ist ein Automat, ein ziemlich universeller sogar. In der Informatik bezeichnet man aber meist weniger die technischen Geräte als Automaten, sondern mathematische Modelle solcher Geräte. Die entsprechende Teildisziplin der Informatik ist die *Automatentheorie*.

Automaten sind in vielerlei Ausprägungen und in einfacher bis unüberschaubarer Komplexität Teil der Lebenswelt der Schüler und daher in den Unterricht einzubeziehen. Wegen der einfachen graphischen Darstellung von Automaten und der Handlungsorientierung beim Nachvollziehen der Arbeitsweise kann das bereits auf einfachem Niveau realisiert werden. Zugleich ermöglichen sie einen Einblick in Zugänge der theoretischen Informatik zur Modellierung und die zugehörigen Notationen und Darstellungsformen.

Grundpfeiler des Unterrichts, auf die sich alle Automatenmodelle abstützen, sind drei zu klärende Fragestellungen:

1. Was sind die unveränderlichen Merkmale eines Automaten? Wo liegt die Trennlinie zwischen Automat und Nicht-Automat? Wie lassen sich die unveränderlichen Merkmale präzise erfassen?

   Die Antwort zu 1. führt auf das Modell des sog. *abstrakten Automaten*, einem Automatenmodell, das in allgemeinster Weise die Eigenschaften eines Automaten erfasst, darunter die Eigenschaften, Eingaben entgegenzunehmen, diese schrittweise durch fortlaufende Änderung des inneren Zustands zu verarbeiten, schließlich den Arbeitsprozess zu beenden und eine Ausgabe zu liefern.

Für jeden in der Umwelt vorgefundenen Automaten, den man modellieren möchte, präzisiert man anschließend:

2. Welche Bauelemente besitzt der Automat, und wie lassen sie sich präzisieren?

   Die Bauelemente werden in einer Art *Stückliste* in formaler Darstellung aufgeschrieben. Mathematisch gesprochen handelt es sich um ein n-Tupel, wenn der Automat aus n Bauelementen besteht; als Bauelemente treten alle Formen mathematischer Objekte auf.

3. Wie arbeitet der Automat, d.h., wie wirken die Bauelemente zusammen, um aus den Eingaben die gewünschten Ausgaben zu erzeugen?

Unter 1. hat man das abstrakteste Automatenmodell definiert. Jeder andere Automat ist folglich ebenfalls ein abstrakter Automat, bei dem man aber von den Freiheiten des abstrakten Automaten ggf. keinen Gebrauch macht. Folglich beschreibt man die Arbeitsweise des gewählten Automaten durch die Arbeitsweise des abstrakten Automaten.

Dieses Dreischrittverfahren – der erste Schritt wird nur einmal zu Beginn durchgeführt, die beiden anderen Schritte für jeden zu modellierenden Automaten – ist die Seele des Unterrichts über Automatenmodelle und bei den Schülern durch mehrere Beispiele zu verinnerlichen. Als Beispiele bieten sich einfache Automaten des täglichen Lebens an, z.B. Geldwechselautomaten, Getränkeautomaten, Fahrkartenautomaten, die alle durch das einfachste Modell des *endlichen Automaten* modelliert werden können.

Schritt 1: Modell des abstrakten Automaten.

Wo ist die Grenze zwischen Automaten und Nicht-Automaten? Was sind die Minimaleigenschaften, die ein Automat besitzen muss? Ist ein Bleistift ein Automat? Ein Kugelschreiber? Ein Vierfarbstift? Eine Schreibmaschine? Ein Telefon?

Automaten erhalten Eingaben, liefern Ausgaben und gehen dabei schrittweise vor. Jeder Zwischenschritt besteht aus einer Einzelaktivität. Ist sie abgeschlossen, beginnt die nächste auf der erreichten Zwischensituation usw. Am Schluss wird die Ausgabe erzeugt und geliefert. So weit die Grundprinzipien eines Automaten.

Formalisiert man dies, so ergeben sich folgende Bauelemente eines abstrakten Automaten A: Man benötigt eine Eingabemenge I, eine Ausgabemenge O, eine Menge Zwischensituationen K (*Zustände*, *Konfigurationen*), eine Eingabefunktion

α: I→K, eine Ausgabefunktion ω: K→O, eine Zustandsübergangsfunktion τ: K→K, die die Operationen beim Zustandswechsel beschreibt, und eine Definition, „wann Schluss ist", also ein Halteprädikat π: K→{weiter,halt} oder eine Endzustandsmenge $F \subseteq K$. Wird ein Zustand k mit $\pi(k)$=halt oder $k \in F$ erreicht, stoppt die Maschine und erzeugt mittels ω die Ausgabe aus k. M ist also definiert durch seine Bauelemente

$$M=(I,O,K,\alpha,\omega,\tau,\pi).$$

Definiert man noch als *Laufzeit* der Maschine M die Anzahl der Zustandsübergänge, die M bei Eingabe von $i \in I$ durchführt, bis sie zum ersten Mal einen Zustand erreicht, für den das Halteprädikat erfüllt ist, so kann man das nach außen sichtbare Gesamtverhalten von A als die durch A berechnete Funktion f_M: I→K definieren:

$$f_M(i) = \begin{cases} \omega(\tau^{t_M(i)}(\alpha(i))), & \text{falls } t_M(i) \text{ definiert ist, M also anhält,} \\ \text{undefiniert sonst, falls also M nicht anhält.} \end{cases}$$

Dieses Automatenmodell ist so allgemein gehalten, dass es jede beliebige Funktion berechnen kann, auch Funktionen, die nicht berechenbar sind (Claus/Schwill, 2006). In der Praxis ist man natürlich vor allem an realistischeren Automatenmodellen interessiert. Man muss daher das Modell des abstrakten Automaten einschränken. Die Beschränkungen können bei den beteiligten Mengen und den Funktionen ansetzen: Man kann sich auf endliche oder abzählbare Mengen beschränken und bei den Funktionen zu berechenbaren oder noch viel einfacheren Funktionen übergehen.

Schritt 2: Definition eines endlichen Automaten, Bauelemente.

Ein endlicher *Automat* (Abb. 11.7) (eigentlich ein *Akzeptor*) besteht bekanntlich aus einem Eingabeband, das mit einem Wort einer vorgegebenen endlichen Zeichenmenge X beschriftet ist und nur einmal von links nach rechts gelesen werden kann, einem Zustandskasten, der endlich viele Zustände S annehmen kann, darunter den ausgezeichneten Startzustand s_0, und einer Ausgabeeinheit mit nur einer Kontrollleuchte, die am Schluss – wenn die Eingabe vollständig gelesen wurde *und* ein Endzustand ($\in F \subseteq S$) erreicht ist – anzeigt, ob der Automat die Eingabe akzeptiert oder nicht. Die Arbeitsweise des Automaten bestimmt

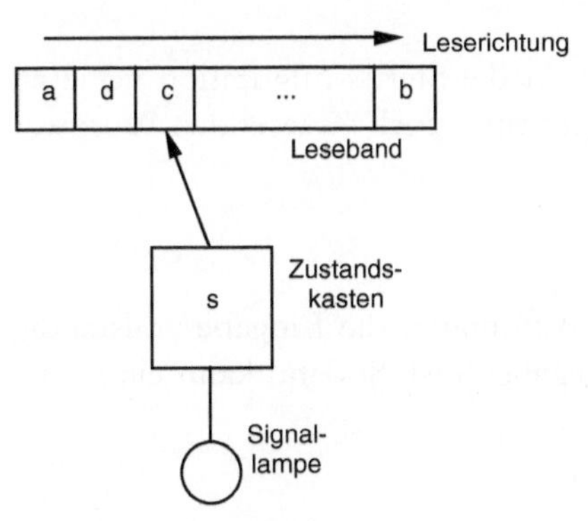

Abbildung 11.7 Endlicher Automat

eine Funktion δ, die aus dem aktuellen Zustand und dem nächsten Eingabezeichen einen Folgezustand berechnet.

Beispiele für solche Automaten finden sich viele: Prüfung von Kreditkartennummern, Münzen, Rechtschreibprüfung von Wörtern usw.

Damit sind die Bauelemente des endlichen Automaten A festgelegt:

$$A=(X,S,\delta,s_0,F).$$

Schritt 3: Wie arbeitet der Automat?

Hier ist nun das Zusammenwirken der Bauelemente von A zu beschreiben. Man geht auf den abstrakten Automaten M zurück und beschreibt A durch die Arbeitsweise von M. Dazu sind die Bauelemente und die gedachte Arbeitsweise von A auf M abzubilden.

Man definiert daher

$$I:=X^*,$$

denn die Eingaben von A sind endlich lange Wörter über X,

$$O:=\{\text{LampeAn},\text{LampeAus}\},$$

denn A besitzt nur diese beiden Ausgaben,

$$K:=S\times X^*,$$

denn die Konfiguration eines Automaten wird bestimmt durch seinen aktuellen Zustand aus S und dem noch nicht gelesenen Teilwort der Eingabe,

$$\alpha: I\rightarrow K \text{ mit}$$

$$\alpha(w):=(s_0,w) \text{ für alle } w\in I,$$

denn auf die Eingabe w wird die Maschine in die Startkonfiguration versetzt; das ist der Zustand s_0 zusammen mit dem gesamten noch zu lesenden Wort w.

$$\pi((s,w)):=\begin{cases} 1, \text{ falls } w=\varepsilon \text{ und } s\in F, \\ 0, \text{ sonst,} \end{cases}$$

das Haltepr\u00e4dikat ist also erfüllt, wenn der Automat A die Eingabe vollständig gelesen hat und in einen Endzustand übergegangen ist. Sodann kann eine Ausgabe über die Signallampe erfolgen:

$$\omega((s,w)):=\begin{cases} \text{LampeAn, falls } \pi((s,w))=1, \\ \text{LampeAus, falls } \pi((s,w))=0. \end{cases}$$

Die Arbeitsweise von A wird durch die abstrakte Maschine wie folgt korrekt erfasst:

$$\tau((s,xw)) := (\delta(s,x),w),\ x \in X,\ w \in X^*,\ s \in S,$$

hierbei wird ein Zeichen x von der noch zu bearbeitenden Eingabe xw gelesen und gem. δ verarbeitet.

11.6 Petri-Netze

Die ursprüngliche Von-Neumann-Architektur gibt den Aufbau heutiger Rechenanlagen nur noch unzureichend wieder. Schon einfache Rechner bestehen aus 2-4 Prozessoren, Hochleistungsrechner aus bis zu mehreren hunderttausend vernetzten Prozessoren (vgl. URL: http://www.top500.org), die entsprechend viele *Befehlsströme* und *Operandenströme* gleichzeitig verarbeiten. Man klassifiziert diese Architekturen nach der Zahl der verarbeiteten Befehls- und Operandenströme daher als Single-instruction-single-data- (SISD), Single-instruction-multiple-data- (SIMD), Multiple-instruction-single-data- (MISD) bzw. Multiple-instruction-multiple-data-Architekturen (MIMD) (Claus/Schwill, 2006). Diese Architekturen kann man nur programmieren, wenn man eine Programmiersprache zur Verfügung hat, die parallele Konzepte unterstützt. Dies ist in der Schulpraxis meist noch nicht gegeben. Vor der Programmierung steht aber die Modellierung, und in dieser Phase erschließt sich mit Petri-Netzen ein einfaches und anschauliches Mittel, um im Unterricht alle wichtigen Begriffe und Phänomene der parallelen Programmierung, wie exklusiver Ausschluss, Verklemmung, Semaphor, Nichtdeterminismus, kritischer/unkritischer Abschnitt, anschaulich zu beschreiben und zu studieren.

Petri-Netze sind ein graphisches Mittel zur Beschreibung, Modellierung, Analyse und Simulation von dynamischen Systemen, die eine feste Grundstruktur besitzen. Beispiele hierfür sind Rechenanlagen, Büroabläufe oder Herstellungsverfahren. Petri-Netze sind auf der einen Seite anschaulich und können daher auch von Nicht-Fachleuten verwendet werden, auf der anderen Seite sind sie mathematisch exakt definiert und ermöglichen daher präzise Untersuchungen.

Petri-Netze wurden 1962 von dem deutschen Wissenschaftler Carl Adam Petri (1926-2010) vorgeschlagen (Petri, 1962).

Ein Petri-Netz (in seiner einfachsten Form) ist ein gerichteter Graph, der aus zwei verschiedenen Sorten von Knoten besteht, Stellen und Transitionen. Eine *Stelle* wird durch einen Kreis O dargestellt und symbolisiert eine Ablage für Objekte oder Daten. *Transitionen* beschreiben die Verarbeitung von Objekten und werden durch Balken ▬ repräsentiert. Gerichtete Kanten (also Pfeile)

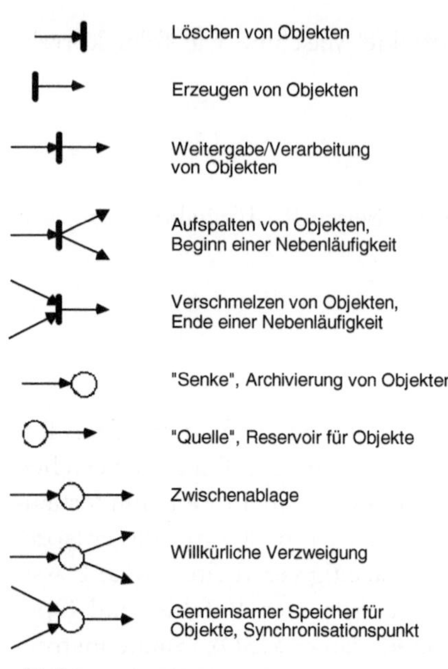

Abbildung 11.8 Petri-Netz und Realität

dürfen nur von Knoten der einen Sorte zu Knoten der anderen Sorte führen. Alle Stellen, von denen Kanten zu einer Transition t führen, heißen *Eingabestellen* von t, alle Stellen, zu denen von t aus Kanten führen, heißen *Ausgabestellen* von t. Unten werden wir definieren, wie Transitionen Objekte aus den Eingabestellen herausnehmen, verarbeiten und die verarbeiteten Objekte in Ausgabestellen ablegen. Die einzelnen Elemente, aus denen ein Petri-Netz zusammengesetzt ist, kann man sich gem. Abbildung 11.8 als Abbild der Wirklichkeit vorstellen.

Beispiel: Eine Bierflaschenabfüllanlage. Wir wollen eine kleine (primitive) Bierflaschenabfüllanlage durch ein Petri-Netz darstellen. Es handelt sich hierbei um eine Form des klassischen *Erzeuger-Verbraucher-Problems*. Die Fabrik besteht aus zwei Maschinen, der Abfüllmaschine und der Verschlussmaschine, mit der die Flaschen verkorkt werden. Zwischen beiden Maschinen befindet sich ein kleines Zwischenlager, das von zwei Gabelstaplern benutzt wird. Der erste Gabelstapler transportiert jeweils einen Kasten mit gefüllten Flaschen von der Maschine ins Lager, der zweite Gabelstapler transportiert jeweils einen Kasten aus dem Lager an die Verschlussmaschine. Der erste Gabelstapler soll nur in Aktion treten, wenn die Maschine einen Kasten mit Flaschen abgefüllt hat, der zweite darf nur dann transportieren, wenn die Verschlussmaschine bereit ist (also nicht gerade einen Kasten verkorkt) und das Lager nicht leer ist. Hat der erste Gabelstapler einen Kasten aus der Abfüllmaschine entnommen, so kann die Maschine den nächsten Kasten abfüllen. Die Zulieferung der noch nicht gefüllten Flaschen bzw. der Abtransport der bereits verkorkten Flaschen erfolgt über ein Fließband (Abb. 11.9).

Abbildung 11.10 zeigt die Modellierung durch ein Petri-Netz mit der Knotenmenge

$$\{s_0, s_1, s_2, s_3, s_4, s_5, s_6, t_1, t_2, t_3, t_4\}.$$

$s_0,\ldots,s_6$ sind Stellen, $t_1,\ldots,t_4$ sind Transitionen. Zum Beispiel ist s_1 eine Eingabestelle von t_2, s_2 und s_3 sind die Ausgabestellen von t_2. Man beachte: Eine Stelle kann gleichermaßen Eingabe- und Ausgabestelle einer Transition sein. Welcher

Knoten des Petri-Netzes welches Element innerhalb der Fabrik repräsentiert, ist jeweils verzeichnet.

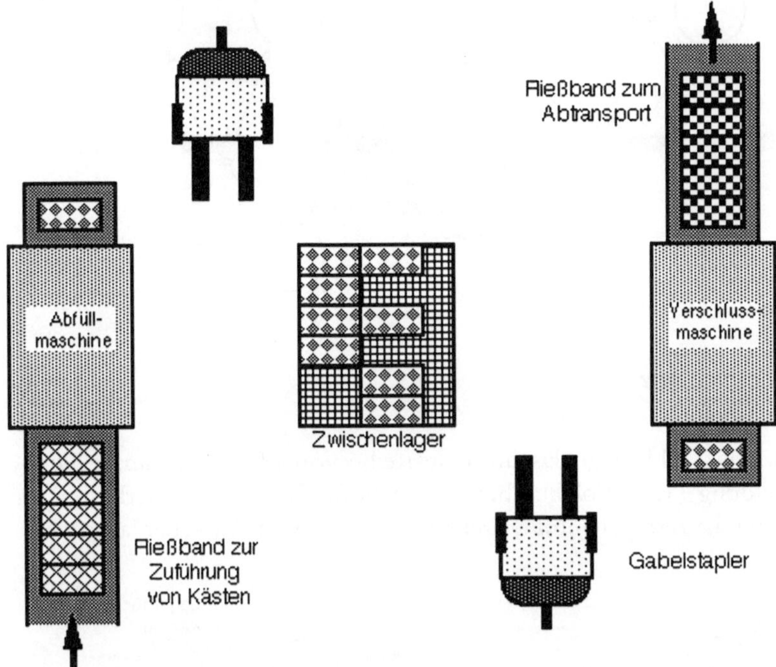

Abbildung 11.9 Situation in der Fabrik

Petri-Netze über natürlichen Zahlen

Das Petri-Netz in Abbildung 11.10 spiegelt nur die statische Struktur eines Ablaufs wider. Um dynamische Vorgänge zu beschreiben, werden die Stellen mit Objekten belegt, die über die Transitionen von Stelle zu Stelle weitergegeben werden. Allgemein kann man beliebige Objekte zulassen (z.B. Bleistifte, Autoteile, Akten, bei uns Flaschenkästen). Möchte man Petri-Netze formal darstellen, so beschränkt man sich meist auf Objekte einer vorgegebenen Menge oder eines vorgegebenen Datentyps. Wir wollen uns im Folgenden zunächst auf die Menge $\mathbb{N}_0$ beschränken, weil wir nur mit einer Sorte von Objekten (Bierkästen) zu tun haben und uns nur die Anzahlen der Kästen in den einzelnen Verarbeitungsstadien (auf den Stellen) interessieren.

Jede Stelle kann ein Objekt der Menge $\mathbb{N}_0$, also eine natürliche Zahl aufnehmen. Um anschaulich darzustellen, dass eine Stelle eine natürliche Zahl $n \in \mathbb{N}_0$ enthält, und um die Arbeitsweise eines Petri-Netzes besser von Hand nachvollziehen zu können, zeichnet man n Punkte (sog. *Marken*) in die Stelle hinein.

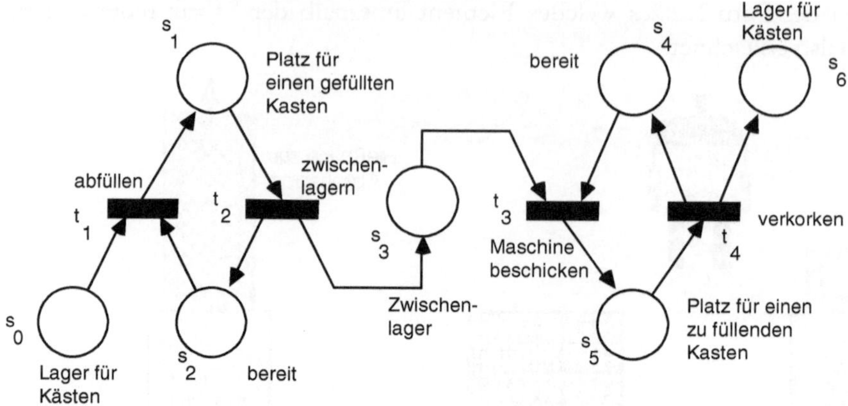

Abbildung 11.10 Petri-Netz

Beispiel: Abbildung 11.11 zeigt das um eine Reihe von Marken ergänzte Petri-Netz aus Abbildung 11.10. Folglich befinden sich fünf ungefüllte Bierkästen im Lager, ein Kasten ist fertig abgefüllt, drei Kästen stehen im Zwischenlager usw.

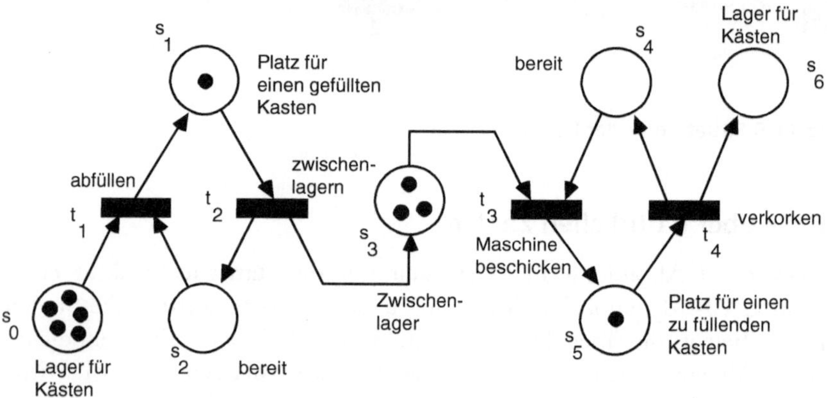

Abbildung 11.11 Petri-Netz mit Marken

Wie schalten Petri-Netze?

Der Bewegungsablauf der Marken im Petri-Netz modelliert die dynamischen Anteile und wird durch folgende *Schaltregel* festgelegt:

a) Eine Transition t kann *schalten* (oder *zünden* oder *feuern*), wenn jede Eingabestelle mit einer Marke belegt ist. Besitzt t keine Eingabestelle, so kann t immer schalten.

b) Können mehrere Transitionen schalten, so schaltet willkürlich (*nicht-deterministisch*) eine dieser Transitionen.
c) Schaltet eine Transition, so wird aus jeder Eingabestelle eine Marke entfernt und zu jeder Ausgabestelle eine Marke hinzugefügt.

Beispiel: In Abbildung 11.11 können die Transitionen t_2 und t_4 schalten. t_1 und t_3 können nicht schalten, da jeweils nicht alle ihre Eingabestellen mit Marken belegt sind. Angenommen, es schaltet t_2, so zeigt Abbildung 11.12 die Folgesituation. Aus der Eingabestelle s_1 von t_2 wird eine Marke entfernt, zu den Ausgabestellen s_2 und s_3 wird je eine Marke hinzugefügt. Anschließend können nur t_1 und t_4 schalten. Schaltet t_4, so ergibt sich Abbildung 11.13, schaltet danach t_3, so erhält man die Situation in Abbildung 11.14.

Bezogen auf die Situation in der Flaschenabfüllfabrik, die durch unser Petri-Netz modelliert werden soll, bedeutet die Schaltfolge t_2, t_4, t_3 Folgendes: Der erste Gabelstapler transportiert einen abgefüllten Kasten Bier in das Lager und macht die Abfüllmaschine bereit (Schalten von t_2), anschließend verkorkt die zweite Maschine einen Kasten, liefert ihn in das Endlager und macht den Gabelstapler bereit (Schalten von t_4). Der beschickt daraufhin die Verschlussmaschine mit einem weiteren Kasten Bier (Schalten von t_3).

Formale Definition von Petri-Netzen

Ein *Petri-Netz* ist ein 4-Tupel $P=(S,T,A,E)$, wobei gilt:

- S ist eine nichtleere endliche Menge von *Stellen*,
- T ist eine nichtleere endliche Menge von *Transitionen*,
- S und T sind disjunkt, also $S \cap T = \emptyset$,
- $A \subseteq S \times T$ ist eine endliche Menge von gerichteten Kanten, die von Stellen ausgehen und zu Transitionen führen,
- $E \subseteq T \times S$ ist eine endliche Menge von gerichteten Kanten, die von Transitionen ausgehen und bei Stellen enden.

Eine Abbildung $M: S \rightarrow \mathbb{N}_0$ heißt *Markierung* von P und gibt an, wie viele Marken sich in jeder Stelle befinden.

Beispiel: Das Petri-Netz aus Abbildung 11.10 ist gemäß Definition wie folgt definiert:

$P=(S,T,A,E)$ mit
$S=\{s_0,...,s_6\}$, $T=\{t_1,...,t_4\}$,
$A=\{(s_0,t_1), (s_1,t_2), (s_2,t_1), (s_3,t_3), (s_4,t_3), (s_5,t_4)\}$,
$E=\{(t_1,s_1), (t_2,s_2), (t_2,s_3), (t_3,s_5), (t_4,s_4), (t_4,s_6)\}$.

Die Markierung in Abbildung 11.11 lautet $M: S \rightarrow \mathbb{N}_0$ mit

$$M(s_0)=5, M(s_1)=1, M(s_3)=3, M(s_5)=1, M(s_2)=M(s_4)=M(s_6)=0.$$

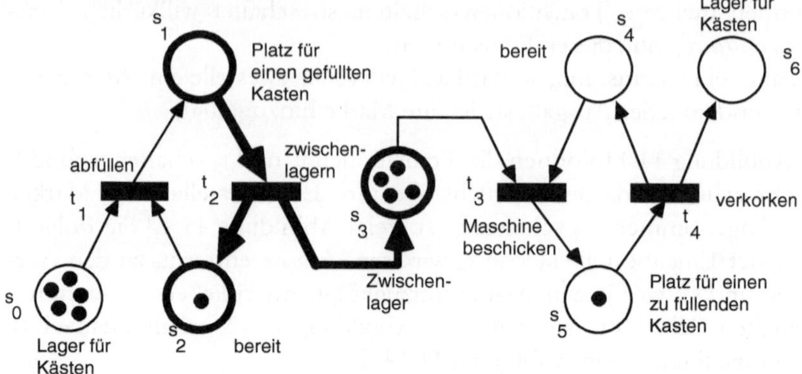

Abbildung 11.12 Petri-Netz, nachdem t_2 geschaltet hat

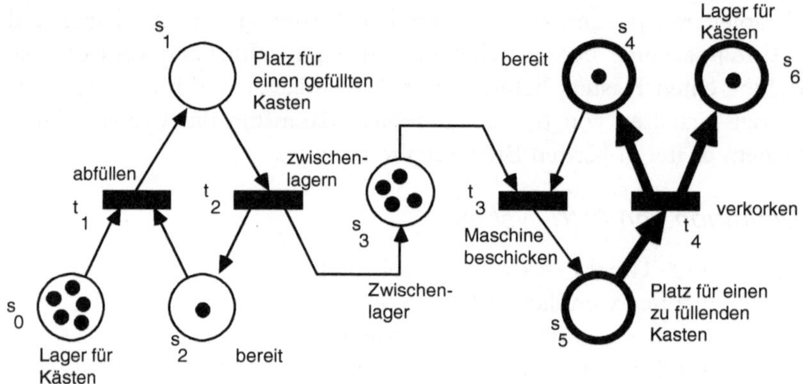

Abbildung 11.13 Petri-Netz, nachdem t_4 geschaltet hat

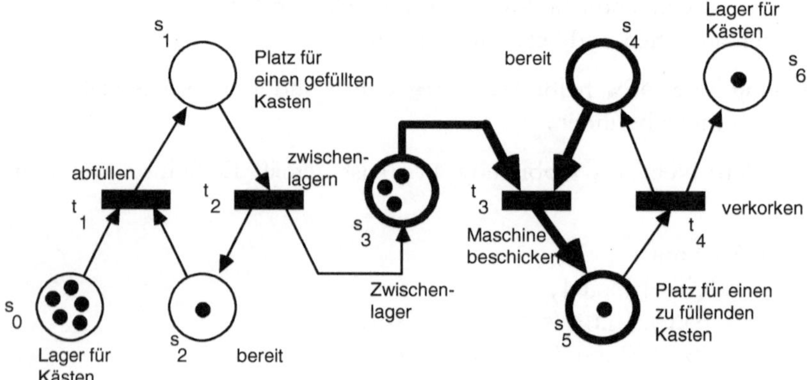

Abbildung 11.14 Petri-Netz, nachdem t_3 geschaltet hat

Die folgenden beiden Definitionen präzisieren das dynamische Verhalten von Petri-Netzen. Die erste beschreibt diejenigen Transitionen, die in der Folge schalten können, die zweite definiert einen Schaltvorgang. Eine Transition heißt *aktiviert*, wenn jede ihre Eingabestellen mit mindestens einer Marke belegt ist. In Abbildung 11.11 sind z.B. die Transitionen t_1, t_2 und t_4 aktiviert.

Definition:
Sei P=(S,T,A,E) ein Petri-Netz.

a) Für jede Transition $t \in T$ ist
   $$e(t)=\{s \in S \mid (s,t) \in A\}$$
   die Menge der *Eingabestellen* und
   $$a(t)=\{s \in S \mid (t,s) \in E\}$$
   die Menge der *Ausgabestellen* von t.
b) Sei M eine Markierung von P. Eine Transition $t \in T$ ist *aktiviert*, wenn $e(t)=\emptyset$ oder $M(s)>0$ für alle $s \in e(t)$ gilt.

Definition: (Schaltregel)
Sei P=(S,T,A,E) ein Petri-Netz und M eine Markierung von P. Eine aktivierte Transition $t \in T$ *schaltet* von der Markierung M in die Markierung $M'\colon S \to \mathbb{N}_0$, wenn gilt:

$$M'(s)=\begin{cases} M(s)+1, \text{ falls } s \in a(t), \text{ aber } s \notin e(t), \\ M(s)-1, \text{ falls } s \in e(t), \text{ aber } s \notin a(t), \\ M(s), \text{ in allen übrigen Fällen.} \end{cases}$$

Beispiel: Modellierung des Verkehrs über eine Brücke.

Man betrachte einen Ausschnitt aus einem Stadtplan (Abb. 11.15). Eine Brücke geringer Tragfähigkeit, die zu einem Zeitpunkt nur von einem Fahrzeug befahren werden darf, kann aus zwei Richtungen A und B erreicht werden. Fahrzeuge, die aus Richtung A kommen, möchten stets in Richtung C weiterfahren. Fahrzeuge aus Richtung B fahren in Richtung D weiter. Gesucht ist ein Petri-Netz, das diese Situation modelliert.

Abbildung 11.16 zeigt ein Petri-Netz. Die aus Richtung A und B anfahrenden Fahrzeuge werden in s_1 und s_2 gesammelt.

s_5 sorgt dafür, dass stets nur ein Fahrzeug die Brücke befährt. In s_4 und s_6 wird die Information mitgeführt, aus welcher Richtung das Fahrzeug kam, um es nach Überfahren der Brücke in die richtige Richtung weiterzuleiten.

Die Brücke ist hier ein *kritischer Abschnitt*. Die Stelle s_5 besitzt die Funktion eines *Semaphors*, der den kritischen Abschnitt „Brücke" kontrolliert.

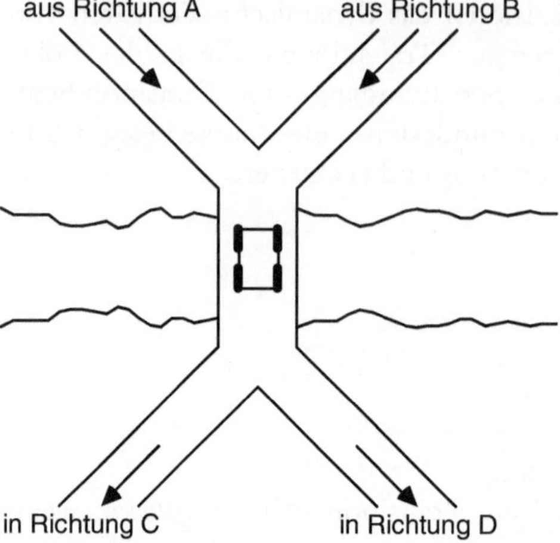

Abbildung 11.15 Ausschnitt aus einem Stadtplan

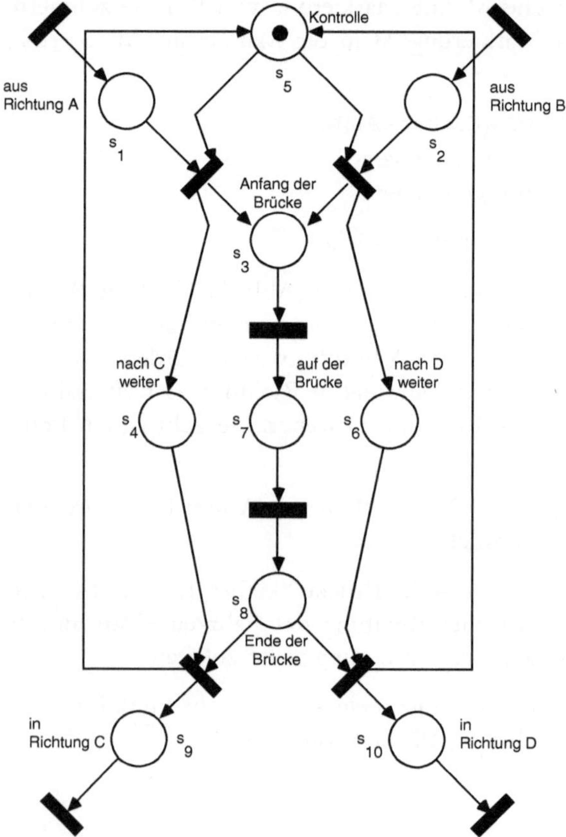

Abbildung 11.16 Simulation der Brückenüberquerung

Hat man ein System durch ein Petri-Netz dargestellt, so kann man sein Verhalten analysieren und daraus Erkenntnisse für das System herleiten, z.B. über Fehler, Engpässe und Verbesserungsmöglichkeiten. Typische Fragestellungen auf Petri-Netzen sind:

- *Terminiert* das Petri-Netz? D.h., kann man ausgehend von einer Startsituation stets nur endlich oft Transitionen schalten?
- Ist jede Transition *lebendig*? D.h., kann man ausgehend von einer Startsituation die Transitionen stets so schalten, dass eine vorgegebene Transition im weiteren Verlauf noch mindestens einmal schalten kann?
- Treten *Verklemmungen* auf? D.h., gibt es Situationen, in denen keine Transition schalten kann, die aber bei anderer Schaltreihenfolge hätten vermieden werden können?
- *Erreichbarkeitsproblem.* Gegeben seien zwei Markierungen M und M'. Gibt es eine Schaltfolge, mit der man ausgehend von der Markierung M die Markierung M' erreicht?

Erweiterte Petri-Netze

Petri-Netze der beschriebenen Form haben eine Reihe von Nachteilen und sind daher für die Praxis (also für die Modellierung realer Systeme) noch recht wenig brauchbar, denn:

- Die durch Stellen dargestellten Plätze (bei der Abfüllstation z.B. das Zwischenlager) sind selten beliebig groß. Vielmehr haben sie meist nur eine begrenzte Aufnahmefähigkeit. Man benötigt also für jede Stelle s eine Kapazität K(s), die angibt, wie viele Objekte höchstens in s liegen dürfen.
- Die Transportwege (bei der Abfüllstation z.B. die Gabelstapler), also die Kanten zwischen Stellen und Transitionen, können häufig mehrere Objekte gleichzeitig weiterleiten. Man benötigt also für jede Kante $k=(s,t)\in A$ eine Gewichtsfunktion g(k), die angibt, dass beim Schalten der Transition t genau g(k) Objekte aus der Stelle s abgezogen werden.
- Größtes Manko unserer Petri-Netze ist aber die Beschränkung auf natürliche Zahlen als Objekte. Allgemein hat man es mit beliebigen Objekten zu tun, die in Stellen gelagert und durch Transitionen in beliebiger Weise verarbeitet werden müssen.

Wie man Petri-Netze hinsichtlich des letzten Punktes erweitert, kann man in (Schwill, 1993e) nachlesen.

Didaktische Anmerkungen

Wie die obigen Beispiele ansatzweise gezeigt haben, lassen sich mit Petri-Netzen alle wichtigen Begriffe und Phänomene der parallelen Programmierung, wie exklusiver Ausschluss, Verklemmung, Semaphor, Nichtdeterminismus, kritischer/unkritischer Abschnitt, anschaulich studieren und beschreiben.

Petri-Netze können folglich im Unterricht auf zweierlei Weise eingesetzt werden:

1. Als Ergänzung zu programmiersprachlichen Darstellungen unterstützen sie das Verständnis für parallele Konzepte, indem sie der mehr formalen und relativ maschinennahen Beschreibung durch eine Programmiersprache eine mehr informelle und für Schüler einprägsamere Darstellung auf höherem Niveau gegenüberstellen. Alle Problemlösungen sollten dann zunächst auf Petri-Netz-Basis entwickelt und erst anschließend in parallele Programme umgesetzt werden.
2. Auf der anderen Seite – und dies wird die zurzeit in der Schule überwiegende Situation sein – steht keine Programmiersprache mit parallelen Konzepten zur Verfügung. Übungen am Rechner sind ausgeschlossen, und der Unterricht wird zu einem „Trockenkurs" mit den bekannten negativen Effekten auf das Verständnis und die Behaltensfähigkeit der Schüler. Mit Petri-Netzen kann man diese Begleiterscheinungen teilweise abmildern und den Unterricht dennoch attraktiv und lebendig gestalten. Reale Situationen können problemorientiert mit Petri-Netzen modelliert und auf dem Schreibtisch simuliert werden, wobei der dynamische Aspekt, anders als bei Programmen, die man „trocken" nachvollzieht, deutlich sichtbar bleibt. Als Marken verwendet man bei Simulationen von Petri-Netzen über natürlichen Zahlen Geldstücke oder am besten Heftzwecken, die man umdreht und an der Nadel anfassend verschiebt. Nichtdeterminismus realisiert man durch einen Würfel, mit dem man diejenige Transition auswürfelt, die unter mehreren gleichzeitig aktivierten im nächsten Schritt schalten soll.

   Später können Petri-Netze im Rahmen von Projekten in einer sequentiellen Programmiersprache auf dem Rechner implementiert werden. Hier bietet sich die Entwicklung von Programmen an, um Petri-Netze benutzerfreundlich eingeben, auf dem Bildschirm darstellen und manipulieren oder sie nach Eingabe einer Anfangsbelegung mit Marken vom Computer simulieren zu können.

12 Internetworking

12.1 Das erste Unterrichtsprojekt

Die Deutsche Forschungsgemeinschaft (DFG) förderte von 2005 bis 2009 im Rahmen des DFG Sonderforschungsbereichs und Forschungskollegs 615 „Medienumbrüche" an der Universität Siegen erstmals ein Projekt, das der Didaktik der Informatik zuzuordnen ist. Ziel war die Entwicklung und Erprobung von Unterricht für das Fach Informatik in der Sekundarstufe zu Strukturen, Kommunikationsbeziehungen und Informationssicherheit im Internet (GI, 1999; Freischlad, 2010). Kempf, Schulleiter und Informatiklehrer am Gymnasium Auf der Morgenröthe in Siegen, wurde 2006 nach der Durchführung des ersten gemeinsamen Unterrichtsprojekts von acht Wochen (Tab. 12.1) mit einem leitfadengestützten Interview zu seinen Beobachtungen befragt:

> „Am besten haben mir die Stunden gefallen mit dem E-Mail-Client, weil die Lernenden konkret sehen konnten, was auf dem E-Mail-Server abläuft. ... Der Lehrer wies darauf hin, dass der Gesamtumfang zwar in Ordnung war, dass es aber wichtig ist, einzelne grundlegende Prinzipien stärker zu betonen. So wurden nach seiner Einschätzung das Schichtenmodell und auch das Domain Name System in der ersten Erprobung nicht angemessen berücksichtigt" (Stechert et al., 2007, S. 69-70).

Die Erfahrungen der ersten Erprobung führten nicht nur zur Überarbeitung der Unterrichtsstunden. Die Lernaufgaben wurden nach ihrem Beitrag zu den Lernelementen analysiert und nach Lernabschnitten klassifiziert (Freischlad/ Schubert, 2006 und 2007). Dabei zeigte sich der Mangel an Erkundungsaufgaben. Dafür wurde die lernförderliche Software Filius als Komponente des *Didaktischen Systems Internetworking* gestaltet. *Didaktische Systeme* (Abb. 12.1) sind ein flexibler Verbund von Wissensstrukturen, Aufgabenklassen und Explorationsmodulen (oder allgemeiner ausgedrückt lernförderlicher Software) (vgl. Kapitel 5).

Internetworking steht als Begriff für die informatischen Grundlagen des Internet (z.B. Architektur, Protokolle). Dafür entwickelte Freischlad (2010) ein Didaktisches System.

> „Mit dem Begriff Internetworking, der in dieser Arbeit verwendet wird, erfolgt daher eine begriffliche Eingrenzung auf Wirkprinzipien internetbasierter Informatiksysteme" (Freischlad, 2010, S. 2).

Tabelle 12.1 Gliederung des ersten Unterrichtsprojekts

Lernabschnitt	Lernelemente
Dienste im Netz der Netze	Client-Server-Prinzip, Aufbau des Internets, Schulrechnernetz
Paketversand	Vermittlung, IP-Adressen
Organisation von Verbindungen	(De-)Multiplexer (Ports), logische Verbindungen (Verbindungsaufbau und Verbindungsabbau, Segmentnummern)
Schichtenmodell des Internets	Schichtenmodell (Nachrichtenaustausch, Verbindungsaufbau, Vermittlung, Übertragung)
Die logische Struktur des Internets	Domain Name System
DNS-Spoofing	DNS-Abfragen, DNS-Caching
E-Mail-Protokolle	E-Mail-Protokolle SMTP und POP3
Nachrichtenübertragung im Internet	E-Mail-Übertragungsweg

Dieses Kapitel Internetworking resultiert aus Veränderungen der Medienanwendung, die so gravierend sind, dass von einem digitalen Medienumbruch gesprochen wird. Unter Medienumbruch versteht man typischerweise einzelne Medien übergreifende, soziokulturelle, soziokognitive und soziotechnische Umwälzungen des gesamten Mediensystems, insbesondere die der Kulturtradition und des Bildungskanons.

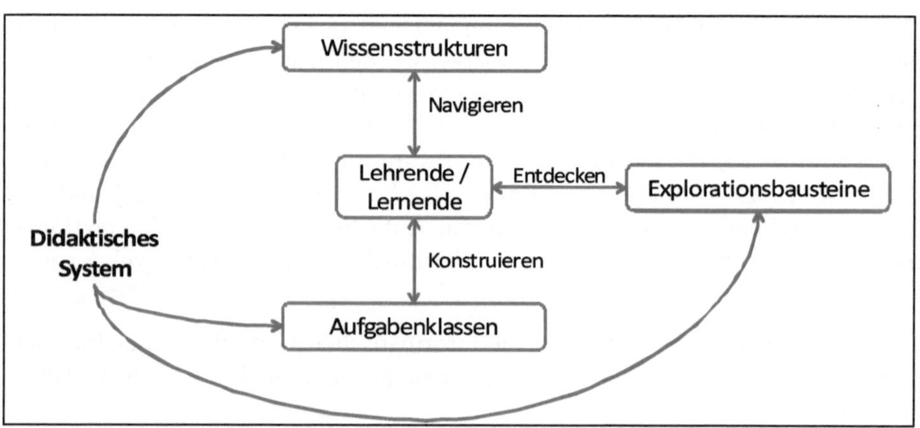

Abbildung 12.1 Komponenten eines Didaktischen Systems

Informatiksysteme erfüllen im digitalen Medienumbruch eine didaktische Doppelfunktion, da sie sowohl Bildungsmedium als auch Bildungsgegenstand sind.

Aus den daraus resultierenden Kompetenzanforderungen an Mediennutzer entsteht unmittelbarer Bildungs- und Informatikkompetenzbedarf. Um diesen Bedarf zu decken und Bildungskonzepte dafür zu entwickeln, eignen sich drei Schwerpunkte aus dem Bereich Internetworking besonders: (a) Strukturen des Internets, (b) Kommunikationsbeziehungen im Internet, (c) Informationssicherheit im Internet.

12.2 Analyse von Bildungsempfehlungen

Das führte zu drei Fragen:

1. Welchen Beitrag der Informatik fordern die internationalen Bildungsempfehlungen für mündige Bürger zur aktiven Mitwirkung am digitalen Medienumbruch?
2. Welche theoretischen Anforderungen muss das Konzept der Didaktischen Systeme für die Vermittlung und Aneignung der unter 1. ermittelten Kompetenzen erfüllen?
3. Welches Unterrichtskonzept ermöglicht die Umsetzung der unter 2. gefundenen Erkenntnisse in den Informatikunterricht?

Charakteristische Eigenschaften von Informatiksystemen als Medium sind die Interaktivität mit Anwendern und die Vernetzung. Untersucht wurden die im Medienumbruch veränderten Anforderungen zu Internetworking mit den Schwerpunkten (a)-(c) an Mediennutzer anhand von nationalen und internationalen Bildungsempfehlungen (van Weert, 2000; ACM, 2003; GI, 2008). Daraus resultiert eine konkrete informatische Bildung zur Bewältigung des digitalen Medienumbruchs (Freischlad, 2006b). Eine Schwierigkeit bestand darin, dass die untersuchten Dokumente in erster Linie Bildungsinhalte beschreiben. Für eine Begründung der Bildungsziele sind aber die notwendigen Kompetenzen zu bestimmen. Die Inhalte mussten daher zu Bildungsanforderungen in Beziehung gesetzt werden. Damit wurde der Beitrag des Informatikunterrichts zur Bewältigung des digitalen Medienumbruchs konkretisiert.

Zur Strukturierung von Kompetenzbeschreibungen konnten in den Bildungsempfehlungen vier Bereiche von Alltagsanforderungen identifiziert werden, zu denen die informatische Bildung einen wichtigen Beitrag leisten muss: Um die internetbasierten Anwendungen einzusetzen sowie Möglichkeiten, Grenzen und Risiken zu bewerten, sind Wissen und Können zu *Bereitstellung von Ressourcen im Internet* (S1), *Informationsbeschaffung und -auswahl* (S2) und *Kommunikation und Kollaboration* (S3) mit Informatiksystemen sowie die *Nutzung internetbasierter Dienstleistungen* (S4) erforderlich. Diese Bereiche wurden für Lernende in Informatikunterricht und beruflicher Weiterbildung untersucht und zielgruppenspezifische Kompetenzanforderungen formuliert. Das Erfahrungswissen beim Arbeiten mit Informatiksystemen und die Lernerfolge aus informellen Lernprozessen sind deutlich zu unterscheiden von den Voraussetzungen, die in allgemeinbildenden Schulen im Informatikunterricht erworben werden. Zu jedem der Bereiche S1-S4 werden daher Kompetenzen unterschiedlicher Anforderungsniveaus bestimmt, wobei S_{i1} Berufstätige in der Weiterbildung und S_{i2} Schüler im Informatikunterricht adressiert (Tab. 12.2). Diese Kompetenzen müssen spezifisch für Lehr-Lern-Prozesse im Informatikunterricht konkretisiert werden.

Tabelle 12.2 Ausschnitt zum Analyseergebnis der internationalen Bildungsempfehlungen

S_{11}: Die Organisation von Websites und von Hyperlinks ist bekannt. Die Auswahl von geeigneten Informatiksystemen zur Bereitstellung von Ressourcen im Internet und Anpassung der Eigenschaften der öffentlichen Ressourcen erfolgt mit Anleitung.
S_{12}: Die Struktur des Internets wurde verstanden. Zur Bereitstellung von Ressourcen im Internet können Voraussetzungen hinsichtlich der Komponenten beschrieben werden. Anforderungen zur Informationssicherheit werden bewertet. Zugrundeliegende Konzepte zum Datenaustausch (z.B. *Client-Server*-Prinzip) werden verstanden und können auf bisher unbekannte Anwendungen übertragen werden.
S_{21}: Die Möglichkeiten der weltweiten Verfügbarkeit von Information werden in alltäglichen Situationen genutzt. Zum Auffinden von Information im WWW werden verschiedene Quellen (z.B. Suchmaschinen, Kataloge) genutzt. Voraussetzung dazu ist das Wissen, wie auf die Daten im Internet zugegriffen werden kann.
S_{22}: Zur Beschaffung von Information werden zielgerichtet verschiedene Strategien angewendet. Die Auswahl von Information erfolgt auch auf der Grundlage von Metainformation (z.B. das Änderungsdatum). Die Wirkprinzipien (z.B. Datenaustausch mit Protokollen) des zugrundeliegenden Informatiksystems werden verstanden.
S_{31}: Internetbasierte Informatiksysteme werden für einfache Aufgaben zur Kommunikation und Kollaboration im Alltag selbständig eingesetzt. Softwareklassen und deren Anwendungsbereiche können beschrieben werden, z.B. E-Mail für die asynchrone und Chat für die synchrone Kommunikation.
S_{32}: Dokumente und Nachrichten werden über das Internet ausgetauscht. Mehrere Vertreter einer Softwareklasse (z.B. Informatiksysteme zur asynchronen Kommunikation) und ihre Unterschiede sind bekannt. Anforderungen an die Informationssicherheit und Eigenschaften einer Anwendung werden bewertet und ein geeignetes Informatiksystem zielgerichtet ausgewählt.
S_{41}: Für ausgewählte Bereiche der eigenen Lebenswelt werden internetbasierte Dienstleistungen genutzt. Anforderungen zum Schutz der Privatsphäre werden zur Bewertung von internetbasierten Angeboten herangezogen.
S_{42}: Internetbasierte Dienstleistungen werden hinsichtlich Kriterien zur Informationssicherheit bewertet. Dazu werden Vor- und Nachteile technischer Maßnahmen zum Schutz der Privatsphäre werden abgewogen.

Der Lehrplan der „Association for Computing Machinery (ACM)“ empfiehlt für alle Schüler der Sekundarstufe I:

„The basic components of computer networks (servers, file protection, routing protocols for connection/communication, spoolers and queues, shared resources, and fault-tolerance)“ (ACM, 2003, S. 12).

Für die Umsetzung findet man lediglich einen Hinweis auf ein Firmenvideo. Als Problem erwies sich also die Vorbereitung geeigneter Übungssituationen für die Schüler. Anregungen für Lebensweltbezug, Beispiele und Aufgaben fanden wir in den Lehrbüchern Informatik 1-3 (vgl. Frey et al., 2004; Hubwieser et al., 2007; Hubwieser et al., 2008). Informatik 1 kommt in der Jahrgangsstufe 7 von bayrischen Gymnasien zum Einsatz. Dort wird Informatik einstündig im Rahmen des Fächerverbundes Natur und Technik unterrichtet. Einen Schwerpunkt bilden vernetzte Informationsstrukturen (Internet), Austausch von Information (E-Mail). Zum Client-Server-Prinzip findet man dort altersgerechte Fragen. Der Start gestaltete sich für die Schüler in Jahrgangsstufe 11/2 ohne Vorwissen zu Internetworking ebenso.

12.3 Wissensstruktur

Mit dem *Didaktischen System* stand ein Rahmenkonzept der Informatikdidaktik zur Verfügung, dessen Übertragbarkeit auf die Domäne Internetworking von Freischlad untersucht wurde. Das Rahmenkonzept wurde durch die neuen Erkenntnisse zum *Didaktischen System Internetworking* (Freischlad, 2010) weiterentwickelt. Es wurde überprüft, inwieweit sich Aufgaben nach dem PISA-Muster mit dem charakteristischen Stimulusmaterial für den Bildungsgegenstand Internetworking gestalten und einsetzen lassen. Studiert wurden die Alltagserfahrungen der Schüler mit Internetanwendungen. Das ermöglichte eine sinnvolle Strukturierung der Lernphasen. Da Aufgaben Anforderungen beschreiben, denen Kompetenzniveaus zugeordnet werden sollen, besteht Bedarf an sog. *niveaubestimmenden Aufgaben*. Dabei bewährten sich Aufgabenklassen (einschließlich Lösungsvarianten), da sie es ermöglichen, Lerntätigkeiten zu beschreiben und von spezifischen Details einzelner Aufgabeninstanzen der Klasse zu abstrahieren. Analysiert wurden Hochschullehrbücher, da sie verschiedene Zugänge zum Lerngegenstand Internetworking beschreiben. Sie enthalten die Erfahrungen der Informatikdidaktik für Hochschulen. Wir konnten daraus einige Impulse für die Gestaltung der hier adressierten Lernprozesse gewinnen (Freischlad/Schubert, 2007). Aus den verschiedenen Untersuchungen resultierten die zielgruppenspezifischen Merkmale der erforderlichen, niveaubestimmenden Aufgaben (Freischlad, 2008b).

Zur fachlichen Fundierung der Komponente *Wissensstruktur* (Abb. 12.2) des Didaktischen Systems Internetworking wurde das erfolgreiche Konzept der *Fundamentalen Ideen der Informatik* (Schwill, 1993a) angewendet. Aus umfangreichen Literaturstudien zu Internetworking konnte die Wissensstruktur als Vernetzung der zugrundeliegenden Fundamentalen Ideen beschrieben werden (Freischlad, 2006a). Zur fachdidaktischen Begründung der Wissensstruktur des Didaktischen Systems Internetworking wurde die Lernzieltaxonomie nach Anderson und Krathwohl (2001) mit ihren Erkenntnissen zu den kognitiven Zusammenhängen zwischen typischen Fachkonzepten gewählt und erfolgreich angewendet (Freischlad, 2008a).

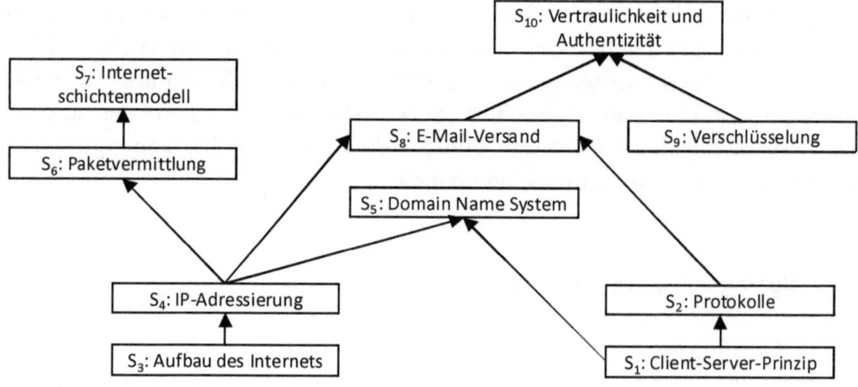

Abbildung 12.2 Ausschnitt aus der Wissensstruktur

Außerdem erfolgte die Erweiterung der Wissensstruktur um die Theorie der *Zugänglichkeit im Lernprozess*, da damit die Erklärung von Beobachtungen aus den Unterrichtsprojekten unterstützt wurde. Insgesamt bewährte sich der theoretische Ansatz der Didaktischen Systeme. Das konkrete Didaktische System Internetworking wird inzwischen national und international angewendet und weiterentwickelt.

12.4 Aufgabenklassen

Aus dem Didaktischen System Internetworking wurde ein konkretes Unterrichtskonzept abgeleitet und in der Schulpraxis erprobt. Der Lehr-Lern-Prozess zu Internetworking wurde in mehreren Unterrichtsprojekten von 2006-2009 studiert. Die Erkenntnisse aus den Beobachtungen wurden zur Weiterentwicklung des konkreten Unterrichts und des informatikdidaktischen Ansatzes genutzt.

Die erste Erprobung (Freischlad, 2006a) wurde als Unterrichtssequenz von sieben Wochen mit einem zusätzlichen Abschlusstest in der Sekundarstufe II durchgeführt. Die Schüler lernten, dass durch die Paketvermittlung festgestellt werden kann, wer Daten im Internet austauscht. Das ist Grundlage zum Verstehen des Themas „Anonymität im Internet". Außerdem ging es um die Sicherheitsrisiken, die mit dem Versand von Nachrichten per E-Mail verbunden sind, und wie man sich davor durch Verschlüsselung und digitale Signatur schützen kann. Ein dritter Themenbereich war der Schutz der Privatsphäre im Zusammenhang mit Cookies im World Wide Web. In der Erprobung konnte festgestellt werden, dass dieser bisher nicht in der Schule etablierte Bereich durch Schüler und Lehrer sehr positiv angenommen wurde. Auftretende Schwierigkeiten bei Lernenden konnten darauf zurückgeführt werden, dass die Funktionsweise des Internets nicht direkt beobachtbar ist. Obwohl die Schüler Programmiererfahrungen in anderen Anwendungsbereichen hatten, konnten sie die Programmieraufgaben zur Internetanwendung nicht erfolgreich lösen. Deshalb wurden aus dem Schwierigkeitsgrad der Aufgaben neue Anforderungen für lernförderliche Software definiert. Ziel war es, den Schülern einen Zugang mit angemessenem Schwierigkeitsgrad zu ermöglichen.

Die zweite Erprobung wurde als Unterrichtssequenz von acht Wochen mit einem zusätzlichen Abschlusstest in der Sekundarstufe II durchgeführt. Die Themen „Informationssuche im Internet" und „Versand vertraulicher Nachrichten" kamen neu dazu. Die informatischen Fachkonzepte zum Internetschichtenmodell wurden vertieft (Freischlad, 2007; Schubert et al., 2007). Diese Erprobung lieferte Erkenntnisse zur Gestaltung von Aufgaben und Lernerfolgskontrollen zu Internetworking (Freischlad, 2008b).

Einen Zugang zur Auswahl von Aufgabenklassen lieferte die Analyse anerkannter Lehrbücher. Dort fanden sich verschiedene Ansätze, die auf ihre Eignung für den Informatikunterricht überprüft wurden. Kriterien für die Auswahl waren die Ziele des Lehr-Lern-Prozesses, die Ausrichtung des Unterrichts an Fundamentalen Ideen der Informatik und die Zugänglichkeit im Lernprozess. Als Ergebnis wurden Aufgabenklassen (vgl. Abbildung 12.3) zu *Anwendungen und Dienste*, zum *Aufbau*, zur *Schichtenarchitektur*, zum *Interaktionsprinzip* und zur *Informationssicherheit* ausgewählt (Freischlad, 2010). Außerdem lieferte die Erprobung weitere Erkenntnisse zur Verfeinerung der Wissensstruktur (Freischlad, 2008a) und zur Entwicklung von Unterrichtsmitteln. Um die Regeln zur Auflösung eines Domainnamens zu strukturieren, konnte an das Vorwissen aus der objektorientierten Modellierung angeschlossen und mit Diagrammen gearbeitet werden (Abb. 12.4).

Das Zustandsdiagramm veranschaulichte den Anmeldevorgang beim Mail-Server (Abb. 12.5). Dieser Ansatz erwies sich als erfolgreich. Er stößt aber an Grenzen. Er eignet sich nicht für die experimentellen Übungssituationen, die hier unverzichtbar sind, um das Systemverhalten zu erkunden.

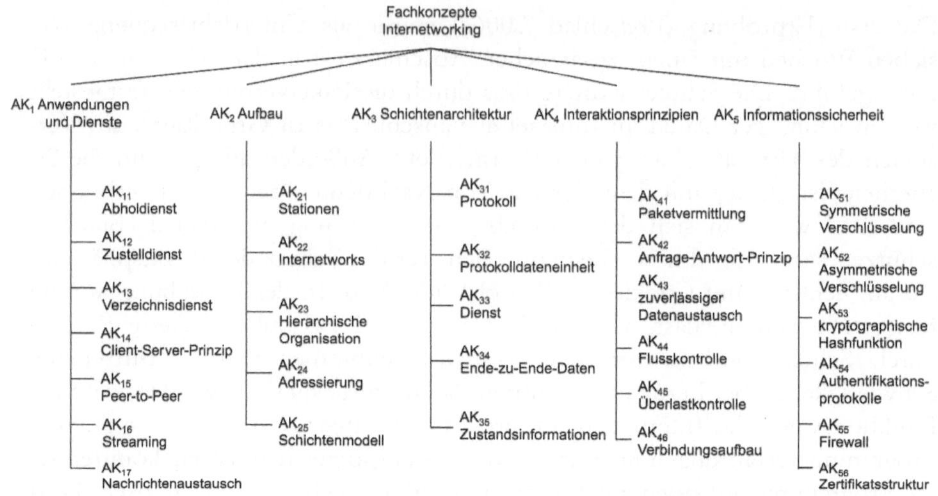

Abbildung 12.3 Auswahl der Aufgabenklassen zu Internetworking (Freischlad, 2010, Abb. 3.11, S. 118)

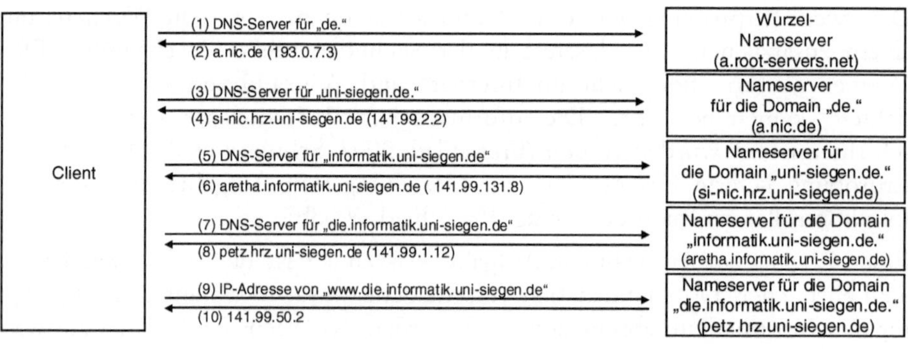

Abbildung 12.4 Kollaborationsdiagramm zur Auflösung eines Domainnamens

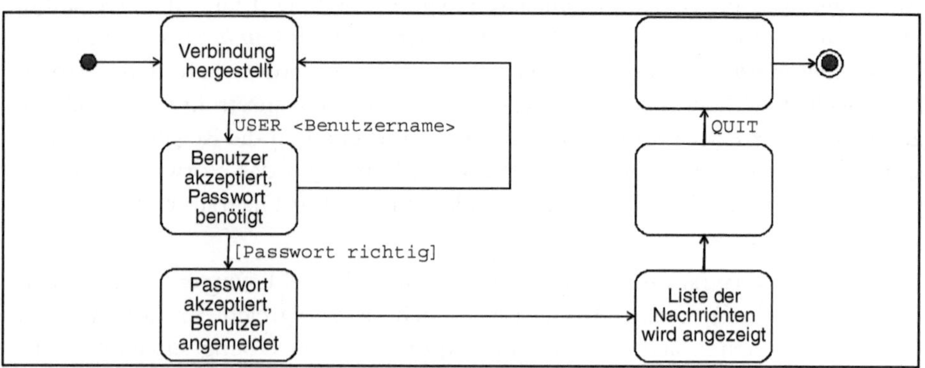

Abbildung 12.5 Zustandsdiagramm Mail-Server (POP3)

12.5 Lernförderliche Software

Aus den Interviews mit den begleitenden Lehrern und den Unterrichtsbeobachtungen konnten konkrete Anforderungen für die lernförderliche Software abgeleitet werden. Zum Verstehen von Internetanwendungen und -diensten ist es notwendig, sowohl sichtbare als auch nicht sichtbare informatische Konzepte und Komponenten für Schüler transparent zu machen. Für einen handlungsorientierten Zugang eignen sich interaktive Unterrichtsmittel, die eine Verbindung von mehreren Perspektiven auf den Lerngegenstand ermöglichen. Stechert und Schubert (2007) lieferten einen Ansatz für das Verstehen von Informatiksystemen, der insbesondere die Verknüpfung von nach außen sichtbarem Verhalten eines Informatiksystems mit der inneren Struktur fördert.

Auf der Grundlage der Erkenntnisse aus den Unterrichtsprojekten wurde an der Universität Siegen eine Lernsoftware mit dem Schwerpunkt *Strukturen des Internets* entwickelt (Asschoff et al., 2007).

Die Lernsoftware (URL: http://www.die.informatik.uni-siegen.de/pgfilius) unterstützt den *Sichtenwechsel* (Abb. 12.6). Mit der *Netzwerkansicht* wird die graphische Darstellung des Internetaufbaus aus verschiedenen Komponenten wie Rechner und Switch umgesetzt. Die *Anwendungssicht* ermöglicht die Nutzung der graphischen Benutzungsschnittstelle verschiedener Programme, z.B. E-Mail-Programm und -Server, um die Simulation der Abläufe zu starten. Eine *Nachrichtensicht* zeigt dazu den Datenaustausch zwischen Rechnern und Programmen an. Mit einer *Quelltextsicht* ist es außerdem möglich, eigene Anwendungen zu konstruieren. Das nach *außen sichtbare Verhalten* der Internetanwendungen wird somit durch die Anwendungssicht dargestellt. Netzwerksicht und Nachrichtensicht gewähren Einblick in die *innere Struktur* des Informatiksystems. Die Quelltextsicht ermöglicht zusätzlich einen tieferen Einblick in ausgewählte Implementierungsaspekte. Die Lernsoftware wurde im dritten Unterrichtsprojekt erprobt (Freischlad/Schubert, 2009). Lernerfolge zum Verstehen komplizierter Funktionsprinzipien wie dem Verbindungsauf- und -abbau wurden erst durch den Einsatz dieser Lernsoftware erzielt.

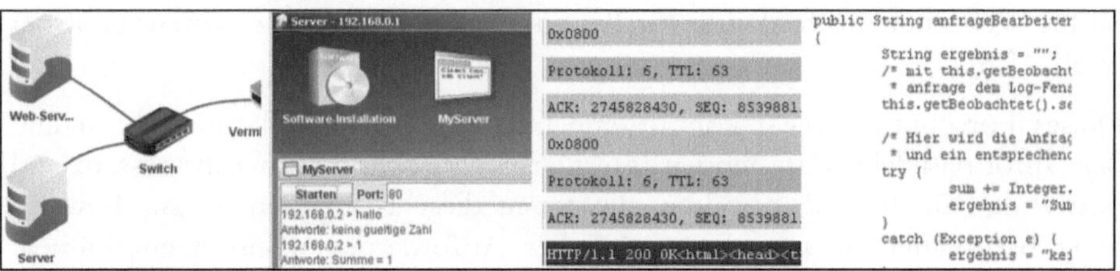

Abbildung 12.6 Sichtenwechsel auf Internetworking

Zum Beispiel sollen die Lernenden verstehen, wie eine Paketfilter-Firewall zur Realisierung des Zugriffsschutzes eingesetzt werden kann. Es werden zwei Rechnernetze über einen Vermittlungsrechner miteinander verbunden (Abb. 12.7).

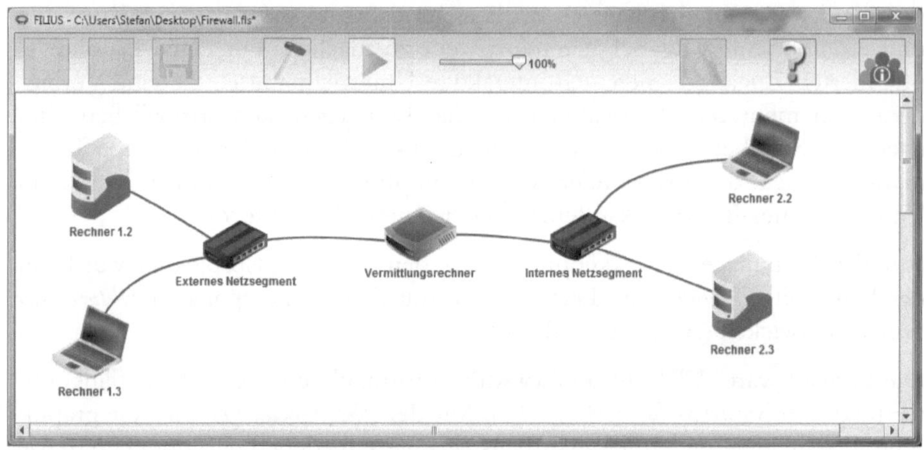

Abbildung 12.7 Rechnernetze mit Vermittlungsrechner

In einem Rechnernetz steht ein Webserver zur Verfügung. In dem zweiten ist auf einem Rechner sowohl ein Webserver als auch ein DNS-Server installiert. Der Zugriff auf den zweiten Server kann durch eine Firewall kontrolliert werden. Auf den DNS-Server kann von überall zugegriffen werden, auf den Webserver nur innerhalb des lokalen Rechnernetzes. Die Lernenden vertiefen ihr Wissen über IP-Adressen und den Datenaustausch mit Ende-zu-Ende-Protokollen, indem Filterregeln für den Zugriff auf unterschiedliche Dienste erstellt werden. Mit Filius wurde im externen Netzsegment unter der Adresse www.extern.de der allgemein zugängliche Webserver auf Rechner 1.2 zur Verfügung gestellt und im internen Segment auf dem Rechner 2.3 ein DNS-Server und ein Webserver sowie eine Firewall installiert. Die Firewall ist so konfiguriert, dass der Port 53 für DNS-Anfragen für alle Rechner geöffnet ist. Der Port 80 für Webseitenabrufe ist nur für Rechner im gleichen Netzsegment geöffnet (Abb. 12.8).

Dieses Forschungsprojekt konnte eine Lücke im Informatikunterricht schließen. Informatiklehrkräfte fanden Internetworking schon immer interessant und notwendig für ihre Absolventen, die genau diese Kompetenzen zur Bewältigung beruflicher, aber auch persönlicher Anforderungen einsetzen müssen. Lange Zeit galt das Thema Internetworking als zu theoretisch für attraktive Unterrichtskonzepte wie Anwendungsorientierung und Handlungsorientierung. Das änderte sich ab 2007 schrittweise, als zur 12. GI-Fachtagung „Informatik

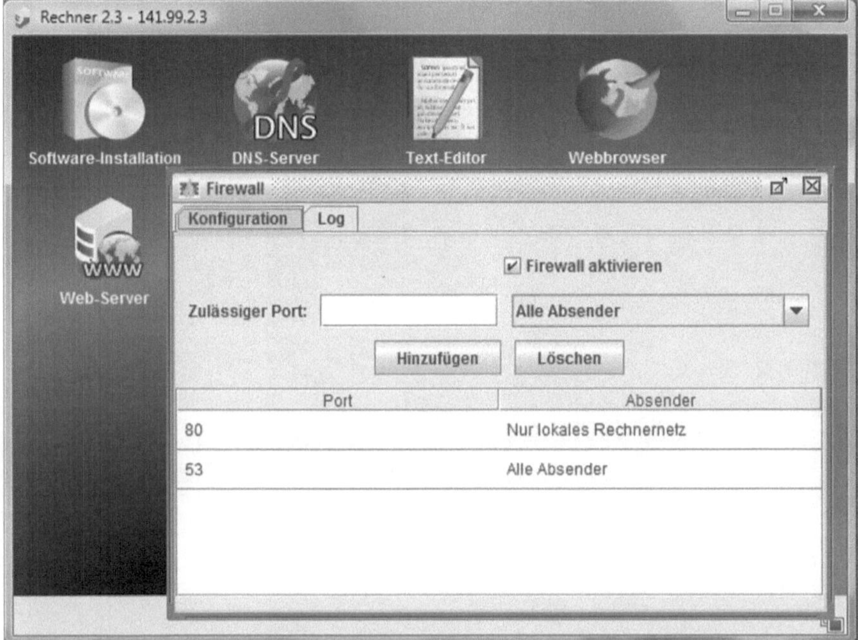

Abbildung 12.8 Zugriffskontrolle mittels Firewall

und Schule – INFOS 2007" erstmals die schulpraktischen Ergebnisse in Form von Unterrichtsplanung, Beispielaufgaben mit Musterlösungen und lernförderlicher Software „FILIUS" vorgelegt wurden. Informatiklehrkräfte übernahmen das gesamte Konzept oder ausgewählte Module in ihren Unterricht und berichteten von der erfolgreichen Anwendung.

Abbildung 12.8 Zugriffskontrolle mittels Firewall

[illegible]

13 Anfangsunterricht

In jedem Fach ist Anfangsunterricht reizvoll und anspruchsvoll zugleich, sowohl auf der Lehrer- wie auf der Schülerseite. Auf beiden Seiten existiert eine Erwartungshaltung bezogen auf das Fach und das „neue Gesicht", die Schüler sind noch ungeprägt, unvoreingenommen und „unverbraucht". Zu diesen Elementen kommt beim Informatikunterricht noch eine Reihe spezifischer Probleme hinzu, die diesen Unterricht besonders „aufregend" bzw. kompliziert gestalten:

- Je nach Bundesland und Schulart findet der Anfangsunterricht zur Informatik unter sehr unterschiedlichen Rahmenbedingungen statt, die vom Pflichtfach in der Sekundarstufe I bis zum Wahlfach in der Sekundarstufe II reichen.
- Die Schülergruppe ist meist äußerst inhomogen. Einige Schüler besitzen bereits erhebliche Kenntnisse in Informatik (oder in dem, was sie für Informatik halten), andere haben möglicherweise noch niemals mit einem Computer gearbeitet und kennen ihn nur als Spielgerät.

  Dies betrifft vor allem das Verhältnis zwischen Jungen und Mädchen, da die Mädchen i.A. die geringeren Vorkenntnisse besitzen. Hierauf gehen wir in Abschnitt 13.6 ein.
- Die Schüler mit Vorkenntnissen leiden oftmals unter Selbstüberschätzung und mangelnder Kooperationsbereitschaft.
- Die Schüler mit geringen Vorkenntnissen wünschen sich einen Einblick in die Informatik, eine Anleitung zur Bedienung und Nutzung des Computers und möchten ein gewisses Verständnis für die Funktionsweise des Computers erwerben. Die Schüler mit hohen Vorkenntnissen sind vor allem an einigen weiteren Tricks zur Beherrschung der Maschine interessiert.
- Die Schule ist häufig mit überalterten Rechnern ausgestattet, die vor allem bei denjenigen Schülern, die bereits einen eigenen Rechner besitzen, auf Verachtung trifft und kaum noch einen Reiz ausübt.

Bevor wir einige Überlegungen zur prinzipiellen Durchführung des Anfangsunterrichts in Informatik anstellen, wollen wir zunächst seine beiden wichtigsten Ziele herausstellen:

1. Der Anfangsunterricht sollte ein reduziertes, aber unverfälschtes und abgerundetes Bild der Informatik vermitteln. Dies betrifft vor allem diejenigen Schüler, die Informatik nach der Einführung wieder abwählen.
2. Für die Übrigen dient der Anfangsunterricht insbesondere zur Bildung einer Grundlage, und er liefert eine Vorschau auf mögliche vertiefende Inhalte in nachfolgenden Jahrgangsstufen.

2008 wurden Bildungsstandards der Informatik für die Sekundarstufe I (vgl. Kapitel 5) veröffentlicht, die von 2003-2008 im Diskurs von Informatiklehrenden entwickelt wurden: „Das vorliegende Papier ist also unter großer Beteiligung derer entstanden, die Informatikunterricht durchführen oder Konzeptionen dazu entwickeln. Und das gilt nicht nur für die deutschen Bundesländer, sondern auch für Österreich und die Schweiz. Aus beiden Ländern haben Lehrpersonen aus Schulen und Hochschulen aktiv mitgewirkt“ (GI, 2008, S. VI).

Um diese Ziele zumindest ansatzweise zu erreichen und den Schülern den Zugang zu Informatik und Informationstechnik zu erleichtern, sollten die Themen, die im Anfangsunterricht behandelt werden, gewisse Eigenschaften besitzen (Koerber/Peters, 1995):

Sie sollten

- in geeigneter didaktischer Reduktion für den Einsatz von Informatiksystemen typische Anwendungsfälle behandeln,
- als Problem offen, herausfordernd und so komplex sein, dass eine Lösung nicht sofort, aber mehrschrittig erreichbar ist,
- konstruktive Möglichkeiten zur Eigengestaltung des Einsatzes von Informatiksystemen bieten,
- den Schülern leicht zugänglich sein, um das Maß der notwendigen außerinformatischen Sachinformationen beschränken zu können und die Schüler nicht mit zu vielen neuen Informationen überhäufen,
- möglichst Aspekte gesellschaftlicher Bereiche berühren, wobei diese Aspekte für die Schüler im Bereich der erfahrbaren Realität liegen sollten;
- über die unmittelbaren Lernziele hinaus Gelegenheit bieten, weitere Sachinformationen als Beitrag zur Allgemeinbildung vermitteln zu können.

In den ca. 30 Jahren Informatik in der Schule haben sich verschiedene, mehr oder weniger leistungsfähige Ansätze für den Anfangsunterricht Informatik herausgebildet, die wir im Folgenden klassifizieren und bewerten wollen.

Der Unterricht von Ralf Romeike „Informatiksysteme verstehen und gestalten – ein kreativer Einstieg" (vgl. Kapitel 16) zum Stellenwert von Kreativität im Informatikunterricht vertieft die Übersicht aus der Perspektive der Schulpraxis.

Der Gastbeitrag von Peer Stechert zur „Kompetenzentwicklung mit Informatiksystemen" (vgl. Kapitel 15) vertieft die Beschreibung des systemanalytischen Zugangs (vgl. Abschnitt 13.2) mit Unterrichtsbeispielen, die als Fortsetzung nach dem Anfangsunterricht empfohlen werden.

13.1 Der programmiersprachliche Zugang

Merkmale: Mit permanentem Bezug meist auf den imperativen Teil einer objektorientierten Programmiersprache werden bottom-up beginnend bei den elementaren Sprachkonstrukten der Programmiersprache sukzessive immer komplexere Konstrukte eingeführt. Die jeweiligen Anwendungsbeispiele betreffen fiktive Problemstellungen, deren Lösung nur eine geringe oder gar keine Modellbildung vorausgeht. Sie sind folglich relativ klein und beschränken sich auf die Hervorhebung der zuletzt eingeführten Konstrukte der Sprache.

Vorteile: Diese Vorgehensweise

- entspricht meist den Wünschen der männlichen (vorgebildeten) Schüler, denen es eher auf den Erwerb weiterer Spezialkenntnisse ankommt,
- führt zu einer natürlichen systematischen Gliederung des Unterrichts durch das schrittweise Einführen von immer komplexeren Sprachelementen,
- entspricht der gewohnten unterrichtlichen Praxis, wie sie aus dem Fremdsprachenunterricht bekannt ist,
- gibt den Lehrkräften, die oftmals nur unzureichend fort- oder weitergebildet sind, eine gewisse fachliche Sicherheit.

Nachteile: Diese Vorgehensweise

- löst nicht das Problem, die unterschiedlichen Vorkenntnisse der Schüler aneinander anzugleichen. Vielmehr verstärkt sie das Problem noch, vor allem wenn sich der Unterricht an den gängigen Sprachen Delphi oder Java orientiert,
- blendet für eine längere Zeit jedwede praktische Relevanz der Informatik durch die Behandlung nur kleiner, anwendungsferner Aufgaben aus, deren Lösungen zumeist nur eine geringe Qualität besitzen,
- wirkt bisweilen demotivierend auf die Schüler, weil lange Zeiträume mit „Lernen auf Vorrat", d.h. mit der bloßen Anreicherung von Programmiersprachenkenntnissen, überbrückt werden müssen, während der die Schüler

kaum vorzeigbare Produkte entwickeln können. Delphi, obwohl als Ausbildungssprache konzipiert, ist noch nicht schlank und orthogonal genug, um für schulische Zwecke uneingeschränkt empfohlen werden zu können. Für Java gilt das erst recht (Böszörményi, 2001).

- bietet daher wenige Möglichkeiten, gesellschaftliche Aspekte, wie sie in realen Anwendungssituationen auftreten, organisch in den Unterricht einzubeziehen. Überspitzt formuliert führt dieser Ansatz auf die Gleichung (Riedel, 1981)

  Informatikunterricht = Programmierkurs + Gesellschaftskunde,

  erzeugt den falschen Eindruck, Informatik sei identisch mit Programmieren, bereitet auf ein Leben als Programmierer vor und vermittelt insgesamt kein abgerundetes Bild der Informatik.

Beispiel für diesen Zugang: Informatikunterricht als Programmierkurs:

- Einführung der elementaren Datentypen integer, real etc. und elementarer Anweisungen,
- Herstellung einfacher Programme mit Sequenz, bedingter Anweisung und Zählschleife, vorzugsweise mit mathematischem Hintergrund,
- Einbeziehung strukturierter Datentypen wie Feld, Verbund, verschiedene Schleifentypen, Zeichenkettenverarbeitung,
- Vermittlung des Parameter- und Prozedurkonzepts, von Funktionen und Prozeduren, Modularisierung, erste kleinere Projekte mit anwendungsorientiertem Hintergrund,
- Einführung in Files, Referenz- und Zeigerkonzept, lineare Listen, Projekte,
- Übergang zu Rekursion im Daten- und Kontrollbereich usw.

Zwischenzeitlich hat man versucht, einige der Nachteile des programmiersprachlichen Ansatzes durch die Wahl anderer, schlankerer Programmiersprachen auszugleichen. Zu diesen Ansätzen zählt insbesondere die Verwendung von nicht-prozeduralen Programmiersprachen, speziell von Prolog (Baumann, 1993; Gasper, 1989; Kowalski, 1984; Lehmann, 1992 und 1993) (s. auch Kapitel 4 und Abschnitt 6.3.2). Die bloße Beherrschung dieser Sprachen, die meist nur wenige, syntaktisch einfache Sprachmittel besitzen, tritt in den Hintergrund. Stattdessen erwerben die Schüler stärker Beschreibungs- und Problemlösekompetenzen und können sich auf die Modellbildungsaktivitäten konzentrieren, so dass praxisorientierte Anwendungen bereits frühzeitig zugänglich werden. Zugleich nivelliert dieser Ansatz die unterschiedlichen Vorkenntnisse der Schüler. Motivationsprobleme verbunden mit dem Lernen auf Vorrat sind mit Prolog nicht zu erwarten, denn die sehr kleine Syntax mit nur wenigen, aber sehr leistungsfähigen Konzepten und ein hohes Maß an Orthogonalität beschränken den Lernprozess auf das Wesentliche. Folglich können Schüler prinzipiell bereits frühzeitig sehr mächtige Programme schreiben und werden nicht mit Spielbeispielen demotiviert.

Alle bekannten Vorschläge zur Verwendung von Prolog im Anfangsunterricht basieren jedoch implizit oder explizit auf zwei Thesen, die nicht pauschal angenommen werden dürfen (s. Exkurs in Kapitel 4.3).

Mit funktionalen Programmiersprachen wie ML, Gofer, Hope, Miranda liegen bisher kaum Erfahrungen im Unterricht vor. Ein Plädoyer, diese Sprachen im Unterricht stärker zu erproben, ist in (Schwill, 1993c) formuliert. Lediglich für Lisp/Scheme (z.B. Seiffert, 1994) und natürlich Logo wurden einige Unterrichtsvorschläge ausgearbeitet. Ob die mit Logo gewonnenen positiven Erfahrungen auf die modernen funktionalen Sprachen übertragen werden können, ist noch nicht geklärt. Gesichert ist aus psychologischen Untersuchungen jedenfalls, dass Anfänger i.A. erhebliche Schwierigkeiten haben, Rekursionen zu formulieren und nachzuvollziehen (Göbel/Vorberg, 1988; Haussmann/Reiss, 1989; Kruse, 1982; Wiedenbeck, 1989). Möglicherweise wirken funktionale Sprachen durch ihre mathematische Notation auch abschreckend. Vorteilhaft im Vergleich zu prädikativen Sprachen ist jedoch zu bewerten, dass funktionale Programme zwar deklarativ formuliert werden, dabei aber immer noch erkennen lassen, wie sie ausgeführt werden (vgl. Kapitel 6).

13.2 Der systemanalytische Zugang

Merkmale: In einem top-down-orientierten Vorgehen studieren die Schüler ein komplexes Softwaresystem: Die Studie beginnt mit der Benutzung des Systems (*Blick auf das System*), zu der auch der Erwerb elementarer Bedienfertigkeiten im Umgang mit dem Computer, der Umgang mit der Dokumentation und die Bewertung des Systems gehören. Es folgt die Analyse des Systems (*Blick in das System*): Identifikation der Bestandteile des Systems unter Zuhilfenahme der Dokumentation, Analyse ihres Zusammenwirkens und ihrer Funktionalität, Modularisierung, Parametrisierung usw. Nachdem die Schüler ein gewisses Verständnis für das System gewonnen haben, schließt sich eine Wartungsphase (*Modifikation des Systems*) an: Das System wird geringfügig ergänzt oder an aktuelle Anforderungen angepasst. In dieser Phase werden die ersten Programmiererfahrungen auf einer sehr hohen sprachlichen Ebene erworben. In der letzten offenen Phase (*Konstruktion des Systems*) werden diese Programmiererfahrungen ausgedehnt: Unter teilweiser Wiederverwendung von Bausteinen des Ausgangssystems konstruieren die Schüler ein neues System zu einem vergleichbaren

Problem. Hierbei gewinnen sie bereits umfangreiche Programmiererfahrungen im Rahmen eines projektorientierten Vorgehens (vgl. Kapitel 11).

Vorteile: Dieser Ansatz

- ist informatiknah und führt zu einer verständnisvollen Nutzung und Konstruktion von Informatiksystemen, wie sie auch bei kommerziellen Entwicklungen angestrebt wird,
- führt schon früh zu einem projektorientierten Vorgehen mit Teamarbeit und damit in die zentrale Arbeitsweise von Informatikern ein,
- ist meist fächerübergreifend; er schärft daher über die (Kern-)Informatik hinaus den Blick für die Anwendungen und vermittelt Kompetenzen auch aus dem gesellschaftlichen Umfeld. Umgekehrt beansprucht er vielfältige Kompetenzen von den Schülern (nicht nur aus der Informatik), so dass auch Schüler ohne Informatikvorkenntnisse sinnvolle Beiträge zum Unterricht leisten können,
- eignet sich im Sinne des Spiralprinzips als durchgängige Unterrichtslinie in beiden Sekundarstufen, an der sich alle Aktivitäten orientieren können. Lehmann (1995) spricht gar von einer Fundamentalen Idee „Komplexes System“ verbunden mit den zugehörigen Ideen zur Bewältigung dieser Komplexität.

Nachteile: Der Ansatz

- ist intellektuell anspruchsvoll. Er erfordert erhebliche Vorarbeiten vom Lehrer in Bezug auf das zu analysierende Produkt und seine analysefreundliche Aufbereitung und Strukturierung,
- löst das Problem unterschiedlicher Vorkenntnisse nicht.

Beispiel für einen Unterrichtsverlauf nach diesem Modell (Lehmann, 1995): Ausgangspunkt der Systemanalyse ist ein Programm für das Spiel „Mastermind“, das in einem früheren Kurs entwickelt wurde und in stark überarbeiteter Form vorliegt: Der Programmtext ist in Pascal geschrieben, etwa zwei Seiten lang und unter Verwendung von Units mit pragmatischen Bezeichnern übersichtlich vom Lehrer modularisiert worden. Zum Unterrichtsverlauf:

Vorübung: Die Schüler spielen das Spiel „Mastermind“ im Original, fertigen eine Verlaufsbeschreibung an, erarbeiten Darstellungsmittel für Struktogramme und übertragen die Verlaufsbeschreibung in diese Notation.

Blick auf das System:

- Einführung in die Computerbedienung,
- Spielen von Mastermind mit dem Programm,

- wiederum Anfertigung eines Struktogramms, diesmal für den Programmverlauf,
- Vergleich der beiden Struktogramme,
- Bewertung von Vor- und Nachteilen von Computerspielen.

Blick in das System:

- Vergleich von Struktogramm und Programmtext,
- Zuordnung von Struktogrammteilen zu Units oder Prozeduren,
- Klärung der Bedeutung bestimmter Sprachelemente von Pascal,
- Einführung in das Prozedurkonzept.

Modifikation des Systems:

- Erweiterung des Programms um weitere Eingabe- und Spielfunktionen: Ausgabe einer Spielanleitung, Änderung des Ratemodus usw.

Konstruktion des Systems:

- Entwurf und Implementierung eines ähnlichen Spiels unter Wiederverwendung von Modulen.

Eine mögliche Erweiterung des Beispiels bietet sich an durch:

Systematisches Testen von ausgewählten Modulen und des Systems:

- In Gruppenarbeit werden einzelne Module, die von anderen Schülern modifiziert oder konstruiert wurden, aber auch deren Integration in das Gesamtsystem getestet, z.B. mit Black-Box-Test und White-Box-Test.

13.3 Der Zugang über Lernumgebungen

Merkmale: Unter Verwendung sehr leistungsfähiger kommerzieller, meist objektorientierter Entwicklungsumgebungen, wie Hypertext-/Hypercard-Systeme oder Programmiermodelle (z.B. Logo, Roboter NIKI, Java-Kara (Reichert/Hartmann/Nievergelt, 2000), BlueJ (Thomas, 2004), Scratch (Romeike, 2007b) (s. dazu auch Kapitel 16)), werden erste Erfahrungen im Umgang mit Informatiksystemen gesammelt. Die Objekte und Operationen orientieren sich in Form und Wirkungsweise an in der Alltagswelt vorkommenden oder vorstellbaren Gegenständen und Handlungen. Die Tätigkeit des Programmierens reduziert sich weitgehend auf eine mehr oder weniger tiefgehende Form des Konfigurierens, d.h. auf das Zuschneiden der vorhandenen Umgebung auf die persönlichen Bedürfnisse. Geringfügige verbleibende reine Programmiertätigkeiten erfolgen durch ein Teach-in-Verfahren über einen Makrorekorder mittels

Aufzeichnung von manuellen Aktivitätsfolgen verbunden mit einer automatischen Programmerzeugung.

Vorteile: Der Ansatz

- orientiert sich vermöge seines objektorientierten Zugangs, sofern solche Umgebungen gewählt werden, an den natürlichen kognitiven Voraussetzungen von Anfängern,
- bietet je nach Wahl der Entwicklungsumgebung die Möglichkeit, mit nur geringen Kenntnissen leistungsfähige Produkte zu konstruieren, die ein professionelles Äußeres besitzen,
- realisiert einen stufenweisen Einstieg in die Programmierung, wobei der Einblick zu jeder Zeit begrenzt werden kann, wenn weitergehende Programmiererfahrungen nicht notwendig erscheinen,
- ist sehr modern, weil er mehrere zukunftsweisende Entwicklungsrichtungen (u.a. Objektorientiertheit, Multimedia) in sich vereinigt.

Nachteile: Der Ansatz

- beschränkt die Tiefe, bis zur der Informatikkenntnisse gewonnen werden können, da die den Entwicklungsumgebungen zugrundeliegenden Programmiersprachen oft nicht alle unterrichtsrelevanten Konzepte abdecken. Es fehlen zum Teil höhere Datentypen wie Listen, Bäume, Records oder gewisse notationelle Zwänge, etwa Datentypen vor ihrer Verwendung deklarieren zu müssen. Der Ansatz erfordert daher zurzeit einen späteren Umstieg auf eine „richtige" Programmiersprache.
- löst das Problem unterschiedlicher Vorkenntnisse nur teilweise.

Beispiel für einen Unterrichtsverlauf nach diesem Modell (Glöckler/Spengler, 1995): Erstellen einer Kurskartei mit dem Hypercard-System ToolBook, in der Informationen über die Teilnehmer des Informatikkurses gespeichert sind. Zum Unterrichtsverlauf:

- Vorgabe einer leeren elektronischen Musterkarteikarte, Eintragung der Daten eines Kursteilnehmers oder des Lehrers, Vertrautwerden mit Maus, Anklicken, Menüleiste, Aktionen, Buttons usw.
- Anlegen weiterer Karteikarten, Überlegungen zur endgültigen Gestaltung der Karteikarten, zum Informationsumfang, zur Sicherheit der Daten usw.
- Freies Spiel mit dem Hypercard-System, Nachvollziehen einer guided tour mit interaktiven Übungen, Entdecken weiterer Objekte, Funktionalitäten und Gestaltungsmöglichkeiten.

- Systematische Behandlung der zuvor entdeckten Elemente, darunter der Objekte (Bild, Button, Text) und ihrer Eigenschaften und Operationen (Aktivieren, Vergrößern, Verkleinern, Zerren, Schriftart ändern).
- Erste Einführung in die Möglichkeiten von Buttons, Verbindung von Karten, Ausführung von Aktionen.
- Aufzeichnen von Aktionsfolgen mit dem Makrorekorder, Analyse der automatisch generierten Programme (Skripte), Herstellen eines Zusammenhangs zwischen Programmelementen und Aktionen.
- Überblick über die zugrundeliegende Programmiersprache, Struktogramme, systematische Einführung in einige wichtige Programmiersprachelemente.
- Algorithmisierung mittels expliziter Skripterstellung, Suchen, Sortieren.
- Gedanken zur Modellbildung, Zusammenhang zwischen Kartei und Realität, Datenschutz.

13.4 Kognitive Aspekte objektorientierter Programmierung

Bei Erwachsenen ebenso wie bei kleinen Kindern kann man das typisch menschliche Verhalten beobachten, alle Dinge zunächst danach zu beurteilen, was man mit ihnen anstellen kann. So ist z.B. ein Schraubenzieher ein Werkzeug, mit dem man in erster Linie Schrauben lösen und festziehen kann; als Vertreter einer Klasse mit allgemeineren Eigenschaften wie „länglich", „spitz" kann man ihn zur Not aber auch als Brechstange, Meißel, Bohrer oder Stichwaffe verwenden. Umgekehrt unterscheidet man diverse Teilklassen mit spezielleren Merkmalen: Schraubenzieher für Schlitzschrauben, für Kreuzschlitzschrauben, mit Einrichtung zur Spannungsprüfung usw. Gerade Kleinkinder besitzen in hohem Maße die Fähigkeit, zwischen den Ebenen dieser Hierarchie hin und her zu wechseln und dabei Eigenschaften und Operationen von Objekten zu entdecken, die sie für einen völlig anderen als ihren vorbestimmten Zweck geeignet erscheinen lassen. An diesem Beispiel konkretisiert sich bereits die klassische objektorientierte Denkweise.

Ausgehend von einer Reihe von Untersuchungen zur Problemlösefähigkeit und den verfügbaren Problemlösemethoden von Menschen in der ersten Hälfte dieses Jahrhunderts (u.a. Duncker, Selz und Wertheimer) gibt es in der Psychologie eine Vielzahl von Untersuchungen über die Wahrnehmung von Objekten und die Repräsentation von Wissen bei Kindern und Erwachsenen sowie darüber, wie dieses Wissen menschliche Entscheidungen und Handlungen leitet. Alle diese Untersuchungen belegen, dass Menschen Objekte überwiegend anhand der Handlungen identifizieren, die mit ihnen möglich sind, als anhand äußerlicher Eigenschaften wie Farbe oder Form. Einige dieser Resultate erscheinen heute im Zusammenhang mit der objektorientierten Programmierung in neuem Licht. Sie belegen einerseits, dass sich diese Form der Programmierung in besonderer Weise harmonisch den elementaren kognitiven Prozessen unterordnet, die beim Denken, Erkennen und Problemlösen im menschlichen Gehirn ablaufen, zeigen andererseits aber auch gewisse Schwächen dieser Denkweise (Schwill, 1995).

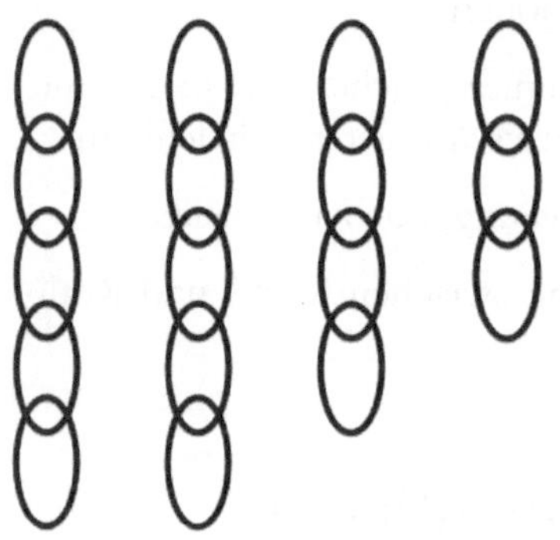

Abbildung 13.1 Aufgabe zum Bilden einer geschlossenen Kette

Anhand des folgenden illustrativen Beispiels kann der Leser seine objektorientierte Prägung selbst überprüfen (Grams, 1992). In Abbildung 13.1 sind vier einzelne Ketten dargestellt. Durch das Lösen von höchstens drei Kettengliedern sollen die Ketten zu einer geschlossenen Kette zusammengefügt werden. Denken Sie einen Moment über die Lösung nach, bevor Sie weiterlesen.

Sicher haben Sie versucht, die einzelnen Ketten durch Lösen der Endglieder aneinanderzuketten. Dieser Ansatz hilft nicht weiter. Vielmehr sind die drei Glieder der Kette der Länge 3 allesamt zu öffnen und zum Verbinden der übrigen drei Ketten zu nutzen. Dass man auf diese Lösung nicht unmittelbar kommt, liegt an der objektorientierten Denkweise: Die einer Kette „anhaftenden“ Operationen sind u.a. das Verbinden und das Lösen einer Kette; sie werden als Erstes angesprochen. Bei der Lösung des Problems hilft aber nur die Betrachtung der kurzen Kette als Ansammlung von Kettengliedern mit den ihnen anhaftenden Operationen. Gibt man die drei bereits geöffneten Kettenglieder vor, wird die Lösung unmittelbar ersichtlich.

Balzert und Balzert (2004) haben die Bildung mentaler Modelle bei der objektorientierten Denkweise in den Vordergrund gestellt und geben Hinweise, wie Modellierung, imperative und objektorientierte Programmierung aufeinander bezogen werden können.

Umfangreiche Forschungen zur Objektorientierung im Unterricht haben Schulte (2004) und Diethelm/Geiger/Zündorf (2005) durchgeführt, um Hürden bei Anfängern in objektorientierter Modellierung und Programmierung zu umgehen. Kerngedanke ist ein *Objektspiel*, bei dem die Schüler enaktiv Erkenntnisse über die Modellwelt gewinnen. Jeder Schüler nimmt die Rolle eines Objekts ein und verhält sich entsprechend der für dieses Objekt definierten Merkmale und gemäß den vorgesehenen Operationen. Dabei ist es wichtig, dass der gewöhnlich vorhandene (menschliche) Überblick über die Modellwelt so eingeschränkt wird, dass die reduzierte Sicht aus der Perspektive des Objekts deutlich wird. Zum Nachrichtenaustausch werden Klebezettel verwendet.

13.5 Der projektorientierte fächerübergreifende Zugang

Merkmale: Ein umfangreiches fächerübergreifendes Projekt (vgl. Kapitel 14) wird innerhalb einer Projektwoche oder eines Kurshalbjahres behandelt. Die Aufgabenstellung knüpft an den Erlebnis- und Erfahrungsbereich der Schüler an und enthält als eine Komponente innerhalb eines größeren Zusammenhangs die Anwendung eines Informatiksystems, wozu auch die Berücksichtigung sozialer und wirtschaftlicher Auswirkungen sowie die Diskussion über Chancen und Risiken der Informationstechniken gehören. Der kerninformatische Anteil der Projekte liegt oftmals unter 50 %, möglicherweise enthalten Teile des Projekts überhaupt keine Berührungspunkte zur Informatik.

Vorteile: Der Ansatz

- spricht Schülerinnen und Schüler gleichermaßen an, fördert deren Interesse und fordert außerinformatische Kompetenzen,
- löst damit das Problem unterschiedlicher Vorkenntnisse weitgehend, indem er die unterschiedlichen Kompetenzen der Anfänger aufgreifen und ihnen adäquate Aufgaben zuordnen kann,
- basiert auf projektorientierter Arbeitsform mit Teamarbeit und damit auf einer zentralen Arbeitsweise von Informatikern,
- erweitert durch Eingliederung außerinformatischer Bezüge den Gesichtskreis der Schüler im Sinne einer Allgemeinbildung von Informatikunterricht,
- schafft ein Bewusstsein für die Auswirkungen der Informatik.

Der projektorientierte Ansatz eignet sich daher besonders im Rahmen der informationstechnischen Grundbildung.

Nachteile: Der Ansatz

- lässt je nach Auswahl des Themas den kerninformatischen Elementen meist nur geringen Raum,
- betont die Nutzung von Informatiksystemen anstelle eines Verständnisses für die Funktionsweise und Konstruktion von Informatiksystemen.

Beispiel für einen Unterrichtsverlauf nach diesem Modell (Koerber/Peters, 1995): Einstieg in die informatische Bildung über das Projekt „Kurszeitung", bei dem ein Magazin mit informatikbezogenen Inhalten mithilfe eines Computers in professioneller Form von den Schülern erstellt werden soll. Zeitbedarf: etwa fünf volle Tage im Rahmen einer Projektwoche. Zum Unterrichtsverlauf:

- Einführung in das Projekt, Planung der Arbeiten, Themenauswahl für die Zeitung, Zielgruppenanalyse, erste Recherche-Arbeiten,
- Einführung in das Werkzeug Computer und in Textverarbeitungssysteme, Erwerb von Fertigkeiten im Umgang mit dem System,
- Entwurf der geplanten Artikel, Erfassung der ersten Versionen der Rohtexte, Überlegungen zur Textgestaltung,
- Weiterentwicklung der Texte, Korrigieren, Textbearbeitungsfunktionen beherrschen, Diskussion über Veränderungen der Arbeitswelt,
- Bildauswahl, -bearbeitung und -integration, Erwerb weiterer Kenntnisse im Zusammenhang mit DTP-Systemen und deren Funktionalität,
- Endredaktion, Produktion der Zeitung,
- Veröffentlichung der Zeitung, Verteilung in der Schule, Auswertung von Rückmeldungen, Podiumsdiskussion,
- Abschlussbesprechung, Reflektion, Besichtigung einer Druckerei oder eines graphischen Betriebs.

13.6 Mädchen und Jungen im Fach Informatik

Das Verhältnis von Jungen und Mädchen im Informatikunterricht hat in der Vergangenheit zu einer Vielzahl von Forschungsansätzen, Diskussionen und Vorschlägen Anlass gegeben. Klar ist, dass Frauen auf allen Ebenen der Informatik in Deutschland, in Schule, Studium und Beruf, in Nutzung und Anwendung, deutlich unterrepräsentiert sind:

- Die Zahl der Studienanfängerinnen in Informatik und Informatik-nahen Studiengängen betrug lt. Angaben des Fakultätentags Informatik 2009 17,6 %, die Zahl der Diplomandinnen 14,6 %, die Zahl der Promovendinnen 13,6 % und die Zahl der Habilitandinnen 17,1 %. Zur Studiensituation von Studierenden der Informatik vgl. (Schinzel, 1999).
- Nur etwa der 8 % der Informatikprofessoren in Deutschland sind Frauen.
- Am Bundeswettbewerb Informatik (URL: http://www.bwinf.de) nehmen etwa 6 % Mädchen teil.

- Der Anteil der Frauen in den qualifizierten Berufen der Informatikbranche liegt geschätzt bei etwa 10-15 %.
- Mädchen wählen traditionelle Informatikkurse – gemeint sind Kurse, die den programmiersprachlichen Zugang folgen – in der Schule in der Sekundarstufe II oft ab.

Besonders überraschen mag vielleicht die Beobachtung, dass in Ländern, denen man allgemein die Kategorie „unterentwickelt – konservativ – patriarchalisch“ zuordnen würde, oftmals sehr viel mehr Frauen Informatik studieren als in westlichen entwickelten Ländern. So haben Spanien und Portugal, eine Reihe afrikanischer Staaten sowie alle südamerikanischen und arabischen Staaten quasi eine Gleichverteilung der Geschlechter in Mathematik/Informatik erreicht (Schinzel, 2002).

Die Gründe für diese Entwicklung sind trotz umfangreicher Forschung bisher nicht präzise zu identifizieren; vermutlich ist ein Bündel von Ursachen für diese Situation verantwortlich. Oft genannt werden folgende Gründe (Leufen, 1994; Westram, 1999):

- Bereits vor der Pubertät finden wesentliche persönliche Entscheidungen darüber statt, was zum eigenen Lebensentwurf gehören soll. Dazu gehört auch die Einstellung zu Berufsbildern und deren Bewertung (z.B. typische Männerberufe sind ... und typische Frauenberufe sind ...). Damit verbunden ist auch die Einstellung zu Fächern, z.B. zur Technik. In dieser Lebensphase fehlt der Zugang zu Informatik in der Schule für alle Mädchen und Jungen.
- Jungen haben eine positive Einstellung zum Computer. Sie interessiert das Gerät; sie möchten es beherrschen. Sie besitzen viel häufiger einen eigenen Computer, verbringen sehr viel Zeit mit dem Gerät und sind daher oft besser vorgebildet oder wirken zumindest so aus Sicht der Mädchen. In der Klasse äußert sich dieses Vorwissen oft in Selbstüberschätzung, rüpelhaftem Verhalten und herabsetzenden Bemerkungen gegenüber Mädchen. Mädchen fühlen sich zurückgesetzt und verlieren das Interesse; sie unterschätzen häufig ihre Fähigkeiten.
- In diesem Szenario wird daher oft eine kurzfristige Aufhebung der Koedukation gefordert, denn in einer gleichgeschlechtlichen Gruppe gewinnen Mädchen an Selbstbewusstsein und profitieren von der entspannteren Atmosphäre. Zugleich werden die Jungen durch ihr Verhalten vom Lehrer oft stärker beachtet und nehmen dadurch einen großen Teil seiner Betreuungskapazität in Anspruch; diese Zeit kommt nun den Mädchen zugute.
- Mädchen der Klassen 7 und 8 interessieren sich sehr für den Computer und die Neuen Technologien. Sie sind aber weniger daran interessiert, den

Computer in seinen Details zu verstehen und zu programmieren, sondern möchten ihn bedienen, seine grundlegenden Prinzipien erfassen und ihn zu Anwendungen nutzbringend einsetzen können. Damit sind Informatikkurse, die ausschließlich den programmiersprachlichen Zugang (vgl. Abschnitt 13.1) verfolgen, ungeeignet, Mädchen zu fördern. Vielmehr ist die Bearbeitung anwendungsnaher Beispiele auf hohem Abstraktionsniveau unter Einbindung der Umgebungsbedingungen und des Einsatzkontexts des geplanten Produkts zu bevorzugen. Da sich Mädchen theoretischen Zugängen weniger verschließen als Jungen, können sie in den mehr theoretischen Phasen der Softwareentwicklung mit den Jungen durchaus konkurrieren. Zudem arbeiten sie systematischer und damit informatischer und bringen mehr Fähigkeiten zu Team- und Projektarbeit mit, wovon beide Geschlechtergruppen profitieren.

- Mädchen besitzen eine andere Einstellung zur Technik. Sie machen sich Gedanken über den gesellschaftlichen Nutzen des Geräts, sehen eher Gefahren in der zukünftigen Entwicklung. Insgesamt halten sie sich für weniger technikbegabt als die Jungen.
- In den typischen Frauenberufen, die von Mädchen immer noch angestrebt werden, also den Pflege- und Dienstleistungsberufen, spielen Informatikkenntnisse eine untergeordnete Rolle. Es ist für das Mädchen daher auch nicht einsichtig, dass es sich mit diesen Gegenständen beschäftigen soll.

  Es fehlen auch weibliche Vorbilder, also herausragende Persönlichkeiten der Informatik, die oft einen wesentlichen Beitrag leisten, Kinder und Jugendliche für eine Thematik zu gewinnen. Auch die Zahl der Informatiklehrerinnen, die als Vorbild dienen könnten, ist gering. Mit unterschiedlichen Anstrengungen versucht man derzeit, mehr junge Frauen für die Informatik zu gewinnen.

Offenbar kann man das komplexe Wirkungsgefüge aus technischen, informatischen, sozialen und gesellschaftlichen Elementen, das Mädchen bisher davon abgehalten hat, in größerem Umfang Informatikkurse zu wählen, kaum auf wenige Ratschläge zur Gestaltung des Unterrichts reduzieren. Im Folgenden soll daher einer Reihe von Erfahrungen zumindest die Vielschichtigkeit des Problems verdeutlichen:

- Stellen Sie Beziehungen zwischen Informatikinhalten und den Anwendungen her. Zeigen Sie anhand alltäglicher Beispiele den Nutzen der Informatiklösung. Betten Sie die Lösung in den gesellschaftlichen, historischen und sozialen Kontext ein.
- Fordern Sie kommunikative Fähigkeiten in mündlicher und schriftlicher Form ab. Lassen Sie über die Arbeiten der Schülerinnen und Schüler disku-

tieren. Zeigen Sie auf, dass Informatik erhebliche Anforderungen an sprachliche und zwischenmenschliche Fähigkeiten stellt (Projektarbeit).

- Laden Sie eine Informatikerin in die Klasse ein und diskutieren Sie mit ihr und den Schülerinnen und Schülern über die Arbeitswelt.
- Wenn Sie die historische Entwicklung der Informatik besprechen, beziehen Sie auch weibliche Erfinder/Entdecker/Forscher ein.
- Bewerten Sie Unterrichtsmaterialien danach, ob sie beide Geschlechter angemessen berücksichtigen und ansprechen.
- Heben Sie das oftmals mehr systematische Vorgehen der Schülerinnen bei der Entwicklung einer Lösung hervor und betonen Sie, dass dies eigentlich der wirklich informatische Zugang ist.
- Mädchen profitieren oft von Gruppenarbeit. Betonen Sie daher projektartiges Arbeiten und sorgen Sie für eine Atmosphäre, in der Gruppenarbeit geschätzt wird.
- Erlauben Sie, dass bei Gruppen- oder Partnerarbeit gleichgeschlechtliche Gruppen gebildet werden.
- Sprechen Sie in der Klassendiskussion abwechselnd Jungen und Mädchen an.
- Vermeiden Sie es, denjenigen (meist Schülern) den größten Teil Unterstützung zukommen zu lassen, die sie explizit anfordern, sondern verteilen Sie Ihre Betreuungskapazität gleichmäßig auf Mädchen und Jungen.
- Da Mädchen sich leichter unterbrechen lassen, achten Sie darauf, dass die Jugendlichen sich gegenseitig ausreden lassen.
- Wer ein informatisches Fachwort verwendet, muss es sofort erklären, wenn jemand danach fragt. Meist verwenden die Jungen Informatik-Jargon, haben aber dennoch oft die Begriffe nicht verstanden und sind nicht in der Lage, sie zu erklären.

[illegible]

14 Projekte

Über Projekte gab es nach unseren Erfahrungen, die sich aus vielen Fortbildungsmaßnahmen zum Thema speisen, früher die unterschiedlichsten Ansichten, die sich im Wesentlichen folgenden drei Grundmustern zuordnen lassen:

- eine Reihe von Lehrkräften hatte noch nie Projektunterricht gemacht und hielt ihn unter den gegebenen personellen, organisatorischen und inhaltlichen Rahmenbedingungen (des Bundeslandes) auch für nicht durchführbar;
- eine weitere Gruppe führte zwar regelmäßig Projektunterricht in Informatik durch, z.B. in Form der obligatorischen Projektwochen, war jedoch der Ansicht, dass Projekte in der hier im Folgenden skizzierten strengen Form nicht realisierbar sind;
- die dritte Gruppe vertrat die Ansicht, man könne Informatik überhaupt nur in Projektform angemessen unterrichten und führte daher den gesamten Informatikunterricht in Projektform durch. Dies war möglich, als es für die Informatik noch wenige und wenig verbindliche Rahmenpläne gab.

Interessanterweise fand man Vertreter dieser drei Gruppen auch dann, wenn die Rahmenbedingungen annähernd ähnlich waren, manchmal sogar an ein und derselben Schule. Inzwischen ist der Projektunterricht eine viel gefeierte Unterrichtsform in der Informatik und in den Curricula weitgehend verpflichtend festgeschrieben. Er eignet sich sowohl für den Anfangsunterricht (vgl. Kapitel 13) als auch an jeder Stelle im Unterricht für Fortgeschrittene. Im Anfangsunterricht kommen dabei vor allem Umgebungen zum Einsatz, die einen einfachen Zugang zu Entwurf und Programmierung von Informatiksystemen ermöglichen, z.B. Scratch (vgl. Kapitel 16) oder Java-Kara.

In den folgenden Abschnitten wollen wir die wesentlichen Merkmale von Projektunterricht und praktische Hilfen zur Durchführung besprechen.

14.1 Unterrichtsformen

Unterricht wird wesentlich durch die Wechselwirkungen zwischen Lehrer und Schülern sowie der Schüler untereinander geprägt. Diese Wechselwirkungen kann man bzgl. zweier Aspekte genauer klassifizieren, bzgl. der *Sozialform*, in der

der Unterricht stattfindet, und bzgl. der *Aktivitäten*, die die Schüler während des Unterrichts entfalten können oder sollen (Wittmann, 1981).

Hinsichtlich der Sozialform unterscheidet man:

(S1) *Unterricht im Klassenverband:* Alle Schüler nehmen gleichberechtigt am Unterricht teil und können miteinander kommunizieren und in Wechselwirkung treten.

(S2) *Gruppenunterricht:* Die Schüler sind in Gruppen aufgeteilt. Kommunikation vollzieht sich nur innerhalb der Gruppe, aber nicht gruppenübergreifend.

(S3) *Einzelunterricht:* Die Schüler sind voneinander isoliert. Wechselwirkungen sind nicht möglich oder nicht erlaubt.

Bezüglich der von den Schülern erwarteten bzw. entfalteten Aktivitäten unterscheidet man:

(A1) *Kommunizierende Form:* Die Aktivitäten der Schüler beschränken sich im Wesentlichen auf die Aufnahme des vom Lehrer präsentierten Stoffes.

(A2) *Gelenktes Entdecken:* Die Schüler gestalten den Verlauf des Unterrichts durch ihr Handeln mit; durch Hilfen des Lehrers werden entdeckende Aktivitäten angestoßen.

(A3) *Freies Forschen:* Der Lehrer gibt lediglich Anregungen; im Wesentlichen bestimmen die Aktivitäten der Schüler den Unterrichtsverlauf.

Durch Kombination von Sozial- und Aktionsform gewinnt man aus dieser Klassifikation insgesamt neun verschiedene Unterrichtsformen (S1,A1) bis (S3,A3). Hierbei handelt es sich wohlgemerkt um „Reinformen", die in dieser reinen Form jedoch nur selten im Unterricht auftreten. Üblich sind vielmehr Mischformen.

Für einige der neun Unterrichtsformen sind feste Bezeichnungen üblich, z.B. *Frontalunterricht* für die Kombination (S1,A1) oder *Fragend-entwickelnder Unterricht* für (S1,A2).

Üblicherweise legt man sich nicht von vornherein auf eine bestimmte Unterrichtsform fest, sondern trifft die Wahl nach didaktischen Gesichtspunkten, indem man das Lernziel, die Vorkenntnisse der Schüler, die Komplexität des Unterrichtsgegenstandes, die erforderlichen Hilfsmittel und die momentane Lernsituation in Betracht zieht. Nach diesen Überlegungen kann sich dann jede der neun Unterrichtsformen aktuell als zweckmäßig erweisen.

Von den neun möglichen Unterrichtsformen greifen wir im Folgenden exemplarisch die heraus, die im Informatikunterricht eine besondere Rolle spielt, den Projektunterricht.

14.2 Projektunterricht

Der Projektunterricht lässt sich als Mischung der Unterrichtsformen S1/S2 mit den Aktionsformen A2/A3 einordnen. Es bestehen also große Möglichkeiten für Wechselwirkungen der Schüler untereinander sowie viel Freiraum für eigene Aktivitäten.

Beim Projektunterricht unterscheiden wir zwei Aspekte, einen pädagogischen und einen informatischen.

14.2.1 Pädagogische Aspekte des Projektunterrichts

Der Begriff des Projekts im Bereich von Schule und Unterricht geht auf Arbeiten von Dewey und Kilpatrick in den 1920er-Jahren zurück. Sie definieren ein Projekt als

„planvolles Handeln von ganzem Herzen, das in einer sozialen Umgebung stattfindet" (Dewey/Kilpatrick, 1935, S. 162).

Etwas sachlicher spricht man von einem *Projekt* bei einer längeren, fächerübergreifenden Unterrichtseinheit, die durch Selbstorganisation der Lerngruppe gekennzeichnet ist und bei der der Arbeits- und Lernprozess ebenso wichtig ist wie das Ergebnis oder Produkt, das am Ende des Projekts steht.

Nach Gudjons (1986) sind folgende Merkmale für den Projektunterricht charakteristisch:

- *Situationsbezug und Lebensweltorientierung.*

  Projektthemen entstammen der Lebenswelt der Schüler und sind inhaltlich nicht an Fachwissenschaften und somit auch nicht an Schulfächer gebunden.

- *Orientierung an Interessen der Beteiligten.*

  Wünsche, Bedürfnisse und Abneigungen der Projektbeteiligten (Lehrer und Schüler) beeinflussen den Projektverlauf. Nicht immer sind die Bedürfnisse von Lehrern und Schülern in Einklang. Vom Geschick des Lehrers hängt es dann ggf. ab, in den Schülern Interesse für seinen Vorschlag zu wecken.

- *Selbstorganisation und Selbstverantwortung.*

  Dies ist eines der wichtigsten Merkmale, das den Projektunterricht vom traditionellen Unterricht abgrenzt. Schüler und Lehrer bestimmen gleichberechtigt Ziel, Planung, Durchführung und Bewertung des Projekts. Wichtige Elemente zur Realisierung dieses Merkmals sind regelmäßig eingeschobene Reflexionsphasen (sog. *Fixpunkte*), bei denen sich die Schüler über den Stand ihrer Aktivitäten unterrichten und die weiteren Schritte planen. Ferner sollten diese Phasen zur Diskussion über gruppeninterne Prozesse, wie z.B. den gegenseitigen persönlichen Umgang, Arbeitshaltung, Diskussionsstile, Sympathien und Antipathien genutzt werden.

- *Gesellschaftliche Praxisrelevanz.*

  In Projekten soll die Wirklichkeit nicht nur – wie im traditionellen Unterrichtsalltag – beobachtet, gespeichert, analysiert oder simuliert, sondern auch verändert werden, und seien die Veränderungen auch noch so klein. Dieser Aspekt hilft zu verhindern, dass Projektarbeit zur „Bastelarbeit in der Dachkammer“ degeneriert.

- *Zielgerichtete Projektplanung.*

  Projektarbeit ist kein Lernen mit offenem Ende; stets steht am Ende ein gewisses Ziel, auf das man sich durch fortlaufende Planung und Korrektur bisheriger Aktivitäten zubewegt und nach dessen Erreichen das Projekt endet.

- *Produktorientierung.*

  Am Schluss des Projekts steht nicht nur wie beim traditionellen Unterricht ein schwer bezifferbarer Lernerfolg, sondern vor allem ein vorzeigbares Produkt (z.B. ein Film, ein Bericht, ein Modell, ein Programm mit Dokumentation), das der Öffentlichkeit zugänglich gemacht wird und sich der öffentlichen Bewertung und Kritik stellen muss.

- *Einbeziehen vieler Sinne.*

  Dieses Merkmal betrifft in erster Linie die Wiedervereinigung von Denken und Handeln (Lernen als „ganzer Mensch“), also das Entwickeln und Einbeziehen körperlicher Fähigkeiten und handwerklicher Fertigkeiten in den Unterricht, der traditionell vor allem durch geistige Tätigkeit geprägt ist.

- *Soziales Lernen.*

  Gemeinsames Lernen und Handeln in Gruppen durch Kommunikation der Schüler untereinander und mit dem Lehrer als gleichberechtigtes Mitglied. Beim Projektunterricht ist nicht nur das Ziel von Bedeutung, sondern auch der Weg dorthin. So kann ein Projekt auch dann ein Erfolg sein, wenn das Ziel nicht erreicht wird, die Schüler aber gelernt haben, Konflikte zu lösen und kooperativ zu arbeiten.

  Dieser Aspekt gewann vor allem Ende der 1960er-Jahre zunehmende Bedeutung, als der Projektunterricht durch die Bestrebungen zur Reform des allgemeinbildenden Schulwesens systemkritischen Charakter erlangte: Projekte sollten durch soziales Lernen ein Gegengewicht zum traditionellen leistungsorientierten Lernen schaffen. Dies hat schließlich dazu geführt, dass ein projekt*orientierter* Unterricht (s.u.) heute in allen Schulformen seinen festen Platz in Form von Projekttagen und -wochen gefunden hat.

- *Interdisziplinarität.*

  Projektunterricht ist fächerübergreifend, was nicht heißen soll, dass das Thema nicht einem Schwerpunktfach zugeordnet werden kann. Vielmehr sollen auch andere (benachbarte) Wissenschaften auf ihre Beiträge zum Projektthema hin analysiert werden.

Offenbar ist es im traditionellen Bildungssystem nahezu unmöglich, einen Projektunterricht durchzuführen, der *alle* obigen Merkmale erfüllt. Ursachen sind vor allem die gesetzlichen Rahmenbedingungen wie Curricula, fachliche und zeitliche Zergliederung des Unterrichts, Bewertungsmaßstäbe sowie das Lehrer-Schüler-Verhältnis. Werden dennoch Ansätze des Projektunterrichts realisiert, so spricht man zur Unterscheidung von *projektorientiertem Unterricht.*

Es folgen zwei klassische Beispiele für Projektunterricht, die sich weitgehend den o.g. Merkmalen unterordnen.

Beispiele:

1. Das wohl berühmteste Beispiel für Projektunterricht hat Collings 1923 veröffentlicht, das sog. *Typhusprojekt* (aus: (Hänsel, 1988, S. 35)):

„Das Typhusprojekt nimmt von einem Problem, das die Schüler bewegt, seinen Ausgang, nämlich von der Frage, warum Angehörige der Familie Smith, der zwei ihrer Klassenkameraden angehören, regelmäßig im Herbst an Typhus erkranken. Die Schüler versuchen zunächst eine gedankliche Analyse des Problems, indem sie Hypothesen über mögliche Ursachen anstellen (Brunnenwasser, verdorbene Milch, Fliegen). Die Schüler erkunden dann die realen Lebensbedingungen der Familie Smith, indem sie ihr einen Besuch abstatten. Sie identifizieren nach diesem Besuch die Fliegen als mögliche Ursache des Typhus und versuchen, eine reale Problemlösung zu erarbeiten. Diese Problemlösung, die unter Verwendung von Literatur und durch Befragung eines Experten erfolgt, mündet u.a. im Bau einer Fliegenfalle und eines Müllkübels mit Deckel, die Herrn Smith mit einem Bericht übermittelt werden. Herr Smith wendet diese Lösung in der Praxis an und hat damit Erfolg. Sein Haus bleibt künftig von Fliegen und damit von Typhus verschont."

2. Schweingruber (1979, S. 28) beschreibt ein Mini-Projekt von Dommermuth:

„Ich mußte eine Kollegin in einer fünften Klasse vertreten, die mir völlig unbekannt war, und versuchte, schlecht und recht im Unterricht weiterzumachen. Nach einer Viertelstunde rief plötzlich ein kleiner Portugiese: 'Schauen Sie mal, die Straßenlampen brennen immer noch, wir haben doch Energiekrise!'

Tatsächlich, dabei war es schon elf Uhr, wie mir sofort ein Dutzend Knirpse versicherte. Es folgte eine kurze Debatte über Erscheinungen, Ursachen und Folgen der Energiekrise. Bei der Suche nach Abhilfemöglichkeiten landeten die Schüler wieder bei der verschwenderischen Gemeinde, die ihre Straßenlampen brennen ließ.

Ich fragte: 'Was kann man denn da machen?'. Die Antwort kam spontan: 'Wir schreiben einen Brief an den Bürgermeister!'. Ein Schüler schrieb, die ganze Klasse diktierte. Der Brief war gerade fertig, als es läutete. Die Schüler waren so eifrig bei der Sache, daß sie die Pause gar nicht beachteten. Sie stellten sich ungebeten in einer langen Schlange auf – denn jeder wollte seine Unterschrift unter den Brief setzen. ... Was haben nun die Schüler gelernt? Wahrnehmen, Beschreiben, Diskutieren, Formulieren, Rechtschreiben. Ich brauchte während der ganzen Zeit keine zehn Sätze zu sagen. Auch die mustergültig vorbereitete Stunde eines Superpädagogen (ich war nicht vorbereitet und bin ein ziemlich mittelmäßiger Lehrer) hätte keine besseren Lernergebnisse gebracht."

14.2.2 Informatische Aspekte des Projektunterrichts

Der Informatikunterricht scheint für die Projektmethode besonders geeignet. Anders als in anderen Fächern, wo Projektunterricht nur als Unterrichtsmethode fungiert, keinen unmittelbaren Bezug zum Fach besitzt und daher leicht aufgesetzt wirken kann, ist er innerhalb der Informatik auch wissenschaftlich verankert. Daher bietet sich hier die einzigartige Möglichkeit, Projektunterricht als Lehr- und Wissenschaftsmethode organisch zu verbinden.

Diese Überlegung verquickt allerdings – in unzulässiger Weise, wie Baumann (1996) meint – den pädagogischen und den informatischen Projektbegriff. In der Informatik dominiert projektartiges Vorgehen bei der Softwareentwicklung, wo es als Methode zur Verbesserung der Produkte und zur Leistungs- und Effizienzsteigerung eingesetzt wird. Offenbar sind die Intentionen des pädagogischen und des informatischen Projektbegriffs damit diametral entgegengesetzt, denn diese Leistungsorientierung soll durch ein Projekt im pädagogischen Sinne (Stichwort: soziales Lernen) ja gerade abgemildert werden.

Diese unterschiedlichen Auffassungen des Projektbegriffs konkretisieren sich auch in der Rolle der Teamarbeit: Während die Teammitglieder in pädagogischen Projekten für die gesamte Projektlaufzeit konsequent kooperieren (sollen), erledigen die Mitglieder informatischer Projekte ihre Aufgabe über weite Strecken unabhängig voneinander in Einzelarbeit. Ja, es ist sogar das Ziel klassischer Software-Engineering-Methoden (z.B. Modularisierung), die Gruppe möglichst frühzeitig zu zerschlagen und die Teammitglieder voneinander zu trennen, um im Hinblick auf die gewünschte Leistungssteigerung eine möglichst optimale Parallelisierung der Entwicklungsaktivitäten zu erzielen.

Konsequenz: Teilnehmer an pädagogischen Projekten bleiben *Generalisten*, behalten stets den Überblick über das Gesamtprojekt und können ihren Beitrag einordnen; Teilnehmer an informatischen Projekten werden zu *Spezialisten* ausgebildet, die nur noch einen sehr groben Überblick über das Gesamtsystem besitzen können. Dieser Effekt ist – wie Baumann zutreffend bemerkt – pädagogisch bedenklich. Strategien zur Vermeidung solcher negativen Begleiterscheinungen durch geschickte Zusammenstellung von Modulteams sowie durch weitere organisatorische Maßnahmen behandeln wir später.

Softwaretechnologische Aspekte

Traditionell konkretisieren sich die Aktivitäten bei der Softwareentwicklung anhand des Software Life Cycle, dessen Standardform Abbildung 14.1 zeigt. Wir wollen nur grob die einzelnen Phasen skizzieren. Einzelheiten werden in Vorlesungen der Kerninformatik und in Softwarepraktika vorgestellt (s. auch Stichwort „Software-Engineering" in (Claus/Schwill, 2006)).

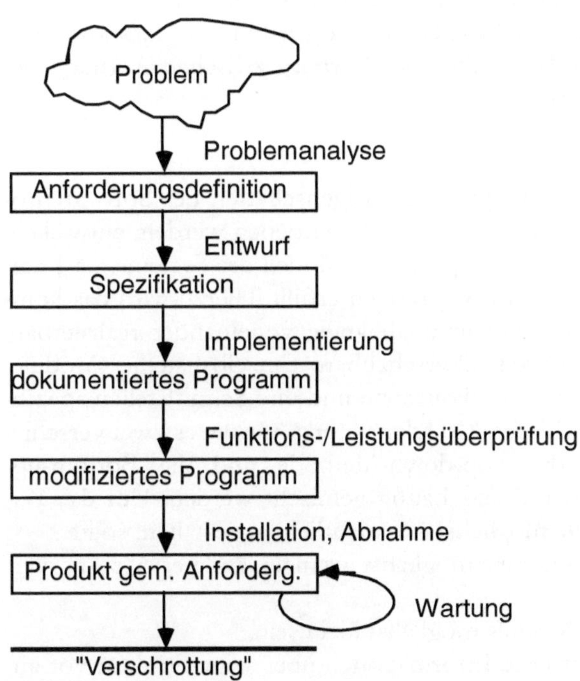

Abbildung 14.1 Software Life Cycle

Gehen wir die einzelnen Phasen im Überblick durch.

- Problemanalyse

  In dieser Phase werden das zu lösende Problem und alle wichtigen Umgebungsbedingungen vollständig und eindeutig erfasst. Ferner wird die Durchführbarkeit des Projekts untersucht. Die Phase gliedert sich in vier Teilphasen:

- Istanalyse: Untersuchung und Beschreibung des vorliegenden Systems durch Betrachtung seiner Komponenten, ihrer Funktionen und ihres Zusammenwirkens.
- Sollkonzeptentwicklung: Festlegung der Anforderungen an die zu erstellende Software durch Angabe u.a. des Benutzermodells, der Basismaschine, der Benutzermaschine usw. Hierbei werden noch keine Aussagen zur Realisierung gemacht.
- Durchführbarkeitsstudie: Sie liefert Erkenntnisse darüber, ob die Vorstellungen über das Softwareprodukt überhaupt realisiert werden können, ob sie prinzipiell durchführbar (Gibt es etwa Teile, die nicht berechenbar sind?) und ökonomisch vertretbar sind.
- Projektplanung: Erstellung von Zeitplänen, Zusammenstellung von Teams, Verteilung des Personals und der übrigen Hilfsmittel.

  Das gesamte Ergebnis der Problemanalyse wird in der *Anforderungsdefinition* festgehalten, die Bestandteil des Vertrags zwischen Auftraggeber und Softwareproduzent wird.

- Entwurf

Während in der Problemanalysephase die Eigenschaften des Softwareprodukts ohne Hinweise auf ihre Realisierung beschrieben werden, entwickeln die Programmierer in der Entwurfsphase ein Modell des Systems, das, umgesetzt in ein Programm, die Anforderungen erfüllt. Hierzu wird das komplexe Gesamtsystem fortlaufend in unabhängig voneinander realisierbare und in ihrem Zusammenwirken überschaubare Einzelbausteine (Module) zerlegt und die Funktionen dieser Bausteine und ihre Schnittstellen spezifiziert. Üblich ist die hierarchische Modularisierung, für die es zwei verschiedene Reinformen gibt, die Top-down-Methode und die Bottom-up-Methode, die jedoch in der Praxis häufig gemischt werden. Um das Zusammenwirken der Module möglichst übersichtlich zu gestalten, sollte

- jedes Modul die Funktionen möglichst weniger anderer Module verwenden,
- die Schnittstelle jedes Moduls möglichst klein sein,
- jedes Modul möglichst viele Informationen über seine Struktur vor anderen Modulen verbergen (*Geheimnisprinzip*).

Das Ergebnis der Entwurfsaktivität ist die *Spezifikation*, in der Funktion, Schnittstellen und Hinweise zur Anwendbarkeit eines jeden Moduls sowie ein Gesamtüberblick über die Abhängigkeit der einzelnen Module untereinander enthalten sind. Die Spezifikation kann graphisch oder sprachlich mit Spezifikationssprachen oder abstrakten Datentypen formuliert werden.

- Implementierung

  Erstellung eines lauffähigen Programms, das in seinem Ein-/Ausgabeverhalten der Anforderungsdefinition entspricht. Von besonderer Bedeutung in dieser Phase ist die Wahl einer Programmiersprache. Bei der Implementierung stehen die einzelnen Module im Vordergrund. Um sie später einfacher testen und verändern zu können, sind u.a. folgende Prinzipien zu beachten:
  - strukturierte Programmierung,
  - klar definierte Schnittstellen, z.B. durch Parametrisierung,
  - Verwendung semantisch einfacher Sprachelemente der Programmiersprache.

  Wesentlich ist, dass sich die Module gemäß Entwurf als überschaubare Einheiten im Programm wiederfinden.

  Das Ergebnis der Implementierung ist ein dokumentiertes Programm.

- Funktionsüberprüfung

  Anhand der Anforderungsdefinition wird das Ein-/Ausgabeverhalten des Programms durch eine Kombination von Verifikation und Testen überprüft. Man beginnt mit dem Modultest und prüft anhand der Spezifikation, ob jedes Modul das vorgeschriebene Funktionsverhalten besitzt. Nach dem Zusammenbau der getesteten und verifizierten Module beginnt der Integrationstest, dann der Installationstest und schließlich der Abnahmetest.

- Leistungsüberprüfung

  Nach der Korrektheitsüberprüfung müssen Leistungsmessungen (Laufzeit- und Speicherverhalten) durchgeführt werden.

- Installation, Abnahme

  Einbettung des Programmsystems in die Systemumgebung des Auftraggebers, z.B. durch Anpassung an die speziellen Eigenschaften der Rechenanlage und die betrieblichen Gegebenheiten.

- Wartung

  Befinden sich Programme in Betrieb, so werden an ihnen häufig Veränderungen und Erweiterungen vorgenommen. Mögliche Wartungsarbeiten sind der Austausch von bestimmten Algorithmen durch leistungsfähigere, die Anpassung an sich ändernde gesetzliche Bestimmungen oder Tarifverträge, die Beseitigung von Fehlern usw.

  Diese Phase fällt i.A. nicht mehr in den Rahmen eines Schulprojekts.

Teamarbeit

Eines der wichtigsten Lernziele des Projektunterrichts ist die Fähigkeit zu kooperativer Arbeit und zur Konfliktlösung in Gruppen. Die klassischen Teamstrukturen bei Informatikprojekten, etwa die hierarchische Organisation (Beispiel in Abb. 14.2) oder das Chef-Programmierer-Team (Beispiel in Abb. 14.3) scheinen unter diesem Aspekt für die Schule ungeeignet, da sie entweder zwischen den Schülern hierarchische Beziehungen herstellen oder auf Spezialistentum einzelner Schüler basieren.

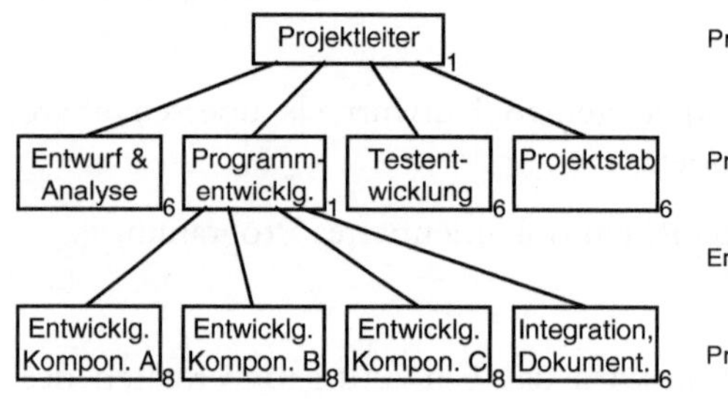

Projektleiter: Verbindungen zum Auftraggeber, Management des Projekts, Einrichtg. von Arbeitsgruppen, Einholen von Fortschrittsberichten

Projektstab: administrative Aufgaben wie Termin- und Kostenkontrolle, Schulungen, Anfertigung von Richtlinien

Entwurf&Analyse: Entwurf des Gesamtsystems, Herstellung der Entwicklungsdokumentation, Leistungsanalyse

Programmentwicklung: Implementierung, Funktions- und Leistungsüberprüfung sowie Dokumentation der Module

Testentwicklung: Integrations- und Installationstest

Abbildung 14.2 Beispiel für eine hierarchische Teamorganisation für 50 Mitarbeiter

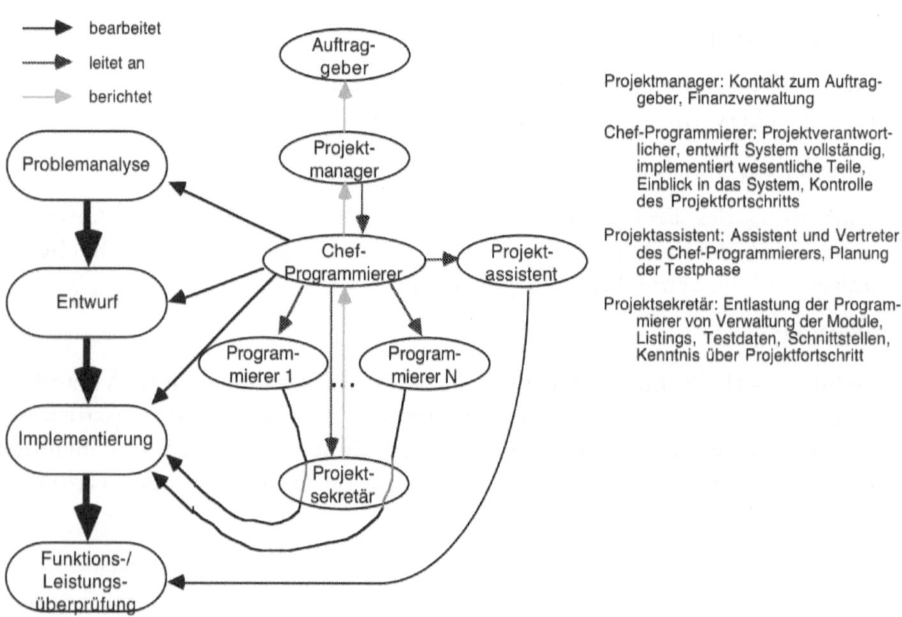

Abbildung 14.3 Chef-Programmierer-Team (Empfehlung: $N \leq 10$)

Wir favorisieren stattdessen eine Teamstruktur,

- in der alle Teammitglieder annähernd gleichberechtigt sind,
- die möglichst über die gesamte Projektlaufzeit zwischen allen Teammitgliedern Berührungspunkte (Zwang zu Zusammenarbeit und Kommunikation, gemeinsame Ziele) erhält.

Auf diese Weise werden die positiven Elemente beider Sichtweisen von Projekten, der pädagogischen wie der informatischen, nach Möglichkeit erhalten.

Folgendes Modell dient diesen Zielen:

1. Die Phasen „Problemanalyse" und teilweise „Entwurf" werden vom Team gemeinsam durchgeführt. Einzelfragen können im kleineren Kreis von kurzfristig zusammengestellten Ausschüssen und Arbeitsgruppen mit wechselnder Besetzung bearbeitet und die Ergebnisse der gesamten Gruppe zur Beschlussfassung vorgelegt werden.
2. Nach der Aufteilung des Gesamtsystems in Module werden Kleingruppen gebildet, die jeweils ein Modul bearbeiten. Jede dieser Gruppen ist für die Durchführung, Fertigstellung und Dokumentation ihrer Teilaufgabe allein zuständig und verantwortlich. In regelmäßig stattfindenden Sitzungen berichten die Teilnehmer dem Plenum über Lösungsansätze und den Stand ihrer Arbeit.
3. Bei der Gruppenaufteilung sollten die Wünsche der Mitglieder zwar weitgehend respektiert werden, jedoch ist darauf zu achten, dass die Kleingruppen möglichst gut durchmischt sind, d.h., jedes Teammitglied gehört mindestens zwei Kleingruppen an, und je zwei Personen arbeiten in höchstens einer Kleingruppe zusammen. Ferner sollten innerhalb des Klassenverbandes bereits bestehende Cliquen nach Möglichkeit auf unterschiedliche Gruppen aufgeteilt werden, um die Fähigkeit zu Gruppenarbeit und Konfliktlösung zu trainieren, auch wenn dies vermutlich Auswirkungen auf die Effizienz der Arbeiten haben wird.
4. Jedes Teammitglied stellt der gesamten Projektgruppe über seine modulspezifischen Aufgaben hinaus eine oder mehrere Dienstleistungen zur Verfügung. Mögliche Aufgaben, die je nach Größe des Projekts durch einen oder zwei Mitglieder übernommen werden können, sind:
   - *Rechnerbeauftragter*, eine mit den Feinheiten von Hardware und Betriebssoftware besonders vertraute Person, die bei Problemen als Ansprechpartner dient,
   - *Projektüberwacher*, der die Arbeiten der einzelnen Gruppen koordiniert, Meilensteinpläne entwirft und einen Überblick über den Stand der Arbeitsgruppen besitzt. Der Projektüberwacher ist *kein* Projektleiter, er ist nicht verantwortlich und hat auch keine Weisungsbefugnis.

- *Schnittstellenbeauftragter*, der die Einhaltung der Schnittstellen zwischen unterschiedlichen Modulen kontrolliert, Schnittstellenwünsche weiterleitet und zwischen den Gruppen vermittelt, etwa wenn es darum geht, zu entscheiden, welche von mehreren möglichen Untergruppen ein später benötigtes Datum oder eine Datenstruktur generiert. Erfahrungsgemäß kommt es dabei zu Konflikten und zum Verteilen von „sauren Äpfeln", da dies für die betreffende Gruppe mit Zusatzarbeit verbunden ist, die sie möglichst vermeiden möchte.
  Sind alle Module fertiggestellt und getestet, übernimmt der Schnittstellenbeauftragte die Integration des Gesamtsystems.
- *Tester*, der die einzelnen Module entsprechend der Spezifikation testet und ggf. Testumgebungen entwirft.
  Eine Grundregel des Testens lautet: „Teste nie dein eigenes Modul". Hintergrund ist die Erfahrung, dass der Entwickler zum einen betriebsblind wird und zum anderen rein psychologisch wenig Interesse daran hat, einen Fehler in seinem Modul zu finden. Daher werden spezielle Tester gewählt, die alle Module (außer natürlich ihren eigenen) nach genau festgelegten Regeln prüfen und die Testergebnisse sorgfältig dokumentieren.
- *Dokumenteur*, der die phasenbegleitenden Dokumente der Arbeitsgruppen sammelt, systematisiert und den jeweiligen Phasenendbericht sowie schließlich die Gesamtdokumentation herausgibt.
  Diese Aufgabe ist nicht ganz einfach, denn erfahrungsgemäß besteht bei Schülern wenig Anreiz und Interesse, eine Dokumentation, zumal eine *projektbegleitende*, wie es die einschlägigen Richtlinien fordern, zu ihren Modulen anzufertigen. Die Aufgabe wird mit der Fertigstellung des lauffähigen Programms als beendet angesehen. Eine Dokumentation erscheint obsolet. Dabei können die Schüler hierbei Fähigkeiten erwerben, die in anderen Fächern, speziell im Deutschunterricht, nur untergeordnet behandelt werden: das Anfertigen von strukturierten technischen Texten nach genauen Regeln und mit ausgeprägter Präzision. Auf eine sorgfältig angefertigte Dokumentation ist daher besonderer Wert zu legen. Ein gewisser Zwang, projektbegleitend zu dokumentieren, kann durch Vorwegabgabe der Anforderungsdefinition erzielt werden.
- *Kümmerer*, der sich um nicht-inhaltliche Kleinigkeiten sorgt, wie Herrichtung des Klassenraumes für eine Plenumssitzung (Kaffee, Kekse), Besorgung von Literatur, Planung der öffentlichkeitswirksamen Projektpräsentation, einer Exkursion und einer Abschlussfeier etc.
- Neben diesen Aufgaben fungiert jedes Teammitglied bei den Plenumssitzungen reihum als *Sitzungsleiter* und *Protokollführer*.

Themenwahl

Gemäß der demokratischen Intention des Projektunterrichts sollten die Schüler bei der Wahl der Aufgabenstellung weitestgehend beteiligt werden. Zwei Vorgehensweisen bieten sich an:

- Der Lehrer stellt verschiedene Themen zur Auswahl. Jeder Themenvorschlag besteht mindestens aus der Aufgabenstellung, den Abgabeterminen für Anforderungsdefinition und Gesamtprodukt und einem Rahmen für das Sollkonzept gem. Muster in Abschnitt 14.3. Die Schüler einigen sich untereinander auf ein Thema.

  Vorteil dieses Verfahrens: Der Lehrer kann Projekte initiieren, die er bereits früher einmal erprobt hat und die so weit vorstrukturiert sind, dass ein Projekterfolg gewährleistet ist.

- Die Schüler machen in einem Brainstorming-Verfahren selbst Vorschläge und entscheiden sich unter Beteiligung des Lehrers für ein Thema.

  In diesem Fall geht dem Phasenmodell (Abb. 14.1) noch eine „Problemfindungsphase" voraus, die bis zu einer Woche dauern kann. Hier muss der Lehrer für eine intensive Auseinandersetzung der Schüler mit den vorgeschlagenen Themen sorgen, um Fehlentscheidungen zu vermeiden. Eine Möglichkeit zur Durchführung des Entscheidungsprozesses besteht darin, die vorgeschlagenen Themen jeweils ein bis zwei Schülern zur Grobanalyse zu übertragen, die danach der Klasse in Vortragsform präsentiert wird. Durch Aufarbeitung, mitreißenden Vortrag und Motivation ihrer Mitschüler zur Gewinnung für das Thema erwerben die Schüler wertvolle Schlüsselqualifikationen. Der Lehrer hat kraft seiner Erfahrung zu beurteilen, ob das gewählte Projektziel erreichbar erscheint oder ob schwer vorhersehbare Probleme bei der Durchführung auftauchen können. Von dem Ergebnis dieser Diskussion hängt es ab, ob alle Beteiligten später mit dem Ergebnis zufrieden sind.

  Es ist empfehlenswert, diesen Ansatz auf die letzten Klassen der Sekundarstufe II zu beschränken.

Beispiel: Koerber (vgl. Frey, 1983) hat einer 10. Klasse für ein Projekt im Informatikunterricht folgenden umfangreichen Katalog von Projektvorschlägen vorgelegt:

Probleme aus Wirtschaft und Verwaltung:

- Buchhaltung im schulinternen Getränkeladen,
- Buchhaltung und Statistik im schulinternen Eisladen,
- Simulation eines Versandhandels,

- Simulation eines Girodienstes.

Probleme von Datenbanken und Informationssystemen:

- Erstellen eines Fach-Auskunftssystems,
- Erstellen einer Lehrerdatei zur Information für Schüler,
- Berechnung der Zensuren zum Mittelstufenabschluss mit Beratung.

Probleme aus künstlerischen Bereichen:

- Kunst und Konstruktion mit Computern,
- Komponieren mit dem Computer,
- Dichten mit dem Computer.

Probleme aus der Linguistik:

- Sprachübersetzung einfacher Art mit Computern,
- Erstellen von Kreuzworträtseln mit Computer.

Nach eingehender Diskussion und Informationssammlung wählten die Schüler schließlich das Projekt „Kunst und Konstruktion mit dem Computer", wobei sie allgemeine graphische Muster, Tapeten und Stoffmuster sowie Stickmuster in unterschiedlichen Arten und Formen nach eigenen Vorgaben und zufallsgesteuert mit dem Rechner erzeugen wollten.

Es folgen einige Kriterien für die Auswahl von Projektthemen:

- Realitätsbezug: Themen sollten aus dem unmittelbaren Umfeld der Schüler stammen.
- Realisierbarkeit: Die Leistungsfähigkeit des Rechnersystems sollte für die Problemlösung ausreichen. (Diese Bedingung dürfte bei der Leistungsfähigkeit aktueller Rechnersysteme fast immer erfüllt sein.)
- Vorarbeiten: Ein gewisser, aber nicht zu hoher Zeitaufwand für Vorarbeiten (Literaturbeschaffung, Erarbeitung von weiteren Kenntnissen) sollte erforderlich sein.
- Modularisierbarkeit: Das Thema sollte im Hinblick auf eine arbeitsteilige Erarbeitung der Lösung möglichst gut zerlegbar sein, wobei die Einzelbausteine noch hinreichend komplex sein sollten.
- Reduzierbarkeit/Erweiterbarkeit: Das Thema sollte zur Not so weit reduzierbar sein, dass die vereinfachte Version noch „eine runde Sache" ist und alle Beteiligten zufriedenstellt. Andererseits sollten bei gutem Projektfortschritt Erweiterungsmöglichkeiten vorgesehen werden können.

- Software Life Cycle: Möglichst alle Phasen des Software Life Cycle sollten bei der Projektbearbeitung sichtbar werden. Dabei ist darauf zu achten, dass eine neue Phase erst begonnen wird, wenn die Schlussdokumente der vorherigen Phase vorliegen.
- Rahmen der Anforderungsdefinition: Die Problemstellung sollte noch genügend Freiraum für eigene Präzisierungen lassen und den Schülern Anreize zu selbständigen Forschungen und Entdeckungen geben. Die abgelieferte Anforderungsdefinition ist umgekehrt daraufhin zu überprüfen, ob sie die geforderte Verbindlichkeit besitzt und als Vertragsgrundlage geeignet wäre, ob also die Schüler alle Freiheiten und Unexaktheiten durch präzise Festlegungen eliminiert haben.

Nach einer Einführung in die Grundlagen der Informatik kann man pro Halbjahr ein Projekt durchführen.

Gruppenarbeit in der intensiven Form eines Projekts wird für die Schüler i.A. eine neue Erfahrung sein. Daher werden die Gruppenprozesse relativ breiten Raum einnehmen. Um Informatikinhalte und das Projektziel nicht zu vernachlässigen, startet man zweckmäßigerweise mit kleinen Projekten in Gruppen zu zwei oder drei und geht erst im Laufe der Zeit zu größeren Projekten mit Gruppen zu 8-10 Schüler über.

Projektablauf

Abbildung 14.4 zeigt den prinzipiellen Ablauf eines Projekts noch einmal in der Gesamtschau. Hierbei sind die pädagogischen und die informatischen Aspekte zu einer Einheit verknüpft.

14.3 Leistungsbewertung

Die traditionelle Form der Leistungsbewertung, die Klausur, erscheint allein weitgehend ungeeignet, um die innerhalb der Projektarbeit erworbenen spezifischen Fähigkeiten und Fertigkeiten angemessen zu überprüfen. Denn – wie oben erwähnt – steht bei der Projektarbeit nicht allein das Produkt oder der Wissenszuwachs im Vordergrund, sondern ebenso entscheidend ist der Prozess, in dem die Erkenntnisse erlangt und das Produkt erstellt worden ist. Folglich können die Leistungen, die *während* dieses Prozesses erbracht werden und die zwangsläufig mit in die Bewertung einbezogen werden müssen, nur durch Beobachtung der Schülerinnen und Schüler *während* des laufenden Prozesses gewonnen werden. Dies wird von Lehrkräften oftmals als Problem angesehen, da eine objektive am Ende festgestellte Leistung für eine angemessene und „gerechte" Bewertung nun nicht mehr ausreicht. Tatsächlich stehen aber bei sorgfältiger Beobachtung des Projektprozesses nun viel mehr Bewertungsele-

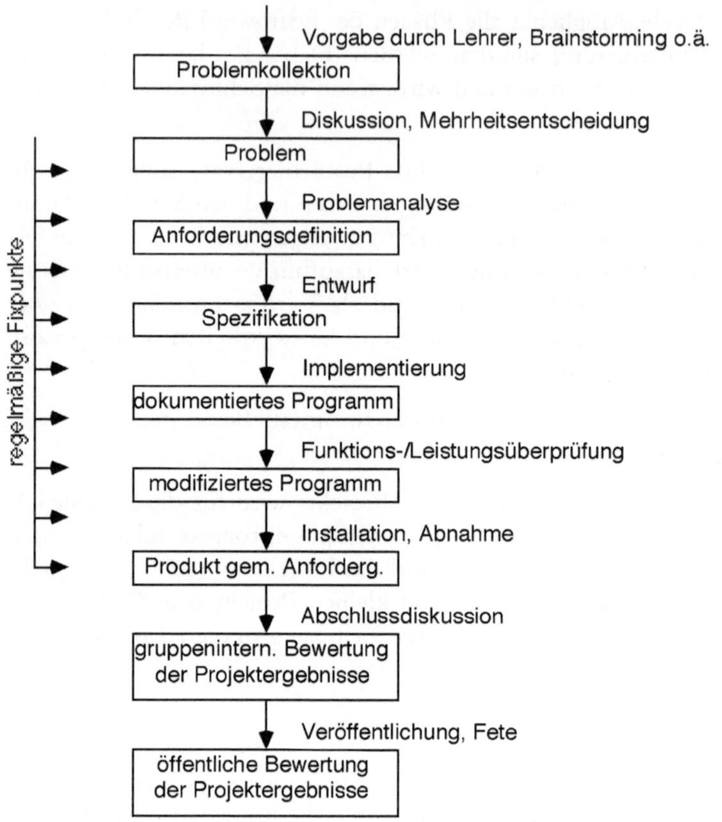

Abbildung 14.4 Projektverlauf

mente über jeden einzelnen Schüler zur Verfügung, die zur Bewertung herangezogen werden können. Gegenüber dem traditionellen Bewertungsprozess ergibt sich somit eher die Möglichkeit, die „wahren" Fähigkeiten der Schüler zu ermitteln.

Nach Lehmann (1992) sind dazu u.a. folgende weitere schriftliche und mündliche Leistungselemente einzubeziehen, die nur während der Projektarbeit gewonnen werden können, etwa

- die fachliche Arbeit in den Untergruppen. Hier ist insbesondere der Schwierigkeitsgrad der übertragenen Aufgaben im Verhältnis zu den anderen Mitgliedern abzuschätzen;
- Fertigkeiten im Umgang mit dem Gerät, ressourcenschonende Arbeit mit dem Editor, sinnvolle Nutzung des Betriebssystems und von Tools,

- Reaktion auf Lehrer- und Schülerfragen, Kommunikations- und Integrationsfähigkeit, Bereitschaft zu beraten und sich beraten zu lassen, Diskussionsleitung und -protokollierung,
- Programmierkenntnisse, vor allem in Bezug auf die anderen Mitglieder, Einhaltung von Schnittstellen und anderer Verabredungen, Spezifikationstreue, Termintreue, angemessene Verwendung von Bausteinen, Originalität der Lösung,
- Aneignung zusätzlicher Kenntnisse, speziell auch bei den persönlichen Dienstleistungsaufgaben,
- effiziente Wahrnehmung der Dienstleistungsaufgaben an die Gruppe,
- termin- und sachgerechte Dokumentation der erstellten Produkte, Einhaltung von Dokumentationsrichtlinien, sprachliche und inhaltliche Korrektheit,
- Präsentation eigener Arbeitsergebnisse im Plenum und in Untergruppen.

Da Bewertungsprozess und Leistungskriterien teilweise von den in anderen Unterrichtsfächern gewohnten abweichen, sollten die Schüler zu Beginn eines Projekts einen Überblick über die Bewertungskriterien erhalten. Darüber hinaus sind die abschließend vorgenommenen Bewertungen mit den Schülern zu diskutieren und zu rechtfertigen.

14.4 Projektbeispiel: Keywords in Context (KWIC)

Mit diesem Beispiel führen wir in die konkrete Planung von Schulprojekten ein. Gegenstand dieses Abschnitts ist die Vorstellung einer Schablone für die Definition von Projektaufgaben. Diese Schablone dient sowohl der eigenen Dokumentation der Lehrkraft als auch als Aufgabenstellung für die Schüler.

Wir erläutern die Schablone am Beispiel eines Projekts „KWIC – Keywords in Context“, bei dem es um die Entwicklung eines Programms geht, das zu eingegebenen Texten eine Liste von Stichwörtern zusammen mit ihrem Auftreten im Text erstellt. Solche KWIC-Listen findet man z.B. in Bibliotheken, bei Suchmaschinen, als Inhaltsverzeichnisse oder Register, bei der Textanalyse u.v.m.

Schablone für einen Projektvorschlag – Beginn

Zielgruppe: etwa 12. Klasse.

Diese Information dient in erster Linie zur eigenen Dokumentation der Lehrkraft. Für die Schüler ist sie relativ uninteressant.

Lernziele:

- Kennenlernen des Phasenmodells der Softwareentwicklung
- Entwicklung eines Programms in Gruppenarbeit
- Textverarbeitung in der Programmiersprache XYZ

Diesen Informationen können die Schüler entnehmen, welchen unterrichtlichen Zwecken dieses Projekt in erster Linie dient, welche Kenntnisse von ihnen bereits erwartet werden und welche sie erwerben können.

Aufgabe:

In einer Kleingruppe von ca. 3-4 Personen ist ein Programm zu entwickeln, das beiliegenden Sollkonzeptrahmen erfüllt. Das Problem ist zu analysieren, das Programm zu entwerfen, zu implementieren und zu testen und alle Phasen zu dokumentieren. Nach Fertigstellung wird das Programm vom Lehrer abgenommen.

Von den angegebenen Ausbaumöglichkeiten ist mindestens eine zu bearbeiten.

Dies ist die eigentliche Aufgabenstellung. Sie definiert, welche Ergebnisse und Produkte im Rahmen des Projekts von den Teilnehmern erwartet werden, welche Phasen des Software Life Cycle durchlaufen werden sollen, welche Dokumente abzuliefern sind. Die Feinstruktur der Aufgabe selbst und ihre Rahmenbedingungen werden durch den Sollkonzeptrahmen unten festgelegt.

Abgabetermine:

- Anforderungsdefinition: etwa eine Woche nach Aufgabenstellung
- Vollständiges Produkt: etwa 3-4 Wochen nach Aufgabenstellung

Grundsätzlich sind hier mindestens zwei Abgabetermine anzugeben, ein Abgabetermin für die Anforderungsdefinition, die in realen Projekten die Grundlage des Vertrags zwischen Auftraggeber (hier: Lehrkraft) und Auftragnehmer (hier: Schüler) bildet und daher vor Beginn der eigentlichen Entwicklungsarbeit fertiggestellt sein muss. Änderungen an der Anforderungsdefinition sind nach Vertragsabschluss nur noch mit Zustimmung des Auftraggebers möglich und implizieren ggf. Vertragsstrafen. Die Anforderungsdefinition ist daher von den Bearbeitern äußerst sorgfältig zu planen und zu erstellen, alle Fragestellungen und zugesicherten Leistungen des Systems sind eingehend zu überdenken.

Der zweite Abgabetermin betrifft das Gesamtprodukt.

Weitere Abgabetermine können zur Sicherung einer *projektbegleitenden* Dokumentation mitdefiniert werden.

Sollkonzeptrahmen:

Der Sollkonzeptrahmen ist Teil der Aufgabenstellung und definiert die Rahmenbedingungen, die das von den Schülern zu entwickelnde Produkt erfüllen muss. Dieser Rahmen dient dazu, die meist nur kurzen Erläuterungen im Abschnitt „Aufgabe" zu präzisieren und sichert zugleich ab, dass die zahlreichen Freiheiten, die die Aufgabe an sich noch bietet, so eingeschränkt sind, dass die von den Projektgruppen abgelieferten Produkte annähernd vergleichbar und ähnlich anspruchsvoll sind. Denn die Aufgabe allein ist meist noch so variabel interpretierbar, dass selbst triviale Ergebnisse sie erfüllen.

Der Sollkonzeptrahmen sollte daher hinreichend präzise und präskriptiv sein, andererseits aber genügend Freiheiten lassen, um den Schülern Raum für eigene Gestaltungen zu geben.

In jedem Fall ist die abgelieferte Anforderungsdefinition (mit dem Sollkonzept als Teildokument) vom Lehrer daraufhin zu überprüfen, ob sie als Vertragsgrundlage geeignet ist: Ist sie präzise? Ist sie vollständig? Sind alle im Rahmen noch vorhandenen Freiheiten interpretiert und eliminiert? Werden Begriffe ggf. definiert und konsistent verwendet?

Die meisten Dokumente einer Dokumentation unterliegen relativ strengen formalen Anforderungen. Es gibt eine Reihe von Regeln zur Gestaltung, weitgehend einheitliche Inhaltsverzeichnisse, feste Überschriften und Kapitelzuordnungen, sowie Konventionen und Schreibregeln. Bei der Anforderungsdefinition bestehen neben der inhaltlichen Aufteilung in Abschnitte (s. z.B. Abschnitte 1-5 beim Sollkonzept unten) u.a. folgende Konventionen:

- Sie ist im Präsens geschrieben, also so, als ob das Produkt bereits fertiggestellt wäre. Damit werden Teile der Anforderungsdefinition für unterschiedliche Zwecke wiederverwendbar, wenn das System schließlich fertiggestellt ist;
- feine Untergliederung der Abschnitte, Kapitelnummerierung und sorgsame Strukturierung des Dokuments;
- Abschnitte sollten in sich abgeschlossen sein, um aus dem Sollkonzept herausgelöst werden zu können;
- abschnittsweise Seiten-, Formel- und Abbildungsnummerierung.

Oftmals erscheinen Abschnitte für ein Schulprojekt überflüssig oder übertrieben in Relation zu den schmalen zu platzierenden Inhalten, jedoch sollten dennoch zu allen Abschnitten Angaben gemacht werden, um den Schülern ein Gefühl für die formale Textstruktur und die jeweils zuzuordnenden Inhalte zu vermitteln.

1. Systemziele

   Das System erleichtert das Aufsuchen von Textstellen (z.B. Buchtitel, Überschriften). Als Suchbegriff (sog. Keyword) treten alle vorkommenden Wörter auf. Das System liest die Texte zeilenweise ein und gibt die Keywords in lexikographischer Reihenfolge zusammen mit den Textzeilen aus, in denen die Keywords jeweils vorkommen. Zusätzlich wird zu jeder Zeile angegeben, an welcher Stelle sie in der Ausgangsfolge vorkommt.

Dies ist eine Kurzfassung der wesentlichen Leistungen des Systems. Der hier verfasste Text kann später als Broschüre oder in einer Werbeanzeige/Pressemeldung verwendet werden.

2. Benutzungsmodell

   Der Benutzer ist in der Lage, korrekte Eingaben gemäß der unten beschriebenen Spezifikation der Benutzungsschnittstelle vorzunehmen. Ferner kann er Textdateien anlegen. Sonstige Kenntnisse über den benutzten Rechner bzw. die benutzte Programmiersprache sind nicht vorhanden.

Hier wird der zukünftige typische Benutzer des Systems beschrieben: Welche Eigenschaften werden von dem zukünftigen Benutzer des Systems verlangt? Welche Kenntnisse/Fertigkeiten muss er besitzen? Aus den Informationen, an denen er im Rahmen der Vertragsverhandlungen natürlich mitgewirkt hat, kann der Auftraggeber ggf. ablesen, ob Schulungsmaßnahmen, Neueinstellungen, Anpassungen der Vergütung o.ä. erforderlich werden.

3. Basismaschine

Das Programm arbeitet auf dem Rechnermodell X unter Betriebssystem Y und ist in Programmiersprache Z erstellt. Die Minimalkonfiguration umfasst Tastatur, Bildschirm mit einer Auflösung von a·b Pixeln, Festplatte mit n MB freiem Speicher und Drucker.

Das Rechnersystem, auf dem das zu entwickelnde Produkt schließlich eingesetzt wird oder eingesetzt werden kann, ist in diesem Abschnitt zu beschreiben: Welche Eigenschaften werden von der Hardware verlangt (Betriebssystemversion, Speicher, Peripherie etc.)?

4. Benutzungsschnittstelle

Jede Eingabe besteht aus einer Folge von Textzeilen beliebiger Länge. Hierfür ist ein geeignetes Eingabeformat festgelegt. Die Eingabedaten können über Tastatur eingegeben oder aus einer Datei gelesen werden. Die eingegebenen Daten werden auf Korrektheit geprüft, abgespeichert und zur Kontrolle über den Drucker ausgegeben.

Die Textzeilen werden anschließend gemäß der lexikographischen Reihenfolge der Keywords angeordnet. Bei mehrfachem Auftreten eines Keywords wird der auf dieses Wort folgende Text zur Ermittlung der Reihenfolge herangezogen. Zu jeder Textzeile wird seine Position in der Eingabefolge angegeben. Die so bestimmte Abfolge der Textzeilen mit Positionsangabe wird gemäß einer ausgewählten Ausgabedarstellung (s.u.) ausgedruckt, wobei die Keywords besonders hervorgehoben sind.

Folgende Ausgabedarstellungen sind vorstellbar:

Eingabe:

Hund beißt Kind.
Hund flog durch die Luft.

1. Ausgabemöglichkeit:

beißt:	Hund beißt Kind.	1
die:	Hund flog durch die Luft.	2
durch:	Hund flog durch die Luft.	2
flog:	Hund flog durch die Luft.	2
Hund:	Hund beißt Kind.	1
Hund:	Hund flog durch die Luft.	2
Kind:	Hund beißt Kind.	1
Luft:	Hund flog durch die Luft.	2

2. Ausgabemöglichkeit

Hund **beißt** Kind.	1
Hund flog durch **die** Luft.	2

Hund flog **durch** die Luft.	2
Hund **flog** durch die Luft.	2
Hund beißt Kind.	1
Hund flog durch die Luft.	2
Hund beißt **Kind**.	1
Hund flog durch die **Luft**.	2

3. Ausgabemöglichkeit

Hund	beißt	Kind.	1
flog durch	die	Luft. Hund	2
Hund flog	durch	die Luft.	2
Luft. Hund	flog	durch die	2
	Hund	beißt Kind.	1
die Luft.	Hund	flog durch	2
Hund beißt	Kind	.	1
durch die	Luft	. Hund flog	2

Die in diesem Abschnitt aufgeführten Informationen sind so detailliert aufzuschreiben, dass der Abschnitt später als Bedienungsanleitung des zu entwickelnden Systems dienen kann: Wie wird das System installiert und gestartet? Wie stellt sich das System den zukünftigen Benutzern dar (Screenshots, Ausgabebeispiele etc.)? Wie sieht die Oberfläche aus? Welche Funktionen werden wie ausgelöst? Welche Fehlermeldungen gibt es? Wie ist darauf jeweils zu reagieren?

Dieser Abschnitt bildet den Hauptteil eines Sollkonzepts, und seine Erstellung ist besonders anspruchsvoll für die Schüler. Sie müssen sich vorab ein gedankliches Bild von der Benutzungsoberfläche des geplanten Systems verschaffen und seine Funktionalitäten, Varianten und Fehlerfälle in allen Einzelheiten systematisch analysieren und präzise und strukturiert aufschreiben.

5. Erweiterungsmöglichkeiten

Der Benutzer kann die Keywordmenge durch
a) Kennzeichnung der Keywords
b) Kennzeichnung der Nicht-Keywords

auf interessante Keywords einschränken. Hierzu ist die Eingabe geeignet erweitert.

Welche weiteren hier jedoch nicht realisierten Funktionalitäten des Systems sind vorstellbar oder bereits vorbereitet? Was wäre ggf. grob erforderlich, um die Funktionalitäten zu realisieren?

6. Grobstruktur

entfällt für das Projekt KWIC

Dies ist ein in der Regel sehr kurzer Abschnitt, der lediglich diejenigen Eigenschaften des geplanten Programms beschreibt, die sich bereits ohne jede Entwurfsaktivität aussagen lassen, z.B. das Bestehen des Systems aus mehreren Komponenten für unterschiedliche Benutzergruppen etc.

7. Literatur

Wichtige Literaturhinweise zum Grundverständnis des Systems, z.B. Verweis auf besondere Verfahren, die implementiert wurden, spezielle Kenntnisse, die verwendet wurden.

Schablone für einen Projektvorschlag – Ende.

Sobald die Schüler ihre Anforderungsdefinition abgegeben haben, ist die Lehrkraft als Auftraggeber gefragt. Sie hat zu prüfen, ob

- der vorgegebene Rahmen eingehalten wurde:
  - Sind alle geforderten Funktionalitäten enthalten?
  - Wie verhalten sich die spezifizierten Leistungen des Systems zum vorgegebenen Zeitrahmen? Über- oder unterschätzen sich die Schüler?
  - Passen die spezifizierten Anforderungen an Basismaschine und Benutzermodell zu den gewünschten und im Rahmen vorgegebenen?
  - usw.
- alle Freiheiten, die der Rahmen lässt, durch Entscheidungen der Projektgruppe für eine Ausprägung beseitigt sind. Die meisten Freiheiten werden der Sollkonzeptrahmen und darin die Benutzungsschnittstelle bieten. Denn in der Regel wird der Rahmen nur sehr wenige Vorgaben hinsichtlich der Gestaltung der Benutzungsschnittstelle machen; hier sollen sich die Schüler frei entfalten und ihr System durch eine ansprechende Gestaltung, gewisse Zusatzfunktionen, auch Gimmicks, mit einer persönlichen Note versehen können. Entscheidend ist, dass die Schüler diese Freiheiten durch eindeutige Festlegungen eliminiert und ihr projektiertes System daher vertraglich unmissverständlich und „gerichtsfest" fixiert haben.

Die Lehrkraft prüft diese Festlegungen am besten durch Fragen an die Benutzungsschnittstelle, z.B. bezogen auf das Projekt KWIC mit folgenden Fragen, für die in der Benutzungsschnittstelle eindeutige Antworten enthalten sein müssen:

- Wie lautet das Eingabeformat?
- Wie wurde das Problem gelöst, beliebig lange Textzeilen einzulesen? Ggf. stimmen auf dem Rechner die logische (beliebig lange) und die physikalische Länge von Zeilen (z.B. 80 Zeichen) nicht überein. In diesem Fall muss die Eingabe vorsehen, mehrere physikalische Textzeilen als eine logische aufzufassen.
- Welche Fehlermeldungen werden gegeben? Sind alle Fehlerfälle erfasst?
- Wie ist ein Keyword definiert? Zählen Bindestriche zum Keyword?
- Welche Ausgabedarstellung wurde gewählt?

- Gibt es eine Hilfe-Funktion?
- Wie werden bei Realisierung einer der Erweiterungsmöglichkeiten Keywords bzw. Nicht-Keywords gekennzeichnet? Wie werden sie von den Eingabetextzeilen getrennt?

14.5 Projektvorschläge

14.5.1 Brettspiel Brandubh

	●	●		●	●	
●			O			●
●			O			●
	O	O	K	O	O	
●			O			●
●			O			●
	●	●		●	●	

Abbildung 14.5 Anfangsstellung beim Spiel Brandubh

Der Bundeswettbewerb Informatik (URL: http://www.bwinf.de) ist eine Fundgrube für Aufgaben und Beispiele unterschiedlichen Anspruchs, wenn man auf der Suche nach algorithmisch orientierten Problemen ist und ein konkreter Lebensweltbezug und vorgeschaltete Modellierungstätigkeiten weniger wichtig sind. Das relativ unbekannte Spiel für zwei Personen war im 6. und 7. Jahrhundert in Skandinavien und Irland unter verschiedenen Namen sehr populär. In Irland war es u.a. unter der Bezeichnung Brandubh (gesprochen: branduhw), dt. schwarzer Rabe, bekannt. Es war Gegenstand einer Aufgabe des Bundeswettbewerbs Informatik, 2. Runde, 2002/2003.

Es wird auf einem Brett von 7x7 Feldern gespielt. Ein König und 8 Getreue bilden die weiße, 16 Belagerer bilden die schwarze Partei. Die Aufgabe der weißen Partei ist es, dem König bei der Flucht von seinem Thron genau in der Mitte des Spielfeldes auf eines der Randfelder zu helfen. Die schwarze Partei versucht, dies zu verhindern.

Die Anfangsstellung zeigt Abbildung 14.5 (O: weißer Getreuer, ●: schwarzer Belagerer, K: König).

Die Regeln für das Spiel sind:

- Auf einem Feld kann sich nur eine Figur befinden.
- Gezogen werden darf in senkrechter und in waagerechter Richtung. Es darf beim Ziehen keine Figur übersprungen werden.
- Der Thron darf nur vom König besetzt werden. Wenn er nicht besetzt ist, darf er übersprungen werden.

- Wenn eine Figur durch einen gegnerischen Zug zwischen zwei Gegner gerät, wird sie geschlagen und aus dem Feld genommen. Wird eine Figur zwischen zwei gegnerische Figuren gezogen, passiert nichts. Der König kann nicht auf diese Weise geschlagen werden.
- Schwarz gewinnt, wenn der König gefangen ist. Das ist der Fall, wenn
  - auf den vier Nachbarfeldern gegnerische Figuren stehen oder
  - auf drei Nachbarfeldern gegnerische Figuren stehen und das vierte Feld das Thronfeld ist.
- Weiß gewinnt, wenn der König ein Randfeld erreicht hat.
- Wird dreimal die gleiche Stellung wiederholt oder ist kein Zug mehr möglich, endet das Spiel unentschieden.

Aufgabe

Man entwerfe und realisiere eine Spielumgebung, die interaktiv mindestens das Folgende leistet:

- Zwei menschliche Spieler können gegeneinander spielen.
- Spielzüge werden entgegengenommen, überprüft und bei Fehlern zurückgewiesen.
- Das Schlagen von Figuren wird übernommen. Spielende, Unentschieden und Sieg werden erkannt.

Die Spielumgebung soll auch ein Hilfesystem enthalten. Dies soll mindestens

- einführende Informationen zum Spiel zur Verfügung stellen,
- auf fehlerhaft eingegebene Spielzüge geeignet reagieren (z.B. durch Anzeige relevanter Regeln) und
- auf Anfrage die regelgemäßen Möglichkeiten für den nächsten Zug aufzeigen.

Es wird insbesondere auf die Qualität des Hilfesystems Wert gelegt, nicht auf eine ausgefeilte graphische Darstellung.

Man beachte, dass die Aufgabe zunächst *nicht* darin besteht, einen möglichst geschickt spielenden Computergegner zu entwickeln; es wird lediglich ein System zur Regelunterstützung und Hilfe gefordert. Die Aufgabe gibt einen Einblick in die Ansprüche, die an zeitgemäße Benutzungsschnittstellen, Dialogführungen und Hilfeunterstützung gestellt werden.

Spannend ist die Erweiterung der Aufgabe auf die Entwicklung und Implementierung einer Spielstrategie. Hier sind alle Tätigkeiten gefragt, die zur Entwicklung von Strategiespielprogrammen gehören: Analyse des Spiels, Definition von

Bewertungsfunktionen für Spielstellungen, Zugvorausplanung, Implementieren von Spielbäumen usw. Da das Spiel relativ unbekannt ist, wird man auch mit einer einfachen Spielstrategie verblüffende Erfolge erzielen können, weil man eher selten auf einen versierten menschlichen Gegner trifft.

Vorlagen und Erfahrungen für andere Spiele findet man an vielerlei Stellen, z.B. für das Spiel TicTacToe in (Appelrath et al., 2002; Horn, 2003) oder auf dem Server von SwissEduc (URL: http://www.swisseduc.ch/informatik/programmiersprachen/java_tictactoe/index.html).

14.5.2 Game of Life im fächerübergreifenden Unterricht mit Biologie

Das Game of Life war früher Gegenstand vieler Programmierübungen in Schule und Universität und Grundlage zahlreicher Bildschirmschoner, inzwischen ist es aber etwas in Vergessenheit geraten. Dabei bietet es sich als Einstieg in einen fächerübergreifenden Projektunterricht mit Biologie an und wird im Folgenden vorgestellt.

Das Spiel „Game of Life", das von dem amerikanischen Mathematiker John H. Conway (Gardner, 1971) vorgeschlagen wurde, realisiert eine der ältesten Simulationen des Wachstums von Zellkulturen. Es ist ein Paradebeispiel für Systeme, die auf sehr einfachen Regeln basieren, aber dennoch hochkomplexe und unüberschaubare Strukturen und Verhaltensweisen aufweisen können.

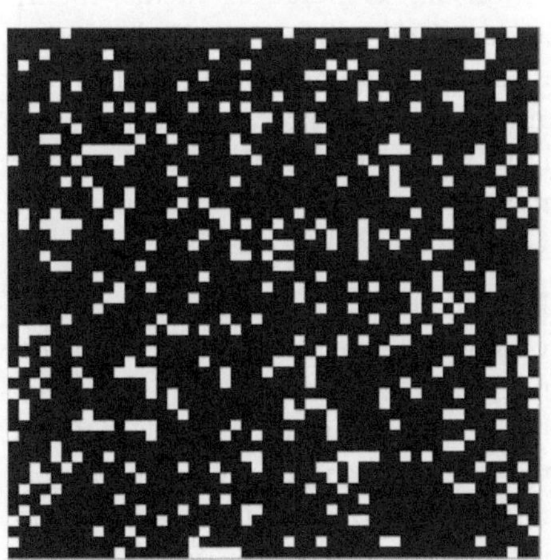

Abbildung 14.6 Zufällige Verteilung von lebenden und toten Zellen (1. Generation)

Zellkulturen werden durch schachbrettförmig angeordnete Plätze modelliert, die jeweils durch eine lebende (weiß) oder tote Zelle (schwarz) besetzt sind (Abb. 14.6). Der Wachstumsprozess einer Zellkultur erfolgt nach festen Regeln in Generationen. Ob ein Platz in der nächsten Generation eine lebende oder tote Zelle enthält, hängt vom aktuellen Zustand der Zelle und der Zahl ihrer lebenden unmittelbaren Nachbarn (max. acht Stück, sofern sich die Zelle nicht am Rande der Zellkultur befindet) in der aktuellen Generation ab. Dabei gelten folgende Regeln:

- Hat eine tote Zelle in der aktuellen Generation exakt drei lebende Nachbarn, so wird sie in der nächsten Generation am Leben sein. Anderenfalls bleibt sie tot.
- Hat eine lebende Zelle in der aktuellen Generation weniger als zwei lebende Nachbarn, so wird sie in der nächsten Generation tot sein. Sie stirbt an Vereinsamung.
- Hat eine lebende Zelle in der aktuellen Generation mehr als drei lebende Nachbarn, so wird sie in der nächsten Generation tot sein. Sie stirbt an Überbevölkerung.

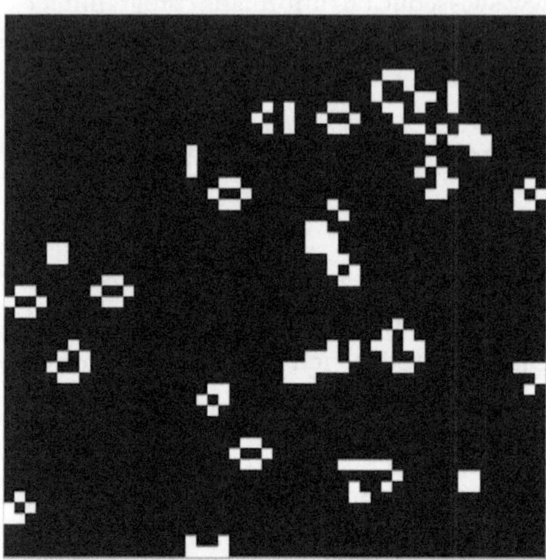

Abbildung 14.7 Zwischensituation

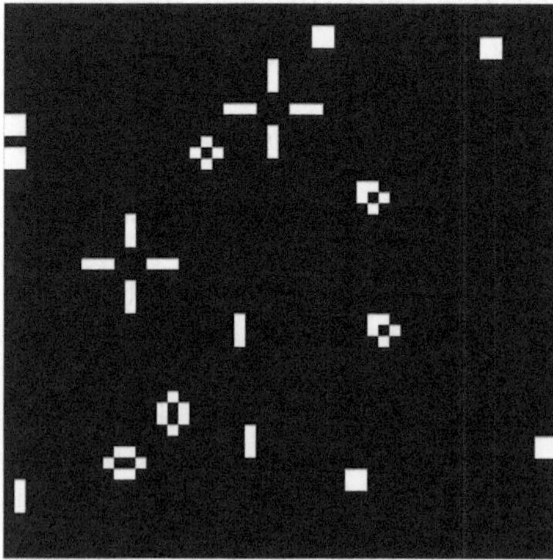

Abbildung 14.8 Endsituation nach 347 Generationen

Der Anfangszustand des Spielfelds, d.h. die Anfangsbelegung der Plätze mit lebenden oder toten Zellen, wird zufällig oder nach gewissen Mustern vorgegeben. Abbildung 14.7 zeigt eine Zwischensituation, Abbildung 14.8 die Endsituation nach 347 Generationen. In dieser Endsituation treten keine neuen Muster mehr auf: Eine Reihe von Zellmustern ist stabil, d.h., es ändert sich von Generation zu Generation nichts mehr, andere Zellgruppen wechseln periodisch ihr Aussehen; so entstehen z.B. aus den drei senkrechten Zellen ganz links unten in der nächsten Generation drei waagerechte Zellen, dann wieder drei senkrechte Zellen usw.

In der Informatik spricht man bei vielen gleichartigen, durch einfache nachbarschaftliche Kommunikation miteinander verbundenen und funktional einfachen Schaltelementen von *zellulären Automaten*. In diesem Sinne ist auch das Game of Life ein zellulärer Automat.

An das Game of Life schließt sich eine Reihe spannender theoretischer Fragestellungen an (man stellt sich hierzu das Spielfeld als allseitig unbegrenzt vor):

Abbildung 14.9 Kombination aus 5 Zellen

- Man kann Zellkombinationen suchen, die ein möglichst unüberschaubares Verhalten zeigen. Die Kombination aus 5 Zellen in Abbildung 14.9 ist eine solche; erst nach 1103 Generationen wird eine stabile Situation erreicht.
- Gibt es Startkonfigurationen mit unbeschränktem Wachstum von Zellen? Dieses Problem war eine längere Zeit ungelöst. Schließlich fand man eine Konfiguration von Zellen, eine sog. *Gleiterkanone*, die periodisch jeweils eine Gruppe von 5 Zellen, sog. *Gleiter*, „abfeuert", die sich dann von der Gleiterkanone fortbewegen, so dass die Zahl der lebenden Zellen schließlich immer größer wird.
- Wie lautet die kleinste Startkonfiguration, die keinen Vorgänger besitzt? Solche Konfigurationen nennt man *Paradiese*. Das kleinste bekannte Paradies mit 45 lebenden Zellen findet man in (Flammenkamp, 2010).

Eine wesentliche Leistung der theoretischen Arbeiten war die Beobachtung, dass das Game of Life berechnungsvollständig ist, dass es also gleichmächtig zu Computern ist, sofern das Spielfeld unbeschränkt ist. Dazu muss man die Bauelemente von Turingmaschinen durch Zellkulturen simulieren. Man verwendet z.B.

- Gleiter, die ggf. eine „Nutzlast" tragen, für die Kommunikation zwischen Bausteinen der Turingmaschine und das Senden von Kontroll- und Steuersignalen.
- stabile Zellkonfigurationen für Zustände/Speicherelemente. Lesen und Beschreiben der Speicherelemente erfolgt durch Beschuss mit Gleitern, die dann zu geänderten stabilen Zellkonfigurationen führen.
- Verarbeitung: Verarbeitungseinheiten werden mit Gleitern mit Nutzlast beschossen; die Nutzlast wird gelesen, verarbeitet und der Gleiter mit einer anderen Nutzlast weitergeleitet.
- eine Gleiterkanone oder pulsierende Konfigurationen als Taktgenerator.
- Die Turingmaschine in Form einer Zellkultur beendet die Verarbeitung, wenn alle Gleiter aus dem System verschwunden sind.

Einzelheiten der komplizierten Konstruktion findet man in (Rendell, 2002). Der zelluläre Automat „Game of Life" kann also Turingmaschinen simulieren und beliebige Programme ausführen, sofern sie und ihre Ein- und Ausgaben in

Zellkulturen codiert werden. Trotz der einfachen Regeln ist das Verhalten der Zellkultur folglich beweisbar hochkomplex und unüberschaubar. Bekannte Ergebnisse aus der Berechenbarkeit übertragen sich entsprechend: So kann man z.B. keinen Algorithmus angeben, der allgemein entscheidet, ob eine bestimmte Zellkonfiguration aus einer Anfangskonfiguration erreicht wird, ob eine Zellkonfiguration in einen stabilen Zustand übergeht usw.

Im Internet findet man zahlreiche Programme, mit denen man das Game of Life simulieren und mit unterschiedlichen Zellkonfigurationen komfortabel experimentieren kann. Umfangreiche Bibliotheken von Zellkonfigurationen mit den kuriosesten Verhaltenweisen sind ebenfalls verfügbar. Einen sehr guten Ausgangspunkt bilden die beiden Homepages (Callahan, 2010; Flammenkamp, 2010).

Zur Vertiefung bieten sich weitere Themen im Spannungsfeld von Informatik und Biologie an. Das Themenheft „Künstliches Leben“ der Zeitschrift LOG IN, Heft 130, 2004, enthält u.a. folgende Anknüpfungspunkte.

Die künstliche Welt Tierra

Thomas Ray, Zoologe an der University of Oklahoma, erfand 1991 die Simulationswelt Tierra (URL: http://life.ou.edu/tierra/). Tierra besteht aus einer Simulationsumgebung, in der Programme, geschrieben in einer einfachen Programmiersprache, parallel ablaufen. Die Programme repräsentieren Individuen, die neu entstehen (durch Kopieren), sterben (durch Löschen), mutieren (durch zufällige Änderung des Programmtextes) oder sich vermehren (durch Ansehen und Übernahme von Programmteilen eines anderen Individuums) können. Jedes Programm erhält der Reihe nach eine gewisse Zeitspanne zugeteilt, in der es sich ausführen kann. In regelmäßigen Abständen findet eine Bereinigung des Individuenbestands statt, indem die ältesten und fehlerhaftesten Programme gelöscht werden.

Genetische Algorithmen

Man nutzt hier evolutionäre Operationen, um zu Problemen, für die man bisher keine effizienten Algorithmen kennt, akzeptable (aber meist nicht optimale) Lösungen zu finden.

Dazu betrachtet man Lösungen oder Lösungsansätze des Problems als Lebewesen und codiert sie durch Chromosomen, also Folgen von Genen. Eine Menge von Lebewesen bezeichnet man als Population. Mittels typischer Operationen natürlicher Evolution, die man auf die Population anwendet, erzeugt man schrittweise neue Populationen, von denen man hofft, dass sie bessere Lösungskandidaten enthalten als die vorhergehenden. Dazu definiert man eine

Bewertungsfunktion (Fitness), die von Population zu Population nur die besten Lösungskandidaten, also die fittesten Lebewesen, überleben lässt.

Selbstreproduzierende Automaten und Programme

Eines der zentralen Elemente biologischer Lebensformen und zugleich notwendige Bedingung für Weiterentwicklung und Anpassung an geänderte Umweltbedingungen ist ihre Fähigkeit, sich zu reproduzieren und Nachkommen zu erzeugen, die vermöge Mutation und Auslese besser geeignet sind, sich in der Umwelt zu behaupten als ihre Eltern und damit das Überleben und die Ausbreitung der Art sichern.

Versucht man Leben durch Maschinen nachzubilden oder auf dem Computer zu simulieren, so ist Selbstreproduktion eine der wichtigsten Fähigkeiten, die man in der Maschine anlegen muss. Man kann sich praktische und theoretische Aspekte der Selbstreproduktion überlegen und dabei tief liegende philosophische und informatiktheoretische Fragestellungen bearbeiten, mit denen sich bereits John von Neumann beschäftigt hat.

Selbstorganisation

Biologische, gesellschaftliche, technische und andere Systeme funktionieren, obwohl sie häufig keiner zentralen Kontrolle unterliegen, die jeder Komponente des Systems Aufgaben und Abläufe zuteilt und deren Ausführung überwacht. Es gibt gewisse ungeschriebene Gesetze, einvernehmliche Regeln, die evolutionär entstanden sind und an die sich jeder hält, gemeinsame Ziele, die sich gebildet haben, und Verhaltensweisen, die koordiniert ablaufen, obwohl niemand sie vorgegeben hat. All dies sind Phänomene der Selbstorganisation eines Systems, das selbst Ordnungen bildet, wo anfangs keine Ordnung erkennbar war.

Typische Voraussetzungen und Merkmale von Selbstorganisation sind:

- Dynamik: Damit Ordnung entsteht, dürfen die beteiligten Systeme nicht statisch sein, sondern müssen ihr Verhalten im Verlauf der Zeit an Umgebungsbedingungen anpassen können.
- Autonomie: Selbstorganisation setzt voraus, dass die beteiligten Systeme durch autonomes Handeln Ordnungsbeziehungen aufbauen und nicht durch eine zentrale Kontrolle dazu gezwungen werden. Dazu gehört auch, dass gewisse Teilsysteme vorhandene Ordnungen durchbrechen, um sie gemeinschaftlich mit den anderen weiterzuentwickeln. Nur so kann das Gesamtsystem Schritt für Schritt höhere Komplexitätsstufen erreichen.
- Kooperation: Einen Aufbau von Ordnungsstrukturen erreicht man nur, wenn man zusammen mit den anderen Individuen eine Übereinkunft erzielt. Dies setzt Kommunikation und Kooperation voraus.

Auf dieser Grundlage kann man informatische Individuen kreieren, die unterschiedliche, sich auch erfahrungsbasiert ändernde Kooperationsverhaltensweisen besitzen und sich beim Aufeinandertreffen entsprechend verhalten, und studieren, wie sich Verhaltensweisen entwickeln, welche kurz- oder langfristig besonders vorteilhaft sind und wie sich Populationen entwickeln, in denen gewisse Verhaltensweisen vorherrschen (Axelrod, 2009).

15 Kompetenzentwicklung mit Informatiksystemen

Peer Stechert, Universität Siegen

In diesem Kapitel wird ein Unterrichtsprojekt zur Förderung der Kompetenzentwicklung mit Informatiksystemen in der Schulpraxis vorgestellt. Unterricht zu Wirkprinzipien von Informatiksystemen hat das unterrichtliche Geschehen erst punktuell erreicht. Oft investieren Schüler viel Zeit in die Entwicklung kleiner Programme. Der Erkundung und Analyse von Informatiksystemen wird kaum Lernzeit eingeräumt. Für Kompetenzentwicklung mit Informatiksystemen wird im folgenden Unterrichtsprojekt daher ein Zugang über das nach außen sichtbare Verhalten gewählt. Damit einher geht eine Fokussierung auf vernetzte Fundamentale Ideen der Informatik und Strukturmodelle von Informatiksystemen als Unterrichtsinhalte. Genutzt werden ausgewählte Entwurfsmuster als Strukturmodelle, die Fundamentale Ideen vernetzten.

Eine Partnerschaft zwischen Schule und Hochschule ermöglichte die Gestaltung und Überprüfung von Unterrichtsbeispielen, durch die Schüler Aufbau und Funktionsweise von Informatiksystemen verstehen, ohne einen Schwerpunkt auf die Programmierung zu legen. Solche informatikdidaktischen Partnerschaften helfen, universitäre Forschung zur Didaktik der Informatik mit schulischen Gewohnheiten zu verbinden.

Die Informatiklehrkräfte der Schule, die das Projekt begleiteten, ziehen ein positives Fazit des durchgeführten Unterrichts: „In den ersten drei Halbjahren des Informatikstudiums (Informatikunterricht an der Schule, Anm. d. A.) verengte sich das Bild über die Informatik sehr auf Programmiertechniken und Modellierung. Die im Rahmen des Forschungsprojektes durchgeführten Unterrichtsreihen veränderten dieses Bild. Die Schülerinnen und Schüler haben die Erfahrung gemacht, dass Informatik mehr ist als nur programmieren. Das systematische Erkunden von Informatiksystemen, das im zweiten Halbjahr der Jgst. 12 und in der Jgst. 13 weiter vertieft wird, ermöglicht ein besseres Verständnis für die Vernetzung der zahlreichen Bereiche der Informatik und somit der Wahrnehmung der Informatik als Wissenschaft von Entwurf und Gestaltung von Informatiksystemen“ (Ganea/Koch, 2008, S. 119).

Kompetenzentwicklung mit Informatiksystemen ist nicht zuletzt durch die Informatik-Bildungsstandards für die Sekundarstufe I der GI ein aktuelles Unterrichtsziel. Darin werden Informatiksysteme als ein Inhaltsbereich für die Sekundarstufe I beschrieben. Im Folgenden wird ein Unterrichtsmodell zur Kompetenzentwicklung mit Informatiksystemen für die Sekundarstufe II zuerst allgemein kurz vorgestellt. Anschließend wird eine exemplarische Umsetzung ausführlich beschrieben. Dabei wird trotz Einschränkung der Verallgemeinerbarkeit, die sich auch durch die Lerngruppe und deren Vorkenntnisse ergaben, die Übertragbarkeit auf andere Lernsituationen hinsichtlich Plausibilität betont. Wichtige Evaluationskriterien sind (1) generelle Machbarkeit, (2) Akzeptanz bei den Lernenden und (3) die Überprüfung des Lernerfolgs durch einen Abschlusstest. Letzterer ist jedoch nicht Hauptkriterium zur Evaluation, da noch wenig Wissen über entsprechende kognitive Kompetenzen vorliegt.

15.1 Unterrichtsmodell KIS

Stechert entwickelte von 2005 bis 2009 ein Unterrichtsmodell zur Kompetenzentwicklung mit Informatiksystemen (KIS) für die Sekundarstufe II (Stechert, 2009). Grundlage ist der Informatiksystembegriff: Ein Informatiksystem besteht aus Hardware, Software und Vernetzung zur Lösung eines Anwendungsproblems im sozio-technischen Kontext (vgl. Claus/Schwill, 2006, S. 314). In dem bildungstheoretisch hergeleiteten Unterrichtsmodell erfolgt der Zugang zu Informatiksystemen über ihr nach außen sichtbares Verhalten, ihre innere Struktur und ausgewählte Implementierungsaspekte (vgl. Claus/Schwill, 2006, S. 677). Denn im Informatikunterricht sind sich ergänzende Sichten auf den Lerngegenstand als Strukturierung zu nutzen, um die kognitive Flexibilität der Schüler zu fördern (Spiro et al., 1992). Das nach außen sichtbare Verhalten der Informatiksysteme ist dabei abhängig von Systemzuständen. Ihre innere Struktur wird durch die Systemkomponenten inklusive interner Prozesse und Organisationsbeziehungen beschrieben. Fokussiert wird im Unterrichtsmodell KIS auf

- vernetzte Fundamentale Ideen der Informatik in objektorientierten Entwurfsmustern,
- Experimente mit Informatiksystemen in Anlehnung an systematisches (Software-)Testen,
- die Gestaltung von Lernsoftware zur Förderung der Kompetenzentwicklung mit Informatiksystemen.

Diese normative Perspektive muss jedoch um Rückkopplung mit der Praxis ergänzt werden. Dafür wird im Folgenden eine Erprobung im Informatikunterricht mit ihren Evaluationsergebnissen fachdidaktisch diskutiert.

15.2 Rahmenbedingungen des Unterrichts

Für die Umsetzung des Unterrichtsmodells KIS in der Schulpraxis wurden folgende Lernphasen identifiziert, auf denen der Beobachtungsschwerpunkt liegen sollte:

- die Verknüpfung von Verhalten und innerer Struktur: Speziell die Eignung ausgewählter Strukturmodelle wie Entwurfsmuster zur Erklärung von Systemfunktionalität und damit die Beschreibung von kombinierten Sichten auf Informatiksysteme,
- die Systemexploration als lehr-lernmethodische Herausforderung: Schülern fehlt oft Erfahrung mit systematischen Erkundungen von Informatiksystemen und deshalb Verständnis für eine dokumentierende Vorgehensweise,
- die Förderung von Transfer: Variationen von Strukturmodellen, das heißt, mehrfacher Einsatz (von Variationen) eines Entwurfsmusters in unterschiedlichen Programmen und Kontexten ist leicht möglich und unterstützt den Lernprozess,
- die Vernetzung Fundamentaler Ideen: Durch die Vernetzung von Entwurfsmustern in Systemen, die wiederum Fundamentale Ideen der Informatik enthalten, steigt die Komplexität der analysierten Informatiksysteme schnell an.

Im Folgenden wird die zielgruppenspezifische Planung einschließlich Unterrichtsmethodik und technischem Rahmen vorgestellt.

15.2.1 Zielgruppenspezifische Planung

Im November und Dezember 2007 wurde das Unterrichtsprojekt über vier Wochen durchgeführt. Zielgruppe war ein Grundkurs Informatik eines Gymnasiums in Jahrgangsstufe 12. In dem Kurs waren 13 Schüler im Alter von etwa 17 Jahren, davon drei Schülerinnen. Die Vorkenntnisse der Schüler umfassten objektorientiertes Modellieren, Klassendiagramme und die Warteschlange als Datenstruktur. Programmiert wurde bis dahin mit Delphi 6. Vor der Durchführung stand eine enge Kooperation mit den Informatiklehrern der Partnerschule, um das Unterrichtsprojekt inhaltlich zu gestalten. Eine Woche vor Beginn der Unterrichtserprobung fand eine Hospitation statt. Darin wurde bestätigt, dass die Schüler Klassendiagramme nutzen konnten, um die innere Struktur von Informatiksystemen objektorientiert darzustellen. Schwierigkeit schien jedoch die Unterscheidung zwischen der Manipulation von Daten einerseits und der Manipulation einer Darstellung der Daten auf der Benutzungsoberfläche andererseits zu sein.

Bereits Schüler der Sekundarstufe I sollen in die Lage versetzt werden, sich unbekannte Systeme zu erschließen (GI, 2008, S. 11). Um dieses Bildungsziel im Unterricht zu KIS zu erreichen, wurde als notwendiger Unterrichtsinhalt eine systematische Systemexploration für Schüler erkannt. Diese ist an das Experimentieren in den Naturwissenschaften angelehnt und damit gleichzeitig Unterrichtsmethode. Zur Erläuterung wird im Folgenden ein Unterrichtsbeispiel zur Zugriffskontrolle schrittweise vorgestellt: Für Informatiksysteme ist Zugriffskontrolle ein wichtiges Konzept, das in vielen Systemen umgesetzt ist. Zu dem Unterrichtsinhalt kann ein einfaches Informatiksystem erstellt werden, das von Schüler durch Experimente analysiert wird.

Für Kompetenzentwicklung mit Informatiksystemen ist darüber hinaus wichtig, dass die Systemexploration nicht bei Benutzungsoberfläche und Bedienung stehen bleibt, sondern das nach außen sichtbare Verhalten mit der inneren Struktur der Informatiksysteme verknüpft wird. In dem Unterrichtsbeispiel zur Zugriffskontrolle bedeutet dies, dass die Zugriffskontrolle als nach außen sichtbares Verhalten auf eine möglichst bewährte Struktur der Software zurückgeführt wird.

Gerade unerwartetes Systemverhalten, z.B. Fehler, kann Ausgangspunkt für die Systemexploration zur Untersuchung des nach außen sichtbaren Verhaltens sein. Schüler müssen für ihre Experimente Hypothesen über Fehlerursachen aufstellen und systematisch überprüfen. Zum Beispiel können unerwartete Zugriffsrechte Auslöser für eine intensivere Analyse des Systems sein.

Unterrichtsexperimente zu Informatiksystemen

1. „Beobachtung eines Phänomens (z.B. ein unerwartetes Verhalten eines Informatiksystems),
2. Formulierung einer klaren Fragestellung durch Lehrer und Schüler (Hypothesen zur Erklärung der Beobachtung),
3. Konzeption eines Experiments zur Überprüfung der Hypothese durch Schüler und/oder Lehrer,
4. Durchführung des Experiments und Dokumentation der Ergebnisse,
5. Bestätigung oder Widerlegung der Hypothesen durch Interpretation der Ergebnisse und des Versuchsverlaufs,
6. Diskussion um Kontrollversuche, Varianten, technische und soziale Folgen des Einsatzes von Informatiksystemen." (Stechert, 2009, S. 209; in Anlehnung an Meyer, 2006, S. 318)

Für Kompetenzentwicklung mit Informatiksystemen kann lernförderliche Software eingesetzt werden, die vernetzte Fundamentale Ideen und Schüleraktivitäten zu deren Erkundung sinnvoll miteinander verknüpft. Dazu müssen nach außen sichtbares Verhalten, innere Struktur und Implementierungsaspekte eines Informatiksystems zusammenhängend, beispielsweise durch Sichtenwechsel, und konsistent repräsentiert werden. Dadurch wird die didaktische Doppelfunktion von Informatiksystemen als Lernmedium und Unterrichtsgegenstand genutzt. Außerdem wird durch lernförderliche Software die Situiertheit unterstützt, das heißt, Schüler sind unmittelbar mit dem System als Gegenstand und einer konkreten Aufgabe befasst, z.B. die Analyse der Zugriffskontrolle. Durch geeignet gestaltete lernförderliche Software können die Lernenden ihr Arbeitstempo selbst bestimmen.

Bei der systematischen Erkundung des nach außen sichtbaren Verhaltens einer lernförderlichen Software wird das Informatiksystem zunächst als Black Box analysiert. Anschließend werden Bezüge zur inneren Struktur und zu ausgewählten Implementierungsaspekten betrachtet, um das zugrundeliegende Strukturmodell zu verstehen. In dem Beispiel zur Zugriffskontrolle bietet sich das Entwurfsmuster Proxy an, in dem ein Stellvertreterobjekt den Zugriff auf ein anderes Objekt kontrolliert.

Zur Kombination des nach außen sichtbaren Verhaltens mit der inneren Struktur in dem Unterrichtsbeispiel zur Zugriffskontrolle können Sequenzdiagramme als formale Darstellung genutzt werden. Dies kann mit der Lernsoftware Pattern Park (Franke et al., 2007) geschehen, die zur Förderung der Kompetenzentwicklung mit Informatiksystemen entwickelt wurde und Fundamentale Ideen der Informatik mit Entwurfsmustern verknüpft. Mit Sequenzdiagrammen können Objekte beschrieben werden, die aus dem Verhalten des Systems abgeleitet und auf der Benutzungsoberfläche identifiziert wurden. Das Analysieren der Systemkomponenten kann beispielsweise zum Testen und Modifizieren einzelner Komponenten führen.

Modelle werden meist als Abstraktion eines realen oder geplanten Systems angesehen (Hubwieser, 2007, S. 86), deren Anwendungsfälle und hypothetischen Abläufe dem Modell die Semantik geben. Zur Kombination des Verhaltens mit dem Systemaufbau sollen Schüler deshalb eine vorliegende Dokumentation, unterschiedliche Modellierungen und Diagrammarten nutzen, z.B. Klassen-, Sequenz- und Zustandsdiagramme. Letztere sind auch in den Informatik-Bildungsstandards für die Sekundarstufe I Hilfsmittel zur Systembeschreibung: Zur Erstellung von Zustandsdiagrammen können Zustände aus dem Verhalten eines Informatiksystems abgeleitet werden, um sich von der Modellierung im Sinne des Systementwurfs abzugrenzen. Das heißt, die Diagramme werden nicht aus vorhandenen oder erarbeiteten objektorientierten Modellen wie Klassendiagrammen erstellt, bei denen Attribute Hinweise auf Zustände und Operationen auf Zustandsübergänge liefern. Stattdessen werden die Zustände und Zustandsübergänge unter Berücksichtigung von Vorbedingungen und möglichen Eingabewerten des Systems aus dem Verhalten gewonnen.

Für das Unterrichtsprojekt zur Förderung der Kompetenzentwicklung mit Informatiksystemen wurde neben Zugriffskontrolle das Thema Zustände ausgewählt, um Systemverhalten zu erklären. Für Zugriffskontrolle und Zustände wurde nachgewiesen, dass sie die Kriterien für Fundamentale Ideen der Informatik erfüllen (Modrow, 2002; Stechert, 2009).

Zugriffskontrolle als Fundamentale Idee der Informatik

„Auf Zugriffskontrolle mittels Stellvertreter treffen Lernende in Form von Platzhaltern für Grafiken in Textdokumenten und beim Navigieren im Internet (Sinnkriterium). Zugriffskontrolle ist auf unterschiedlichem intellektuellen Niveau erklär- und verstehbar, da bereits Kinder Zugriffskontrolle durch ihre Eltern erfahren (Vertikalkriterium). Ein Rollenspiel (Spiel „Schiffe versenken") zu Suchalgorithmen, in dem ein Schüler den Zugriff auf die von ihm verwaltete Zahl kontrolliert und nach Annahme einer Süßigkeit die Zahl zeigt, ist ein einfaches Unterrichtsbeispiel für die Grundschule (Bell et al., 2002, S. 45 f.). Seit der Einführung von Mehrbenutzersystemen, z.B. UNIX, ist Zugriffskontrolle in der Informatik relevant und wird durch die zunehmende Verbreitung von Informatiksystemen längerfristig relevant bleiben (Zeitkriterium). Zugriffskontrolle kommt in der Informatik sowohl bei Mensch-Maschine-Interaktion, bei Betriebs- und Anwendungssystemen als auch bei deren Entwurf vor, wenn Zugriff auf unterschiedliche Schichten kontrolliert wird (Horizontalkriterium)" (Stechert, 2009, S. 188 f.). Die Erfüllung des Zielkriteriums kann analog zu Geheimnisprinzip und Schichten begründet werden, denn mit der Idee der Zugriffskontrolle verbindet sich die Zielvorstellung, dass sich Informatik-Sachverhalte modularisieren lassen und nur bei Erfüllung festgelegter Voraussetzungen Zugriff auf entsprechende Module möglich ist.

Für die Konzepte Zugriffskontrolle und Zustände besteht darüber hinaus die besondere Situation, dass sie durch objektorientierte Entwurfsmuster als Strukturmodelle von Informatiksystemen implementiert werden können. Dadurch wird es möglich, Aufbau und Funktionsweise von Informatiksystemen wie gefordert zu verbinden. Mit Blick auf den Zusammenhang zwischen Systemzuständen und dem Verhalten von Informatiksystemen wird implizit das Zustandsmuster im Systemverhalten nachgewiesen. Tabelle 15.1 zeigt Unterrichtsinhalte des Unterrichtsprojekts, die aufgrund der vorangegangenen Überlegungen ausgewählt wurden.

Abgeschlossen wird das Unterrichtsprojekt mit einer schriftlichen Übung als Lernerfolgskontrolle, einer schriftlichen Akzeptanzbefragung der Schüler und einem Interview mit der betreuenden Informatiklehrperson der Schule.

Zusammenfassend bilden die Fundamentalen Ideen Zugriffskontrolle und Zustände in den Entwurfsmustern Proxy und Zustand die Leitmotive des Unterrichtsprojekts, da die Entwurfsmuster eine konsistente Repräsentation für verschiedene Perspektiven auf das System bieten.

Tabelle 15.1 Themen des Unterrichtsprojekts (Stechert, 2009, S. 293)

Stunde	Stundenthema
1+2	1. Sensibilisierung für Informatiksysteme; 2. Sensibilisierung für Zugriffskontrolle (Proxy, Stellvertreter)
3	Entwurfsmuster Proxy identifizieren
4+5	Modellierung dynamischer Abläufe bei der Zugriffskontrolle mit Sequenzdiagrammen
6	Wiederholung und Festigung vom Entwurfsmuster Proxy und von Sequenzdiagrammen
7+8	1. Sensibilisierung für Systemzustände; 2. Zustandsmodellierung
9	Beschreibung dynamischer Abläufe durch Zustandswechsel
10+11	Das Entwurfsmuster Zustand identifizieren und Modellierung mit Zustandsdiagrammen
12	Schriftliche Übung: Test & Akzeptanzbefragung

15.2.2 Unterrichtsmethodik und technischer Rahmen

Die Schülermotivation zur Akzeptanz einer systematischen Vorgehensweise, um Informatiksysteme zu erkunden, wurde im Vorfeld als kritisch angesehen. Deshalb wurde das sog. ARCS-Modell (Attention, Relevance, Confidence, Satisfaction) berücksichtigt (Keller, 1987): Fehlermeldungen eines Informatiksystems können Schüler vor mentale Herausforderungen stellen und ihre Aufmerksamkeit fordern (Attention). Für die Schüler ist schnell ersichtlich, dass sie für das zielgerichtete Anwenden die Anforderungssituation bewältigen müssen (Relevance). Durch Systemexploration einschließlich Dokumentation der Arbeitsschritte unter Einsatz von Modellierungsmethoden wie Sequenz- und Zustandsdiagrammen kann ein angemessener Grad an Zuversicht erzeugt werden, das Ziel zu erreichen (Confidence). Dabei müssen jedoch auch Grenzen der Methoden offengelegt werden. Die erfolgreiche Bewältigung der Situation durch Systemexploration verdeutlicht den Lernerfolg (Satisfaction).

Die Systemexploration als Unterrichtsinhalt und -methode unterstützt darüber hinaus die Wichtigkeit der Schüleraktivitäten. Die Lehrervorträge und Einführungen sollten nur wenige Minuten pro Stunde umfassen. Allerdings ist zu berücksichtigen, dass bei Experimenten gerade die Hypothesenbildung Schüler vor eine nicht zu unterschätzende kognitive Hürde stellt, die zu Beginn von der Lehrperson unterstützt werden muss. Somit besteht ein Bedarf an Lehrerdemonstrationen zu den Unterrichtsexperimenten und Beobachtungsaufgaben der Schüler, der einen Zielkonflikt darstellt.

Die Gestaltung des Informatiklabors unterstützte die Unterrichtsexperimente: Es gab einen zentralen Kommunikationsbereich, dezentrale Rechnerarbeitsplätze an zwei Seiten und einen Demonstrationsbereich mit Tafel, Projektor und Präsentationsrechner an der Raumvorderseite. Damit unterstützte der Raum den unkomplizierten Wechsel zwischen geistig planenden Tätigkeiten im Kommunikationsbereich und praktischen Tätigkeiten an den Rechnerarbeitsplätzen. Die Vermeidung von Programmieraufgaben führte dazu, dass mehr Zeit auf Beobachtungen und Gruppenarbeit verwendet werden konnte. Das Schulintranet war mit dem Internet verbunden, so dass Rechercheaufgaben gestellt werden konnten, wie z.B. die Fragestellung, was objektorientierte Entwurfsmuster sind. Außerdem konnten Lernprogramme über eine gemeinsam nutzbare Partition ausgetauscht werden.

15.3 Lernphasen und Problemstellen im Unterricht

In dem Unterrichtsprojekt stand die Überwindung von kognitiven Barrieren und Fehlvorstellungen der Schüler zu Informatiksystemen im Mittelpunkt, um Kompetenzentwicklung zu fördern. Insbesondere die Nutzung unterschiedlicher Sichten auf Informatiksysteme und deren systematische Erkundung ist für KIS unumgänglich. Deswegen wurden Schülerlösungen eingesammelt, und vor der Erprobung wurde angekündigt, dass die Note der abschließenden Lernerfolgskontrolle zur Gesamtnote zählen würde, um zuverlässigere Daten zu bekommen.

15.3.1 Zugriffskontrolle

Zur Motivation einer Unterrichtsreihe zu Informatiksystemen wurde eine Übersicht über prominente Fehlerquellen und Pannen einiger Informatiksysteme thematisiert, z.B. reagierte der Bordcomputer eines Flugzeugs auf ein Leck in einem Kerosintank damit, dass er Kerosin aus dem zweiten Tank in den defekten Tank pumpte, um das Flugzeug zu stabilisieren. Das Flugzeug musste landen, da nach kurzer Zeit beide Tanks leer waren (Johnson, 2002).

Am Anfang des vierwöchigen Unterrichts wurde ein Programm zur Zugriffskontrolle verwendet. Darin waren unterschiedliche Benutzerrollen mit verschiedenen Zugriffsrechten identifizierbar: Administrator, Benutzer und Gast. Erstellt wurde das Programm auf Grundlage des Proxymusters als innere Struktur. Das Proxymuster dient der Zugriffskontrolle und nutzt dafür ein Stellvertreterobjekt (Gamma et al., 1996). Das Muster wird zur einfachen Zugriffskontrolle, aber auch zur Protokollierung von Zugriffen eingesetzt. Um die scheinbar intuitive Benutzungsoberfläche und die Funktionsweise der Software zu verstehen, mussten die Schüler das System analysieren. Außerdem war das System mit ähnlichen Systemen zu vergleichen.

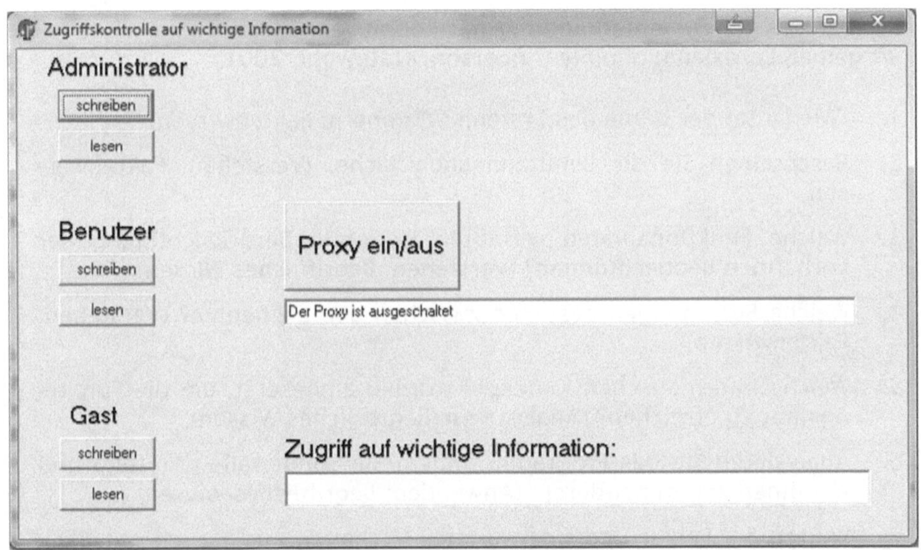

Abbildung 15.1 Benutzungsoberfläche der Software zur Zugriffskontrolle (Stechert, 2009, S. 254)

Nach außen sichtbares Verhalten und innere Struktur wurden als Perspektiven genutzt, um die Informatiksysteme, z.B. in Form lernförderlicher Software, systematisch und handlungsorientiert zu erkunden. Das Programm zur Zugriffskontrolle hat diesbezüglich exemplarischen Charakter, da es auf dem Proxymuster basiert und die Dualität von Verhalten und Struktur eine systematische Erkundung unterstützt. Somit kann das Programm sowohl auf sein Verhalten als auch auf seine bewährte innere Struktur überprüft werden. Die Lernsoftware wurde somit gleichzeitig zum Unterrichtsinhalt, in dem die Schüler die Entwurfsmuster analysieren.

Eine Bereicherung des Lehr-Lern-Prozesses wurde vor allem durch die Kombination der auf dem Entwurfsmuster basierenden Software mit der Vorgehensweise zur systematischen Erkundung erzielt. Die systematische Erkundung von Informatiksystemen bildete außerdem einen wichtigen Schwerpunkt des Unterrichts, da nicht davon ausgegangen werden konnte, dass die Schüler Vorerfahrungen mit einer strukturierten Vorgehensweise haben. Für diesen Experimentiervorgang wurde zu Beginn die Wichtigkeit der Hypothesenbildung der Schüler zur Analyse des nach außen sichtbaren Verhaltens thematisiert. Schüler und Lehrer gingen gemeinsam eine vorgegebene Schrittfolge zur systematischen Erkundung durch. Anschließend erkundeten die Schüler die genannte Software zur Zugriffskontrolle mit den Rollen Administrator, Benutzer und Gast (Abb. 15.1).

Schrittfolge zur Systemerkundung mit kognitivem Prozess und Wissensart gemäß Lernzieltaxonomie (Anderson/Krathwohl, 2001)

1. „Wie lautet der Name des Systems? (Erinnern; Faktenwissen)
2. Beschreiben Sie die Benutzungsoberfläche. (Verstehen; Faktenwissen)
3. Welche Funktionalitäten vermuten Sie unter Berücksichtigung der vorherigen Beobachtungen? (Verstehen; Begriffliches Wissen)
4. Welche Beziehungen bestehen zwischen den Elementen? (Verstehen; Faktenwissen)
5. Welche informatischen Konzepte wurden eingesetzt, um die Funktionalität zu erreichen? (Analysieren; Begriffliches Wissen)
6. Analysieren Sie das Programm, indem Sie Sonderfälle ermitteln und mit ihnen experimentieren. (Anwenden; Begriffliches Wissen)
7. Werten Sie Fehler und unerwartetes Verhalten aus – auch mit Blick auf die Sonderfälle der Konzepte. (Bewerten; Begriffliches Wissen)
8. Hypothetischer Einsatz des Systems – Wie würde sich das Programm in anderen (realen, komplexeren) Situationen verhalten? ((Er)schaffen; Faktenwissen)" (Stechert, 2009, S. 254)

Der Bezug zu informatischen Konzepten (Schritt 5 der angegebenen Schrittfolge) und deren Sonderfälle (Schritt 6) ermöglicht die Klassifikation des Systemverhaltens. Gleichzeitig bilden sie den Anknüpfungspunkt zu vernetzten Fundamentalen Ideen der Informatik. Da diese in den ausgewählten Entwurfsmustern und damit in der Software vorhanden sind, unterstützten sie Schüler und Lehrperson, unterschiedliche Fälle im Systemverhalten zu klassifizieren. So können beim Proxymuster unterschiedliche Zugriffsrechte identifiziert werden. Lebensweltbezug bzw. -beispiele zu dem Entwurfsmuster halfen den Schülern, über Analogien Hypothesen zu bilden, z.B. zu unterschiedlichen Zugriffsrechten, die überprüft werden. Darauf aufbauend sind Hypothesen zur inneren Struktur zu prüfen.

Es konnten im Wesentlichen zwei unterschiedliche Strategien der Schüler beobachtet werden: 1) basierend auf der Benutzungsoberfläche oder 2) basierend auf sichtbaren Programmkonstrukten. So hat eine Schülergruppe die Benutzungsoberfläche in Blöcke mit Sinnzusammenhang unterteilt. Die sichtbaren Teilnehmerobjekte mit unterschiedlichen Zugriffsrechten wurden in Leserichtung von links nach rechts beschrieben. Eine zweite Gruppe hat die Oberflächenelemente nach Labels, Buttons und Textfeldern sortiert.

Die Strukturierung nach vermuteten Programmkonstrukten offenbart jedoch die Schwierigkeit, dass keine eindeutige Lösung vorliegt. Zum Beispiel erwartete eine Schülergruppe, dass die Zugriffskontrolle über Case-Anweisungen realisiert wurde. In dem objektorientierten Programm wurde jedoch Vererbung genutzt: Ein Stellvertreterobjekt kann durch Vererbung das gleiche Erscheinungsbild bzw. die gleiche Schnittstelle wie das Original haben. Um diese kognitive Barriere zu überwinden, wurde bei der systematischen Erkundung des Systems darauf geachtet, dass die Schüler Klassendiagramme zur Dokumentation und Formalisierung erstellten.

Die fest vorgegebene Schrittfolge wurde von den Schülern jedoch auch als ungewohnt empfunden. So fragte eine Schülerin bei der Beschreibung der Beziehungen zwischen den Oberflächenelementen: „Ab wann dürfen wir ausprobieren?" Dennoch zeigte der Vergleich der Schülerlösungen, in denen unterschiedliche, auch verworfene Hypothesen diskutiert wurden, dass ihnen Hypothesenbildung als Ausgangspunkt der Experimente diente.

Um Versuch-Irrtum-Vorgehensweisen weiter zu vermeiden und der fehlenden Erfahrung der Schüler mit der systematischen Erkundung von Informatiksystemen zu begegnen, wurde als Variation des Themas Zugriffskontrolle eine zweite lernförderliche Software eingesetzt, die ebenfalls auf dem Entwurfsmuster Proxy basierte. Um diese zu erstellen, war es lediglich notwendig, den Kontext bzw. die graphische Benutzungsoberfläche zu ändern, während die innere Struktur weitgehend unverändert bleiben konnte.

Die so erstellte Arztpraxissoftware, in der Zugriffskontrolle auf Patienten (-daten) durch eine Arzthelferin realisiert wurde, konnte von den Schülern ebenfalls systematisch erkundet werden. Die Variation des Proxy unterstützte den Lernprozess, da ein Transfer zu einer weiteren Situation vorgenommen wurde. Außerdem wurden neue Schwerpunkte gesetzt, denn die Betrachtung des Schnittstellenverhaltens lässt die weiteren in dem Entwurfsmuster vorkommenden vernetzten Fundamentalen Ideen hervortreten, z.B. Schnittstelle und Vererbung (Abb. 15.2).

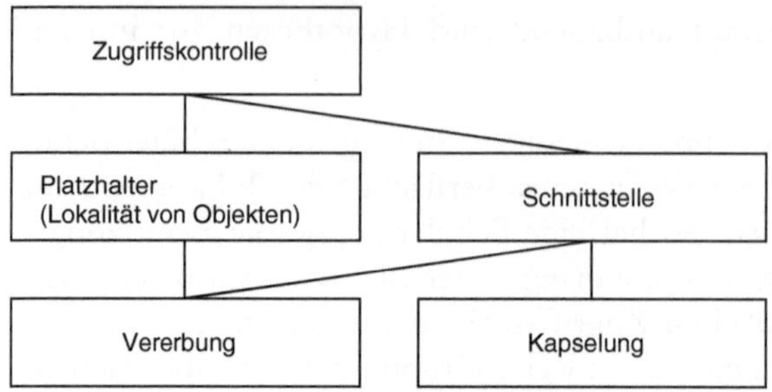

Abbildung 15.2 Ausgewählte vernetzte Fundamentale Ideen im Proxymuster

Durch zunehmend komplexere Anwendungskontexte und steigende Vernetzung ist es möglich, die systematische Erkundung von Software auf Entwurfsmusterbasis in einem Spiralcurriculum in das unterrichtliche Geschehen zu integrieren. Fehlersituationen und unerwartete Systemreaktionen bleiben wichtig zur Begründung der Hypothesenaufstellung. Zur Binnendifferenzierung ist es möglich, Schülern kleine Modifikationen der Software als Aufgaben zu geben, z.B. kann die Anzahl der Zugriffe durch den Stellvertreter gezählt werden.

Um unterschiedliche Sichten auf Informatiksysteme einzunehmen, sind geeignete informatische Darstellungsformen für den Unterricht einzusetzen. Zur Analyse der inneren Struktur von Informatiksystemen sind nicht nur die Komponenten, sondern auch die intern ablaufenden Prozesse zu betrachten, d.h., statische und dynamische Sichten sind notwendig. Entwurfsmuster sind dazu geeignet, denn sie umfassen sowohl Strukturbilder als auch Beschreibungen von Prozessen. Konkret wurden dafür Sequenzdiagramme genutzt: „Sequenzdiagramme können dazu verwendet werden, um Szenarien und (einfache) Anwendungsfälle graphisch darzustellen. Sie beschreiben nicht nur die Ausführungsreihenfolge der Operationen, sondern auch die dafür zuständigen Klassen bzw. deren Objekte. Sie stellen somit in der UML eine wichtige Verbindung zwischen der Funktionalität und dem Klassendiagramm dar“ (Balzert, 2005, S. 119).

Nachdem die Schüler Objekte erst im Systemverhalten identifiziert hatten, konnten sie sie im gegebenen Quelltext wiederfinden. Geachtet wurde vor allem auf Hypothesen über die notwendige Objektkommunikation, also den Nachrichtenaustausch. Durch Sequenzdiagramme waren die Schüler in der Lage, die notwendige Kommunikation zwischen Objekten in der inneren Struktur zu modellieren, wenn sie das nach außen sichtbare Verhalten erklärte. Dabei unterstützte die Lernsoftware Pattern Park zur Förderung der Kompetenzentwicklung mit Informatiksystemen die ersten Schritte zu Sequenzdiagrammen: Sie wurde eingesetzt, um zu den dynamischen Abläufen bei der Zugriffskontrolle eine Animation zu zeigen und zwei Übungen mit Sequenzdiagrammen zu ermöglichen. Ein Lebensweltbeispiel für das Proxymuster im Pattern Park ist die Stellvertreterrolle einer Geldkarte für Geld.

Insgesamt hat der Unterricht zum Thema Zugriffskontrolle auch Schlüsselkompetenzen gefördert. Die OECD hat drei Bereiche für Schlüsselkompetenzen mit Unterkategorien ausgewählt und definiert: 1) Interaktive Anwendung von Medien und Mitteln (Tools), 2) Interagieren in heterogenen Gruppen und 3) Eigenständiges Handeln (OECD, 2005). Diese Schlüsselkompetenzen sind in der Wissensgesellschaft von vorrangiger Bedeutung. Neben Wissen und Fertigkeiten werden nicht-kognitive Fähigkeiten wie Bereitschaften und Einstellungen adressiert. Kennzeichnend ist, dass Schlüsselkompetenzen für alle Individuen notwendig sind und eine Voraussetzung für lebensbegleitendes Lernen darstellen.

Durch das Thema Zugriffskontrolle hat die Unterrichtserprobung eine Grundvoraussetzung für die „Interaktive Anwendung von Technologien“ (Schlüsselkompetenz 1c; OECD, 2005, S. 13) geschaffen. Ohne Verständnis der Zugriffskontrolle bleibt der Zugriff auf Informatiksysteme verwehrt. Die Schüler mussten die Beobachtungen zu Zugriffsrechten dokumentieren, dann die Daten auswerten und Fundamentale Ideen identifizieren, um im Alltag Systeme bewusst und zielgerichtet anzuwenden, z.B. für lebensbegleitendes Lernen. Außerdem ist es wichtig, Zugriff auf Informationen zu erhalten. Dieser Aspekt betrifft die Schlüsselkompetenz „Fähigkeit zur interaktiven Nutzung von Wissen und Informationen“ (Schlüsselkompetenz 1b).

15.3.2 Systemzustände

Ein wichtiger Vorteil von Entwurfsmustern wurde im zweiten Teil des Unterrichtsprojekts aufgegriffen: ihre Kombinierbarkeit mit weiteren Entwurfsmustern. Da die Folge der Systemzustände das Systemverhalten erklärbar macht, wurde im Unterricht eine Vernetzung des Proxymusters mit dem Zustandsmuster umgesetzt. Systemzustände und Modellierung des Systemverhaltens mit Zustandsdiagrammen bildeten somit den zweiten Schwerpunkt des Unterrichtsprojekts. Aus der Lernsoftware Pattern Park konnte zur Einführung des Zustandskonzeptes das Modul zum Zustandsmuster genutzt werden. Das Zustandsmuster definiert mehrere alleinstehende Objektzustände, damit das Objektverhalten zur Laufzeit in Abhängigkeit von seinem Zustand geändert werden kann (Gamma et al., 1996). Lebensweltbeispiel im Pattern Park ist eine Achterbahnfahrt mit den unterschiedlichen Zuständen der Bahn.

Wie die Sequenzdiagramme ermöglichen es Zustandsdiagramme, dynamische Aspekte von Informatiksystemen zu modellieren, indem Systemzustände und Ereignisketten analysiert werden. Sie stellen im Unterricht eine weitere Sicht auf

Abläufe dar, um die kognitive Hürde der Formalisierung zur Dokumentation zu überwinden.

Dadurch ist eine Bildungsherausforderung beschrieben, die für Schüler das Potential bietet, mittels Zustandsdiagrammen eine Brücke vom nach außen sichtbaren Verhalten zur inneren Struktur des Informatiksystems zu schlagen. Konkret wurde im Unterricht eine Erweiterung der Arztpraxissoftware mit Proxymuster um das Zustandsmuster vorgenommen. Abbildung 15.3 zeigt die Kombination von Proxy- und Zustandsmuster in der Arztpraxis.

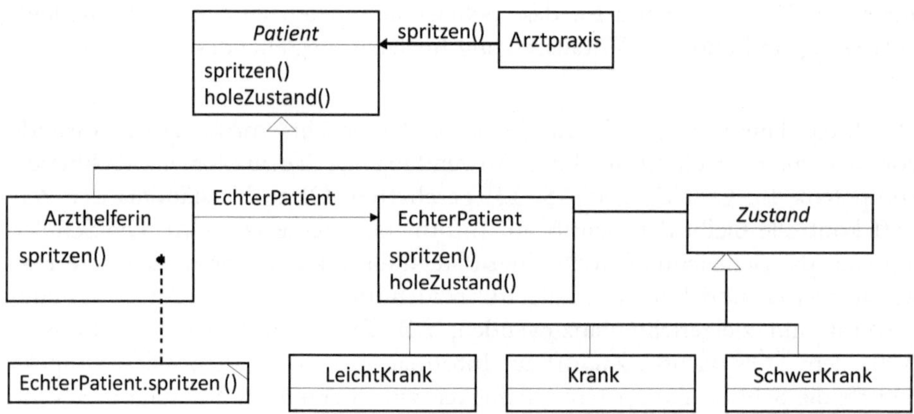

Abbildung 15.3 Klassendiagramm der Arztpraxis mit Proxy- und Zustandsmuster (Stechert, 2009, S. 298)

Für die systematische Erkundung wurde die vorgegebene Schrittfolge an den Kontext Arztpraxis angepasst. Die Erweiterung des Programms der Zugriffskontrolle in der Arztpraxis mit dem Zustandsmuster (Abb. 15.4) machte für die Schüler den Übergang leicht, denn Zustandsmuster und Proxymuster wurden in einem bekannten Programm kombiniert.

Damit konnten die bekannten Strukturen in späteren Phasen wieder erkannt werden, um den Wissenstransfer zu fördern: Denn durch die Kombination mit weiteren Entwurfsmustern können die Schüler bei einer Erkundung des Verhaltens des erweiterten Systems auf vorherige Erkenntnisse aufbauen.

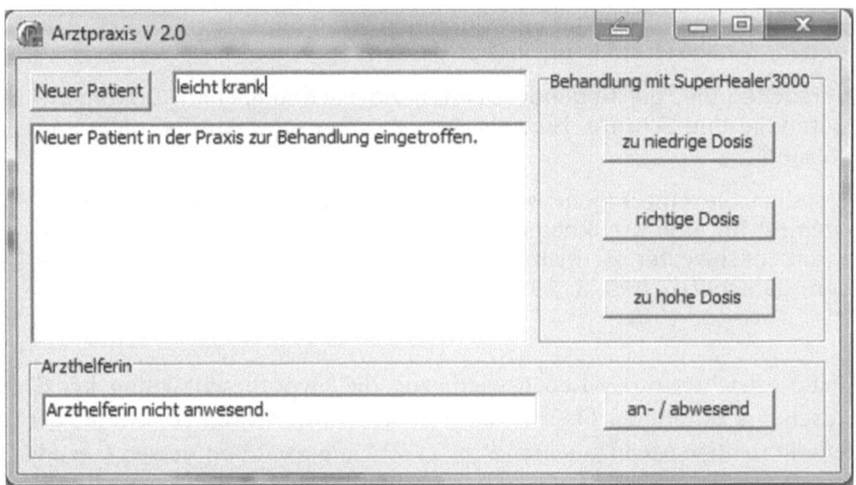

Abbildung 15.4 Benutzungsoberfläche der Arztpraxissoftware (Stechert, 2009, S. 299)

Kontextualisierte Schrittfolge zur Systemerkundung mit kognitivem Prozess und Wissensart gemäß Lernzieltaxonomie (Anderson/Krathwohl, 2001)

1. „Wie lautet der Name des Systems? (Erinnern; Faktenwissen)
2. Beschreiben Sie die Benutzungsoberfläche. Gehen Sie dabei nur auf die Veränderungen zur (vorherigen Version) Arztpraxis V1.0 ein. (Verstehen; Faktenwissen)
3. Was sind die wesentlichen Unterschiede zu dem Programm Arztpraxis V1.0? (Verstehen; Faktenwissen)
4. Heilen Sie einen Patienten, der im Zustand „krank" ist. Hinweis: Eine Krankenschwester ist nicht anwesend. Dokumentieren Sie Ihre Schritte und die Zustände des Patienten. (Anwenden; Verfahrensorientiertes Wissen)
5. In welchen Zuständen kann ein Patient zum Arzt kommen? (Analysieren; Begriffliches Wissen)
6. Ist es möglich, einen Patienten im Zustand „krank" sofort zu heilen? Wie viele Schritte sind mindestens bis zur Genesung des Patienten nötig? (Analysieren; Begriffliches Wissen)
7. Ein Patient, der „schwer krank" ist, kommt in Ihre Praxis. Was müssen Sie als Arzt tun, damit er schnellstens wieder gesund wird? (Analysieren; Begriffliches Wissen)
8. In welchem Zustand befindet sich ein „kranker" Patient, wenn Sie ihm eine zu hohe Dosis geben? Hat sich ein Zustand verbessert oder verschlechtert? Retten Sie Ihren Ruf als Arzt und heilen Sie den Patien-

ten anschließend vollständig. Dokumentieren Sie Ihre gesamten Aktionen. (Analysieren; Begriffliches Wissen)

9. Versuchen Sie, die folgende Darstellung nachzumachen. Dokumentieren Sie Ihre Schritte. Hinweis: Eine Krankenschwester ist nicht anwesend.

10. Erstellen Sie eine eigene solche Zustandsdarstellung (Zustandsdiagramm) für eine Krankheitsgeschichte eines Patienten. Hinweis: Eine Krankenschwester ist nicht anwesend. (Erstellen; Begriffliches Wissen)“ (Stechert, 2009, S. 299)

Gleichzeitig erleichterte der Lebensweltbezug die Hypothesenbildung bei der systematischen Erkundung. Die Schüler mussten in der Rolle des Arztes dem Patienten die richtige Medikamentendosis in Abhängigkeit von dessen Gesundheitszustand geben. Wiederum wurde Zugriffskontrolle auf Patienten(-daten) durch eine Arzthelferin realisiert. Somit wurde die Analyse des Systemverhaltens genutzt, um die innere Struktur des Systems durch Zustandsdiagramme zu modellieren.

Dazu wurde ein Softwarewerkzeug zur Erstellung und Simulation von Zustandsdiagrammen eingesetzt. Die Nutzung dieser Software war für die Schüler nicht verpflichtend, aber dennoch wurde sie von allen angewendet, da mit ihr die Ergebnisse über den Projektor präsentiert werden konnten. Die Simulationsfunktion verdeutlichte die Dynamik des Modells. Ein Ansatz zur Modellierung über die Analyse des Quelltextes mit Klassen, Operationen und Attributen, aus denen Zustandsdiagramme ableitbar sind, wurde explizit vermieden.

Für die Schüler war es wichtig, zwischen den Zuständen des Programms und den Gesundheitszuständen der Patienten zu unterscheiden. Dabei ist die nur im Informatiksystem vorhandene Zugriffskontrolle ein Unterscheidungsmerkmal, um in den entworfenen Zustandsdiagrammen bewusst zwischen diesen Betrachtungsebenen zu wechseln. Somit erfolgte eine Vernetzung der Fundamentalen Ideen Zustand und Zugriffskontrolle.

Die Schüler hinterfragten im Unterrichtsgespräch, inwieweit ein Programm Abläufe in der Lebenswelt bestimmen und vereinfachen darf, woraus eine interessante Diskussion mit gesellschaftlichem Bezug entsprang. Die Schüler erkannten, dass ein Informatiksystem nur einen Teil der Realität abbildet, also ein Modell darstellt. Es konnte thematisiert werden, dass Informatiksysteme blind gegenüber Problemen sind, die bei ihrer Entwicklung nicht bedacht wurden. Damit wiederum sind Fehlerzustände begründbar, die ein System nach einer unerwarteten Eingabe einnimmt.

Auch der zweite Teil des Unterrichtsprojekts förderte Schlüsselkompetenzen (OECD, 2005). Das Klassifizieren des Systemverhaltens durch Zustände trägt zur Schlüsselkompetenz „Interaktive Anwendung von Technologien“ (Schlüsselkompetenz 1c) bei. Die kontextabhängigen Systemzustände, die die Schüler während der systematischen Erkundung identifizierten, wurden auf ihre Umsetzung im Informatiksystem analysiert. Dies ist eine wichtige Voraussetzung, um Information im System zu lokalisieren (Schlüsselkompetenz 1c). Ein Zustandsmodell unterstützt die Kommunikation über das System mit anderen und damit das Interagieren in heterogenen Gruppen (Schlüsselkompetenz 2b). Außerdem wird durch die systematische Erkundung die Schlüsselkompetenz „Eigenständiges Agieren“ (Schlüsselkompetenz 3) gestärkt. Die Antizipation von Systemzuständen verringert darüber hinaus Stress in individuellen Projekten der Schüler, so dass deren eigenständiges Handeln (Schlüsselkompetenz 3b) unterstützt wird.

15.3.3 Kritische Betrachtung von Entwurfsmustern im Informatikunterricht der Sekundarstufe II

In dem durchgeführten Unterricht wurden ausgewählte Entwurfsmuster trotz ihrer Abstraktheit und Komplexität eingesetzt, um Basiskompetenzen zu Informatiksystemen zu fördern. Wichtig ist, dass Entwurfsmuster nicht einem Informatikunterricht Vorschub leisten, der einem Programmierkurs gleicht. Deshalb wurden die Entwurfsmuster nicht als anspruchsvolle Konzepte der Softwaretechnik zur Herstellung qualitativ hochwertiger Software genutzt. Vielmehr wurde exemplarisch gezeigt, wie durch sie vernetzte Fundamentale Ideen verstanden und zur Erklärung des Verhaltens von Informatiksystemen herangezogen werden können. Dafür ist eine didaktisch begründete Auswahl der Entwurfsmuster notwendig (Stechert, 2009). Im Sinne einer Wissenschaftspropädeutik können diese Entwurfsmuster aus der Softwaretechnik dann eingesetzt werden, ohne bereits dem Erstellen komplexer Softwaresysteme zu dienen.

Für Kompetenzentwicklung mit Informatiksystemen ist die Komplexität eines minimalen, sinnvollen Szenarios mit einem Entwurfsmuster wegen der geringeren Anforderungen an die Programmierkenntnisse nicht in dem Maße lernhinderlich wie in einem Programmierkurs für Anfänger. Ein einzelnes Entwurfsmuster kann zum Problemraum erklärt werden, wenn es für Kompetenzentwicklung mit Informatiksystemen förderlich ist.

Proxy- und Zustandsmuster unterstützten den lernförderlichen Sichtenwechsel sowohl zwischen Verhalten, Struktur und Implementierungsaspekten als auch zwischen statischen und dynamischen Darstellungsformen. Mit ihnen wurde ein Mittel gefunden, das vernetztes Denken fördern kann und die Erklärung des nach außen sichtbaren Verhaltens eines Systems über eine in der Informatikpraxis bewährte Struktur ermöglicht.

Für Entwurfsmuster zum Thema Informatiksysteme lassen sich sehr viele Anknüpfungspunkte an den traditionellen objektorientierten Informatikunterricht finden. Dennoch ist Kompetenzentwicklung mit Informatiksystemen nicht zwangsläufig mit der objektorientierten Modellierung der Sekundarstufe II verknüpft. Vielmehr können im Sinne eines Spiralcurriculums besonders Themen und Fragestellungen zum nach außen sichtbaren Verhalten bereits früher und ggf. ohne Objektorientierung im Informatikunterricht behandelt werden.

Entwurfsmuster sind somit Strukturmodelle, die aufgrund ihrer Anwendung als Problemlösemuster unter bestimmten Voraussetzungen die Kompetenzentwicklung mit Informatiksystemen fördern.

15.4 Evaluation

Im Folgenden werden die Ergebnisse der Lernerfolgskontrolle und der schriftlichen Akzeptanzbefragung der Schüler zusammen mit einem Fazit der begleitenden Kurslehrperson vorgestellt.

15.4.1 Auswertung der Lernerfolgskontrolle

Kompetenzen beziehen sich auf komplexe Anforderungssituation, die Schüler bewältigen müssen. Bei der Gestaltung der Lernerfolgskontrolle führte dies zu dem Dilemma, dass der Test gemäß Schulrichtlinien nicht mehr als 30 Minuten umfassen durfte, für komplexe Anforderungssituationen jedoch in der Regel mehr Zeit notwendig ist. Außerdem musste der Test ohne Rechnereinsatz stattfinden, wodurch die beschriebenen Anforderungssituationen von den Schülern vorstellungsmäßig nachzuvollziehen, aber nicht am konkreten Informatiksystem erlebbar waren. Das führte dazu, dass der überwiegende Teil des Tests aus Multiple-Choice-Aufgaben bestand. Jedoch wurden auch Aufgaben gestellt, die das Modifizieren vorgegebener Diagramme erforderten oder in denen durch ein Sequenzdiagramm als Stimulus eine Situation beschrieben wurde. Konkret waren das Modifizieren des Klassendiagramms des Proxymusters und die Erstellung eines Zustandsdiagramms bei gegebener textueller Beschreibung der Situation gefordert. Schwerpunkte der Lernerfolgskontrolle waren die Schritte der systematischen Erkundung, statische und dynamische Aspekte der Modellierung sowie Zusammenhänge zwischen den unterschiedlichen Sichten auf Informatiksysteme. Der Test ist insgesamt sehr positiv ausgefallen. Die Ergebnisse der Schüler lagen zwischen 90 % und 62 % der maximal erreichbaren Punktzahl. Schwierigkeiten der Schüler lagen vor allem bei den komplexeren

Aufgaben wie dem Modifizieren und Erstellen des Klassen- und Zustandsdiagramms. Es gelang vielen Schülern nicht, von einer informellen Situationsbeschreibung zu einer formalen Darstellung zu kommen. Nicht eindeutig ist jedoch die Zuordnung von Fehlern der Schüler zu den auslösenden Fehlvorstellungen. Vererbung zur Realisierung der Zugriffskontrolle im Proxy war ein Fehlerschwerpunkt. Es stellt sich die Frage, inwieweit mangelnde Kompetenzen mit Informatiksystemen oder bezüglich der Objektorientierung ursächlich sind. Besonders erfreulich war, dass die meisten Schüler die Aufgaben zur systematischen Erkundung lösen konnten.

15.4.2 Schriftliche Akzeptanzbefragung der Schüler

Eine schriftliche Akzeptanzbefragung der Schüler lieferte Erkenntnisse zur Selbsteinschätzung der Schüler und zu motivationalen Aspekten, die für die Kompetenzentwicklung notwendig sind. Außerdem können Rückschlüsse darauf gezogen werden, inwieweit die Entwurfsmuster geeignet sind, konsistent unterschiedliche Sichten auf Informatiksysteme zu ermöglichen und ob die Schüler den Zusammenhang zwischen der Fundamentalen Idee Zugriffskontrolle und dem Proxymuster sehen. Eine detaillierte Auswertung ist bei Stechert nachzulesen (Stechert, 2009). Die Rückmeldungen aus der Erprobung sind bezüglich des Ziels, Stoffumfangs und Schwierigkeitsgrads als positiv einzuschätzen. In der Selbsteinschätzung des eigenen Lernfortschritts denken zwölf Schüler (92 %), dass sie Fortschritte bezüglich des Analysierens von Informatiksystemen, elf (85 %), dass sie Fortschritte bezüglich der Prozesse in der inneren Struktur von Informatiksystemen und zehn (77 %), dass sie Fortschritte bezüglich des Aufbaus von Informatiksystemen gemacht haben. Zehn Schüler (77 %) sind der Meinung, dass die gelernten Inhalte für den Umgang mit Informatiksystemen nützlich sind. Die gleiche Anzahl sagte, dass sie Spaß daran fanden, ihr Wissen über Informatiksysteme zu vertiefen. Für Kompetenzen sind gerade diese motivationalen Aspekte stärker zu fördern.

15.4.3 Fazit der verantwortlichen Informatiklehrperson

Da die Unterrichtsreihe nicht von der verantwortlichen Informatiklehrperson durchgeführt wurde, ist ihre Rückmeldung zu den von ihr hospitierten Unterrichtsstunden für ein Fazit hilfreich. Den Schwierigkeitsgrad der Sequenz empfand sie als angemessen. Es wurde aber auch Kritik geübt:

„Am Anfang der Unterrichtsreihe stand das selbständige Handeln der Schülerinnen und Schüler zu wenig im Mittelpunkt. Das verhinderte anfangs ein wirkliches Verstehen des neuen Begriffs Entwurfsmuster. Die kritischen Aspekte wurden in zahlreichen Nachbesprechungen (...) erläutert. Die Kritik wurde positiv aufgenommen, so dass sich der frontal gerichtete Unterricht zugunsten eines handlungsorientierten Unterrichts entwickelte" (Ganea/Koch, 2008, S. 119).

Insgesamt ist die Informatiklehrperson der Meinung, dass die Schüler in dem Unterrichtsprojekt die Informatik als ein sehr facettenreiches Fach kennengelernt haben:

„Die Schüler müssen Informatik als ein sehr breites, buntes Fach erleben. Bisher hatten sie die Möglichkeiten laut Curriculum, Informatik als ein Fach mit Programmieren als Haupttätigkeit kennenzulernen (...). Informatik ist aber mehr, und wenn sie sich auch in Zukunft damit beschäftigen wollen, sollen sie auch die anderen Facetten dieses Faches kennenlernen (...). Analyse und Design sind die wichtigsten Teile eines Projektes. Ich finde, das müssen die Schüler kennenlernen. Und sie haben die Möglichkeit gehabt, ein System zu analysieren und zu erfahren, was Informatik bedeutet" (Auszug aus dem abschließenden Interview mit der betreuenden Lehrperson).

Die erfolgreiche informatikdidaktische Partnerschaft zwischen Schule und Universität wird weitergeführt, um Kompetenzmessinstrumente für den Informatikunterricht zu entwickeln und zu erproben.

15.5 Zusammenfassung und Fazit

In den GI-Bildungsstandards für die Sekundarstufe I wird als übergreifendes Ziel gefordert, dass Schüler Aufbau und Funktionsweise von Informatiksystemen verstehen, um sich unbekannte Systeme erschließen und zielgerichtet für eigene Zwecke einsetzen zu können (GI, 2008, S. 11). Das vorgestellte Unterrichtsprojekt setzt dieses Ziel exemplarisch auf dem Anforderungsniveau der Sekundarstufe II um. Durch einen Zugang zu Informatiksystemen über ihr Verhalten leistet es einen Beitrag, der Erkundung und Analyse von Informatiksystemen mehr Lernzeit einzuräumen. So werden Zugriffskontrolle und Zustände als Fundamentale Ideen der Informatik in den Unterricht integriert, um die Funktionalität von Informatiksystemen zu erklären. Durch die Entwurfsmuster Zustand und Proxy als Strukturmodelle wird der Aufbau von Informatiksystemen exemplarisch veranschaulicht.

Die inhaltliche Fokussierung auf Objektorientierung ist für Kompetenzentwicklung mit Informatiksystemen jedoch nicht zwingend. Außerdem sind viele Aspekte des vorgestellten Unterrichtsmodells auf andere Lehr-Lern-Situationen transferierbar, z.B. der Sichtenwechsel zwischen innerer Struktur und dem nach außen sichtbaren Verhalten, mit dem Aufbau und Funktionsweise von Informatiksystemen verknüpft werden.

Insgesamt kann das positive Fazit gezogen werden, dass sich die Software auf Grundlage von Entwurfsmustern, speziell Proxy- und Zustandsmuster, in

Kombination mit einer systematischen Vorgehensweise zur Erkundung von Informatiksystemen im Informatikunterricht bewährt hat. Über die Entwurfsmuster kann die lernförderliche Software sowohl auf ihr nach außen sichtbares Verhalten als auch auf ihre für die informatische Bildung angemessene innere Struktur überprüft werden. Einen experimentierenden Zugang nahmen die Schüler an, und sie entdeckten die in der lernförderlichen Software enthaltene Vernetzung Fundamentaler Ideen der Informatik. Damit haben die Schüler eine Heuristik an die Hand bekommen, mit der sie sich ihnen unbekannte Systeme erschließen können.

16 Kreativität im Informatikunterricht

Ralf Romeike, Universität Potsdam

Kreative Tätigkeiten nehmen im Informatikunterricht einen zentralen Stellenwert ein: Vom Erfinden und Programmieren eigener Spiele bis hin zum Produzieren von Fotomontagen mithilfe von Bildbearbeitungssoftware befähigt informatische Kompetenz zu vielfältigen kreativen Gestaltungsmöglichkeiten. Mit kreativem Gestalten und damit der Umsetzung eigener Ideen erfüllt ein moderner Informatikunterricht schülerorientierte Anforderungen, wird gleichzeitig der kreativen Wissenschaft Informatik gerecht und ermöglicht das Erreichen der höchsten Stufe in der Lernzieltaxonomie (nach Anderson/Krathwohl, 2001). Nicht zuletzt hängt Erfolg heutzutage nicht nur davon ab, was oder wie viel jemand weiß, sondern vor allem davon, ob er in der Lage ist, kreativ zu denken und zu handeln.

Von deutschen Bildungspolitikern und Vertretern der Wirtschaft wird seit vielen Jahren gefordert, Schüler in allgemeinbildenden Schulen kreativer auszubilden; ein vorherrschender, zumeist auf konvergente Lösungsstrategien ausgerichteter Unterricht bereite die Schüler nicht ausreichend auf die späteren Anforderungen vor. Mit der Informatik existiert ein Unterrichtsfach, dem kreative Prozesse immanent sind und welches nicht nur durch die Anwendung von, sondern insbesondere durch die Auseinandersetzung mit kreativen Prozessen, z.B. Modellierungstätigkeiten, die Anwendung von Kreativität notwendig macht und fördert. Der besondere Beitrag der Informatik liegt hierbei nicht in einer weiteren kreativitätsfördernden Maßnahme, sondern in der spezifischen Ausprägung, in welcher kreative Handlungsformen in Denkprozesse integriert werden und somit von Schülern in ihren Handlungsweisen zu eigen gemacht werden können. Darüber hinaus eröffnen die Werkzeuge und Methoden der Informatik nicht nur Spezialisten der Informatik, sondern auch Laien vielfältige Möglichkeiten der kreativen Betätigung. Die kreative Beschäftigung mit Informatik an sich ist für viele Schüler ein Grund, sich überhaupt der Informatik zuzuwenden.

16.1 Kreativität im Unterricht

Kreativität ist vielleicht einer der am kontroversesten diskutierten Untersuchungsgegenstände der Psychologie und zugleich ein im allgemeinen Sprachgebrauch häufig und recht unbekümmert verwendeter Begriff. Bei der wissenschaftlichen Untersuchung von Kreativität lassen sich vier Dimensionen identifizieren: die Betrachtung des Individuums, also *menschlicher* Faktoren (Persönlichkeit, Motivation), die Betrachtung des *Umfelds* und der Einflussfaktoren von Kreativität, die Betrachtung kreativer *Prozesse* sowie die Betrachtung kreativer *Produkte*. Im Hinblick auf den Schulunterricht empfiehlt es sich, eine schülerorientierte Sichtweise auf Kreativität einzunehmen: In jedem Schüler steckt kreatives Potential. Aufgabe des Informatikunterrichts muss es sein, dieses Potential herauszufordern, zu fördern und für die Unterrichtsziele (nämlich Motivation, Interesse, Lernen) zu nutzen.

Kreativ sein macht Spaß und motiviert. Motivation ist die treibende Kraft hinter jeder menschlichen Tätigkeit und grundlegend für Lernprozesse. Während Intelligenz, Begabung und sozialer Hintergrund Faktoren darstellen, die Lernen beeinflussen, aber außerhalb der pädagogischen Wirkungsmöglichkeiten liegen, kann die Lernmotivation durch geschickte Steuerung des Lernprozesses durch den Lehrer gestärkt werden. Intrinsisch motivierte Schüler erreichen auch bessere Leistungen. Kreativität und Motivation bedingen sich gegenseitig. Studien zur Motivation von Open-Source-Softwareentwicklern identifizieren intrinsische Motivation durch das Gefühl, etwas Kreatives zu tun, als wichtigsten Faktor, warum sich diese Programmierer hier engagieren (Lakhani/Wolf, 2005). Auch im Informatikunterricht kann die motivierende Wirkung kreativen Tuns genutzt werden. So berichten auch Schüler von Motivation durch den schöpferischen Charakter der Informatik und die Möglichkeit, sich kreativ zu verwirklichen (Romeike, 2008): Es macht Spaß, kreativ zu sein. Im kreativen Tun findet der Mensch Selbstbestätigung und Selbstverwirklichung. Csikszentmihalyi (1990) prägte für so intensives Aufgehen in einer kreativen Betätigung den Begriff *Flow*. Zusammenfassend lässt sich feststellen, dass Kreativität im Unterricht die Chancen bietet, Schülermotivation zu steigern, Aufmerksamkeit, Neugier und Konzentration zu verbessern und dadurch letztlich einen besseren Lernerfolg zu erzielen.

16.2 Kreatives als konstruktionistisches Lernen

Papert greift in seiner Lerntheorie des Konstruktionismus vom Konstruktivismus das Prinzip des Lernens als Konstruktionsprozess auf, fügt aber die Idee hinzu, dass Lernen durch das eigenhändige Konstruieren eines (auch gedanklichen) Artefakts unterstützt wird (Papert/Harel, 1991). Im Gegensatz zu Piaget hält Papert es für wichtig, dass Lernende direkt in Situationen eintauchen, statt sie von außen zu betrachten. Hierzu zählt auch die Verbundenheit mit dem Lerngegenstand: Der Schlüssel zum Lernen liegt im Einswerden mit dem betrachteten Phänomen, was wiederum zu bedeutungsvollem Lernen führt. Vorteil des Schaffens eines realen Produkts ist die Möglichkeit, dieses auszuprobieren, zu zeigen, zu diskutieren und zu bewundern (Papert, 1993). Das Konstruieren des Wissens bleibt damit nicht nur eine versteckte Angelegenheit des Geistes, sondern wird durch die „greifbaren" Artefakte unterstützt und nachvollziehbar. Artefakte schaffen Verständnis durch ihre Interpretation; Verständnis kann wiederum repräsentiert werden in der Konstruktion eines Artefakts. Durch dieses Wechselspiel von Repräsentation und Interpretation entwickeln sich Artefakte und Verständnis evolutionär, was die Konstruktion des Wissens darstellt. Konkretes Denken ist nach Papert demnach keine Entwicklungsstufe, die bewältigt werden muss, sondern eine andere Repräsentation des Denkens, die ihre Berechtigung und Anwendungen hat. Das Schaffen von Artefakten und Verständnis im Sinne des Konstruktionismus ist Teil der Bewältigung kreativer Aufgaben und kann für die Gestaltung eines kreativen Informatikunterrichts wichtige Anhaltspunkte liefern: Kern der Informatik ist die Schaffung künstlicher Artefakte. Zudem stellt Computertechnologie eine fruchtbare Umgebung dar, um Ideen zu generieren und auszutesten (Papert, 2000), da Artefakte auch Konstruktionen der künstlichen Welt mit einschließen. Die Konstruktion von Artefakten und ein Lernverständnis im Sinne des Konstruktionismus bieten sich damit in der Informatik geradezu an und können ein bedeutungsvolles und kreatives Lernen ermöglichen.

Kreatives Lernen fügt konstruktionistischem Lernen den Aspekt des Problemfindens und Situierens des zu erschaffenen Produkts vor den Gegebenheiten und eigenen Möglichkeiten hinzu. Nach Resnick (2007a) folgt kreatives Lernen einem Spiralprinzip (Abb. 16.1).

Abbildung 16.1 Spirale kreativen Lernens nach Resnick (2007a)

„In this process, people imagine what they want to do, create a project based on their ideas, play with their creations, share their ideas and creations with others, and reflect on their experiences – all of which leads them to imagine new ideas and new projects. As students go through this process, over and over, they learn to develop their own ideas, try them out, test the boundaries, experiment with alternatives, get input from others, and generate new ideas based on their experiences." (Resnick, 2007b, p. 18)

16.3 Ansatzpunkte einer kreativen Informatik

Die Sichtweise auf ein Schulfach prägt die Erwartungen, den Anspruch, aber auch die Bemühungen, die einem Fach entgegengebracht werden. Informatik wird in der Öffentlichkeit bisher noch zu wenig als kreatives Fach wahrgenommen. Die Vorstellung vom Fach beschränkt sich für viele Schüler auf Programmieren im Sinne von Kodieren, Mathematik, Hardware und das Anwenden von Standardsoftware. Dabei wird dieses Bild weder den kreativen Möglichkeiten der Informatik, dem Informatikstudium noch den Tätigkeiten eines Informatikers gerecht. Bereits in der Schule sollte ein facettenreiches Bild der Informatik vermittelt werden. Im Folgenden werden Ansatzpunkte für einen kreativen Informatikunterricht aus Sicht des Fachs, der Unterrichtsumgebung und der Schüler betrachtet.

16.3.1 Informatik – ein kreatives Fach

Informatiker bezeichnen ihr Fach als hochkreativ: In der Informatik ist die Komplexität der geschaffenen Objekte nur durch die Fähigkeiten des Entwicklers, nicht durch physikalische Eigenschaften der zugrundeliegenden Rohmaterialien begrenzt. Auch sind die Innovationen der Informatik in Hard- und Software heute allgegenwärtig. Selbst die Grundlagen, die notwendig sind, um innerhalb und mit der Informatik kreativ tätig zu werden, vereinfachen sich kontinuierlich, da die Bedienung von Software und Benutzerschnittstellen immer intuitiver wird. Schon Kinder und Jugendliche beschäftigen sich kreativ mit Informatiksystemen und Inhalten der Informatik und wählen sogar ein Informatikstudium aus diesem Grund (Resnick/Rusk, 1996; Knobelsdorf/Romeike, 2008). Ein explizit kreativ gestalteter Unterricht kann das Schülerbild für die Informatik positiv beeinflussen (Romeike, 2008).

Innerhalb der Informatik wird vor allem dem Gebiet der Softwareentwicklung und des Programmierens eine kreative Rolle zugeschrieben (Leach/Ayers, 2005; Saunders/Thagard, 2005; Glass, 2006).

Erweitert man diese Sichtweise auf informatisches Gestalten und Modellieren, wird deutlich, wie viel kreatives Potential sich für den Informatikunterricht ergibt. Darüber hinaus können Schnittpunkte von Informatik und Kunst betrachtet und in die Unterrichtsgestaltung einbezogen werden.

Kreativität in der Softwareentwicklung

Kein Bereich der Informatik ist so untrennbar mit dem Schaffen kreativer Produkte verbunden wie die Softwareentwicklung. Kreativität ist in den verschie-

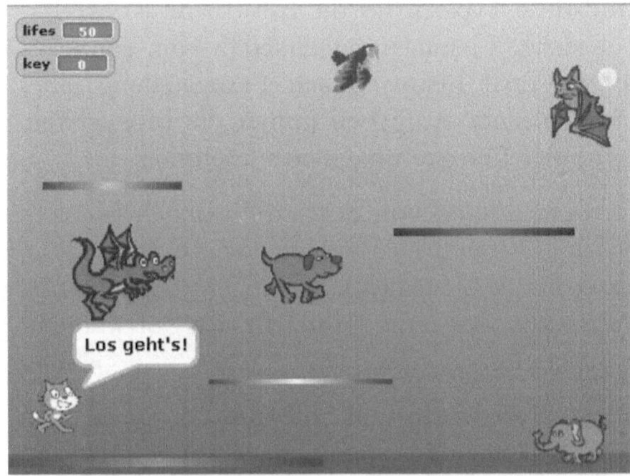

Abbildung 16.2 Schüler denken sich kreative Spiele aus, wenn sie die Möglichkeit hierzu haben

denen Phasen des Softwareentwicklungsprozesses erforderlich und sollte im Informatikunterricht verdeutlicht werden (Abb. 16.2):

1. Beim Finden und Konkretisieren einer Zielstellung: Präzise definierte Aufgaben sind für die Softwareentwicklung eher untypisch. Vielmehr stehen zu Beginn in der Regel das Sondieren von Problematik, Möglichkeiten und Anforderungen sowie eine Präzisierung dessen, was erreicht werden soll. Situationen, in welchen aus eigenem Antrieb Software entwickelt wird, gehen sogar darüber hinaus, indem vor dem Hintergrund der eigenen Möglichkeiten und Fertigkeiten erst ein realisierbares Ziel gefunden werden muss. Dieser Prozess des Problemsuchens und -findens erfordert kreatives Denken. Klar definierte Aufgaben dagegen, wie sie noch häufig im Unterricht zu finden sind, ignorieren diesen kreativen Teil der Softwareentwicklung.

2. In der Problemmanagementphase: Glass (2006) beschreibt diesen Teil als hochkreativen kognitiven Prozess, welcher auch Versuch und Irrtum und heuristische Herangehensweisen involviert. Dieser Aspekt wird häufig übersehen, wenn bevorzugt ein Top-down-Modellierungsansatz vermittelt wird. Vielmehr ist auch hier ein wiederholtes Generieren von Hypothesen und ggf. Prototypen angebracht und üblich (welches natürlich kein planloses Versuch-Irrtum-Vorgehen beinhaltet). In dieser Phase der Softwareentwicklung sind zahlreiche Lösungswege und Vorgehensweisen möglich, worüber sich die Schüler bewusst werden sollten. Durch den Informatiklehrer kann diese Phase des kreativen Prozesses unterstützt werden, indem dafür Sorge getragen wird, dass fachrelevantes Wissen, Fertigkeiten und Motivation vorhanden sind, das Sammeln von Erfahrungen ermöglicht und unterschiedliche Vorgehensweisen thematisiert werden.

3. Bei der Erstellung eines Produkts: Typisch für die Informatik ist es, dass es für eine Zielstellung verschiedenartige Lösungsmöglichkeiten gibt. Ein kreativer Unterricht stellt diese Besonderheit heraus. Nach Fertigstellung eines Softwareproduktes ergibt sich dank offener Aufgaben immer die Möglichkeit, weitere Optimierungen oder funktionale Erweiterungen vorzunehmen.

4. In der Präsentation: Das Implementieren von Softwarelösungen ist nicht nur ein Selbstzweck zum Testen eines Entwurfs, sondern erst das funktionierende Produkt stellt die Belohnung für das Engagement dar. Die Präsentation eines Projekterfolgs (z.B. vor der Klasse oder online) schließt den Softwareentwicklungsprozess im Informatikunterricht gebührend ab.

Für den Informatikunterricht ist das Entwickeln von Software vor allem dann reizvoll, wenn die Schüler die Möglichkeit bekommen, eigene Ideen umzusetzen und Programme zu entwickeln, die für sie selbst relevant sind. Erst hieraus kann sich die intrinsische Motivation entwickeln, die für kreative Leistungen unabdingbar ist.

Kunstperspektive

Kunst, die *schöpferische Tätigkeit des Menschen mit Tönen, Sprache oder verschiedenen Materialien*, ist der Inbegriff von Kreativität im traditionellen Sinn. Auch das Entwickeln von Software ist durchaus mit kreativen Prozessen in der Musik (vgl. Romeike, 2007c) oder anderen Künsten vergleichbar. So erstaunt es nicht, dass einige Informatiker ihr Tun als Kunst verstehen: der Informatiker als Künstler. Hier finden sich zwei verschiedene Sichtweisen. Zum einen richtet sich die Aufmerksamkeit auf den Prozess selbst (meist Programmieren); der Informatiker *versteht* das, was er tut, als Kunst, basierend auf Fertigkeiten, Wissen und Freude am Schaffen schöner Software (Knuth, 1974) (Abb. 16.3). Die-

Abbildung 16.3 Knuth: The Art of Computer Programming und Kunstwerk aus der DEMO-Szene

sem Verständnis entspringt das ästhetische Empfinden für „schönen Code" und „ansprechenden" Softwareentwurf. Zum anderen wird weniger der Prozess reflektiert, sondern der Informatiker (auch hier oftmals Programmierer) *betätigt sich* als Künstler. In dieser Sichtweise richtet sich die Aufmerksamkeit auf das kreative, künstlerische Produkt, ein meist programmiertes Kunstwerk, welches Expertise, Eleganz, oft auch Effizienz und Kreativität gleichermaßen ausdrückt. Festivals und eine aktive Szene bieten diesen Programmierern ein Podium.

In einem anderen Zusammenhang steht Informatik mit Kunst dort, wo sich Künstler als Informatiker oder Programmierer betätigen. Diese haben die Methoden der Informatik und die Möglichkeiten, die sich daraus ergeben, für sich entdeckt und wenden sie zum Erschaffen von Kunstwerken an (vgl. Maeda, 2004; Trogemann/Viehoff, 2005). Im Vordergrund stehen hierbei nicht Effizienz, Eleganz oder Zuverlässigkeit der Software, sondern die Weiterentwicklung von Ideen und das ästhetische Gelingen der Arbeit.

Einen zusätzlichen Beitrag für das Erschaffen von Kunstwerken und für die künstlerische Betätigung leistet die Informatik, indem sie Werkzeuge bereitstellt, die künstlerisch genutzt werden können. Hierzu zählt unterschiedlichste Software für Bild-, Musik- und Videoverarbeitung bis hin zu interaktiven Komponenten für Live-Installationen. Mit diesen Hilfsmitteln gelingt es immer mehr Menschen, sich künstlerisch kreativ zu betätigen.

Aus den Betrachtungen zur Kreativität im Fach lassen sich Gestaltungsprinzipien für Aufgaben in einem kreativen Unterricht ableiten: Kreative Leistungen sind nur in eigenständiger Arbeit möglich, welche grundsätzlich durch die zentrale Stellung von Projekten im Informatikunterricht begünstigt wird. Da selbständige Arbeitsphasen im Unterrichtskontext durch den Unterrichtsverlauf bzw. den Lehrer einen Rahmen in Form von Themen und Aufgabenstellungen oder Arbeitsaufträgen bekommen, sollten die folgenden Punkte berücksichtigt werden.

Subjektive Neuheit. Neuheit ist ein wichtiges Kriterium kreativer Leistungen. In der Schule dürfte allerdings nur selten eine absolut neue Lösung von einem Schüler entwickelt werden. Dennoch kann jeder Schüler *für sich* neue Produkte und Lösungen entwerfen, wenn ihm bezüglich der Bearbeitung einer Aufgabenstellung kein Lösungsweg oder Muster bekannt ist oder vorliegt. Nicht erfüllt würde dieses Prinzip von der Aufgabe (Negativbeispiel): „Verschlüssele folgende Nachricht mit der (bekannten) Caesar-Verschlüsselung". Erfüllt wird dieses Kriterium durch die Aufgabenstellung (Positivbeispiel): „Denke dir ein eigenes Verfahren zum Verschlüsseln eines Textes aus."

Offenheit. Charakteristisch für kreative Prozesse sind Bestandteile des Problemfindens, Explorierens und Entdeckens. So kann bei einer offenen Aufgabenstellung eine ungefähre Zielvorstellung vorhanden sein, die aber nicht klar definiert ist und erst im Prozess festgelegt wird. Stattdessen sind im Informatikunterricht oft Rahmenbedingungen einzuhalten, welche die Richtung vorgeben und durch den Lehrer oder die Aufgabenstellung bestimmt sind. Der Schüler muss sich dann seine Möglichkeiten bewusst machen und sein Betätigungsfeld abstecken. Die Möglichkeit, die Aufgabe selbst mitzugestalten, wirkt zusätzlich motivierend.

Auch bei festgelegtem Ziel ist es möglich, unterschiedliche Ergebnisse zu erhalten, wenn diese die Anforderungen erfüllen (divergente Aufgaben). So kann z.B. den Schülern die Wahl gelassen werden, verschiedene Parameter begründet oder nach Belieben gegenüber einem empfohlenen Lösungsweg auszuwählen oder zu variieren. Dieses Vorgehen führt zu einer begrenzten Vielfalt an Lösungen. Schülern bietet sich dadurch die Möglichkeit, auch andere Lösungen herauszufinden und den Lösungsraum zu erkunden.

Zum kreativen Prozess in der Informatik gehört das Auswählen aus verschiedenen Vorgehensweisen, das Anwenden von Algorithmen, Konzepten und Modellen und das bewusste Entscheiden, wie eine Problemlösung/ein Produkt erarbeitet werden soll – nur Aufgaben, die verschiedene Wege zulassen, ermöglichen den Schülern Gestaltungserfahrungen.

Variable Bearbeitungstiefe. Engagieren sich Schüler kreativ, arbeiten sie selbstgesteuert. Sie entscheiden, wie umfangreich, wie lange und wie intensiv sie sich mit einem Gegenstand/einer Aufgabenstellung auseinandersetzen möchten und welche Qualität ihr Produkt besitzen soll. Um dieses Engagement nicht zu unterbinden oder durch mangelnde Vertiefungsmöglichkeiten abzuschneiden, sollte eine Aufgabe unterschiedliche Bearbeitungstiefen zulassen, z.B. indem das angestrebte Ziel Erweiterungen oder Optimierungen zulässt. Bei Implementationen steigt die Bearbeitungstiefe z.B. mit der Optimierung von Algorithmen, der Berücksichtigung möglicher Fehleingaben oder umfangreicheren Ausgaben. So lassen sich auch unterschiedliche Leistungsniveaus berücksichtigen.

Anwendung von Konzeptwissen. Ein solides Grundwissen im Betätigungsgebiet ist Voraussetzung für jeden kreativen Prozess, da hierauf begründete Modellierungs- und Problemlöseentscheidungen basieren. Faktenwissen und Produktwissen sind in dem Zusammenhang zwar ebenfalls notwendig, aber erst das Anwenden von dahinterstehenden Zusammenhängen und Konzepten ermöglicht problemübergreifendes kreatives Denken. Folglich ist insbesondere Konzeptwissen zu vermitteln und den Schülern die Möglichkeit zu bieten, dieses anzuwenden. So ermöglicht z.B. die Kenntnis von Substitution und Transposition bei Verschlüsselungsverfahren gegenüber alleinigem Anwendungs-/Algorithmenwissen, die jeweiligen Eigenschaften geschickt für ein eigenes Verfahren der Kryptographie anzuwenden und zu beurteilen.

Ideenanregung. Einer kreativen Leistung geht zumeist ein Stimulus voraus. Art, Inhalt, Formulierung und/oder Hintergrund einer Aufgabenstellung können eine solche Anregung darstellen. Die Bedeutung hierfür wird recht schnell deutlich, wenn man z.B. Aussagen von Komponisten betrachtet: Hier ist häufig ein Gefühl, eine Begegnung, ein Erlebnis oder ein Eindruck von außen ausschlaggebend für die Inspiration. Auch im Informatikunterricht soll die Aufgabe dem Schüler reichlich Anstoß geben, Ideen zu entwickeln, z.B. durch den Kontext, in den sie eingebettet ist, oder durch das Anknüpfen an die Erfahrungswelt der Schüler. Das bedeutet, dass der Schüler sich vorstellen kann, wozu z.B. seine zu entwerfende Software eingesetzt werden kann und welche „größeren" Probleme sie löst.

16.3.2 Technologie-Perspektive

Wohl kein Schulfach wird so maßgeblich durch seine Werkzeuge geprägt wie die Informatik. Vermutlich existiert auch für kein weiteres Fach ein so großer Umfang an verfügbaren Werkzeugen, die sich als Einstieg in ein Thema, zur Verdeutlichung eines Sachverhalts oder als Unterrichtsgegenstand legitimieren lassen. Informations- und Kommunikationstechnologien (IKT) werden als hilfreiche Werkzeuge zur Unterstützung von Kreativität angesehen. Das kreativitätsfördernde Potential ist hierbei nicht nur auf künstlerische Bereiche beschränkt, sondern geht weit darüber hinaus. So beschäftigt sich ein großer Teil der Forschung im Spannungsbereich von Kreativität und Informatik mit den Möglichkeiten zur Förderung von Kreativität mit IKT in professionellen Bereichen und Lernumgebungen (Shneiderman et al., 2005). Neue Technologien unterstützen Anwender demnach bei der Entwicklung und beim Verbinden von Ideen, beim Erschließen von Bedeutungen, beim Gestalten, Zusammenarbeiten, Kommunizieren, Publizieren und Weiterentwickeln. Hierbei können IKT verschiedene Rollen übernehmen: als Nanny (Aufpasser), Netzwerker und Unterstützer, Coach oder Kollege (Lubart, 2005). Eine kreativitätsfördernde Umgebung ist ein wesentlicher Faktor für die Förderung von Kreativität. Ein Verständnis von Konzepten der Informatik ist aber für eine kreative Nutzung von IKT grundlegend wichtig, auch in anderen Fächern.

Die Auswahl eines Werkzeugs hat einen starken Einfluss darauf, inwiefern die Schüler sich kreativ im Unterricht einbringen können.

IKT können *den Prozess des kreativen Arbeitens unterstützen.* Werkzeuge für den Informatikunterricht sollten hierfür

- konstruktionistisches Lernen ermöglichen,
- verschiedene *Explorations- und Experimentiermöglichkeiten* bieten und unterstützen,

- einfaches *Undo/Redo* erlauben,
- Prozessabläufe und Datenflüsse *visualisieren*,
- *schrittweises Entwickeln* und das frühe Erzeugen von *Prototypes* erlauben,
- „high ceilings" besitzen, d.h. *erweiterbar* sein und unterschiedliche *Komplexitätslevel* erlauben,
- schrittweises und inkrementelles Lernen unterstützen.

IKT können intrinsische Motivation fördern.

Werkzeuge für den Informatikunterricht sollten hierfür

- *intuitiv* sein und *geringe Einstiegshürden* besitzen,
- das *Erschaffen von Produkten/Artefakten* und damit *schnelle Erfolgserlebnisse* ermöglichen,
- *Wert und Potential* des Tools schnell *deutlich* werden lassen,
- nützliches, aussagekräftiges und sofortiges *Feedback* auf Handlungen geben,
- *Fehlermachen* ohne „Strafe" ermöglichen,
- *Verbreitungsmöglichkeiten*, um Anerkennung zu erlangen, bieten,
- *Spaß* machen und mit seinen Aktivitäten als „cool" angesehen werden und die *Interessen der Schüler* ansprechen (z.B. durch Multimedia),
- Jugendliche *unterschiedlichen Hintergrunds* ansprechen.

IKT können bei der Ideenfindung und -anwendung unterstützen.

Werkzeuge für den Informatikunterricht sollten hierfür

- *Aktivitäten unterschiedlicher Art* ermöglichen („wide walls"),
- grundlegende *Ideen hervorstechen* lassen (ohne sie aufzudrücken),
- eine *Nachschlagequelle* für grundlegendes Wissen und Anregungen bieten,
- *Beispiele* und *Ideen* liefern,
- *Tutorials* und/oder *Aufgaben* zur Anregung beinhalten,
- *Kollaborationsmöglichkeiten* bieten.

Zusätzlich zu den genannten Bereichen ließen sich noch technische Kriterien (z.B. Kosten, einfache Installation u.a.) angeben, die im Wesentlichen aber so unspezifisch sind, dass an dieser Stelle darauf verzichtet wird.

16.3.3 Schüler-Perspektive

In den Betrachtungen zu Kreativität und Informatik konnte bereits festgestellt werden, dass intrinsische Motivation und Kreativität in einem sich wechselseitig bedingenden Verhältnis stehen. So zeigen Studien, dass „die Möglichkeit, Probleme selbst zu lösen", und „die Möglichkeit, kreativ zu sein", wichtige Faktoren darstellen, die intrinsische Motivation beeinflussen. Kreatives Tun kann einen Menschen begeistern, an die Aufgabe fesseln und/oder in einen Flow-Zustand (vgl. Csikszentmihalyi, 1990) versetzen, in welchem er voll in seiner Betätigung aufgeht. Ziel kreativer Unterrichtsphasen sollte es sein, einem solchen Empfinden oder einem solchen Zustand möglichst nahezukommen. Hierzu zählt auch, eine positive Einstellung zur Kreativität zu etablieren. Sternberg und Lubart (1991) identifizierten folgende Einstellungen als ausschlaggebend für Kreativität: Toleranz für Mehrdeutigkeiten, Willen, Hindernisse zu bewältigen und durchzuhalten, Willen, mit der Aufgabe zu wachsen, Risikobereitschaft und der Glaube an sich selbst. Folgende schülerorientierte Anforderungen begünstigen diese Einstellungen.

Identifikation. Um größtmöglich in seiner Arbeit aufzugehen, soll sich der Schüler mit seiner Beschäftigung identifizieren können (vgl. Papert, 1993; Hill, 1998). Der Unterrichtsinhalt muss damit für den Schüler eine Bedeutung besitzen oder zumindest eine Bedeutung erlangen können. Verantwortung für einen Teil eines Softwareprojekts übernehmen zu können, das Gefühl als Experte eingesetzt zu werden und die spätere Möglichkeit, seine Lösung auch präsentieren zu dürfen, können dies unterstützen.

Originalität. Jeder Schüler ist ein eigenes Individuum mit eigenen Ansprüchen, Vorstellungen und Vorlieben. Originalität als Kriterium kreativer Leistungen bedeutet in diesem Zusammenhang, dass sich ein Schüler einen Originalitätsanspruch setzen und erfüllen kann, z.B. indem er seiner Lösung/Bearbeitung eine „eigene Note" verleiht. Diese kann ästhetische, funktionale, gewitzte oder andere Besonderheiten ausmachen: zum Beispiel durch die Gestaltung einer GUI, einmalige Programmfunktionen oder spezielle Anwendungsgebiete.

16.4 Praxisprobleme

In der Praxis des Informatikunterrichts und der Informatikdidaktik sind verschiedene Vorgehensweisen anzutreffen, die für kreatives Arbeiten problematisch sind. Im Folgenden sollen diese vor dem Hintergrund kreativen Lernens hinterfragt werden.

Probleme sind oftmals nicht Probleme (sondern Aufgaben)

Ein *Problem* kann definiert werden als ein Hindernis, das zwischen einer Person und einem angestrebten Ziel steht (vgl. Häcker/Stapf, 1998). Diese Definition steht im Gegensatz zum Verständnis von „etwas, das getan werden muss", was eine *Aufgabe* kennzeichnet. Dieser Unterschied wird häufig übersehen, so dass viele „Probleme" im Wesentlichen darin bestehen, das Rezept zur Lösung einer Aufgabe zu finden, woraufhin das Problem trivial und in wenigen Schritten lösbar wird; im Programmierkontext typischerweise durch Implementieren von Programmtext. Schüler müssen in solchen Situationen ihr Vorgehen nicht reflektieren und brauchen sich über das Konzept hinter dem Problem keine weiteren Gedanken zu machen. Stattdessen suchen sie nach einer Möglichkeit, wie sie schnellstmöglich vom Ursprung des Problems zu seiner „Lösung" kommen. Bereits Ausubel/Novak/Hanesian (1982) stellen diesbezüglich fest: „Im mathematischen und naturwissenschaftlichen Unterricht ist das Lösen von Standardproblemen meistens kaum etwas anderes als mechanisches Memorieren und mechanisches Anwenden von Formeln, mechanisches Manipulieren mit Symbolen und der Gebrauch von eigentlich irrelevanten Schlüsseln für die Identifizierung von Problemen als Angehörige einer Klasse von Problemen". Informatiklehrer sollten sich diesen Ansatz nicht zu eigen machen.

Probleme sind oft keine Informatikprobleme, sondern mathematische Probleme

Der Umstand, dass Computer (zu deutsch: Rechner) ursprünglich vor allem für mathematische Berechnungen verwendet wurden, scheint bis heute einen erstaunlichen Einfluss auf die informatische Bildung auszuüben: Viele Probleme entstammen der Mathematik. Zwar haben mathematische Probleme den Vorteil, dass sie exakt definierbar sind. Dies ist allerdings für die Informatik untypisch und bringt zusätzlich die Nachteile, dass meist nur *eine* richtige Lösung möglich und das Problem selbst oft lebensweltfern ist, wie z.B. die Berechnung des ggT. Stattdessen sollten Schüler im Informatikunterricht lernen, Probleme der Informatik mit Methoden der Informatik zu lösen, auch da das Fach sich sonst seiner Legitimation beraubt. Zusätzlich kritisch bei der Verwendung mathematischer Probleme ist der motivationale Einfluss dieses recht unpopulären Fachs für die Schüler.

Probleme haben oft keinen Bezug zum Schüler

Die Lernforschung unterstreicht, dass Lernende bessere Leistungen erbringen und dann motivierter sind, wenn eine Aufgabe für sie von Bedeutung ist. Diese Sichtweise kann auf das Problemlösen übertragen werden. Ein Problem ist für einen Schüler relevant und bedeutungsvoll, wenn es Bezug zu seiner Lebenswelt aufweist, wenn er es als persönliche Hürde auffasst und er das angestrebte

Ziel auch tatsächlich erreichen möchte. Häcker und Stapf (1998) charakterisieren ein Problem anhand zweier weiterer Komponenten: einem unerwünschten Ausgangszustand und einem erwünschten Endzustand. Stellt ein Problem sich nicht als Problem für den Schüler dar, z.B. weil es ihm nur vom Lehrer auferlegt wurde oder es sich darüber hinaus nur um eine Aufgabe handelt, zu welcher der Lehrer gar die Lösung bereits kennt, sind die Bedingungen an ein Problem in diesem Verständnis nicht erfüllt – es fehlt die Motivation, das Problem zu lösen.

16.5 Gestaltung kreativen Informatikunterrichts

Kreativität ist immer auch von der Umgebung abhängig. Ein negatives Unterrichtsklima kann ein deutlicher Kreativitätshemmer sein. Entsprechend sollte der Lehrer (wie in jedem Unterricht) darauf achten, dass die Schüler sich akzeptiert und wohlfühlen. Darüber hinaus stellen kreative Unterrichtsphasen weitere Anforderungen an die Umgebung, um Kreativität zu stimulieren: das „Zünden" neuer Ideen, die Ermutigung, kreativen Ideen zu folgen, sowie das Auswerten und Wertschätzen von kreativen Ideen. Die folgenden Faktoren begünstigen eine kreativitätsfördernde Unterrichtsumgebung:

Experimentiermöglichkeit

Kreativ tätig sein bedeutet, mit Ideen zu experimentieren, Heuristiken anzuwenden und verschiedene Lösungsmöglichkeiten zu testen. Ist das Lösungsfinden durch Versuch und Irrtum auch ein Vorgehen, das methodisch im Informatikunterricht nicht anzustreben ist, so gehört es doch zum kreativen Prozess dazu und ermöglicht gerade in der Softwareentwicklung das Aufstellen und Testen von Hypothesen für kleinere Probleme. Experimentieren schließt hierbei nicht das „Nach-Experimentieren" gemäß vorgegebener Versuchsanleitungen mit ein, sondern meint das selbständige Untersuchen und Prüfen von Ideen und Hypothesen.

Zeitlicher Raum

Kreativität ist unter Druck nur schwer realisierbar. Zur Überprüfung und Realisierung von Ideen sowie für die Illumination von Gedankenansätzen wird Zeit benötigt. Da die Schüler in kreativen Unterrichtsphasen selbstgesteuert arbeiten, teilen sie sich ihre Zeit auch selbst ein; Informatikprojekte (vgl. Kapitel 14) begünstigen dieses Kriterium.

Unterrichtsklima der Vielfalt

So wie zeitlicher Druck negative Einflüsse haben kann, sind auch Konformitätsdruck (Gruppendenken), erwartete Perfektion (Suche nach der erwarteten Antwort), Hierarchien und frühe Evaluation Kreativitätshemmer. Stattdessen sollte der Unterricht gegenseitige Anregungen und Inspiration ermöglichen. Neue Ideen sollten willkommen sein, Misserfolge ermöglicht und vielfältige Lösungen begrüßt und respektiert werden. In kaum einem anderen Unterrichtsfach als Informatik ist es möglich, so viele verschiedene Ergebnisse zu erhalten. Diese sind vorzustellen und zu fördern, auch wenn eine Software am Ende nicht „läuft".

Zurückgenommene Lehrerrolle

Während im traditionellen Unterricht der Lehrer den Unterricht leitet, Wissen vermittelt und die Schüler korrigiert und bewertet, besteht in kreativen Unterrichtsphasen seine Aufgabe im Coaching: Sollten Schüler ein nur schwer zu überwindendes Problem haben, nicht weiter wissen oder eine Inspiration benötigen, kann der Lehrer helfen, ansonsten hält er sich – vor allem auch mit wertenden Äußerungen – zurück. Zuspruch und Motivation sind allerdings legitim und notwendig. Damit sollte der Lehrer auch ausdrücken, dass er Kreativität begrüßt und wertschätzt. Er berät, begleitet, informiert und unterstützt, wo erforderlich und erwünscht.

Kreativitätsorientierte Unterrichtsphasen verlangen die Berücksichtigung dieser genannten Kriterien. Nichtsdestotrotz kann die Beachtung einzelner Kriterien kreatives Arbeiten begünstigen bzw. vorbereiten.

16.5.1 Der Challenge-Cycle

Die Ergebnisse der bisherigen Überlegungen finden integriert in einem Vorschlag für ein Unterrichtsframework Anwendung, welches für kreatives Lernen im Informatikunterricht eine methodische Grundlage bildet. In diesem Framework werden „traditionelle" Problemlöseaufgaben durch *Challenges* ersetzt. Eine Challenge (auch Herausforderung) bezeichnet ein „interessantes Problem oder eine schwierige Aufgabe" (Wordsmyth, 2007) und „etwas, das [...] Anstrengung bedarf, um erfolgreich bewältigt zu werden" (Cambridge, 2008). Als Challenge wird im Folgenden ein Problem bezeichnet, das für den Schüler relevant ist, ein meist offenes Ergebnis besitzt und welches vorzugsweise vom Schüler selbst definiert wurde. Auf diese Weise werden Schüler ermutigt, kreativ zu sein, und lösen Probleme, die für sie eine Bedeutung besitzen. Schüler folgen dann eigenen Interessen, werden aber durch den Rahmen des Unterrichtskontexts geleitet. So lernen sie individuell an einem Thema, welches sie selbst mitgeprägt haben. Lernen nach diesen Prinzipien soll die Schlüsselfaktoren, die für das Interesse von Schülern verantwortlich gezeichnet werden, unterstützen: Motivation, bedeutungsvolle und persönlich herausfordernde Aufgaben, Relevanz, Kreativität, Anwendbarkeit, Beisteuerbarkeit von Ideen, Experimentieren und die kreative Anwendung von IKT.

Die Phasen des Challenge-Cycles sind in Abbildung 16.4 dargestellt und werden in einer Unterrichtssequenz mehrere Male iteriert. Ein Eintritt kann mit jeder *Lernsituation* erfolgen, in welcher Konzepte kreativ angewandt werden sollen. In einer *Challenge-Phase* stellt der Lehrer sicher, dass alle für die Challenge grundlegenden Wissens-Bausteine von den Schülern verstanden und/oder verfügbar sind. Die Schüler werden nun vorbereitet und inspiriert, eigene Ideen zu entwickeln und eine persönliche Challenge zu bestimmen. Anschließend wird die Challenge gelöst, implementiert und präsentiert. Im Folgenden werden die einzelnen Phasen in einem (idealisierten) Durchlauf näher erläutert.

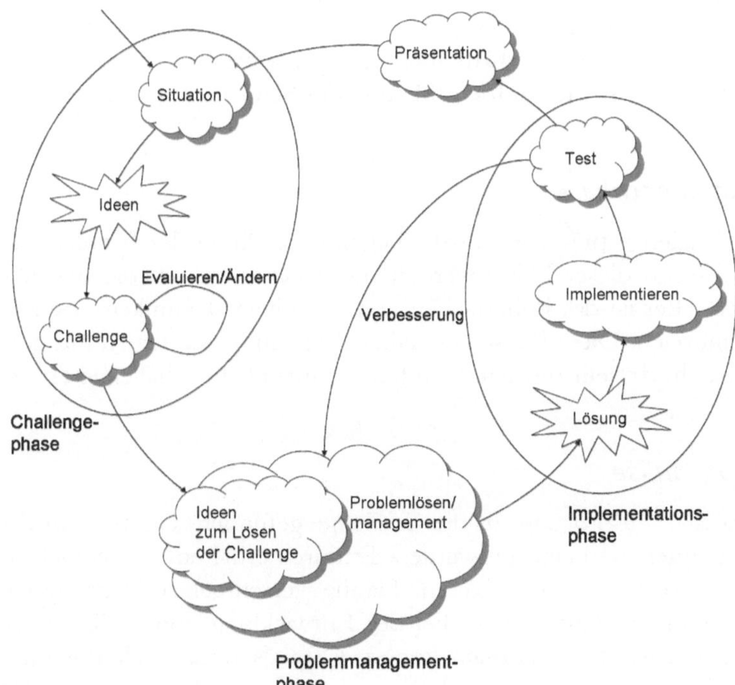

Abbildung 16.4 Challenge-Cycle für kreatives Lernen

Challenge-Phase

Die Situation zum Zeitpunkt des Eintritts in den Challenge-Cycle wird maßgeblich durch individuelle Vorerfahrungen, Wissen, der Lernsituation und der persönlichen Situation der Schüler geprägt. Die Lernsituation stellt sich damit als maßgebliche, durch den Lehrer beeinflussbare, Variable des Lernprozesses und der Motivation der Schüler dar. Vom Lehrer ist sicherzustellen, dass Wissen und Konzepte, die zur Bewältigung einer bestimmten Herausforderung notwendig sind, gut eingeführt und ggf. gefestigt wurden oder von den Schülern selbst erarbeitet werden können. Des Weiteren sollte zu Beginn einer Challenge der Betätigungsraum durch eine ungefähre Zielvorgabe (offene Aufgabe) insofern eingeschränkt werden, dass die Schüler sich nicht in der Beliebigkeit „verirren" und eine Herausforderung wählen, die in der zur Verfügung stehenden Zeit gelöst werden kann.

Schüler sind in der Lage, vielfältige Ideen zu entwickeln, nachdem sie die Möglichkeiten entdeckt haben, die sich aus neuen Konzepten für sie ergeben. Aus diesen Ideen heraus wählen sie eine Challenge, die sie realisieren wollen. Das Finden der persönlichen Challenge beinhaltet auch das Evaluieren dieser bezüglich der zur Verfügung stehenden Zeit, eigenem Wissen, voraussichtlicher Schwierigkeit und, wenn nötig, ein Anpassen der gestellten Aufgabe. Typische Merkmale solcher Challenges sind Offenheit in der möglichen Bearbeitungstiefe, Relevanz, Originalität sowie die Identifikation des Schülers mit *seiner* Herausforderung.

Problemmanagementphase

Nachdem eine Challenge präzisiert wurde, beginnt die Phase des Problemmanagements. Zu Beginn dieser Phase werden Ideen generiert, um das gestellte Ziel zu erreichen. Hier ist das Beherrschen von Kreativitätstechniken, wie z.B. Brainstorming, hilfreich. Diese Phase beinhaltet Problemlösestrategien mit dem Zusatz, dass die Schüler sehr motiviert sind, ihre persönliche Challenge zu bewältigen.

Implementationsphase

Sobald eine Strategie und Lösung für die Challenge gefunden wurde, kann das Ergebnis implementiert und getestet werden. Dadurch erhalten die Schüler die Möglichkeit, ihre Lösung auszuprobieren. Häufig verschmelzen Problemmanagement- und Implementationsphase bei der Entwicklung von Teillösungen und Prototypen und werden mehrfach iteriert. Oftmals findet sich Potential, das Produkt noch zu verbessern, was dann in der übrigen Zeit getan werden kann. Das können zusätzliche Features sein, eine bessere Bedienbarkeit oder eine schönere Gestaltung.

Nachdem die Schüler ihr (Mini-)Projekt beendet haben, bietet eine Präsentationsphase den Schülern die Möglichkeit, sich gegenseitig ihre Ergebnisse vorzustellen. Fragen, Entdeckungen, aufgekommene Probleme und deren Lösungen werden mit allen Schülern besprochen und diskutiert. Durch den Lernerfolg beim selbständigen Lösen der Probleme und durch die Inspirationen, welche die Schüler voneinander erhalten haben, sind die Schüler jetzt bereit, die Grundlagen für weitere Herausforderungen zu lernen.

16.6 Unterrichtsbeispiel

Ein herausragendes Beispiel für eine Software, die kreatives Lernen im Informatikunterricht fördert, ist die Entwicklungsumgebung Scratch. Scratch (URL: http://scratch.mit.edu) ermöglicht das intuitive Erstellen von interaktiven Programmen und Animationen durch Exploration und Experimentieren, eine visuelle Darstellung der Strukturen und Programmierbausteine, Inspiration, schrittweises Entwickeln und das problemlose Veröffentlichen und Präsentieren der Ergebnisse auf einer Plattform im Internet und erfüllt damit die Mehrzahl der o.g. Kriterien. Im Folgenden wird eine Unterrichtssequenz skizziert, welche Schülern einen kreativen Einstieg in die Programmierung mithilfe von Scratch ermöglicht.

Methodisch folgt die Unterrichtssequenz dem Challenge-Cycle. Neue Konzepte und Inhalte werden eingeführt und veranschaulicht mithilfe der Baustein-Metapher. Eigenschaften, Anwendungen und Vernetzungen der grundlegenden Programmierkonzepte werden im Vorhinein durch den Lehrer erklärt, von den Schülern selbst erarbeitet oder von den Schülern in der praktischen Auseinandersetzung mit der Programmierung selbst entdeckt. Hilfreich ist hierbei die visuelle Darstellung von Programmierkonzepten in Scratch als Bausteine, die nur in syntaktisch richtiger Verwendung kombiniert werden können. Methodisch werden die Konzepte entweder im Unterrichtsgespräch, durch Arbeitsblätter oder innerhalb der Schülerpräsentationen eingeführt.

Objektorientierte Darstellungen der Objekte (Sprites) in Scratch

Objekte besitzen Attribute und Methoden.

Gemeinsame Attribute sind: x-Position, y-Position, Richtung, aktuellesKostüm, Größe in Prozent.

Methoden werden als Skripte-Feld aus Bausteinen zusammengefügt.

Das Ausführen von mehreren Bausteinen nacheinander nennt man *Sequenz*.

Mitunter möchte man mehrfach einen Baustein oder eine Sequenz ausführen: Hierfür verwendet man *Wiederholungen* (*Schleifen*).

SPRITE
x-Position y-Position Richtung Größe aktuellesKostüm
Skript 1 Skript 2 ...

Die Aufmerksamkeit der Schüler und die Förderung der Schülermotivation sollen angesprochen werden, indem die Relevanz und Anwendbarkeit der zugrundeliegenden Konzepte verdeutlicht werden und durch die Auswahl von Themen, zu denen die Schüler einen Bezug aufbauen können, z.B. durch das Animieren einer Geschichte aus ihrem Leben oder durch das Entwickeln auf eigenen Ideen basierender Spiele.

Grundlegend für kreativen Unterricht ist es, Schüler zu inspirieren. Dies geschieht vor allem durch Beispiele und Brainstorming über die vorhandenen Möglichkeiten. Hierdurch wird die Kreativität der Schüler angeregt. Zusätzlich lernen sie abzuwägen zwischen dem, was sie erreichen wollen, und dem, was sie mit den gelernten Konzepten und den Möglichkeiten der Programmiersprache erreichen können.

Das Finden einer eigenen Challenge wird den Schülern ermöglicht, indem offene Aufgaben gestellt werden, die sich variabel komplex bearbeiten lassen. Aufträge geben grundsätzlich eine Richtung und einen generellen Rahmen von dem vor, was geschaffen werden soll. Damit müssen die Schüler Probleme lösen, die sie sich zuvor präzisieren und definieren („Was will ich tun?"). Für Aufträge gibt es keine „richtige" Lösung (Offenheit), und Lösungen können im Rahmen der Unterrichtszeit – oder darüber hinaus – von den Schülern entsprechend dem eigenen Können und Interesse optimiert und erweitert werden, z.B.:

„Animiere deinen Namen so, dass die Buchstaben auf Mausbewegungen, Tastatureingaben oder Mausklicks reagieren."

Hierdurch können sich die Schüler mit den neu gelernten Konzepten vertraut machen, die Programmierumgebung weiter erkunden, Lösungen für ihre Ideen finden, diese umsetzen und ausprobieren/testen.

Die (Mini-)Projekte werden mit dem Upload der Programme auf einen Internetserver (Scratch-Webpage) und der Vorstellung einiger Ergebnisse im Kurs zu Beginn der jeweils nächsten Unterrichtsphase abgeschlossen. Bei den Präsentationen werden jeweils Ideen, Probleme und Strategien vorgestellt und diskutiert. Wenn Schüler in ihren Lösungen neue Konzepte entdecken und anwenden, werden diese dem restlichen Kurs am Beispiel verdeutlicht.

Aus Platzgründen wird auf die weitere Darstellung des Unterrichtsbeispiels an dieser Stelle verzichtet. Die gesamte Unterrichtssequenz und die Erfahrungen einer Erprobung können im Web nachgelesen werden (siehe dazu URL: http://www.funlearning.de).

16.7 Zusammenfassung und Fazit

Die dargestellten Überlegungen wurden in einer Unterrichtssequenz zur kreativen Einführung in die Programmierung umgesetzt und evaluiert (vgl. URL http://www.funlearning.de und (Romeike, 2008)). Die Evaluation der Unterrichtssequenz zeigte erhöhte Motivation, Interesse, Leistungen und ein verbessertes Informatikbild der Schüler nach der kreativen Unterrichtssequenz im Pre-Post-Vergleich sowie im Vergleich mit dem Kontrollkurs. Diese Ergebnisse stehen im Einklang mit Studien in Hochschulen, in welchen sich die Berücksichtigung von Kreativität positiv auf die Motivation und den Lernerfolg auswirkte. In dieser Unterrichtssequenz arbeiteten die Schüler konzentriert und intrinsisch motiviert und ließen sich häufig selbst durch das Stundenklingeln nicht unterbrechen. Die Präsentationen und Veröffentlichung der Arbeitsergebnisse motivierten die Schüler für Folgeprojekte in den nächsten Unterrichtsstunden.

Die Schüler beschreiben Informatik nun als Fach, in dem Kreativität benötigt wird und das ihnen Kreativität ermöglicht. Offenbar ist es gelungen, durch das Einbinden der Kreativität der Schüler, das Interesse der Schüler zu gewinnen; insbesondere auch der Mädchen des Kurses, deren Ergebnisse sich sogar von denen der Jungen abheben. Das aus der kreativen Auseinandersetzung mit Informatik resultierende Bild von der Informatik stellt sich für das Fach als sehr attraktiv dar. Es ist eine Wahrnehmung von Informatik, welche die Schüler motiviert, sich mit den Möglichkeiten auseinanderzusetzen, die ihnen Informatik für die kreative Nutzung von IKT bietet. Durch die kreative Auseinandersetzung mit Informatik erwerben die Schüler „Digital Literacy" und Fertigkeiten, die für die Beteiligung an der „Kreativen Gesellschaft" essentiell sind. Sollte ein Transfer eines kreativen, und damit für viele sicherlich attraktiven Informatikbildes auf Eltern und Freunde gelingen, könnte sich allmählich das gesellschaftliche Bild von der Informatik ändern und Informatik wieder zu einem attraktivem Studienfach werden.

Informatiker und Informatiklehrer sollten für sich selbst überprüfen, ob das hier gezeichnete kreative Bild von der Informatik zu ihrer Vorstellung der Disziplin passt. Basierend auf bisherigen Veröffentlichungen zur Kreativität in der Informatik und der Anschaulichkeit stützen sich die Darstellungen vor allem auf die Möglichkeiten, welche die Softwareentwicklung bietet. Gleichwohl kann das Faktorenmodell auch auf andere Aspekte des informatischen Modellierens angewandt werden, wobei der Begriff Softwareentwicklung allerdings bewusst die Entwicklung eines Produktes in die Begrifflichkeit einschließt. Das Kreativitätsverständnis ist so weit gefasst, dass hier auch Ideen und Lösungen, welche nicht implementiert werden, inbegriffen sind, sei es das Erfinden eines eigenen kryptographischen Chiffrierverfahrens, der Entwurf eines Automatenmodells für ein Verhalten aus der Lebenswelt der Schüler oder das Erstellen einer Prognose, wie Computer in 20 Jahren aussehen könnten. Dennoch ist zu vermuten, dass den Schülern der kreative Charakter der Informatik vor allem anhand der Entwicklung von Software deutlich wird.

Die dargestellten Kriterien stellen die grundlegenden Aspekte für die Planung kreativer Unterrichtsphasen dar, sind aber nicht als Unterrichtsmethode zu verstehen, welche jeglichem Unterricht zugrunde zu legen ist. Stattdessen ist ein gesunder Mix verschiedener adäquater, der Lerngruppe und den Lerninhalten entsprechender Unterrichtsmethoden unter Beibehaltung regelmäßiger kreativer Unterrichtsphasen sinnvoll. Wie die Lernforschung verdeutlicht, ist die Förderung von Kreativität auch eine langfristige Aufgabe.

Nicht erst seit Veröffentlichung der Bildungsstandards Informatik nimmt die Wichtigkeit von Vergleichbarkeit und Prüfbarkeit erreichter Kompetenzen der Schüler zu. Der Ruf nach mehr Kreativität und Freiraum für die Schüler mag in diesem Zusammenhang als deplaziert aufgefasst werden. Ein kreativer Ansatz muss aber nicht zu schlechteren Leistungen führen, sondern kann sogar ein besseres Verständnis und tiefgründigeres Lernen bei den Schülern erreichen.

Gegenüber der systematischen, technischen oder historischen Betrachtung ist die Beschäftigung mit den kreativen Seiten der Informatik für die Schulinformatik äußerst attraktiv. Voraussetzend, dass Kreativität eine Eigenschaft ist, die sowohl förderungswürdig ist als auch die Attraktivität eines Fachs erhöht, ergeben sich hieraus zahlreiche Anknüpfungsmöglichkeiten, anhand derer systematisch Unterrichtsinhalte thematisch verankert werden können. Die verschiedenen Sichtweisen auf Kreativität in der Informatik weisen auf beeindruckende Möglichkeiten, Kreativität in der Informatik und durch die Informatik erlebbar zu machen. Die kreative Nutzung der Informatik und der Informatiksysteme sind als neue Kompetenzen in der Schulinformatik zwingend notwendig.

IKT besitzen das Potential, als Werkzeuge für eine bessere Lebensqualität, zur eigenen Selbstdarstellung und kreativen Selbstverwirklichung gesehen zu werden. Da diese Werkzeuge sowohl inhaltlich als auch in ihrer Anwendung den Informatikunterricht prägen, kann diese Perspektive dafür genutzt werden, dass Schüler die Motivation entwickeln und behalten, sich tiefgründiger mit Informatik zu beschäftigen. Mit dieser neuen Sichtweise wird eine neue Unterrichtsmethodik notwendig, wie bereits beim Versuch des Wechsels von softwarenutzungsorientiertem Unterrichten zum Lehren fundamentaler Konzepte festgestellt werden konnte: Das Ziel wird nur schwer erreicht werden, wenn die Methoden und Aufgaben die gleichen bleiben. Kreative Projekte gehören deshalb in einen modernen Informatikunterricht.

Betrachtet man Kreativität als Beitrag der Informatik zur Allgemeinbildung, eröffnet und vereinfacht Informatikunterricht zahlreiche Betätigungsfelder, die nicht nur dabei helfen, in einer kreativen Wissensgesellschaft zurechtzukommen, sondern auch noch Spaß machen.

Literatur

ACM (Association for Computing Machinery) (ed.), *A Model Curriculum for K-12 Computer Science*, 2003, URL: http://www.csta.acm.org/Curriculum/sub/CurrFiles/K-12ModelCurr2ndEd.pdf

Anderson John R., *Kognitive Psychologie*, 3. Aufl., Spektrum Akademischer Verlag, Heidelberg, 2001

Anderson Lorin W., Krathwohl David A. (eds.), *A Taxonomy for Learning, Teaching, and Assessing: A Revision of Bloom's Taxonomy of Educational Objectives*, Longman, New York, USA, 2001

Apostel Leo, *Towards the formal study of models in the non-formal sciences*, in: (Freudenthal, 1961), pp. 1-37

Appelrath Hans-Jürgen, Boles Dietrich, Claus Volker, Wegener Ingo, *Starthilfe Informatik*, B.G. Teubner, Stuttgart, 2002

Arlt Wolfgang (Hrsg.), *EDV-Einsatz in Schule und Ausbildung*, Oldenbourg, München, 1978

Arlt Wolfgang (Hrsg.), *Informatik als Schulfach. Didaktische Handreichung für das Schulfach Informatik*, Oldenbourg, München, 1981

Asschoff Andre, Bade Johannes, Dittich Carsten, Freischlad Stefan, Gerding Thomas, Haßler Nadja, Klebert Johannes, Stechert Peer, Weyer Michell, *Lernsoftware Filius*, Abschlussbericht der Projektgruppe Internetworking, Universität Siegen, Fachbereich Elektrotechnik und Informatik, Lehrstuhl für Didaktik der Informatik und E-Learning, 2007, URL: http://www.die.informatik.uni-siegen.de/pgfilius/

Ausubel David P., Novak Joseph D., Hanesian Helen, *Psychologie des Unterrichts*, Beltz, Weinheim, 1982

Axelrod Robert, *Die Evolution der Kooperation*, Oldenbourg, München, 2009

Baldwin Doug, Tymann Paul, Haller Susan, Russell Ingrid, Schneider Michael (eds.), *Proceedings of the 37th SIGCSE technical symposium on computer science education*, ACM, Houston, Texas, USA, March 1-5, 2006

Balzert Heide, *Lehrbuch der Objektmodellierung, Analyse und Entwurf*, Spektrum Akademischer Verlag, Heidelberg, 1999

Balzert Heide, *UML 2 in 5 Tagen. Der schnelle Einstieg in die Objektorientierung*, W3L-Verlag, Herdecke, 2005

Balzert Helmut, Balzert Heide, *Modellieren oder Programmieren oder beides? Plädoyer für einen schrittweisen Aufbau mentaler Modelle im Unterricht*, LOG IN 24 (2004) 128/129, S. 20-25

Bastian Johannes, Gudjons Herbert (eds.), *Das Projektbuch*, Bergmann & Helbig, Hamburg, 1986

Baumann Rüdeger, *Ziele und Inhalte des Informatikunterrichts*, Zentralblatt für Didaktik der Mathematik 25 (1993) 1, S. 9-19

Baumann Rüdeger, *Didaktik der Informatik*, 2. völlig neubearbeitete Aufl., Klett-Schulbuchverlag, Stuttgart, 1996

Bayrhuber Horst, Höttecke Dietmar, Vogt Helmut (Hrsg.), *Kompetenzen, Kompetenzmodelle, Kompetenzentwicklung – Empirische Forschung in den Fachdidaktiken*, Abstract, 3. Kongress der Gesellschaft für Fachdidaktik, Essen, 2007

Becker Karl-Heinz, *Informatikunterricht einmal anders gesehen*, Praxis der Mathematik 28 (1986) 5, S. 281-288

Bell Tim, Witten Ian H., Fellows Mike, *Computer Science Unplugged*, 2002, URL: http://csunplugged.org

Ben-Ari Mordechai, *Viewpoint. Objects Never? Well, Hardly Ever!*, Communications of the ACM 53 (2010) 9, pp. 32-35

Ben-Ari Mordechai, Yeshno Tzippora, *Conceptual models of software artifacts*, Interacting with Computers 18 (2006) 6, pp. 1336-1350, URL: http://portal.acm.org/citation.cfm ?id=1222200

Benzie David, Iding Marie (eds.), *Proceedings of IFIP-Conference on Informatics, Mathematics and ICT (IMICT 2007): A golden triangle*, Boston, MA, USA, June 27-29, 2007, URL: http://www.die.informatik.uni-siegen.de/ifip-wg31/publications.html

Bjerknes Gro, Ehn Pelle, Kyng Morten (eds.), *Computers and Democracy – A Scandinavian Challenge*, Avebury, Aldershot, UK, 1987

Booth Shirley, Berglund Anders, Ben-Ari Mordechai, Holmboe Christian, *What do we mean by theoretically sound research in computer science education?*, in: Boyle Roger, Clark Martyn, Kumar Amruth (eds.), *9th Annual Conference on Innovation and Technology in Computer Science Education* (ITiCSE 2004), ACM, Leeds, UK, 2004, pp. 230-231

Börstler Jürgen, *Improving CRC-Card Role-Play with Role-Play Diagrams*, in: Johnson Ralph, Gabriel Richard P. (eds.), *OOPSLA'05*, Addendum to the Proceedings (Educators' Syposium), ACM, San Diego, CA, USA, Oct 16-20, 2005, pp. 356-364

Börstler Jürgen, *Objektorientiertes Programmieren – Machen wir etwas falsch?*, in: (Schubert, 2007), S. 9-20

Bosler Ulrich, Ziebarth Wolfgang, Friedrich Steffen, Harbeck Gerd, Hauf-Tulodziecki Annemarie, Hörschelmann Manfred, Lehmann Gabriele, Pätzold Thomas, Schubert Siegrid, Schwarze Heiner (Hrsg.), *Schulcomputerjahrbuch '93/94*, Metzler Schulbuch und B.G. Teubner, Hannover, 1992

Böszörmenyi László, *Java für Anfänger? – Warum Java nicht meine Lieblingssprache für einen Anfängerkurs ist*, LOG IN 21 (2001) 1, S. 14-19

Bratko Ivan, *Prolog. Programmierung für die Künstliche Intelligenz*, Addison-Wesley, Bonn, 1987

Brauer Wilfried, *The new paradigm of Informatics*, in: (Maurer, 1991), pp. 15-24

Brauer Wilfried, Brauer Ute, *Informatik – das neue Paradigma, Änderung von Forschungszielen und Denkgewohnheiten der Informatik*, LOG IN 15 (1995) 4, S. 25-29

Brauer Wilfried, Claus Volker, Deussen Peter, Eickel Jürgen, Haake Wolfhart, Hosseus Winfried, Koster Cornelis H.A., Ollesky Dieter, Weinhart Karl, *Zielsetzungen und Inhalte des Informatikunterrichts*, Zentralblatt für Didaktik der Mathematik 8 (1976) 1, S. 35-43

Brenner Anton, *Ansätze zu einer Informatik Didaktik*, Neue Unterrichtspraxis (1979) 6, S. 348-353

Brinda Torsten, *Sammlung und Strukturierung von Übungsaufgaben zum Objektorientierten Modellieren in Informatikunterricht*, LOG IN 20 (2000) 5, S. 43-53

Brinda Torsten, *Didaktisches System für objektorientiertes Modellieren im Informatikunterricht der Sekundarstufe II*, Dissertation, Universität Siegen, 2004, URL: http://www.die.informatik.uni-siegen.de/forschung/brinda.pdf

Brinda Torsten, *Discovery Learning of Object-Oriented Modelling with Exploration Modules in Secondary Informatics Education*, Education and Information Technologies 11 (2006) 2, Springer Netherlands, pp. 105-119, URL: http://www.springerlink.com/content/564753221737486g/

Brinda Torsten, Schubert Sigrid, (a), *Didactic system for Object-oriented modeling*, in: (Watson/Andersen, 2002), pp. 473-482

Brinda Torsten, Schubert Sigrid, (b), *Learning aids and learners' activities in the field of object-oriented modelling*, in: (Passey/Kendall, 2002), pp. 37-44

Brinda Torsten, Schubert Sigrid, *Exploration of Object-Oriented Models in Informatics Education*, in: (van Weert/Munro, 2003), pp. 109-118

Brinda Torsten, Fothe Michael, Hubwieser Peter, Schlüter Kirsten (Hrsg.), *Didaktik der Informatik – Aktuelle Forschungsergebnisse*, GI-Edition – Lecture Notes in Informatics (LNI), P-135, Köllen, Bonn, 2008

Broy Manfred, Rumpe Bernhard, *Modulare hierarchische Modellierung als Grundlage der Software- und Systementwicklung*, Informatik Spektrum 30 (2007) 1, S. 3-18

Bruner Jerome S., *The process of education*, Harvard University, Cambridge, MA, USA, 1960

Bruns Beate, Gajewski Petra, *Multimediales Lernen im Netz*, Springer, Berlin, 2002

Callahan Paul, *Game of Life Page*, 2010, URL: http://www.radicaleye.com/lifepage/

Cambridge, *Cambridge Dictionary of American English Online*, 2008, URL: http://dictionary.cambridge.org/Default.asp?dict=A

Capurro Rafael, *Ethik und Informatik*, Informatik-Spektrum 13 (1990) 6, S. 311-320

Cerf Vinton, Kahn Robert, *A protocol for Packet Network Interconnection*, IEEE Transactions on Communications Technology 22 (1974) 5, pp. 627-641

Church Alonzo, *The calculi of lambda-conversion*, Princeton University Press, Ann Arbor, MI, USA, 1941

Claus Volker, *Gedanken zur Ausbildung in Informatik*, Bericht 2, Abteilung Informatik, Universität Dortmund, 1974

Claus Volker, *Informatik an der Schule: Begründungen und allgemeinbildender Kern*, Schriftreihe des IDM 15, 1977, S. 19-33

Claus Volker, *Entwicklung von Informatik-Methoden*, HMD-Theorie und Praxis der Wirtschaftsinformatik 150, 1989, S. 26-44

Claus Volker, *Eine Klassifizierung von Ansätzen zur Auswahl von Unterrichtsgegenständen der Informatik*, Manuskript, 1991

Claus Volker, *Informatik in der Schule als Sprachen-Unterricht*, in: (Schubert, 1995), S. 40-48

Claus Volker (Hrsg.), *Informatik und Ausbildung*, Springer, Berlin, 1998

Claus Volker, *Service Didactics*, in: (Magenheim/Schubert, 2004), pp. 23-38

Claus Volker, Schwill Andreas, *Schülerduden Informatik*, 3. Aufl., Dudenverlag, Mannheim, 1997

Claus Volker, Schwill Andreas, *Duden Informatik*, 4. Aufl., Dudenverlag, Mannheim, 2006

Claussen Ute, *Objektorientiertes Programmieren*, Springer, Berlin, 1993

Clocksin William F., Mellish Christopher S., *Programming in Prolog*, Springer, Berlin, 1987

Coy Wolfgang, *Brauchen wir eine Theorie der Informatik?*, Informatik-Spektrum 12 (1989) 5, S. 256-266

Coy Wolfgang (ed.), *Sichtweisen der Informatik*, Vieweg, Braunschweig, 1992

Crutzen Cecile K. M., Hein Hans-Werner, *Objektorientiertes Denken als didaktische Basis der Informatik*, in: (Schubert, 1995), S. 149-158

Csikszentmihalyi Mihály, *Flow: The psychology of optimal experience*, Harper [and] Row, New York, USA, 1990

Cyranek Günther, Forneck Hermann, Goorhuis Henk, *Beiträge zur Didaktik der Informatik*, Diesterweg, Frankfurt a.M., 1990

Czischke Jürgen, *OOP – von Anfang an*, Informatik betrifft uns (1997) 1, S. 16-42

Dagiene Valentina, Mittermeir Roland (eds.), *Proceedings of Second International Conference on Informatics in Secondary Schools*, Evolution and Perspectives, Vilnius, Lithuania, Nov. 7-11, 2006

Denning Peter, *Computing as a discipline*, Communications of the ACM 32 (1989) 1, pp. 9-23

Denning Peter, *Great Principles of Computing*, Communications of the ACM 46 (2003) 11, pp. 15-20, URL: http://cs.gmu.edu/cne/pjd/GP

Dewey John, Kilpatrick William H., *Der Projekt-Plan*, Grundlegung und Praxis, Weimar, 1935

Diethelm Ira, *Strictly models and objects first – ein Unterrichtskonzept für OOM*, in: (Schubert, 2007), S. 45-56

Diethelm Ira, Geiger Leif, Zündorf Albert, *UML im Unterricht: Systematische objektorientierte Problemlösungen mit Hilfe von Szenarien am Beispiel der Türme von Hanoi*, in: (Schubert et al., 2002), S. 33-42

Diethelm Ira, Geiger Leif, Zündorf Albert, *Mit Klebezettel und Augenbinde durch die Objektwelt*, in: (Friedrich, 2005), S. 149-159

Döbeli Honegger B., *Wiki und die fundamentalen Ideen der Informatik*, in: (Schubert, 2007), S. 207-216

Dörfler Willibald, *Fundamentale Ideen der Informatik und Mathematikunterricht*, Symposium über Schulmathematik, Österr. Mathem. Gesellschaft, Didaktik Reihe Nr. 10, 1984, S. 19-40

Dudenredaktion (Hrsg.), *Deutsches Universalwörterbuch*, Dudenverlag, Mannheim, 2001

Duffy Thomas M., Jonassen David H., *Constructivism and the Technology of Instruction*, Lawrence Erlbaum Associates, Hillsdale, NJ, USA, 1992

Eberle Franz, *Didaktik der Informatik bzw. einer informations- und kommunikationstechnischen Bildung auf der Sekundarstufe II*, Sauerländer, Aarau, Schweiz, 1996

Eckerdal Anna, McCartney Robert, Moström Jan E., Ratcliffe Mark, Zander Carol, *Categorizing student software designs: Methods, results, and implications*, Computer Science Education 16 (2006) 3, pp. 197-209

Engbring Dieter, Magenheim Johannes, Keil Reinhard, Selke Harald (Hrsg.), *HDI2010: Hochschuldidaktik der Informatik*, Tagungsband, Commentarii informaticae didacticae (CID), Bd. 4, Universitätsverlag Potsdam, 2010

Erfurter Resolution, 1999, URL: http://www.i-12.org/resolut.htm

Feller Joseph, Fitzgerald Brian, Hissam Scott A., Lakhani Karim R. (eds.), *Perspectives on Free and Open Source Software*, MIT, Cambridge, MA, USA, 2005

Fincher Sally, Petre Marian (eds.), *Computer Science Education Research*, Taylor/Francis, London, UK, 2004

Fischer Roland, *Fundamentale Ideen bei den reellen Funktionen*, Zentralblatt für Didaktik der Mathematik 8 (1976) 4, S. 185-192

Fischer Roland, *Unterricht als Prozeß von der Befreiung vom Gegenstand – Visionen eines neuen Mathematikunterrichts*, J. für Mathematik-Didaktik 5 (1984) 1/2, S. 51-85

Flammenkamp Achim, *Game of Life Page*, 2010, URL: http://wwwhomes.uni-bielefeld.de/achim/gol.html

Floyd Christiane, *Outline of paradigm change in software engineering*, in: (Bjerknes/Ehn/Kyng, 1987), pp. 191-210

Floyd Robert W., *The paradigms of programming*, Communications of the ACM 22 (1979) 8, pp. 455-460

Forbrig Peter, Siegel Günter, Schneider Markus (Hrsg.), *Hochschuldidaktik der Informatik*, GI-Edition – Lecture Notes in Informatics (LNI), P-100, Köllen, Bonn, 2006

Fothe Michael, *Bildungsstandards Informatik für die Sekundarstufe II – Vorüberlegungen zur Entwicklung*, in: (Brinda et al., 2008), S. 107-116

Franke Demian, Freischlad Stefan, Friedrich Lars, Haug Florian, Klein Benjamin, Koslowski Rudolf, Stechert Peer, Ufer Jonathan, *Lernsoftware Pattern Park*, Abschlussbericht der Projektgruppe Entwurfsmuster im Informatikunterricht, Universität Siegen, Fachbereich Elektrotechnik und Informatik, Lehrstuhl für Didaktik der Informatik und E-Learning, 2007, URL: http://www.die.informatik.uni-siegen.de/pgpattern-park/

Freischlad Stefan, (a), *Beitrag des Informatikunterrichts zur Entwicklung von Medienkompetenzen*, in: (Schwill/Schulte/Thomas, 2006), S. 29-38

Freischlad Stefan, (b), *Learning Media Competences in Informatics*, in: (Dagiene/Mittermeir, 2006), S. 591-599

Freischlad Stefan, *Anwenden und Verstehen des Internets – eine Erprobung im Informatikunterricht*, in: (Schubert, 2007), S. 195-206

Freischlad Stefan, (a), *Knowledge Networks for Internetworking in the Process of Course Design*, in: (Wheeler/Kassam/Brown, 2008), URL: http://dl.ifip.org/iojs/index.php/ifip/article/view/13550

Freischlad Stefan, (b), *Design of Exercises and Test Items for Internetworking Based on a Framework of Exercise Classes*, in: (Kendall/Samways, 2008), pp. 261-268

Freischlad Stefan, *Entwicklung und Erprobung des Didaktischen Systems Internetworking im Informatikunterricht*, Dissertation, Universität Siegen, 2009, URL: http://dokumentix.ub.uni-siegen.de/opus/volltexte/2009/405/pdf/freischlad.pdf

Freischlad Stefan, *Entwicklung und Erprobung des Didaktischen Systems Internetworking im Informatikunterricht*, Commentarii informaticae didacticae (CID), Bd. 3, Universitätsverlag Potsdam, 2010, URL: http://opus.kobv.de/ubp/volltexte/2010/4185/pdf/cid03.pdf

Freischlad Stefan, Schubert Sigrid, *Media Upheaval and Standards of Informatics*, in: (Watson/Benzie, 2006)

Freischlad Stefan, Schubert Sigrid, *Towards High Quality Exercise Classes for Internetworking*, in: (Benzie/Iding, 2007)

Freischlad Stefan, Schubert Sigrid, *Informatics to Foster Scientific Culture*, in: Røsvik Sindre (ed.), *Proceedings of IFIP World Conference Computer in Education* (WCCE 2009), Bento Goncalves, Brazil, July 27-31, 2009

Freudenberg Rita, *Lernen mit Etoys*, in: (Koerber, 2009), S. 86-96

Freudenthal Hans (ed.), *The Concept and the Role of the Model in Mathematics and Natural and Social Sciences*, Dordrecht, Reidel, 1961

Frey Elke, Hubwieser Peter, Humbert Ludger, Schubert Sigrid, Voß Siglinde, *Informatik-Anfangsunterricht*, LOG IN 21 (2001) 1, S. 20-32

Frey Elke, Hubwieser Peter, Winhard Ferdinand, *Informatik 1*, Klett, Stuttgart, 2004

Frey Karl, *Die sieben Komponenten der Projektmethode – mit Beispielen aus dem Schulfach Informatik*, LOG IN 3 (1983) 2, S. 16-20

Friedrich Steffen (Hrsg.), *Unterrichtskonzepte für informatische Bildung*, Informatik und Schule, GI-Edition – Lecture Notes in Informatics (LNI), P-60, Köllen, Bonn, 2005

Frieze Carol, Hazzan Orit, Blum Leonore, Dias M. Bernadine, *Culture and environment as determinants of women's participation in computing: revealing the women-CS fit*, in: (Baldwin et al., 2006), pp. 22-26

Gabbert Paula, *Discipline focused non-major computer science courses*, Journal of Computing Sciences in Colleges 19 (2004) 3, pp. 181-188

Gamma Erich, Helm Richard, Johnson Ralph, Vlissides John, *Design Patterns: Elements of Reusable Object-Oriented Software*, Addison-Wesley, Reading, MA, USA, 1996

Ganea Milena, Koch Hartmud, *Kooperation zwischen dem Fürst-Johann-Moritz-Gymnasium und dem Institut „Didaktik der Informatik und E-Learning" an der Universität Siegen*, in: (Schubert/Stechert, 2008), S. 115-120

Gardner Martin, *The fantastic combinations of John Conway's new solitaire game "life"*, Scientific American 223 (1971), pp. 120-123

Garey Michael R., Johnson David S., *Computers and intractability. A guide to the theory of NP-completeness*, Freeman, New York, USA, 1979

Gärtner Helmut, *Lehrplan Biologie – Analyse und Konstruktion*, Sample, Hamburg, 1977

Gasper Friedrich, *Nichtprozedurale Sprachen im Informatikunterricht der Oberstufe*, in: (Stetter/Brauer, 1989), S. 77-88

GI (Gesellschaft für Informatik) (Hrsg.), *Empfehlung Informatische Bildung und Medienerziehung*, 1999, URL: http://www.fa-ibs.gi-ev.de/fileadmin/gliederungen/fb-iad/fa-ibs/Empfehlungen/InfBildungMedien.pdf

GI (Gesellschaft für Informatik) (Hrsg.), *Empfehlungen für ein Gesamtkonzept zur informatischen Bildung an allgemein bildenden Schulen*, 2000, URL: http://www.gi-ev.de/fileadmin/redaktion/empfehlungen/gesamtkonzept_26_9_2000.pdf

GI (Gesellschaft für Informatik) (Hrsg.), *Empfehlungen der Gesellschaft für Informatik zur Planung und Betreuung von Rechnersystemen an Schulen*, 2001, URL: http://www.fa-ibs.gi-ev.de/fileadmin/gliederungen/fb-iad/fa-ibs/Empfehlungen/systembetreuung.pdf

GI (Gesellschaft für Informatik) (Hrsg.), *Was ist Informatik? – Unser Positionspapier*, Broschüre, 2006

GI (Gesellschaft für Informatik) (Hrsg.), *Grundsätze und Standards für die Informatik in der Schule*, Entwurfsfassung, Beilage zu LOG IN 27 (2007) 146/147

GI (Gesellschaft für Informatik) (Hrsg.), *Grundsätze und Standards für die Informatik in der Schule: Bildungsstandards Informatik für die Sekundarstufe I*, 2008, URL: http://www.informatikstandards.de

Glass Arnold L., Holyoak Keith J., Santa John L., *Cognition*, Addison-Wesley, Massachusetts, USA, 1979

Glass Robert L., *Software creativity 2.0. developer*, d .* Books, Atlanta, GA, USA, 2006

Glöckel Hans, *Vom Unterricht: Lehrbuch der allgemeinen Didaktik*, Julius Klinkhardt, Bad Heilbrunn, 2003

Glöckler Josef, Sprengler Mario, *Hypertext*, LOG IN 15 (1995) 1, S. 51-61

Göbel Rainer, Vorberg Dirk, *Rekursionsschemata als Problemlösepläne*, Tech. Report, FB Psychologie, Universität Marburg, 1988

Gorny Peter (Hrsg.), *Informatik: Wege zur Vielfalt beim Lehren und Lernen*, Springer, Berlin, 1991

Gotlieb Calvin C., *Fashions and fundamentals in computer science education*, J. of Education and Computing 7 (1991), pp. 97-103

Grams Timm, *Denkfallen beim objektorientierten Programmieren*, it 34 (1992) 2, S. 102-112

Gudjons Herbert, *Was ist Projektunterricht?*, in: (Bastian/Gudjons, 1986), S. 14-27

Haas Hans W., Wildenberg Detlef, *Informatik für Lehrer*, Bd. 1 und 2, Oldenbourg, München, 1982

Häcker Hartmut, Stapf Kurt-Hermann (Hrsg.), *Dorsch Psychologisches Wörterbuch*, 13. überarbeitete und erweiterte Auflage, Huber, Bern, Schweiz, 1998

Halmos Paul R., *Does mathematics have elements?*, The Mathematical Intelligencer 3 (1981) 4, pp. 147-153

Hampel Thorsten, Magenheim Johannes, Schulte Carsten, *Dekonstruktion von Informatiksystemen als Unterrichtsmethode – Zugang zu objektorientierten Sichtweisen im Informatikunterricht*, in: (Schwill, 1999), S. 149-164

Hänsel Dagmar, *Was ist Projektunterricht, und wie kann er gemacht werden?*, in: Hänsel Dagmar, Müller Hans (Hrsg.), *Das Projektbuch Sekundarstufe*, Beltz Verlag, Weinheim, 1988, S. 13-45

Hartig Johannes, Klieme Eckhard, *Kompetenz und Kompetenzdiagnostik*, in: (Schweizer, 2006), S. 127-143

Hartmann Werner, Nievergelt Jürg, *Informatik und Bildung zwischen Wandel und Beständigkeit*, Informatik-Spektrum 25 (2002) 6, S. 465-476

Hartmann Werner, Näf Michael, Reichert Raimond, *Informatikunterricht planen und durchführen*, Springer, Berlin, 2006

Hausmann Kristina, Reiss Matthias, *Strategien bei Problemen mit rekursiver Lösung*, J. für Mathematik-Didaktik 10 (1989) 1, S. 39-61

Heitele Dietger, *An epistemological view on fundamental stochastic ideas*, Educational Studies in Mathematics 6 (1975) 2, pp. 187-205

Herper Henry, Hinz Volkmar, *Informatische Bildung im Primarbereich*, in: (Koerber, 2009), S. 74-85

Heuer Ute, *Lauschen am Internet – Experimente mit einem Nachrichten-Rekorder im Informatikunterricht*, in: (Schubert, 2007), S. 101-112

Hill Ann M., *Problem solving in real-life contexts: An alternative for design in technology education*, International Journal of Technology and Design Education 5 (1998) 3, S. 1-18

Holmboe Christian, McIver Linda, George Carlisle E., *Research agenda for computer science education*, in: Kadoda Gada (ed.), *Proceedings of the 13th Annual Workshop of Psychology of Programming Interest Group*, Bournemouth, UK, April 17-20, 2001, pp. 207-223

Hoppe Heinz Ulrich, Luther Wolfram J. (Hrsg.), *Informatik und Lernen in der Informationsgesellschaft*, Springer, Berlin, 1997

Horn Alexandra, *TicTacToe – Ein Spiel begleitet den Informatikunterricht der Sekundarstufe II*, Schriftliche Hausarbeit zur Abschlussprüfung der erweiternden Studien für Lehrer im Fach Informatik, Gießen, 2003, URL: http://download.bildung.hessen.de/lakk/netzwerk/faecher/informatik/material/tictactoe.pdf

Huber Franz, *Allgemeine Unterrichtslehre*, Klinkhardt, Bad Heilbrunn, 1965

Hubwieser Peter, *Informatik als Pflichtfach an bayerischen Gymnasien*, in: (Schwill, 1999), S. 165-174

Hubwieser Peter, *Informatik am Gymnasium. Ein Gesamtkonzept für einen zeitgemäßen Informatikunterricht*, Habilitationsschrift, Fakultät für Informatik der Technischen Universität München, 2000

Hubwieser Peter, (a), *Object Models of IT-Systems Supporting Cognitive Structures in Novice Courses of Informatics*, in: (van Weert/Munro, 2003), pp. 129-140

Hubwieser Peter, (b), *Informatische Fachkonzepte im Unterricht*, GI-Edition – Lecture Notes in Informatics (LNI), P-32, Köllen, Bonn, 2003

Hubwieser Peter, *Didaktik der Informatik*, 3. Aufl., Springer examen.press, Berlin, 2007

Hubwieser Peter, Broy Manfred, *Grundlegende Konzepte von Informations- und Kommunikationssystemen für den Informatikunterricht*, in: (Hoppe/Luther, 1997), S. 40-50

Hubwieser Peter, Humbert Ludger, Schubert Sigrid, *Evaluation von Informatikunterricht*, in: (Keil-Slawik/Magenheim, 2001), S. 213-215

Hubwieser Peter, Spohrer Matthias, Steinert Markus, Voß Siglinde, *Informatik 2*, Klett, Stuttgart, 2007

Hubwieser Peter, Spohrer Matthias, Steinert Markus, Voß Siglinde, *Informatik 3*, Klett, Stuttgart, 2008

Humbert Ludger, *Umsetzung von Grundkonzepten der Informatik zur fachlichen Orientierung im Informatikunterricht*, Informatica Didactica – Zeitschrift für fachdidaktische Grundlagen der Informatik (2000) 1, URL: http://www.informatica-didactica.de

Humbert Ludger, *Das Modulkonzept – ein zeitgemäßer Ansatz zur informatischen Bildung für alle Schülerinnen*, Informatica Didactica – Zeitschrift für fachdidaktische Grundlagen der Informatik (2002)5, URL: http://www.informatica-didactica.de

Humbert Ludger, *Zur wissenschaftlichen Fundierung der Schulinformatik*, Dissertation, Universität Siegen, pad-Verlag, Witten, 2003

Humbert Ludger, Magenheim Johannes, Schubert Sigrid, *Projekt MUE: Multimediale Evaluation in der Informatiklehrerausbildung*, Workshop „Lehrerbildung Informatik – Konzepte und Erfahrungen", GI-Jahrestagung, Berlin, 19.9.2000, URL: http://didaktik.cs.uni-potsdam.de/HyFISCH/WorkshopLehrerbildung2000/Papers/Schubert.pdf.zip

IEEE (Institute of Electrical and Electronics Engineers) (ed.), *Draft Standard for Learning Object Metadata*, 2002, URL: http://ltsc.ieee.org/doc/wg12/LOM_ 1484_12_1_v1_ Final_Draft.pdf

Johnson John, *Air Transat emergency landing*, The Risks Digest, Forum on Risks to the Public in Computers and Related Systems, ACM Committee on Computers and Public Policy 21 (2002) 93, URL: http://catless.ncl.ac.uk/Risks/21.93.html

Kant Immanuel, *Prolegoma*, Nachdr. Meiner, 1957

Kant Immanuel, *Über Pädagogik*, Nachdr. Meiner, 1967

Kant Immanuel, *Kritik der reinen Vernunft*, Ausgabe B, Nachdr. Meiner, 1993

Kastens Uwe, Kleine Büning Hans, *Modellierung, Grundlagen und formale Methoden*, Hanser, München, 2008

Kaufman James C., Baer John (eds.), *Creativity across domains: Faces of the muse*, Lawrence Erlbaum Associates, Mahwah, NJ, USA, 2005

Keil-Slawik Reinhard, Magenheim Johannes (Hrsg.), *Informatikunterricht und Medienbildung*, GI-Edition – Lecture Notes in Informatics (LNI), P-8, Köllen, Bonn, 2001

Keller John M., *Strategies for Stimulating the Motivation to Learn*, Performance and Instruction 26 (1987) 8, pp. 1-7

Kempf Wolfgang, Hartmud Koch, Sigrid Schubert, Stefan Freischlad, Peer Stechert, *Internetworking und Verstehen von Informatiksystemen*, in: (Stechert, 2007b), S. 65-74

Kendall Michael, Samways Brian (eds.), *Learning to Live in the Knowledge Society*, Springer, Boston, MA, USA, 2008

Kerres Michael, *Multimediale und telemediale Lernumgebungen*, 2. Aufl., Oldenbourg, München, 2002

Klieme Eckhard, Avenarius Hermann, Blum Werner, Döbrich Peter, Gruber Hans, Prenzel Manfred, Reiss Kristina, Riquarts Kurt, Rost Jürgen, Tenorth Heinz-Elmar, Vollmer Hekmut, *Zur Entwicklung nationaler Bildungsstandards*, Bundesministerium für Bildung und Forschung, Bonn, 2007, URL: http://www.bmbf.de/pub/zur_entwicklung_nationaler_bildungsstandards.pdf

Klika Manfred, *Fundamentale Ideen der Analysis*, mathematica didactica 4 (1981), Sonderheft, S. 1-31

KMK (Kultusministerkonferenz) (Hrsg.), *Handreichungen für die Erarbeitung von Rahmenlehrplänen der Kultusministerkonferenz (KMK) für den berufsbezogenen Unterricht in der Berufsschule und ihre Abstimmung mit Ausbildungsordnungen des Bundes für anerkannte Ausbildungsberufe*, Veröffentlichung des Sekretariates der Kultusministerkonferenz, Stand: 15.9.2000, URL: http://www.kmk.org/fileadmin/veroeffentlichungen_beschluesse/ 2007/ 2007_09_01-Handreich-Rlpl-Berufsschule.pdf

KMK (Kultusministerkonferenz) (Hrsg.), (a), *Einheitliche Prüfungsanforderungen Informatik*, Beschluss der Kultusministerkonferenz vom 01.12.1989 i.d.F. vom 05.02.2004, URL: http://www.kmk.org/fileadmin/veroeffentlichungen_beschluesse/1989/1989_12_01-EPA-Informatik.pdf

KMK (Kultusministerkonferenz) (Hrsg.), (b), *Bildungsstandards der Kultusministerkonferenz, Erläuterungen zur Konzeption und Entwicklung*, 16. Dezember 2004, URL: http://www.kmk.org/schul/Bildungsstandards/Argumentationspapier308KMK.pdf

Knobelsdorf Maria, Romeike Ralf, *Creativity as a Pathway to Computer Science*, in: Amillo June, Laxer Cary, Menasalvas Ruiz Ernestina, Young Alison (eds.), *Proc. 13th Annual Conference on Innovation and Technology in Computer Science Education* (ITiCSE 2008), ACM, Madrid, Spain, 2008, pp. 286-290

Knöß Petra, *Fundamentale Ideen der Informatik im Mathematikunterricht*, Deutscher Universitäts-Verlag, Wiesbaden, 1989

Knuth Donald E., *Computer Programming as an Art*, Communications of the ACM 17 (1974) 12, pp. 667-673.

Koerber Bernhard, *Informatik im Unterricht*, in: (Arlt, 1978), S. 6-12

Koerber Bernhard (Hrsg.), *Zukunft braucht Herkunft – 25 Jahre „INFOS - Informatik und Schule"*, GI-Edition – Lecture Notes in Informatics (LNI), P-156, Köllen, Bonn, 2009

Koerber Bernhard, Peters Ingo-Rüdiger, *Grundzüge einer Didaktik der Informatik*, in: Senatsverwaltung für Schule, Berufsbildung und Sport Berlin (Hrsg.), *Informatik*, Berlin, 1989, S. 1-26

Koerber Bernhard, Peters Ingo-Rüdiger, *Informatikunterricht und informationstechnische Grundbildung – ausgrenzen, abgrenzen oder integrieren?*, in: (Troitzsch, 1993), S. 108-115

Koerber Bernhard, Peters Ingo-Rüdiger, *Die Kurszeitung – Ein Einstieg in die informatische Bildung*, LOG IN 15 (1995) 1, S. 17-21

Kowalski Robert, *Logic for problem solving*, Elsevier, North Holland, 1979

Kowalski Robert, *Logic as a computer language for children*, in: (Yazdani, 1984), pp. 121-144

Kruse Robert L., *On teaching recursion*, SIGCSE 14 (1982) 1, pp. 92-96

Kuhn Thomas S., *The structure of scientific revolutions*, University of Chicago, USA, 1962

Kujath Bertold, *Vergleichende Analysen zweier Problemlöseprozesse unter dem Aspekt des Problemlöseerfolgs*, in: (Schubert, 2007), S. 295-306

Kurose James, Ross Keith, *Computernetze*, Pearson Studium, München, 2002

Lakhani Karim R., Wolf Robert G., *Why Hackers Do What They Do: Understanding Motivation Effort in Free/Open Source Software Projects*, in: (Feller et al., 2005), pp. 3-22

Leach Ronald J., Ayers Caprice A., *The Psychology of Invention in Computer Science*, in: Romero Pablo, Good Judith, Acosta Chaparro Edgar, Bryant Sallyann (eds.), *Proc. 17th Annual Workshop of the PPIG*, University of Sussex, Brighton, UK, June 29-July 1, 2005, pp. 131-144

Lehmann Gabriele, *Ziele im Informatikunterricht. Beispiele für den Einsatz und Stellenwert von PROLOG*, LOG IN 12 (1992) 1, S. 26-30

Lehmann Gabriele, *Sprache in der informatischen Bildung aus didaktisch-methodischer Sicht*, Mathematik in der Schule 31 (1993), S. 628-636

Lehmann Eberhard, *Komplexe Systeme, eine fundamentale Idee im Informatik-Unterricht*, LOG IN 15 (1995) 1, S. 29-37

Lehner Leopold, Magenheim Johannes, Nelles Wolfgang, Rhode Thomas, Schaper Niclas, Schubert Sigrid, Stechert Peer, *Informatics Systems and Modeling – Case Studies of Expert Interviews*, in: (Reynolds/Turcsányi-Szabó, 2010), pp. 222-233

Leufen Stefan, *Mädchenorientierte Informatikbildung*, Diplomarbeit, Universität Paderborn, 1994

Linkweiler Ingo, *Eignet sich die Skriptsprache Python für schnelle Entwicklungen im Softwareentwicklungsprozess?*, Diplomarbeit, Fachbereich Informatik, Universität Dortmund, 2002, URL: http://www.die.informatik.uni-siegen.de/lehre/dsps/Diplomarbeit_Linkweiler.pdf

Lister Raymond, Adams Elizabeth S., Fitzgerald Sue, Fone William, Hamer John, Linholm Morten, McCartney Robert, Moström Jan Erik, Sanders Kate, Seppälä Otto, Simon Beth, Thomas Lynda, *A multi-national study of reading and tracing skills in novice programmers*, in: Walker Henry M. (ed.), *ITiCSE-WGR '04*, ACM, New York, USA, 2004, pp. 119-150

Lockemann Peter C., *Konsistenz, Konkurrenz, Persistenz – Grundbegriffe der Informatik?*, Informatik-Spektrum 9 (1986) 5, S. 300-305

Lubart Todd, *How can computers be partners in the creative process: classification and commentary on the special issue*, Int. J. Hum.-Comput. Stud. 63 (2005) 4/5, pp. 365-369

Luft Alfred L., I*nformatik als Technikwissenschaft – Thesen zur Informatik-Entwicklung*, Informatik-Spektrum 12 (1989) 5, S. 267-273

Luft Alfred L., Kötter Rudolf, Hildebrand Rudolf, *Informatik – eine moderne Wissenstechnik*, BI-Wissenschaftsverlag, Mannheim, 1994

Machlup Fritz, Mansfield Una (eds.), *The Study of Information*, Wiley, New York, USA, 1983

Maeda John, *Creative code*, Thames & Hudson London, New York, USA, 2004

Magenheim Johannes, Schubert Sigrid, *Evaluation of teacher education in informatics. 16th World Computer Congress 2000*, in: Benzie David, Passey Don (eds.), *Proceedings of Conference on Educational Uses of Information and Communication Technologies*, Beijing, China, August 21-25, 2000, pp. 181-184

Magenheim Johannes, Schubert Sigrid (eds.), *Concepts of Empirical Research and Standardisation of Measurement in the Area of Didactics of Informatics*, GI-Dagstuhl-Seminar, 19.-

24.9.2004, Bd. 1, Seminar-Reihe „Lecture Notes in Informatics" der GI, Köllen, Bonn, 2004

Magenheim Johannes, Nelles Wolfgang, Rhode Thomas, Schaper Niclas, Schubert Sigrid, Stechert Peer, *Competencies for Informatics Systems and Modeling. Results of Qualitative Content Analysis of Expert Interviews*, in: *Proceedings of the 1st Global Engineering Education Conference*, Digital Library IEEExplore, IEEE Computer Society, April 14-16, 2010, pp. 513-521, URL: http://ieeexplore.ieee.org/search/freesrchabstract.jsp?tp=&arnumber=5492535

Maurer Hermann (ed.), *New Results and New Trends in Computer Science*, Springer, Graz, Österreich, 1991

Mattern Friedemann (Hrsg.), *Die Informatisierung des Alltags: Leben in smarten Umgebungen*, Springer, Berlin, 2007

McDougall Anne, Murnane John, Jones Anthony, Reynolds Nick (eds.), *Researching I.T. in Education. Theory, Practice and Future Directions*, Routledge, 2009

Mehlhorn Kurt, *Data structures and algorithms*, Springer, Berlin, 1984

Meyer Hilbert, *Unterrichtsmethoden*, 6. Aufl., 2 Bd., Cornelsen Scriptor, Frankfurt a. M., 1994

Meyer Hilbert, *Unterrichtsmethoden. Bd. II: Praxisband*, 13. Aufl., Cornelsen Scriptor, Berlin, 2006

Michael Berthold, *Darbieten und Veranschaulichen*, Julius Klinkhardt, Bad Heilbrunn, 1983

Michaelis John U., *Social studies for children in a democracy*, Prentice-Hall, 1968

Modrow Eckart, *Zur Didaktik des Informatik-Unterrichts*, Bd. 1 und 2, Dümmler, Bonn, 1991 & 1992

Modrow Eckart, *Pragmatischer Konstruktivismus und fundamentale Ideen als Leitlinien der Curriculumentwicklung – am Beispiel der theoretischen und technischen Informatik*, Martin-Luther-Universität Halle-Wittenberg, Mathematisch-Naturwissenschaftlich-Technische Fakultät, Dissertation, 2002,
URL: http://ddi.cs.uni-potsdam.de/Examensarbeiten/Modrow2003.pdf

Müller Klaus, *Objektorientierte Programmierung*, in: (Bosler et al., 1992), S. 180-189

Müller M. W., *Fundamentale Ideen der Numerischen Mathematik*, Beitr. zum Mathematikunterricht, 1980, S. 238-245

Murphy Laurie, Richards Brad, McCauley Renée, Morrison Briana B., Westbrook Suzanne, Fossu Timothy, *Women catch up: gender differences in learning programming concepts*, in: (Baldwin et al., 2006), pp. 17-21, URL: http://portal.acm.org/citation.cfm?id=1121341

NCTM (National Council of Teachers of Mathematics) (ed.), *Principles and Standards for School Mathematics*, 2000, URL: http://standards.nctm.org/

Nelles Wolfgang, Rhode Thorsten, Stechert Peer, *Entwicklung eines Kompetenzrahmenmodells – Informatisches Modellieren und Systemverständnis*, Informatik Spektrum 33(2010)1, S. 45-53, URL: http://www.springerlink.com/content/128182n611u26557/fulltext.pdf

Nievergelt Jürg, *Computer science for teachers: A quest for classics, and how to present them*, in: Norrie Douglas H., Six Hans-Werner (eds.), *Proc. of the 3rd Intern. Conference on Computer Assisted Learning*, Hagen, Springer, New York, USA, 1990, pp. 2-15

Nievergelt Jürg, *Was ist Informatik-Didaktik?*, Informatik-Spektrum 16 (1993) 1, S. 3-10

Nievergelt Jürg, *Roboter programmieren – ein Kinderspiel*, Informatik-Spektrum 22 (1999) 5, S. 364-375

NRW (Landesinstitut für Schule und Weiterbildung) (Hrsg.), *Objektorientierte Programmierung*, 2003, URL: http://www.learn-line.nrw.de/angebote/oop/

Nygaard Kristen, *Program Development as a Social Activity*, in: Kugler Hans-Jürgen (Hrsg.), *Information Processing 86*, Elsevier Science Publisher B.V., 1986, pp. 189-198

OECD (Organisation for Economic Co-operation and development) (ed.), (a), *Feasibility Study for the PISA ICT Literacy Assessment Report to Network A*, Paris, 2003, URL: http://www.oecd.org/dataoecd/35/13/33699866.pdf

OECD (Organisation for Economic Co-operation and development) (ed.), (b), *Learning for Tomorrow's World - First Results from PISA 2003*, Paris, 2003, URL: http://www.pisa.oecd.org/dataoecd/1/60/34002216.pdf

OECD (Organisation for Economic Co-operation and development) (ed.), *Definition und Auswahl von Schlüsselkompetenzen. Zusammenfassung*, Paris, 2005, URL: www.oecd.org/dataoecd/36/56/35693281.pdf

Paivio Allan, *Mental representations: a dual coding approach*, Oxford University Press, Oxford, UK, 1986

Papert Seymour, *The children's machine: rethinking school in the age of the computer*, BasicBooks, New York, USA, 1993

Papert Seymour, *What's the big idea? Toward a pedagogy of idea power*, IBM Systems Journal 39 (2000) 3, S. 720-729

Papert Seymour, Harel Idit, *Situating Constructionism*, in: Papert Seymour, Harel Idit, (Hrsg.), *Constructionism*, Ablex Publishing, Norwood, N.J., USA, 1991

Parnas David L., *On a 'buzzword': Hierarchical structure*, Information Processing, 1994, pp. 336-339

Passey Don, Kendall Mike (eds.), *TelE-LEARNING. The Challenge for the Third Millennium*, Kluwer Academic Publishers, Boston, MA, USA, 2002

Paulson Lawrence C., *ML for the working programmer*, Cambridge University, New York, USA, 1996

Penon Johann, Spolwig Siegfried, *Schöne visuelle Welt? Objektorientierte Programmierung mit DELPHI und JAVA*, LOG IN 18 (1998) 5, S. 40-46

Pestalozzi Johann Heinrich, *Wie Gertrud ihre Kinder lehrt*, 1801

Petri Carl A., *Kommunikation mit Automaten*, Institut für Instrumentelle Mathematik, Universität Bonn, Schriften des IIM Nr. 2, 1962

PISA Konsortium (Hrsg.), *PISA 2003. Der Bildungsstand der Jugendlichen in Deutschland – Ergebnisse des zweiten internationalen Vergleichs*, Waxmann, Münster, 2004

Prenzel Manfred, Drechsel Barbara, Carstensen Claus H., Ramm Gesa, *PISA 2003 – eine Einführung*, in: (PISA Konsortium, 2004), S. 13-46

Price Roy A., Smith Gerald R., Hickman Warren L., *Major concepts for the social studies*, Syracuse Univ., 1965

Ragonis Noa, Ben-Ari Mordechai, *A long-term investigation of the comprehension of OOP concepts by novices*, Computer Science Education 15 (2005) 3, pp. 203-221

Rechenberg Peter, *Was ist Informatik?*, Carl Hanser, München, 1994

Rechenberg Peter, *Was ist Informatik?*, Informatik-Spektrum 33 (2010) 1, S. 54-60

Reichert Raimond, Hartmann Werner, Nievergelt Jürg, *Ein spielerischer Einstieg in die Programmierung mit Kara und Java*, Informatik-Spektrum 23 (2000) 5, S. 309-315

Rendell Paul, *A Turing Machine implemented in Conway's Game of Life*, in: Adamatzky Andrew (ed.), *Collision-Based Computing*, Springer, London, UK, 2002, URL: http://rendell-attic.org/gol/tm.htm

Resnick Mitchel, (a), *All I really need to know (about creative thinking) I learned (by studying how children learn) in kindergarten*, in: Shneidermann Ben, Fischer Gerhard, Giaccardi Elisa, Eisenberg Mike (eds.), *Proceedings of the 6th ACM SIGCHI Conference on Creativity & cognition*, Washington, DC, USA, ACM, June 13-15, 2007, pp. 1-6

Resnick Mitchel, (b), *Sowing the Seeds for a More Creative Society*, Learning and Leading with Technology 35 (2007) 4, 2007, pp. 18-22

Resnick Mitchel, Rusk Natalie, *The Computer Clubhouse: Preparing for life in a digital world*, IBM Systems Journal 35 (1996) 3/4, S. 431-439

Reynolds Nicholas, Turcsányi-Szabó Márta, *Key Competencies in the Knowledge Society*, Springer, Boston, MA, USA, 2010

Riedel Dieter, *Ansätze einer Didaktik des Informatikunterrichts*, in: (Arlt, 1981), S. 36-41

Romeike Ralf, (a), *Animationen und Spiele gestalten – Ein kreativer Einstieg in die Informatik*, LOG IN 27 (2007) 146/147, S. 36-44

Romeike Ralf, (b), *Kriterien kreativen Informatikunterrichts*, in: (Schubert, 2007), S. 57-68

Romeike Ralf, (c), *Three Drivers for Creativity in Computer Science Education*, in: (Benzie/Iding, 2007)

Romeike Ralf, *Kreativität im Informatikunterricht*, Dissertation, Universität Potsdam, Potsdam, 2008

Rost Detlef H. (Hrsg.), *Handwörterbuch Pädagogische Psychologie*, Beltz, Weinheim, 2006

Rutkowska Julie, Crook Charles (eds.), *Computers, Cognition and Development*, John Wiley & Sons, New York, USA, 1987

Saunders Daniel, Thagard Paul, *Creativity in Computer Science*, in: (Kaufman/Baer, 2005), pp. 153-168

Schauer Helmut, Tauber Michael (Hrsg.), *Psychologie des Programmierens*, Oldenbourg, Wien, Österreich, 1983

Schinzel Britta, *Cultural differences of female enrolment*, in: (Passey/Kendall, 2002), pp. 201-208

Schinzel Britta, Kleinn Karin, Wegerle Andrea, Zimmer Christine, *Das Studium der Informatik: Studiensituation von Studentinnen und Studenten*, Informatik-Spektrum 22 (1999) 1, S. 13-23

Schmidt Hans-Jürgen, *Fachdidaktische Grundlagen des Chemieunterrichts*, Vieweg, Braunschweig, 1981

Schreiber Alfred, *Bemerkungen zur Rolle universeller Ideen im mathematischen Denken*, mathematica didactica 6 (1983) 2, S. 65-76

Schubert Sigrid, *Fachdidaktische Fragen der Schulinformatik und (un)mögliche Antworten*, in: (Gorny, 1991), S. 27-33

Schubert Sigrid (Hrsg.), *Innovative Konzepte für die Ausbildung*, Springer, Berlin, 1995

Schubert Sigrid (Hrsg.), *Didaktik der Informatik in Theorie und Praxis*, GI-Edition – Lecture Notes in Informatics (LNI), P-112, Köllen, Bonn, 2007

Schubert Sigrid, *Aus Unterrichtsbeispielen lernen – Informatikdidaktische Partnerschaften*, in: (Koerber, 2009), S. 13-27, URL: http://www.die.informatik.uni-siegen.de/e-publikationen/Publikationen/2009/Schubert-HV-INFOS2009.pdf

Schubert Sigrid, Stechert Peer (Hrsg.), *Bildungskonzepte für Internetworking und eingebettete Mikrosysteme. Didaktik der Informatik für E-Learning, Schule und Hochschule*, Reihe Medienwissenschaften, Bd. 8, Universitätsverlag Siegen, 2008

Schubert Sigrid, Stechert Peer, *Competence Model Research on Informatics System Application*, in: *Proceedings of the IFIP Conference New developments in ICT and Education*, Amiens, Frankreich, June 28-30, 2010, URL: http://www.die. informatik.uni-siegen.de/e-publikationen/Publikationen/2010/2010-Amiens-Schubert.pdf

Schubert Sigrid, Taylor Harriet (eds.), *Secondary Informatics Education*, Education and Information Technologies 9 (2004) 2, Springer Netherlands, URL: http://springerlink.metapress.com/content/qur5214p3t0m/?p=4fc5504dea3744189 6f371a4b3cc116a&pi=12

Schubert Sigrid, Stechert Peer, Freischlad Stefan, *ICT Learning Aids for Informatics*, in: (McDougall et al., 2009), pp. 206-211

Schubert Sigrid, Magenheim Johannes, Hubwieser Peter, Brinda Thorsten (Hrsg.), *Forschungsbeiträge zur „Didaktik der Informatik" – Theorie, Praxis, Evaluation*, 1. GI-Workshop DDI'02 (Schwerpunkt: Modellierung in der informatischen Bildung), 10.-11.10.2002 Witten-Bommerholz, GI-Edition – Lecture Notes in Informatics (LNI), P-22, Köllen, Bonn, 2002

Schulte Carsten, *Lehr-Lernprozesse im Informatik-Anfangsunterricht: theoriegeleitete Entwicklung und Evaluation eines Unterrichtskonzepts zur Objektorientierung in der Sekundarstufe II*, Dissertation, Universität Paderborn, 2004

Schweiger Fritz, *Fundamentale Ideen der Analysis und handlungsorientierter Unterricht*, Beitr. zum Mathematikunterricht, 1982, S. 103-111

Schweiger Fritz, *Fundamentale Ideen – Eine geistesgeschichtliche Studie zur Mathematikdidaktik*, J. für Mathematik-Didaktik 13 (1992) 2/3, S. 199-214

Schweingruber Robert, *Das Projekt in der Schule*, Paul Haupt, Bern, Schweiz, 1979

Schweizer Karl J. (Hrsg.), *Leistung und Leistungsdiagnostik*, Springer, Berlin, 2006

Schwill Andreas, (a), *Fundamentale Ideen der Informatik*, Zentralblatt für Didaktik der Mathematik 25 (1993) 1, S. 20-31, URL: http://www.informatikdidaktik.de/Forschung/Schriften/ZDM.pdf

Schwill Andreas, (b), *Programmierstile*, LOG IN 13 (1993) 4, S. 10-19

Schwill Andreas, (c), *Funktionale Programmierung mit CAML*, LOG IN 13 (1993) 4, S. 20-30

Schwill Andreas, (d), *Objektorientierte Programmierung – Eine Rechtfertigung aus kognitionspsychologischer Sicht*, LOG IN 13 (1993) 4, S. 44-45

Schwill Andreas, (e), *Beschreibung paralleler Abläufe mit Petri-Netzen – Grundlagen und Beispiele für den Unterricht*, LOG IN 13 (1993) 5, S. 45-51

Schwill Andreas, (a), *Fundamental ideas of computer science*, Bulletin of the EATCS No. 53, 1994, pp. 274-295

Schwill Andreas, (b), *Cognitive aspects of object-oriented programming*, Manuskript, 1994

Schwill Andreas, (c), *Verifikation – Zu schwierig für die Schule? – Drei Gegenbeispiele!*, LOG IN 13 (1993) 6, S. 45-48 & LOG IN 14 (1994) 1, S. 37-43

Schwill Andreas, (d), *Praktisch unlösbare Probleme*, LOG IN 14 (1994) 4, S. 16-21

Schwill Andreas, *Programmierstile im Anfangsunterricht*, in: (Schubert, 1995), S. 178-187

Schwill Andreas (Hrsg.), *Informatik und Schule – Fachspezifische und fächerübergreifende didaktische Konzepte*, Springer, Berlin, 1999

Schwill Andreas, *Informatics – The Science of Minimal Systems with Maximal Complexity*, in: (van Weert/Munro, 2003), pp. 17-28

Schwill Andreas, *Philosophical aspects of fundamental ideas: Ideas and concepts*, in: (Magenheim/Schubert, 2004), pp. 145-157

Schwill Andreas (Hrsg.), *HDI2008: Hochschuldidaktik der Informatik*, Tagungsband, Commentarii informaticae didacticae (CID), Bd. 1, Universitätsverlag Potsdam, 2008

Schwill Andreas, Schulte Carsten, Thomas Marco (Hrsg.), *Didaktik der Informatik*, GI-Edition – Lecture Notes in Informatics (LNI), P-99, Köllen, Bonn, 2006

Seiffert Monika, *Verschlüsselungsmethoden*, LOG IN 14 (1994) 2, S. 25-31 & LOG IN 14 (1994) 3, S. 33-40

Shneiderman Ben, Fischer Gerhard, Czerwinski Mary, Myers Brad, Resnick Mitchel, *Creativity Support Tools*, Workshop Report on Creativity Support Tools, National Science Foundation, Washington, DC, USA, 2005

Siefkes Dirk, *Wende zur Phantasie – Zur Theoriebildung in der Informatik*, 20. GI-Jahrestagung, Informatik-Fachbericht 257, 1990, S. 242-255

Silvilotti Paolo A. G., Pike Scott M., *A collection of kinesthetic learning activities for a course on distributed computing*, ACM SIGACT News 38 (2007) 2, pp. 56-74

Simon Klaus, *Effiziente Algorithmen für perfekte Graphen*, Teuber, Stuttgart, 1992

Spreckelsen Kay, *Strukturelemente der Physik als Grundlage ihrer Didaktik*, Naturwiss. Im Unterr. 18 (1970), S. 418-424

Spiro Rand J., Feltovich Paul J., Jacobson Michael J., Coulson Richard L., *Cognitive Flexibility, Constructivism and Hypertext: Random Access Instruction for Advanced Knowledge Acquisition in Ill-structured Domains*, in: (Duffy/Jonassen, 1992), pp. 57-76

Stachowiak Herbert, *Gedanken zu einer allgemeinen Theorie der Modelle*, Studium Generale 18, 1965, S. 432-463

Stechert Peer, *Informatics System Comprehension – A learner-centred cognitive approach to networked thinking*, Education and Information Technologies 11 (2006) 3, Springer Netherlands, pp. 305-318, URL: http://springerlink.metapress.com/content/82m85lj62-hh851g3/?p=83edffc0c14a4a11b0b74ac99878ed59&pi=8

Stechert Peer, (a), *Von vernetzten fundamentalen Ideen zum Verstehen von Informatiksystemen – Eine Unterrichtserprobung in der Sekundarstufe II*, in: (Schubert, 2007), S. 183-194

Stechert Peer (Hrsg.), (b), *Informatische Bildung in der Wissensgesellschaft*, Praxisband der 12. Fachtagung Informatik und Schule – INFOS 2007 der Gesellschaft für Informatik, Reihe Medienwissenschaften des Universitätsverlages Siegen – universi, Bd. 6, 2007

Stechert Peer, *Fachdidaktische Diskussion von Informatiksystemen und der Kompetenzentwicklung im Informatikunterricht*, Commentarii informaticae didacticae (CID), Bd. 2, Universitätsverlag Potsdam, 2009, URL: http://opus.kobv.de/ubp/volltexte/2009/3795/pdf/cid02.pdf

Stechert Peer, Schubert Sigrid, *A Strategy to Structure the Learning Process towards Understanding of Informatics Systems*, in: (Benzie/Iding, 2007)

Stetter Franz, Brauer Wilfried (Hrsg.), *Informatik und Schule 1989: Zukunftsperspektiven der Informatik für Schule und Ausbildung*, GI-Fachtagung München, Springer, London, UK, 1989

Steinert Markus, *Lernzielstrukturen im Informatikunterricht*, Habilitationsschrift, Fakultät für Informatik, Technische Universität München, 2010

Steinkamp Dirk, *Informatik-Experimente im Schullabor*, Diplomarbeit, Fachbereich Informatik, Universität Dortmund, 1999, URL: http://www.die.informatik.uni-siegen.de/lehre/dsps/steinkamp-diplom-1999.pdf

Sternberg Robert J., Lubart Todd I., *Creating Creative Minds*, Phi Delta Kappan 72 (1991) 8, S. 608-614

Tanenbaum Andrew S., *Structured computer organization*, Prentice-Hall, Upper Saddle River, NJ, USA, 1984

Tauber Michael, *Programmieren und Problemlösen – eine Analyse der begrifflichen Bedeutung in der Psychologie wie in der Informatik*, in: (Schauer/Tauber, 1983), S. 35-58

Taylor Josie, du Boulay Benedict, *Studying Novice Programmers: Why They May Find Learning PROLOG Hard*, in: (Rutkowska/Crook, 1987), pp. 153-173

Thomas Marco, *Informatische Modellbildung – Modellieren von Modellen als ein zentrales Element der Informatik für den allgemeinbildenden Schulunterricht*, Dissertation, Universität Potsdam, 2002, URL: http://ddi.cs.uni-potsdam.de/ab/pu

Thomas Marco, *Objektorientierung und informatische Bildung – Stellenwert und Konkretisierung im Unterricht mit BlueJ*, LOG IN 24 (2004) 128/129, S. 26-31

Tietze Uwe P., *Fundamentale Ideen der linearen Algebra und analytischen Geometrie – Aspekte der Curriculumsentwicklung im MU der Sek II*, mathematica didactica 2 (1979), S. 137-163

Trogemann George, Viehoff Jochen, *Code@Art. Eine elementare Einführung in die Programmierung als künstlerische Praktik*, Springer, Wien, Österreich, 2005

Troitzsch Klaus G. (Hrsg.), *Informatik als Schlüssel zur Qualifikation*, Springer, Berlin, 1993 van Weert Tom (ed.), *Information and communication technology in secondary education – A Curriculum for Schools*, UNESCO, Paris, 2000, URL: wwwedu.ge.ch/cptic/prospective/projets/unesco/en/curriculum2000.pdf

van Weert Tom, Munro Robert (eds.), *Informatics and the digital society*, Kluwer Academic Publishers, Boston, MA, USA, 2003

von Weizsäcker Carl F., *Die Einheit der Natur*, Hanser, München, 1971

Vygotsky Lev S., *Mind in society: the development of higher psychological processes*, Harvard University Press, Cambridge, USA, 1978

Walker Henry M., *Configuration for teaching labs*, ACM Inroads 1 (2010) 3, pp. 26-30, URL: http://delivery.acm.org/10.1145/1840000/1835440/p26-walker.pdf

Watson Deryn, Andersen Jane (eds.), *Networking the Learner*, Computers in Education, Kluwer Academic Publishers, Boston, MA, USA, 2002, URL: http://www.informatik.uni-trier.de/~ley/db/conf/wcce/wcce2001.html

Watson Deryn, Benzie David (eds.), *Proceedings of IFIP-Conference on Imagining the future for ICT and Education*, Alesund, Norway, June 26-30, 2006, URL: http://www.die.informatik.uni-siegen.de/ifip-wg31/publications.html

Wegner Peter, *Paradigms of information processing*, in: (Machlup/Mansfield, 1983), pp. 163-175

Wegner Peter, *Why interaction is more powerful than algorithms*, Communications of the ACM 40 (1997) 5, pp. 81-91

Weicker Karsten, Weicker Nicole, Claus Volker, *Zielgruppenorientierte E-Learning-Module für das Informatikstudium*, in: (Schubert/Reusch/Jesse, 2002), S. 90-99

Weigend Michael, *Origins of action – protagonists in drama-like interpretations of computer programmes*, in: (Benzie/Iding, 2007)

Weigend Michael, *Algorithmik in der Grundschule*, in: (Koerber, 2009), S. 97-108

Weinert Franz E., *Vergleichende Leistungsmessung in Schulen – eine umstrittene Selbstverständlichkeit*, in: Weinert Franz E. (Hrsg.), *Leistungsmessungen in Schulen*, Beltz, Weinheim, 2001, S. 17-31

Westram Hiltrud, *Schule und das neue Medium Internet – nicht ohne Lehrerinnen und Schülerinnen!*, Dissertation, Fachbereich Erziehungswissenschaften und Biologie, Universität Dortmund, 1999

Wheeler Steve, Kassam Alnaaz, Brown Doug (eds.), *Joint Open and Working IFIP Conference ICT and Learning for the Net Generation*, LYICT 2008, Proceedings, IFIP Digital Library, Kuala Lumpur, Malaysia, July 7-10, 2008, URL: http://dl.ifip.org/iojs/index.php/ifip/issue/view/417

Whitehead Alfred N., *Die Gegenstände des mathematischen Unterrichts*, Neue Sammlung 2 (1962), 1929 (Originalarbeit von 1929), S. 257-266

Whorf Benjamin L., *Linguistics as an exact science*, in: Carroll John B. (ed.), *Language, thought, and reality*, MIT, Cambridge, USA, 1973, pp. 220-232

Wiedenbeck Susan, *Learning iteration and recursion from examples*, Intern. J. Man-Machine Stud. 30 (1989), pp. 1-22

Wiedenbeck Susan, *Factors affecting the success of non-majors in learning to program*, in: Anderson Richard, Fincher Sally A., Guzdial Mark (eds.), *Proceedings of the 2005 international workshop on Computing education research*, ACM, Seattle, USA, 2005, pp. 13-24, URL: http://portal.acm.org/citation.cfm?id=1089788

Wilson Brenda C., *A Study of Factors Promoting Success in Computer Science including Gender Differences*, Computer Science Education 12 (2002) 1, pp. 141-164

Wirth Niklaus, *An Essay on Programming*, Report 315, ETH Zürich, March 1999

Wittmann Erich C., *Grundfragen des Mathematikunterrichts*, Vieweg, Braunschweig, 1981

Wordsmyth, *Wordsmyth Educational Dictionary-Thesaurus*, 2007, URL: http://www.wordsmyth.net

Wursthorn Birgit, *Informatische Grundkonzepte zu Beginn der Sekundarstufe I*, in: (Friedrich, 2005), S. 91-100

Yazdani Masoud (ed.), *New horizons in educational computing*, Halsted, New York, USA, 1984

Yehezkel Cecile, Ben-Ari Mordechai, Dreyfus Tommy, *Computer architecture and mental models*, in: ACM (ed.), *Proceedings of the 36th SIGCSE technical symposium on Computer science education*, ACM, St. Louis, USA, Feb. 23-27, 2005, pp. 101-105

Anhang

A Kompetenzbegriff der Kultusministerkonferenz

Die Definitionen verschiedener Kompetenzfelder wurden der Quelle (KMK, 2000), S. 9 entnommen:

„Die aufgeführten Ziele sind auf die Entwicklung von **Handlungskompetenz** gerichtet. Diese wird hier verstanden als die Bereitschaft und Fähigkeit des Einzelnen, sich in beruflichen, gesellschaftlichen und privaten Situationen sachgerecht durchdacht sowie individuell und sozial verantwortlich zu verhalten. Handlungskompetenz entfaltet sich in den Dimensionen von Fachkompetenz, Personalkompetenz und Sozialkompetenz.

Fachkompetenz bezeichnet die Bereitschaft und Fähigkeit, auf der Grundlage fachlichen Wissens und Könnens Aufgaben und Probleme zielorientiert, sachgerecht, methodengeleitet und selbständig zu lösen und das Ergebnis zu beurteilen.

Personalkompetenz bezeichnet die Bereitschaft und Fähigkeit, als individuelle Persönlichkeit die Entwicklungschancen, Anforderungen und Einschränkungen in Familie, Beruf und öffentlichem Leben zu klären, zu durchdenken und zu beurteilen, eigene Begabungen zu entfalten sowie Lebenspläne zu fassen und fortzuentwickeln. Sie umfasst personale Eigenschaften wie Selbständigkeit, Kritikfähigkeit, Selbstvertrauen, Zuverlässigkeit, Verantwortungs- und Pflichtbewusstsein. Zu ihr gehören insbesondere auch die Entwicklung durchdachter Wertvorstellungen und die selbstbestimmte Bindung an Werte.

Sozialkompetenz bezeichnet die Bereitschaft und Fähigkeit, soziale Beziehungen zu leben und zu gestalten, Zuwendungen und Spannungen zu erfassen, zu verstehen sowie sich mit anderen rational und verantwortungsbewusst auseinanderzusetzen und zu verständigen. Hierzu gehört insbesondere auch die Entwicklung sozialer Verantwortung und Solidarität.

Eine ausgewogene Fach-, Personal-, Sozialkompetenz ist die Voraussetzung für **Methoden- und Lernkompetenz**."

B Programmbeispiele

Ausgewählte Prolog-Beispiele

B1 Freundinnenauswahl

Fakten:

```
klug(anne).
klug(isabel).
klug(piet).
klug(thomas).
sportlich(anne).
sportlich(denise).
sportlich(katrin).
sportlich(piet).
sportlich(nico).
sportlich(sven).
maedchen(anne).
maedchen(isabel).
maedchen(denise).
junge(piet).
junge(sven).
junge(nico).
```

Regeln:

```
freundin(X):-maedchen(X),klug(X).
freundin(X):-maedchen(X),sportlich(X).
```

B2 Vierecksarten

Fakten:

```
ist_ein(trapez,konvexes_Viereck).
ist_ein(drachenviereck,konvexes_Viereck).
ist_ein(parallelogramm,trapez).
ist_ein(rechteck,parallelogramm).
ist_ein(rhombus,parallelogramm).
ist_ein(rhombus,drachenviereck).
ist_ein(quadrat,rechteck).
ist_ein(quadrat,rhombus).
```

Regeln:

```
gehoert_zu(X,Y):-ist_ein(X,Y).
gehoert_zu(X,Y):-ist_ein(X,Z),gehoert_zu(Z,Y).
```

B3 Computeraufbau

Fakten:
```
teil_von(computer,zentraleinheit).
teil_von(computer,peripherie).
teil_von(zentraleinheit,steuerwerk).
teil_von(zentraleinheit,rechenwerk).
teil_von(zentraleinheit,hauptspeicher).
```

Regeln:
```
besteht_aus(X,Y):-teil_von(X,Y).
besteht_aus(X,Y):-teil_von(X,Z),besteht_aus(Z,Y).
```

B4 Nachbarländer

Fakten:
```
nachbarn(andorra, [frankreich, spanien]).
nachbarn(belgien, [frankreich, luxemburg, niederlande]).
nachbarn(deutschland, [belgien, daenemark, frankreich,
oesterreich, polen, schweiz, tschechien]).
```
...

?- nachbarn(belgien,Nachbarlaender).
Nachbarlaender = [frankreich, luxemburg, niederlande]

B5 Listenelement

Fakt:
```
listenelement(X,[X | Restliste]).
```

Regel:
```
listenelement(X,[Listenkopf | Restliste]) :-
listenelement(X,Restliste).
```

B6 Färben einer Landkarte

Fakten:
```
farbe(blau). farbe(gelb). farbe(gruen). farbe(rot).
```

Regeln:
```
nachbar(L1,L2) :- farbe(L1),farbe(L2),L1 \ =L2.
  karte(L1,L2,L3,L4,L5,L6) :- nachbar(L1,L2),
  nachbar(L1,L3), nachbar(L1,L5), nachbar(L1,L6),
  nachbar(L2,L3), nachbar(L2,L5), nachbar(L3,L4),
  nachbar(L3,L5), nachbar(L3,L6), nachbar(L4,L5),
  nachbar(L4,L6), nachbar(L5,L6).
start:-write('Farbenvorschlag fuer diese sechs
  Laender:'), nl,
  write('Land1  Land2  Land3  Land4  Land5  Land6'), nl,
```

```
   farbe(L1), farbe(L2), farbe(L3), farbe(L4), farbe(L5),
   farbe(L6),
   karte(L1,L2,L3,L4,L5,L6), write(L1,L2,L3,L4,L5,L6), nl.
```

?-start.
Farbenvorschlag fuer diese sechs Laender:

Land1	Land2	Land3	Land4	Land5	Land6
blau	gelb	gruen	blau	rot	gelb

B7 Familienstammbaum

Fakten:

```
elternteil(georg,margitta).
elternteil(georg, elisabeth).  ...
maennlich(ernst).
maennlich(georg).
maennlich(johannes).
...
weiblich(frieda).
weiblich(margitta).
weiblich(elisabeth).
...
```

Regeln:

```
vater(X,Y):-elternteil(X,Y),maennlich(X).
mutter(X,Y):-elternteil(X,Y),weiblich(X).
brueder(X,Y):-
   elternteil(Z,X), elternteil(Z,Y),
   maennlich(X), maennlich(Y), X \ = Y.
schwester(X,Y):-
   elternteil(Z,X), elternteil(Z,Y),
   weiblich(X), weiblich(Y), X \ = Y.
vorfahr(X,Y):-elternteil(X,Y).
vorfahr(X,Y):-elternteil(X,Z),vorfahr(Z,Y).
```

?-vater(Vater,Kind).
Vater = georg   Kind = margitta
Vater = georg   Kind = elisabeth

B8 Bibliotheksmahnung

Fakten:

```
buch(1,'Abenteuer',autor('Tolkien ','J.R.R. '), 'Der
   Herr der Ringe').   ...
leser(1, 'Isabel Kroll'). ... ausleihe(1,1,
   '23.02.1994').   ...
```

Regel:

```
mahnung(Termin, Leser, Titel):-
   ausleihe(Lesernr, Buchnr, Termin), leser(Lesernr,
   Leser),  buch(Buchnr, _, _, Titel).
```

?-mahnung('23.02.1994',Leser,Titel).
Leser = Isabel Kroll   Titel = Der Herr der Ringe

Ausgewählte Python-Beispiele

B9 Buch des Monats

```
# Programm: Buch des Monats # Vereinbarungen
class Autor:
    def __init__(self, neuer_Name):
        self.Name = neuer_Name
    def setze_Name(self, neuer_Name):
        self.Name = neuer_Name
    def lies_Name(self):
        return self.Name
class Buch:
    def __init__(self, neuer_Titel):
        self.Titel = neuer_Titel
    def setze_Titel(self, neuer_Titel):
        self.Titel = neuer_Titel
    def lies_Titel(self):
        return self.Titel
# Erzeugen von Objekten ohne Inhalt - Instanziierung
Autor1 = Autor("")
Buch1 = Buch("")
# Eingabe
Autor_Name = raw_input("Name Ihres Lieblingsautors?")
Buch_Titel = raw_input("Ihr liebstes Buch von diesem
Autor?")
Autor1.setze_Name(Autor_Name)
Buch1.setze_Titel(Buch_Titel)
# Ausgabe
print "\n"
print "Zum Buch des Monats wurde gewählt"
print Autor1.lies_Name() , " " , Buch1.lies_Titel()
```

B10 Bücher in Datei erfassen

```
# Programm: Bücher inDatei erfassen
import pickle # Lösungsbaustein aus der
              # Programmbibliothek importieren
```

```
# Vereinbarungen
class Buch:
    def __init__(self, neue_Signatur, neuer_Autor,
                 neuer_Titel, neues_Jahr, neue_Rueckgabe):
        self.Signatur = neue_Signatur
        self.Autor = neuer_Autor
        self.Titel = neuer_Titel
        self.Jahr = neues_Jahr
        self.Rueckgabe = neue_Rueckgabe
# auf interne Attribute wird mit den Operationen
# "setze_" und "lies_"  zugegriffen
    def setze_Signatur(self, neue_Signatur):
        self.Signatur = neue_Signatur
    def lies_Signatur(self):
        return self.Signatur
    def eingabe_Signatur(self, Nummer):
        # Änderung des Attributs Signatur durch
        # Eingabe über die Tastatur
        self.Signatur = raw_input(" Signatur von Buch "
                                  + Nummer + "  ? ")
    def setze_Autor(self, neuer_Autor):
        self.Autor = neuer_Autor
    def lies_Autor(self):
        return self.Autor
    def eingabe_Autor(self, Nummer):
        self.Autor = raw_input(" Autor von Buch "
                               + Nummer + "  ? ")
    def setze_Titel(self, neuer_Titel):
        self.Titel = neuer_Titel
    def lies_Titel(self):
        return self.Titel
    def eingabe_Titel(self, Nummer):
        self.Titel = raw_input("Titel von Buch "
                               + Nummer + "  ? ")
    def setze_Jahr(self, neues_Jahr):
        self.Jahr = neues_Jahr
    def lies_Jahr(self):
        return self.Jahr
    def eingabe_Jahr(self, Nummer):
        self.Jahr = raw_input("Erscheinungsjahr von Buch "
                              + Nummer + "  ? ")
    def setze_Rueckgabe(self, neue_Rueckgabe):
        self.Rueckgabe = neue_Rueckgabe
    def lies_Rueckgabe(self):
        return self.Rueckgabe
    def eingabe_Rueckgabe(self):
        self.Rueckgabe = raw_input("Geben Sie das
```

```
                                    Rueckgabedatum ein: ")
Buch1 = Buch("","","","","") # Instanziierung
Buch2 = Buch("","","","","")
# Eingabe - Ändern der Attributinhalte
# durch Nutzereingaben
Buch1.eingabe_Signatur("1")
Buch1.eingabe_Autor("1")
Buch1.eingabe_Titel("1")
Buch1.eingabe_Jahr("1")
Buch1.setze_Rueckgabe(None)
Buch2.eingabe_Signatur("2")
Buch2.eingabe_Autor("2")
Buch2.eingabe_Titel("2")
Buch2.eingabe_Jahr("2")
Buch2.setze_Rueckgabe(None)
# Verarbeitung - Dateinamen festlegen und
# Schreibmodus 'w' aktivieren
Dateiname = raw_input("Dateiname?")
file = open("a:\\" + Dateiname, 'w')
# Speicherung in Datei - Datenobjekte in die
# Datei schreiben
pickle.dump(Buch1, file);
pickle.dump(Buch2, file);
# Datei schliessen und wieder frei geben
file.close()
```

B11 Bücherliste aus Datei anzeigen

```
# Programm: Bücherliste aus Datei anzeigen
import pickle
# Vereinbarungen
class Liste:
    def __init__(self):
        self.Anzahl = 0
        self.Datenstruktur_Liste = []
    def anfuegen_Element (self, Element):
         self.Datenstruktur_Liste.append(Element)
         self.Anzahl = self.Anzahl + 1
    def ausgabe(self):
        pass
    def lies_aus_Datei(self):
        Dateiname = raw_input("Dateiname der Liste? ")
        Dateiobjekt = open("a:\\" + Dateiname, 'r')
        Anzahl = pickle.load(Dateiobjekt)
        for Elementzaehler in range(1, Anzahl+1):
            Element = pickle.load(Dateiobjekt)
            self.anfuegen_Element (Element)
```

```
        Dateiobjekt.close()
# Klasse Buecherliste erbt alle Attribute und
# Operationen der Klasse Liste
class Buecherliste(Liste):
    # Die Operation "ausgabe" wird neu definiert
    def ausgabe(self):
        print "\n"
        print("In der Bücherliste befinden sich ″
              + ″folgende Bücher: ")
        lauf = 0
        for Buch in self.Datenstruktur_Liste:
            lauf = lauf + 1
            Buch.ausgabe(lauf)
class Buch:
    def __init__(self):
        self.Signatur = None
        self.Autor = None
        self.Titel = None
        self.Jahr = None
        self.Rueckgabe = None
    def ausgabe(self, Buchnummer):
        print "\n"
        print "Angaben zum %i. Buch " % Buchnummer
        print "Signatur: ",
        print self.Signatur
        print "Autor: ",
        print self.Autor
        print "Titel: ",
        print self.Titel
        print "Erscheinungsjahr: ",
        print self.Jahr
        print "Rückgabedatum: ",
        print self.Rueckgabe
# Verarbeitung
# Erzeugen einer neuen Bücherliste
buecherliste = Buecherliste()
# Einlesen einer Datei in die Liste
buecherliste.lies_aus_Datei()
# Ausgabe der Bücherliste
buecherliste.ausgabe()
```

Ausgewählte Java-Beispiele

B12 Klasse Rechteck

```
import java.awt.Container;
public class Rechteck {
  private int xKoord, yKoord;  //Rechteck-Eckpunkt
  private int laenge, breite;  // Laenge und Breite
                               // des Rechtecks
 public Rechteck(int u, int v, int l, int b) {
    xKoord = u;    // Zuweisung der Werte für
                   // das Rechteck
    yKoord = v;
    laenge = l;
    breite = b; }
  public void setzeEckpunkt(int u, int v) {
    xKoord = u;    // Zuweisung des Rechteck-Eckpunktes
    yKoord = v; }
  public void setzeLaenge(int l) {
    laenge = l; }  //Zuweisung der Laenge
  public void setzeBreite(int b) {
    breite = b;}   //Zuweisung der Breite
    // hole-Methoden liefern die Werte
    // der Attribute des Rechtecks
  public int holexKoord(){
   return xKoord;}
  public int holeyKoord(){
   return yKoord;}
  public int holeLaenge(){
   return laenge;}
  public int holeBreite() {
    return breite;}
  public void zeichne (Container container) {
    Zeichnung eineZeichnung = new Zeichnung(this);
    eineZeichnung.zeichnenAusfuehren(container); }
}
```

B13 Klasse Quadrat

```
public class Quadrat extends Rechteck {
  public Quadrat(int u, int v, int l) {
        super(u,v,l,l); } // Aufruf des Konstruktors
                          // der Oberklasse
  public void setzeLaenge(int l) {
    // Operationen der Oberklasse aufrufen
    super.setzeLaenge(l);
    super.setzeBreite(l); }
```

```
  public void setzeBreite(int b) {
    setzeLaenge(b); }   // Operation setzeLaenge()
                        // der eigenen Klasse aufrufen
}
```

B14 Polymorphie

```
import java.awt.Container;
public class Verarbeitung {
  private Container container;
  private Rechteck einRechteck;
  private boolean istRechteck = false,
                  istQuadrat = false;
public Verarbeitung (Container container){
 this.container = container;
 einRechteck = new Rechteck(0,0,0,0);}
public void erstelleRechteck (int xKoord, int yKoord,
                              int Laenge, int Breite){
  if (istRechteck) { // bereits erzeugtes
                     // Objekt manipulieren
    einRechteck.setzeEckpunkt(xKoord, yKoord);
    einRechteck.setzeLaenge(Laenge);
    einRechteck.setzeBreite(Breite);}
  else { //erzeuge Rechteck
    einRechteck = new Rechteck(xKoord, yKoord,
                               Laenge, Breite);}
    einRechteck.zeichne(container); // zeichne Rechteck
    istRechteck = true; // Überwachungsvariablen
                        // aktualisieren
    istQuadrat = false;}
public void erstelleQuadrat (int xKoord, int yKoord,
                             int Laenge){
  if (istQuadrat) { // bereits erzeugtes
                    // Objekt manipulieren
    einRechteck.setzeEckpunkt(xKoord, yKoord);
    einRechteck.setzeLaenge(Laenge);}
  else { //erzeuge Quadrat
    einRechteck = new Quadrat(xKoord, yKoord, Laenge);}
    einRechteck.zeichne(container); // zeichne Rechteck
    istRechteck = false; // Überwachungsvariablen
                         // aktualisieren
    istRechteck = true;}
public void setzeLaenge (int Laenge){
  einRechteck.setzeLaenge(Laenge);
  einRechteck.zeichne(container);}
public void setzeBreite (int Breite){
  einRechteck.setzeBreite(Breite);
```

```
  einRechteck.zeichne(container);}
public void setzexKoord (int x){
  einRechteck.setzeEckpunkt(x,
                            einRechteck.holeyKoord());
  einRechteck.zeichne(container);}
public void setzeyKoord (int y){
  einRechteck.setzeEckpunkt(einRechteck.holexKoord(),
                            y);
  einRechteck.zeichne(container);}
}
```

B15 Beobachter-Muster

```
// Klasse "Subjekt"
import java.util.*;
public class Subjekt{
  Vector angemeldeteBeobachter = new Vector();
  public void meldeAn (Beobachter beobachter){
    angemeldeteBeobachter.add(beobachter);}
  public void meldeAb (Beobachter beobachter);{
    angemeldeteBeobachter.remove(beobachter);}
  public void benachrichtige(){//benachrichtige alle
                               //angemeldeten Beobachter
    for (Enumeration e =
                     angemeldeteBeobachter.elements();
         e.hasMoreElements();){
         Beobachter beob = (Beobachter) e.nextElement();
         Beob.aktualisiere();}}
}
// konkretes Subjekt "Rechteck"
   import java.awt.Container;
public class Rechteck extends Subjekt{
  private Container container;
  private boolean istRechteck = false,
                  istQuadrat = false;
  private int xKoord, yKoord, laenge, breite;
  public Rechteck (Container container){
    this.container = container;}
  public void setzeZustand(int x, int y, int l, int b){
    xKoord=x; yKoord=y;
    laenge=l; breite=b;
    super.benachrichtige();}
  public int holexKoord(){
    return xKoord;}
  public int holeyKoord(){
    return yKoord;}
  public int holeLaenge(){
```

```
    return laenge;}
  public int holeBreite(){
    return breite;}
}
//Klasse "Beobachter"
public abstract class Beobachter {
  Rechteck rechteck;
  int xKoord, yKoord; //Rechteck-Eckpunkt
  int laenge, breite;} //Laenge und Breite des Rechtecks
  public Beobachter(){}
  public Beobachter (Rechteck v){
     rechteck = v;
     rechteck.meldeAn (this); }
  public void aktualisiere(){
  // synchronisiert seinen Zustand mit dem
  // konkreten Subjekt "Rechteck"
    xKoord=rechteck.holexKoord();
    yKoord= rechteck.holeyKoord();
    laenge=rechteck.holeLaenge();
    breite=rechteck.holeBreite();}
  protected void finalize(){// Destruktor
    rechteck.meldeAb(this);}
}
//konkreter Beobachter "Umfang"
import javax.swing.JLabel;
public class Umfang extends Beobachter{
  JLabel umfang;
  Umfang (Rechteck v, JLabel f){
    super(v);
    umfang = f;}
  public void aktualisiere(){
    super.aktualisiere(); // Oberklasse holt Zustand
                          // des "Rechtecks"
    int u = 2*laenge+2*breite;
    umfang.setText(":"+(2*laenge+2*breite));}
  protected void finalize(){
    umgang.setText(":"):}
}
```

Index

P

Q

R

S